D1694416

Das Private im Nationalsozialismus

Herausgegeben von Johannes Hürter und Andreas Wirsching,
im Auftrag des Instituts für Zeitgeschichte München – Berlin

Band 1

Leibniz Institute for Contemporary History | Institut für Zeitgeschichte
München – Berlin

Christian Packheiser

Heimaturlaub

Soldaten zwischen
Front, Familie und NS-Regime

WALLSTEIN VERLAG

Für Maria

INHALT

Editorial 7

Einleitung 11

I. Entwicklung und Ordnung
   des Fronturlaubs 31
   1. »Gäste im eigenen Land« –
      Fronturlauber im Ersten Weltkrieg 31
   2. »Seelische Vitamine« für Heimat und Front –
      Urlaub im NS-Regime 60
   3. Heimatbesuche bei alliierten Streitkräften 111

II. Urlauber an der Heimatfront 123
   1. Reisewege 123
   2. Urlaubsgaben – Kaufrausch und Raub 157
   3. Fronturlauber in der NS-Propaganda 178
   4. Konzession und Kontrolle 233
   5. Kampf um öffentliche und private Grenzen 285

III. Soldatenbeziehungen und staatliche Interventionen 331
   1. Trennungserfahrungen 335
   2. Ansprüche und Verheißungen des Regimes 366
   3. Der Fronturlaub in Feldpostbriefen und Kriegstagebüchern . . 401
   4. Kriegsbeziehungen vor Gericht 452

Resümee 459

Dank 468

Anhang

Tabellen und Grafiken 472

Übersicht verwendeter Archivbestände an Ego-Dokumenten 485

Fundstellenverzeichnis ausgewerteter Soldbücher der
Deutschen Dienststelle (WASt) 496

Fundstellenverzeichnis ausgewerteter GESIS-Daten:
Pers-ID untersuchter Soldaten 499

Verzeichnis der Abbildungen, Grafiken und Tabellen 500

Abkürzungsverzeichnis 503

Quellen- und Literaturverzeichnis 505

Personen- und Ortsregister 529

EDITORIAL

»Nein, in Deutschland gibt es keine Privatsache mehr!« Diese Formulierung von Robert Ley, dem Leiter der Deutschen Arbeitsfront, spiegelt den unbegrenzten Machtanspruch der nationalsozialistischen Diktatur wider. Doch entsprach sie der sozialen Realität zwischen 1933 und 1945? Inwieweit wurden die Grenzen des Privaten tatsächlich eingerissen? Das NS-Regime ging mit den tradierten, im Kern bürgerlich-liberalen Vorstellungen von Privatheit erstaunlich flexibel um. Je nach ideologischer Kategorisierung und politischem Kalkül wurden private Bereiche in Frage gestellt, eingeschränkt und zerstört, aber durchaus auch gewährt, begünstigt und propagiert. Die privaten Wünsche und Sehnsüchte der Deutschen konnten mit der nationalsozialistischen Herrschaft in Konflikt geraten, sich mit ihr arrangieren oder sogar zu gegenseitigem Vorteil sich eng mit ihr verbinden. Privatheit verschwand nicht, musste jedoch den Bedingungen der Diktatur angepasst werden.

Die soziale Praxis des Aufeinandertreffens von »privat« und »öffentlich« war für die Geschichte des Nationalsozialismus von fundamentaler Bedeutung, blieb aber bisher weitgehend unerforscht. Hier setzt das von uns geleitete Forschungsprojekt des Instituts für Zeitgeschichte München–Berlin an, das der Frage nachgeht, wie sich das Verhältnis zwischen privaten Lebensentwürfen und öffentlichen Gewaltansprüchen gestaltete. Das Projekt wurde von Juli 2013 bis Juni 2017 von der Leibniz-Gemeinschaft gefördert und stand in enger Kooperation mit der University of Nottingham (Prof. Dr. Elizabeth Harvey) und dem Deutschen Historischen Institut in Warschau. Es zielt darauf, mit dem Privaten ein zentrales Thema der nationalsozialistischen Gesellschaftsgeschichte konzeptionell und analytisch neu zu erschließen. Das Projekt dient darüber hinaus der Internationalisierung der NS-Forschung, indem es deutsche, angelsächsische und polnische Zeithistoriker/innen in der Diskussion eines innovativen Forschungsvorhabens zusammenführt.

Unser Projekt, dessen wichtigste Erträge in der vorliegenden Reihe publiziert werden, kommt im Wesentlichen zu drei Ergebnissen. Erstens bestätigt sich, dass Privatheit im »Dritten Reich« immer prekär war, etwas, das stets angefochten werden konnte und immer wieder neu ausgehandelt werden musste. Das galt besonders für politisch oder rassisch Verfolgte und für die Bevölkerung der besetzten Gebiete; das galt aber auch für die »arische« Mehrheitsgesellschaft. Niemand konnte sich sicher sein, ob, wann und inwieweit etwa die Reaktion auf nonkonformes Verhalten, eine rassenideologisch geprägte Gerichtsverhandlung oder eine Denunziation das zunichtemachten, was zuvor als Privatheit zugestanden worden war. Zweitens wird ein »normales privates Leben« als ein Versprechen identifiziert, mit dem das Regime seine Herrschaft legitimieren, Massenanhang gewinnen und sich von den wirtschaftlichen Krisen, politischen Konflikten und als negativ empfundenen sozio-kulturellen Liberalisierungen der Weimarer Republik abheben wollte. Die Gewährung »privaten Glücks« wurde als Ressource zur Stärkung der »Volksgemeinschaft« eingesetzt. Die Verheißung und Förderung von privaten Interessen, Familienleben und Konsum bildeten keinen Gegensatz, sondern einen komplementären Ausgleich zur nationalsozialistischen Politik des »Gemeinnutzes« und der Massenmobilisierung.

Drittens fügten viele »Volksgenossen« von sich aus ihre eigenen privaten Entwürfe, Wünsche und Lebensweisen in das politische System des Nationalsozialismus ein und stützten es dadurch. Vor die Entscheidung gestellt, sich zum Nationalsozialismus zu verhalten und auch ihr privates Selbst »für oder gegen« zu positionieren, nutzten sie, ob aus Überzeugung oder aus Opportunismus, aktiv die Möglichkeiten, ihre persönlichen Interessen innerhalb des von den Machthabern gesetzten Rahmens zu verfolgen – häufig zulasten der Opfer des NS-Regimes. Auch hier zeigte sich die Politisierung des Privaten.

In unserem Projekt entsteht ein breites Panorama, was Privatheit in der NS-Diktatur bedeutete. Ob den »Volksgenossen« vor Gericht oder den Wehrmachtsoldaten und ihren Angehörigen im Heimaturlaub eine Privatsphäre zugestanden wurde oder nicht, ob ein regimekonformes Ehepaar sein Familienleben und die Erziehung der Kinder den nationalsozialistischen Vorstellungen anpasste, ob jüdische Ghettobewohner in Polen sich mit bestimmten Praktiken einen Rest an Privatheit bewahrten: Das Private im Nationalsozialismus erwies sich durchgehend als vielschichtiger Erfahrungs- und Handlungsraum, in dem Privatheit sowohl eine systemstabilisierende Ressource als auch eine individuelle Strategie war. In diesem Raum vermengten sich die Interessen von Regime und Individuen viel häufiger und ließen sich viel besser vereinbaren, als das die Forschung zuvor angenommen hatte.

Die Ausgangshypothese des Projekts war, dass Privatheit im NS-Staat keineswegs nur dichotomisch vom Gegensatz einer privaten Sphäre, die verteidigt werden musste, und einer öffentlichen Ordnung, die das Private kontrollieren und gewaltsam verändern wollte, geprägt worden sei. Vielmehr wurden eine Verflüssigung der Grenzen sowie ein unterschiedlich ausdifferenziertes Wechselspiel staatlicher Konzessionen und Repressionen mit persönlichen Anpassungen und Aneignungen vermutet. Diese Vorannahme wird durch die Projektergebnisse bestätigt. Das dadurch geschaffene neue Verständnis für die Komplexität des Privaten in der NS-Diktatur belegt seine hohe Relevanz für die

Geschichte des Nationalsozialismus und den heuristischen Wert des Privatheitbegriffs als Analysekategorie. Hieran werden, so hoffen wir, künftige Forschungen mit Erkenntnisgewinn anknüpfen können.

Johannes Hürter
Andreas Wirsching

EINLEITUNG

Die SS-Zeitung *Das Schwarze Korps* veröffentlichte Anfang 1940 einen Artikel mit dem bezeichnenden Titel »Vater auf Urlaub«.[1] Im Fokus stand das Wiedersehen von Wehrmachtssoldaten mit ihren Angehörigen. Viele, die zu Kriegsbeginn einberufen worden waren, erhielten Fronturlaub und kehrten zum Weihnachtsfest heim. Wirkmacht beanspruchten vor allem die großen Bilder: Sichtlich entspannt ließ sich der Heimkehrer im gepolsterten Sessel von seinen Söhnen aus den Stiefeln helfen, bevor sie gemeinsam exerzierten und mit Zinnsoldaten den »Wohnzimmertisch zur Front« umfunktionierten.[2] Mit einer Holzkanone in der Hand zeigte der Vater in Uniform seinem Nachwuchs auf einer Landkarte die Stationen des »Polenfeldzugs«. Der spätere Abend war elterlicher Zweisamkeit vorbehalten. Der nebenstehende Text warb um Verständnis, dass Soldatenfamilien dieses Idyll privater Häuslichkeit künftig nur noch punktuell erfahren würden. Priorität maß die Propaganda dem gegenwärtigen »Abwehrkampf« bei, der für die Zukunft des deutschen Volkes und der Nachkommen geführt werden müsse. Folgerichtig lag der tiefere Sinn des Fronturlaubs darin, »Glück und Kraft«, »Zuversicht und Vertrauen« zu spenden.[3] Immer häufiger griff das Regime die Themen Privatheit im Krieg und Heimaturlaub in sämtlichen Medien auf: Es zeigte die heimgekehrten Kämpfer ganz intim in der Badewanne[4], beim romantischen Bootsausflug mit der Urlaubsbekanntschaft[5] oder am üppig gedeckten Tisch mit der Familie.[6]

Die Bilder könnten nicht widersprüchlicher sein. Auf der einen Seite Normalität und Harmonie. Auf der anderen Seite die Realität des Krieges, der rund 18 Millionen deutsche Soldatenfamilien teils jahrelang auseinanderriss und der immer mehr Opfer forderte. Einerseits nährte das Regime die Hoffnung auf zivile Fluchtpunkte, auf Ruhepausen vom Krieg. Andererseits forderte es zu-

---

1 Archiv Institut für Zeitgeschichte (IfZ-Archiv), Z 1012, *Das Schwarze Korps. Zeitung der Schutzstaffeln der NSDAP – Organ der Reichsführung SS*, Artikel »Vater auf Urlaub« vom 4. Januar 1940, Seite 11 f.
2 Vgl. ebenda.
3 Vgl. ebenda.
4 Vgl. IfZ-Archiv, Z 1008 a, Zeitschrift *Signal*, 5 (1941), Erste Märzausgabe, Artikel »Was braucht ein Soldat, wenn er auf Urlaub kommt?«, S. 4 f.
5 Vgl. Staats- und Stadtbibliothek Augsburg (SuStB Augsburg), Gs 2958 -42/60, *Front und Heimat. Soldatenzeitung des Gaues Schwaben*, Artikel »Über den Umgang mit Urlaubern« vom 29.6.1942, S. 19.
6 Vgl. IfZ-Archiv, Z 1002, *Illustrierter Beobachter*, Bildserie »Hansjürgen kommt auf Urlaub« vom 21.3.1940.

nehmend den Verzicht auf sie. Unabhängig davon übernahm der Urlaub der Soldaten während des Zweiten Weltkriegs eine entscheidende Funktion für Staat, Partei und Militär. Die Soldatenzeitung *Wacht im Südosten* betonte im November 1941, das Thema Urlaub spiele in längeren Kriegen nicht nur für die Soldaten, sondern auch für die Führung eine große Rolle.[7] Dies belegt u. a. der enorme logistische Aufwand, den die Machthaber betrieben. Wilhelm Keitel, Chef des Oberkommandos der Wehrmacht (OKW), berichtete ein Jahr später, allein von der Ostfront befänden sich ständig zwischen 270.000 und 465.000 Mann auf Heimaturlaub.[8] Noch im Frühjahr 1944 erfasste die Operationsabteilung des Generalstabs täglich rund 22.000 Wehrmachtangehörige, die aufgrund ihres Urlaubs die Reichsgrenze passierten.[9]

Der Leiter der Parteikanzlei, Martin Bormann, betonte die Wechselbeziehung zwischen den Fronturlauben und den Geburtenziffern.[10] Propagandaminister Joseph Goebbels wurde nicht müde, »dem Führer« über die Betreuung der Fronturlauber durch die Partei zu berichten, was jenem »besondere Freude« bereitete: weil er »die Mißstände auf diesem Gebiet aus dem Weltkrieg genau« kannte.[11] Dies deutet auf die Motive, die sich mit den komplizierten Urlaubsregelungen verbanden. Die Soldaten sollten »seelische Vitamine« nach Hause bringen, die Heimatfront stärken und helfen, eine Wiederholung des Zusammenbruchs von 1918 zu vermeiden.[12] Urlaub galt als ein besonders wichtiges Mittel zur Aufrechterhaltung von Disziplin und Kampfkraft.[13] Er diente der Regeneration und der Rückversicherung ziviler Bindungen. Gewissermaßen handelte es sich um ein Tauschgeschäft: In dem Maß, wie Partei und Wehrmacht den Soldatenfamilien Zugeständnisse machten, versuchten sie, deren Durchhalte- und Leidensbereitschaft zu erhöhen. Aber nicht nur das: Auch die Gestaltung privater Beziehungsstrukturen wollte das nationalsozialistische Regime kontrollieren. Es erhob häusliche Harmonie während

---

7 Vgl. BArch-MA, RHD/69 82, *Wacht im Südosten* 41/42, Ausgabe 641 vom 27.11.1941, Artikel »Urlaub im Krieg«.
8 Vgl. Hürter/Uhl, Vinnica, S. 637.
9 Vgl. BArch-MA, RH 2/487 a, Berichte der Heeresabteilung T1 Operationsabteilung des Generalstabs an das Reichskriegsministerium, Lageberichte und Meldungen über den Gesamtkriegsschauplatz und aus den besetzten Gebieten an das OKH, Jg. 1944/1.
10 Vgl. BArch, NS 19/3289, Persönlicher Bestand Reichsführer SS, Abschrift Führerhauptquartier vom 29.1.1944.
11 Vgl. Goebbels-Tagebücher, Bd. 8, S. 262, Eintrag vom 10.5.1943.
12 Vgl. BArch-MA, RW 4/v-357, *Mitteilungen für die Truppe*, August 1943, »Urlaub an der Wende vom vierten zum fünften Kriegsjahr«.
13 Vgl. BArch-MA, ZA 1-1777, Mueller-Hillebrand, Burkhart, Personnel and Administration, Königstein 1948, S. 79, Dabei handelt es sich um eine Arbeit, die aus der kriegsgeschichtlichen Kooperation zwischen US-Armee und ehemaliger Wehrmacht hervorging.

EINLEITUNG

des Krieges zur Staatsräson. Selbst hinter der Offerte zu bloßer physischer Erholung steckte eine Erwartungshaltung. Während die Männer daheim neuen Einsatzwillen schöpften, hatten ihre Angehörigen sie dabei zu unterstützen. Abweichendes Verhalten wurde von den Behörden scharf sanktioniert. Neben Disziplin und Zwang, etwa durch die Wehrmachtjustiz, war der Heimaturlaub ein Instrument der NS-Diktatur, um Stimmung und Haltung von Front und Heimat zu lenken. Anhand des Fronturlaubs wird deutlich, wie die Führung Zugeständnisse an individuelle und zivile Bedürfnisse der Bevölkerung als Machtmittel nutzte.

Trotz der Fülle an Literatur zu Wehrmacht und NS-Regime liegt bis dato keine Abhandlung über die befristeten Freistellungen von Soldaten vor. Prämisse des vorliegenden Buches ist es daher, den Fronturlaub in all seinen relevanten Facetten – sowohl aus Sicht der Machthaber als auch in der Wahrnehmung der Soldaten und ihrer Angehörigen – darzustellen: Welches genuine Interesse hatte das NS-Regime daran? Weshalb und in welchem Ausmaß versuchte es, die Soldaten und ihre Familien vor und während Heimataufenthalten zu beeinflussen, zu kontrollieren und zu instrumentalisieren? Wie bewerteten die Soldatenfamilien das zeitlich befristete Wiedersehen, und mit welchen Problemen hatten sie aufgrund der zusehends auseinanderdriftenden Gegenwelten von Militär und Zivilleben zu kämpfen? Welche Konfliktfelder ergaben sich aus der permanenten Aushandlung zwischen privaten Lebensentwürfen und staatlichen Zugriffsversuchen? Welche Rolle spielten normative Grundlagen? Inwiefern trugen die Fronturlaube schließlich zur Stabilisierung von Diktatur und Kriegsgesellschaft bei, und inwieweit wandelte sich ihr Stellenwert aus Sicht der Beteiligten?

Aufbau

Das vorliegende Buch gliedert sich in drei übergeordnete Sektionen. In Teil (I.) geht es um Grundlagen, den historischen Kontext des Fronturlaubs, zeitgenössische Wahrnehmungen sowie Regelwerke und die praktische Vergabe. Der zweite Abschnitt (II.) nimmt die Zugriffsversuche des Regimes auf das Verhalten der Fronturlauber in den Blick. Dazu werden die Mittel, die zur Steuerung der Soldaten angewandt wurden – Appelle und Inszenierungen der Propaganda, Betreuungsmaßnahmen, Vergünstigungen und identitätsstiftende Angebote ebenso wie sozialer Druck, Überwachung und Zwang – untersucht. Den Kontrapunkt bilden Handlungsstrategien der Fronturlauber, die auf die Schaffung individueller Freiräume zielten. Diese wurden unter Umständen disziplinarisch oder gar gerichtlich sanktioniert. Schließlich erreicht das Augenmerk den sozialen Nahbereich der Soldatenfamilien (III.). Im Zuge des Wiedersehens nach langer Trennung werden die Praktiken der Akteure beleuchtet, die der Verteidigung privater Lebensentwürfe dienten, sowohl gegenüber der Partei als auch kriegsbedingten Gefahren der Entfremdung. Dramaturgisch orientiert sich die Studie an der Wahrnehmung eines zurückkehrenden Soldaten – von der Urlaubserteilung an der Front über die Reise und den Eintritt in die Heimat bis hin zum Wiedersehen mit der Familie. Es ist in Rechnung zu stellen, dass jeder Soldat in der Regel mehrere Heimaturlaube erhielt, deren Qualität je nach Zeitpunkt, Einsatzort und Dauer – subjektiv – variierte.

Das erste Kapitel (I.1.) widmet sich der historischen Entstehung der Institution Fronturlaub als Charakteristikum der Kriegführung des späten 19. und der ersten Hälfte des 20. Jahrhunderts. Die umfassende Mobilisierung der Gesellschaft, der Einsatz von Massenheeren und die daraus resultierende Verwischung von Front- und Heimatgebiet begründen das Interesse an der wechselseitigen Beeinflussung ziviler und militärischer Bereiche. Der Erste Weltkrieg bietet sich als Kontrastfolie an, weil hier zum ersten Mal auf breiter Basis das System befristeter Freistellungen erprobt wurde. Die Betrachtung entsprechender Rückbezüge führt zur Überlegung, wie die NS-Propaganda die Urlaubsvergabe der Obersten Heeresleitung (OHL) bewertete. Die Kenntnis von Regelwerk und praktischer Handhabung des Fronturlaubs ermöglicht die Einordnung der Befunde. Der Erste Weltkrieg im kollektiven Gedächtnis der Weimarer Republik und innerhalb der NS-Volksgemeinschaft dient der Auseinandersetzung mit Männlichkeitsidealen und Rollenverschiebungen. Das zweite Kapitel (I.2.) befasst sich sowohl mit den Grundlagen als auch mit der praktischen Urlaubsgewährung im Zweiten Weltkrieg. Der Wechsel der Direktiven spiegelt die Motive der Führung im Kontext der jeweiligen Kriegslage wider, Soldaten private Zugeständnisse zuzubilligen. Die Untersuchung der Vergabemechanismen vertieft diesen Aspekt und geht auf Abweichungen zwischen normativem Anspruch und Alltagspraxis ein. Eine quantitative Erhebung mit Soldbüchern und die Gegenüberstellung der Ergebnisse mit qualitativen Daten ergänzen die Analyse. Schließlich dient der Vergleich mit alliierten Streitkräften der Suche nach NS-Spezifika (I.3).

Die Betrachtung soldatischen Auftretens im öffentlichen Raum setzt ab dem Zeitpunkt ein, an dem die Männer von ihren Feldtruppenteilen aufbrachen. Es ist notwendig, die Reisewege zwischen Front und Heimat (II.1.) gesondert zu betrachten, da sie für die Urlauber besondere Erfahrungen bereithielten und für Regime wie Militärführung eine besonders heikle Zeitspanne darstellten. Zentral ist die Frage, welcher Stellenwert der Reise als »innerem Wandlungsprozess« zukam, in der sich die Soldaten auf ihre Rolle im Zivilleben rückbesinnen sollten. An dieser Nahtstelle bietet sich zudem der Blick auf die materielle Kultur des Fronturlaubs an (II.2.). Das nächste Kapitel widmet sich der medialen Inszenierung befristeter Heimkehr im Krieg (II.3.). Mit welchen Inhalten und Stilmitteln appellierte die Propaganda an das Verhalten der Soldaten? Mit zusehends prekärer Kriegslage legte die Führung zudem stärkeren Wert auf das Auftreten der Heimkehrer: das soldatische Erscheinungsbild wurde zum Gradmesser innerer Loyalität. Der Vergleich von offizieller Darstellung und individueller Selbstinszenierung offenbart, in welchen Kontexten sich die Urlauber eher an militärischen oder an zivilen Leitbildern orientierten. Der vierte Abschnitt folgt dem Gedanken, dass Konformität unter Fronturlaubern weitgehend durch Konzessionen hergestellt werden sollte, wobei Kontrollabsichten stets latent vorhanden waren (II.4.). Impulse auf Reichsebene werden mit lokalen Initiativen verglichen und damit Aspekte der polykratischen Herrschaftsstruktur des NS-Systems aus einer bislang unbekannten Warte betrachtet. Schließlich interessiert die Aushandlung öffentlicher und privater Grenzen anhand abweichender Äußerungen über die Kriegsaussichten und entlang genereller Normbrüche (II.5.).

Zuletzt werden die privaten Beziehungsstrukturen und die Versuche des NS-Regimes, steuernd Einfluss darauf zu nehmen, untersucht. Die Studie prüft zunächst die Distanz- und Trennungserfahrungen der Protagonisten an der Front und im Heimatgebiet, die das Aufeinandertreffen stark beeinflussten (III.1). Bevor die privaten Hoffnungen der Soldaten und Heimatangehörigen auf den Fronturlaub beleuchtet werden (III.3.), wird der Blick auf Maßnahmen der NS-Führung gelenkt (III.2.): Drei Unterkapitel beschreiben die funktionalen Forderungen, die das Regime an den Fronturlaub stellte. Zunächst steht der befristete Heimataufenthalt als soldatischer Regenerationsraum im Mittelpunkt. Die Erwartungen der Machthaber erlauben Rückschlüsse über geschlechtlich gebundene Rollenzuschreibungen. Bei der folgenden Betrachtung des Fronturlaubs als Instrument der Bevölkerungspolitik stehen gleichermaßen ledige wie verheiratete Soldaten im Fokus. Weiter stellt sich die Frage, wie die NS-Führung erkannten Tendenzen der Erosion innerhalb der Familien entgegenwirkte. Neben den Strategien, mit denen die Akteure ihre Beziehungen über die Distanz pflegten, wird geprüft, welche persönlichen Erwartungen die Soldaten und ihre Angehörigen an den Fronturlaub richteten (III.3). Bei der Betrachtung von Urlaubserfahrungen ist von Interesse, inwieweit die Soldatenfamilien durch ihr Alltaghandeln die staatlich gewünschten Intentionen des Fronturlaubs bewusst oder unbewusst bedienten oder ob sie durch ihr Verhalten die Entstehung neuer, abweichender sozialer Realitäten unterstützten. Abschließend werden Kriegsbeziehungen im Spiegel von Gerichtakten, speziell von zivilen Scheidungsprozessen, untersucht (III.4).[14]

---

14 Zur sozialen Funktion von Emotionen im Spannungsfeld aus Erwartung und Enttäuschung vgl. Rosenwein, Emotional Communities, S. 14-20.

Die endgültige Heimkehr nach der Niederlage kann aus pragmatischen Gründen nicht mit in den Blick genommen werden. An dieser Stelle sei darauf verwiesen, dass sich zum Fronturlaub gewisse Ähnlichkeiten, aber auch sehr deutliche Unterschiede zeigen. Ebenfalls wurde auf eine Untersuchung von Wehrmachthelferinnen oder Angehörigen des SS-Helferinnenkorps verzichtet. Sie gaben nach der Heirat in der Regel ihren Posten auf, daher können wesentliche Kriterien ab diesem Zeitpunkt nicht mehr geprüft werden. Allerdings waren auch die weiblichen Mitglieder des Wehrmachtgefolges – genau wie ihre männlichen Kollegen oder die Wehrmachtbeamten – der allgemeinen Urlaubsordnung unterworfen. Damit ist eine Betrachtung dieses Personenkreises indirekt gewährleistet. Darüber hinaus treten – ehemalige – weibliche Wehrmachtangehörige an zahlreichen Stellen dieser Studie durch Egodokumente in das Blickfeld; so als Korrespondentinnen, Partnerinnen oder Ehefrauen der Soldaten. Bei der Auswertung der Tagebücher und Feldpostbriefe standen die Hoffnungen, Wünsche und Sehnsüchte der Schreiber/innen, damit verallgemeinerbare Emotionen und Gefühlskategorien, im Zentrum des Interesses.[15] Eine Binnendifferenzierung dieser Befunde, nach sozialem Stand, Konfession oder Wohnort, schien nicht zielführend. Allerdings findet sich im Anhang eine Tabelle mit biografischen Angaben zu den Protagonisten sämtlicher archivalischer Konvolute, was eine vertiefende Zweitbetrachtung ermöglicht. Bei einigen der verwendeten Egodokumenten-Serien herrscht Anonymisierungszwang. Um die Zitation einheitlich zu belassen, wurden alle Personen unkenntlich gemacht, sofern es sich nicht um publizierte Bestände handelt.[16] Die Untersuchung differenziert zudem durchgängig nach Art und Ort des Einsatzes, sprich Front, rückwärtigem Kriegsgebiet, Etappe und Heimatkriegsgebiet. Dies ist an manchen Stellen, insbesondere jedoch bei Zitaten mitzudenken, wenn die Wehrmachturlauber pauschal als »Soldaten« oder »Kämpfer« auftauchen. Die Begriffe »Fronturlaub« und »Heimaturlaub« werden in der gesamten Arbeit synonym verwendet. Dies entsprach der gängigen sozialen Praxis. Allerdings handelte es sich in beiden Fällen um inoffizielle Begriffe des alltäglichen Sprachgebrauchs. Formal wurden Fronturlaub wie Heimaturlaub innerhalb der Wehrmacht »Erholungsurlaub« genannt. Alle anderen Bezeichnungen beschreiben verschiedene Varianten von Sonderurlaub, die sich von regulären Freistellungen dadurch unterschieden, dass zwingende Rahmenbedingungen hinzukamen. Von genuin nationalsozialistischen Begriffen distanziert sich die Studie, jedoch ließen sich Pauschalisierungen wie »Frontkämpfer« oder »Land-

---

15 Vgl. Forum, History of Emotions, S. 67-71.
16 Einen Ausnahmefall stellt das Konvolut von Ernst und Irene G. dar (MSPT 3.2002.0349). Es wurden die Originaldokumente im Archiv des Museums für Post und Telekommunikation Berlin eingesehen, die den Umfang der Publikation übersteigen.

ser« insbesondere im Quellenkontext kaum vermeiden. Zitate wurden in der Regel unter Verzicht auf [sic] belassen. Orthographische Fehler wurden nur korrigiert, wenn sie dem Textverständnis entgegenstanden.

Forschungskontexte und methodische Ansätze

Obwohl es sich beim Fronturlaub um ein Desiderat handelt, kann die Arbeit aufgrund der Fülle an Fragestellungen an zahleiche Forschungskontexte anknüpfen und auf ein breites methodisches Instrumentarium zurückgreifen. Da das Thema an der Schnittstelle von Militär- und Zivilgesellschaft liegt, ergeben sich Anschlussmöglichkeiten von der Alltags- und Kulturgeschichte über die Betrachtung von Herrschaftspraktiken bis hin zur Analyse von gesellschaftlichen und innerfamiliären Transformationsprozessen in Diktaturen und Kriegen. Entsprechend variieren Analysewerkzeug und Theoriebezüge. Um dieser Vielfalt gerecht zu werden, erfolgt hier die Vorstellung der wichtigsten Modelle, die abschnittsübergreifend Beachtung finden – tiefergehende punktuelle Erörterungen sind den entsprechenden Kapiteln vorangestellt.

Den weitaus größten Bezug, zunächst zur Militärgeschichtsschreibung, weist der erste Abschnitt auf, der wichtige Rahmenbedingungen darlegt. Dazu zählen Norm und Praxis des Fronturlaubs im Ersten und im Zweiten Weltkrieg sowie der Vergleich mit alliierten Streitkräften (I.). Zur Orientierung dienen Arbeiten insbesondere seit den 90er Jahren, die Wert auf eine Erweiterung tradierter Kriegsgeschichte legen. Neben dem Blick auf die Alltagserfahrungen des »kleinen Mannes« zeigen diese zunehmendes Interesse an kultur-, geschlechter- und sozialgeschichtlichen Belangen.[17] Wesentliche Impulse liefert zweifelsohne die Debatte um die »Verbrechen der Wehrmacht« im Zusammenhang mit den Ausstellungen des Hamburger Instituts für Sozialforschung.[18] Daraus erwuchsen Diskurse, die bis heute die Handlungsoptionen deutscher Soldaten im Spannungsfeld zwischen ideologischer Aufladung und situativen Prämissen beleuchten. Zudem sind Arbeiten im Zeichen der Referenzrahmenanalyse von Belang, da sich in der Selbstwahrnehmung der Soldaten Bezüge auf zivile wie militärische Sozialisationsinstanzen widerspiegeln.[19] Folgerichtig interessieren

---

17 Vgl. Wette (Hrsg.), Krieg des kleinen Mannes; Latzel, Soldaten; Jander, (Hrsg.), Schreiben im Krieg; Kühne (Hrsg.), Männergeschichte.
18 Vgl. Hürter/Hartmann (Hrsg.), Verbrechen der Wehrmacht; Bartov, Hitlers Wehrmacht.
19 Vgl. Sönke/Welzer (Hrsg.), Soldaten; Römer, Kameraden; Zu »Gefühlsmanagement« und emotionaler Sozialisation in verschiedenen Organisationen bzw. emotionalen Regimen vgl. Flam, Soziologie der Emotionen, S. 187-192.

Ansätze, die soziologische Funktionen des Kameradenkreises für das Individuum beschreiben. Außerdem Untersuchungen, die sich mit der Sozialstruktur einzelner Verbände auseinandersetzen und dadurch die Doppelexistenz der Soldaten zwischen Kampf- und Familienverband erhellen.[20] Ebenso wichtig sind jene Werke, die Krieg und Wehrmacht als Teil bzw. tragende Säulen der NS-Herrschaft kenntlich machen und Grenzverwischungen zwischen Kampf- und Heimatgebiet innerhalb von Kriegsgesellschaften thematisieren.[21]

Einige wenige Studien streifen den Fronturlaub zumindest im Zusammenhang mit anderen Fragen. Aufgrund ihres Umfangs ist an erster Stelle die Grundlagenarbeit zur Wehrmacht im »Dritten Reich« von Rudolf Absolon zu nennen. In fast allen sechs Teilbänden beansprucht der Fronturlaub einen eigenständigen Abschnitt. Deskriptiv werden wichtige Veränderungen der Urlaubsordnungen der Wehrmacht nachgezeichnet.[22] Benjamin Ziemann betrachtet den Fronturlaub im Ersten Weltkrieg im Rahmen ländlicher Kriegserfahrungen in einem Unterkapitel.[23] Martin van Creveld bespricht den Fronturlaub der Wehrmacht im Vergleich mit der US-Armee unter dem Aspekt der »Kampfkraft« auf einigen Seiten.[24] Christoph Rass wirft die Frage auf, ob Heimataufenthalte nach Verwundung reguläre Beurlaubungen alsbald übertrafen. Demnach hätten vor allem »Frontkämpfer« ihre Familien in zunehmendem Maße nur noch während Genesungsaufenthalten zu Gesicht bekommen.[25] Indem er untersucht, ob deutsche Soldaten – in West und Ost – zweierlei Kriegserfahrungen machten, berührt auch Andreas Jasper punktuell die Wahrnehmung des Fronturlaubs.[26] Die Publikation von Detlev Vogel »Andere Helme – Andere Menschen?« betrachtet Heimataufenthalte im internationalen Vergleich anhand edierter Egodokumente.[27] Zwar nur für den zivilen Sektor, doch mit der durchaus interessanten Schlussfolgerung einer »Pflicht zur Erholung« hat Wolfhard Buchholz das Thema Urlaub bereits in den 1970er Jahren aufgegriffen. Dies in seinem grundlegenden Werk zur Organisation »Kraft durch Freude« (KdF). Darin beschreibt er, inwiefern Freizeit und Urlaub im Nationalsozialismus ihre ideologische Begründung im Erhalt der Leistungsfähigkeit erfuhren und so nützlich für die Volksgemeinschaft wurden.[28]

20 Vgl. Kühne, Kameradschaft; Rass, »Menschenmaterial«.
21 Vgl. Hürter, Heerführer; Hartmann, Ostkrieg; Echternkamp (Hrsg.), Kriegsgesellschaft.
22 Vgl. Absolon, Wehrmacht.
23 Ziemann, Kriegserfahrungen, S. 77-97.
24 Vgl. Creveld, Kampfkraft, S. 127 f.
25 Vgl. Rass, »Menschenmaterial«, S. 151 f. und S. 160 f.
26 Vgl. Jasper, Zweierlei Weltkriege?
27 Vgl. Wette/Vogel (Hrsg.), Andere Helme.
28 Buchholz, »Kraft durch Freude«, S. 90 f.

Neben militärgeschichtlichen Werken sind Studien relevant, die sich Aushandlungsprozessen zwischen individuellen Lebensentwürfen und staatlichen Gewaltansprüchen widmen und sich methodisch wie analytisch am Spannungsverhältnis zwischen »Privatheit« und »Öffentlichkeit« orientieren. Dies gilt für die Untersuchung der Schnittstellen zwischen Militär- und Zivilgesellschaft (II.), insbesondere jedoch für die Betrachtung des familiären Nahbereichs (III.). Es stehen anschlussfähige Konzepte bereit, die es erlauben, Privatheit und Öffentlichkeit als Kategorien historischer Untersuchung zu nutzen. Vor allem zeigte die Soziologin und Philosophin Beate Rössler die Wechselwirkung mehrerer Ebenen des Privaten auf: Zur lokalen treten informationelle und dezisionale Dimensionen von Privatheit. Der Wert dieser drei Kategorien liegt in ihrer funktionalen Vorbedingung einer autonomen Lebensführung. Diese Definition scheint für die vorliegende Untersuchung der NS-Diktatur sinnvoll, weil sie Aspekte der Performanz, sprich Zusammenhänge von Sprechen und Handeln im öffentlichen Raum, mit einbezieht; Privatheit und Öffentlichkeit werden folglich nicht als starre Normen aufgefasst.[29]

Parallel zu den steigenden Reglementierungsversuchen des NS-Regimes fragt die Untersuchung nach Grenzverschiebungen zwischen privater und öffentlicher Sphäre innerhalb der deutschen Gesellschaft während Krieg und Diktatur. Naturgemäß passen hierbei einige Themenfelder sowohl in die Rubrik des öffentlichen Raumes als auch in jene des familiären Bereichs. Vermeintliche Grauzonen und Überlappungen sind jedoch nicht als Einschränkung zu verstehen, sondern als lohnende Ansatzpunkte der Analyse. Irritationen, die es zu überbrücken gilt, entstehen in vielen Fällen aus einer vorschnellen Überzeichnung des lokalen Aspekts von Privatheit: Selbstverständlich sind die eigenen vier Wände unerlässlich für die familiäre Reproduktion oder die Verwirklichung des Wunsches nach Ruhe. Bei der Abgrenzung von anderen, dem Wunsch, von unliebsamen Eingriffen verschont zu bleiben, oder dem Schutz persönlicher Informationen spielen neben dem Raum jedoch die Kontrolle von Wissen und die Mitsprache bei Entscheidungen eine zentrale Rolle.[30]

Ein weiterer Sachverhalt kommt zum Tragen: Zu keinem Zeitpunkt und in keiner Gesellschaft handelte es sich bei Privatheit und Öffentlichkeit um

---

29 Vgl. Rössler, Wert des Privaten, S. 19-26 und S. 134-136; Jurczyk/Oechsle (Hrsg.), Privatheit, S. 34-36; Fischer-Lichte, Ästhetik, S. 31-41; Fischer-Lichte, Performativität, S. 37-52; Weiß (Hrsg.), Vom gewandelten Sinn für das Private, S. 27f.; zur juristisch unterschiedlichen Behandlung von Delikten im privaten, halböffentlichen und öffentlichen Raum insbesondere Fronturlauber betreffend vgl. Hornung, Denunziation, S. 89f.; ferner Frevert, Geschlechterordnung, S. 151f.; zur Einflussnahme von Gefühlsregimen auf Grenzziehungen zwischen privaten und öffentlichen Bereichen vgl. Rosenwein, Emotional Communities, S. 20-25.

30 Vgl. Rössler, Wert des Privaten, S. 19-26 und S. 134-136.

zwei eindeutig definierte Kategorien, die trennscharf voneinander abgegrenzt werden können. Dies gilt für Demokratien und Diktaturen gleichermaßen. Unterschiede liegen eher in Ausmaß und Entschlossenheit, Öffentlichkeit zu kontrollieren und Privatsphäre zu beeinflussen. Der Schutz von Privatheit hängt in Demokratien von normativ-staatlichen Voraussetzungen ab und ist dadurch an Vernunft und den Grad der Freiheitlichkeit von Politik gebunden. Somit benötigt jede beständige Volksherrschaft eine pluralistische Öffentlichkeit, die wiederum auf einer stabilen Privatsphäre basiert.[31] Wenngleich im Nationalsozialismus gänzlich andere Voraussetzungen vorlagen, ist es mittlerweile doch Konsens, dass dessen Vertreter »keine Phantasten« waren und sich tunlichst davor hüteten, die »Privatsphäre vollständig und direkt zu politisieren.« Die Machthaber zogen es vor, in erster Linie private Bereiche, teils auch öffentliche und halböffentliche Räume, medial zu durchdringen und indirekt zu kontrollieren. Konzepte der In- und Exklusion waren insbesondere bei der Inszenierung der Volksgemeinschaft wichtig.[32] Trotz zunehmender Repression während des Krieges und dem Rückzug vieler Deutscher hinter den vermeintlichen Schutz ihrer Wohnungstür war die Gesellschaft nicht völlig »atomisiert«. Informeller Austausch sicherte zumindest ansatzweise den Fortbestand einer Ersatzöffentlichkeit.[33] Dass Privatheit und Öffentlichkeit nur aufeinander bezogen gedacht werden können und sich in der Tat wechselseitig ergänzen, hat Einfluss auf die Analyse des Fronturlaubs. Es stellt sich weniger die Frage, ob Privatheit während des Heimataufenthalts gewährt wurde, sondern mehr nach Intensität und Ausformung. Zur Beurteilung privater Handlungsmöglichkeiten ist die Kenntnis gesellschaftlicher Konventionen im öffentlichen Raum ebenso wie staatlicher Ansprüche unerlässlich. Individuelles Auftreten in der Öffentlichkeit kann durchaus eine Kategorie von Privatheit darstellen, indem zuvor unbeeinflusst getroffene Entscheidungen autonom ausgeführt werden.

In dieselbe Richtung verweisen weitere Autoren, die mit dem Analysemodell Privatheit und Öffentlichkeit operieren. Karin Jurczyk und Mechtild Oechsle untersuchen das Begriffspaar im Kontext diktatorischer Gesellschaften. Darüber hinaus fragen sie nach der Bedeutung beider Bereiche für das Funktionieren demokratischer Systeme. Sie beleuchten Aspekte der Genderforschung und stellen neben einer »Veröffentlichung des Privaten« zugleich die »Privatisierung« des Öffentlichen« fest.[34] Richard Sennet erklärt in diesem Zusammenhang den Verfall und das Ende des öffentlichen Lebens, da die Tyrannei von Privatheit und Intimität in Medien und allgemein zugänglichen Bereichen um sich

---

31 Vgl. Jurczyk/Oechsle (Hrsg.), Privatheit, S. 34-36.
32 Vgl. Marzolek/Saldern, Mediale Durchdringung, S. 97 und S. 101 f.
33 Vgl. Wirl, Öffentliche Meinung, S. 5-8; Aly (Hrsg.), Volkes Stimme, S. 9-21.
34 Jurczyk/Oechsle (Hrsg.), Das Private. S. 24-26.

greift.³⁵ Im Rekurs auf Jürgen Habermas postuliert auch Paul Nolte das Scheitern der Öffentlichkeit, da sie ihre ursprüngliche Verankerung in der Privatheit verliere. Die inzwischen überlebte »Sandkastenfreundschaft« von Privatheit, Öffentlichkeit und Kapitalismus verortet er in der Aufklärung des 17. und 18. Jahrhunderts.³⁶ Ela Hornung ergänzt im Kontext von ambivalenten Urlaubererzählungen und Denunziationen an der Heimatfront den Begriff der Öffentlichkeit um den der »halböffentlichen« Räume. Dies verweist auf die soziale Praxis des Regimes, abträgliche Äußerungen als »wehrkraftzersetzend« einzustufen, wenn sie nur potenziell über den Privatbereich hinausdringen beziehungsweise wirksam werden konnten.³⁷ Insofern interessiert nicht nur, wie weit der Nationalsozialismus häusliche, sprich lokal definierte Privaträume infiltrierte. Komplementär ist zu prüfen, in welchem Umfang damals private Handlungsoptionen öffentliche Räume besetzten. Inwieweit wurde dies seitens des Regimes bekämpft, toleriert oder gar genutzt, um andernorts virulentes Konfliktpotential abzuleiten? Einerseits geht es um staatliche Inszenierungsstrategien des Fronturlaubs, andererseits um Formen individueller Selbstdarstellung bis hin zur Normüberschreitung. Analytisch greift die Studie hier vorrangig auf Theoriemodelle der Kulturwissenschaften zurück, die sich mit der kategorialen Bedeutung von »Performanz« und »Performativität« als Faktoren gesellschaftlichen Wandels beschäftigen.³⁸ Das Instrumentarium der Theaterwissenschaft lässt sich bevorzugt auf politische Aufführungen und »Massenspektakel« anwenden, die »Bevölkerungsgruppen im Sinne der Herrscher« manipulieren sollten. Der nationalsozialistische Hang zu symbolischen und rituellen Gesten erzeugte performative Akte par excellence. Dies gilt nicht nur für Kundgebungen oder Parteitage. Dazu zählt ebenso der Versuch, bis dato religiös konnotierte Akte wie Taufe, Konfirmation, Eheschließung oder Begräbnisse durch »NS-Lebensfeiern« zu besetzen. Daneben durchdrangen konformitätsbekundende Formeln wie der »Hitlergruß« und andere Floskeln den Alltag.³⁹ Das Begriffspaar aus Inszenierung und Aufführung erfährt mit Blick auf den Fronturlaub eine besondere Bedeutung. Inszenierung wird definiert als ein »Vorgang der Planung, Erprobung und Festlegung von Strategien, nach denen die Aufführung performativ hervorgebracht werden soll.«⁴⁰ Darunter sind alle Maßnah-

---

35 Sennet, Tyrannei, S. 152 f.
36 Vgl. Nolte, Öffentlichkeit und Privatheit, S. 499-512; über Emotionen als öffentliche und private Entitäten vgl. Krueger, Emotions and other Minds, S. 323 f.
37 Vgl. Hornung, Denunziation, S. 60 f.
38 Vgl. Fischer-Lichte, Ästhetik, S. 31-41; Fischer-Lichte, Performativität, S. 37-52.
39 Vgl. Fischer-Lichte, Performativität, S. 57 f., S. 40 und S. 44; Fischer-Lichte, Ästhetik, S. 32.
40 Vgl. Fischer-Lichte, Ästhetik, S. 327 f.

men des Regimes von Zwang bis Zugeständnissen zu rechnen, die das Verhalten der Fronturlauber präformieren, sprich – schon vor der Ankunft in der Heimat – in die gewünschten Bahnen lenken sollten. In diesem Sinne handelt es sich bei der Inszenierung um das Drehbuch für die eigentliche Aufführung. Letztere beschreibt das tatsächliche Handeln, die soziale Praxis der Fronturlauber. Entscheidend für die NS-Führung war, dass sowohl propagandistische Appelle wie auch konkrete Maßnahmen – etwa Gratifikationen – als authentisch empfunden wurden. Die Inszenierung wirkte, wenn sie nicht wahrgenommen wurde. Je weiter aber die Aufführung von der gewünschten Dramaturgie abwich, umso höher war die Wahrscheinlichkeit von »Emergenz«: als Folge davon justierten sich Werte und Moralvorstellungen der Akteure neu.[41] Abweichendes Verhalten forderte das Regime allerdings nicht zwangsläufig heraus. Es gab qualitative Unterschiede. Der Grad der Bedrohung hing neben der Selbstdarstellung der Individuen eng mit den Intentionen ihres Handelns zusammen. Beispielsweise steckten sich reihenweise Soldaten während ihres Fronturlaubs regelwidrig Orden und Ehrenzeichen an. Obwohl es als Normbruch geahndet wurde, drückten die Betreffenden dadurch ihre Zustimmung zum herrschenden Wertesystem aus. Diese Form der Performanz huldigte dem fortwirkenden Mythos einer überlegenen Wehrmacht. Hierfür hatte die NS-Propaganda den Grundstein in der ersten Kriegshälfte gelegt, indem sie siegreich heimkehrende Urlauber medial zur Schau stellte. Das komplexe Wechselspiel aus Inszenierung, Aufführung, Emergenz und Liminalität[42] verdeutlicht die Performanzforschung anhand eines Themas, das erstaunliche Parallelen aufweist: gemeint sind Sportwettkämpfe und insbesondere die Olympischen Spiele von 1936. Der Ruhm errungener Siege wirkte mythisch fort, selbst als Niederlagen folgten. Daraus resultiert ein Zusammenhang zwischen der medialen Aufbereitung des Fronturlaubs und der Durchhaltebereitschaft der deutschen Kriegsgesellschaft.[43] Dass dieses Modell ebenso auf die Erfassung und Aburteilung von Normbrüchen anwendbar ist, zeigt sich im Kapitel »Kampf um öffentliche und private Grenzen« (II.5.). Deliktsstrukturen werden in analytische Kategorien aufgeschlüsselt, so etwa in spontane Sprechakte oder in komplexere Handlungen, die einer gewissen Planung bedurften und nicht selten private Motivationen offenbaren.

Im Zuge der Analyse von Inszenierung und Selbstdarstellung werden Fotografien der Propaganda mit privaten Aufnahmen verglichen. Eine Sonder- beziehungsweise Mischform nehmen Bilder ein, die in zeitgenössischer Manier

---

41 Vgl. Fischer-Lichte, Ästhetik, S. 331; Fischer-Lichte, Performativität, S. 75-85.
42 Vgl. Turner, The Liminal, S. 4-20.
43 Vgl. Fischer-Lichte, Performativität, S. 115 f.

von Heimatfotografen angefertigt wurden. Diese weisen in der Regel zwar keine politische Intention auf und zeigen eher ungezwungene Szenen des privaten Alltags; doch sind die Motive – wie in der Propaganda – arrangiert. Erwähnt seien in diesem Zusammenhang Methoden der empirisch-wissenschaftlichen Bildanalyse. Sie suchen unter anderem nach der generativen Kraft von Bildern, ihrer Fähigkeit, neue Wirklichkeiten zu konstruieren.[44] Bedeutung für die vorliegende Studie besitzt in erster Linie die Bezugsrealität, sprich die Art der Darstellung historischer Kontexte. Worauf wird der Blick des Betrachters gelenkt, und welche Wirkung reklamiert das jeweilige Bild?[45] Anknüpfungspunkte ergeben sich für die Bereiche Militärjustiz[46], dem Themenkomplex Propaganda, Stimmung, Haltung und »öffentlicher« Meinung[47] sowie zu Studien jüngeren Datums, die ihr Augenmerk auf die Truppenbetreuung richten.[48]

Mit Blick auf Soldatenbeziehungen und den privaten Nahbereich bieten sich Anschlussmöglichkeiten zur Genderforschung und kulturgeschichtlichen Arbeiten über die NS-Familienpolitik im Krieg. Eine wegweisende Studie, die auf Kriegerfrauen fokussiert und anschaulich Versuche ihrer Sozialdisziplinierung durch das Regime zum Wohle der kämpfenden Soldaten herausarbeitet, legte Birthe Kundrus bereits in den 90er Jahren vor.[49] Inzwischen ist eine Fülle an Studien hinzugekommen, die Rollenverschiebungen und innerfamiliäre Transformationsprozesse im Krieg in den Mittelpunkt stellen. Dennoch fehlen geschlechts-, alltags- und sozialgeschichtliche Analysen, die sowohl das wechselseitige Verhältnis von Militär- und Zivilgesellschaft beleuchten als auch soldatische Blickwinkel und Männlichkeitskonzepte einbeziehen.[50] Unabhängig davon bildeten sich konträre Strömungen heraus, die einerseits den Tenor der »Familie in der Krise im Krieg« bedienen, andererseits deren Beharrungskraft und Formen neuer emotionaler Intensität feststellen.[51] Schlussfolgerungen, die Fronturlaube wie auch die Briefkommunikation pauschal als »Sonntagsbezie-

---

44 Vgl. Paul, Bildermacht, S. 9 f.
45 Vgl. ebenda: Technische Faktoren der Bedingungsrealität wie der Nutzungs- und Wirkungsrealität können hier tendenziell vernachlässigt werden, da sie den Untersuchungsrahmen übersteigen.
46 Vgl. Theis, Wehrmachtjustiz; Wette/Vogel, (Hrsg.), Das letzte Tabu; Messerschmidt/Wüllner, Wehrmachtjustiz.
47 Vgl. Wirl, Öffentliche Meinung; Baird, Propaganda; Hano, Pressepropaganda; Steinert, Stimmung; Aly (Hrsg.), Volkes Stimme; Kallis, Deutungsmacht.
48 Vossler, Propaganda; Hirt, Truppenbetreuung.
49 Kundrus, Kriegerfrauen.
50 Vgl. Hagemann, Geschlechter, S. 103-105; Pine, Policy; Herzog, Sex after Facism; Dietrich/Heise (Hrsg.), Männlichkeitskonstruktionen; Frevert, Honor, Gender and Power, S. 233-237.
51 Vgl. Vaizey, Surviving, S. 2 f. und S. 57 f.; Kasberger, Heldinnen; Seegers, (Hrsg.), Kriegskinder.

hungen« klassifizieren, vermeiden derlei polarisierende Sichtweisen. Sie lassen die Möglichkeit für Konfliktpotenzial offen und berücksichtigen, dass vieles nicht thematisiert wurde oder zumindest keinen Eingang in die Quellen fand.[52] Die vorliegende Arbeit untersucht sowohl Strategien, die der Stabilisierung von Beziehungen dienten, als auch Faktoren der Entfremdung.[53] Zudem wird gefragt, inwieweit dominierende, allerdings vereinfachende Sichtweisen relativiert werden müssen.[54] Der Zugang erfolgt unter anderem, indem die Hoffnungen, Sehnsüchte und Ängste der Soldaten wie ihrer Angehörigen in den Blick rücken, die sie auf die zeitlich befristeten Begegnungen richteten. Anschließend werden diese mit den realen Erlebnissen verglichen. Methodische Überlegungen, »Erwartungen« und »Erfahrungen« als analytische Kategorien im Spannungsfeld aus »Enttäuschung« und »Bestätigung« zu operationalisieren, liegen seit Jahrzehnten vor.[55] Fruchtbar sind insbesondere Reflexionen zur kontinuierlichen Überlagerung von Erfahrungen; Hoffnungen und Enttäuschungen schreiben sich demnach auch rückwirkend in Deutungs- und Erwartungshorizonte ein. Dies ermöglicht es zu analysieren, wie sich qualitative Zuschreibungen bei mehrmaliger Urlaubsgewährung veränderten. Zusätzlich bietet sich die Orientierung an emotionstheoretischen Ansätzen an, weil der Blick auf Soldatenbeziehungen zwangsläufig die Gefühlshorizonte der Protagonisten tangiert. Gewiss ist zu berücksichtigen, dass sich Emotionen in den Quellen zeitverzögert und gebrochen abbilden. Da jedoch komplexe Empfindungen im Vordergrund stehen, die auf sozialer und kultureller Konditionierung basieren, ist der Rückgriff auf gesellschaftliche Sinngebungsmuster möglich.[56]

So wird nachvollziehbar, wie es den Angehörigen widerstreitender »Gefühlsregime« an Front und Heimat nach langen Phasen der Trennung gelang, den gemeinsamen Alltag fortzuführen, und welche Gründe zum Scheitern führten.[57] Wie wirkte sich die häufig postulierte »erschreckende Barbarisierung« der Wehrpflichtigen zwischen 1939 und 1945 – im Unterschied zum Ersten Welt-

---

52 Vgl. Dörr, Frauenerfahrungen, S. 197-201.
53 Über die Notwendigkeit konkret personalisierter Nahwelten zur Aufrechterhaltung intimer Beziehungen vgl. Luhmann, Liebe, S. 60 f.
54 Die Ursache polarisierender Beurteilungen zwischen der »Familie in der Krise« und kriegsgenährter Harmonie wird in unzulänglichen Quellenkorpora erblickt, wobei sich die Arbeiten einerseits zu stark auf Ego-Dokumente, andererseits zu stark auf Aktenmaterial staatlicher Überwachungsorgane stützen. Weitere Überlegungen werden im Abschnitt »Quellen« angeführt.
55 Vgl. Koselleck, Vergangene Zukunft, S. 349-376.
56 Kochinka, Emotionstheorien, S. 13-50; Latzel, Soldaten, S. 125.
57 Vgl. Frevert, Gefühle S. 197 f.; zur Definition emotionsgeschichtlicher Themenstellungen, der Übermacht von »emotio« gegenüber »ratio« in faschistischen Gesellschaften und der historischen Arbeit als subjektiv-emotionsbestimmtem Handeln vgl. Plamper, Geschichte und Gefühl, S. 49 f.

EINLEITUNG

krieg – auf das Familienleben quer durch alle sozialen Schichten aus?[58] Welchen Einfluss nahmen Vorstellungen der Ehe als Kameradschaft zwischen Mann und Frau auf das Erleben des Fronturlaubs?[59] Um Traumatisierungen als vorbedingendes Moment der Heimkehr besser in den Blick zu bekommen, streift die Studie bisweilen Themenbereiche der »Psychohistorie«. Zum Vergleich werden gegenwärtige Arbeiten herangezogen, die beispielsweise kognitive Dissonanzen von Kriegsheimkehrern, so von Soldaten der Bundeswehr aus Afghanistan, untersuchen.[60] Im Gegenzug wird gefragt, wie positiv bewertete Einsatzerlebnisse und neu erfahrene Freiheiten die Heimkehr beeinflussten. Hierzu dienen Werke, die Aspekte des Krieges als Reise betonen oder die mannigfaltigen Möglichkeiten deutscher Soldaten aufzeigen, Beziehungen mit einheimischen Frauen im besetzten Gebiet einzugehen.[61]

Quellen

Die Überlieferung zum Themenkomplex Fronturlaub ist insgesamt sehr heterogen und bisweilen disparat. Bestände unterschiedlichsten Umfangs finden sich auf allen Hierarchiestufen militärischer wie staatlicher Instanzen und reichen bis zur Ebene individueller Wahrnehmung. Entsprechend breit sind die Gattungen gestreut: von Gesetzesnovellen und amtlichen Schriftwechseln, die sich mit praktischen Alltagsfragen befassen, über Unterlagen überwachender Organe bis hin zu Propagandaerzeugnissen und Ego-Dokumenten, unterschieden nach ihrem Aussagewert in Tagebücher, Feldpostbriefe und nachträglich verfasste Memoiren. Durch eine möglichst breit angelegte Überlieferungsbasis werden Verzerrungen und quellenkritische Einschränkungen ausgeglichen.

Die umfänglichste Überlieferung mit unmittelbaren Bezügen zum Fronturlaub findet sich naturgemäß in den Unterlagen von Wehrmacht und Reichswehr. Der administrative Rahmen ist im Bundesarchiv-Militärarchiv Freiburg (BArch-MA) anhand von Urlaubsordnungen, Armee- und Heeresverordnungsblättern, Druckschriftensammlungen der unterschiedlichen Waffengattungen und weiterer Unterlagen der übergeordneten Wehrmachtbehörden ab dem Jahr

---

58 Vgl. Hagemann/Schüler-Springorum (Hrsg.), Home – Front, S. 13 f.
59 Vgl. ebenda, S. 19 f., S. 181 f. und S. 233 f.; ferner Frevert, Geschlechterordnung, S. 146-159; Streubel, Deutsche Treue, S. 206-209.
60 Vgl. Separd, Nerves; Crouthamel, Male Sexuality; Prüll (Hrsg.), Medikale Kultur; Gmelch (Hrsg.), Soldatenfamilien; dies geschieht unter Berücksichtigung des jeweils zeitgebunden und gesellschaftlich stark divergierenden Umgangs mit traumatisierenden Erfahrungen.
61 Vgl. Mühlhäuser, Eroberungen; Röger, Kriegsbeziehungen; Latzel, Soldaten; Jasper, Zweierlei Weltkriege?

1920 lückenlos zu eruieren.⁶² Die Bestimmungen sind derart umfangreich, dass selbst die wichtigsten Veränderungen der fortlaufend überarbeiteten Novellen lediglich in Tabellenform präsentiert werden können. Vollkommen fragmentarisch bildet sich demgegenüber die praktische Urlaubsvergabe ab. Um dennoch einen Eindruck zu gewinnen, wie lange die Soldaten je nach Zeitpunkt des Krieges und in Abhängigkeit ihrer Einsatzorte auf ein Wiedersehen mit ihren Familien warteten, wurden über 400 Soldbücher ausgewertet. Diese werden in der Deutschen Dienststelle (WASt) in Berlin aufbewahrt.⁶³ Die übrigen Bestände des Freiburger Militärarchivs erlauben eine schlaglichtartige Annäherung an weitere Facetten des Fronturlaubs: Die Akten des Generals zur besonderen Verwendung (Gen. z. b.V.) im OKW spiegeln Umfang und Maßnahmen von Betreuung und Überwachung, etwa im Wehrmachtreiseverkehr, wider. Gleiches gilt für die Unterlagen der Kommandanten rückwärtiger Armeegebiete, der Verkehrskommandanturen sowie der Dienststellen und Einheiten der Ordnungstruppen, der Geheimen Feldpolizei und der Betreuungs- und Streifendienste des Heeres. Daran schließen die Aufgabenbereiche jener Stellen des Ersatzheers an, die sich mit Fragen wie Meldepflicht, Bewegungsfreiheit, Gratifikation, Verhalten und Disziplinierung der Heimaturlauber befassten. Zu nennen sind die Überlieferungen von Wehrkreiskommandos, Standortältesten und deren Fürsorgeoffizieren, von Versorgungs- und Verwaltungsdienststellen außerhalb des Feldheers sowie von Wehrbezirkskommandos und Wehrmeldeämtern bis hin zu Wehrwirtschafts- und Rüstungsämtern. Daneben waren selbst Sanitätsdienststellen in Vergabe und Praxis des Fronturlaubs involviert, ebenso wie Wehrmachtgerichte bei Normüberschreitungen.

In vielen Bereichen griffen Aufgaben von Wehrmacht, Staat und Partei ineinander. Überlieferungen, die entsprechende Maßnahmen auf Reichsebene schildern, befinden sich in der Außenstelle des Bundesarchivs Berlin-Lichterfelde (BArch). In erster Linie sind die Bestände Partei-Kanzlei, Reichspropagandaleiter der NSDAP, Reichspropagandaministerium, Reichssicherheitshauptamt und Persönlicher Stab Reichsführer SS sowie SS- und Polizeigerichtsbarkeit zu nennen. Hinzu kommen Akten von Deutscher Arbeitsfront, Hauptamt der Ordnungspolizei, Deutschem Gemeindetag, Reichsfinanzministerium und Reichsministerium für Wissenschaft, Erziehung und Volksbildung. Da die Studie Maßnahmen oberster Verwaltungsebenen mit regionalen Initiativen vergleicht, war die Auswahl einiger Instanzen auf Gau- bzw. kommunaler Ebene nötig. Die Wahl fiel auf Städte, die für das Regime Symbolfunktion be-

---

62 Die Armeeverordnungsblätter und Heeresdruckvorschriften befinden sich zudem im Archiv des Instituts für Zeitgeschichte in München.
63 Angaben zu den Basisdaten des Samples und weitere quellenkritische Überlegungen sind dem entsprechenden Unterkapitel vorangestellt.

saßen, weshalb die Betreuung von Fronturlaubern dort folglich mit gesteigerter Dringlichkeit betrieben wurde: Neben der Überlieferung des Landesarchivs Berlin (LAB) sowie des Stadtarchivs Nürnberg (StadtAN) sind entsprechende Maßnahmen im Stadtarchiv München (StdAM) umfangreich dokumentiert. Eine ebenfalls gute Überlieferungslage findet sich im Staatsarchiv München (StAM). Dies erlaubt die Ausweitung der Analyse auf umliegende Regionen.[64] Weiterhin wurden in großem Umfang Ego-Dokumente ausgewertet. Aus Archivbeständen des Instituts für Zeitgeschichte München (IfZ), dem Tagebucharchiv Emmendingen (DTA), dem Museum für Post und Telekommunikation in Berlin (MSPT), der Sammlung Frauennachlässe (Universität Wien) und dem Imperial War Museum London (IWM) wurden über 6.000 Feldpostbriefe und Tagebucheinträge, verteilt auf 38 Konvolute, gesichtet. Hinzu kamen mehrere Dutzend publizierte Bestände, die sich auf die Zeiträume des Ersten und des Zweiten Weltkriegs verteilen. Priorität genoss die Auswertung zeitnaher Dokumente; nachträglich abgefasste Erinnerungsberichte wurden nur in Ausnahmefällen berücksichtigt. Größten Erkenntnisgewinn bieten Serien, die möglichst geschlossen längere Zeiträume abdecken und so Wandlungen von Einstellungen offenbaren. Es wurde Wert darauf gelegt, die Mentalitäten der Schreiber adäquat zu erfassen und wiederzugeben, zumal nur ein Bruchteil des gesichteten Materials präsentiert werden kann.

An generelle Einschränkungen der subjektiven Quellengattung »Ego-Dokumente« – »vermeintliche Authentizität«, innere wie äußere Zensur oder ungleiches Verhältnis zwischen Front- und Heimatbriefen[65] – schließen sich weitere kritische Überlegungen an: Stößt die Suche nach Entfremdungserfahrungen und Eheproblemen im Krieg nicht zwangsläufig an eine methodische Grenze? Ist nicht per se ein schiefes Überlieferungsverhältnis anzunehmen, ein eindeutig quantitatives Übergewicht an Kriegsbriefen, die erfolgreiche Strategien »intakt« gebliebener Familien dokumentieren?[66] Skepsis ist angebracht, ob die Entscheidungen von Bestandbildnern, Überlieferungen zugänglich zu machen, nicht selektiven Kriterien wie dem Schutz der Privatsphäre der Vorfahren folgen. Feldpostbriefe und in vielen Fällen sogar die Tagebücher beschreiben den Fronturlaub zudem aus der Distanz, der Situation der Trennung heraus. Sie halten in erster Linie die Vorfreude, die Ankunft und den Abschied fest. Rückblicke erfolgen bereits in gebrochener oder verklärender Form. Die Zeit-

---

64 Ergänzend wurden Bestände des Bayerischen Hauptstaatsarchivs (BHSta) sowie für den Gau Schwaben des Staatsarchivs Augsburg (StA Augsburg) ausgewertet.
65 Vgl. Latzel, Feldpostbriefe, S. 172 f.; Vogel, Kriegsalltag, S. 199 f.; Humburg, Feldpost, S. 68-73; Reimann, Vom Töten schreiben, S. 307-311.
66 »Intakt« meint hier ausschließlich das weitgehende Fehlen zwischenmenschlicher Entfremdung und bezieht sich nicht auf Todesfälle, Verwundungen etc.

spanne zwischen idealisierter Erwartung, potenzieller Enttäuschung im Urlaub und nachträglicher schriftlicher Reflexion ist häufig nicht unerheblich – sofern letzteres Bedürfnis überhaupt bestand. So steigt die Tendenz, Probleme in der Briefkommunikation zu verschweigen oder zu marginalisieren.[67] Gerade deswegen wäre jedoch die Annahme verfehlt, sämtliche Schwierigkeiten seien auf die endgültige Heimkehr vertagt worden. Als Korrektiv zu diesen quellenbasierten Einschränkungen dient die Prüfung ziviler Scheidungsfälle auf Gesetzmäßigkeiten kriegsbedingter Entfremdung. Die untersuchten Akten stammen aus dem Staatsarchiv München und dem Landesarchiv in Berlin.

Des Weiteren wurden in größerem Umfang Druckerzeugnisse der Propaganda, in erster Linie Zeitungen ausgewertet. Einen wesentlichen Teil davon machen sogenannte Graben- beziehungsweise Frontzeitungen aus.[68] Einen ergiebigen Bestand bietet zudem die schwäbische Gauzeitung *Front- und Heimat*. Sie erschien während des Krieges alle zwei Wochen und ist vollständig in der Augsburger Staats- und Stadtbibliothek (SuStB Augsburg) erhalten. Hinzu kommen Wochenschauen und Propagandafilme aus der Abteilung Filmarchiv des Bundesarchivs (BArch-FA) sowie weitere Artikel und Berichte aus genannten Lokalarchiven. Im Rahmen der staatlichen Agitation sind ebenfalls quellenkritische Einwände zu berücksichtigen: Die Kriegspropaganda interessierte sich weniger für die Abbildung reeller Begebenheiten, sondern zielte vornehmlich auf die Mobilisierung der Volksgemeinschaft. In praktischer Konsequenz drohte sie, die Grenze zwischen kulturellen, politischen, öffentlichen und privaten Lebensbereichen zu verwischen.[69] Allerdings konnten selbst die medialen Inszenierungen des Regimes nicht auf »Reste« oder »Splitter« von Realität verzichten.[70] Das Augenmerk muss über den Aussagegehalt hinaus auf die Intention gelenkt werden. Je nach Sujet und Darstellungsform liegt diese mehr oder weniger offen auf der Hand: Ein Bericht, der wegen wachsender Anzeichen familiärer Entfremdungen Anweisungen zur Briefkommunikation liefert, darf wohl direkter gedeutet werden als eine Allegorie, die den Krieg zum Heilsbringer privater Beziehungen stilisiert. Auch die deutsche Kriegsgesellschaft lernte zwischen den Zeilen zu lesen.

Ähnliche Spielregeln gelten im Umgang mit Quellen von Staatsführung und Überwachungsorganen. Konkret sind die Tagebücher von Joseph Goebbels und insbesondere die Berichte des Sicherheitsdienstes (SD-Berichte) gemeint, die im Kapitel zur Deutungshoheit über das Kriegsgeschehen verstärkt herangezogen werden. Seit Jahrzehnten scheiden sich die Geister, ob diese in der

---

67 Vgl. Dörr, Frauenerfahrungen, S 192.
68 Diese Zeitungen werden im Militärarchiv Freiburg aufbewahrt.
69 Vgl. Kallis, Deutungsmacht, S. 206 f.
70 Vgl. Lüdtke, »Fehlgreifen«, S. 61-75.

Nähe vorwissenschaftlicher Demoskopie anzusiedeln oder als Selbstlegitimation der Beschattungsinstanzen erschienen sind.[71] Zu berücksichtigen gilt, dass die Beobachteten sich der Gefahr der Überwachung bewusst waren und Kritik oftmals abschwächten. Der SD selbst konnte nur in ihm zugänglichen Milieus ermitteln. Ebenso spielten ideologische Befangenheit und mangelnde Objektivität der Berichterstatter eine Rolle. Peter Longerich ergänzt diese Grundregeln um die Einwände, dass das Fehlen von Kritik Unzufriedenheit nicht ausschließt, Äußerungen von Missmut aussagekräftiger sind, wenn sie sich über längere Zeiträume erstrecken, und dass positive Meldungen womöglich nur öffentlich zur Schau gestellte Konformität oder erfolgreich unterdrückte Opposition widerspiegeln.[72]

Schließlich wurde in weiteren Archiven auf kleinere Bestände zurückgegriffen. So stammen einige der verwendeten Gerichtsakten aus dem Archiv der Republik Österreich (AdR). Diese beinhalten vor allem Denunziationsfälle von Urlaubern in der Öffentlichkeit. Akten aus dem Historischen Archiv des Erzbistums Köln (AEK) zeigen das gesteigerte Interesse geistlicher Institutionen, Kontakt mit Fronturlaubern während ihres Heimataufenthaltes aufzunehmen. Anhand von Akten aus den National Archives London (TNA) wurde die Urlaubsvergabe (west-)alliierter Streitkräfte rekonstruiert. Dort lagern in Auszügen auch verwendete Abhör- und Vernehmungsprotokolle gefangener deutscher Soldaten, ebenso wie in der National Archives and Records Administration in Washington D.C. (NARA).[73]

---

71 Vgl. Boberach (Hrsg.), Meldungen Bd. 1, S. 23 f.; Steinert, Krieg, S. 45; Broszat, (Hrsg.), NS-Zeit, Bd. 1, S. 594.
72 Longerich, Nichts gewusst, S. 32-53.
73 Quellenkritische Reflexionen bei: Römer, Kameraden, S. 16-27; Neitzel, Soldaten, S. 16-31; Neitzel, Abgehört, S. 7-28.

I. ENTWICKLUNG UND ORDNUNG DES FRONTURLAUBS

1. »Gäste im eigenen Land« – Fronturlauber im Ersten Weltkrieg

a. Rückbezüge von NSDAP und Wehrmacht

Die »Urkatastrophe des 20. Jahrhunderts«, wie der Diplomat George F. Kennan das »Völkerringen« der Jahre 1914 bis 1918 einst bezeichnete, stellte für die nationalsozialistische Kriegsgesellschaft in vielerlei Hinsicht einen wichtigen Orientierungspunkt dar. Der Überfall auf Polen am 1. September 1939 löste »tiefe Niedergeschlagenheit« aus, weil der »Friedenswunsch bei breiten Teilen der Bevölkerung« dominierte und Pessimismus herrschte. Doch nach dem Sieg über Frankreich interpretierten viele Zeitgenossen den Angriffskrieg als legitime Fortsetzung der aggressiven, jedoch lange Zeit Frieden wahrenden Politik Hitlers, die »Fesseln« des Versailler Friedensvertrags abzustreifen.[74] Diese Wahrnehmung der Ereignisse verfing umso mehr, als Propagandaminister Joseph Goebbels dem alten Gespenst der »Einkreisung« durch die Feinde neuen Odem einhauchte und relativ erfolgreich die Notwendigkeit eines präventiven Abwehrkampfs suggerierte. Folgerichtig fand diese Auslegung ihren Kulminationspunkt in der Hochstimmung nach der Kapitulation Frankreichs; und ebenso konsequent büßte die NS-Propaganda ihre Deutungshoheit wieder ein[75], als sich der ersehnte Friede entfernte.[76] Die NS-Führung beschwor fortan den Durchhaltewillen mit dem Hinweis auf blutige Rache der Gegner im Fall der Niederlage. Insbesondere fürchtete sie einen Zusammenbruch der Heimat-

---

74 Boberach (Hrsg.), Meldungen, Bd. 2, S. 339, S. 381, SD-Berichte vom 11. und 23.10.1939.
75 Vgl. Kallis, Deutungsmacht, S. 203-250.
76 Boberach (Hrsg.), Meldungen, Bd. 2, S. 390 f., SD-Bericht vom 25.10.1939; zum Komplex der propagandistischen Vorbereitung des Krieges, der Entwicklung von »Stimmung« und »Haltung« im Kriegsverlauf sowie zur Bedeutung des »Augusterlebnisses 1914« für die Wahrnehmung des Zweiten Weltkriegs durch die deutsche Bevölkerung: Aly (Hrsg.), Volkes Stimme; Kershaw, Mythos, S. 177 f.; Kershaw, Überfall, S. 238; Klessmann (Hrsg.), Krieg; Müller, Kriegsausbruch, S. 253-284; Steinert, Krieg; Stöver, Loyalität, S. 458 f.; Sywottek, Mobilmachung; Wirl, Öffentliche Meinung; Wirsching, »Augusterlebnis«, S. 187-202.

front[77]: Einer Wiederholung der Ereignisse des Jahres 1918 – einem erneuten »Dolchstoß« in den Rücken der kämpfenden Truppe – galt es unbedingt vorzubeugen. Aus Furcht vor dieser Chimäre operierte das Regime nicht nur mit Repressionen, sondern auch mit Zugeständnissen an seine Volksgenossen. Dies bezeugen etwa die lange Zeit eher laxe Handhabung der Arbeitsdienstpflicht für Frauen oder der Versuch, das Konsumangebot durch die Ausbeutung eroberter Länder aufrechtzuerhalten.[78] Der Katalog an Konzessionen entsprach in vielen Punkten dem Wunsch weiter Bevölkerungsteile, das eigene Privatleben trotz militärischer Mobilisierung möglichst uneingeschränkt weiterzuführen und die zivile Identität zu wahren.[79]

Die kontinuierliche Gewährung von Fronturlaub war ein zentrales Element dieser Logik. Wehrmacht wie NS-Führung rekurrierten auf die Erfahrungen des Ersten Weltkriegs und zogen aus erkannten oder imaginierten Fehlern Lehren für die Gegenwart. Bereits aus dem Postulat, hier Verbesserungen herbeizuführen, schöpfte die NS-Propaganda stabilisierendes Kapital. Verschiedene Soldatenzeitungen brachten es auf den Punkt: »Übrigens ist erst seit der Entwicklung der modernen Verkehrsmittel Urlaub im Kriege möglich. Erst im Weltkriege wurde der Urlaub zu einer ständigen Einrichtung«[80], erkannte die *Wacht im Südosten* in versöhnlichem Ton die logistischen Leistungen des Ersten Weltkriegs an. *Die Front* vom 1. Dezember 1943 nahm eine pessimistischere Haltung ein. Geradezu überschwänglich lobte hier ein fiktiver Veteran gegenüber seinen jüngeren Kameraden die nationalsozialistischen Errungenschaften in Kontrast zu den damals desolaten Verhältnissen:

»Viel Urlaub gab's ja sowieso nicht. Und wenn man denn nach Hause kam, war man froh, wenn man sich verkrümeln konnte. […] Wenn die damals für uns so gesorgt hätten wie heute … Fronturlauberzulage, Führerpaket, Nachtkino, Küchenwagen …, wo de aussteigst, empfängt Dich son nettes ›Karbolmäuschen‹, wie wir früher sagten, – du hast während der ganzen Urlaubsfahrt deine geregelten Mahlzeiten, kannst überall anständig übernachten … – Damals, 1917/18, gerechter Heiland, de Heimat gab sich ja gewiss allerhand Mühe, aber es war eben nischt da. So auf'n grossen Bahnhöfen nen Pott voll Eichelkaffee und dann ab. Ihr mögt mer's glooben oder nicht. Aber Küchenwagen und Nachtkino, nee nee … – da hättste mal auf'n Bahnhof in Kowno

---

77 Zum männlichen Treuemonopol im August 1914 und der Verknüpfung von weiblichen Rollenbildern mit Wirtschaftskrieg und Heimatfront vgl. Streubel, Deutsche Treue, S. 199-203.
78 Vgl. Burchardt, Kriegswirtschaft, S. 65-97; Aly, Volksstaat.
79 Beck (Hrsg.), Terror und Hoffnung, S. 33 f. und S. 204 f.
80 BArch-MA, RHD 69/82, *Wacht im Südosten*, Artikel »Urlaub im Kriege« vom 27.11.1941.

oder wo Marschverpflegung verlangen sollen; ich glaube, die hätten dich für nen Schah von Persien gehalten. [...] Der Fronturlauber [...] ist heute in der Heimat wie'n lieber Gast, dem man alles zugute tut. Damals war er weniger beliebt. 1918, ja Kameraden,...aber das kommt ja auch nicht wieder, und darum ...[...] Werden wir heute den Krieg gewinnen [...].«[81]

Die NS-Propaganda zeichnete in dieser Passage das Bild einer Heimat, die umfassend für ihre Soldaten sorgt und treu jegliche Kampfanstrengungen unterstützt. Dem Umgang mit Fronturlaubern schrieb sie – neben anderen Faktoren – kriegsentscheidende Bedeutung zu. Die Absicht ist klar: Indem den Soldaten bereits auf der Heimfahrt eingeschärft wurde, dass alles Erdenkliche an Fürsorge für sie bereitstehe, sollte die spätere Kommunikation im sozialen Umfeld positiv beeinflusst werden. Vorhandenes Kritikpotenzial wurde abgemildert, das Verhalten der Urlauber präformiert, sprich vorab beeinflusst. Der fiktive Veteran kannte beide Konflikte aus eigener Anschauung und verdiente per se Respekt, da er sich bereits im Kampf erwiesen hatte. Die kolportierte Botschaft wurde so auf eine nahezu unanfechtbare Basis gestellt. Die Aussage, für den Soldaten der NS-Gegenwart werde während des gesamten Fronturlaubs alles getan, damit er sich wohlfühlt wie ein lieber Gast, der sich nicht mehr zu »verkrümeln« braucht, war eine Metapher, die sehr häufig bemüht wurde.

Hier zeigt sich, welch enormen Stellenwert das Regime der wechselseitigen stimmungsmäßigen Beeinflussung von Front und Heimat beimaß. Die Fronturlauber fungierten als Multiplikatoren. Die Bevölkerung interessierte sich stark für deren ungefilterte Mitteilungen und ihre direkten Einblicke in das Geschehen an einzelnen Frontabschnitten. Im Rückblick auf die Revolutionsereignisse von 1918 betrachtete die NS-Führung den Informationsfluss von der Heimat an die Front ebenfalls als äußerst risikobehaftet. Bereits im Jahr 1919 schrieb Erich Ludendorff, der ehemalige Erste Generalquartiermeister, in seinen Kriegserinnerungen:

»Aus vielen Gesprächen, die ich in diesen Tagen gelegentlich von Übungen mit Offizieren aller Grade führte, entnahm ich wiederum die bekannten Klagen über die müde und unzufriedene Stimmung, die aus der Heimat in das Heer käme. Die Urlauber waren verhetzt [...]. Die Kriegsfähigkeit des Heeres litt darunter. [...] In diesen Tagen wurde mir das erste Mal entgegengehalten, daß auch aus dem Heere Mißmut und Kampfesmüdigkeit zurückkämen. [...] Der Mann, der verbittert und verhetzt von haus in das Heer

---

81 BArch-MA, RHD 53/54-2, *Die Front*, Artikel »Urlaub 1918 – Urlaub 1943« vom 1.12.1943.

kam und hier viel ertragen musste, konnte nicht anders als daheim mißmuterregend wirken.«[82]

Aus diesem Grund wollte das NS-Regime die Urlauber vor ihrer Rückkehr an die Front mit einem günstigen Stimmungskorsett ausstatten. Sie sollten den Kameraden möglichst positiv von ihren Eindrücken in der Heimat berichten. Die Propaganda baute die negative Bezugnahme auf den Ersten Weltkrieg zu einem wichtigen Leitthema ihrer Aufbereitung des Fronturlaubs aus: Dass die Verkehrsinfrastruktur seit 1918 verbessert wurde, was nun mit der Möglichkeit häufigeren Urlaubs verbunden war, oder eine Heimat existierte, die sich in der Rüstungsindustrie und bei Spendensammlungen für die Front aufopferte, waren wiederkehrende Motive. Oft suchten die Agitatoren Legitimation bei fiktiven – Veteranen und verkündeten Ideale einer Frontkameradschaft, die in den Schützengräben entstanden war. Die Verklärung der Verluste des vergangenen Krieges verbanden sie mit dem Appell an eine heroische Haltung, die keinerlei Kritik zuließ.

Weniger facettenreich wirkt die stets latente Botschaft, die Mahnung und Handlungsanleitung zugleich war: Im Unterschied zum vorherigen Krieg hatte die Heimat den Fronturlaubern ihren ungebrochenen Kampfeswillen zu demonstrieren. Als Beleg dienten die erweiterten Betreuungsangebote der Partei oder das medial überzeichnete Potenzial der Kriegsmaschinerie. Der Fronturlaub war ein Glied in der Beweiskette von der Überlegenheit der deutschen Führung. Allein dessen Existenz, genauer die Tatsache, dass private Zugeständnisse trotz Krieg realisierbar waren, sollte den Glauben an den Endsieg untermauern. Der Soldat, der trotz aller Maßnahmen »meckerte«, im Urlaub mangelnde Zuversicht zeigte oder den Opferwillen der Heimat anzweifelte, geriet zwangsläufig in die Reihe der »Defätisten« von 1918. Die Partei erachtete oft schon die geringste Kritik als zersetzend, weil dies aus ihrer Sicht auf beschämende Weise die Hekatomben an Toten der Veteranengeneration verriet und den Siegeswillen untergrub. Der schwäbische Gauleiter Karl Wahl brachte die Zusammenhänge auf den Punkt:

»In welchen Soldaten mir heute auch der Frontsoldat begegnet, ob als Urlauber, als Verwundeter oder als Stoßtrüppler, [...] immer wieder sehe ich wie durch einen klaren Spiegel mein eigenes Soldatenleben. [...] Ein armer Irrer ist daher derjenige, der bei dieser Sachlage annimmt, daß die Führung der Heimat in diesem Krieg versagen könnte, daß in der Heimat sich Dinge zum zweitenmal abspielen könnten [...]. Die alten Frontsoldaten von 1914/18, die das Gros der heimatlichen Führer wie überhaupt der in der Heimat befind-

---

82 Ludendorff, Kriegserinnerungen, S. 492 f.

lichen Männer stellen, und die jungen Frontsoldaten dieses Krieges umschlingt das unzertrennliche Band des Fronterlebnisses. Sie sind Kameraden und halten zusammen. Gnade Gott demjenigen, der mit dem Gedanken spielen sollte, dagegen einmal anrennen zu wollen. Er kommt mit tödlicher Sicherheit unter die Räder.«[83]

Ergänzend dazu die Frontzeitung *Wacht im Südosten* vom 12. Februar 1942:

»Die Fragen der Kameraden, wenn einer aus dem Urlaub zurückkehrt, sind fast immer dieselben. [...] Auf den Soldaten selbst wirkt die Stimmung der Heimat kaum, sie beeinflusst ihn wenig, und das ist vielleicht schon ein entscheidender Unterschied zum Weltkrieg. Damals war, besonders in den letzten Kriegsjahren, jeder Heimaturlaub ein schleichendes Gift für den Soldaten. Was er zuhause hören musste, zersetzte ihn innerlich und nahm ihm die Kraft zum Durchhalten. [...] Aber bekommt er, wie er es tut, immer das rechte Bild von der Heimat? [...] Sie darf am Krieg nur mittelbar mittun, es ist ihr selten die befreiende zupackende Tat gegeben. Wenn das aber einmal geschieht, dann zeigt sich, wie sich aller Tatwille gestaut hat und sich nun in einem gewaltigen Strom kundtut. Das hat erst jetzt wieder die Wollsammlung bewiesen. Gerade die Soldaten, die auf ihrem Urlaub manche kleinen Klagen hören mussten, waren über das Ergebnis am meisten erstaunt. Sie waren es, weil sie auf ihrem Urlaub eben doch nicht tief genug geschaut haben.«[84]

Die Geschichtsforschung hat auf die »erstaunlichen Parallelen« und gleichermaßen »signifikanten Unterschiede« der Mentalität von Soldaten der kaiserlichen Armee und der späteren Wehrmacht hingewiesen. Neben abweichenden Kampferfahrungen erscheint das zeitgebundene soziale Vorwissen verantwortlich für differente Realitätsdeutungen der jeweiligen Kriegsgesellschaft. Das gilt für Abstumpfungsprozesse – die sich vornehmlich an der Nahtstelle zwischen Einsatz und zivilem Leben der Soldaten offenbaren – ebenso wie für die Internalisierung rassistisch aufgeladener Feindbilder.[85] So wird verständlich, weshalb es im Ersten Weltkrieg etwa zu »grabenübergreifender Kameradschaft« kam[86], dasselbe Phänomen sich aber eine Generation später, im ideologischen Weltanschauungskrieg der Nationalsozialisten, nicht wiederholte. Ebenso, warum

---

83 SuStB Augsburg, Gs 2958 – 61/79, *Front und Heimat*, Vorwort des Gauleiters Karl Wahl zur Ausgabe 73 vom 23.8.1943.
84 BArch-MA, RHD 69/83, *Wacht im Südosten*, Artikel »Der Soldat und die Heimat« vom 12.2.1942.
85 Vgl. Latzel, Soldaten, S. 156f.
86 Ebenda, S. 211f.

sich in beiden Konflikten eine gewisse Entfremdung zwischen den Soldaten in den vorderen Linien und dem militärisch oder zivil verwalteten Hinterland einstellte.[87] Letzteres zeigt, wie sehr Denken und Handeln vieler Wehrmachtangehöriger – neben ideologischen Faktoren – von ihrem Umfeld und Einsatzraum geprägt waren. Entsprechend registrierte ein Bericht des Sicherheitsdienstes im September 1943, Erzählungen von Urlaubern der Ostfront, die »Saufgelage«, »Verhältnisse mit russischen Weibern«, »Schiebungen und Schwarzhandel« zum Inhalt hatten, würden sich ungünstig auf die Stimmung der Bevölkerung auswirken.[88] Diese gewinne allmählich den Eindruck, in der kämpfenden Truppe machten sich Demoralisierung und Etappenerscheinungen, ähnlich wie im Ersten Weltkrieg, bemerkbar.

Viele Zeitgenossen identifizierten die Etappe mit einer Keimzelle der Revolution. Die legitimatorische Selbstinszenierung der Obersten Heeresleitung und konservative Autoren hatten dieses Verständnis innerhalb der Nachkriegsöffentlichkeit multipliziert, wodurch es schließlich zur »communis opinio der Gesamtgesellschaft« wurde.[89] In der Folge verbannte das NS-Regime den Begriff der Etappe aus dem militärischen Sprachgebrauch und setzte ihm den konstruierten Terminus »Heimatkriegsgebiet« gegenüber. Auch die propagandistische Gleichstellung des Rüstungsarbeiters mit dem Grabenkämpfer oder die Beeinflussung von Soldatenfamilien durch örtliche Hoheitsträger markieren den Versuch, die Heimat zur Front aufzuwerten. Sukzessive tilgte die Führung das rückwärtige Kriegsgebiet aus ihrem Wortschatz und leugnete dessen Existenz als potenziellen Nährboden für »Drückebergerei« und »Schiebertum«.[90] Die qualitative Differenzierung zwischen Kampfzone und Etappe steht in einem direkten Zusammenhang mit dem Fronturlaub; erinnert sei an die hohen Erwartungen an die Erfüllung der Männlichkeitsideale, die oft wirksam wurden, sobald die Soldaten ihren Angehörigen gegenübertraten. Ort und damit Art des Einsatzes entschieden über das soldatische Prestige. Diese Faktoren beeinflussten zum Beispiel die Position des heimkehrenden Vaters als Familienoberhaupt, weil Selbstwahrnehmung und Respekt seitens der Verwandten davon abhingen.

Kameradschaft erzeugte ähnliche Mechanismen. Weil sie soziokulturelle Fragmentierungen nivelliert, gilt sie als Institution, in der Soldaten Geborgenheit und oftmals eine Art Familienersatz finden. Die Wurzeln ihrer zeitgenössischen Interpretation reichen über kollektive Erfahrungen in den Schützengräben des Ersten Weltkriegs zu den »Gemeinschaftssehnsüchten des

---

87 Hartmann, Ostkrieg, S. 465 f.
88 BArch, R 58/188, SD-Bericht vom 6.9.1943.
89 Kroener, »Frontochsen«, S. 371 f.
90 Vgl. ebenda, S. 372 f.

Kaiserreiches« zurück.[91] In beiden Kriegen blieben Soldaten aufgrund der Kameraden während ihres Urlaubs dem Frontgeschehen verhaftet und konnten sich nur bedingt auf ihre Angehörigen einlassen. Sanitätsoffizier Wilhelm Mauss beschrieb in seinem Kriegstagebuch die Freude über das Wiedersehen mit seiner Familie im Mai 1942. Gleichzeitig betonte er, wie seine Gedanken mit geradezu empathischer Anteilnahme immer wieder zu seinen Kameraden schweiften: »Kaum fassbar ist immer noch das Glück, das schöne Pfingstfest zu Hause in Deutschland [...]. Und doch – plötzlich stehen sie wieder klar vor Augen, kommt der Gedanke: Was mögen jetzt die Kameraden dort oben im Tschudowoschlauch machen? Wie mag es ihnen gehen? Haben sie auch eine gewisse Ruhe, sind neue Kämpfe im Gang [...]?«[92] Stuka-Pilot Hans-Ulrich Rudel empfand seinen Sonderurlaub aufgrund der hohen Zahl an Feindflügen als »peinlich«, da ihm die »Bevorzugung unangenehm gegenüber den Kameraden« sei.[93] Wilhelm Eichner rissen die Gedanken an die Kameraden nach seiner Rückkehr aus dem Kaukasus nachts regelmäßig aus dem Schlaf, da ihn Sorgen um ihr Schicksal quälten.[94]

Von Gefühlen unbestimmter Fremdheit während ihres Fronturlaubs berichteten ebenfalls Soldaten beider Weltkriege. Die Ursprünge führten sie in gewissen Fällen auf sehr ähnliche, bisweilen auf völlig unterschiedliche Bedingungen zurück. Der Autor und Veteran Erich Maria Remarque schrieb diese Erfahrung in seinem Roman *Im Westen nichts Neues* neben den Sorgen um seine Kameraden der hohen Mitteilungsbarriere zwischen Heimkehrern und Angehörigen zu. Diese entsprang einer völligen Auseinanderentwicklung der Vorstellungen über den Sinn und die Realität des Kriegs. Darüber hinaus klagte er wiederholt über den rauen Kasernenhofton und die »zackigen Grußpflichten in der Heimat«.[95] Wehrmachtangehörige, die in Gefangenschaft geraten waren, berichteten im Rückblick auf vergangene Urlaube mitunter von einem Klima des Misstrauens. Sie spielten auf den »Despotismus« der Regierung,[96] auf Denunziationen von Eltern durch ihre Kinder[97] oder auf die Erwartung an, dass ein deutscher Sieg die Situation für die Bevölkerung angesichts der Bevormundung des Regimes gänzlich unerträglich machen würde.[98]

---

91 Vgl. Kühne, Kameradschaft, S. 176 f.
92 Mauss/Mauss (Hrsg.) Sanitätsoffizier, S. 434.
93 Rudel, Kriegstagebuch, S. 63-65.
94 Eichner, Tagebuch, S. 356-361.
95 Vgl. Remarque, Im Westen, S. 108-137.
96 NARA, RG 165, Entry P 179 (B), Box 515, Room Conversation 27.6.1944.
97 Ebenda, Box 462, Room Conversation 25.1.1945.
98 Ebenda, Box 474, Room Conversation 20.9.1944.

Subjektive Realitätsdeutungen während Fronturlauben des Zweiten Weltkriegs orientierten sich zweifelsohne an den Erfahrungen der Jahre 1914 bis 1918. Und obwohl die NS-Führung das Deutungsmonopol beanspruchte, konnte sie die alltägliche Erfahrungswelt der Soldaten und ihrer Angehörigen nur graduell beeinflussen. Gewiss bezog das Regime Zustimmung aus der systematischen Organisation des Fronturlaubs, dem erfolgreichen Ausbau der Betreuungseinrichtungen und einer entsprechenden propagandistischen Begleitung. Wie Reflexionen in Feldpostbriefen und Tagebüchern belegen, stieg dadurch die Bereitschaft, Entbehrungen vorübergehend hinzunehmen. Voraussetzung war allerdings der Konsens in der Wahrnehmung der Soldaten, dass die Führung diese Opfer nicht aus Willkür erwartete, sondern stets versuchte, die negativen Auswirkungen zu minimieren. So schrieb Leutnant Hermann G. aus Frankreich an seine Frau Lore:

>»Ich habe nun gestern Mittag begonnen meine Sachen zu packen und wollte meinen Urlaubsschein abholen. Da hieß es dann in der Geschäftsstelle, ich bekomme ihn nicht [...]. Du musst als richtige Kriegerfrau ohne mich das Fest des ›Friedens‹ feiern. [...] Sei stolz, dass ich mit dabei sein darf und gedenk der Millionen anderer Mütter und Frauen, die mit diesen Tagen auch ohne Mann fertig werden müssen. [...] Denk auch an unsere Mütter, die im letzten Krieg viel schwereres erlebten als wir. Damals gab es noch viel weniger Urlaub als heute [...].«[99]

In einer ähnlichen Situation an der Ostfront teilte er mit:

>»Allerdings scheint mir fraglich, ob wir an Weihnachten schon daheim sein können. Ich sehe da erhebliche Transportschwierigkeiten. Eben sprechen wir davon, dass wir uns vor unseren Vätern, die 1914-18 mitgemacht haben, nicht mehr genieren brauchen.«[100]

Es ist somit notwendig, einen Blick auf die Entstehung und Entwicklung des Fronturlaubs während des Ersten Weltkriegs zu werfen. So kann zwischen den Traditionen der Reichswehr und den Instrumentalisierungsbestrebungen des NS-Regimes und der Wehrmacht unterschieden werden.

---

99 Deutsches Tagebucharchiv Emmendingen (DTA), Serie 1462, Brief vom 21.12.1940.
100 Ebenda, Brief vom 14.11.1941.

b. Regelung und Handhabung

Bereits vor Beginn des Ersten Weltkriegs etablierte das deutsche Militär die Tradition, Soldaten regelmäßig Urlaub zu gewähren. Eine der frühesten Bestimmungen datiert auf den 23. Oktober 1879.[101] Einerseits galten schon damals in Friedenszeiten andere Richtlinien als im Krieg. Andererseits wogen die Unterschiede zwischen Berufssoldaten, Wehrpflichtigen und verschiedenen Dienstgraden noch deutlich stärker. Kommandeure selbstständiger Abteilungen konnten untergebenen Offizieren Urlaub bis zu 14 Tagen erteilen, Beamten bis zu einem Monat.[102] Über Urlaub zwischen 45 Tagen bis zu drei Monaten oder darüber hinaus wurde an höherer Stelle entschieden. Dies war möglich, wenn besondere Gründe vorlagen: Etwa die Wiederherstellung der Gesundheit, die Erkrankung von Familienangehörigen oder schwierige wirtschaftliche Verhältnisse, die eine dringende Regelung forderten. In den Genuss eines Urlaubs dieser Länge kamen allerdings meist nur Berufsoffiziere.[103] Gemäß allerhöchster Kabinettsordre vom 4. Juli 1913 erhielten Unteroffiziere vom Feldwebel abwärts und »Gemeine Soldaten« pro Dienstjahr eine freie Hin- und Rückfahrt in ihre Heimat bewilligt.[104] Als Heimat galten der Geburtsort des Soldaten und dessen nähere Umgebung beziehungsweise der Wohnort der Eltern bzw. der nächsten Angehörigen. Die Urlaubsdauer betrug in der Regel zwischen sieben und 14 Tage.[105]

Mit der Mobilisierung von Millionen Soldaten änderten sich die Rahmenbedingungen drastisch. Allerdings existierte mit Ausnahme einer Heftsammlung, die alle vorangegangenen Bestimmungen im Mai 1918 zusammenfasste, bis zum Erlass der Urlaubsordnung vom 15. Mai 1920 kein umfassendes Regelwerk.[106] Im Sommer 1914 schien Urlaub unnötig, denn politische und militärische Führung hofften, den Krieg noch in diesem Jahr zu beenden. Folglich bestimmte ein komplexes Geflecht von Einzelerlassen die Urlaubsvergabe. Mit ersten befristeten Freistellungen reagierten Reichs- und Oberste Heeresleitung (OHL) zunächst auf die unerwartete, im Schlieffenplan nicht einkalkulierte Ausweitung des Kampfgeschehens. Anschließend berücksichtigten sie in der

---

101 Vgl. Absolon, Wehrmacht, Bd. 1, S. 185.
102 Vgl. BArch-MA, RM 1/v. 1028, Verfügung vom 8.11.1890 und Marineverordnungsblatt vom 24.2.1903.
103 Ebenda; BArch-MA, RM 2/891. Wenn in diesem Kapitel weitgehend Akten aus den Beständen der Reichsmarine herangezogen werden, so gründet dies in der dort günstigeren Überlieferungslage. Die Erlass- und Befehlssammlungen enthalten in der Regel die entsprechenden Bestimmungen für die Heeresteile.
104 Vgl. BArch-MA, PHD 1/47, Armeeverordnungsblatt vom 16.12.1913.
105 Ebenda; BArch-MA, RM 43/285.
106 Vgl. Absolon, Wehrmacht, Bd. 1, S. 185 f.

Regel ad hoc die jeweilige Gefechtslage. Sowohl bei politischer wie militärischer Führung dominierten schon im Ersten Weltkrieg pragmatische Motive. Es ist kein Zufall, dass sie regelmäßige Beurlaubungen und einen einheitlichen Zugverkehr in vollem Umfang erst ab Frühjahr 1915, nach dem Übergang zum Stellungskrieg, organisierten, als der »Siegfriede« in ungewisse Ferne gerückt war. Im Westen transportierten zu dieser Zeit täglich bis zu 21 Schnellzugpaare ausschließlich Fronturlauber in jede Richtung. Dies entsprach einer Beförderungskapazität von etwa 30.000 Mann. Im Osten fuhren 16 Schnellzugpaare mit entsprechend geringerer Gesamtkapazität.[107] Die Grundlagen für die konzentrierte Beförderung von Fronturlaubern enthielt bereits der Mobilmachungsplan des Jahres 1913. Für das Feldheer war zunächst bestimmt, dass »die Beurlaubung von Offizieren [...] und Mannschaften [...], sofern sie nicht zur Wiederherstellung der Gesundheit unbedingt notwendig wird, [...] unzulässig« ist.[108] Allerdings waren kommandierende Generäle sowie die Divisionen ermächtigt, »in einzelnen dringenden Fällen und zu gelegener Zeit (zum Beispiel während einer längeren Waffenruhe)[109], Beurlaubungen von kurzer Dauer eintreten zu lassen«, auch aus anderen als gesundheitlichen Gründen.[110] Sie konnten diese Befugnisse an untergebene Befehlshaber delegieren. Im Besatzungsheer waren die Urlaubsbestimmungen weniger restriktiv: Dort galten »unter angemessener Einschränkung die für das Friedensverhältnis gegebenen Bestimmungen«.[111] Dieser Wortlaut barg hohes Konfliktpotenzial, da er das Feldheer benachteiligte. Häufig enthalten Frontbriefe und Tagebücher aus dem Ersten Weltkrieg Klagen über die Bevorzugung von Soldaten der Etappe bei der Urlaubserteilung.[112] Diese Wahrnehmung wirkte nach dem Krieg weiter und beeinflusste das Handeln von NS-Führung und Wehrmacht zwischen 1939 und 1945.

Die Erteilung von Fronturlaub war neben wechselnden Vorgaben der OHL an die Entscheidungen lokaler Kommandeure geknüpft. Daraus resultierte eine höchst unterschiedliche Handhabung. Die OHL verhängte während größerer Offensiven zudem Urlaubssperren oder machte die jeweiligen Quoten von der Kampflage an den verschiedenen Frontabschnitten und vom Nachschub abhängig. Stellt man weitere einschränkende Faktoren wie Fahrplanverzögerungen in Rechnung, wird rasch klar, dass es sich bei den genannten Beförde-

---

107 Vgl. Heinze, Räder, S. 55; Bremm, Armeen, S. 60f.
108 BHStA/IV, StV Gkdo. II AK 86 (Bd. 9, Teil 1), M Kr. 1582, Besondere Anlagen zum Mobilmachungsplan für das deutsche Heer vom Oktober 1913 und vom 1.4.1915; BArch-MA, RM 2/1816, Mobilmachungsplan für die Kaiserliche Marine für das Jahr 1913.
109 Dieser Einschub findet sich ebenso, mit runden Klammern, im Originaldokument.
110 Ebenda.
111 Ebenda.
112 Vgl. Ziemann, Kriegserfahrungen, S. 77-96; Witkop (Hrsg.), Kriegsbriefe.

rungskapazitäten um Spitzenwerte handelt, die nicht über den gesamten Krieg aufrechterhalten wurden. Dieser Umstand erschwert Aussagen darüber, in welchen Intervallen die Soldaten mit Fronturlaub rechnen konnten. Vorsichtige Schätzungen legen nahe, dass ab Frühjahr 1915 im Schnitt zwischen drei und sieben Prozent der Soldaten gleichzeitig beurlaubt waren.[113] In gewissem Umfang erhielten rückwärtige Einheiten, Soldaten der Marine oder Mannschaften in Festungs- und Garnisonsstandorten schon vorher Urlaub. Wie eine Reihe von Anweisungen an die Armeen und Divisionen ab Oktober 1914 festlegten, mussten die Abteilungen von nun an Listen über die beurlaubten Soldaten führen und vermerken, ob die Betreffenden schon früher Urlaub gehabt hatten. Ferner waren der Grund und der Ort des Urlaubs anzugeben.[114] Ab April respektive Oktober 1915 registrierten die Gesuche, ob ein Antragsteller verheiratet war und ob disziplinarische Maßregelungen stattgefunden hatten. Nach und nach kamen weitere Bestimmungen hinzu: über Urlaubsverlängerungen, Meldepflichten, Nachurlaub, weitere zwingende Urlaubsgründe und über den Kreis der Erteilungsberechtigten.[115]

Der Blick auf Einzelbestimmungen verrät, welchen Stellenwert Reichsleitung und Militärführung dem Fronturlaub beimaßen und welche Herausforderungen sie damit verbanden. Unter anderem tauchen Motive von Belohnung und Bestrafung auf. Ein Vorgesetzter drückte gegenüber der Mutter und der Ehefrau eines Untergebenen »Bedauern« aus, weil er diesem seit über eineinhalb Jahren keinen Urlaub gegeben habe.[116] Zwar war der Soldat mehrfach vorgemerkt, jedoch wurde die Beurlaubung wegen Arreststrafen immer wieder hinausgeschoben. Generell ist in den Antwortschreiben der Kommandeure auf die Eingaben von Angehörigen eine deutliche Verbindung zwischen soldatischem Verhalten und Urlaubsgewährung festzustellen. Ebenso der Versuch, mithilfe von Listen eine gleichmäßige Verteilung zu erreichen.[117]

Unverkennbar ist zudem der Lernprozess, den die deutsche Führung bei der Handhabung von Fronturlaub durchlief.[118] Generell strebte sie einen Kompromiss zwischen dem eigenen Personalbedarf und jenem der Wirtschaft an. Selbst

---

113 Vgl. ebenda, S. 84.
114 Vgl. BArch-MA, RM 43/285, Befehl Nr. 230 vom 3.10.1914 der Kommandostellen der kaiserlichen Marine an die Werftdivisionen; BArch-MA, RM 2/891, Schreiben des Staatssekretärs des Reichsmarineamts vom 20.1.1917. Aus diesem Dokument geht hervor, dass die Marineleitung hinsichtlich Richtlinien und der Handhabung von Fronturlaub den Bestimmungen des Heeres folgte.
115 Ebenda, Divisionsbefehle Nr. 73 vom 8.4.1915 und Nr. 235 vom 3.11.1915.
116 Vgl. BArch-MA, RM 2/894, Schreiben bzw. Telegramme vom 10.5.1918, vom 11.2.1916, vom 23.8.1917 und vom 6.10.1915.
117 Ebenda.
118 Vgl. Wehler, Der erste totale Krieg, in: *Die Zeit*, 35/1998.

den Anliegen der Soldaten und ihrer Angehörigen schenkte sie bis zu einem gewissen Grad Gehör. Allerdings ließen sich die widerstrebenden Interessen aus Heimatsehnsucht der Soldaten und den Ansprüchen der Kriegsindustrie wie der Landwirtschaft nicht erfolgreich miteinander verbinden. Dass die OHL schließlich Letzteren den Vorzug gab, erwies sich im weiteren Verlauf als Hypothek: Die Urlaubsvergabe zwischen 1914 und 1918 diente in zunehmendem Maße der »Sicherung des landwirtschaftlichen Arbeitskräftepotentials«, wobei Soldaten aus ländlichen Herkunftsregionen eindeutig bevorzugt wurden.[119] Beim ersten Armeekorps etwa konnten Soldaten mit landwirtschaftlicher Arbeitserfahrung dreimal jährlich nach Hause fahren. Im Besatzungsheer erreichte der Anteil ihrer Freistellungen zeitweise Spitzenwerte zwischen 35 und 43 Prozent der Mannschaften und Unteroffiziere. Soldaten ohne bäuerlichen Hintergrund, wiederum in erster Linie im Feldheer, warteten nicht selten über zwei Jahre auf ein Wiedersehen mit ihren Angehörigen.[120] Der hohe Anteil älterer Bauern im Besatzungsheer und ihre Begünstigung bei der Vergabe von Landwirtschaftsurlaub erklärt die Entstehung zeitgenössischer Ressentiments gegenüber Etappensoldaten. NS-Führung und Wehrmacht deklarierten diesen Sachverhalt später zum Verhängnis der Personalpolitik des Heeres. In der Konsequenz maßen sie einer ausgewogenen Urlaubserteilung während des Zweiten Weltkriegs deutlich höheren Stellenwert bei. Sie folgten der Logik, aus Gründen der »Stimmung und Haltung« von Front und Heimat seien Zugeständnisse an das Privatleben aller Soldaten nötig.[121] Wie stark Kriegsministerium und OHL tatsächlich zwischen kriegswirtschaftlichen Interessen und persönlichen Belangen der Soldaten hierarchisierten, verraten Einzelbestimmungen zur Behandlung von Urlaubsgesuchen. In erster Linie wurden Eingaben »zur Förderung der Landwirtschaft einschließlich des Obst und Weinbaus bewilligt«.[122] Danach wurde Urlaub zur Beseitigung wirtschaftlicher Notstände beim kaufmännischen und gewerblichen Mittelstand sowie bei kleinen landwirtschaftlichen Betrieben erteilt. Erst an dritter Stelle rangierte die Regelung wichtiger Familienangelegenheiten. Zivilbehörden mussten die Dringlichkeit der Anliegen bestätigten, damit sie als berechtigt angesehen wurden. Erst nachdem entsprechende Quoten erfüllt waren, konnten Truppenführer dem »Ratschlag« folgen, dass »kurze Beurlaubungen von Mannschaften, die schon lange unter besonderen Schwierigkeiten vor dem Feinde stehen, die Widerstandsfähigkeit

---

119 Ziemann, Kriegserfahrungen, S. 85-91.
120 Ebenda.
121 Vgl. Sellmann, Propaganda, S. 197 f.; zur Bedeutung von Fronturlaubern als Bindeglied zwischen Frontgeist und Hinterland bzw. Heimat am Beispiel des Ersten Weltkriegs vgl. Bloch, Falschmeldungen, S. 192 f.
122 BArch-MA, RM 43/285, Geheimanlage zum Stationstagesbefehl Nr. 249 vom 3.9.1915.

gegen gesundheitliche Schädigungen stärken und als Belohnung für hervorragende Leistungen auf die Leute selbst und ihre Angehörigen vorteilhaft wirken«.[123]

Die negativen Folgen der einseitig zweckorientierten Urlaubsvergabe wurden im Verlauf des Krieges immer virulenter. Schwierige Witterungsverhältnisse und Beeinträchtigungen der Verkehrslage verschlimmerten die Probleme. Jeweils ab Mitte Oktober erteilte das Besatzungsheer während des Winterhalbjahres Heimaturlaub in der Regel nur noch zugunsten wirtschaftlicher Zwecke. Ausnahmen waren Freistellungen infolge von Verwundung und Krankheit oder vor erstmaliger Abstellung ins Feld. Urlaub aus persönlichen Motiven gab es lediglich in dringenden Fällen, so bei Tod oder schwerer Erkrankung von nahen Verwandten.[124] Angesichts zahlreicher Verstöße gegen diese Bestimmungen wies die OHL auch in den folgenden Winterhalbjahren – hier im Oktober 1916 – auf die »vaterländische Notwendigkeit« dieser Maßnahmen hin. Die stellvertretenden Generalkommandos wachten streng über die Einhaltung der Beschränkungen. Bei Zuwiderhandlungen drohte die Absperrung ganzer Garnisonsorte vom Personenverkehr.[125] Nach Lockerung der Restriktionen, jeweils im Frühjahr, entschieden die Armeeoberkommandos oder Kommandeure anhand taktischer Erwägungen, ob die Urlaubsbeschränkungen zunächst aufrechterhalten wurden.[126]

Die Führung kannte die Folgen solcher Schritte. Wie sie registrierte, wurden »Dienstfreudigkeit der Truppe und Stimmung der Angehörigen namentlich dann nachteilig beeinflusst, wenn Gesuche älterer, verheirateter und womöglich schon seit Kriegsbeginn im Felde stehender Leute nicht berücksichtigt werden, während jüngeren und später eingetretenen Mannschaften Urlaub erteilt wird.«[127] Aus diesem Grund beurlaubte die OHL »ausnahmsweise« zu Weihnachten und Neujahr wie in Phasen, in denen keine bäuerlichen Arbeiten möglich waren, jene Soldaten aus dem Feldheer, die nicht aus der Landwirtschaft stammten und keine kriegswirtschaftlich relevanten Gesuche vorbringen konnten.[128] Diese Vorgehensweise barg eine gewisse Logik, jedoch konterkarierten die genannten Transportbeschränkungen im Winterhalbjahr, wovon vor allem das Feldheer betroffen war, ihren Erfolg. Vorsorglich warnte die Führung vor

---

123 Ebenda.
124 BArch-MA, RM 2/891, Abschrift des Kriegsministeriums vom 12.10.1917; BArch-MA, RM 43/285, Abschrift des Kriegsministeriums vom 22.10.1916.
125 Vgl. ebenda.
126 BArch-MA, RM 5/452, Abschriften des Kriegsministeriums vom 12.10.1917, 14.12.1917 und 1.6.1918.
127 BArch-MA, RM 43/285, Geheimanlage zum Stationstagesbefehl Nr. 249 vom 3.9.1915.
128 Vgl. ebenda.

der »irrigen Auffassung«, »dass jeder Verheiratete einen Anspruch auf Urlaub während des Krieges habe.«[129]

Die strukturellen Aufgaben blieben weitgehend ungelöst, weswegen kontinuierlich Unmut unter den Soldaten herrschte. Der MG-Schütze Arno Rudloff notierte am 9. August 1917 in sein Tagebuch: »Mit Leutnant Hering und Benthe [...] über Urlaub gesprochen. Landwirtssöhne wurden bisher immer bevorzugt. Urlaub zur Frühjahrsbestellung, Urlaub zur Ernte, Urlaub weil sie Fettigkeiten haben ...«.[130] Er kritisierte, Soldaten aus städtischen Regionen würden gegenüber Soldaten vom Land benachteiligt. Außerdem benannte er damals weit verbreitete Vorwürfe, Landwirte würden deshalb so oft in den Genuss von Urlaub kommen, weil sie die Vorgesetzten mit Lebensmitteln bestachen.[131] Dass die Ungleichbehandlung den Kriegsausgang beeinflusse, womöglich revolutionäre Tendenzen schüre, veranschaulicht Rudloffs Eintrag neun Monate später:

»Die Verpflegung reicht gerade, um uns am Leben zu halten. Wenn man dann ständig mit ansehen muss, was die Bauernsöhne für Pakete und Päckchen mit Fettigkeiten erhalten, so weiß man, das da etwas nicht stimmt und das sich daraus unter den Arbeitern in der Heimat etwas entwickeln wird. Beim Urlaub werden die Bauern auch immer vorgezogen. [...] Die Städter können warten, bis sie einmal verwundet werden, dann kommen sie schon noch nach der Heimat.«[132]

Neben der schlechten Ernährungssituation an der Front und in der Heimat sowie dem Versorgungsgefälle zwischen Stadt und Land[133] wird ein weiteres Themenfeld angesprochen, das relevant für eine vergleichende Betrachtung der Urlaubsvergabe beider Weltkriege ist. Es handelt sich um die Angst, die Heimat nur noch infolge von Verwundung oder einer Krankheit wiederzusehen. Diese Wahrnehmung herrschte überwiegend bei der Fronttruppe und intensivierte sich in Relation zur Kriegsdauer. Grenadier Johann Forstner vertraute Mitte Dezember 1915 seinem Tagebuch an, nachdem er wegen eines Beinschusses ins Hinterland verlegt wurde, dann aber wegen rascher Heilung direkt an die Front zurückkehren sollte, er habe am Krankenbett kurzerhand seinen »Kopfzettel«[134] abgerissen und angegeben, wegen einer Lungenblutung behandelt zu werden.

---

129 Ebenda, Divisionsbefehl Nr. 1 vom 2.1.1915.
130 Rudloff (Hrsg.), Tagebuchaufzeichnungen, S. 63.
131 Vgl. Ziemann, Kriegserfahrungen, S. 88 f.
132 Rudloff (Hrsg.), Tagebuchaufzeichnungen, S. 108 f.
133 Vgl. Davis, Homefront, S. 115-138.
134 Der Kopfzettel war eine militärisch abgewandelte Variante des Krankenblattes und gab Aufschluss über die persönlichen Daten des Kranken sowie über die Art der Verwundung.

Erst diese Täuschung führte ihn schließlich in die Heimat und bescherte ihm während des Genesungsurlaubs die »beste Zeit« seines Militärdienstes.[135] Vergebliches Warten auf Urlaub untergrub die Einsatzfreudigkeit der Truppe. Mit dem Absinken der Stimmung wuchs die Bereitschaft, Sanktionen in Kauf zu nehmen. Vor allem aufgrund der Furcht, sich der Heimat zu entfremden, fassten Soldaten zusehends den Entschluss, die gesteckten Normen zu überschreiten. Zahlreiche Vergehen entsprangen dem Wunsch, sich nach langer Entbehrung private Wünsche ohne Rücksicht auf mögliche Konsequenzen zu erfüllen. Folglich versuchten immer mehr Soldaten, sich einen Fronturlaub zu erschleichen oder die Heimat zu erreichen, indem sie falsche Tatsachen vorspiegelten. Andere wiederum überschritten den genehmigten Urlaubszeitraum oder entfernten sich gänzlich unerlaubt von der Truppe. Sofern derlei Vergehen entdeckt wurden, lautete die Anklage in der Regel entweder auf unerlaubte Entfernung oder auf Fahnenflucht.

Im Januar 1916 beriet das Preußische Kriegsministerium über disziplinschädigende Folgen der »missbräuchlichen Nutzung von Urlaubsscheinen und Siegeln«. Dass sogar »ganz plumpe Fälschungen« von Urlaubs- und Militärfahrscheinen unbeanstandet blieben, erregte Besorgnis.[136] Beispiele zeigen, welche Auswüchse unerlaubte Reisen in die Heimat annahmen. Einige davon erinnern bisweilen an Köpenickiaden. So stahl ein Husar,[137] der wegen langer Abwesenheit mit gefälschten Papieren fahnenflüchtig wurde, einen Kraftwagen der Heeresverwaltung, indem er sich als Vizewachtmeister einer Funkerabteilung ausgab. Mit diesem fuhr er monatelang durch Deutschland. Benzin erhielt er von den militärischen Abgabestellen. Nach seiner Festnahme erwirkte er durch sicheres Auftreten vor dem Garnisonskommando die abermalige Freilassung.[138] In einem anderen Fall reiste ein Zivilist, der wegen langer Zuchthausstrafen niemals gedient, jedoch eine Vorliebe für das Militär hatte, in der Uniform eines Vizewachtmeisters an beiden Fronten beliebig durch das Operations- und Etappengebiet. Bei seiner Vernehmung gab er an, durch regen Kontakt mit Fahnenflüchtigen zu wissen, dass sich eine große Anzahl von »Betrügern« hinter den Fronten umhertreibe und es für die Soldaten ein leichtes sei, sich mit gestohlenen Ausrüstungsgegenständen und gefälschten Papieren dort zu bewegen oder in die Heimat abzusetzen.[139] Um solchen Vorkommnissen vor-

---

135 Vgl. Forstner (Hrsg.), Lebensweg, S. 94-102.
136 BArch-MA, RM 51/102, Geheime Abschrift des Preußischen Kriegsministeriums vom 5.1.1916.
137 Ein Husar war ein Angehöriger der leichten Kavallerie.
138 Vgl. BArch-MA, RM 51/102, Geheime Abschrift des Preußischen Kriegsministeriums vom 5.1.1916.
139 Vgl. ebenda.

zubeugen, verfügte das Kriegsministerium im Januar 1916, Urlaubsscheine nur noch auf den Schreibstuben auszufüllen und leere Vordrucke nicht mehr an die Mannschaften auszugeben.[140]

Wie die stetig anwachsende Frequenz, mit der die OHL solche Delikte registrierte, zeigt, handelte es sich weder um Einzelfälle noch um vorübergehende Probleme. Rückblickend begünstigte diese Entwicklung im Herbst 1918 die Auflösungserscheinungen des Feldheers. Schon während einer Urlaubssperre vom 11. Februar bis zum 1. Juni 1918 an der Westfront tauchten erste Vorboten auf: Die stellvertretenden Generalkommandos meldeten weitreichende Umgehungen des Verbots durch eine »beträchtliche Erhöhung von Dienstreisen in die Heimat«.[141] Vorgesetzte segneten die angeblichen Dienstreisen reihenweise ab. Das Ausmaß der systematischen Urlaubserschleichung verschärfte sogar die Transportlage; Material traf nicht rechtzeitig ein, und die Verlegung von Truppen litt darunter. Sechs Wochen später erkannten die zuständigen Stellen abermals eine deutliche Zunahme von »Umhertreiberei und Fahnenflucht«. Sie forderten die »strenge Überwachung Einzelreisender fern der Truppe«.[142]

Dessen ungeachtet sind frühe Reaktionen der OHL auf Stimmungseinbrüche wegen des Mangels an Fronturlaub und seiner ungerechten Vergabe erkennbar: Als eine Art Zugeständnis forcierte sie ausgewogenere Zuteilungen zwischen Etappe und Front, Berufszweigen und Dienstgraden. Auch eine allmähliche Neubewertung des Fronturlaubs in der Wahrnehmung der Reichsleitung scheint durchaus plausibel: Obwohl die bäuerlichen Schichten bis Kriegsende privilegiert blieben, nahm die Führung die Belange anderer Soldaten stärker wahr. Offensichtlich erkannte sie, dass die Urlaubsvergabe in Kriegen mit Volksheeren ein wichtiges stimmungssicherndes Mittel war, um die militärische Ordnung zu erhalten. Schließlich vernachlässigte sie sogar tendenziell kriegswirtschaftliche Prämissen.[143] Jedoch kam diese Einsicht zu spät, eine grundlegende Änderung in den eingefahrenen Mechanismen der Urlaubshandhabung war nicht mehr möglich. Abgesehen von einigen Konzessionen verdichtete die OHL das Überwachungssystem. Genehmigungsverfahren wurden vereinheitlicht und Möglichkeiten zur Erschleichung sowie zum Missbrauch des Fronturlaubs – zu weiteren Delikten – reduziert. Im Juni 1915 regelten Richtlinien die Urlaubsdauer unter den Dienstgraden neu. Sie betrug fortan sieben Tage für Stabsoffiziere und wichtige Persönlichkeiten, die »bei einem

---

140 Vgl. ebenda.
141 BArch-MA, RM 5/452, Abschrift des Kriegsministeriums vom 29.5.1918.
142 Ebenda, Abschrift vom 16.7.1918.
143 Vgl. Weber, Thomas, Der Gefreite, S. 101 f.: Auch hier wird von der Einrichtung von Soldatenheimen und der Einführung von Heimat- und Ernteurlaub als Mittel zur Hebung der Stimmung berichtet.

Vorstoß nicht entbehrt werden« konnten, 14 Tage für alle übrigen Offiziere und bis zu 30 Tage jährlich für Unteroffiziere und Mannschaften.[144] Neben diesen Bestimmungen für Beurlaubungen allgemeiner Art, wie zur Wiederherstellung der Gesundheit oder zum Erhalt der Dienstfähigkeit, konnte nun zur Erledigung kriegswirtschaftlicher Angelegenheiten, landwirtschaftlicher Arbeiten oder dringender häuslicher Verhältnisse Urlaub bis zu 45 Tagen erteilt werden.[145] Diese Höchstgrenzen bestanden de facto jedoch mehr auf dem Papier und wurden gerade beim Feldheer nur in Ausnahmefällen eingelöst. Abgesehen von dem vorherrschenden Mangel an Offizieren, folgte diese Neuregelung der Einsicht, gerade von den Frontsoldaten sei wenig Verständnis für die schlechte Urlaubslage zu erwarten. Immerhin konnten die Soldaten nun theoretisch zweimal im Jahr auf eine befristete Rückkehr zu ihren Familien hoffen. Ebenso orientierte sich die Urlaubsvergabe zusehends an Witterungsbedingungen, um einen Ausgleich zwischen Besatzungs- und Feldheer herzustellen. Im Herbst 1917 modifizierte Generalquartiermeister Erich Ludendorff die Bestimmungen erneut. Fortan durften die Fronttruppen gleichzeitig fünf Prozent ihres Mannschaftsbestandes beurlauben. Die Quote für die fechtenden Einheiten wurde hier kompensatorisch erhöht. Denn gleichzeitig ordnete Ludendorff an, dass die »Truppen und Formationen der Etappe und der Generalgouvernements, denen seit langer Zeit die Vorteile umfangreicher Beurlaubungen von 10 % und mehr zuteil geworden sind, [...] sich während der nächsten Monate mit einer gleichzeitigen Beurlaubung von nur 3 % ihrer Stärke begnügen« müssen.[146] Alle Entscheidungen sollten langfristig, in der Regel für die Dauer von 14 Tagen vorgenommen werden, um die Eisenbahnen so wenig wie möglich zu belasten.[147] Im Juni 1918 erhöhte das Feldheer seine Urlaubsquote angesichts der prekären Stimmungslage gar auf sieben Prozent der Verpflegungsstärke. Die Divisionskommandeure konnten zwar weiterhin Begrenzungen aussprechen. Jedoch empfahl Ludendorff, von derlei Einschränkungen abzusehen, da er mittlerweile das psychologische und taktische Potenzial von Fronturlaubern als flexible Reserve erkannte. Ab Mai 1918 behielten sich die Armeeoberkommandos vor, bei

---

144 Vgl. BArch-MA, RM 51/102, Anlage zum Schreiben des Staatssekretärs des Reichsmarineamts vom 9.6.1915.
145 Vgl. BArch-MA, RM 43/285, Befehle der Kommandostellen der kaiserlichen Marine vom 18.2.1916 an die Werftdivisionen.
146 BArch-MA, PH 5-I/41, Urlaubsbestimmungen des Chefs des Generalstabs des Feldheeres vom 23.9.1917 für das Oberkommando der Heeresgruppe Herzog Albrecht.
147 BArch-MA, PH 5-1/132, Ergänzungsverordnungen zu den Urlaubsbestimmungen vom 23.9.1917, hier insbesondere die Fahrpläne und Vorgaben zur Organisation des Urlauberreiseverkehrs und des Mannschaftstransports im Winterhalbjahr 1917/18.

Divisionen, die in der Urlaubsfrage besonders schlecht gestellt waren, »steuernd« einzugreifen.[148]

Bestrebungen zur Zentralisation der Vergabepraxis zeigten sich außerdem bei der Behandlung von Gesuchen. Beim Landwirtschaftsurlaub galt von Anfang 1916 bis Kriegsende ein grundlegendes Antrags- und Bewilligungsverfahren, das zwischen Vertretern der Landwirtschaft und des Innenministeriums ausgearbeitet worden war. Jeder Betrieb über einer Größe von zwei Hektar musste einen Fragebogen ausfüllen und beim örtlichen Bezirksamt einreichen. Die Truppenteile, seit 1918 die Wirtschaftsstellen der Generalkommandos, prüften diese anschließend.[149] Landräte bestätigten fortan anderweitigen Arbeitsurlaub, etwa zur Wahrung persönlicher Geschäftsinteressen. Die Bestimmungen wiesen ausdrücklich darauf hin, dass der Ortsvorsteher als Leumund nicht mehr genügte und entsprechende Anträge den Divisionen nicht mehr vorzulegen seien. Urlaubsgesuche über sieben Tage waren seit September 1915 nicht mehr in Sammellisten, sondern einzeln zur Prüfung vorzulegen. Parallel zur Nivellierung unterschiedlicher Verfahrensweisen zeigt sich darin ein Trend zu individuellen Begutachtungsverfahren. Außerdem richteten die Heeresgruppen Urlaubsämter ein, die jeweils für eine Reihe von Truppenverbänden zuständig waren.[150] Allerdings erwies sich diese Angleichung von Norm und Praxis nicht überall als sinnvoll: Innerhalb der Marine baten Schiffskapitäne und besonders die Kommandanten von U-Booten darum, von Quoten und gar einer grundsätzlichen Urlaubsregelung abzusehen, da es »zum großen Teil von dem Zustand des Bootes« abhing, in welchem Umfang die Mannschaft beurlaubt werden konnte.[151] Auf Eingaben verschiedener Wirtschaftszweige reagierte die OHL bisweilen äußerst unterschiedlich. Der Reichsverband reisender Gewerbetreibender wandte sich im Oktober 1916 mit folgendem Anliegen an das Kriegsministerium:

> »Hohes Ministerium wolle gefälligst anordnen, dass bei Vergebung von Weihnachtsurlaub vor dem Feste in erster Linie jene selbständigen Gewerbetreibenden berücksichtigt werden, welche wenig oder gar kein Personal beschäftigen. [...] neben der Aufrechterhaltung der Landwirtschaft muss es doch auch Sorge aller in Betracht kommenden Stellen sein, den gewerb-

---

148 BArch-MA, RM 5/452, Anweisungen des Chefs des Generalstabs des Feldheeres vom 10.6.1918 und vom 19.5.1918.
149 Vgl. Ziemann, Kriegserfahrungen, S. 86.
150 Vgl. BArch-MA, RM 43/285, Divisionsbefehl Nr. 11 vom 18.1.1916 und Divisionsbefehl Nr. 202 vom 21.9.1915; BArch-MA, PH 5-I/41, Urlaubsbestimmungen des Chefs des Generalstabs des Feldheeres vom 23.9.1917.
151 BArch-MA, RM 86/114, Schreiben des Führers der Unterseeboote an das Kommando IV der Unterseebootshalbflotille 724 vom 3. und 9.6.1915.

lichen Mittelstand [...] zu erhalten. [...] Diese Aufrechterhaltung des Betriebes liegt nun in den weitaus meisten Fällen ganz allein in den Händen der Frau. [...] In allen diesen Fällen wäre es für die Frau eine ganz bedeutende Erleichterung und würde zum Weiterbestehen des Betriebes ganz wesentlich beitragen, wenn der Mann 14 Tage vor dem Weihnachtsfeste Urlaub erhalten könnte, um im Geschäft mit tätig zu sein.«[152]

Vor allem rückwärtige Einheiten und Verbände der Marine entsprachen dieser Bitte sowohl im Winterhalbjahr 1916/17 als auch im Folgejahr unter »wohlwollender Berücksichtigung« der Belange der Gewerbetreibenden.[153] Trotz aller Ausgleichsbemühungen sperrte sich aber der Generalstab des Feldheers bis zum Kriegsende immer wieder gegen derlei Eingaben. Er erklärte, infolge vieler Härten und durch lange Urlaubssperren könnten einzelne Erwerbszweige nicht bevorzugt werden. Das Kriegsministerium wiederum begrüßte die »volkswirtschaftlichen Gründe« dieser Maßnahmen.[154]

Die Vorschriften zur Regulierung des Urlauberstroms ergänzten Belehrungen, Unterstellungsrichtlinien, Meldepflichten und Bestimmungen zu Reise und Transport. Wie zwischen den Zeilen herauszulesen ist, nahm die militärische Führung bei der temporären Abwesenheit einzelner oder kleinerer Gruppen automatisch eine erhöhte Deliktbereitschaft an. Ab Mai 1915 unterstellte sie deshalb alle Offiziere und Mannschaften, die krank oder verwundet aus dem Feld zurückkehrten, pauschal den heimatlichen Generalkommandos, denen der jeweilige Feldtruppenteil zugeordnet war. Die rekonvaleszenten Soldaten mussten demnach alle Gesuche um Genesungsurlaub zunächst an den eigenen Ersatztruppenteil richten. Dieser entschied entweder selbst oder legte die Eingabe einer höheren Behörde vor.[155] Beurlaubungen in das Operations- und Etappengebiet oder in das Ausland waren nur in Ausnahmefällen und mit ausdrücklicher Genehmigung des zuständigen Armeeoberkommandos möglich. Eine Ergänzung zur Kabinettsordre vom 4. Juli 1913 gewährte sämtlichen Mannschaften bei Beurlaubungen grundsätzlich freie Benutzung der Eisenbahn. Zu Kontrollzwecken wurden Militärfahrscheine eingeführt, die den jeweiligen Urlaubsgrund enthielten: bei kriegswirtschaftlich relevanten Beurlaubungen etwa

---

152 BArch-MA, RM 86/170, Eingabe des Reichsverbandes Reisender Gewerbetreibender Deutschlands an das Kriegsministerium vom Oktober 1916.
153 Ebenda, Schreiben des Kriegsministeriums, des Staatssekretärs des Reichsmarineamtes und des Kommandanten der Hochseestreitkräfte vom Oktober 1917.
154 BArch-MA, RM 5/452; BArch-MA, RM 43/285, Abschrift des Kriegsministeriums vom 8.12.1917.
155 Vgl. BArch-MA, PHD 1/49, Amtsdrucksachen des Preußischen Kriegsministeriums, Armeeverordnungsblatt 49 (1915), Bestimmung Nr. 382 vom 8.5.1915.

»Ernteurlaub«, in allgemeinen Fällen das Stichwort »Heimaturlaub«.[156] Jeder Fronturlauber musste sich nach seiner Ankunft binnen einer Frist bei seinem Ersatztruppenteil oder den zuständigen amtlichen Stellen melden. Damit prüften die heimatlichen Behörden den Grund des Urlaubs mindestens ein weiteres Mal. Ein Erlass für die Reichshauptstadt vermerkte zur »Kontrolle beurlaubter Mannschaften«:

> »Bei Anträgen von Truppenteilen an das Polizeipräsidium Berlin, nach der Haupt- und Residenzstadt beurlaubte Militärpersonen wegen Erfüllung des Urlaubszwecks in Kontrolle zu nehmen und dem Truppenteil eine Bescheinigung zu übersenden, sobald der Urlauber Berlin verlassen hat, ist die Wohnung des Urlaubers oder wenigstens sein genaues Nationale anzugeben.« [157]

Dass Fronturlauber ihren Urlaubspass auf den Bahnhofskommandanturen unverzüglich nach der Ankunft abstempeln ließen, war ebenfalls ein gängiges Verfahren. Bei dieser Gelegenheit erhielten sie einen Abdruck der geltenden Standortbefehle mit Verhaltensrichtlinien ausgehändigt.[158] Aus Überwachungsgründen mahnten die Kommandostellen seit Frühjahr 1916 wiederholt an, bei allen Unteroffizieren und gemeinen Soldaten jede Beurlaubung von mehr als zwei Tagen in das Soldbuch einzutragen. Der Grund des Urlaubs sei genau anzugeben. Darüber hinaus durften Mannschaftssoldaten nur dann Zivilkleidung tragen, wenn die Vorgesetzten zuvor eine Genehmigung erteilt und diese auf dem Urlaubsschein vermerkt hatten. Ebenfalls galt für Heeresangehörige Zurückhaltung bei Gesprächen in der Heimat, insbesondere bei militärischen Angelegenheiten.[159]

Zur Wahrung der »Reisedisziplin« durften die Urlauber auf den Zwischenbahnhöfen nicht in Schnellzüge umzusteigen. Jedoch konnten sie ihre Urlaubsreise auf der Hin- und Rückfahrt jeweils einmal unterbrechen, um Angehörige zu besuchen. In begründeten Ausnahmen war eine Beurlaubung an zwei Orte zulässig. Dazu wurde ein besonderer Fahrschein ausgestellt.[160] Von den Regelungen profitierten in erster Linie einzelreisende Militärurlauber. Grundsätzlich

---

156 BArch-MA, PHD 1/49, Armeeverordnungsblatt, Bestimmungen des Kriegsministeriums Nr. 382 vom 8.5.1915, Nr. 425 vom 25.5.1915 und Nr. 575 vom 20.7.1915.
157 Ebenda, Armeeverordnungsblatt, Bestimmung des Kriegsministeriums Nr. 426 vom 25.5.1915.
158 BArch-MA, RM 5/4059, Anordnung des kaiserlichen Generalkommandos der Marine vom 1.9.1915.
159 Vgl. BArch-MA, PHD 1/50, Armeeverordnungsblatt, Bestimmungen des Kriegsministeriums Nr. 699 vom 16.10.1916 (mit rückwirkender Geltung ab April 1916) und Nr. 700 vom 16.10.1916.
160 Vgl. ebenda, Armeeverordnungsblatt, Bestimmungen des Kriegsministeriums Nr. 281 vom 23.4.1916 und Nr. 673 vom 10.10.1916.

aber strebte die Führung die Abwicklung des gesamten Mannschaftstransportwesens in geschlossenen Kohorten unter größtmöglicher Überwachung an. Zu diesem Zweck teilten die zuständigen Urlaubsämter den Truppenteilen Kontingente – im damaligen Sprachgebrauch »Platzzuteilungen« – für die Militär-Urlauberzüge (Muz.) zu. Neben der maximalen Auslastung der Eisenbahn erreichten sie so eine Belegung mit größeren Gruppen jeweils gleicher Stammeinheiten. Dies erleichterte dem Zugwachpersonal die Überprüfung der Reisenden. Hierzu wurden aus den Reihen der Urlauber Untertransport- und Transportführer rekrutiert. Die Untertransportführer führten ihre Mannschaften in geschlossenen Formationen zu den Zubringerbahnhöfen und übergaben sie an die Transportkommandos. Diese bestanden aus dem Transportführer und zehn Unteroffizieren und Gefreiten. Sie überwachten die gesamte Fahrt über – ausgestattet mit disziplinarischer Weisungsbefugnis – das Verhalten der Soldaten. Die Transportkommandos prüften unter anderem die Gültigkeit der Militärfahrscheine und der weiteren Papiere. Unregelmäßigkeiten und Verbesserungsvorschläge leiteten sie an die Bahnhofskommandanturen weiter.[161] Die Behörden in der Heimat händigten in erster Linie Lebensmittelmarken aus, weil der Krieg die Rationierung von Nahrung und begehrten Waren erzwang. Zudem stellte das Verfahren eine weitere Möglichkeit zur Überwachung von Fronturlaubern dar, da die Abgabe der Bezugsscheine mit Kontrollen über die Richtigkeit der Urlaubspapiere verbunden war. So verhinderte die militärische Führung, dass sich die Soldaten unkontrolliert über größere Distanzen von ihrem Urlaubsort entfernten. Ebenso konnten die Soldaten bei Krisen rascher an die Front zurückbeordert werden.[162]

Für viele Soldaten spielten Versorgungsfragen im Urlaub eine große Rolle. Unzählige Feldpostbriefe aus beiden Weltkriegen spiegeln den Wunsch ihrer Verfasser wider, es sich in den wenigen Tagen möglichst gut gehen zu lassen und den Angehörigen Artikel aus den besetzten Gebieten mitzubringen, die in der Heimat kaum mehr erhältlich waren.[163] Wichtig war die Kapazität der Güter, die mitgenommen werden durften. Während des Ersten Weltkriegs berechtigte der Militärfahrschein bei Urlaubsreisen in der Regel zur Mitnahme

---

161 Vgl. BArch-MA, PH 5-I/41, Urlaubsbestimmungen vom November 1917; BArch-MA, PH 5-I/132, Bestimmungen für die Urlaubsämter und Bahnbeauftragten vom November 1917; BArch-MA, PH 3/105, Bestimmungen der Militär-Generaldirektion der Eisenbahnen über die Benutzung der Eisenbahnen durch Heeresangehörige, Heeresgefolge und Zivilbeamte der besetzten Gebiete des westlichen Kriegsschauplatzes vom 1.10.1916.
162 Vgl. BArch-MA; PH 1/51, Armeeverordnungsblatt, Bestimmung des Kriegsministeriums Nr. 664 vom 8.7.1917.
163 Vgl. Lamprecht, Feldpost; Latzel, Soldaten, S. 115-124, S. 135f., S. 157f. und insbesondere S. 121 f.

von 25 Kilogramm Freigepäck. Darüber hinaus konnten Soldaten Gepäck bis zu 200 Kilogramm aufgeben. Auf Strecken bis zu 25 Kilometern war dafür eine Gebühr von 1,60 Reichsmark fällig, bei über 800 Kilometern 40 Reichsmark.[164] Noch im August 1918 sah sich das Kriegsministerium dazu veranlasst, neben den zahlreichen »unzulässigen Beförderungen« auf die Richtlinien zur Seuchengefahr hinzuweisen: Ein Soldat hatte im Urlauberzug eine Kuh über die Balkanroute nach Deutschland transportiert.[165]

Schon im Ersten Weltkrieg erörterten führende Stellen den Fronturlaub als Mittel gegen Geburtenrückgänge, wenn auch nur in Ansätzen.[166] In gewissem Umfang steuerten OHL und Reichsleitung entsprechende Entscheidungen der Soldaten. Wollte beispielsweise ein Soldat in der Heimat heiraten, benötigte er die Erlaubnis des Garnisonsältesten, der mindestens die Disziplinarstrafgewalt eines Regimentskommandeurs innehatte.[167] Zwar verweist diese Regelung auf Kontrollvorbehalte des Militärs. Hinweise auf rassistische Motive, wie sie später die Nationalsozialisten zur Voraussetzung machten, sind im Ersten Weltkrieg allerdings nicht zu erkennen. Dennoch waren Kontakte zwischen deutschen Soldaten und Frauen aus den Besatzungsgebieten verpönt, insbesondere im Osten.[168] Die militärischen Kommandostellen hatten Angst, die Soldaten würden sich mit Geschlechtskrankheiten anstecken. Sie gaben Merkzettel mit Verhaltensmaßregeln aus, die explizit auf potenzielle Einschränkungen bei einer späteren Familiengründung hinwiesen. Schließlich barg der Fronturlaub die Gefahr, Geschlechtskrankheiten in die Heimat zu »verschleppen«.[169] Etwa seit November 1916 verfolgte die Reichsleitung ein Programm »Urlaubsstellen für heimatlose Urlauber«. Gastfamilien nahmen Mannschaftssoldaten, die keine Angehörigen hatten, freiwillig auf. Sie stellten Zimmer zur Verfügung und banden die Soldaten in ihren Alltag ein.[170] Das Projekt kann als Vorläufer der »Hitlerfreiplatzspende« betrachtet werden, die ab 1939 mit großem propagandistischen Aufwand beworben wurde. Ein Aspekt der Urlaubsgewährung wäh-

---

164 BArch-MA, PH 3/105, Bestimmungen der Militär-Generaldirektion der Eisenbahnen über die Benutzung der Eisenbahnen durch Heeresangehörige, Heeresgefolge und Zivilbeamte der besetzten Gebiete des westlichen Kriegsschauplatzes vom 1.10.1916.
165 BArch-MA, RM 5/452, Abschrift des Kriegsministeriums vom 30.8.1918.
166 Vgl. Ziemann, Kriegserfahrungen, S. 84.
167 Vgl. BArch-MA, PHD 1/50, Armeeverordnungsblatt, Bestimmung des Kriegsministeriums Nr. 925 vom 24.12.1916.
168 Vgl. BArch-MA, RM 5/452, Erlasse des Kriegsministeriums bzw. des Generalstabs des Feldheeres vom 20.12.1916 und vom 11.8.1918.
169 Vgl. BArch-MA, RM 51/102, Merkblatt und Verhaltensmaßregeln bei Ansteckung mit Lues vom 25.3.1915.
170 BArch-MA, PHD 1/51, Armee-Verordnungsblatt, Erlass des Kriegsministeriums Nr. 762 vom 8.8.1917, hier: Ergänzungsbestimmungen.

rend des Ersten Weltkriegs – hier besteht wohl der größte Gegensatz zu den späteren Motiven der NS-Führung – basierte auf religiöser Toleranz. Am 31. Juli 1917 wies das Kriegsministerium die zuständigen Stellen an, einer Eingabe der Vereinigung für die Interessen des orthodoxen Judentums im Hinblick auf die jüdischen Herbstfeiertage zu entsprechen. Damit war für das Besatzungsheer und die Etappe die Bitte verbunden, den jüdischen Mannschaften Heimaturlaub zu gewähren oder sie zur nächsten jüdischen Gemeinde zu beurlauben, soweit dienstliche Interessen dies zuließen. Im Feldheer und an der Front waren Dienstbefreiungen auszusprechen.[171]

Einen Großteil der bisher geschilderten Normen und Praktiken spiegelt die Urlaubsordnung vom 15. Mai 1920 (s. Anhang, Tabelle 4, S. 470) wider, obwohl die Stärke der Reichswehr nach der Niederlage auf 100.000 Mann begrenzt wurde. Sie fasste die wichtigsten Einzelverordnungen zusammen und schuf so ein einheitliches Regelwerk. Die militärische Führung zeigte nach der Niederlage Interesse daran, die Kriegserfahrungen insbesondere der mannschaftsnahen Dienstgrade in die neue Ordnung einfließen zu lassen. Zu Beginn des Jahres 1920 versandte der Chef der Heeresleitung, Hans von Seeckt, Entwurfstexte über das Reichswehrministerium an alle Wehrkreiskommandos. Darin forderte er je einen Kompanie-, Eskadron- oder Batteriechef, ferner je einen Bataillons- oder Abteilungskommandeur sowie je einen Regimentskommandeur zu einer schriftlichen Stellungnahme auf. Die Erläuterungen waren im Original vorzulegen.[172]

Als Konsequenz daraus verzichtete die neue Urlaubsordnung beispielsweise auf die Anrechnung von Reisetagen auf den Erholungsurlaub. Dieses bisher gängige Verfahren erwies sich aus Sicht der Einheiten als ungerecht, da einige Soldaten ihren Urlaub in der Nähe des Standortes verbrachten, wohingegen andere mehrere Tage in ihre Heimat brauchten. Ebenso kritisierten die Antwortenden den geplanten Wegfall von Freifahrten.[173] Gleichwohl war die Urlaubsordnung stark auf die Anfordernisse einer Berufsarmee in Friedenszeiten zugeschnitten. Dafür sprechen etwa die gestaffelten Urlaubslängen nach Dienstjahren und die erstmals eingeführte Unterscheidung nach Urlaubsarten, mit Sport-, sowie Tages- und Nachturlaub; da Letzterer nur an Soldaten in Garnisonsstandorten innerhalb der Heimat erteilt wurde. Als Neuerung ist vor allem der Anspruch auf Erholungsurlaub hervorzuheben. Alles in allem wurde mit der Urlaubsordnung von 1920 ein Fundament geschaffen, das nach

---

171 Vgl. BArch-MA, RM 86-170.
172 Vgl. BArch-MA, RH 53-4/516, Aufforderung des Reichswehrministeriums an die Wehrkreiskommandos vom 19.1.1920.
173 Vgl. ebenda, Stellungnahme der Reichswehrbrigade XIX (Wehrkreiskommando IV Leipzig) vom 20.2.1920.

kleineren Modifizierungen in den Jahren 1929 und 1932 der Wehrmacht bei der Wiedereinführung der Wehrpflicht im Jahr 1935 als Orientierungspunkt diente: Grundlegende Züge sind noch in den Mobilmachungsbestimmungen des Jahres 1939 zu erkennen.[174]

c. Kriegsbriefe und nationalistische Romane

Der Perspektivwechsel vom Regelwerk auf die Erfahrungen der über elf Millionen deutschen Soldaten, die damals mobilisiert waren, verspricht weitere Einsichten. Gewiss sind die subjektiven Realitätsdeutungen, etwa in Ego-Dokumenten, nur bis zu einem gewissen Grad verallgemeinerbar. Dennoch offenbaren wiederkehrende Inhalte und Formulierungen übergreifende Sinngebungsmuster. Von besonderem Interesse ist, wie die Summe individuellen Erlebens von damaliger Kriegführung und – im Zuge der Dolchstoßlegende als ungerechtfertigt erachteter – Niederlage schließlich das kollektive Gedächtnis der deutschen Gesellschaft nach 1918 formte. Bezugnahmen zum Fronturlaub erlauben Rückschlüsse auf gesellschaftliche Sichtweisen des Spannungsverhältnisses von Militär- und Zivilgesellschaft respektive von Öffentlichkeit und Privatheit.

In Ernst Jüngers *Stahlgewittern* und anderen seiner Frühwerke stellten Männlichkeitsideale und die Geburt eines neuen Kämpfertypus, der den Krieg als »inneres Erlebnis« begrüßt, das Leitthema.[175] Von dort war es nur ein kleiner Schritt zu den Ideen der sogenannten Konservativen Revolution, vertreten durch Autoren wie Edgar Julius Jung, Arthur Moeller van den Bruck, Hans Zehrer oder Carl Schmitt. Sie brachten die Entbehrungen der Veteranen in Frontstellung gegen die Weimarer Demokratie und erhoben sie zur Legitimationsgrundlage einer neuen autoritären Staatsform.[176] Gemeinsames Merkmal ihrer Werke sind polarisierende wie hierarchisierende Argumentationsmuster. Das wiederum verbindet sie mit einem größeren Kreis nationalistischer Schriftsteller, die sich mit dem Ersten Weltkrieg beschäftigten. In der Regel werteten deren Werke das Militärische gegenüber dem Zivilen auf und argumentierten mit einer angeblichen Spaltung der Kriegsgesellschaft in Soldaten, die sich aufopferten, und in Daheimgebliebene, die ihnen verständnislos gegenüberstanden.[177] Zwei völlig gegensätzliche Wertesysteme wurden konstruiert: Auf

---

174 Vgl. Absolon, Wehrmacht, Bd. 1, S. 186; Absolon, Wehrmacht, Bd. 5, S. 43 f. und S. 303-312; Absolon, Wehrgesetz, S. 9-52.
175 Vgl. Jünger, Stahlgewitter.
176 Vgl. Breuer, Anatomie; Mohler, Revolution.
177 Vgl. ebenda.

der einen Seite die familiär konnotierte und zugleich durch egoistische Eigeninteressen zerklüftete Heimat. Demgegenüber stand die »wahre männliche Gemeinschaft«, die in den Schützengräben entstanden war und die Ideale der Kameradschaft verkörperte. Ihre Überlegenheit begründete sie mit der altruistischen Hingabe für das Ganze.[178]

Der Fronturlaub machte nach dieser zeitgenössischen Lesart jeden wahren Soldaten zu einem Wanderer zwischen den Welten. Nur er kannte beide Bereiche aus eigener Erfahrung. Die nachträgliche Verklärung widersprach freilich der vorangegangenen Realität: Wohl die wenigsten Kriegsteilnehmer entsprachen dem soldatischen Ideal bar jeglicher persönlicher Bedürfnisse. Bei den meisten geriet dieser Anspruch in deutlichen Konflikt mit ihren familiären Verpflichtungen und individuellen Interessen. Um zu beurteilen, inwiefern es sich um ein historisch wirkmächtiges Spannungsfeld handelte, ist eine Differenzierung zwischen konkreten Erfahrungen und ihrer nachträglichen Aufladung notwendig. Es bietet sich ein exemplarischer Vergleich zwischen Aussagen aus Ego-Dokumenten und der literarischen Aufarbeitung des Ersten Weltkriegs an. Hierfür stehen zahlreiche Romane und Werke bereit, die zwischen 1918 und 1945 erschienen sind. Nicht alle stammen aus der Feder dezidiert nationalsozialistischer Autoren, sondern wurden ebenso von nationalkonservativen Schreibern verfasst.

In seiner Studie über ländliche Kriegserfahrungen zieht Benjamin Ziemann anhand von Ego-Dokumenten den Schluss, die meisten Soldaten des Ersten Weltkriegs lebten »von einem Urlaub zum nächsten, da nichts außer dem Frieden ihnen verheißungsvoller erschien«.[179] Dahinter steckt die Annahme, dass sich ein großer Teil der Kriegsteilnehmer weiterhin primär an zivilen Referenzrahmen orientierte und dem geforderten Kanon soldatischer Tugenden nur partiell folgte. Der Soldat und Landwirt Georg Gallmetzer vertraute am 16. August 1917 seinem Tagebuch an: »Ich muss hier die Zeit vertrödeln, anstatt daß ich zu Hause sein könnte, wo soviel Arbeit ist.«[180] Direkt zuvor hatte er einen zweiwöchigen Ernteurlaub in seiner Heimat verbracht, hatte Honig geschleudert und sich nach Monaten der Abwesenheit wieder mit den bäuerlichen Lebensverhältnissen vertraut gemacht. Geschäftliche Angelegenheiten zu regeln und das eigene Gewerbe zu erhalten, gehörte zu den zentralen Antriebsfedern der Urlaubshoffnungen, weil es Selbstvergewisserung der bürgerlichen Identität beinhaltete.[181] Daneben existierten basale Motive, wie der

---

178 Vgl. ebenda.
179 Ziemann, Kriegserfahrungen, S. 92.
180 Gallmetzer (Hrsg.), Tagebücher, S. 117 f.
181 Vgl. Fredeweß-Wenstrup (Hrsg.), Kriegstagebuch, S. 138, Tagebucheintrag vom 21.5.1916.

Wunsch, sich von den Kriegsstrapazen zu erholen, sich auszuschlafen oder satt zu essen.[182] Die spärlichen Möglichkeiten freizeitlicher Entfaltung boten eine gewisse Abwechslung zur Monotonie des militärischen Alltags: »In Dresden war ich in der Galerie«, schrieb der Soldat Franz Rosenzweig am 7. Juli 1917, bei der Rückfahrt vom Heimaturlaub während eines Zwischenaufenthalts in Berlin per Telegramm an seine Eltern.[183] Und Georg Gallmetzer nutzte seinen Fronturlaub dazu, mit Bekannten auf die Jagd oder »Wallfahrten zu gehen«.[184] Zahlreiche Nennungen von Alkoholgenuss deuten wiederum auf Kompensationsbedürfnisse hin.[185]

Der Sehnsucht nach den Freunden und insbesondere der eigenen Familie folgten große Erwartungen an den Heimaturlaub. Überhaupt bildete das zivile Umfeld für die meisten Soldaten den gesamten Krieg über einen zentralen Fixpunkt.[186] »Großer Jubel«, herrschte beispielsweise bei den Brüdern Hans und Hermann Helming, als sie sich im Mai 1916 zum ersten Mal seit Kriegsbeginn wiedersahen. Sie hatten gleichzeitig Fronturlaub erhalten, was beide »tief bewegt« zurückließ.[187] Spannung und Vorfreude auf die Heimkehr erfasste alle Beteiligten, bis hin zu körperlichen Strapazen: »Der Urlaub war so bewilligt worden« und ich »[h]atte Kopfweh trotz der Freude von aller Aufregung«, notierte eine Mutter kurz vor der Ankunft ihres Sohnes von der Front.[188] Die Bandbreite an Emotionen und deren Wahrnehmung variierten im Laufe der Zeit. Je nach Situation und individueller Disposition gewöhnten sich die Akteure an die drückende Aufregung. Oder die Wiedersehensfreude steigerte sich mit wachsender Kriegsdauer und zunehmender Sorge um die Angehörigen ins Unermessliche: »Großer Jubel! Paul ist heute Abend auf Urlaub gekommen. Ich habe mit ihm getanzt vor Freude. [...] Wenn nur Nachricht von Otto da wäre. In Flandern toben heftige Kämpfe«, notierte diese Tagebuchschreiberin im Juli 1917 während des ersten Heimaturlaubs ihres jüngsten Sohnes.[189] Für ledige Soldaten waren Frauenbekanntschaften während des Fronturlaubs ein zentrales Thema: »Desgleichen erwartete mich auf dem Bahnsteig eine kleine Freundin«, schrieb Arno Rudloff in sein Tagebuch und ergänzte anlässlich eines späteren Genesungsurlaubs, er »habe eine Landsmännin [...] kennen gelernt

---

182 Vgl. Ziemann, Kriegserfahrungen, S. 92 f.
183 Herzfeld (Hrsg.), Feldpostbriefe, S. 533.
184 Gallmetzer (Hrsg.), Tagebücher, S. 29 f. und S. 64 f., Tagebucheinträge vom 20.10.1914 und 5.10.1915.
185 Vgl. Ziemann, Kriegserfahrungen, S. 92-95.
186 Vgl. ebenda.
187 Fredeweß-Wenstrup (Hrsg.), Kriegstagebuch, S. 138, Tagebucheintrag vom 21.5.1916.
188 Ebenda, S. 105 f., Tagebucheinträge vom 23. und 24.11.1915.
189 Ebenda, S. 203, Tagebucheintrag vom 21.7.1917.

und mit ihr sehr schöne Stunden verlebt«.[190] Die Aussicht auf eine Familiengründung spielte trotz andauernder Abwesenheit ebenfalls eine wichtige Rolle.

Einen anderen Eindruck als diese bisherigen Schlaglichter vermittelt indes die Lektüre von Weltkriegsromanen und Erinnerungsliteratur der 1930er und 1940er Jahre. Mehrheitlich marginalisierten die Autoren die Bedeutung des Kontakts zu den Angehörigen. Der Fronturlaub erschien als ein Ort der Widersprüche, wobei gebetsmühlenartig wiederholte Erfahrungsmuster meist nur einen Ausweg zuließen: Zunächst ereilte den Soldaten die Erkenntnis, die hohen Erwartungen an den Heimaturlaub würden zwangsläufig enttäuscht, gefolgt von dem Wunsch, so rasch wie möglich zur »eigentlichen Familie«, den Kameraden, zurückzukehren. So fühlte sich der Meldegänger Rott, die Figur im gleichnamigen Pamphlet des Autors Franz Franziß, »lackiert von hinten bis vorne«, weil er sich den Urlaub draußen »pikfein« ausgemalt hatte und dann alles ganz anders wurde. Sein Fazit: »Zwei Welten, jawohl! Zwei furchtbar weit entfernte Welten! Draußen ist er daheim [...]. Hier [...] hat er verdammt wenig zu suchen. Er sitzt halt die Zeit ab, fertig.«[191] Der Erlebnisroman *Mein Hauptmann* von Kurt Hesse stilisierte den Vorgesetzten zur Vaterfigur; auch dieser Autor war während eines Genesungsurlaubs von der Heimat in erster Linie irritiert.[192] Seinem Verständnis nach diente der Heimaturlaub allein dazu, seine Kampfkraft wiederherzustellen, persönliche Erwartungen spielten keine Rolle. Diese Perspektive erklärt Hesses verwunderte Aussage im Februar 1916 an der Westfront, die Gewährung von Urlaub sei eine bedeutsame »Neuerung« im Leben der Soldaten.[193] Alfred Lingen, Protagonist im Roman *Volk im Feuer* von Otto Paust, reflektierte die Gründe für die »Enttäuschungen« in seinem Heimaturlaub ebenfalls:

»[...] die Sehnsucht nach den Kameraden, die ihn unstet macht [...]. Vielleicht fehlt ihm der Donner der Geschütze, die Unruhe, die Gefahr? Vielleicht reizt ihn die Ruhe auf, die hier herrscht im Land. Ja: Vielleicht wird der Frontsoldat einmal sehr schwer wieder zurückfinden in den Frieden, in die Stille, in die Gleichförmigkeit eines bürgerlichen Daseins.«[194]

---

190 Rudloff (Hrsg.), Tagebuchaufzeichnungen, S. 64 und S. 120f., Tagebucheinträge vom 12.8.1917 und vom 1. bis zum 29.7.1918.
191 Franziß, Meldegänger, S. 11 f.; ein analoges Argumentationsmuster bei: Paust, Volk, S. 152-160.
192 Vgl. Hesse, Hauptmann, S. 64-130 und S. 199f.
193 Vgl. ebenda: Laut Hesse durften alle 14 Tage 34 Mann des Bataillons für jeweils zwei Wochen auf Urlaub fahren.
194 Paust, Volk, S. 152; sinngemäß: Ehrke, Makedonka, S. 149f.; Rose, Auftauchen, S. 291 f.

Es ist wichtig, die gesellschaftliche Wirkung von derlei Schriften im zeitgenössischen Kontext ernst zu nehmen: In der Glorifizierung eines neuen Soldatentums schwang die Kritik an all jenen mit, die diese Bedingungen nicht erfüllt hatten. Ebenso an der Heimat, die zu sehr in ihren zivilen Routinen verharrt sei. Folglich treten die Erwartungen an die Soldaten in künftigen militärischen Auseinandersetzungen offen zutage. Gefordert wurde ein Kämpfertyp, der alle privaten Sorgen hinter sich ließ, weil er ihre Nichtigkeit im Angesicht der Bedrohung des Vaterlandes durchschaute.[195] Der Fronturlaub als Schnittstelle zwischen militärischer und familiärer Lebenswelt war in diesem Konstrukt ein Störfaktor. Die Verfasser attestierten ihm gefährliche Eigenschaften wie die eines »schleichende[n] Gift[es]« für die Stimmung der Truppe.[196] Folglich interpretierte die Kriegsliteratur verbliebene Bande zwischen Frontsoldaten und Heimatangehörigen grundsätzlich negativ oder blendete sie aus. Sehnsucht galt als Schwäche. Die meisten Protagonisten in den Erzählungen waren ledige Soldaten, die bereitwillig die Ratschläge ihrer Vorgesetzten beherzigten, sich im Urlaub nicht mit »zwielichtigen« Frauen einzulassen.[197] Familienväter stießen in diesem Genre nur allzu häufig auf untreue Frauen und uneheliche Kinder.[198] Entsprechende Erfahrungen setzten in den fiktiven Erzählungen durchweg die Loslösung von allem Zivilen und die Transformation in den gewünschten Prototyp des Soldaten in Gang.[199] Wie weit diese Darstellungen an der Realität vorbeigingen, zeigt neben der Untersuchung von Ego-Dokumenten der Blick auf Studien über die tatsächlichen physischen und psychischen Belastungen, an denen die Familien noch lange nach Friedensschluss litten.[200] Die Strategien des NS-Regimes wiederum variierten in diesem Kontext. Neben der Romantisierung des Ersten Weltkriegs knüpfte es an männliche Soldatentugenden an, die bereits im Kaiserreich geschätzt wurden. Gleichzeitig entwickelte es die Ansprüche an diese Tugenden weiter und militarisierte sämtliche Lebensbereiche. Sichtbar wird dies an neuen Institutionen wie der Hitlerjugend (HJ), dem Bund Deutscher Mädel (BDM) oder dem Reichsarbeitsdienst (RAD).[201] Dass dies Folgewirkungen auf die soziale Praxis der militärischen Gruppenkultur hatte,

---

195 Vgl. Breuer, Anatomie.
196 BArch-MA, RHD 69/83, *Wacht im Südosten*, Artikel »Der Soldat und die Heimat« vom 12.2.1942.
197 Vgl. Hesse, Hauptmann, S. 229-232.
198 Vgl. Simmel, Treue und Dankbarkeit, S. 652-659.
199 Vgl. Franziß, Somme, S. 176-181; Hesse, Hauptmann, S. 229-232; Paust, Volk, S. 240 f.; ähnliche Muster bei: Winnig, Heimkehr.
200 Vgl. Prüll (Hrsg.), Medikale Kultur, S. 126-152; Freis, Psychopathen, S. 48-68; Crouthamel, Male Sexuality, S. 60-78.
201 Vgl. Römer, Kameraden, S. 114 f.

etwa eine gesteigerte gegenseitige Überwachungsbereitschaft unter Kameraden, hat die Forschung nachgewiesen.[202]

Die bisherigen Gegenüberstellungen waren dazu geeignet, Diskrepanzen zwischen Alltag und gewünschter beziehungsweise imaginierter Normierung aufzuzeigen. Graduelle Abweichungen vom Idealtyp waren freilich eher die Regel als die Ausnahme. Und gewiss gab es Soldaten, welche die geforderten Richtlinien stärker verinnerlicht hatten als andere. Durchaus plausibel spricht Thomas Kühne von der »Geborgenheit des kameradschaftlichen Haufens«, die für viele Soldaten »wichtiger als die Heimat sein konnte, von der sie sich durch die lange Trennung ohnehin entfremdet hatten«.[203] In diesem Kontext ist es aufschlussreich, welche Urlaubserfahrungen der spätere Oberste Befehlshaber der Wehrmacht, Adolf Hitler, während des Ersten Weltkriegs gemacht hatte. Thomas Weber charakterisiert sein Verhalten im Vergleich zu seinen Kameraden beim bayerischen Reserve-Infanterieregiment (RIR) 16 als »sehr ungewöhnlich«. Denn während jene ihre Familien besuchten, besichtigte Hitler Museen und Ausstellungen in Berlin und bewunderte deren »imperialen Glanz«.[204] Hitler hatte kein Heim und betrachtete die Kameraden an der Front vielleicht wirklich als eine Art Familie. Nur war seine Situation eben nicht der Normalfall.

Neben den genannten Unterschieden gab es auch gewisse Parallelen: Sowohl die Verfasser von Kriegsromanen als auch die privaten Chronisten störten sich im Grunde gleichermaßen an besserwisserischen Stammtischstrategen, Meckerern, zivilen Kriegsgewinnlern, straffen militärischen Grußpflichten, Kommunikationsbarrieren und dergleichen mehr.[205] Die Differenz lag in der rigorosen Ablehnung des Fronturlaubs und der Verurteilung ziviler Reminiszenzen seitens der »offiziellen« Literatur. In Feldpostbriefen und Tagebüchern blieb die Heimat als Leuchtturm des Privaten dagegen positiv belegt. Andererseits gab es gerechtfertigte belletristische Kritik, etwa an der ungerechten Erteilung von Fronturlaub, wie im Roman *Urlaub auf Ehrenwort* von Kilian Koll, der im Jahr 1938 verfilmt wurde.[206] Ebenso war die Auseinandersetzung mit einer bedeutenden Folgewirkung des Fronturlaubs Gemeingut: der Frage, inwieweit der »wiederholte Kontakt mit der angestammten Lebenswirklichkeit« die

---

202 Vgl. ebenda.
203 Kühne, Kriegskameradschaft, S. 185.
204 Vgl. Weber, Der Gefreite, S. 269 f.
205 Vgl. Franziß, Somme, S. 169; Ehrke, Makedonka, S. 149 f.; Paust, Volk, S. 152 f.; Remarque, Im Westen, S. 108-137; Rudloff (Hrsg.), Kriegserfahrungen, S. 120 f.; Herzfeld (Hrsg.), Feldpostbriefe, S. 361 f.
206 Koll, Urlaub, S. 7-14.

»Friedenssehnsucht der Soldaten« verstärkte.[207] Insgesamt erkannte das NS-Regime in der Freistellungspraxis des Ersten Weltkriegs einen ernst zu nehmenden Hort der Zersetzung. Entsprechende Reaktionen darauf zeigen sich bereits in den Urlaubsordnungen der Wehrmacht.

2. »Seelische Vitamine« für Heimat und Front – Urlaub im NS-Regime

Am 29. Juni 1945 befragten die Alliierten Oberst Schultz, vormals Mitarbeiter des Luftwaffenpersonalamts, zu den Richtlinien der Urlaubsvergabe zwischen 1939 und 1945. Hierzu gab er an:

»Die Urlaubsbestimmungen haben sich während des Krieges laufend geändert. Durchschnittlich erschienen in jedem Jahr, meist bedingt durch die Lage, neue Bestimmungen. Durch die Vielzahl der Bestimmungen ist ohne Unterlagen, […] nur aus dem Gedächtnis, eine einwandfreie Wiedergabe nicht möglich.«[208]

In der Tat waren die Verordnungen äußerst zahlreich. Beinahe jährlich, manchmal sogar mehrmals im Jahr, regelte das OKW die Rahmenbedingungen neu. Sie galten sinngemäß für alle drei Teilstreitkräfte, Heer, Luftwaffe und Marine, sowie darüber hinaus für Schutzstaffel (SS), Waffen-SS und Polizeieinheiten in den besetzten Gebieten. Dabei bildeten die eigentlichen Urlaubsordnungen nur das Grundgerüst. Ergänzende Einzelbestimmungen kamen fortlaufend hinzu und erreichten im Verlauf des Krieges eine beachtliche Fülle. Erörterungen in späteren Kapiteln erfordern einerseits profunde Kenntnisse dieser Entwicklungen. Andererseits sollen die alterierenden Regelwerke nicht starr durchdekliniert werden. Um eine übersichtliche Gestalt zu wahren, werden nachstehend zwei Sektionen gebildet. Der erste Teil beschäftigt sich mit wesentlichen Grundzügen der Urlaubsordnungen, die zwischen 1935/39 und 1945 galten. Weitere charakteristische Merkmale der Regelwerke werden im Anhang in Tabellenform präsentiert. Der zweite Abschnitt erörtert zunächst anhand von Soldbüchern, in welchen Intervallen die Soldaten durchschnittlich mit Urlaub rechnen konnten. Anschließend werden die Ergebnisse im Lichte weiterer Quellen geprüft.

---

207 Ziemann, Kriegserfahrungen, S. 96.
208 BArch-MA, RL 2-VI/83, Vernehmungsprotokoll vom 29.6.1945 über Urlaubsbestimmungen, Erholungsurlaub, Sonderurlaub und weitere Vergünstigungen im Kontext der Personalpolitik der Wehrmacht.

a. Urlaubsordnungen

Die Urlaubsordnung vom 28. August 1935 knüpfte einerseits am Regelwerk von 1920 an, das in Teilen auf den Erfahrungen des Ersten Weltkriegs basierte. Andererseits bildete sie ein eigenständiges Fundament für die Entwicklung der Urlaubsvergabe im Zweiten Weltkrieg. Im März 1935 kehrte das Deutsche Reich zwar entgegen den Bestimmungen des Versailler Vertrags zur allgemeinen Wehrpflicht zurück.[209] Doch bediente die erste Urlaubsordnung der Wehrmacht (s. Anhang, Tabelle 5, S. 472) noch wie ihre Vorläuferin vornehmlich die Bedürfnisse einer Berufsarmee in Friedenszeiten.[210] Dies verrät unter anderem die Staffelung der Dauer des Erholungsurlaubs nach Dienstalter. Sonntags- und Nachturlaub oder Sonderurlaub gab es nur bis zu einer gewissen Entfernung vom Garnisonsstandort. Diese Varianten des Kurzurlaubs erhielten während des Krieges primär Angehörige des Ersatzheeres und Lazarettinsassen. Sonderurlaub wurde auch als Belohnung für gute Leistung oder zur Wiederherstellung der Gesundheit angeboten. Spätere Urlaubsordnungen stellten hierbei einen direkten Bezug zum Kampfgeschehen her, etwa, wenn Freistellungen für Tapferkeit vor dem Feind oder infolge von Verwundungen in Aussicht gestellt wurden. Beim Regelwerk von 1935 fehlt dieser pragmatische Impetus, der auf den Tausch privater Zugeständnisse gegen soldatische Tugend zielte. Ebenfalls gab es Urlaub im Rahmen von Lehrgängen, zu Studienzwecken, und generell wurde zwischen Inlands- und Auslandsurlaub unterschieden. Die Wehrmachtführung griff zahlreiche Spezifika der Ordnung von 1935 im Verlauf des Zweiten Weltkriegs, teils modifiziert, wieder auf. Dazu zählten etwa die Richtlinien über die Befugnisse zur Erteilung von Erholungsurlaub. In einer hierarchischen Institution wie dem Militär gewährten naturgemäß Vorgesetzte ihren jeweiligen Untergebenen Urlaub. Bei Mannschaften (Manns.) und Unteroffizieren (Uffz.) war dies der nächste Disziplinarvorgesetzte[211], auf der untersten Ebene in der Regel der Kompanieführer. Wie die Mannschaften und Unteroffiziere konnten auch die Offiziere nur von höherer Stelle freigestellt werden. Der Rang des Vorgesetzten begrenzte zudem die Urlaubsdauer, die er genehmigen durfte: Je höher der Vorgesetzte in der militärischen Hierarchie angesiedelt war, umso länger konnte die Freistellung ausfallen. Beispielsweise durften ein Kompaniechef oder ein Kommandeur einer nicht selbstständigen Abteilung Unteroffiziere und Mannschaften 14 respektive 28 Tage beurlauben, nicht jedoch andere Offiziere. Ein Divisionskommandeur konnte Offiziere, die ihm unterstellt waren,

---

209 Vgl. Absolon, Wehrgesetz, S. 9 f.
210 Vgl. BArch-MA, RHD 4/208 (H.Dv.17; M.Dv. Nr. 15; L.Dv.17), Verordnung über den Urlaub der Soldaten der Wehrmacht vom 28.8.1935.
211 Vgl. Basenach, Disziplinarstrafgewalt, S. 13 f.

45 Tage beurlauben, niedrigere Chargen bis zu drei Monaten. Hinsichtlich der Häufigkeit und der Dauer von Freistellungen unterschieden die Bestimmungen der Wehrmacht grundsätzlich nicht zwischen den Dienstgradgruppen; alle waren gleich.[212] Dennoch muss gefragt werden, ob Offiziere öfter als einfache Soldaten in den Genuss von Fronturlaub kamen. Ebenso, ob der fortschreitende Mangel an geeignetem Führungspersonal einen gegenteiligen Effekt besaß. Anspruch auf Urlaub hatte nach dem Regelwerk kein Wehrmachtangehöriger. Die Dienstbefreiung war weiterhin schriftlich, unter Angabe der Art, der Dauer und des Ortes, zu beantragen. Daneben waren gewisse Meldepflichten vorgesehen: Jeder Soldat musste bei seiner Dienststelle die genaue Urlaubsanschrift hinterlassen und jeden weiteren Ortswechsel anzeigen. Dadurch wurde sichergestellt, dass ihn Befehle seines Truppenteils stets unverzüglich erreichten. Bis zu Beginn des Krieges wurde diese Urlaubsordnung nur marginal überarbeitet.[213]

Am 15. September 1939, zwei Wochen nach dem Überfall auf Polen, setzte das OKW »Bestimmungen für die Erhaltung des Heeres im Kriegszustand« in Kraft.[214] Sie legten die kontinuierliche personelle wie materielle Ergänzung des Feldheers fest und regelten Befehls- und Verwaltungsverhältnisse neu. Zudem enthielten sie eine Reihe von Verordnungen zur Handhabung von Beurlaubungen (s. Anhang, Tabelle 6, S. 474). Von Bedeutung ist vor allem die nun eingeführte Unterscheidung zwischen Ersatz- und Feldheer. Innerhalb beider sollte eine Beurlaubung von mindestens 14 Tagen im Jahr für jeden Soldaten angestrebt werden. Die Einheiten außerhalb des Heimatkriegsgebietes und die fechtenden Truppenteile erhielten besondere Reisetage, ihr Heimaturlaub hing jedoch von der jeweiligen taktischen und operativen Lage ab. Verheiratete hatten Vorrang, gefolgt von Freistellungen zur Förderung der Kriegswirtschaft und zur Regelung wichtiger Familienverhältnisse. Soldaten, die sich vor dem Feind besonders ausgezeichnet oder über einen längeren Zeitraum an schwierigen Kämpfen teilgenommen hatten, wurden mit Sonderurlaub belohnt. Vorzeitig unterbrochener Urlaub war nachträglich zu gewähren oder der nächste entsprechend zu verlängern. Häufigere Reisen in die Heimat »außerhalb der Reihe«, ohne zwingende Gründe und Sonderurlaub galten als »unstatthaft«.[215] Über den Inhalt von Gutachten ziviler Behörden, etwa bei kriegswirtschaftlichen

---

212 Vgl. BArch-MA, RL 2-VI/83, Vernehmungsprotokolle Luftwaffenführungsstab Süd/Control Party, Befragung von Oberst Schulz zu Urlaubsbestimmungen in der Wehrmacht vom 29.6.1945.
213 Vgl. BArch-MA, RHD 4/209, Urlaubsordnung vom 28.8.1939 (überarbeitete Fassung von 11/1937).
214 Vgl. BArch-MA, RHD 4/324; Absolon, Wehrmacht, Bd. V, S. 303 f.
215 Ebenda

Beurlaubungen, erhielten die Antragsteller keinerlei Kenntnis. Dienststellen des Ersatzheers durften den Urlaub von Angehörigen des Feldheers nur verlängern, wenn sie vorher das Einverständnis des zuständigen Feldtruppenteils eingeholt hatten. Einige Paragraphen regelten die Vergabe von Freistellungen nach abgeschlossener Lazarettbehandlung, andere enthielten Bestimmungen zur Überwachung der Soldaten. Mannschaften und Unteroffiziere durften im Urlaub nur Zivilkleidung tragen, wenn der Urlaubsschein eine ausdrückliche Genehmigung enthielt. Jeder Urlaub, der länger als fünf Tage dauerte, wurde unter Angabe des Urlaubsgrunds und der Urlaubsart im Soldbuch vermerkt. Beurlaubungen in das Operationsgebiet oder das (neutrale) Ausland bedurften besonderer Genehmigungen durch den Oberbefehlshaber des Heeres beziehungsweise den Befehlshaber des Ersatzheeres und die zuständigen Attaché-Abteilungen.

Ein halbes Jahr später, am 20. März 1940, erschien eine aktualisierte Variante der »Urlaubsregelung während des Krieges« (s. Anhang, Tabelle 7, S. 475).[216] Diese Verordnung unterschied nicht zwischen Heimatkriegsgebiet und besetzten Territorien. Jedoch forderte sie explizit die »Erreichung einer gleichmäßigen Behandlung der Urlaubsfrage für Angehörige des Feld- und Ersatzheeres«.[217] Verbliebener Urlaub durfte nicht auf das nächste Jahr übertragen werden. Dafür stellten die Bestimmungen Chancen auf einen zweiten Erholungsurlaub innerhalb eines Jahres in Aussicht. Sonderurlaube konnten zusätzlich erteilt werden. Die entsprechende Ordnung vom März 1940 präsentierte sich in der praktischen Auslegung betont flexibel. Dies lag nicht zuletzt am relativ offenen Wortlaut: Jeder Soldat hatte theoretisch die Möglichkeit, zwei- bis dreimal oder sogar noch öfter im Jahr nach Hause zu fahren. Hinweise auf »Dienstverhältnisse« wie »Kampf- und Transportlage« ließen die Option auf Urlaub nicht als Selbstverständlichkeit, sondern als Entgegenkommen erscheinen, sofern es die äußeren Umstände eben zuließen. Neben leistungsbezogenen Aspekten rückten Vergabekriterien in den Vordergrund, die sich an privaten Bedürfnissen der Soldaten orientierten. Rein wirtschaftspragmatische Interessen verloren an Bedeutung.[218] Offensichtlich ging die Führung von höherer Akzeptanz unter den Kameraden aus, wurden Familienväter und ausgezeichnete Soldaten bei der

---

216 IfZ-Archiv, Da. 34.02, Heeresverordnungsblatt 1940 Teil C (374), S. 133 f.
217 Ebenda, S. 133; vgl. auch BArch, R 2/3518, Schreiben des OKW an das Reichsfinanzministerium bzgl. der Urlaubsregelung während des Krieges vom Mai 1940.
218 Diese Feststellung bezieht sich ausdrücklich auf den Wortlaut dieser Urlaubsordnung. Inhaltlich kann der Aussagewert mit Blick auf Einzelbestimmungen zu Arbeits- und Rüstungsurlaub, insbesondere für die Jahre 1940 und 1941, relativiert werden. Dies geschieht an späterer Stelle.

Urlaubsvergabe bevorzugt. Das ist ein deutlicher Unterschied zur einseitigen Begünstigung der Landwirte im Ersten Weltkrieg.[219]

Quoten regelten, wie viele Soldaten gleichzeitig von der Truppe abwesend sein durften. Dieses Prinzip wurde bereits im Ersten Weltkrieg eingeführt. Die Obergrenzen legte das OKW für Ersatz- und Feldheer separat fest und modifizierte sie laufend gemäß der Kriegslage. Die Entscheidungsbefugnisse von Heeresgruppen, Armeeoberkommandos und unteren Verbänden beeinflussten dieses System, etwa, wenn sie spontan Urlaubssperren verhängten. Die Kontingente bewegten sich in der Regel zwischen fünf und 15 Prozent der Iststärke der Einheiten, wobei sich die Vergabe u. a. nach der Frequenz und den Kapazitäten der Fronturlauberzüge (Fu) richtete, die gerade zur Verfügung standen.[220] So gab das Armeeoberkommando (AOK) 6 am 4. Januar 1940 die Richtlinie aus, in Gebieten mit täglichem Zugverkehr dürfe jede Einheit pro Verkehrstag 0,8 % ihrer Soldaten nach Hause schicken, um die derzeitige Quote von zehn Prozent – bei zweiwöchiger Urlaubsdauer – nicht zu überschreiten.[221] Verkehrten die Züge nur zweimal wöchentlich, sollten jeweils 2,5 % der Einheitsangehörigen beurlaubt werden. Das Infanterieregiment 63 wiederum sandte pro Woche 36 Männer in die Heimat. So gewährleistete es, »daß innerhalb des Rgt. nie mehr als 10 % in Urlaub sind, die sich überschlagend zu je 5 % an den einzelnen Fahrtagen ablösen«.[222] Je nach Lage verzichteten die Stäbe vor Ort auf strikte Quoten. Vor allem an der Ostfront war dies häufig der Fall. Da sich die Transportlage immer ungünstiger gestaltete, regelten dort Platzkarten die Urlaubsvergabe, die den einzelnen AOK zugeteilt wurden und zum Einsteigen in die Züge berechtigten. Demgegenüber entsprach die Urlaubsordnung vom 20. März 1940 in erster Linie den Anforderungen in der Phase der sogenannten Blitzkriege: Bis zum Angriff auf die Sowjetunion prägten Intervalle intensi-

---

219 Vgl. BArch-MA, RH 85/25, Schreiben des Grenzwachregiments 122 an das AOK 16 vom 27.4.1940 zur Vermeidung von Härten bei Familienvätern im Rahmen der Urlaubserteilung.
220 Zur Unterscheidung zwischen Sollstärke, Iststärke, Tagesstärke, Gefechtsstärke, Kampfstärke und Verpflegungsstärke vgl. BArch-MA, ZA/1784, Müller-Hillebrand, Burkhardt, Statistic Systems. Projekt No. 4, Arbeiten der Operational History Section der Historical Division der U. S. Army, Freiburg 1949. Unter Iststärke wurde die vorhandene Zahl von Soldaten in einer Einheit oder einem Truppenverband verstanden. Dazu zählten im Zweiten Weltkrieg bei der Wehrmacht allerdings auch Abkommandierte, Urlauber, Kranke und Verwundete, solange sie formal dem Feldtruppenteil unterstellt blieben und keine Überstellung zum Ersatztruppenteil durch Überschreitung der Abwesenheitsfrist (zunächst vier, ab 1943 acht Wochen) erfolgte. Die Stärkeneinteilung diente vorrangig der Ermittlung des Ersatzbedarfs.
221 Vgl. BArch-MA, RH 23/309, Armeebefehle AOK 6 Nr. 392/39 und 527/39.
222 BArch-MA, RH 37/1332, Infanterie-Regiment 63, Durchführungsbestimmung zur Verfügung des AOK 4 an der 27. Division vom 17.1.1940.

ver und weniger intensiver Kampfhandlungen die deutsche Kriegführung. In den ruhigeren Zwischenzeiten erteilte die Wehrmacht freizügiger Urlaub, da ein Großteil der mobilisierten Einheiten, insbesondere beim Heer, nicht akut an Gefechten beteiligt war.[223] Erhöhte Quoten für den Erholungsurlaub, die Steigerung von Arbeits- und Landwirtschaftsurlaub und die Einführung sogenannten Rüstungsurlaubs kennzeichneten diese Praxis. Mit letztgenannter Maßnahme, ebenso wie mit der vorübergehenden Aufstellung von Urlaubsdivisionen, wirkte die Führung einer formalen Erhöhung von Unabkömmlichkeitsstellungen (Uk.) entgegen.[224]

Eine deutlich andere Stoßrichtung zeigten die Urlaubsordnungen vom 25. Oktober 1942 und die kurz darauf herausgegebene Neufassung vom 26. Februar 1943.[225] Sie erschienen zu einem Zeitpunkt, als der deutschen Führung das Heft des militärischen Handelns endgültig aus der Hand glitt. Alle realistischen Chancen, den Frieden durch einen Sieg der Waffen zu erzwingen, waren schon über ein Jahr zuvor, spätestens aber mit der »Krise vor Moskau« über den russischen Winter 1941/42 geschwunden.[226] Allerdings taten sich ein gewichtiger Teil des Oberkommandos und große Teile der »Volksgenossen« zunächst schwer, dies anzuerkennen, zumal die begrenzte Sommeroffensive im Jahr 1942 weitere Gebietsgewinne brachte und die Wehrmacht bis an den Kaukasus führte. Dennoch erkannten viele Volksgenossen nicht erst in Stalingrad das Menetekel einer möglichen Niederlage. Der SD registrierte zu dieser Zeit lediglich den Dammbruch der Meinungsäußerung, sprich die wachsende Bereitschaft, zuvor latent schwelende pessimistische Ansichten über den Kriegsausgang nun in der Öffentlichkeit zu thematisieren.[227] Das Unheil, das Hitler und seine Führungsriege entfesselt hatten, schlug zusehends auf Deutschland zurück. Der Krieg erfasste das Altreich zunächst in Form alliierter Luftangriffe und versehrt heimkehrender Soldaten. Entsprechende Szenen dominierten fortan nicht nur die Goebbels'sche Propaganda; auf der Straße oder in Kino- und Theatersälen

---

223 Vgl. Kroener (Hrsg.), Ressourcen, S. 759-789.
224 Vgl. BArch-MA, RH 54/173, Abschriften des Stellv. Generalkommandos VII. A. K. vom 31.10.1939, 5.3.1940 und 14.8.1940 über die Bildung von Wirtschaftstruppenteilen und die Freistellung von Urlaubsdivisionen; BArch-MA, RW 19/878, Abschriften des Oberkommandos des Heeres betreffend »Rüstungsurlauber« zwischen Juni und August 1941 sowie »Merkblatt für Arbeitsurlauber Rü 40«; ferner Absolon, Wehrmacht, Bd. V., S. 304-307; Absolon, Wehrmacht, Bd. VI, S. 527 f.; Kroener, Ressourcen, S. 693-1003, insbes. S. 819-870 und S. 834 f.
225 IfZ-Archiv, Da. 34.01, Allgemeine Heeresmitteilungen 1942 (917), S. 483 ff.
226 Vgl. Hürter, Heerführer, S. 318 f.; Stargardt, Krieg, S. 269: Der Reichsminister für Bewaffnung und Munition, Fritz Todt, teilte Hitler am 29.11.1941 mit, dass der Krieg militärisch nicht mehr zu gewinnen sei.
227 Vgl. Boberach (Hrsg.), Meldungen, Bd. 11, S. 4175 f., SD-Bericht vom 7.9.1942.

waren sie überall sichtbar. Selbst die Urlaubsordnung der Wehrmacht vom 25. Oktober 1942 (s. Anhang, Tabelle 8, S. 476) spiegelte die veränderte Lage wider. Unter anderem mit Sonderurlaub für Bombenschaden als gänzlich neuer Kategorie glich die Führung die Bestimmungen an die Kriegsrealität an. Die Handhabung war zu diesem Zeitpunkt allerdings noch nicht einheitlich, sondern folgte Einzelverordnungen. Ebenso wurden vorerst keine Schadensklassen unterschieden. Um jedoch Wehrmachtangehörigen, »die durch Bombenangriffe besonders betroffen [waren], die Möglichkeit einer längeren Beurlaubung in schweren Fällen zu geben«, verfügte das OKW, dass Soldaten, »deren Familien bzw. Wohnungen durch feindliche Fliegereinwirkung Schaden genommen haben, [...] sofort [...] ein ausgiebiger Heimaturlaub zu erteilen« sei.[228] Je nach Schwere des Falles – wobei der Tod eines oder mehrerer Angehöriger als auch der Grad der Zerstörung berücksichtigt wurden – konnten die Vorgesetzten vom Bataillonsführer aufwärts einen Urlaub zwischen zehn und 20 Tagen genehmigen. Der Beurlaubte musste sich den Schaden innerhalb dreier Tage nach Ankunft vom Wehrmachtstandortältesten am Heimatort bescheinigen lassen und diese Bestätigung nach der Rückkehr vorlegen.[229]

Darüber hinaus modifizierte die Führung die Regelung von Beurlaubungen nach Lazarettaufenthalten. Chefärzte konnten den Soldaten nach Behandlung im Militärhospital direkt Genesungsurlaub mit einer Regeldauer von 14 Tagen zuzüglich zweier Reisetage erteilen. Schien dies für die Wiederherstellung der Gesundheit nicht ausreichend, konnte der zuständige Vorgesetzte, der mindestens die Disziplinarstrafgewalt eines Regimentskommandeurs besaß, den Zeitraum auf Anraten des Truppenarztes zunächst verdoppeln und gegebenenfalls nochmals um 28 Tage verlängern.[230] Wehrmachtangehörige mit besonders schwierigen häuslichen Verhältnissen erhielten nun an erster Stelle Urlaub. Verheiratete Soldaten, Väter kinderreicher Familien und Veteranen des Ersten Weltkriegs nannte die Regelung erst an folgender Stelle. Offensichtlich bedrohten die langen Trennungszeiten mittlerweile die Harmonie derart vieler Haushalte, dass die Führung dies nicht länger ignorieren konnte.[231]

Die Urlaubsordnung vom 25. Oktober 1942 differenzierte außerdem wieder klar zwischen Feld- und Ersatzheer. Besonders sticht der Versuch hervor,

---

228 IfZ-Archiv, Da. 34.01, Allgemeine Heeresmitteilungen 1942, H. M. 771, 28.8.1942, S. 408 (Einzelverordnung »Urlaub für Bombengeschädigte«).
229 Ebenda.
230 IfZ-Archiv, Da. 34.01, Allgemeine Heeresmitteilungen 1942 (917), S. 488.
231 Vgl. Stüber (Bearb.), Tagebücher II, Tagebucheintrag vom 22.9.1942; BArch, NS 6/346, Rundschreiben, Anordnungen, Verfügungen und Bekanntgaben des Stellvertreters des Führers und der Parteikanzlei, Anordnung 74/44 »Nationalsozialistische Familienabende« vom 3.4.1944.

die Urlaubsvergabe außerhalb des Heimatkriegsgebietes mit den spezifischen Anforderungen des jeweiligen Kriegsschauplatzes abzustimmen. Die geografischen Gegebenheiten des inzwischen enorm angewachsenen Herrschaftsraums erforderten diese Reaktion, damit ein angemessener Fronturlauberverkehr realisierbar blieb. Eine Ergänzungsverordnung über die »Beurlaubung der Ostwehrmacht« vom 17. Oktober 1942 dokumentierte die wachsenden Schwierigkeiten, die vor allem auf dem sowjetischen Kriegsschauplatz herrschten:

»Im Winter 1941/42 hat eine großzügige und ungeregelte Handhabung in der Genehmigung von Urlaubs- und Dienstreisen zu schwerwiegenden Folgen im Eisenbahnverkehr sowie für die Disziplin und Schlagkraft der Truppe geführt. Tausende von Urlaubern konnten monatelang nicht befördert werden, da über die festgesetzte Zahl hinaus unter Umgehung der Bestimmungen Beurlaubungen erfolgt waren. Es ist mit allen Mitteln zu verhindern, daß sich diese Zustände im Winter 1942/43 wiederholen. Erneute Urlaubssperre wäre die unvermeidbare Folge. Die Verteilung der Urlauberplätze ist eine Führungsangelegenheit. Die Beurlaubungen haben in einem gesunden Ausgleich zwischen fechtenden Truppen, Versorgungstruppen und Stäben zu erfolgen. Wenn es die Lage zulässt, sind solche Einheiten [...] zu bevorzugen, bei denen ein besonders hoher Prozentsatz seit Beginn des Ostfeldzuges keinen Urlaub gehabt hat.«[232]

Um die Probleme einzudämmen, weitete das OKW das System der Platzkarten und Platzmarken für Urlauberzüge aus. Jeder Angehörige der »Ostwehrmacht« sollte einmal im Jahr einen zusammenhängenden Heimaturlaub von 20 Tagen erhalten. Auch die Urlaubsordnung vom Oktober 1942 schloss die Möglichkeit mehrerer Erholungsurlaube pro Jahr nicht prinzipiell aus. Wie der Wortlaut aber verrät, kamen hierfür eher Soldaten des Ersatzheeres oder nur noch diejenigen in Frage, die an ruhigeren Orten stationiert waren. Fechtende Verbände, insbesondere an der Ostfront, aber auch auf anderen Kriegsschauplätzen, hatten zusehends das Nachsehen. Während des Aufenthalts am Heimatort waren Fronturlauber außerdem nicht mehr den gleichen Einschränkungen der Bewegungsfreiheit wie das Ersatzheer unterworfen. Vor Urlaubsantritt mussten sie jedoch weiterhin angeben, ob und welche zusätzlichen Urlaubsorte sie besuchen wollten. Hierfür stellten die Dienststellen zusätzlich »weiße Kriegsurlaubsscheine« aus, die dazu berechtigten, weitere Wehrmachtfahrkarten zu lösen.

Bereits vier Monate später, im Februar 1943, erzwangen die anhaltenden Probleme im Urlauberverkehr umfassende Korrekturen an den geltenden Bestim-

---

232 IfZ-Archiv, Da. 34.01, Allgemeine Heeresmitteilungen 1942, H. M. 923, 17.10.1942.

mungen. Vor allem erwies sich die Koppelung einer feststehenden Anzahl von Reisetagen an die jeweiligen Einsatzgebiete als unzureichend.[233] Denn in den Wintermonaten waren erneut massive Fahrplanverzögerungen und Stauungen eingetreten. Im Zusammenhang damit hatte die Handhabung der Reisetage offenbar die Zeitspanne vieler Fronturlauber reduziert, die sie bei ihren Familien verbringen konnten. Zumindest ist die Führerweisung vom 5. Februar 1943 zur »Neuregelung für den Erholungsurlaub der außerhalb des Heimatkriegsgebietes eingesetzten Teile der Wehrmacht« (s. Anhang, Tabelle 9, S. 478) so zu deuten. Ausdrücklich wies sie darauf hin, der Erholungsurlaub setze sich aus der reinen Aufenthaltszeit am Urlaubsort zuzüglich zu gewährender Reisetage zusammen. Für eine genauere Berechnung der Transportdauer wurde das Reichsgebiet nun in 14 Regionen eingeteilt.[234] Diesen standen 14 (Einsatz-) Gebiete mit Hauptumsteigebahnhöfen und Frontleitstellen gegenüber, über die alle Heimaturlauber geschleust wurden.[235] Die Reisetage galten erst ab diesen Hauptumsteigestellen, die Reisezeit vom Einsatzort zu den Bahnhöfen und zurück wurde zusätzlich gewährt und durfte nicht auf den Urlaub angerechnet werden. Die Gesamturlaubsdauer konnte fortan also variieren, weil sie nicht mehr vom eigenen Truppenteil festgesetzt und im Soldbuch vermerkt wurde, sondern von den Kommandeuren für Urlaubsüberwachung an den Frontleitstellen.

Beispielsweise erhielt ein Urlauber, der von der Ostfront über Reval nach Hannover wollte, nun sechs Reisetage, bis nach Kärnten waren es acht. Zwischen Neapel und Danzig errechnete die neue Ordnung sechs, zwischen Brest-Litowsk und München vier Reisetage. Im Vergleich zum vorherigen Regelwerk kam dies einer durchschnittlichen Verdoppelung der angesetzten Fahrtdauer gleich, wobei stets Spielraum zur Berücksichtigung aktueller Verkehrsprobleme bestand.[236] Überhaupt beanspruchte der Transport einen zunehmenden Anteil der Absenzen der Soldaten von ihren Stammeinheiten. Luftangriffe und Parti-

---

233 IfZ-Archiv, Da. 34.01, Allgemeine Heeresmitteilungen 1943 (208), S. 139 f.
234 Die Gebiete waren (vereinfacht): Ostpreußen (1), Generalgouvernement (2), Westpreußen/Wartheland (3), Schlesien/Sudetenland (4), Wien, Ober- und Unterdonau/Protektorat (5), Steiermark/Kärnten (6), Brandenburg/Pommern/Mecklenburg (7), Sachsen/Magdeburg/Anhalt (8), Tirol/Vorarlberg, Oberbayern/Schwaben (9), Württemberg/Baden/Elsass (10), Franken/Thüringen (11), Westmark/Hessen/Lothringen (12), Westfalen (13), Schleswig-Holstein (14).
235 Frontleitstellen Flensburg (I), Güstrow (II), Reval (III), Umsteigebahnhöfe Krottingen, Wirballen, Tauroggen, Wolkowyst (IV), Bresk-Litowsk, Kowel (V), Przemysl (VI), Szolnok (VII), Belgrad (VIII), Frontleitstellen Neapel (IX), Brenner (X), Maastricht, Herbesthal (XI), Metz, Trier (XII), Mühlhausen (XIII), Kroatien, Slowakei, Ungarn (IVX).
236 Vgl. IfZ-Archiv, Da. 34.01, Allgemeine Heeresmitteilungen 1943 (208), S. 139 f.

sanenüberfälle auf Züge und Gleise verschärften diese Entwicklung. Mitunter überstieg die »Reise« die Nettourlaubsdauer in der Heimat um mehrere Wochen. Immer wieder zogen lokale Befehlshaber in gefährdeten Durchmarschgebieten im Osten die Urlauber – unter großzügiger Überschreitung ihrer disziplinarischen Weisungsbefugnisse – als Verstärkung oder zu Schanzarbeiten heran.[237] Interessanterweise kalkulierte die Urlaubsordnung vom Februar 1943 mit entsprechenden Problemen: Die heimischen Wehrmeldeämter durften die befristeten Freistellungen nun verlängern, sofern die Soldaten nachweisen konnten, dass es auf der Heimreise zu unverschuldeten Überschreitungen der Reisetage gekommen war.[238] Senkte diese Entwicklung die Bereitschaft, Urlaub zu erteilen, aber auch anzutreten? Die wachsenden Gefahren und Strapazen der Reise waren jedenfalls auch den Soldaten in höchstem Maße bewusst, und vereinzelt zogen – insbesondere ledige – Soldaten den Verbleib im Kameradenkreis vor.

Die Regelung vom November 1943 war schließlich die letzte umfassendere Modifikation der Urlaubsvergabe im Zweiten Weltkrieg (s. Anhang, Tabelle 10, S. 478).[239] Sie fasste wesentliche Einzelbestimmungen, die im Verlauf des Jahres ergangen waren, zusammen, schrieb jedoch die grundsätzliche Tendenz der vorangegangenen Verordnungen fort. Es wurden nur noch Soldaten bevorzugt, deren letzte Beurlaubung aus »nicht in ihrer Person liegenden Gründen am längsten zurücklag«. Dann folgten Männer mit besonders schwierigen häuslichen Verhältnissen, Väter kinderreicher Familien und Weltkrieg-I-Teilnehmer.[240] Aus Transportgründen durfte die Urlaubsdauer, die für die einzelnen Kriegsschauplätze befohlen war, weder über- noch unterschritten werden. Es herrschte strikter Platzmarkenzwang in den Zügen, eine gegebenenfalls abweichende Dauer anderer Urlaubsarten wurde angepasst. Im Ersatzheer war pro Jahr nur noch ein Erholungsurlaub zulässig, die Aufteilung auf mehrere Raten wurde verboten. Angehörige des Feldheeres konnten ihren Erholungsurlaub aus gesundheitlichen Gründen verlängern. Schließlich fand die Einteilung nach Klassen bei Bombenschaden Eingang in die Regelung für Sonderurlaub. Im Ersatzheer wurden hierzu bis zu 14 Tage gewährt, im Feldheer wurde die Dauer

---

237 Vgl. BArch-MA, RH 20-2/744, Schreiben der 137. Infanterie-Division, Abtl. II b, vom 12.10.1943 an das Generalkommando des XXXVI. Pz. Korps, Abtl. II b, über die »Zurückhaltung von Urlaubern«; Fernschreiben des AOK 9 im gleichen Zeitraum über »Zum Streckenschutz eingesetzte Urlauber« sowie Schreiben der 86. Inf.-Div. an das AOK 2 vom 13.10.1943 betreffend »Urlauber, die mehr als 8 Wochen überfällig sind«.
238 IfZ-Archiv, Da. 34.01, Allgemeine Heeresmitteilungen 1943 (208), S. 139 f.
239 Vgl. BArch-MA, RM 26/1188, Marineverordnungsblatt vom 21.2.1944. Bestimmungen über die Gewährung von Urlaub an Soldaten und Wehrmachtbeamte während des Krieges.
240 IfZ-Archiv, Da. 34.01, Allgemeine Heeresmitteilungen (867) 1943, S. 515 f.

gebietsmäßig angeglichen. Die betroffenen Angehörigen legten ihre Anträge bei den Ortspolizeibehörden vor, die dort geprüft wurden. In Anbetracht der Kriegslage spricht vieles dafür, dass die praktische Urlaubserteilung auf Grundlage dieser Bestimmungen zumindest in der ersten Jahreshälfte 1944 noch relativ reibungslos funktionierte. Das änderte sich erst mit der alliierten Landung in der Normandie am 6. Juni und dem Zusammenbruch der Heeresgruppe Mitte an der Ostfront im Sommer 1944.[241] Es folgte eine Phase anhaltender und flächendeckender Urlaubssperren. Insbesondere der gängige Erholungsurlaub, aber auch Arbeits- und Landwirtschaftsurlaub wurden nur noch äußerst restriktiv gewährt. Weniger betroffen waren gewisse Arten von Sonderurlaub, wie im Fall von Bombenschaden, bei Tod oder Erkrankung naher Angehöriger oder auch zur eigenen Hochzeit. Ebenso wurde Genesungsurlaub weiterhin erteilt. Parallel zu dieser Entwicklung intensivierte die Führung bereits erprobte Maßnahmen, womit sie die verbliebenen Urlauber rasch als Alarmeinheiten zusammenfassen und zum Gebäudeschutz in der Heimat einsetzen oder an Brennpunkte befördern konnte.[242] Zur rascheren Weiterleitung zurückkehrender Urlauber verengte sie zudem das Netz der Auffangstellen für versprengte Soldaten. Wie sehr sich die Situation nach und nach verschärft hatte, dokumentiert ein Schreiben des XIII. Armeekorps vom 30. Januar 1945. Aufgrund der »angespannten Kampf- und Transportlage« wurde mit Wirkung vom 1. Februar 1945 befohlen, dass im Feldheer nur noch folgende Sonderurlaube gewährt werden durften: für »hervorragende Tapferkeitstaten«, bei Auszeichnungen mit der Goldenen Nahkampfspange, zur eigenen Hochzeit und bei Todesfällen in der Familie. Dies galt weiterhin für Soldaten, die auf den ägäischen Inseln stationiert waren oder sich in längeren Kampfeinsätzen auf U-Booten befunden hatten.[243] Die Obergrenze der Beurlaubungen wurde auf drei Prozent aller an den Kampffronten eingesetzten Angehörigen der Wehrmacht einschließlich Waffen-SS, Polizei, Wehrmachtgefolge und weitere Organisationen festgelegt. Am 3. März 1945 notierte Joseph Goebbels in sein Tagebuch: »Man vermutet, daß sich in den Großstädten des Reiches Zehntausende von Soldaten befinden, die [...] sich vom Frontdienst drücken wollen. Ich plädiere deshalb auch mit aller Energie dafür, daß nunmehr für die gesamte Wehrmacht der Urlaub gesperrt wird. In dieser kritischen Situation hat kein Soldat auf Urlaub zu fahren, sondern haben alle die Pflicht, zu kämpfen.«[244]

241 Vgl. Frieser, Zusammenbruch, S. 526-603; Wegner, Kriegführung, S. 1165-1191.
242 Vgl. BArch-MA, RW 17/53, Generalkommando VII AK., 10.9.1944, Anordnungen zur Aktivierung von Alarmeinheiten, Kampfgruppen und Ortschutzeinheiten.
243 BArch-MA, RW 17/116, Az. 825/45 geh., Schreiben des Stellv. Generalkommando XIII A. K. zur Einschränkung der z. Zt. gültigen Urlaubsbestimmungen vom 20.1.1945.
244 Goebbels-Tagebücher, Bd. 15, S. 406, Eintrag vom 3.3.1945.

b. Vergabepraxis

Die Kenntnis des formalen Regelwerks erlaubt indes nur indirekte Schlussfolgerungen, wie die Einheiten den Fronturlaub in der Praxis, insbesondere unter Gefechtsbedingungen, handhabten. Aber wie häufig konnten die Soldaten tatsächlich mit vorübergehender Heimkehr rechnen und wann? Für die Untersuchung von Stabilität und Harmonie privater Soldatenbeziehungen sind solche Fragen entscheidend, da eine gewisse Regelmäßigkeit die Qualität des Wiedersehens bestimmte.[245]

In seiner Untersuchung zur *Kampfkraft* von Wehrmacht und US-Army konstatiert Martin van Creveld in Bezug auf die Urlaubsvergabe: »Es ist schwierig, wenn nicht unmöglich, zu untersuchen, wie diese Vorschriften ausgeführt wurden.«[246] Wenngleich Crevelds Schlussfolgerungen zum Fronturlaub undifferenziert sind,[247] beansprucht diese Aussage doch ihre Berechtigung. Bis zum heutigen Tag existiert kein Versuch, die durchschnittlichen Wartezeiten zwischen den Fronturlauben zu bestimmen. Angesichts des Umfangs der Literatur zur Wehrmacht überrascht dieses Desiderat. Jedoch erklärt es sich bei Annäherung an die Quellen: Im Zuge der vorliegenden Arbeit wurden im Militärarchiv Freiburg die Unterlagen etlicher Divisionen und – soweit erhalten – untergeordneter Einheiten auf diese Fragestellung geprüft. Hinzu kamen Akten der vorgeschalteten Ebenen von Armeeoberkommandos über Heeresgruppen bis hin zu den personalverwaltenden Stellen im OKW. Die Unterlagen liefern kein geschlossenes Bild der Urlaubsvergabe, geschweige denn der Entwicklung der Wartezeiten im Kriegsverlauf. Wie lässt sich dieser Missstand, von Do-

---

245 Vgl. Hinde, Beziehungen, S. 7-36; Hinde, Relationships.
246 Creveld, Kampfkraft, S. 127 f.
247 Creveld betont, dass die Zahl der Urlauber des Feldheeres »niemals 1 Prozent der gesamten Iststärke übersteigen« durfte, um nur wenige Sätze später zu argumentieren (S. 127 f.), die 9. Armee habe jeden Monat etwa zehn Prozent ihres Personals beurlaubt. Dieser Widerspruch entspringt der fehlenden Differenzierung zwischen täglicher Fluktuation und der festgesetzten Gesamtquote an Urlaubern. Nicht ganz genau ist auch die Aussage, die Soldaten der 9. Armee hätten in ihrem ersten Jahr an der Front alle zwölf Monate, im zweiten Jahr alle neun Monate und im dritten Jahr alle sechs Monate mit Urlaub rechnen können. Zwar betont Creveld, dass Einheiten »vorwärts« der Regimentsstäbe Priorität hatten, jedoch zeigt die Prüfung der zugrunde liegenden Akten (BArch-MA, RH 20-9/340, RH 20-9/333, RH 20-9/331 und RH 20-9/337: Kriegstagebücher des AOK 9), dass sich diese Zunahme beinahe ausschließlich auf Sonderurlaube infolge sogenannter Tapferkeitstaten an der Hauptkampflinie bezieht. Auf das Gros der 9. Armee und andere Urlaubsarten trifft diese Aussage so jedenfalls nicht zu. Irreführend ist schließlich die Feststellung, den Soldaten des Feldheeres hätte zweimal jährlich ein vierzehntägiger Urlaub »zugestanden«. Wie bereits gezeigt, war ein jährlicher Urlaub von 20 Tagen an der Ostfront ein Richtwert, auf den keinerlei Rechtsanspruch bestand.

kumentenverlusten abgesehen, erklären? Schließlich musste jede Einheit laut Verordnung Urlaubslisten führen, die einmal im Jahr durch die nächsthöhere Stelle geprüft wurden. Tatsächlich sind vereinzelt Angaben zur Urlaubsvergabe, teilweise sogar Urlaubslisten bei den Adjutanturen (Abteilung II) der Divisionsstäbe überliefert. Jedoch diente die Aktenführung primär der Ermittlung des Fehlbestands an Personal. Zudem erfassten die Personalstellen die Angaben für Offiziere (II a) deutlich ausführlicher als für Unteroffiziere und Mannschaften (II b). Die erhaltenen Akten decken zudem meist nur kürzere Perioden unter zwei Jahren ab. Somit ist es unmöglich, mehrere Urlaubsjahre innerhalb wie zwischen den Einheiten zu vergleichen. Das Problem verschärft sich unterhalb der Divisionsebene. Die sporadischen Angaben bei den vorgeschalteten Kommandobehörden wiederum sind für verallgemeinerbare Aussagen zu undifferenziert. Der gewählte Ausweg: Die durchschnittliche Wartezeit zwischen Kriegsurlauben wurde mit einer Stichprobe von Soldbüchern aus den Beständen der Deutschen Dienststelle (WASt) ermittelt. Damit sind ebenfalls quellenkritische Einschränkungen verbunden, die Ergebnisse folglich Näherungswerte. Sie erheben keinen Anspruch auf Repräsentativität, geben jedoch ein Richtmaß an die Hand.

Wartezeiten in Soldbüchern

Aussagekraft und Gruppenbildung

Die Erhebung bei der WASt zielte darauf, mit einer größeren Anzahl an Soldbüchern die Entwicklung der durchschnittlichen Wartezeit auf Fronturlaub im Krieg zu bestimmen. Die erfassten Soldaten sollten über einen möglichst langen Zeitraum gedient haben und die Stichprobe die Verteilung der Einheiten über die Einsatzgebiete wie auch die Binnenstruktur der Wehrmacht widerspiegeln. Dabei sind gewisse Einschränkungen in Kauf zu nehmen, die aus der Überlieferung resultieren: Das personenbezogene Erfassungssystem der WASt erlaubt keine gezielte Fahndung nach Soldbüchern oder nach bestimmten Truppengattungen und Einsatzorten. Überhaupt enthält nur ein Bruchteil der Einzelbestände die gewünschten Dokumente, denn die Soldaten führten sie in ihrem persönlichen Besitz. Viele behielten sie nach Ausscheiden aus dem Wehrdienst einfach. Häufig gingen Soldbücher im Zuge der Gefangenschaft verloren. Außerdem hielten sich die Einheiten nicht stets an die Weisung, die Soldbücher Gefallener an die zuständige Wehrersatzdienststelle zu übersenden.[248] Die Stichprobe resultiert folglich aus Zufallsaushebungen durch

---

248 Vgl. Overmans, Verluste, S. 16-18; Absolon, Wehrgesetz, S. 371.

die WASt. Nach einer Vorlaufphase von etwa sechs Monaten stellte sie 408 Soldbücher zur Datenerfassung bereit.[249] Das Sample bildet jedoch eher die Überlieferungssituation innerhalb der Deutschen Dienststelle als die Binnenstruktur der Wehrmacht ab. Dies macht sich etwa durch einen erhöhten Anteil älterer Soldaten bemerkbar, die Landesschützenabteilungen oder Flakeinheiten der Luftwaffe angehörten.[250] Dies ist ein erster Faktor, der es erfordert, die ermittelten Daten lediglich als Richtwerte zu behandeln. Ein zweiter gesellt sich hinzu: Nur in wenigen Ausnahmen geben die Soldbücher die Zeitspannen der Einheitszugehörigkeiten wider. Jedoch durchliefen die Soldaten im Verlauf des Krieges für gewöhnlich mehrere Einheiten; infolge von Versetzungen wechselten die Unterstellungen regelmäßig. Das erschwert es, die Urlaubsvergabe in Relation zum Stationierungsort zu betrachten.[251] Dennoch sprach einiges dafür, an der Auswertung von Soldbüchern festzuhalten, da diese Quelle eine Reihe von Vorzügen für die Untersuchung des Heimaturlaubs bereithält: Das nachstehende Beispiel (Abb. 1) zeigt, dass Soldbücher die Abfolge aller Urlaube – über fünf Tage Dauer – während der gesamten Militärdienstzeit genau dokumentierten. Ferner enthalten sie wichtige Zusatzinformationen, wie die jeweilige Art der Freistellung, die Urlaubsorte, Krankheiten, Verwundungen, Lazarettaufenthalte, Angaben über Auszeichnungen sowie Hinweise über die Stellen, die den Urlaub erteilten. Daraus lassen sich, zusammen mit den vorhandenen Angaben über die Einheiten, durchaus Hinweise auf die militärische Verwendung ableiten. Abbildung 1 belegt etwa, dass es in der ersten Phase des Krieges üblich war, Erholungsurlaub nicht am Stück zu erteilen, sondern in Raten. Dadurch konnten die Soldaten ihre Familien häufiger besuchen, die Zeitspanne der Trennung reduzierte sich.[252]

Aufgrund der Transportbestimmungen zeigt diese Praxis an, dass der betreffende Soldat während seiner ersten vier Urlaube mit hoher Wahrscheinlichkeit in der Heimat oder in der Etappe stationiert war.[253] So wurden statt 14 ganze 28

249 Die Fundstellen aller 408 Soldbücher sind im Anhang aufgeführt.
250 Der Einsatz jugendlicher Flakhelfer spielt im vorliegenden Sample keine übergeordnete Rolle, da nur Soldbücher von länger dienenden Wehrmachtangehörigen geprüft wurden. Zum Einsatz jugendlicher Flakhelfer vgl. Herwig, Flakhelfer.
251 Um angeben zu können, wie lange ein Soldat bei einer Formation eingesetzt war, hätte es einer weitergehenden Nachforschung seitens der WASt bedurft. Erst auf dieser Grundlage ließe sich die exakte Aufenthaltsdauer am jeweiligen Einsatzort bestimmen. Allerdings hätte dies den Rechercheaufwand exponentiell gesteigert, was mit Rücksichtnahme auf die Gewichtung dieses Abschnitts als unverhältnismäßig angesehen wurde.
252 BArch, Pers 11, Wehrpässe und Soldbücher, Schub-27, Nr. 46. (alte Signatur: Deutsche Dienststelle/WASt, ZNS Schub 27, Karteimittel NR. 46.)
253 Vgl. IfZ-Archiv, Da 033.168 (1720/55), Merkheft für die Kriegsdauer: Wehrmachttransporte auf Eisenbahnen vom 10.12.1940; IfZ-Archiv, Da. 34.02, Heeresverord-

Abbildung 1: Soldbuch eines deutschen Soldaten

Tage als Bemessungsgrundlage für den jährlichen Erholungsurlaub angesetzt. Der Besitzer des abgebildeten Soldbuches erhielt zudem im August 1942 die Ostmedaille. Dies belegt seinen Einsatz im Krieg gegen die Sowjetunion – die Versetzung erfolgte wahrscheinlich kurz nach einem Erholungsurlaub im Oktober/November 1941.[254] Anlässlich des darauffolgenden Urlaubs im November 1942 bekam er das Fronturlauberpaket, weil er die gesamte Zeitspanne über dort im Einsatz war: Die Frontleitstellen gaben das Paket zunächst nur einmalig an Verwundete und Osturlauber bei Überschreiten der Reichsgrenze aus.[255] Ein Lazarettaufenthalt, der im vorderen Teil des Soldbuches verzeichnet ist, zeigt zusammen mit dem Verwundetenabzeichen in Schwarz vom April 1943 und den folgenden Urlauben – ein Pfingsturlaub im Juni und ein Genesungsurlaub im September –, dass der Soldat infolge von Verwundung oder Krankheit inzwischen in die Heimat verlegt worden war.[256] Anschließend durchlief er eine längere Rekonvaleszenz. Während dieser Zeit war er seinem Ersatztruppenteil und nicht einer Feldeinheit unterstellt.[257] Die rasche Abfolge mehrerer Erholungs-, Genesungs- und Kurzurlaube belegt dies unmissverständlich.[258] Wie das Stichwort »Einsatzurlaub« schließlich verrät, wurde der Soldat im Oktober 1944 zurück an die Front beordert.[259] Knapp zwei Monate später bekam er einen letzten Sonderurlaub wegen »schwerer Erkrankung der Mutter« zugesprochen.[260] Darüber hinaus bezeugen das Eiserne Kreuz und das Infanterie-Sturmabzeichen die Teilnahme dieses Soldaten an Gefechten; entweder mehrmals oder über einen längeren Zeitraum hinweg. Zusammen mit der Zugehörigkeit zu verschiedenen Grenadierregimentern (Gren. Rgt.), unter anderem dem Gren. Rgt. 243, steht fest, dass er wenigstens vorübergehend »Fechtenden Verbänden« angehörte.[261]

Unter Berücksichtigung der geschilderten Faktoren wurde die Urlaubsvergabe gemäß der damaligen Praxis nachgezeichnet. Dazu wurden die 408 Soldbücher bzw. deren Träger zunächst in zwei Gruppen eingeteilt. Folgende

nungsblatt 1940 Teil C (374), S. 133 f., Urlaubsregelung während des Krieges vom 20.3.1940, insbesondere die Bestimmungen zu Wochenend- bzw. Sonntagsurlaub.
254 BArch, Pers 11, Wehrpässe und Soldbücher, Schub-27, Nr. 46. (alte Signatur: Deutsche Dienststelle/WASt, ZNS Schub 27, Karteimittel NR. 46.)
255 Vgl. BArch, NS 18/1250, Bestimmungen zur Ausgabe von Paketen für Fronturlauber vom 12. und 27.10. sowie vom 4. und 16.11.1942.
256 Vgl. Behr, Auszeichnungen, S. 57f.
257 Vgl. BArch-MA, ZA 1-1777, Mueller-Hillebrand, Personnel and Administration, S. 57-62.
258 BArch, Pers 11, Wehrpässe und Soldbücher, Schub-27, Nr. 46. (alte Signatur: Deutsche Dienststelle/WASt, ZNS Schub 27, Karteimittel NR. 46.)
259 Vgl. BArch-MA, RM 26/77, Marineverordnungsblatt vom 21.2.1944, Bestimmungen zur Erteilung von Einsatzurlaub, Ziff. 59, S. 136.
260 BArch, Pers 11, Wehrpässe und Soldbücher, Schub-27, Nr. 46. (alte Signatur: Deutsche Dienststelle/WASt, ZNS Schub 27, Karteimittel NR. 46.)
261 Vgl. Tessin, Verbände Bd. 5, S. 232-238.

Überlegung war maßgebend: Auf der einen Seite sollten all jene Soldaten herausgefiltert werden, die tatsächlich Urlaube von der Front erlebt hatten: jene mit Gefechtserfahrung und mit längeren Einsatzzeiten bei vorderen Verbänden. Davon wurden andererseits Soldaten abgegrenzt, die ihren Kriegsdienst ausschließlich oder größtenteils im Ersatzheer, außerhalb des Operationsgebietes, bei Landesschützeneinheiten, im Reichsgebiet oder im militärischen Hinterland verbrachten. Dieser Einteilung lag die Leitfrage zugrunde, ob Soldaten fechtender Verbände seltener Urlaub erhielten, etwa, weil sie weniger entbehrlich oder stärker von Transportschwierigkeiten betroffen waren.

Die erste Gruppe wird vereinfacht als »Fechtende Verbände/Truppen«, die zweite als »Rückwärtige Verbände/Truppen« bezeichnet. Diese Verallgemeinerung folgt in erster Linie pragmatischen Notwendigkeiten der Analyse. Abweichungen von zeitgenössischen Termini und Organisationsstrukturen werden in Kauf genommen.[262] So könnte etwa bei der zweiten Gruppe die fehlende Trennung zwischen Feld- und Ersatzheer mit dem Einwand kritisiert werden, dass ein Angehöriger einer Flakabteilung ebenso in seiner Heimatstadt wie an einem beliebigen Küstenabschnitt oder hinter der Front stationiert sein konnte. Jedoch bleibt dies ohne Einfluss auf die Datenerfassung und die zugrunde gelegte Gruppenbildung: Da nur Urlaub über fünf Tage im Soldbuch vermerkt wurde, lassen sich etwa Landesschützen, die regelmäßig Wochenendurlaub infolge Heimatnähe erhielten, nicht von jenen unterscheiden, die in der Etappe Objekte sicherten und dieses Privileg aufgrund der größeren Entfernung nicht besaßen. Beide unterscheiden sich jedoch von Angehörigen der kämpfenden Truppe, da sie von günstigeren Dienst- und Transportbedingungen profitierten und geringer von Reglementierungen wie dem Platzmarkenzwang betroffen waren. Letzteres stand durchaus in Relation zur Häufigkeit erhaltener Urlaube.[263] Die Einteilung der Gruppen erfolgte nach sorgfältiger Abwägung aller Angaben, die über die Soldbücher zu ermitteln waren. Zusätzlich zu dem primären Kriterium der Einheitszugehörigkeit wurde etwa bei Lazarettaufenthalten die Art der Läsion, bei Auszeichnungen deren Qualität und der Zeitpunkt der Verleihung berücksichtigt: Trug ein Soldat lediglich das Kriegsverdienstkreuz ohne Schwerter, stützte dies eher die Eingruppierung bei den rückwärtigen Verbänden. Bei Fronteinheiten lieferten Eiserne Kreuze, Nahkampfspangen oder Infanterie-Sturmabzeichen Hinweise auf Kampferfahrung. Ostmedaille oder

---

262 Zur Gliederung der Frontabschnitte und der Topografie des »Unternehmens Barbarossa« vgl. Hartmann, Ostkrieg, S. 425-430.
263 Vgl. BArch-MA, RH 53/12-122, Vermerk zur Änderung der Urlaubsbestimmungen, insbesondere Kurzurlaub betreffend, beim Stellv. Generalkommando XII A. K., Az. 31 d Abt. II a 3, 12.12.1943.

Krimschild zeigten an, dass sein Verband an Gefechten teilgenommen oder sich einen gewissen Zeitraum in Kampfzonen befunden hatte.[264] Für die Gruppe der rückwärtig eingesetzten Wehrmachtangehörigen (Rückwärtige Verbände/Truppen) wurden insgesamt 154 Soldaten identifiziert. Sie umfasst im Wesentlichen die Angehörigen des Ersatzheers und der Etappe, also auch jene Soldaten des Feldheers, die etwa den Korück[265] unterstellt waren. Die vielen Landesschützen und Flaksoldaten heben hier das Durchschnittsalter: Die Mehrheit war zwischen 35 und 45 Jahre alt. Für die Gruppe der Frontverbände (Fechtende Verbände I) wurden insgesamt 254 Soldaten ausgemacht. Der Großteil davon stand zwischen dem 20. und 30. Lebensjahr. Es ist davon auszugehen, dass diese Wehrmachtangehörigen ihren Dienst im Kampfgebiet – im weiteren Sinne – leisteten. Unwahrscheinlich ist allerdings, dass alle dauerhaft an der Hauptkampflinie (HKL) eingesetzt waren. Vielmehr umfasst diese Gruppe sowohl Angehörige »echter« Kampftruppen wie auch sogenannter Kampfunterstützungstruppen im Frontgebiet. Somit scheint eine Binnendifferenzierung sinnvoll: Innerhalb der Riege befanden sich 162 Soldaten, die nachweislich bei Gefechten verwundet oder mit Orden ausgezeichnet wurden, die Tapferkeit bei Kampfhandlungen anzeigen. Diese Untergruppe ist als die eigentliche

264 Zur Diskrepanz zwischen Anspruch und Wirklichkeit bei Ordensverleihungen sowie zur Konstruktion von Identität und der Abbildung des militärischen Werdegangs vgl. Hartmann, Ostkrieg, S. 189-201: Zum Beispiel wird das Eiserne Kreuz als guter Indikator betrachtet, »die Kampfkraft eines Verbands einzuschätzen« und das individuelle Verhalten eines Soldaten zu beurteilen. Dennoch kam es vor, dass Tapferkeitsauszeichnungen pauschal an Einheitsführer zur Verteilung ausgegeben wurden (vgl. BArch-MA, RH 26/30-75, Tätigkeitsbericht der Abt. Ia der 30. Div. vom 24.11.1941). Weil damit dennoch die Kampftätigkeit des übergeordneten Verbands angezeigt ist, wurden Orden als Bewertungskriterium, wenn auch als schwächeres als etwa die Einheitszugehörigkeit oder die Art einer Verwundung, beibehalten; vgl. Ferner Behr, Auszeichnungen, S. 39 f., S. 76 f., S. 92 f. und S. 102 f.: Das Eiserne Kreuz 2. Klasse setzte besondere Tapferkeit vor dem Feind voraus, wohingegen Kriegsverdienstkreuze überwiegend an rückwärtige Einheiten des Feldheeres und im Ersatzheer sowie in der Rüstungsindustrie vergeben wurden. Ein Kriegsverdienstkreuz mit Schwertern wiederum zeigt feindliche Waffenwirkung an. Die Ostmedaille wurde verliehen, wenn ein Soldat zwischen 15.11.1941 und 15.4. 1942 östlich einer exakt bestimmten »Verleihungsgrenze« 14 Tage an Gefechten teilgenommen oder sich mindestens 60 Tage im Einsatz bewährt hatte. Der Krimschild setzte die Teilnahme an einer Hauptschlacht, Verwundung oder mindestens drei Monate Dienst südlich der Meerenge von Perekop zwischen 21.9.1941 und 4.7.1942 voraus; vgl. ferner Behr, Kampf- und Tätigkeitsabzeichen, S. 13 f. und S. 43 f.: Das Infanterie-Sturmabzeichen wurde vergeben, wenn ein Soldat an verschiedenen Kampftagen einen Sturmangriff in vorderster Linie mitgemacht hatte und dabei mit der Waffe in der Hand in die gegnerischen Linien eingebrochen war. Die Nahkampfspange war die höchste infanteristische Auszeichnung und setzte gestaffelt 15 (Bronze), 30 (Silber) und 50 (Gold) Nahkampftage voraus, bei denen der Soldat Gelegenheit fand, »das Weiße im Auge des Feindes zu sehen«.
265 Kommandanten der rückwärtigen Armeegebiete.

Kampftruppe anzusehen. Sie wird im Folgenden als »Fechtende Truppe II« (oder Kampftruppe) bezeichnet. Ihre Daten dienen als Referenzwert, da die betreffenden Einheiten mit höherer Wahrscheinlichkeit regelmäßig nahe der Hauptkampflinie agierten. Die Untersuchungsgruppe »Fechtende Truppe I« bezieht sich dagegen weiterhin auf alle 254 Soldaten der Frontverbände. Sie betrachtet folglich die Kampftruppen (162 Soldaten) und die Kampfunterstützungstruppen (92 Soldaten) gemeinsam.[266] Bezogen auf das gesamte Sample von 408 Soldbüchern lassen sich somit drei Untergruppen vergleichen. Bevor dies geschieht, wird ein Blick auf die Grundstruktur der Stichprobe geworfen.

Basisdaten des Samples

Um die Werte einzuordnen, ist es von Bedeutung, zu welchem Zeitpunkt des Krieges die Soldaten der Stichprobe eingezogen wurden und wie lange sie ihren Dienst versahen. Ebenso macht es einen Unterschied, ob die Mehrzahl der Urlaube auf die erste Kriegshälfte entfiel oder nach dem Überfall auf die Sowjetunion datierte. Darüber hinaus spielen Urlaubsart sowie Lazarett- und Genesungszeiten eine Rolle. Schließlich stellt sich die Frage, ob verheiratete Soldaten und Familienväter tatsächlich häufiger in die Heimat fahren konnten, wie es die Urlaubsordnungen nahelegten.

Unter den insgesamt 408 untersuchten Soldbüchern befanden sich keine Offiziere. Das Sample gibt damit ausschließlich die Kriegsrealität von Mannschaftssoldaten und Unteroffizieren wieder, respektive von Soldaten, die im Laufe des Betrachtungszeitraums einen Unteroffiziersrang erreichten. Vier waren Mitglied der SS, zwei davon der Waffen-SS, die beiden anderen gehörten Totenkopfverbänden an. Alle Übrigen waren reguläre Angehörige der Wehrmacht, mehrheitlich des Heeres. Insgesamt 89 trugen die Medaille »Winterschlacht im Osten«, 52 ein Eisernes Kreuz (Zweiter oder Erster Klasse), 17 das Infanterie-Sturmabzeichen sowie drei den Krim- und vier den Lapplandschild. Nahkampfspange und Panzerkampfabzeichen waren je zweimal vertreten, das Verwundetenabzeichen (in Schwarz, Silber oder Gold) wurde insgesamt 73-mal

---

266 Vgl. Hartmann, Ostkrieg, S. 42: Die Stärke der Kampftruppen einer Division lag bei ca. 52 %. Das restliche Personal verteilte sich auf Unterstützungs- und Führungstruppen, Tross, Versorgungs- und Feldersatztruppen; zur räumlichen Gliederung des Kriegsgebietes vgl. Absolon, Wehrgesetz, S. 87 f.; Bei der vorgenommenen Dreiteilung wird folglich angenommen, dass sich die Angehörigen der Rückwärtigen Verbände hinter dem Operationsgebiet, also im Rückwärtigen Armeegebiet, im Besatzungsgebiet oder auch in der Heimat befunden haben. Die Fechtenden Verbände (I = Gesamt) werden im Operationsgebiet verortet, wobei deren Untergruppe (Fechtende Verbände II) als tatsächliche Kampfeinheiten im Gefechtsgebiet betrachtet werden.

verliehen. 121 Soldaten der Stichprobe trugen das Kriegsverdienstkreuz (mit und ohne Schwerter).²⁶⁷

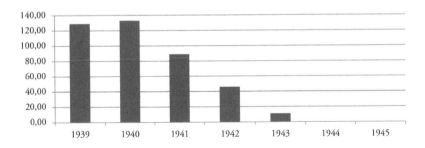

Grafik 1: Einziehung zum Wehrdienst nach Jahren

Noch im Jahr 1939 wurden 129 (31,6%) von ihnen zum Wehrdienst eingezogen (vgl. Grafik 1). 133 (32,6%) folgten im Jahr 1940, 89 (21,8%) waren es im Jahr 1941, 46 (11,3%) im Jahr 1942 sowie 11 (2,7%) im Jahr 1943. Im Sample befinden sich keine Soldaten, die erst im Laufe der letzten beiden Kriegsjahre eingezogen wurden. Die Zugehörigkeit zur Wehrmacht betrug im Schnitt 3,68 Jahre oder 44,12 Monate. Diese »Gesamt-Dienstzeit« orientiert sich zunächst am jeweils ersten Eintrag im Soldbuch. Der Beginn der individuellen Untersuchungszeiträume lässt sich mit dieser Methode sehr exakt bestimmen, da die Soldbücher zur Einziehung ausgehändigt wurden, maximal wenige Tage danach. Problematischer ist das jeweilige Dienstende, weil der Grund und das Datum des Ausscheidens aus dem Wehrdienst, ebenso wie Todeszeitpunkte, aufgrund der Kriegsumstände nicht durchweg erfasst sind. Als einheitlicher Richtwert wurde deswegen der letzte Urlaub herangezogen. Dies senkt zwar leicht das Mittel der Dienstzeiten, bleibt jedoch ohne Einfluss auf die Bestimmung der mittleren Einsatzzeiten. Für deren Berechnung musste ohnehin der letzte Urlaub als Endpunkt gewählt werden: denn Tod, Demission durch Verwundung, Gefangenschaft oder Kriegsende liefern keinen Aussagewert über die Erteilung von Fronturlaub in der finalen Wartephase. Grafik 2 zeigt die erfassten Urlaube nach Jahren. Die ungeraden Werte stammen von Freistellungen

267 Darüber hinaus trug eine Reihe von Soldaten Ehrenzeichen wie das Flakkampfabzeichen, das Ehrenkreuz für Frontkämpfer, das Kreuz gegen den Kommunismus, das Reichsverdienstkreuz oder das Westwallabzeichen und weitere, auf die an dieser Stelle nicht näher eingegangen wird. In wenigen Fällen waren die Orden aufgrund des schlechten Zustands der Soldbücher unleserlich.

über die Jahreswechsel.[268] Die 408 Soldaten der Stichprobe erhielten insgesamt 2.967 Urlaube: 61,99 (2,09 %) im Jahr 1939, 408,91 (13,78 %) im Jahr 1940, 459,14 (15,47 %) im Jahr 1941, 624,82 (21,06 %) im Jahr 1942, 802,87 (27,06 %) im Jahr 1943, 555,01 (18,71 %) im Jahr 1944 und 54,26 (1,83 %) im Jahr 1945. Folglich fuhren sie während ihrer etwas mehr als dreieinhalbjährigen Dienstzeit durchschnittlich sechsmal nach Hause. Der konstante Anstieg bis zum Jahr 1943 zeigt nicht an, dass im Verlauf des Krieges immer mehr Urlaub erteilt wurde. Die Werte müssen in Relation zur Anzahl gleichzeitig eingezogener Soldaten gesetzt werden (Grafik 3)[269]: Zu Kriegsbeginn, am Stichtag 1. September 1939, leisteten 98 Soldaten aktiv Dienst. Weitere 31 wurden noch in diesem Kalenderjahr eingezogen.

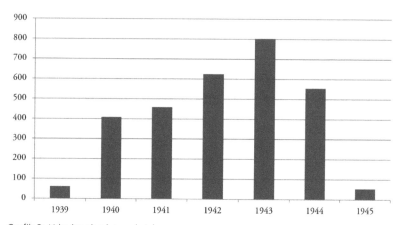

Grafik 2: Urlaube absolut nach Jahren

268 Zur genauen Berechnung wurde für jeden Soldaten eine Verlaufsachse mithilfe von Excel-Tabellen erstellt. Diese beinhalten alle Basisdaten, wie etwa den Dienstbeginn, die exakten Zeitpunkte der Urlaube, das Ausscheiden aus dem Dienst oder den letzten erhaltenen Urlaub etc.; somit lässt sich in jedem der 408 Fälle die Gesamtdienstzeit in Relation zur Anzahl erhaltener Urlaubstage sowie der Tage setzten, an denen Dienst verrichtet wurde oder ein Soldat im Lazarett lag. Auf dieser Grundlage konnten zunächst individuelle Werte für die Soldaten, wie etwa die mittlere Wartezeit auf Urlaub bestimmt werden. Die Ergebnisse für das gesamte Sample errechneten sich aus der Korrelation der Einzelwerte. Diese Methode ermöglicht es, Untergruppen zu bilden und kürzere Betrachtungszeiträume in Augenschein zu nehmen. Komplexere Berechnungen wurden mit einem STATA-Programm ausgeführt.
269 Zu Grafik 3: Die Stichdaten der eingezogenen Soldaten beziehen sich zwischen 1940 und 1944 jeweils auf den 1.6. und darüber hinaus auf den 1.9.1939 und den 2.1.1945. Der Wert »Urlaub/Jahr« bezieht sich auf die Gesamtzahl der im jeweiligen Kalenderjahr stattgefundenen Urlaube.

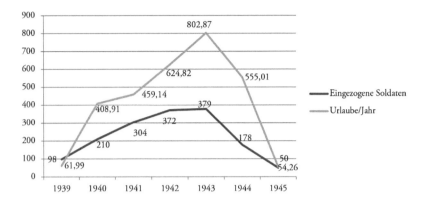

Grafik 3: Aktive Soldaten des Samples in Relation zu den erteilten Urlauben

Anschließend wuchs das Sample kontinuierlich an. Am 1. Juni 1943 erreichte die Untersuchungsgruppe den Höchststand von 379 Soldaten, die parallel ihren Dienst versahen. Dies erklärt den Spitzenwert von 802,87 Urlauben in diesem Jahr. Ab dem 6. Juni sank die Zahl wiederum. Am 2. Januar 1945 standen noch 50 Soldaten für die Analyse zur Verfügung, bis Kriegsende nahm ihre Zahl weiter ab. Die variierende Stärke der Untersuchungsgruppe und die Verteilung der Urlaube beschreiben zwei Kurven, die relational zueinander verlaufen. Beide erreichen ihren Scheitelpunkt im Jahr 1943. Diese näherungsweise Normalverteilung liefert günstige Ausgangsbedingungen für die Untersuchung. Die gewählte Berechnungsmethode bestimmte zunächst die individuellen Werte für jeden Soldaten. Die Ergebnisse für das gesamte Sample und die Untergruppen speisen sich aus der Korrelation dieser Einzelwerte (vgl. Fußnote 268).

Werden die erteilten Urlaube nach Jahren und in ihre Kategorien aufgeschlüsselt, zeigt sich, in welch starkem Ausmaß sich die Praxis der Freistellungen während des Zweiten Weltkriegs wandelte. Zugleich wird klar, wie sehr äußere Faktoren die Maßnahmen von militärischer wie politischer Führung beeinflussten: Von den insgesamt 2.967 Freistellungen entfielen 1.883 auf den herkömmlichen Erholungsurlaub (Grafik 4), der im Volksmund gleichermaßen Front- und Heimaturlaub genannt wurde.[270] Mit 63,46 Prozent machte er erwartungsgemäß den Hauptanteil aller Freistellungen aus. Genesungsurlaub wurde 258-mal (8,7%), Sonderurlaub 341-mal (11,5%) und Arbeitsurlaub 204-

---

270 Aus Gründen der Anschaulichkeit differenziert die Grafik nur zwischen Erholungs-, Genesungs- und Sonderurlaub. Alle übrigen Urlaubsarten sind aufgrund ihres jeweils geringeren Vorkommens unter »Sonstige« zusammengefasst. Eine Aufschlüsselung der übrigen Urlaubsarten befindet sich im Anhang (s. Tabelle 11).

mal (6,9 %) vergeben. Einsatzurlaub wurde 48-mal (1,62 %) erteilt. Ihn erhielten vor allem Rekruten nach abgeschlossener Grundausbildung, bevor sie ins Feld abgestellt wurden.[271] Dahinter stand die Überlegung, dass sie ihre Familien vor dem Fronteinsatz noch einmal sehen konnten, selbst wenn die Voraussetzung für einen regulären Erholungsurlaub – eine Dienstdauer von mindestens sechs Monaten – nicht gegeben war. Aus demselben Grund erteilte die Führung Einsatzurlaub an Genesene »vor erneuter Feldabstellung« und an Einheiten des Feldheeres, die sich zur »Auffrischung« im Heimatgebiet befanden.[272] Festtags- und Studienurlaub waren insgesamt 223-mal (7,5 %) respektive 10-mal (0,34 %) vertreten. Aussagekräftiger als die statischen Werte sind die relationalen Veränderungen der Urlaubsarten untereinander. Auf markante Weise korrelierte der Rückgang an Erholungsurlaub mit einem Anstieg von Genesungs- und Sonderurlaub: Mit 79,62 Prozent aller Freistellungen (325,56) erreichte der Erholungsurlaub im Jahr 1940 seinen prozentualen Spitzenwert, im Gegensatz zum Vorjahr mit 36,19 Bewilligungen (58,38 %).

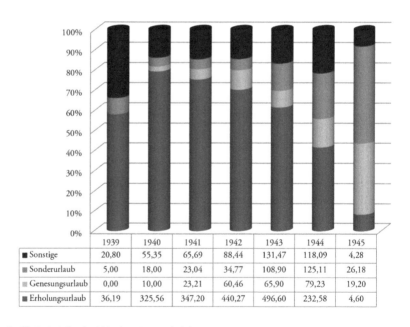

	1939	1940	1941	1942	1943	1944	1945
■ Sonstige	20,80	55,35	65,69	88,44	131,47	118,09	4,28
■ Sonderurlaub	5,00	18,00	23,04	34,77	108,90	125,11	26,18
▪ Genesungsurlaub	0,00	10,00	23,21	60,46	65,90	79,23	19,20
■ Erholungsurlaub	36,19	325,56	347,20	440,27	496,60	232,58	4,60

Grafik 4: Anteile der Urlaubsarten nach Jahren

271 Vgl. IfZ-Archiv, Da.02, Allgemeine Heeresmitteilungen 1943 Teil C, Bestimmung 390 »Beurlaubung vor Feldabstellung« vom 29.7.1943.
272 Vgl. IfZ-Archiv, Da. 34.02, Allgemeine Heeresmitteilungen 1942, Urlaubsordnung vom 30.10.1942, S. 486 f.

Von da an sank der Anteil kontinuierlich, von 347,20 (75,62%) und 440,27 (70,46%) Genehmigungen in den Jahren 1941 und 1942 über 496,6 (61,85%) und 232,58 (41,91%) Freistellungen in den Jahren 1943 und 1944, bis hin zu einem Wert von 8,48% (4,6 Erholungsurlaube) in den letzten Kriegsmonaten. Komplementär dazu stiegen Genesungs- und Sonderurlaube auffallend an: Wurde Genesungsurlaub im Jahr 1940 nur 10-mal (2,45%) vergeben, stieg der Anteil kontinuierlich auf 23,21 (5,06%), 60,46 (9,68%) und 65,90 (8,21%) Erteilungen in den drei darauffolgenden Jahren. Die markanteste Zunahme erfolgte in der letzten Kriegsphase mit 79,23 (14,28%) und 19,2 (35,39%) Freistellungen wegen Rekonvaleszenz in den Jahren 1944 und 1945. Sonderurlaub wiederum wurde 5-mal (8,07%) im Jahr 1939, 18-mal (4,4%) im Jahr 1940, 23,04-mal (5,02%) im Jahr 1941, 34,77-mal (5,56%) im Jahr 1942, 108,9-mal (13,56%) im Jahr 1943, 125,11-mal (22,54%) im Jahr 1944 und immerhin noch 26,18-mal (48,25%) im Jahr 1945 bewilligt. Für den Zuwachs von Sonderurlaub sind unter anderem Freistellungen wegen Bombenschadens und der Erkrankung Angehöriger verantwortlich. Daneben steht auch Sonderurlaub im Zusammenhang mit steigenden Verwundungen: Häufig wurde er als kürzere Variante des Genesungsurlaubs erteilt, mit der Soldaten ihren Lazarettaufenthalt unterbrachen. Diese Entwicklung unterstützt einerseits die These, dass Soldaten in abnehmendem Maße mit regulärem Urlaub rechnen konnten und die Heimat zusehends aufgrund besonderer Umstände wiedersahen. Andererseits fällt auf, dass die Führung trotz prekärer Bedingungen noch in der Spätphase des Krieges Erholungsurlaub gewährte, zumindest in eingeschränktem Umfang. Besonders erstaunt dieser Befund mit Blick auf die Untergruppen des Samples: Von insgesamt 232,58 Erholungsurlauben, die im Jahr 1944 erteilt wurden, entfielen lediglich 78,96 (33,95%) auf die Rückwärtigen Verbände. Die übrigen 153,62 (66,05%) erhielten die Frontverbände (Fechtende Truppe I; Kampftruppen und Kampfunterstützungstruppen). Mit 98,91 (42,53%) Erholungsurlauben lag der Löwenanteil daran sogar bei jener Untergruppe, die als eigentlicher Kampfverband identifiziert wurde; sprich jenen 162 Soldaten mit hervorstechenden Tapferkeitsabzeichen und nachweislichen Gefechtsverwundungen (Fechtende Truppe II). Der Schluss liegt nahe, dass relativ unabhängig von Einsatzort und militärischer Verwendung Urlaub bis kurz vor Kriegsende in ausgewogenem Verhältnis erteilt wurde. Erholungs-, Genesungs- und Sonderurlaub stellten zusammen die wesentlichsten Urlaubsarten: sie machten stets einen Anteil zwischen 66 und 91 Prozent aller Freistellungen aus. Einsatz- und Studienurlaub beanspruchten kaum Gewicht, bedeutender waren dagegen Festtags- und Arbeitsurlaub (s. Anhang, Tabelle 11, S. 481). Allerdings müssen auch hier zunehmende Verwundungen berücksichtigt werden. Die Wehrmacht bewilligte in den Jahren 1943 und 1944 mehr Feier- und Festtagsurlaub als zuvor. Da von dieser Urlaubsart primär das Ersatzheer profitierte, deutet die wachsende Zahl erneut auf Soldaten, die zur Genesung in der Heimat weilten. Ebenso machten Rekonvaleszente einen steigenden Anteil der Arbeits- und Einsatzurlauber aus.[273]

Die Untersuchung der Urlaubsvergabe muss demnach die Auswirkung von Verwundungen und Krankheiten auf den gesamten Personalkreislauf berücksichtigen. Die Auswertung der Soldbücher liefert Aufschluss darüber, wie die Wehrmacht bei schwerwiegenderen Fällen verfuhr: Mussten Soldaten ins Heimatgebiet zurückverlegt werden, verblieben sie nach der Entlassung aus dem Lazarett meist mehrere Monate bei ihren Ersatztruppenteilen. Ob sie wieder »felddiensttauglich« oder lediglich »kriegsverwendungsfähig« geschrieben wurden, entschied über die Rückkehr zur Front oder über den weiteren Einsatz in der Heimat – sofern sie nicht aus dem Dienst ausschieden.[274] Für die Berechnung der durchschnittlichen Einsatzdauer ist entscheidend, dass diese Soldaten in kurzer Zeit überproportional häufig Urlaub erhielten; teils schon während ihrer Lazarettzeit, teils während sie bei Genesungskompanien leichten Dienst verrichteten. Dies senkt die mittleren Wartezeiten des gesamten Samples. Der verzerrende Effekt lässt sich abmildern, werden Genesungsphasen mit – anschließendem – Wechsel aus leichtem Dienst und gehäuften Urlauben wie ein zusammenhängendes Intervall, sprich eine lange Freistellung gehandhabt: Entsprechend wurden bei sequenziellen Beurlaubungen nach Lazarettaufenthalt alle aufeinanderfolgenden Wartezeiten von weniger als zwei Monaten in einem zusätzlichen Berechnungsschritt nivelliert.[275]

252 der 408 untersuchten Soldaten wiesen zusammen 487 Lazarettaufenthalte auf (Grafik 5). Das bedeutet, einige wurden während ihres Kriegsdienstes mehrfach verwundet oder erkrankten häufiger. Die Behandlungsdauer betrug im Schnitt etwas mehr als zwei Monate.

273 Vgl. BArch-MA, RH 53/11-54, Bestimmungen zum Vollzug der Richtlinien über Arbeitsurlaub im Ersatzheer beim Wehrkreiskommando XI (Hannover) vom 21.3.1942: »Von der Möglichkeit, Genesenden Arbeitsurlaub zu erteilen, ist weitgehend Gebrauch zu machen«; BArch-MA, RH 34/158, Anordnungen des Wehrkreiskommandos XII vom 18.9.1942 zum »Arbeitseinsatz lazarettkranker Soldaten«.
274 Vgl. Rass, »Menschenmaterial«, S. 63-73: Etwa 70% der verwundeten Soldaten wurden wieder als feldverwendungsfähig eingestuft und kehrten häufig zu ihren alten Divisionen zurück. Rass hat für die 253. ID einen »Verschleiß« von 34.515 Soldaten errechnet. Aufgrund von Mehrfachverwundungen und der personellen Fluktuation verbargen sich dahinter tatsächlich jedoch »nur« ca. 27.000 Individuen.
275 Der zugrunde gelegte Zeitraum von zwei Monaten bemisst sich an der Praxis der Wehrmacht, Soldaten, die in ein Heimatlazarett verlegt wurden, erst dann formal vom Feldheer zum Ersatzheer zu überstellen, wenn der zu erwartende Zeitraum der Genesung diese Spanne überschritt; vgl. hierzu: BArch-MA, ZA 1-1777, Mueller-Hillebrand, Personnel and Administration, S. 57-62.

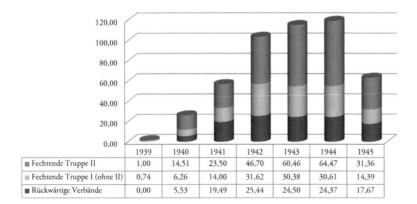

Grafik 5: Lazarettaufenthalte nach Jahren und Gruppen

Genau wie bei den Urlauben steht die absolute Zahl der Lazarettaufenthalte in direkter Beziehung zur Größe der jeweiligen Untersuchungsgruppe: Interessanterweise stiegen die Verwundungen noch 1944 an, obwohl die Anzahl der Soldaten, die gleichzeitig Dienst taten, bereits seit Juni 1943 zurückging. Von den 487 Lazarettaufenthalten entfielen 117 (24,02%) auf die 154 Soldaten der Rückwärtigen Verbände. Die 254 Soldaten der Frontverbände (Fechtende Truppe I) befanden sich insgesamt 370-mal (75,98%) in Behandlung in einem Militärhospital. Davon wiederum entfielen 242 (49,69%) Aufenthalte auf die Untergruppe jener 162 Soldaten mit Kampfauszeichnungen und Gefechtsverletzungen (Fechtende Truppe II). Die übrigen 92 Angehörigen der Frontunterstützungstruppen beanspruchten lediglich 128 (26,28%) Liegezeiten. In den Jahren 1943 und 1944 waren die Verluste mit Abstand am höchsten, die Kampfverbände waren mit Werten von jeweils über 50 Prozent wiederum am stärksten betroffen[276].

Wie die Soldbücher zeigen, kamen Angehörige der Rückwärtigen Verbände öfter wegen Erkrankungen ins Lazarett. Die häufigeren Gefechtsverletzungen bei den Frontverbänden zogen demgegenüber längere Genesungszeiten nach

---

276 Sofern es sich um absolute Zahlenwerte handelt, wird die Gruppe der 254 Soldaten, die Frontverbänden zugerechnet wurden (»Fechtende Truppe I«), aus Gründen mathematischer Genauigkeit und zur Erhöhung der Aussagekraft getrennt nach ihren Untergruppen betrachtet: »Fechtende Verbände II« bezieht sich auf jene 192 Soldaten aus dieser Obergruppe, die im Kampf verwundet oder wegen Tapferkeit ausgezeichnet wurden. Unter »Fechtende Verbände I« sind die 62 übrigen Soldaten dieser Gruppe (»ohne II«) abgebildet. Der Gesamtwert für die 254 Soldaten der Frontverbände ergibt sich aus der Addition beider Teilmengen.

sich (Grafik 6). Der durchschnittliche Hospitalaufenthalt bei den hinteren Einheiten betrug lediglich einen knappen Monat. Mit 2,6 Monaten Liegezeit war dieser Wert für die Fronttruppen deutlich höher, bei den genuinen Gefechtsverbänden (Fechtende Verbände II) lag er sogar bei 3,3 Monaten. Angehörige dieser Gruppe benötigten in der Regel auch mehrere Genesungsurlaube, um ihre Dienstfähigkeit wiederherzustellen: In knapp 35 Prozent der Fälle sind längere Erholungsphasen erkennbar, in denen die Soldaten jeweils mit einer Reihe dicht aufeinanderfolgender Genesungs-, Erholungs- und Sonderurlaube bedacht wurden.

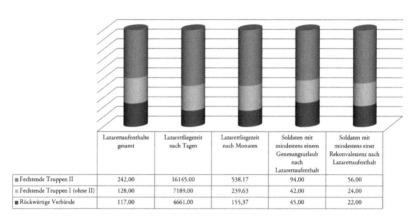

	Lazarettaufenthalte gesamt	Lazarettliegezeit nach Tagen	Lazarettliegezeit nach Monaten	Soldaten mit mindestens einem Genesungsurlaub nach Lazarettaufenthalt	Soldaten mit mindestens einer Rekonvaleszenz nach Lazarettaufenthalt
Fechtende Truppen II	242,00	16145,00	538,17	94,00	56,00
Fechtende Truppen I (ohne II)	128,00	7189,00	239,63	42,00	24,00
Rückwärtige Verbände	117,00	4661,00	155,37	45,00	22,00

Grafik 6: Lazarettliegezeiten und Genesungszeiten nach Gruppen

Auch der Familienstand schlug sich auf die Erteilung von Urlaub nieder: 288 (70,6 %) der 408 Soldaten im Sample waren verheiratet. 125 Ehen entfielen auf die Rückwärtigen Verbände, dies entspricht einem Wert von 81,17 Prozent. Auf die Fronttruppen (Fechtende Truppe I) kamen 163 Ehen (64,17 %), davon wiederum 102 (62,96 %) auf die Kampfverbände (Fechtende Truppe II). Die Soldaten der Rückwärtigen Verbände hatten folglich – wohl aufgrund ihres höheren Alters – bereits deutlich häufiger eine Familie gegründet als Angehörige der Frontverbände.[277]

Wie der Vergleich der Urlaubskategorien nahelegt, bekamen verheiratete Soldaten nur geringfügig häufiger als Ledige Erholungsurlaub (Grafik 7). Beim

---

[277] Vgl. Rass, Sozialprofil, S. 683f.: Bei der Stichprobe von Rass zeigt sich im Unterschied zum vorliegenden Sample ein deutliches Übergewicht unverheirateter Soldaten. Lediglich zwischen 28,9 % und 40 % der dort untersuchten Soldaten waren verheiratet. Selbst die Gruppe der Kampfverbände (Fechtende Truppe II) in der vorliegenden Stichprobe überschreitet diesen Wert mit rund 63 % Verheirateten deutlich.

Genesungsurlaub standen sie sogar zurück. Dies verwundert kaum, denn Soldaten mit höherem Verwundungsrisiko in exponierten Frontstellungen waren im Mittel seltener verheiratet. Die Dominanz ehelich gebundener Soldaten beim Sonder- und Festtagsurlaub ist signifikant. Dies liegt einerseits daran, weil Sonderurlaub zum Besuch Angehöriger bei Erkrankung oder Bombenschaden diente. Andererseits beinhalten die Festtagsurlaube jene Kurzurlaube, die im Ersatzheer zum Besuch Angehöriger bewilligt wurden.[278] Einsatzurlaub wurde dagegen vorwiegend an Rekruten erteilt, die wiederum sehr häufig ledig waren. Beim Arbeitsurlaub herrschte ein ausgewogenes Verhältnis.

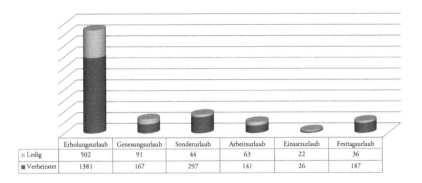

	Erholungsurlaub	Genesungsurlaub	Sonderurlaub	Arbeitsurlaub	Einsatzurlaub	Festtagsurlaub
Ledig	502	91	44	63	22	36
Verheiratet	1381	167	297	141	26	187

Grafik 7: Urlaubsarten nach Familienstand

Wartezeiten im Kriegsverlauf

Aus den Soldbüchern geht hervor, dass die 408 Soldaten des Samples während ihres Wehrdienstes durchschnittlich alle 6,2 Monate nach Hause fuhren. Dieser Befund erstaunt: Zwar war gemäß den Bestimmungen eine »einmalige ausreichende Beurlaubung (mindestens 14 Tage) innerhalb eines Jahres […] für jeden Heeresangehörigen unbedingt anzustreben«.[279] Ebenso waren weitere Freistellungen während eines Urlaubsjahres möglich. Aber scheinen längere Einsatzzeiten angesichts der Härte und der Dauer des Krieges nicht plausibler, zumal es sich bei den Regelungen um Empfehlungen und nicht um bindende Vorschriften handelte? Allerdings beschreiben die 6,2 Monate einen pauschalen Wert. Eine differenzierende Untersuchung (vgl. Tabelle 1) – etwa unter Berück-

---

278 Unter Kurzurlaub fielen sowohl Wochenendbesuche als auch Freistellungen bis zu einer Woche. Dabei gilt es zu berücksichtigen, dass nur Urlaub von über fünf Tagen im Soldbuch zu vermerken war.
279 Vgl. IfZ-Archiv, Da. 34.02, Heeresverordnungsblatt 1940 Teil C (374), S. 133 f., Urlaubsregelung während des Krieges vom 20.3.1940.

sichtigung der militärischen Verwendung, von Genesungszeiten oder sozialen Faktoren – liefert ein anderes Bild. Zunächst zeigen sich bei den Rückwärtigen Verbänden mit 4,78 Monaten erheblich kürzere Wartezeiten als bei den Fronttruppen, mit einer mittleren Einsatzzeit von etwa sieben Monaten. Verantwortlich dafür ist die Tendenz bei Besatzungstruppen, insbesondere jedoch im Ersatzheer, den zustehenden Erholungsurlaub auf mehrere Tranchen zu verteilen. An der Front war dies kaum möglich. Die tendenziell längeren Urlaube bei den Fechtenden Truppen bestätigen diese Schlussfolgerung im Umkehrschluss.

Tabelle 1: Durchschnittliche Wartezeiten auf Fronturlaub

Gruppe/ Kategorie	Basisdaten					Bereinigt um Genesungszeiten
	Wartezeit (Monate)	Anzahl Urlaube	Tage pro Urlaub	Anteil/ Urlaub	Anteil/ Dienst	Wartezeit (Monate)
Gesamtes Sample (408)	6,20	7,72	16,32	8,70 %	91,30 %	6,81
Rückwärtige Verbände (154)	4,78	8,54	14,29	9,42 %	90,58 %	5,02
Fechtende Verbände I (254)	7,06	6,50	17,56	8,01 %	91,99 %	7,90
Fechtende Verbände II (162)	6,96	6,67	18,14	8,26 %	91,74 %	7,96
Gesamtes Sample (verheiratet)	5,91	7,66	15,86	8,60 %	91,40 %	6,42
Gesamtes Sample (unverheiratet)	6,90	6,35	17,43	8,32 %	91,68 %	7,75
Rückwärtige Verbände (verheiratet)	4,62	8,77	13,79	9,29 %	90,71 %	4,84
Rückwärtige Verbände (unverheiratet)	5,45	7,55	16,44	9,95 %	90,05 %	5,82

Gruppe/ Kategorie	Basisdaten					Bereinigt um Genesungszeiten
	Wartezeit (Monate)	Anzahl Urlaube	Tage pro Urlaub	Anteil/ Urlaub	Anteil/ Dienst	Wartezeit (Monate)
Fechtende Verbände I (verheiratet)	6,90	6,80	17,45	8,11 %	91,89 %	7,64
Fechtende Verbände I (unverheiratet)	7,36	5,97	17,75	7,81 %	92,19 %	8,37
Fechtende Verbände II (verheiratet)	6,71	7,08	18,17	8,42 %	91,58 %	7,63
Fechtende Verbände II (unverheiratet)	7,39	5,97	18,09	7,98 %	92,02 %	8,54
Gesamtes Sample: Soldaten mit Rekonvaleszenz (102)	5,35	8,23	15,29	9,32 %	90,68 %	7,63
Rückwärtige Verbände: Soldaten mit Rekonvaleszenz (22)	4,01	10,05	13,34	10,45 %	89,55 %	5,32
Fechtende Verbände I: Soldaten mit Rekonvaleszenz (24)	5,71	7,74	15,82	9,02 %	90,98 %	8,26
Fechtende Verbände II: Soldaten mit Rekonvaleszenz (56)	5,64	7,86	16,38	9,42 %	90,58 %	8,57

Der Anteil des Urlaubs an der gesamten Dienstzeit fiel bei den vorderen Einheiten mit rund acht Prozent geringer aus als bei den Rückwärtigen Verbänden. Dort erreichte der Wert knapp neuneinhalb Prozent. Bei allen Gruppen zeigt sich, dass ledige Soldaten in der Regel etwas länger auf Urlaub warteten als ihre verheirateten Kameraden: Die Varianz liegt zwischen zwei und sechs Wochen und ist bei den Rückwärtigen Einheiten stärker ausgeprägt als bei den Fronttruppen. Bei den genuinen Kampftruppen (Fechtende Verbände II) lag die mittlere Wartezeit mit 6,96 Monaten knapp unter dem Wert der allgemeinen Fronteinheiten (Fechtende Verbände I) mit 7,06 Monaten. Dieses Resultat entspringt dem erhöhten Verwundungsrisiko an den Hauptkampflinien, was wiederum häufigere und längere Genesungsphasen bedingte. Werden die kumulativen Urlaube während der Rekonvaleszenz berücksichtigt – und wie lückenlose Karenzzeiten gehandhabt –, steigt die mittlere Wartezeit in Frontnähe auf knapp acht Monate. Noch deutlicher ist der Einfluss von Verwundungen auf die Berechnung der Wartezeiten, werden nur die Soldaten mit Lazarettaufenthalt und anschließender Genesungsphase betrachtet. In der Stichprobe war dies insgesamt 102-mal der Fall.[280] Die erhöhte Urlaubserteilung in den Genesungskompanien senkt die mittlere Wartezeit bezogen auf das gesamte Sample um etwa zweieinhalb Monate. Bei den Kampfverbänden macht es einen Unterschied von beinahe zwölf Wochen, werden die punktuell gehäuften Freistellungen bei der Berechnung nivelliert – oder eben nicht: Je nachdem beträgt die durchschnittliche Wartezeit auf Urlaub in dieser Gruppe 5,64 oder 8,57 Monate. Insgesamt spiegeln die bereinigten Werte die Kriegsrealität angemessener wider. Dafür spricht etwa, dass die so berechnete mittlere Einsatzzeit von achteinhalb Monaten mit dem Wert lediger Angehöriger der Kampfverbände (8,54 Monate) korreliert. Frontsoldaten, die niemals verwundet wurden oder erkrankten, würden diese Zahl dennoch als zu gering einzustufen: Verkürzte ein »Heimatschuss« die Einsatzzeit einiger Soldaten unvorhergesehen, warteten andere umso länger auf die Heimkehr. Statistisch gesehen, senken die Verwundeten die mittlere Wartezeit selbst nach Bereinigung der Rekonvaleszenzen. Derlei Streuungen müssen bei Querschnittsbetrachtungen stets mitgedacht werden. Der relativ hohen Fülle an Genesungsurlauben stand eine ebenso markante Anzahl langer Einsatzzeiten gegenüber (vgl. Tabelle 2). Mittelwerte bringen diese nicht angemessen zum Ausdruck: So warteten die Soldaten der Untersuchungsgruppe in 232 Fällen zwischen zwölf und 18 Monate von einem Heimaturlaub bis zum nächsten. Insgesamt 87-mall währte der Einsatz länger als 18 Monate und erreichte womöglich eine Dauer von zwei Jahren. In 25 Fällen lag die Wartezeit darüber, 14-mal sogar über 30 Monaten. Sechs- beziehungsweise viermal erreichte die Wartezeit Spitzenwerte von 36 respektive 42 Monaten.

280 Der absolute Wert an Soldaten ist jedoch geringer, da einige Kämpfer häufiger schwer verwundet wurden und mehrere Phasen der Genesung durchliefen.

Tabelle 2: Anteile hoher Wartezeiten

Zeitspanne	Anzahl
> 12 Monate	232
> 18 Monate	87
> 24 Monate	25
> 30 Monate	14
> 36 Monate	6
> 42 Monate	4

Dies führt zu dem Schluss, dass ein großer Teil der Soldaten wenigstens einmal im Laufe des Krieges überdurchschnittlich lange von Heim und Familie getrennt war. Vor allem betraf dies Frontverbände. Die errechneten Werte müssen zudem in Relation zum Kriegsverlauf gesetzt werden. Nur so ist zu prüfen, ob die offenkundigen Schwankungen der Trennungsphasen willkürlicher Natur waren oder ob sie in Zusammenhang mit der jeweiligen Gefechtslage standen. Wie Verlaufskurven auf Grundlage der Soldbuchauswertung zeigen (s. Anhang, Grafik 9 und 10, S. 484), stiegen die Einsatzzeiten zu Kriegsbeginn erwartungsgemäß markant an. In den ersten Wochen des Betrachtungszeitraums wurde überhaupt kein Urlaub erteilt. Erst ab Mitte Oktober 1939, nach den letzten Gefechten zwischen deutschen und polnischen Verbänden, stellten die Einheiten wieder Personal frei.[281] Von da an blieb die Wartezeit bis zu Beginn des Jahres 1941 relativ konstant. Zudem wird ersichtlich, dass in dieser Zeitspanne vermehrt Urlaub während der Feiertage, insbesondere über Weihnachten und Neujahr, gegeben wurde. Ebenso wird die Annahme bestärkt, dass die Wehrmacht zwischen den noch kurzen Feldzügen deutlich häufiger Freistellungen bewilligte. Während der Kampfhandlungen herrschten hingegen – meist lokale – Urlaubssperren. Anhand des »Westfeldzugs« und der darauffolgenden Umsteuerung der deutschen Rüstungsproduktion kann diese sich wellenförmig intensivierende Freistellungspraxis veranschaulicht werden:[282]

Zwischen dem 10. Mai und dem 25. Juni 1940 hielten sich nahezu alle Soldaten der Stichprobe bei ihren Truppenteilen auf. In den neun bis zehn Monaten nach dem Waffenstillstand von Compiègne stieg die Zahl beurlaubter Soldaten dagegen überproportional an: Die militärische Führung formte eine ganze Reihe vormaliger Kampfeinheiten zu sogenannten Urlaubsdivisionen um. Da-

---

281 Vgl. Rohde, »Blitzkrieg«, S. 130-135.
282 Vgl. Umbreit, Der Kampf um die Vormachtstellung in Westeuropa, in: ebenda, S. 284-307.

mit führte sie die Arbeitskraft zahlreicher Soldaten vorübergehend der Kriegsindustrie zu. Weiterhin charakterisiert die Zunahme von Landwirtschaftsurlaub sowie zur Übernahme anderer kriegswirtschaftlicher Aufgaben die Freistellungspraxis in dieser Kriegsphase.[283] Das Jahr 1941 brachte eine entscheidende Wende, sowohl für die deutsche Kriegführung als auch für die Handhabung des Fronturlaubs. Bereits zu Jahresbeginn stieg die Wartezeit abrupt an. Ursache hierfür waren die Feldzüge gegen Jugoslawien und Griechenland, vor allem aber der Aufmarschplan für den Angriff auf die Sowjetunion. Letzterer konzentrierte zahlreiche Wehrmachtdivisionen über einen längeren Zeitraum an der Ostgrenze des Deutschen Reiches. Aus Gründen der Geheimhaltung verhängte das OKW bereits im Vorfeld Urlaubssperren.[284] Die steigende Zahl Verwundeter seit dem Beginn des »Jugoslawienfeldzuges« am 6. April 1941 erklärt, weshalb die Wartezeiten ihren Höchstwert schon im Frühjahr und nicht erst nach dem Überfall auf Russland erreichten:[285] Genesende waren während ihres Lazarettaufenthalts und im Anschluss daran von Urlaubssperren ausgenommen. Gleichwohl erreichten die Freistellungen zwischen Mai und August 1941 den absoluten Tiefstand des gesamten Krieges. Trotz signifikant zunehmender Genesungsurlaube pendelte sich die Wartezeit auf Heimaturlaub erst Ende des Jahres 1942 wieder auf einem Niveau ein, das annähernd mit den ersten beiden Kriegsjahren vergleichbar ist. In der Freistellungspraxis bildet sich somit das Scheitern der Blitzkriegsstrategie gegen die Sowjetunion ab, ebenso wie die folgende nicht kalkulierte Ausweitung der Kampfhandlungen. Demnach konnten die Einheiten nicht mehr wie gewohnt – nach rascher Befriedung des überfallenen Gebietes – die Urlaubsquoten über die Norm erhöhen. Vielmehr mussten sie der Versorgung der fechtenden Truppe mit Waffen, Munition und Gütern langfristig den Vorzug einräumen. Die Organisation des Urlauberverkehrs litt zusehends darunter. Wachsende geografische Entfernungen, ungewohnt harsche Witterungsverhältnisse und die Gefahr durch Partisanen verschärften die logistischen Probleme zusätzlich.

Mitte des Jahres 1943 setzt ein weiterer Untersuchungsabschnitt ein: Denn die durchschnittliche Wartezeit auf Urlaub war nun phasenweise sogar kürzer als zur Zeit der »Blitzfeldzüge«. Parallel stieg der Anteil beurlaubter Soldaten,

283 Vgl. Kroener, Ressourcen, S. 786-790; BArch-MA, RH 20-16/24, Abgaben der Urlaubsdivisionen, Zuführung und Abgaben beim Armeeoberkommando 16 zwischen 25.10.1940 und 8.4.1941; BArch-MA, RW 19/878 Merkblätter des Oberkommandos des Heeres über »Rüstungsurlaub«, »Sperrausweisurlauber« und »Arbeitsurlaub« beim Wehrwirtschafts- und Rüstungsamt zwischen 20.12.1940 und 13.8.1941.
284 Vgl. Boog (Hrsg.), Angriff, S. 440-447.
285 Vgl. Overmans, Verluste, S. 264 f.: Allein die Todesfälle während des Balkanfeldzuges beliefen sich auf etwa 104.000 Mann und machten damit zwei Prozent der Gesamtzahl an gefallenen deutschen Soldaten während des Zweiten Weltkriegs aus.

größtenteils durch Genesende. Unter anderem durch Verwundungen und Versetzungen wuchs zugleich die Untergruppe der Rückwärtigen Verbände im Sample kontinuierlich an, wohingegen die Frontverbände Personal einbüßten. Ferner spielten Sonderurlaube, etwa wegen Bombenschadens, eine zunehmende Rolle. Es ist aufschlussreich, die drei geschilderten Phasen der Urlaubserteilung miteinander zu vergleichen. Innerhalb jedes dieser drei Betrachtungsabschnitte hatten die Soldaten des Samples womöglich mehrere Urlaube. Eine Wartezeit mit anschließendem Urlaub wird als Intervall bezeichnet. Die Summe dieser Intervalle im jeweiligen Untersuchungszeitraum wird dagegen als Episoden[286] definiert (Grafik 8). Dies erlaubt verschiedene Berechnungsvarianten, weil sowohl das Ende des letzten Intervalls vor einer Abschnittsgrenze wie auch der Beginn des darauffolgenden Intervalls jeweils als Start- und Endpunkte dienen können. Wie geschildert, bieten sich der 22. Juni 1941 und der 1. Juli 1943 als Abschnittgrenzen an.

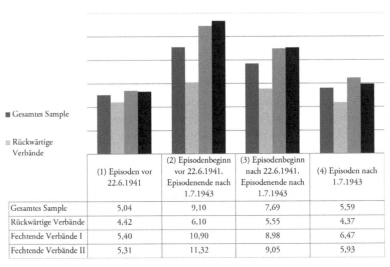

	(1) Episoden vor 22.6.1941	(2) Episodenbeginn vor 22.6.1941. Episodenende nach 1.7.1943	(3) Episodenbeginn nach 22.6.1941. Episodenende nach 1.7.1943	(4) Episoden nach 1.7.1943
Gesamtes Sample	5,04	9,10	7,69	5,59
Rückwärtige Verbände	4,42	6,10	5,55	4,37
Fechtende Verbände I	5,40	10,90	8,98	6,47
Fechtende Verbände II	5,31	11,32	9,05	5,93

Grafik 8: Wartezeiten auf Fronturlaub (in Monaten)[287]

286 Die Summe der Urlaubsintervalle aller Soldaten.
287 Die beiden Stichdaten 22.6.1941 und 1.7.1943 dienen als Orientierungswerte zur Ermittlung der Wartezeiten in verschiedenen Kriegsphasen, ohne die Einsatzzeiten zu zerteilen. Der jeweilige Betrachtungszeitraum wurde so angepasst, dass er mit den Urlauben einsetzt und endet, die vor bzw. nach den Stichtagen erteilt wurden. Demzufolge beinhalten die Episoden 1 alle Urlaube der Soldaten zwischen ihrem Dienstbeginn und ihrem letzten Urlaub vor dem 22.6.1941. Die Episoden 2 betrachten den Zeitraum zwischen dem jeweils letzten Urlaub vor dem 22.6.1941 bis zum jeweils ersten Urlaub nach dem 1.7.1943. Die Episoden 3 untersuchen den Zeitraum zwischen dem jeweils ersten Urlaub nach dem 22.6.1941 und dem jeweils ersten Urlaub nach

Das letztere Datum ist günstig, weil es die beiden späteren Untersuchungsphasen in annähernd gleich große Einheiten teilt. Ein Stichtag in der Jahresmitte liegt zudem nahe, da die Urlaubsvergabe zwischen Frühjahr und Herbst reibungsloser verlief als im Winter – und somit Verzerrungen durch Ausreißer minimiert werden. Schließlich wurde dieser Einschnitt gewählt, da er sowohl kurz vor dem Unternehmen »Zitadelle«, der letzten nennenswerten deutschen Offensive im Osten, als auch vor der Landung der Alliierten auf Sizilien am 10. Juli 1943 – und damit der Eröffnung eines weiteren Kriegsschauplatzes – liegt.[288] Er markiert einen Zeitpunkt, ab dem das Deutsche Reich endgültig und nach außen sichtbar in die Defensive gedrängt wurde.

Die gestaffelte Betrachtung bestätigt, dass während der ersten Phase des Krieges (Episoden 1), zwischen dem sogenannten Polenfeldzug und dem Überfall auf die Sowjetunion, überdurchschnittlich häufig Urlaub erteilt wurde. Dementsprechend gering war die Wartezeit. Mit 5,04 Monaten lag sie deutlich unter dem mittleren Wert von 6,81 Monaten, der eingangs für den gesamten Krieg und die vollständige Untersuchungsgruppe errechnet wurde. Angehörige der Rückwärtigen Verbände und des Ersatzheers fuhren zu dieser Zeit sogar alle 4,42 Monate nach Hause. Soldaten der Front- beziehungsweise dann der Besatzungstruppen immerhin alle 5,4 Monate. Die Wartezeit in der mittleren Kriegsphase lag wiederum signifikant über dem Durchschnitt. Bei den Rückwärtigen Verbänden stieg sie auf 9,1 Monate an. Bei den Fronttruppen verdoppelte sie sich gar auf 10,9 (Fechtende Truppe I) respektive auf 11,32 (Fechtende Truppe II) Monate. Erst diese Zusammenschau mehrerer Episoden erklärt den relativ geringen Gesamtmittelwert von knapp sieben Monaten Wartezeit. Dieser errechnet sich nämlich aus einer Mehrzahl kürzerer Einsätze in den ersten Kriegsjahren, gefolgt von wenigen, jedoch überproportional langen Wartephasen in der Zeit danach. Dabei macht es einen wesentlichen Unterschied, ob die Untersuchung der mittleren Kriegsphase die jeweils letzten Urlaube vor dem 22. Juni 1941 berücksichtigt (Episoden 2) oder erst mit der darauffolgenden Freistellungsperiode einsetzt (Episoden 3): Die erste Variante trägt den langen Urlaubssperren nach dem Überfall auf die Sowjetunion bis zum Jahresende bzw. bis zum Frühjahr des Folgejahres Rechnung. Die zweite Variante orientiert sich dagegen am wieder einsetzenden Urlauberverkehr, nachdem sich die deutschen Angriffsoperationen infolge der russischen Gegenwehr erschöpft hatten. Wie die Differenz von durchschnittlich zwei Monaten Wartezeit bei den Fronttruppen zeigt, stagnierte die Urlaubserteilung insgesamt am stärksten zwischen

dem 1.7.1943. Die Episoden 4 erfassen schließlich die Intervalle nach dem 1.7.1943 bis zum jeweils letzten Urlaub der Soldaten.
288 Vgl. Frieser, Schlacht, S. 1109-1131.

Sommer 1941 und Frühjahr 1942. Dass die Führung dann noch ein Jahr benötigte, um die größten Probleme der Urlaubsorganisation anzugehen und Rückstände abzubauen, verdeutlicht das Ausmaß der nicht erwogenen logistischen Herausforderung. Dabei darf nicht übersehen werden, dass Genesende stark zur »Normalisierung« der Wartezeit (Episoden 3 und 4) beitrugen, die mit Lazarettzügen bereits in die Heimat gebracht worden waren. Für reguläre Fronturlauber stand dagegen immer weniger Transportraum zur Verfügung, vor allem wenn sie weit entfernt von der Heimat stationiert waren und sich die geografischen Verhältnisse schwierig gestalteten.[289] Aufschluss liefert zudem der Blick auf die Urlaubsepisoden während der Verteidigung der »Festung Europa« (Episoden 4). Die Wartezeit fiel selbst angesichts der inzwischen enormen Anzahl rekonvaleszenter Soldaten nicht mehr dauerhaft unter den Wert der ersten Kriegsphase. Im Schnitt blieb er sogar über einen Monat darüber. Es muss angenommen werden, dass sich die Einsatzzeiten für Soldaten, die nicht verwundet wurden, gerade in dieser Schlussphase überproportional verlängerten.

Urlaubserteilung im Licht weiterer Quellen

Angesichts der genannten Einschränkungen stellt sich die Frage nach der Verallgemeinerbarkeit von Wartezeiten, die ausschließlich mit Soldbüchern ermittelt wurden. Der fragmentarische Charakter der Wehrmachtsunterlagen erlaubt hier keine geschlossene Gegenüberstellung. Dennoch spiegeln sich darin einige markante Veränderungen punktuell wider. Darüber hinaus lassen weitere Bestände differenzierte Vergleiche zu.

Zunächst kann die Datenbank zur »Überregionalen Erschließung personenbezogener Quellen zu Angehörigen der bewaffneten Formationen des ›Dritten Reiches‹« der GESIS genannt werden.[290] Sie enthält Tausende detaillierte Angaben mit quantitativen biografischen Skizzen von Soldaten des Zweiten Weltkriegs; einige Hundert davon mit Informationen zum Fronturlaub.[291] Da-

---

[289] Vgl. http://wwii.germandocsinrussia.org/de/nodes/2245-akte-109-tagesbefehle-tatigkeitsberichte-und-schriftverkehr-der-wehrmachttransportleitung-ost#page/40/mode/inspect/zoom/4, Russisch-deutsches Projekt zur Digitalisierung deutscher Dokumente in den Archiven der Russischen Föderation, Deutsche Beuteakten in russischen Beständen, Bestand 500, Findbuch 12450 OKW, Akte 109 Tagesbefehle, Tätigkeitsberichte und Schriftverkehr der Wehrmachttransportleitung Ost, Tagesbefehl Nr. 21 der Führungsabteilung der Wehrmachttransportleitung Ost vom 14.6.1942 (abgerufen am 3.11.2018).
[290] Das Projekt erfolgte unter Leitung von Christoph Rass.
[291] Datenbank: ZA-Studiennummer: 8410. Die GESIS ist ein Leibnitz-Institut für Sozialwissenschaften mit Sitz in Mannheim und Köln. Sie ist die größte Einrichtung ihrer Art in Deutschland und unterstützt Forscher bei sozialwissenschaftlichen Erhebungen.

von wiederum wurden 65 als Zufallsstichprobe erfasst und analog zu den Soldbüchern ausgewertet. Als Referenzwert ergab sich nach der Bereinigung der Rekonvaleszenzen eine durchschnittliche Wartezeit von 7,76 Monaten. Dies entspricht ziemlich exakt der Einsatzzeit, die mittels Soldbüchern für die Frontverbände bestimmt wurde; in diesem Fall wurde jedoch nicht zwischen rückwärtigen und fechtenden Verbänden differenziert. Zudem ist der Datensatz ebenfalls nur bedingt repräsentativ: Die Angaben zu den Urlaubsvorgängen sind den Wehrstammbüchern entnommen, was die Gefahr lückenhafter Dokumentation erhöht.[292] Eine – hypothetische – Korrektur hätte ein Absinken der mittleren Wartezeit zur Folge, weil im Zweifel von mehr Freistellungen auszugehen ist. Dies entspräche also einer Annäherung an den Wert von 6,81 Monaten, der mit Soldbüchern errechnet wurde. Im Vergleich mit dieser Quelle gewinnen die Ergebnisse der eigenen Stichprobe folglich an Plausibilität.

Ego-Dokumente erhärten diesen Befund: Für die vorliegende Untersuchung wurden vornehmlich Feldpostbriefe und Tagebücher ausgewertet, die lange Zeiträume in hoher Schreibfrequenz abdecken. Dies ermöglichte es in den meisten Fällen, die Intervalle aus Trennung und Urlaub vollständig zu erfassen. Dabei ergab sich eine mittlere Wartezeit von 6,72 Monaten. Dass sich die Dienstzeiten dieser Soldaten ausgewogen auf den Krieg verteilen, stärkt die Aussagekraft zusätzlich. Außerdem belegen die Ego-Dokumente weitere Schlussfolgerungen der Soldbuchauswertung: Auch hier sticht die überdurchschnittliche Gewährung von Urlaub in den ersten Jahren des Krieges hervor. Ebenso die Tendenz, Freistellungen entgegen den Transportanweisungen auf mehrere Tranchen zu verteilen. Wie bei den Soldbüchern war bei den meisten Kriegsbiografien eine gewisse Zweiteilung erkennbar: Phasen mit kürzeren Trennungszeiten und relativ häufigen Urlauben wechselten mit solchen, in denen die Soldaten ihre Angehörigen überdurchschnittlich lange nicht sahen. Erstere überwogen in der Regel quantitativ, letztere fielen häufig in die zweite Kriegshälfte.[293] Schließlich bekunden Ego-Dokumente die Praxis gehäufter Freistellungen während Genesungszeiten. Zudem veranschaulichen sie, wie sich je nach Art der Verletzung und Grad der Gesundung sowohl im Lazarett als auch in den Genesungskompanien mitunter Mischformen militärischer und ziviler Lebensführung ausbildeten. Neben der Möglichkeit, Besuch zu empfangen, nutzten Viele die neuen Freiräume bei Ausgängen und Kurzurlauben, verfolgten private Interessen mit Spaziergängen, Kino- und Theaterbesuchen oder knüpften Kontakte zu Frauen aus der Umgebung. Der Oberschütze Al-

---

292 Vgl. Rass, »Menschenmaterial«, S. 30f.
293 Vgl. etwa die Bestände: DTA, Serie 1462, DTA, Serie 198/1, DTA, Serie 326 II, Archiv des Museums für Post und Telekommunikation Berlin (MSPT Berlin), Serie 3.2002.0349, MSPT Berlin, Serie 3.2002.7283 und MSPT Berlin, Serie 3.2002.7605.

bert J. beschrieb zumindest die Schlussphasen seiner Lazarettaufenthalte trotz durchgestandener Strapazen und beobachtetem Grauen als »schöne Erholungszeit« mit »entspannte[m] Tagesablauf mit Fußballspielen und Ausgang«. Er berichtete von »Müßiggang« und der »Entspanntheit des Lazaretts« und er vergaß nicht, die »sittliche Verkommenheit vor allem bei den Mädchen« zu kritisieren, mit denen er während seiner Zeit in einer Genesendenkompanie verkehrte.[294]

Weiterhin nahm der Autor dieser Studie Einsicht in eine Access-Datenbank mit biografischen Angaben kriegsgefangener deutscher Soldaten und dazugehörigen Verweisen auf amerikanische wie britische Abhörprotokolle.[295] Hinsichtlich des Personalkreislaufs der Wehrmacht interessieren insbesondere die »Morale Questionnaires«, die im amerikanischen Abhörlager Fort Hunt seit Frühjahr 1944 systematisch angelegt wurden. Es handelt sich um politische Interviews mit standardisierten Fragebögen. Unter anderem nahmen sie Bezug auf die Stimmung in Deutschland, wobei die verhörten Soldaten naturgemäß die Eindrücke ihrer Urlaube reflektierten.[296] Zusammen mit den biografischen Angaben wurde in 606 Fällen die Zeitspanne zwischen der Gefangennahme und dem vorherigen Verlassen der Heimat ermittelt, was in der Regel dem Ende eines Front-, Einsatz- oder Genesungsurlaubs entsprach. Insgesamt 466-mal (76,9 %) lag die Einsatzdauer unter sechs Monaten, 115-mal (19 %) unter einem Jahr und 19-mal (3,1 %) unter 18 Monaten. Lediglich sechs Fälle (1 %) rangierten darüber. Ein großer Teil dieser Aufzeichnungen datiert aus den letzten zwölf Monaten des Krieges. Dies legt indirekt nahe, dass die Urlaubsvergabe beziehungsweise zumindest der Personalkreislauf selbst in der Endphase noch verhältnismäßig ungestört lief. Demnach hielten sich stets »bis zu 30 Prozent des Personals einzelner Divisionsverbände als Rekruten, Urlauber oder Genesende bei den entsprechenden Ergänzungseinheiten« auf.[297] Dieser Zusatzbefund wiegt umso schwerer, als die Auswertung mit Soldbüchern gerade in den letzten Kriegsmonaten auf eine zunehmend schmale personelle Basis rekurriert.[298]

294 Vgl. DTA, Serie 148/1, Briefe von Albert J. vom 24.4.1940, 25.5.1940, 12.9.1942 und 24.11.1942. Der Lazarettaufenthalt im April und Mai 1940 ist auf eine Blinddarmentzündung zurückzuführen, im Herbst 1942 handelte es sich um die Folgen eines Explosionssteckschusses vom vorangegangenen März.
295 Das beschriebene Projekt wurde am Lehrstuhl für Neuere und Neueste Geschichte der Gutenberg-Universität in Mainz durchgeführt; vgl. ferner Neitzel, Abgehört, S. 12-28; Hoerkens, Unter Nazis? S. 9-16.
296 Vgl. Römer, Kameraden, S. 37f.
297 Rass, Sozialprofil, S. 659.
298 Auch hierbei handelt es sich um einen Referenzwert. Dies gilt umso mehr, als bei der Berechnung der Wartezeiten das Intervall der letzten Einsatzphase explizit ausgeklammert werden musste, wenn darauf kein Urlaub mehr folgte, sondern der betreffende Soldat in Kriegsgefangenschaft geriet oder getötet wurde.

Das Aktenmaterial von Divisionen und vorgeschalteten Kommandobehörden liefert in puncto Urlaubsvergabe meist nur ein grobes Bild. Dennoch sind Einblicke möglich, weil sich die Frequenz urlaubsrelevanter Schriftstücke wiederholt verdichtete. Interessanterweise korrelieren auch diese »Befehls-Spitzen« mit den Verlaufskurven der Soldbuchauswertung (s. Anhang, Grafik 9, S. 484). Häufig existiert ein Bezug zur Kampflage. Umfangreich dokumentiert ist etwa die gesteigerte Urlaubvergabe nach der Kapitulation Frankreichs bis zum nächsten Frühling. Ein erheblicher Teil der Freistellungen in diesem Zeitraum entfiel auf Arbeitsurlaub. OKW und politische Führung wollten einerseits »die Unterbringung der Anfang Oktober 1940 zur Einstellung kommenden Rekruten« sicherstellen und andererseits die »hierbei freiwerdenden Kräfte [...] der Kriegswirtschaft, dem Verkehr und der Verwaltung zugutekommen« lassen.[299] Allerdings griffen sie nicht auf den regulären Arbeitsurlaub in jener Form zurück, wie die geltende Verordnung ihn definierte. Mit einer Höchstdauer von lediglich vier Wochen diente er primär dazu, Soldaten als Aushilfen in der Landwirtschaft einzusetzen oder die Existenz kleiner Gewerbebetriebe zu sichern. Unter den Stichworten »Rüstungsurlaub« (Rü 40) und »Sperrausweisurlaub[er]« wurde nun ein größeres Reservoir an Arbeitskräften »bis auf weiteres« der Rüstungsproduktion zugeführt.[300] Führerweisungen klassifizierten die Fertigungsvorhaben bestimmter Betriebe als »Sonderstufe«. Damit erhielten sie Vorrang vor allen anderen Belangen, selbst den personellen Erfordernissen des Feldheers.[301] Die »Umsteuerung der Rüstung« wurde zwischen Juni und September 1940 eingeleitet. Sie stand in engem Zusammenhang mit der Entscheidungsfindung innerhalb des deutschen Generalstabes, wobei die Weichen von einer geplanten Invasion Englands auf Drängen Hitlers in Richtung Angriff auf die Sowjetunion gestellt wurden.[302] Zunächst sollten 35, kurz darauf nur noch 17 Divisionen aufgelöst beziehungsweise ausgedünnt werden. Aufgrund mangelnden Arbeitswillens der Soldaten, kurzfristiger Wiedereinberufungen und Kompetenzstreitigkeiten der zuständigen Stellen zeitigten die Maßnahmen jedoch kaum Erfolg. Die Entwicklung erzwang am 28. September 1940 eine erneute Führerweisung.[303] Nunmehr sollte die Wehrmacht über den Winter 300.000 Metallarbeiter aus sämtlichen Heeresteilen beurlauben und weitere

---

299 BArch-MA, RH 34/137, Geheimes Schreiben des OKH (Ch.H.Rüst. u. Bd.E.) an das Stellvertretende Generalkommando XII a. K. (Wehrkreiskommando Wiesbaden) vom 26.9.1940.
300 Vgl. BArch-MA, RH 54/46, Schreiben des OKH vom 12.9.1940; RW 19/878, Schreiben des OKH vom 11.6.1941 über die Rückberufung von Sperrausweisurlaubern.
301 Vgl. IfZ-Archiv, Da 34.01, AHM 1940, Anweisung Nr. 938 des OKW vom 3.9.1940 »Arbeitsurlaub zu Gunsten von Betrieben der Sonderstufe«.
302 Vgl. Kroener (Hrsg.), Ressourcen, S. 787-807.
303 Vgl. ebenda, S. 787-791.

Fachkräfte für andere Rüstungszweige bereitstellen. Insgesamt verfehlte diese »Urlaubsaktion« der Wehrmacht, die in vier Wellen erfolgte, ihr Ziel: Zwischen November 1940 und März 1941 wurden der Wirtschaft insgesamt nur 260.000 Mann zugeführt.[304] Immerhin verhinderte das OKW mit dieser Maßnahme die Schaffung neuer UK-Stellen, da die Soldaten während ihrer mehrmonatigen Abkommandierung formal Wehrmachtangehörige blieben. Dennoch glich die Unterstellung aufgrund der starken Lockerung des Dienstverhältnisses rechtlich eher einer »zeitlich bestimmten oder auch unbestimmten Entlassung aus dem aktiven Wehrdienst, freilich unter Fortdauer gewisser Melde- und Gestellungspflichten [...].«[305] Ab Frühjahr und verstärkt im Mai 1941 wurde ein zunehmender Teil dieser Arbeits-»Urlauber« zurückgerufen. Außerdem prüften die Rüstungskommandos, ob die Sperrausweise von Spezialarbeitern zu verlängern waren oder ob sie ihre Gültigkeit verloren hatten, beispielsweise wenn die betreffenden Soldaten in den Betrieben inzwischen nicht mehr als Fachkräfte eingesetzt wurden.[306]

Die Unterlagen der fechtenden Einheiten des Ostheeres vermitteln weitere Eindrücke von der Urlaubsvergabe. Zunächst interessieren die Überlieferungen der personalverwaltenden Stellen (II a und II b) einiger exemplarisch ausgewählter Divisionen. Zwischen Ende des Jahres 1941 bis weit in das Jahr 1943 dokumentieren sie die – teils verzweifelten – Versuche der Wehrmachtführung, die problematische Urlaubslage trotz der prekären militärischen Entwicklung in den Griff zu bekommen. Der 22. Juni und der Rückzug vor Moskau im Dezember 1941 markieren zwei entscheidende Wendepunkte: Spätestens jetzt erduldeten die Soldaten Einsatzzeiten von bisher ungewohnter Dauer, sofern sie nicht erkrankten oder ein »Heimatschuss« sie vorzeitig zu ihren Familien führte. Um Stimmung und Moral der Truppe wenigstens durch gleichmäßige Verteilung der spärlichen Freistellungen zu stabilisieren, forderte das OKH die Armeeoberkommandos auf, regelmäßig Meldung nach festgelegtem Muster (Tabelle 3) zu erstatten. Damit wollte es sich zunächst einen Überblick über den Stand der Beurlaubungen verschaffen.

---

304 Vgl. ebenda, S. 791-794.
305 Absolon, Wehrmacht, Bd. V, S. 305.
306 Vgl. BArch-MA, RH 54/46, Abschrift OKH (Ch.H.Rüst. u. B.d.E.) vom 19.3.1941; BArch-MA, RW 19/878, Schreiben des OKH vom 11.6.1941; Kroener, Ressourcen, S. 855; Müller-Hillebrand, Heer, Bd. II, S. 79 f.

Tabelle 3: Muster »Stand der Beurlaubungen bei den AOKs« (RH 20/17-542)

Einheit	Sollstärke	Iststärke	Letztmals beurlaubt		
Beispiel			In Monaten	Soldaten	Von Hundert der Iststärke
10. Infanteriedivision	16.500	15.000	August 1940	300	2
			September 1940	500	3,33

Die Einheiten sollten fortan in Monatsintervallen übermitteln, wann ihre Soldaten und Beamte zum letzten Mal beurlaubt waren. Die Angaben wurden von einer Hierarchiestufe zur nächsten weitergeleitet, wobei Divisionen, Generalkommandos inklusive Korpstruppen und Armeetruppen jeweils in einer Zahl zusammengefasst waren.[307] Aufgrund dieser Richtwerte bestimmte das OKH fortlaufend den Umfang der Platzmarken für Urlauberzüge, die den jeweiligen Armeen zugeteilt wurden.

Die Überlieferung der 30. Infanteriedivision (30. ID) ermöglicht eine Betrachtung der Urlaubsvergabe gemäß diesem Übermittlungsschema. Vom Überfall auf Russland bis zum Ende des Jahres 1943 unterstand sie der 16. Armee bei der Heeresgruppe Nord. Nach Kämpfen im Raum Opotschka nahm die 30. ID im August 1941 am Angriff auf den Verkehrsknotenpunkt Staraja Russa teil, bevor sie ab September in die Stellungskämpfe um Demjansk eingebunden wurde. Damit gehörte sie zu den deutschen Divisionen, die zwischen Februar und Ende April 1942 im gleichnamigen Kessel eingeschlossen waren. Anschließend übernahm sie bis zu Beginn der russischen Winteroffensive im Januar 1944 die Verteidigung im Raum von Staraja Russa.[308] Nachdem der Kessel geräumt war, lag die 30. ID an einem relativ stabilen Frontabschnitt. Damit stellt sich zugleich die Frage nach dem äußeren Rahmen der Urlaubserteilung: Waren die Bedingungen fortan günstiger als bei anderen Divisionen auf diesem Kriegsschauplatz? Die Verbände der Heeresgruppe Süd etwa waren während der deutschen Sommeroffensive 1942 auf dem Kaukasus sowie aufgrund der russischen Durchbrüche bei Stalingrad und Rostow zur Jahreswende 1942/43 kontinuierlich in Kämpfe eingebunden und auch deutlich stärker in Bewegung.[309] In ihrem Tätigkeitsbericht für den Zeitraum vom 1. Dezember 1941 bis

---

307 Vgl. BArch-MA, RH 20-17/542, Schreiben des Chefs des Generalstabes an die Armeegruppe Ruoff vom 14.8.1942 und Schreiben des Chefs des Generalstabs an das Armeeoberkommando 17 vom 5.12.1942.
308 Vgl. Tessin, Verbände S. 282 f.
309 Vgl. Wegner, Von Stalingrad nach Kursk, S. 3-19; werden hier die Unterlagen der 30. ID untersucht, so ist dies auf die äußerst günstige Überlieferungssituation im Vergleich zu anderen Divisionen zurückzuführen.

31. März 1942 gaben die personalverwaltenden Stellen der 30. ID (II b) folgenden Wortlaut zu Protokoll:

»Im Dezember 1941 wurde für die im Osten eingesetzte Wehrmacht der Urlauberverkehr aufgenommen. Die Division konnte mit 8 Urlaubertransporten in der Zeit vom 8.12.41 bis 6.1.42 281 Mann auf Urlaub schicken. Es wurden zunächst nur Angehörige der fechtenden Truppe beurlaubt und nur solche Soldaten, die am 22.6.41 die Reichsgrenze nach Osten überschritten hatten und seitdem nicht wieder in das Reichsgebiet zurückgekehrt waren. Die Urlaubsdauer betrug 20 Tage ab Reichsgrenze. Am 13.1.42 wurde im Bereich des A.O.K. 16 jeglicher Urlaub gesperrt. Die Kampflage im Bereich der 16. Armee seit Mitte Januar 1942 liess eine Rückführung der Urlauber zu ihren Stammtruppenteilen nicht zu.«[310]

Das OKH hob die Urlaubssperren, die meist seit den Aufmarschvorbereitungen des Ostheeres herrschten, also ausgerechnet während der angespannten Krisenmonate auf, nachdem sich die Offensive der Heeresgruppe Mitte am 5. Dezember endgültig festgelaufen hatte und die Rote Armee zum Gegenschlag angetreten war.[311] Die 30. ID verzeichnete bis zum 20. November 1941 insgesamt 8.720 Verluste, davon 1.648 Tote. Der Ersatz belief sich bis zum 30. November 1941 auf 4.651 Soldaten. Weitere 2.434 Männer stießen bis zum Ende des Berichtszeitraums zur Division, jedoch fehlen die Angaben über die entsprechenden Abgänge.[312] Die Zahlen verdeutlichen den verschwindend geringen Anteil des Fronturlaubs am Personalkreislauf in dieser Phase. Zugleich zeigen sie, wie die Einsatzzeiten zu steigen begannen: Ausgehend von einer Friedensstärke von 18.000 Mann[313] – ein Wert, der für die konkrete Situation an der Ostfront geringer anzusetzen ist – beurlaubte die 30. Division innerhalb von neun Monaten gerade einmal rund eineinhalb Prozent ihres Personals regulär. Erschwerend kam hinzu, dass die Urlauber nicht zu ihren Einheiten zurückkehren konnten, da der Kampfverband mittlerweile eingekesselt war. Stattdessen wurden sie um Staraja Russa bei anderen Verbänden eingesetzt, die dort in Abwehrkämpfen lagen. Die beurlaubenden Einheiten wussten zum Teil über Monate nichts über den Verbleib ihrer Urlauber.[314]

310 BArch-MA, RH 26-30/75, Tätigkeitsbericht Abteilung II b der 30. Infanteriedivision für den Zeitraum vom 1.12.1941 bis zum 31.3.1942.
311 Vgl. Hürter, Heerführer, S. 318 f.
312 Vgl. BArch-MA, RH 26-30/75, Tätigkeitsbericht der Abteilung I a der 30. ID vom 24.11.1941 und Tätigkeitsbericht der Abteilung II b der 30. ID für den Zeitraum vom 1.12.1941 bis zum 31.3.1942.
313 Vgl. Hartmann, Ostkrieg, S. 43.
314 BArch-MA, RH 26-30/75, Tätigkeitsbericht der Abteilung II b der 30. ID für den Zeitraum vom 1.12.1941 bis zum 31.3.1942.

Nach abermaligen Sperren nahm der Verband den Urlauberverkehr Anfang April in eingeschränktem Umfang erneut auf. Allerdings teilte das AOK der 30. ID in diesem Monat wöchentlich nur 15 Platzkarten zu. Diese Quote wurde während der nächsten beiden Monate schrittweise auf 50 pro Woche erhöht. So konnte die Division im Berichtsraum von Anfang April bis Ende Juni 1942 insgesamt 331 Soldaten in die Heimat schicken.[315] Zum Vergleich: Die Division meldete am 1. Juni 1942 eine Iststärke von 1.761 Unteroffizieren und 8.405 Mannschaften, bei 559 respektive 3.072 Fehlstellen. An Verlusten verzeichnete sie in dieser Zeitspanne 195 Unteroffiziere und 3.294 Mannschaften, insgesamt dagegen 10.574 Personen seit Beginn des »Ostfeldzuges«. Im Quartal ab April wurden demnach rund 3,3 Prozent (1,1 pro Monat) der Divisionsangehörigen regulär beurlaubt. Die Urlauber stellten damit einen Anteil von etwa 9,5 Prozent aller Abgänge.[316] Die geringen Quoten wirkten sich rasch auf die Moral der Truppe aus: Bei der Division befanden sich noch immer rund 3.000 Soldaten, »die seit dem 22. Juni 1941 die Reichsgrenze nicht wieder in Richtung Westen überschritten hatten«. Der weitaus größte Teil davon hatte die Heimat zwischen 15 und 16 Monate nicht mehr gesehen. Der Bericht betonte: »Mit Recht hat diese ungenügende Beurlaubung Mißstimmung bei der Truppe hervorgerufen, zumal immer mehr häusliche Schwierigkeiten bei zahlreichen Soldaten bedenkliche Formen angenommen haben. Bei der seit Wochen ruhigen Kampflage hätte zweifellos die Urlauberquote erheblich heraufgesetzt werden können.«[317]

Dass Divisionskommandeure und Einheitsführer von der Platzkartenzuteilung der AOKs abhingen, begrenzte ihre Möglichkeiten, Stimmungseinbrüchen entgegenzuwirken. Ein Jahr später etwa verfiel die Quartiermeisterabteilung der 30. ID auf die Idee, die Urlaubsvergabe wenigstens effektvoll zu inszenieren: Auf ihren Vorschlag buk die Bäckereikompanie einen Gutschein für zehn Tage Sonderurlaub in das zehnmillionste Brot ein, das Divisionskommandeur Thomas Emil von Wickede selbst aus dem Ofen holte.[318] Es bleibt allerdings offen, ob dies den gewünschten Erfolg bei den Wartenden erzielte. Im Frühjahr 1942 standen jedenfalls noch pragmatische Methoden im Vordergrund: Ende Mai richtete der Gebietskommissar von Wolmar eigens für die 30. ID ein Erholungsheim in Lettland ein. Dort konnten besonders bewährte, erholungsbedürftige oder leicht verwundete Soldaten einen dreiwöchigen Erholungsurlaub

---

315 Vgl. BArch-MA, RH 26-30/76, Tätigkeitsbericht der Abteilung II b der 30. ID für den Zeitraum vom 1.4.1942 bis zum 30.6.1942.
316 Ebenda.
317 Ebenda.
318 Vgl. BArch-MA, RH 26-30/115, Tätigkeitsbericht der Quartiermeisterabteilung der 30. ID vom 29.10.1943.

verbringen, für die kein Transportraum in die Heimat zur Verfügung stand. Die ersten 30 von ihnen trafen im Juni 1942 ein.[319] Wie die Tagebucheinträge von Joseph Goebbels zeigen, war dies für die Soldaten kein angemessener Ersatz für Heimaturlaub – wurde aber von vielen Divisionen wegen der wachsenden Verkehrsprobleme ähnlich gehandhabt:

> Hilgenfeldt übernimmt jetzt die Aufgabe, für unsere Truppen im Osten Urlaubsmöglichkeiten nahe der Front zu schaffen [...]. Die Transportschwierigkeiten gestatten es nicht immer, die Urlauber in die Heimat zu schicken. Es soll hier in großzügiger Weise eine Erholungsmöglichkeit für Soldaten und Offiziere bereitet werden. Allerdings dürfen wir andererseits nicht übersehen, daß der Soldat das natürlich nicht unter Urlaub versteht. Unter Urlaub versteht er, in seine Heimatstadt zu kommen, mit Frau und Kind sich wiederzusehen und den staunenden Mitbürgern seine Wunden oder Auszeichnungen zu zeigen. Eine andere Art von Urlaub ist nur ein Surrogat. [...] Man ist jetzt auch gezwungen, einen Teil der Fronturlauber, die Junggesellen sind, schon im Ostgebiet selbst in Erholungsorte in Urlaub zu schicken. Das wird natürlich auch nur dazu beitragen, die Entfremdung der Heimat der Front gegenüber und umgekehrt zu steigern.[320]

Dennoch stiegen die echten Beurlaubungen in der Zeit zwischen 1. Juli und 30. September 1942 bei der 30. ID »erfreulich« an. Ab Anfang Juli fuhr von jeder Kompanie wöchentlich ein Mann nach Hause. Allerdings hätten nach dieser Regelung die letzten Soldaten, die seit dem 22. Juni 1941 ununterbrochen im »Rußlandeinsatz« waren, erst Ende Juli 1943 Urlaub bekommen. Die Division reichte deswegen mehrere Anträge beim Armeeoberkommando ein, woraufhin sie ab Mitte August 300 Urlauberplatzkarten pro Woche erhielt. Nun errechnete die Personalabteilung, bis zum Jahreswechsel, spätestens bis Ende Januar 1943, könnten alle Soldaten beurlaubt werden, die sich seit Juni 1941 ununterbrochen bei der Truppe befanden.[321] Häufig kannten die Soldaten die Kalkulationen genau und stellten selbst Hochrechnungen an. Dies unterstreicht den Stellenwert des Fronturlaubs im Alltag der Wehrmachtangehörigen als eines der wichtigsten strukturierenden Elemente ihrer militärischen Biografien. So prognostizierte Hermann G. im September 1942 seiner Frau:

---

319 Vgl. BArch-MA, RH 26-30/76, Tätigkeitsbericht der Abteilung II b der 30. ID für den Zeitraum vom 1.4.1942 bis zum 30.6.1942.
320 Goebbels-Tagebücher, Bd. 5, S. 529f., S. 549, Einträge vom 19. und 22.9.1942; Erich Hilgenfeldt war unter anderem Leiter der Nationalsozialistischen Volkswohlfahrt (NSV).
321 Vgl. BArch-MA, RH 26-30/76, Tätigkeitsbericht der Abteilung II b der 30. ID für den Zeitraum vom 1.7.1942 bis zum 30.9.1942.

»Anfang Dezember sind wir mit den Soldaten einmal durch, die seit 22.6.41 in Russland dabei sind. Aber dann ist ja der inzwischen eingetroffene Ersatz auch urlaubsreif und das sind auch nicht wenige. [...] Da ist auch noch einer, der seit Weihnachten 40 nicht mehr daheim war. Allerdings scheinen sie weiter oben gemerkt zu haben, dass dieser Zustand unhaltbar ist, denn es gab für die nächsten Tage vermehrte Urlaubskarten, damit die Division endlich die Männer wegbringt, die seit 20 Monaten nicht mehr zu Hause waren.«[322]

Die 30. ID hatte bis Ende September 1942 aufgrund der Erhöhungen insgesamt 3.436 Platzkarten für Urlauber ausgegeben, 2.824 allein im dritten Quartal. Im Monatsmittel beurlaubte die Division inzwischen 7,3 Prozent ihres Personals regulär. Die Urlaubsvergabe normalisierte sich allmählich. Nach und nach wurden zunächst die Rückstände an hohen Wartezeiten abgebaut. Zudem versuchte die Division, die erneute Anhäufung von Wartezeiten bei nachrückenden Soldaten zu vermeiden. In den 18 Monaten seit Beginn der Kämpfe stießen bis Jahresende 1942 über 16.200 Soldaten als Ersatz zur 30. ID hinzu. Die Iststärke betrug am 1. Dezember 10.887 Mann bei 3.516 Fehlstellen.[323] Dennoch meldete die Division am 31. Dezember 1942, dass fast alle Soldaten, die zwischen 1. Juli 1941 und 1. März 1942 zur Division gekommen oder beurlaubt waren, mittlerweile – erneut – beurlaubt werden konnten. Bis auf wenige Ausnahmen seien inzwischen alle Soldaten zu Hause gewesen, die sich seit Juni 1941 bei der Truppe befanden. Die 30. ID hatte im vierten Quartal 1942 etwa 350 Platzkarten wöchentlich ausgegeben, insgesamt 7.800 seit Beginn des Feldzugs.[324] Die rechnerische Diskrepanz zwischen der Vollzugsmeldung, »echten« Urlaubserteilungen und fluktuierender Divisionsstärke zeigt abermals die Bedeutung von Verwundungen und des Personalkreislaufs. Probleme drohten, wenn der Ersatz oder die zurückkehrenden Genesenen vor der Feldabstellung keinen Urlaub bekommen hatten. Mehrfach wandte sich die Division vorsorglich an das zuständige Armeekommando, damit »die Urlaubsquote der Feldtruppenteile dadurch nicht belastet wird. Parallel schickte die 30. ID weiterhin alle drei Wochen 30 Soldaten in das divisionseigene Erholungsheim nach Wolmar.«[325]

Die Urlaubslage gestaltete sich für die 30. ID im Jahr 1943 weiterhin positiv. Zwar erhielt sie im ersten Quartal insgesamt nur 85 Platzkarten: Aufgrund der taktischen Lage vor Ort stellte die Divisionsführung schon vor Beginn

---

322 DTA, Serie 1462, Briefe von Hermann G. vom 7. und 29.9.1942.
323 Vgl. BArch-MA, RH 26-30/76, Tätigkeitsbericht der Abteilung II b der 30. ID für den Zeitraum vom 1.10.1942 bis zum 30.12.1942.
324 Ebenda.
325 Ebenda.

der allgemeinen Urlaubssperre Freistellungen für die Verbände im Raum um Demjansk ein. Allerdings profitierte der Verband noch von den hohen Zuteilungen aus dem letzten Quartal 1942. Die Division meldete, dass inzwischen alle Soldaten, die sich seit Beginn des »Ostfeldzugs« bei der Truppe befanden, nun beurlaubt wurden. Weiterhin, dass »auch alle Soldaten, die in der Zeit vom 1.7.1941-1.4.1942 schon Urlaub erhalten hatten, wieder beurlaubt werden« konnten. [326] Im zweiten Quartal 1943 erhielt die Division 3.177 Platzkarten. Bei einer Iststärke von 11.530 Mann zum 1. Mai 1943 hielt der Verband seine Urlauberquote folglich bei rund 9,2 Prozent konstant.[327] Dadurch sank die mittlere Wartezeit für alle Soldaten auf zehn Monate. Somit konnte »die Masse der Soldaten, die sich seit Beginn des Ostfeldzuges ununterbrochen bei der Truppe befinden, [...] bis zum Ende der Berichtszeit zum zweiten Mal beurlaubt werden.«[328] Für das dritte Quartal 1943 liegen letztmalig Angaben personalverwaltender Stellen für die 30. ID vor. In diesem Zeitraum erhielt der Verband 4.457 Urlauberplatzkarten, darunter 526 Sonderkarten für Bombengeschädigte. Bei einer Iststärke von 12.298 Mann zum 1. August 1943 entspricht dies einer gleichbleibenden Urlaubsquote von rund zwölf Prozent.[329] Allerdings setzte die Division die wöchentliche Urlauberzahl im August angesichts harter Gefechte deutlich herab. Dabei wird nicht klar, ob das Kontingent ausgeschöpft oder ob Platzmarken an die Armee zurückgegeben wurden. Der Bericht merkte weiter an, dass die Sonderkarten, die durch das Korps zugeteilt wurden, kein richtiges Bild von der tatsächlichen Höhe der Bombengeschädigten liefern, da etwa 1.200 Divisionsangehörige von den Luftangriffen auf Hamburg Ende Juli 1943 betroffen seien. Der Verband entsandte Ende August einen Offizier für drei Wochen in die weitgehend zerstörte Stadt mit der Aufgabe, »für die bombengeschädigten Angehörigen von Soldaten der Division zu sorgen, ihre Interessen

---

326 Vgl. BArch-MA, RH 26-30/77, Tätigkeitsbericht der Abteilung II b der 30. ID für den Zeitraum vom 1.1.1943 bis zum 31.3.1943. Zu diesem Zeitpunkt waren der 30. ID seit 22.6.1941 insgesamt 18.130 Mannschaften und Unteroffiziere als Ersatz zugeführt worden. Die Iststärke des Verbands belief sich am 1.2.1943 insgesamt (einschließlich Offiziere und Beamte) auf 11.053 Mann.
327 Vgl. BArch-MA, RH 26-30/77, Tätigkeitsbericht der Abteilung II b der 30. ID für den Zeitraum vom 1.4.1943 bis zum 30.6.1943. In der genannten Iststärke sind Offiziere und Beamte enthalten. Gegen Ende des Quartals belief sich der Ersatz, der der Division seit 22.6.1941 zugeführt worden war, auf 21.214 Unteroffiziere und Mannschaften.
328 Ebenda.
329 Vgl. BArch-MA, RH 26-30/77, Tätigkeitsbericht der Abteilung II b der 30. ID für den Zeitraum vom 1.7.1943 bis zum 30.9.1943. In der genannten Iststärke sind Offiziere und Beamte enthalten. Bis zum Ende des Quartals belief sich der Ersatz, der der Division seit 22.6.1941 zugeführt worden war, auf 24.152 Mannschaften und Unteroffiziere.

gegenüber den Behörden zu vertreten und Nachforschungen nach Vermissten anzustellen.«³³⁰ Auf der Ebene der kleinsten selbstständigen Wehrmachtformationen stellt die relativ geschlossene Überlieferung der Freistellungspraxis der ID. 30 eher die Ausnahme dar. Die Unterlagen übergeordneter Stellen sind ebenfalls meist fragmentarisch erhalten. Mit kleineren Lücken können die Vorgänge beim AOK 17 zwischen März 1942 bis zu Beginn des Jahres 1944 verfolgt werden. In dieser Zeit unterstand die Armee der Heeresgruppe Süd. Im Sommer 1942 nahm sie am Vorstoß auf den Kaukasus teil und verteidigte im September 1943 den Kubanbrückenkopf, bevor sie sich auf die Krim zurückzog. Es folgten Abwehrgefechte in Galizien und Mittelschlesien.³³¹ Am 23. März 1942 verzeichnete die Abteilung II b der 17. Armee, der Urlaub sei mit sofortiger Wirkung für die kämpfende Truppe in beschränktem Umfang wieder freigegeben. Für den ersten Urlauberzug, der sechs Tage später ab Jassinowataja fuhr, standen 576 Platzkarten zur Verfügung. Die auserkorenen Soldaten erhielten einen Berechtigungsschein, der zunächst nur die Platznummer enthielt, die eigentliche Platzmarke wurde am Abgangsbahnhof ausgehändigt. Urlaub sollten in erster Linie Infanteristen erhalten, die sich besonders ausgezeichnet hatten. In zweiter Linie kamen Familienväter der Infanterie bei diesem ersten Transport infrage, und nur in Ausnahmefällen waren andere Waffengattungen in Betracht zu ziehen. Die Umsetzungsrichtlinien spiegelten den Wunsch des Oberbefehlshabers wieder, dass Offiziere zugunsten der Mannschaften zurückstehen sollten. Den nächsten Urlauberzug mit gleicher Platzzahl erwartete die Armee für den 19. April.³³² Tatsächlich fuhr dieser bereits am 16. April mit 650 Mann in Richtung Heimat. Von da an verkehrte regelmäßig alle drei Tage ein Transport mit derselben Zahl an Plätzen. Nachschub-, Versorgungs- und anderweitige rückwärtige Dienststellen erhielten einen eingeschränkten Anteil an den Kontingenten. Der Grundsatz, in erster Linie Soldaten zu berücksichtigen, die während des Winters bei Abwehrkämpfen eingesetzt waren, wurde weitestgehend eingehalten. Es folgten Verheiratete und jene Soldaten, »die aus besonderen wirtschaftlichen und familiären Gründen eines Urlaubs« bedurften. Die Einheiten sollten die Freistellungen so verteilen, dass höchstens fünf Prozent ihrer Iststärke abwesend waren.³³³ Da es bei den ersten Transporten Schwierigkeiten beim Ein- und Umsteigen auf den Zubringerbahnhöfen gab – von den massenhaft falsch ausgestellten Marschpapieren einmal abgesehen –,

330 Ebenda.
331 Vgl. Tessin, Verbände, S. 53 f.
332 Vgl. BArch-MA, RH 20-17/542, Bericht der Abteilung II b des AOK 17 vom 23.3.1942.
333 Vgl. BArch-MA, RH 20-17/542, Geheime Anweisung der Abteilung II b des Armeeoberkommandos 17 vom 8.4.1942.

beaufsichtigten fortan wie bereits im Ersten Weltkrieg Transportführer die Urlauber.[334] In einem Zwischenbericht für den Zeitraum vom 1. Juli bis zum 13. August 1942 meldete die Personalstelle, die Beurlaubung von Unteroffizieren und Mannschaften werde bei einer steten Quote von rund sieben Prozent des Istbestands der Einheiten fortgesetzt. Aufgrund der langen Fahrzeit legte sie für jeden Soldaten eine Abwesenheitsdauer von vier Wochen zugrunde. Die durchschnittliche Wartezeit auf Urlaub betrug bei der Armee derzeit eineinhalb Jahre. Dem AOK fiel auf, dass »Mangelerscheinungen« die Stimmung bei Urlaubern beeinträchtigten, die aus größeren Städten zurückkehrten. Ebenfalls wurden die langen Perioden zwischen den Urlauben kritisiert, weil sie sich ungünstig auf die Stimmung auswirkten.[335] Da sich die Lage nicht besserte, forderte das Armeeoberkommando die unterstellten Einheiten erneut auf, exakte Urlaubslisten zu führen:

»Die Überwachung des Standes der Beurlaubungen zwecks gerechten Ausgleichs bei der Verteilung der Urlauberplätze und die Notwendigkeit, kurzfristig gesetzte Termine des OKH zeitgerecht erledigen zu können, erfordert, dass jede Einheit eine genaue Liste fortlaufend führt, in der die letzte Beurlaubung jedes Soldaten eingetragen ist. [...] Hierbei wird klargestellt, daß unter Urlaub jede Art von Heimaturlaub über 5 Tage, Kururlaub, Urlaub zur Wiederherstellung der Gesundheit, Urlaub für Bombengeschädigte zu verstehen ist. Ob der Urlaub vom Feldheer oder Ersatzheer erteilt wurde, ist hierbei gleichgültig. Bei Soldaten, die überhaupt noch keinen Heimaturlaub seit dem Eintritt in das Heer erhalten haben, ist als ›letzter Urlaub‹ im Sinne der Urlaubsübersichten der Tag des Eintritts in das Heer zu unterstellen. Bei unmittelbarem Übertritt von Reichsarbeitsdienst in das Heer gilt als ›letzter Urlaub‹ der letzte Heimaturlaub über 5 Tage, der vom Reichsarbeitsdienst erteilt wurde. Das gleiche gilt sinngemäß bei ähnlichen Fällen.«[336]

Die zuständigen Stellen sparten Transportraum ein, indem sie bevorzugt jene Soldaten beurlaubten, die sich im Zuge des Personalkreislaufs ohnehin in der Heimat befanden. Dass statt Beginn des Militärdienstes fallweise die letzte Freistellung bei anderen Reichsorganen als Bemessungsgrundlage diente, erhöhte den Druck auf die Wehrmacht erheblich. Gleichzeitig wird klar, wie wichtig die Urlaubsvergabe als Stimulans für die Moral der Truppe insgesamt, besonders aber zu diesem Zeitpunkt des Krieges war. Kurz zuvor hatte das Oberkommando der Heeresgruppe A den Missbrauch von Urlauberplatzkarten

334 Ebenda, Geheimer Bericht der Abteilung II b des AOK 17 vom 18.4.1942.
335 Vgl. BArch-MA, RH 20-17/542, Zusammenfassender Bericht Kdt. H. Qu. beim Hauptquartier des Armeeoberkommandos 17 vom 1.10.1942.
336 BArch-MA, RH 20-17/542, Armeetagesbefehl Nr. 20 an die Abtl. II b vom 11.10.1942.

bei der 17. Armee angemahnt: Zahlreiche Soldaten sandten benutzte Urlauberkarten vom Grenzbahnhof an ihre Kameraden zurück, die sie radierten und mit neuen Daten versahen. Teilweise hatten Disziplinarvorgesetzte diese Praxis sogar angeordnet und die Marschpapiere bewusst mangelhaft ausgefertigt, um höhere Urlaubsquoten zu erzielen. Die Führung wertete dies als Alarmsignal; es erinnerte an die Auflösungserscheinungen gegen Ende des Ersten Weltkriegs. Verschärfend kam hinzu, dass sich die zurückkehrenden Urlauber oft nicht sofort bei ihren Einheiten meldeten, sondern sich über längere Zeiträume im rückwärtigen Gebiet »umhertrieben«, vor allem wenn sie von der Zivilbevölkerung versorgt wurden.[337]

Neben Sanktionen und Überwachungsmaßnahmen wollte das AOK 17 primär die Anzahl der Urlauberzüge erhöhen. Ab Anfang November verkehrten sie täglich, wobei nun Leerwagen mit ausgelegtem Stroh zum Einsatz kamen; gegebenenfalls waren sie mit einem Ofen ausgestattet. Die Kommandostellen belehrten die Urlauber vor Fahrtantritt, dass es ihnen vor allem darauf ankam, den Urlauberverkehr zu vermehren, und dass die »vorübergehende Unbequemlichkeit nicht durch Gleichgültigkeit oder Unzulänglichkeit hervorgerufen« wurde. Außerdem sei es bei der »Wichtigkeit der Beurlaubung [...] eine ernste Aufgabe aller Kommandeure« zu verhindern, dass Platzkarten verfielen, wenn das Kontingent aufgrund der Kampflage nicht ausgenutzt werden konnte.[338] Aufgrund dieser Maßnahmen erreichte das Armeeoberkommando bis Jahresende eine durchschnittliche Urlaubsquote von sieben Prozent des Istbestands. Doch blieb das Problem des Missbrauchs von Urlaubspapieren wie von vorgetäuschten Dienstreisen in die Heimat.[339] Trotz der Verbesserungen befanden sich am 1. April 1943 immer noch knapp 20.500 Soldaten bei der Armee, die zwischen zwölf und 18 Monate nicht mehr zu Hause waren. Bei über 5.500 lag die Wartezeit an diesem Stichtag zwischen 18 und 24 Monaten, bei ca. 6.700 Soldaten sogar darüber.[340] Erst ab Herbst 1943 stabilisierte sich auch bei diesem Großverband am südlichen Frontabschnitt die Urlaubslage einigermaßen. Zwar erklärte sich das AOK 17 bereits im Juli damit einverstanden, ab August mit der zweiten Freistellungswelle für das Urlaubsjahr 1942/43 zu beginnen. Jedoch

337 Ebenda, Schreiben des Oberkommandos der Heeresgruppe A an das AOK 17 vom 7.9.1942 und Zusatzbericht des Heeresstreifendienstes des AOK 17 zum Monatsbericht vom 9.9.1942.
338 Vgl. ebenda, Schreiben des Oberkommandos der Heeresgruppe A an das AOK 17 vom 27.10.1942, Anordnungen des AOK 17 an die Abtl. II b. vom 23.10.1942.
339 Vgl. ebenda, Abschrift des Oberbefehlshabers der Heeresgruppe A »v. Kleist« vom 27.11.1942 und Tätigkeitsbericht Kdt. H. Qu. beim AOK 17 für den Zeitraum 14.8. bis 15.12.1942 vom 3.1.1943.
340 Vgl. BArch-MA, RH 20-17/543, Stand der Beurlaubungen zum 1.4.1943, Bericht der Abtl. II b an das Armee-Oberkommando 17 vom 14.4.1943.

mussten die Einheitsführer zunächst bis Ende September sämtliche Rückstände abbauen.³⁴¹ Das Oberkommando der 1. Panzerarmee wiederum, ebenfalls bei der Heeresgruppe Süd eingesetzt, meldete im Zeitraum vom 1. Januar bis zum 30. April 1944 eine tägliche Zuteilung von 800 Platzmarken und eine durchschnittliche Wartezeit von zehn Monaten bei den Mannschaften.³⁴² Angesichts der heftigen Rückzugsgefechte in der Südukraine und wiederholter Urlaubssperren sind diese Zahlen beachtlich.³⁴³ In den beiden darauffolgenden Monaten stieg die Urlauberquote sogar noch, und die Armee erhielt 900 Urlauberplatzmarken pro Tag. Der Bericht bemerkte hierzu: »Durch die Herabsetzung der Wartezeit von 8 auf 6 Monate bei den Kämpfern an der Front vom Rgts.-Gefechtsstand vorwärts, gegenüber den rückw. Einheiten, war es möglich, bewährte Soldaten bereits nach 6 Monaten wieder zu beurlauben.«³⁴⁴ Vor dem Hintergrund zusehends prekärer Kriegsaussichten nutzte die Führung die Freistellungen wohl als Leistungsanreiz, um den Kampfwillen der Soldaten zu stärken.

Die Liste an Beispielen, anhand derer sich die Urlaubsvergabe bei den fechtenden Verbänden der Wehrmacht punktuell veranschaulichen lässt, könnte beliebig verlängert werden. Der Blick auf die obersten Kommandobehörden vermittelt dagegen einen übergreifenden Gesamteindruck. Wilhelm Keitel, Chef des OKW, berichtete im September 1942 über den Stand der Beurlaubungen an der Ostfront:

»Es sind an der Ostfront ständig 270-280000 in Urlaub. Sie haben 20 Tage. Es fahren täglich 14 bis 15 Züge, jeder 750 bis 800 Mann. Es kommen noch die Reisetage dazu. Ab November werden es 465000 Mann sein. Die Rechnung ergibt, daß wir bei der Gesamtstärke der Wehrmacht im Osten zur Zeit 7 ½ bis 8 % der Einheiten in Urlaub haben, ab November 9 %. Damit können in einem Jahr sämtliche Ostkämpfer je 3 Wochen, auf 22 Tage ohne Reisetage, nach Hause beurlaubt werden.«³⁴⁵

Ab Frühjahr 1944 erfasste die Operationsabteilung des Generalstabs die Zahl der gesamten Urlauber erneut. Sie stellte fest, dass täglich immerhin rund 22.100 Wehrmachtangehörige die Reichsgrenze überschritten. Von den 360.000 Sol-

341 Vgl. BArch-MA, RH 20-17/544, Schreiben des AOK 17 an die Abtl. II b vom 30.7.1943.
342 Vgl. BArch-MA, RH 21-1/198, Beilage zum Kriegstagebuch (KTB) des Panzerarmee-Oberkommandos 1, Tätigkeitsbericht der Abt. II a/II b für die Zeit vom 1.1.1944 bis 30.4.1944.
343 Jeweils vom 10. bis zum 25.1. und vom 9.3. bis zum 15.4.1944.
344 Ebenda, Beilage zum Kriegstagebuch (KTB) des Panzerarmee-Oberkommandos 1, Tätigkeitsbericht der Abt. II a/II b für die Zeit vom 1.5.19.44 bis 30.6.1944.
345 Zitiert aus: Hürter/Uhl, Vinnica, S. 637, Die Besprechung fand am 18.9.1942 im Führerhauptquartier im ukrainischen Vinnica statt.

daten, die vom Ostheer beurlaubt waren, befanden sich – die Reisenden ausgenommen – rund 300.000 ständig in der Heimat! Je nach Kampflage variierten die Freistellungen zudem stark zwischen den einzelnen Waffengattungen: Am 7. Juni 1944 gehörten rund 30 Prozent der Urlauber Kampfverbänden und 39 Prozent Versorgungseinheiten an. Die Übrigen verteilten sich auf Luftwaffe und Marine oder wurden nicht näher zugeordnet.[346] Das OKW verfasste Berichte dieser Art nicht wegen ihrer Anschaulichkeit. Es wollte die Kampfkraft der Urlauber als taktische Reserve nutzen, sie bei Bedarf an Brennpunkte des Krieges werfen oder angeschlagene Divisionen auffrischen. Betroffenen Urlaubern blieb es oft selbst überlassen, ihre Truppenteile über die neue Verwendung zu informieren; an den Umsteigebahnhöfen erhielten sie hierfür vorgedruckte Feldpostkarten.[347] Für die Soldaten war diese »Urlauberaktion« eine psychologische Herausforderung, die sie mit der Heimreise verbanden. So kam bei Martin Hornig überhaupt keine Freude auf, als er im Januar 1944 überraschend Urlaub von der Ostfront erhielt. Zu groß war die »Angst«, dass der »Heldenklau den Urlaubsschein wertlos« machen und ihn unterwegs aus dem Zug holen würde. Vor allem störte den Funker der Gedanke, zur Abwehr gegnerischer Durchbrüche in einer Alarmkompanie eingesetzt zu werden, da es für ihn dort kein kameradschaftliches Zusammengehörigkeitsgefühl gab.[348] Als die Maßnahme am 8. Juli 1944 ausgelaufen war, wurden rund 175.000 erfasste Urlauber gemeldet, wovon kurz zuvor etwa 38.000 als »Urlauber-Bataillone« zur Auffrischung der Heeresgruppe Mitte entsandt wurden. Die Organisationsabteilung wertete die Aktion als Erfolg: im Zusammenhang mit der Festigung der Front meldete sie eine zuversichtliche und vertrauensvolle Stimmung der Truppe.[349]

Planungen, Urlauber von nun an als Reserve vor allem innerhalb des Reiches in bestimmten Krisensituationen einzusetzen, blieben bis Kriegsende virulent. Detaillierte Ablaufpläne wurden ausgearbeitet und immer wieder modifiziert. Mit Stichworten wie »Gneisenau«, »Blücher« oder »Walküre« konnten die Urlauber aktiviert, zu den Ersatzeinheiten beordert und rasch gegen feindliche Fallschirmspringer oder bei inneren Unruhen eingesetzt werden.[350]

346 Vgl. BArch-MA, RH 2/487 a, Berichte der Heeresabteilung T1 Operationsabteilung des Generalstabs an das Reichskriegsministerium, Lageberichte und Meldungen Gesamtkriegsschauplatz und besetzte Gebiete an das OKH 1944.
347 Vgl. ebenda, S. 163 ff.
348 Vgl. Hornig, Jugend, S. 79-93.
349 Vgl. BArch-MA, RH 2/487 a, Berichte der Heeresabteilung T1 Operationsabteilung des Generalstabs, Lageberichte und Meldungen Gesamtkriegsschauplatz und besetzte Gebiete an das OKH 1944, S. 226 ff.
350 Vgl. BArch-MA, RW 17/51, Ablaufplan zur Rückberufung von Urlaubern der Wehrmachtkommandantur München vom 23.9.1944, Bestimmungen zur Erfassung von Fronturlaubern im Wehrkreiskommando VII vom 12.11.1943, Geheime Kommando-

3. Heimatbesuche bei alliierten Streitkräften

Die NS-Führung hatte während des Kriegs große Sorge, dass ihr die Kontrolle über die Heimatfront entgleiten und sich eine Revolution wie im Jahr 1918 wiederholen könnte. Vor allem Hitler war sich anfangs unklar darüber, wie viel er seinen Volksgenossen zumuten konnte und an welchem Punkt die Grenze ihrer Duldsamkeit erreicht sei. Im Gegensatz zu anderen kriegführenden Mächten schlug sich diese Unsicherheit in zahlreichen Konzessionen nieder, so etwa bei der Lebensmittelzuteilung oder der Umsetzung der Arbeitsdienstpflicht.[351] So stellt sich die Frage, welchen Stellenwert die Urlaubspraxis als Zugeständnis an das Privat- und Familienleben innerhalb der jeweiligen Streitkräfte einnahm. Zwei wesentliche Gründe legen einen Vergleich mit dem amerikanischen und britischen Militär nahe: Erstens zeigten diese demokratischen Staaten, insbesondere Großbritannien, in einigen Punkten deutlich weniger Hemmungen als das NS-Regime, ihren Bürgern Kriegslasten aufzubürden. Damit riskierten sie durchaus politischen Gegenwind. Zweitens waren die strukturellen Unterschiede der Urlaubserteilung bei Amerikanern und Briten am größten. Im Gegensatz zu Deutschland, aber auch zu Italien, Japan oder der Sowjetunion entbehrten sie des Vorteils der Inneren Linie. Vielmehr verstreuten sich ihre Einheiten – wegen des zusätzlichen Engagements im Pazifikkrieg – über weite Teile des Globus.

Nichtsdestotrotz soll die Urlaubsvergabe in einigen anderen Staaten kurz angerissen werden: Für die Sowjetunion ist anzunehmen, dass die »meisten Soldaten der Roten Armee keinen Heimaturlaub [erhielten] und [...] selbst in schwierigen Frontsituationen mehrere Wochen lang in vorderster Linie belassen« wurden. Um dem physischen wie psychischen Druck, der unter anderem zu Verrohung geführt habe, standzuhalten, seien die Soldaten reichlich mit Alkohol »bedient« worden. Viele Männer, die 1941 an die russische Westfront gebracht wurden, seien zudem seit 1939 in Mittelasien und Ostsibirien kaserniert gewesen. Auch im Zuge der Verlegung durften sie nicht nach Hause fahren.[352] Diese Befunde decken sich mit Gefangenenbefragungen und Beutepapieren, die der Abteilung Fremde Heere Ost zwischen Sommer 1944 und Anfang des Jahres 1945 in die Hände fielen. Sie enthalten Angaben zum Stand der Beurlau-

---

sache des Stellv. Generalkommandos VII. A. K. zur »Zusammenfassung der Urlauber des Feldheeres für Eingliederung in Walküre-Kampfgruppen« vom 9.11.1943; BArch-MA, RW 17/66, Kalendermäßige Vorbereitungen zur Alarmierung der Urlauber gemäß den Durchführungsbestimmungen »Walküre« im Standortbereich Koblenz vom 10.8.1943.
351 Vgl. Stargardt, Krieg, S. 76 f.
352 Vgl. Arnold, »lebendig und gesund«, S. 149-151.

bungen innerhalb der Roten Armee und legen nahe, dass rund 90 Prozent der Soldaten während des Kriegs keinen Heimaturlaub erhalten haben. Allerdings scheint es Erholungsheime in Frontnähe gegeben zu haben.[353] Für die italienische Armee lässt sich festhalten, dass infolge der Lageverschlechterung seit 1942 kaum noch Urlaub erteilt wurde. Französische Soldaten im britischen Exil warteten in der Regel Jahre auf das Wiedersehen mit den Angehörigen.[354] Mit Blick auf die Japaner bemerkte eine deutsche Soldatenfrau in einem Feldpostbrief an ihren Mann: »Und dann wieder erschüttert mich solch eine Haltung wie die der Japaner, die keine Feldpost kennen, deren Soldaten hinausziehen und sich restlos ihrem Schicksal ergeben – selbst wenn sie verwundet sind, nehmen sie keinen Urlaub. Und die Frauen? Im Grunde ist solch eine Auffassung gewiß leichter als unsere.«[355]

a. Freistellungen bei Amerikanern und Briten

Amerikanische Offiziere bekamen aufgrund einer Regelung aus dem Jahr 1876, die 70 Jahre lang in Kraft blieb, Urlaub (leave), Unteroffiziere und Mannschaften dagegen Dienstbefreiungen (furlough) zugestanden.[356] Der Urlaub der Offiziere betrug 30 Tage im Jahr. Aufgrund der großen Entfernungen im Zweiten Weltkrieg konnten die Soldaten ihre Freistellungen jedoch kaum dazu nutzen, um nach Hause zu fahren. Viele lösten sie deswegen gegen Bargeld ein. Während ihrer Stationierung in England erhielten amerikanische Soldaten etwa alle drei Monate einen siebentägigen Urlaub vor Ort, so dass sich die Urlaubsquote dauerhaft bei rund sieben Prozent bewegte. Nach der Invasion in der Normandie gab es ab Herbst 1944 Kurzurlaub für den Besuch größerer Städte wie Paris oder Brüssel.[357] Auch kanadische Soldaten scheinen in der Regel keinen echten Heimaturlaub bekommen zu haben. Sie verbrachten die freien Tage genau wie ihre amerikanischen Kameraden in England oder in der Nähe ihres Einsatzortes.[358] Feldpostbriefe britischer Soldaten legen nahe, dass die Mehrzahl

---

353 Vgl. BArch-MA, RH 2/2458, Sammlung von Einzelmeldungen, Kriegsgefangenenbefragungen, Auswertung von Beutepapieren 7.1944-4.1945; Boberach (Hrsg.), Regimekritik, Ereignismeldung Nr. 28 vom 20.7.1941 (S. 7).
354 Die Angaben beziehen sich auf französische Soldaten im britischen Exil, vgl. Volpe, Feldpostbriefe, S. 127; Coudry, S. 163; Fishman, We will wait, S. 22-29.
355 MSPT, Serie 3.2002.8610, Brief von Hilde an Karl K. vom 4.6.1942.
356 Martin van Creveld räumt in seiner Untersuchung der Kampfkraft zwischen deutschen und amerikanischen Streitkräften der Urlaubsvergabe innerhalb der US-Army immerhin eine Seite ein, vgl. Creveld, Kampfkraft, S. 128 f.
357 Vgl. ebenda.
358 Vgl. Mills (Hrsg.), Briefwechsel, S. 261-269.

ihre Familien extrem lange nicht zu Gesicht bekam. Selbst nach viereinhalb Jahren Dienst in Übersee konnten sie nicht zwangsläufig mit Heimaturlaub rechnen.[359] Untersuchungen über familiäre und soziale Herausforderungen britischer Heimkehrer weisen in die gleiche Richtung: Die mehrjährige Abwesenheit erschwerte die »Rezivilisierung« und die Wiedereingliederung in das Berufsleben von Millionen Veteranen.[360]

Aus Dokumenten des britischen Kriegskabinetts sowie des Supreme Headquarters Allied Expeditionary Force (SHAEF) geht hervor, dass die angloamerikanischen genau wie die deutschen Streitkräfte eine komplexe Urlaubsorganisation besaßen, die ebenfalls verschiedene Arten von Freistellungen kannte. So gab es »embarkation leave«, eine Variante zum deutschen Einsatzurlaub, der vor Einsatzbeginn erteilt wurde. »Compassionate leave« wurde in dringenden familiären Angelegenheiten bewilligt. Allerdings limitierten die längeren Transportwege die praktische Umsetzung auch hier deutlich stärker als bei der Wehrmacht. Überhaupt stand bei Briten und Amerikanern die rein physische Auffrischung der Kampfkraft im Vordergrund. Beispielsweise verbrachten die Soldaten der britischen Armee Beurlaubungen während ihrer »Overseas Tour« – einem typisierten Einsatz außerhalb des Mutterlands von vier bis fünf Jahren – generell vor Ort. Innerhalb dieser Zeitspanne waren Besuche in der Heimat die Ausnahme. Ein Memorandum vom 6. Februar 1942 an das Londoner Kriegsministerium berichtete, dass sich infolge der Zwangslage des Krieges inzwischen sehr viele Soldaten im Mittleren Osten befänden, die fünf Jahre nicht mehr in der Heimat waren. Da gerade diese Männer Anzeichen von Erschöpfung zeigten, wurde vorgeschlagen, sie vorübergehend nach England auszufliegen. Allerdings vermerkte der Bericht auch, der Transportraum der britischen Luftwaffe sei bereits zur Beförderung der Luftpost im Grunde unzureichend. Es bestand kein Zweifel, dass die Umsetzung dieser Empfehlung enorme Anstrengungen erforderte und überhaupt nur einige der »ausgebrannten« Soldaten in Betracht kamen.[361] Bereits ein halbes Jahr zuvor, im Juli 1941, hatte das Kriegskabinett das Prozedere im Umgang mit jenen Soldaten modifiziert, die sich unerlaubt von ihren Einheiten entfernten: Offenbar häuften sich bereits Fälle von »Urlaubserschleichung«, weswegen die sanktionierenden Verfahren effizienter gestaltet wurden.[362]

---

359 Vgl. Schwarz, Briefe, S. 222; viereinhalb Jahre entsprachen etwa der Dienstzeit, die im Rahmen der »Overseas Tour« im britischen Militär zugrunde gelegt wurde.
360 Vgl. Allport, Demobbed, S. 2f. und S. 60-70.
361 Vgl. TNA, T 18/18/26, Catalogue Reference CAB/66/21/45, Memorandum by the Secretary of State for War, 6.2.1942.
362 Vgl. TNA, CAB 75/12, Memorandum by the Secretaries of State for War and Air, 1.7.1941: Documentary Evidence as to the Arrest of Deserters and Absentees with-

Die Probleme blieben dennoch den gesamten Krieg über bestehen. Parlament wie Presse erhöhten ihren Druck auf die Regierung. Das Kriegskabinett debattierte die langen Einsatzzeiten in mehreren Sitzungen. Primär zielten die Diskussionen auf die berufliche Wiedereingliederung und die sozialpolitische Versorgung der Veteranen gemäß dem »Python Scheme«. Dass sich britische Soldaten durch die lange Abwesenheit von ihrem Zivilleben entwöhnten, war inzwischen offensichtlich. Wachsende Schwierigkeiten bei der Repatriierung führten zwangsläufig zur Frage, ob die Soldaten nicht häufiger echten Heimaturlaub benötigten. Ein weiteres Thema war die Benachteiligung der Landstreitkräfte gegenüber Marine und Luftwaffe. Deshalb erwog das Kabinett, die Dauer der Overseas-Tour in Indien und Südostasien auf vier Jahre zu verkürzen. An allen anderen Einsatzorten sollten 4 3/4 Jahre nicht mehr überschritten werden. In einer Sitzung vom 14. November 1944 beschäftigte sich das Kriegskabinett explizit mit den Einsatzbedingungen im Mittelmeerraum:

»In the course of my Mediterranean tour a few weeks ago, General Wilson and General Alexander impressed upon me their firm belief that some system of home leave was essential to the maintenance of the morale of the troops in the Italian theatre, where the fighting in recent months has been bitter and undertaken in the most adverse climatic conditions. The Commanders-in-Chief in the more distant theatres share this view: the problem of maintaining the troops morale in the Far East is, as my colleagues know, a present preoccupation of urgency, and in the Middle East and P.A.T.C. – though there is no fighting at the moment in these theatres – there are formations and units who have very recently been engaged in the battles in Italy. Again, recently, General Wilson has reiterated his views of the urgency of inaugurating some system of home leave for the troops in Italy, and I am persuaded that the fighting men, in particular, in that theatre, require some such fillip to their morale if they are to constitute a powerful instrument of offence ready to our hands, when the time comes for the final all-out onslaught on the Germans from the South. A scheme of home leave from overseas theatres has, therefore, been worked out in the War Office.«[363]

out Leave; TNA, CAB 75/12, Deserters and Absentees without Leave for Dominion Forces, 12.7.1940.
363 TNA, T / 18/18/07, CAB 66/57/44, War Cabinet 14.11.1944, Memorandum by the Secretaries of State for War: Short Leave for the Army Overseas; TNA, T 18/19/08, CAB 66/46/21, Note by the Minister of Labour and National Service, 2.2.1944: Re-Allocation of Man-Power during the Transition Period between the End of the War in Europe and the End of the War in Japan; TNA, WO 32/10560, Demobilisation, Extract from the Minutes of the 56th (44) Meeting of the Reconstruction Committee, 28.8.1944.

Die britische Führung entwickelte also erst in der Schlussphase des Krieges ein schematisiertes Vergabesystem für Fronturlaub. Die Reform sah vor, die Zyklen der Transportkonvois zunächst von 37 auf 20 Tage zu verkürzen. So sollten ständig rund 3.000 Soldaten aus Nordafrika und Italien sowie 1.200 Mann aus dem Mittleren Osten für jeweils einen Monat in die Heimat beurlaubt werden. Hinzu kamen etwa 1.500 aus dem indischen Raum und 90 beziehungsweise 100 aus dem Pazifik und aus Ostafrika. Aufgrund der Transportzeiten und der gestaffelten Beurlaubung errechnete die Führung eine dauerhafte Abwesenheit von 16.800 Mann von ihren Operationsgebieten. Hiermit betrat das britische Militär eindeutig Neuland. Bis dahin erhielten die Soldaten erst gegen Ende oder nach Ablauf ihrer Tour einen Urlaub, bevor sie in Heimatdienststellen verwandt wurden. Das Memorandum strich die entscheidende Neuerung heraus: Die vorübergehende Absenz könne guten Gewissens in Kauf genommen werden, da nach einigen Wochen mit der Rückkehr erfrischter Soldaten zu rechnen sei.[364] Den Planern war bewusst, dass es sich dabei um einen Tropfen auf den heißen Stein handelte. Bedenken wurden laut: Weil nicht allen Soldaten Zugeständnisse gemacht werden konnten, sei Missgunst an der Heimatfront die Folge. Beispielsweise, wenn eine Ehefrau ihren Gatten über vier oder fünf Jahre nicht sah, der Mann der Nachbarin aber nach zwei Jahren einen Heimaturlaub erhielt. Zu diesem Zeitpunkt befanden sich rund 40.000 Männer in der britischen Armee, die über vier Jahre nicht zu Hause waren. Rund 130.000 waren bereits zwischen drei und vier Jahren ununterbrochen in Übersee. Die Führung antizipierte, dass diese Zahlen im Verlauf des Krieges weiter steigen würden. Die Befehlshaber in den Operationsgebieten sollten schließlich entscheiden, welche Männer Heimaturlaub erhielten. Ein Mindestmaß an Einsatzzeit, die Soldaten zuvor absolvieren mussten, war nicht vorgesehen. Aber die Freistellungen sollten den Charakter von Belohnungen für langen und aufopferungsvollen Dienst tragen, wenn möglich an den Frontlinien. Andererseits mussten die Kommandeure vor Ort beachten, dass sie keine Soldaten auf Heimaturlaub schickten, die kurz vor ihrer Repatriierung standen.[365]

Für die amerikanischen Soldaten in Europa gestaltete sich die Situation wegen der meist größeren Entfernung zur Heimat noch schwieriger als bei ihren britischen Kameraden. Letztere hatten zumindest Chancen, ihre Angehörigen im Rahmen von Sonderurlauben, zur Regelung dringender familiärer Ange-

364 Vgl. TNA, T / 18/18/07, CAB 66/57/44, War Cabinet 14.11.1944, Memorandum by the Secretaries of State for War: Short Leave for the Army Overseas; TNA, T 18/18/14, CAB 65/44/21, Conclusions of a Meeting of the War Cabinet held at No. 10 Downing Street, S. W.1., on Wednesday, 15.11.1944 at: 6.30 p. m., on: Leave for the Army Overseas.
365 Ebenda.

legenheiten, zur eigenen Hochzeit oder der Geburt ihrer Kinder wiederzusehen. Das Gleiche traf bei Verwundungen zu, sofern diese in Großbritannien ausgeheilt wurden und im Anschluss daran Genesungsurlaub erteilt wurde.[366] Angehörige der US-Army hatten diese Möglichkeiten häufig nicht. Selbst bei Verwundungen oder familiären Problemen waren die Transportwege in der Regel zu weit und zu frequentiert. Dennoch existierte ein gewisser Personalkreislauf, in dessen Zuge die Soldaten als Verwundete oder Urlauber vorübergehend zurück nach Amerika kamen. Der Anteil scheint allerdings deutlich geringer gewesen zu sein als bei den Briten. Joseph Goebbels notierte am 29. Dezember 1943: »Mir liegen Berichte über die Stimmung der USA-Soldaten in Süditalien vor. [...] Sie sind von einem wahren Urlaubsfieber ergriffen, das natürlich von der amerikanischen Armeeleitung in keiner Weise befriedigt werden kann [...].«[367] Auch für US-Soldaten waren regelmäßige Vor-Ort-Beurlaubungen der Standard, um sich zu erholen. Abgesehen von dienstfreien Tagen wurden sie in bestimmten Abständen für rund acht Tagen freigestellt, was sich auf 30 Tage jährlich summieren konnte. Davon profitierten insbesondere amerikanische Soldaten, die in England stationiert waren, weil dort günstigere Reisebedingungen und bessere Möglichkeiten zur Freizeitgestaltung herrschten.[368]

Im Vorfeld der Landung in der Normandie wurden ab Frühjahr 1944 Urlaubssperren verhängt. Erkrankten Familienmitglieder ernsthaft, konnten Soldaten davon ausgenommen werden. Die Freistellungen wurden bewusst Anfang April und nicht erst kurz vor Beginn der Operation »Overlord« begrenzt, um den deutschen Geheimdienst zu verwirren. Die alliierten Militärs spekulierten, dass die Wehrmacht die Sperre als Zeichen der kurz bevorstehenden Invasion deuten, ihre Alarmbereitschaft aber nach einiger Zeit wieder sinken würde.[369] Nach der erfolgreichen Landung erarbeitete das alliierte Hauptquartier den Entwurf einer einheitlichen Urlaubsregelung für die Truppen auf dem »nordwesteuropäischen« Kriegsschauplatz. Aus der täglichen Quote von einem halben Prozent resultierte die ständige Beurlaubung von fünf Prozent der Mannschaften. Vorgesehen waren somit sieben Tage Urlaub für alle Soldaten in einem Turnus von sechs Monaten. Hinzu kamen drei Reisetage für Freistellun-

---

366 TNA, AN 2/934, Bestimmungen des Railway Executive Comitee über Besuchsfahrten von Soldatenangehörigen in Heimatlazarette und Reisen von Soldaten in der Heimat während des Krieges vom 8.10.1941 und vom 1.1.1944; TNA, HO 213/1838, Overseas Service Family Committee, Regulations Governing Overseas Travel, 11.12.1943.
367 Goebbels-Tagebücher, Bd. 10, S. 564, Eintrag vom 29.12.1943, ferner Bd. 11, S. 246, Eintrag vom 6.2.1944.
368 Vgl. TNA, WO 219/4/4, Chief of Division, Leave and Furlough for U.S. Personnel, 10.11.1943.
369 Vgl. ebenda, SHAEF, Stopping of Leave, 3.3.1944.

gen nach Großbritannien beziehungsweise zwei Tage, wenn der Urlaub auf dem Festland verbracht wurde. Allerdings erforderte der Mangel an Betreuungseinrichtungen auf dem »Kontinent«, sämtlichen Urlaub auf absehbare Zeit nach England zu erteilen. Infolgedessen und wegen der begrenzten Transportkapazitäten bezweifelte die Führung, die angestrebten Kontingente auszuschöpfen. Sie errechnete, im November 1944 würden nur 8.000 Soldaten täglich über den Ärmelkanal gesetzt, wohingegen 10.000 nötig seien, um das Soll zu erfüllen. Jedoch gelang es in den folgenden Monaten entgegen der Prognosen, die Raten zu erhöhen.[370] Im November ergingen Bestimmungen für französische Soldaten, die ihre Familien teilweise seit mehr als fünf Jahren nicht gesehen hatten.[371] Im gleichen Zeitraum erfolgten weitere Modifizierungen. Neben der Einrichtung von Urlauberzentren in Paris und Brüssel wurden die Freistellungen für amerikanische und britische Marinesoldaten angeglichen, die nun wie die Angehörigen des Heeres alle sechs Monate einen siebentägigen Landurlaub in Großbritannien verbrachten. In der Folgezeit spielten sich die Mechanismen der Urlaubsvergabe zusehends ein. Folgeregelungen orientierten sich primär an den örtlichen Transportbedingungen. Zum Jahresende 1944 bewältigten 1.060 Zugwaggons den Personenverkehr in Nordfrankreich und Belgien. Allein der Anteil britischer Urlauber zwischen Belgien und Calais belief sich inzwischen auf täglich 4.000 Soldaten in jede Richtung.[372]

b. Alliierte Ego-Dokumente

Bildliche Eindrücke von den Urlaubserfahrungen amerikanischer und britischer Soldaten legen ihre Tagebücher und Feldpostbriefe ab. Wie eine groß angelegte Reiseerzählung wirken etwa die Aufzeichnungen von L. H. Mewis, die er zwischen Mai 1940 und Anfang 1945 während seiner »Overseas Tour« bei der Royal Artillery und beim Royal Army Service Corps der 8. Britischen Armee niederschrieb.[373] Nachdem er sich im August 1940 auf der *Empress of Britain* eingeschifft hatte, führte ihn sein Weg über Freetown und Südafrika zunächst nach Ägypten in den Mittleren Osten. Über El Alamein, Tobruk und Tripolis gelangte er nach Sizilien und von dort über Neapel und Rom schließlich nach

---

370 Vgl. ebenda, SHAEF, Leaves from Continent, 25.7.1944; SHAEF, 23.8.1944: Leaves, Furloughs and Passes for U. S. Personnel and Privilege Leave for British Personnel.
371 Vgl. Fishman, We will wait, S. 22-29.
372 Ebenda, SHAEF, Etat-Major General de la Defense Nationale, 6.11.1944; SHAEF, Shore Leave on the Continent, 13.11.1944; SHAEF, Operational Priority, 16./20.12.1944.
373 Seine Zugehörigkeit zur Royal Artillery dauerte von Mai 1940 bis Februar 1943, die zum Royal Army Service Corps von Februar 1943 bis Juni 1946.

Gradara im nördlichen Italien. Seine Heimat sah er erst nach über viereinhalb Jahren, im Januar 1945 wieder. Die spärlichen Urlaube, die er abgesehen von kürzeren Landgängen erhielt, hatte er im Juni 1941 und im Oktober 1942 in Palästina und im Mai 1943 in Quena verbracht. Die Tagebucheinträge sind sehr charakteristisch: Wie die Briefe an seine Frau Beryl, die der Überlieferung beiliegen, erzählen sie vom Wetter, vom Leben auf Schiffen und in Camps, von beindruckenden Orten, Freizeit, Sport, von besuchten Filmen, Theatern und Bordellen oder von geknüpften Freundschaften. Äußerungen, die das Gefühlsleben der Eheleute zum Vorschein bringen oder Rückschlüsse auf die Stabilität der Beziehung zulassen, fehlen weitestgehend. Eine mögliche Erklärung dafür ist die Strategie des Paares, solche Dinge bewusst auszuklammern, um nicht an der langen Dauer der Trennung zu verzweifeln.[374]

Ganz anders dagegen wirken die Briefe von Sub Lieutenant H. B. Cox an seine Eltern in Dunedin. Er war zwischen April 1940 und Kriegsende bei der New Zealand Division der Royal Navy stationiert. Über die Beziehung zu seiner englischen Verlobten teilte er mit: »I don't doubt her love. I wonder – when reading between the lines – whether she can stand up to the heartbreak and loneliness of a long parting. I know how hard it must be for her – so young and pleasure loving but she has a wonderful sheet-anchor in her father who would not willingly see us break off.«[375] Cox konnte, außer durch Briefe, für lange Zeit keinen Einfluss auf seine Beziehung nehmen. Er hoffte jedoch, das soziale Gefüge seiner Verlobten würde sein Fehlen bis zu einem gewissen Grad ausgleichen. Die Freizeitaktivitäten zeigen, dass der Urlaub, den Cox im Mai 1942 in Edinburgh und in London verbrachte, kein Ersatz für ein Wiedersehen war. Er lenkte sich außerhalb des Dienstes bestmöglich ab, und vor allem in den Abendstunden überspielte er seine Einsamkeit: »I confess I confined my activities to drinking in country pubs and got really tight.« In London hatte er zwar Bekannte, doch auch hier bemerkte er, dass das englische Bier nicht sehr berauschend sei und er wirklich viel davon trinken müsse, »to get tight«. Daneben besuchte er häufig Theater und Unterhaltungsveranstaltungen, wobei ihm eine »leg show« im Windmill Theatre im Gedächtnis blieb, »where [...] lovely girls [were] showing off some very lovely bodies, some of them completely naked!« Mit verschämtem Stolz notierte er seine Bekanntschaften mit »glamour girls«; und dass er ständig gezwungen sei, Frauen abzuwehren, die ihn wegen seiner Uniform anziehend fänden. Tagsüber malte er sich dagegen die Zukunft mit seiner Verlobten aus. Er träumte von der Hochzeit und einem eigenen Heim mit Garten, in dem Kinder spielten. Besonders gefiel ihm ein Haus 40 Minu-

---
374 Imperial War Museum London, Archive (IWM), Documents.23386.
375 IWM, Documents.19694, Brief vom 17.6.1940.

ten außerhalb von London, weil es ihn an die Gebäude in seiner Heimatstadt Dunedin erinnerte. Allerdings betrug die Miete über zwei Pfund die Woche. Und da er sich das als normaler Arbeiter nicht leisten konnte, glaubte er nicht daran, dass sich der Wunsch erfüllen werde.[376] Schon im vorangegangenen Herbst hatte sich ein Luftschloss schmerzlich verflüchtigt: 17 Monate nachdem er seine Heimat verlassen hatte, befand sich Cox zum ersten Mal in seinem Leben in einem Lazarett. Dort stellte er sich vor, sich in Dunedin niederzulassen und glücklichere Tage zu verbringen: »The first trip being of course my honeymoon. [...] Those are the things I dream about – home, love, laughter, beauty and happiness – I will have them all one of these fine days and in the meantime those dreams sustain me and keep me somewhere near the straight and narrow.« Zu dieser Zeit setzte er alles daran, einen echten Heimaturlaub zu erhalten, und versuchte verzweifelt, sich auf der *Leander* einzuschiffen. Entsprechend groß war die Enttäuschung, als sie ohne ihn Richtung Neuseeland in See stach. Auch H. B. Cox erreichte erst gegen Ende des Krieges wieder vertraute Gewässer.[377]

Der Londoner Signalman John S. Gurney war zwischen 1940 und Herbst 1942 in Nordwales, in Birmingham und in Belfast in Nordirland stationiert. Während dieser Zeit hatte er Gelegenheit, seine Frau Eileen und ihr gemeinsames Baby regelmäßig zu besuchen, die wegen der Gefahr von Luftangriffen zunächst nach Oxfordshire, dann nach Nordwales und Sussex evakuiert wurden. Mit Gurneys Einschiffung nach Indien im September 1942 trat eine kontinuierliche Phase der Abwesenheit ein, die nach Einsätzen in Burma, Singapur und Malaysia erst mit seiner Repatriierung im November 1945 endete.[378] Anschaulich dokumentiert der Briefwechsel des Ehepaares, von dem knapp 600 Exemplare erhalten sind, die Herausforderungen der Frauen an der Heimatfront, die sinkende Moral und die wachsende Angst der Soldaten, sich von ihren Familien zu entfremden. Besonders augenfällig ist der geänderte Tonfall ab dem Punkt, an dem sich das Paar auf unabsehbare Zeit trennen musste. Damit einher ging eine beidseitige Neubewertung der Erwartungen an das Wiedersehen: »After two days back I am gradually settling back into camp routine«, schrieb John noch nach einem Heimaturlaub im Oktober 1941. Vor allem ärgerte er sich über die unbequemen Verhältnisse im Zug und im Transportschiff zurück nach Irland. Eileen drückte größeren Trennungsschmerz aus: »I walked into the kitchen feeling as if life without you wasn't worth living. [...] So instead of crying I laughed. Now I am busy with work [...] and the three months will go past somehow«.[379] Das Paar hatte sich mit den Kriegsbedingungen arran-

---

376 Ebenda, Tagebucheintrag vom 19.5.1942.
377 Ebenda, Briefe vom 26.6.1941, 6.9.1941, 18.10.1941 und 4.11.1941.
378 IWM, Documents.15658, Briefwechsel von John S. und Eileen Gurney.
379 Ebenda, Briefe vom 23., 24. und 25.10.1941.

giert und in der Routine eingerichtet, dass sie sich alle drei Monate sahen und Versäumtes nachholten. Diese Strategie war nicht mehr möglich, sobald Johns Einsatz in Übersee begann: Die imaginierte Zweisamkeit rekurrierte fortan auf verblassende Erinnerungen und vage Zukunftsvorstellungen. Beides wurde zunehmend von Unsicherheiten getrübt. Verständlicherweise wuchs die Freude ins unermessliche, als Anfang des Jahres 1945 das so lange ersehnte Wiedersehen in greifbare Nähe rückte: »There's no doubt about it, a home get's more and more adorable the longer you've been away from it, quite like a husband.« Gleichzeitig offenbart der Briefwechsel in diesem Zeitraum zahlreiche latente Befürchtungen der beiden. Sie resultierten aus der Ungewissheit, wie die erste Begegnung seit Jahren tatsächlich verlaufen würde. Mitunter existierten ganz konkrete Vorstellungen, die nur umso leichter enttäuscht werden konnten. Sensibel und eifersüchtig reagierten die Schreiber etwa darauf, wenn für einige Zeit die Briefe und damit die Möglichkeiten zur Selbstvergewisserung beim Gegenüber ausblieben: »It must be nice to see our house again. [...] Won't it be nice when we can go to all these places together [...]. I suppose that now you are alone [...] and either have no time or be too tired to write as regularly as you have been doing. I will do my best to bear it, but please remember I would rather have short letters frequently than a long [...].«[380] Etwa einen Monat später, als die Spannung noch weiter gestiegen war, antwortete John auf einen Brief seiner Frau, dem aktuelle Fotos beilagen: »How do you manage to keep so young and beautiful after all the worry and waste of the last two years?« Wenige Zeilen später fügte er an, was er sich vorstellte, wenn er die Bilder betrachtete: »... you are sitting patiently waiting for me to come and take you in my arms and tell you how ravishing you are.[381] Wünsche als Gegebenheiten zu formulieren, ist bei Schreibern von Feldpostbriefen sehr häufig zu beobachten. Dem Adressaten wurden meist unbewusst erwünschte Attribute und Verhaltensweisen zugeschrieben. Dahinter verbargen sich oft Gefühle der Ohnmacht und Angst, den Einfluss auf Angehörige oder die führende Stellung im Familiengefüge zu verlieren. Natürlich ist Johns Frage an seine Frau, wie sie es geschafft hat ‚so jung und schön zu bleiben, in erster Linie als Kompliment gedacht. Es muss jedoch gefragt werden, ob dabei nicht ein Hauch affirmativer Selbstbestätigung mitschwingt: Über die Jahre wird sich schon nichts geändert haben, und es gibt keinen Grund zu befürchten, seine Frau könnte für ihn an Attraktivität eingebüßt haben. Noch deutlicher wird dieses Problem bei Rollenzuschreibungen. Die Vorstellung Eileens als passiver Ehefrau, die nichts Besseres zu tun hat, als zu warten, bis der heimkehrende Kriegsheld sie in die Arme schließt und ihr

---

380 Ebenda, Briefe vom 15. und 24.4.1945.
381 Ebenda, Brief vom 6.5.1945.

sagt, wie bezaubernd sie sei, negierte die veränderten gesellschaftlichen und sozialen Realitäten. Die latente Furcht zurückkehrender Soldaten, ihre Plätze und Funktionen seien »besetzt«, überschattete das Wiedersehen teils immens. Wie die Männer persönlich damit umgingen, hing auch mit der Dauer ihrer Abwesenheit und der Anzahl erhaltener Urlaube zusammen.

Gänzlich andere Urlaubserfahrungen machten wiederum die Angehörigen der britischen Luftwaffe, die von ihrer Heimat aus Einsätze gegen Deutschland flogen. Die Tagebuchaufzeichnungen der Rüstungsarbeiterin Louie Williams aus Leeds geben Einblick in den Familienalltag. Mit ihrem Mann Jack versuchte sie, diesen so gut wie möglich aufrecht zu erhalten. Bis zum Absturz seines Flugzeugs im Juni 1943 diente er als Richtschütze in der Royal Air Force. Dass sein Stützpunkt in der Nähe des gemeinsamen Wohnorts lag, ermöglichte regelmäßige Besuchsfahrten. Jack erhielt zwischen den Einsätzen häufig Kurzurlaub, und so dauerten die Trennungsphasen in der Regel nur wenige Wochen. Die Aufzeichnungen legen Zeugnis ab von gemeinsamen Spaziergängen, Einkaufsfahrten und Verwandtenbesuchen.[382] Freilich gab es auch hier Trennungsschmerz bei Abschieden, und es herrschte Aufregung vor dem Wiedersehen. Der Duktus der Schreiberin lässt jedoch erkennen, dass das Emotionsbarometer nicht so extrem ausschlug wie bei Paaren, die sich sehr lange nicht und dazu unregelmäßig sahen. Die Rahmenbedingungen lieferten den entscheidenden Unterschied: Der Kriegsalltag war leichter zu bewältigen, wenn ein Wiedersehen mit dem Partner absehbar, aber vor allem kurzfristig planbar war. Umso größer stellt sich hier der Kontrast zwischen dem relativ konstanten Familienleben und den enormen Sorgen Louies dar, wenn sie die Einsätze ihres Mannes via Radio oder per Zeitung verfolgte. Banalität und Absurdität des Krieges standen oft grotesk nebeneinander. So notierte die Rüstungsarbeiterin im April 1943 in ihr Tagebuch: »Stayed in all day. Washed my hair and got my photo token with the new dress on. Heard that we had been to Essen last night. I felt pretty awful thinking about Jack.«[383]

---

382 Vgl. IWM, Documents 3347.
383 Ebenda, Tagebucheintrag vom 4.4.1943.

II. URLAUBER AN DER HEIMATFRONT

1. Reisewege

a. Betreuung und Disziplinierung

Das NS-Regime verband mit dem Weg der Urlauber von der Front bis zu ihrer Haustür und wieder zurück eine Reihe spezifischer Herausforderungen. Mit der Abwesenheit der Soldaten von ihren Truppenteilen assoziierte es eine erhöhte Bereitschaft, gewünschte Normen zu überschreiten.[384] Vor allem die vielen Einzelreisenden galten als kritischer Faktor. Die Führung reagierte auf Disziplinlosigkeiten äußerst sensibel, weil sie darin die »Gefährdung der Manneszucht« erblickte. Bereits im Dezember 1939 bat das Heeresgruppenkommando C das OKH, einen Fall weiterzuverfolgen, der »aus dem letzten Kriege als ein besonderes Zeichen von Auflösungs- und Zersetzungserscheinungen bekannt« sei: Kurz zuvor waren einer Zugstreife im Bereich des AOK 1 Militärurlauber aufgefallen, die unbefugt in der zweiten Wagenklasse fuhren und sich selbst nach mehrmaliger Aufforderung weigerten, den Platz zu räumen.[385]

Die verantwortlichen Stellen setzten primär darauf, die Betreuung innerhalb des Transportwesens der Wehrmacht zu stärken, weil sich dadurch zugleich die Überwachung intensivieren ließ. Versorgung und Kontrolle traten im Fronturlauberverkehr als Zwillingspaar auf. Im deutsch besetzten Europa gab es ein weitverzweigtes Netz von zeitweise mehr als 800 Soldatenheimen, die unter anderem dem Urlauberverkehr dienten.[386] Sie erfüllten Funktionen, die weit über die Verpflegung und den Zeitvertreib der Durchreisenden hinausgingen.[387] Diese »Inseln der Heimat« wurden als Horte geistiger Truppenbetreuung konzipiert. Sie erweckten den Anschein einer »zivilen Gegenwelt hinter der Front« und stellten den Soldaten den Eindruck einer für sie sorgenden Volksgemeinschaft »vor das Auge und in die Seele«.[388] Ziel war es, die Moral der Soldaten

---

384 Vgl. BArch-MA, RW 17/98, Territorialbefehl des Wehrkreiskommandos VI vom 15.3.1944.
385 Vgl. BArch-MA, RH 19-III-343/b, Schreiben des Heeresgruppenkommandos C an das OKH vom 24.12.1939.
386 Vgl. IfZ-Archiv, 11/Z 0001, *Völkischer Beobachter* (VB), Artikel »Ein Stück Heimat für den Soldaten – 800 deutsche Soldatenheime« vom 15.2.1943; vgl. Röwekamp (Hrsg.), Soldatenheimschwester, S. 44.
387 Vgl. ebenda, S. 44 f.
388 Vgl. Hirt, Truppenbetreuung, S. 414 f.; Vossler, Propaganda, S. 95 f.

zu heben und ihr weiteres Verhalten positiv zu beeinflussen. Diese Maxime galt sowohl, bevor sie ihren Angehörigen zu Hause gegenübertraten, als auch vor der Rückkehr zu ihren Kameraden. Daneben erfüllte die Zeitspanne des Transports weitere Zwecke. Sie bot Gelegenheit, sich von den Fronterlebnissen zu lösen, sich imaginativ auf die Rückkehr in das zivile Lebensumfeld und das Wiedersehen mit den Angehörigen vorzubereiten. Wie gut das gelang, bestimmte gerade für Familienväter die Qualität des Urlaubs. Viele jüngere Soldaten nutzten dagegen die Freiheiten, die sich ihnen boten, und tauchten etwa in das Nachtleben der Etappenstädte ein. Strapazen, die mit der Fahrt verbunden waren, spielten ebenfalls eine Rolle; je nach Stationierungsort, Reiseziel und Zeitpunkt kam die Angst vor Partisanen oder Luftangriffen hinzu. All diese Faktoren beeinflussten die soldatische Wahrnehmung des Heimataufenthalts schon im Vorfeld. Die Führung setzte den Urlaubsbeginn zeitlich mit dem Überschreiten der Reichsgrenze gleich. Für die Soldaten wiederum war die Heimkehr ein längerer Prozess: Sinnzuschreibungen waren in abnehmendem Maße von einem militärischen und in zunehmendem Maße von einem zivilen Referenzrahmen geprägt. So reduzierte sich beim Aufbruch vom Feldtruppenteil zunächst das Gefühl subjektiver Lebensbedrohung, gefolgt von vielschichtigen Erfahrungen im rückwärtigen Gebiet bis zur persönlichen Wiederentdeckung der Heimat.

Noch im Jahr 1939 wurde auf Geheiß des Befehlshabers des Ersatzheeres (BdE) der Aufbau einer »Auskunftorganisation für Ersatz und Urlauber« vorangetrieben. Ziel der Einrichtung war es, Ersatztransporte und einzelreisende Soldaten – darunter wurden Urlauber, Genesene, Versprengte und ganz allgemein jene Soldaten verstanden, die zu ihrem Feldtruppenteil unterwegs waren – auf kürzestem Weg und ohne Zeitverlust ihrem Bestimmungsort zuzuführen. Diese Aufgabe wurde als »wichtiges Mittel zur Aufrechterhaltung der Disziplin […] und zur Verhinderung von eigenmächtigem […] Herumreisen in der Heimat oder hinter der Front« erachtet. Unbedingt galt es, die kämpfenden Einheiten vor jeglichem »zersetzenden Einfluss der Etappe« zu schützen, gegen jede »Lockerung der Mannszucht« war mit den »schärfsten Mitteln« vorzugehen. Hierzu wurden Auskunftsstellen vom Stab des BdE bis hinunter zu den einzelnen Standortkommandanturen geschaffen. Nebenauskunftsstellen an verkehrsstarken Orten und Frontsammelstellen für jede Heeresgruppe und Armee im Westen und für jeden Grenzabschnitt im Osten ergänzten das Überwachungssystem. Auskünfte durften nur erteilt werden, nachdem die Ausweis- und Marschpapiere genauestens geprüft worden waren und eindeutig feststand, zu welchem Truppenteil ein Soldat gehörte. In Zweifelsfällen konnten die Betroffenen festgenommen werden. Das Kontrollverfahren war zugleich Voraussetzung der Fürsorgeleistungen: etwa für Marschverpflegung und

Lebensmittelkarten oder die Truppenküche und Quartierverpflegung. Ebenso richteten die Wehrmachtdienststellen größerer Durchreiseorte Übernachtungsmöglichkeiten ein. Bei den zugehörigen Wirtschaftstruppenteilen konnten darüber hinaus fehlende Bekleidungs- und Ausrüstungsgegenstände »aufgefrischt« werden.[389]

Fronturlauber, deren Züge auf den Stationen nur kurz haltmachten, erhielten bei den zahlreichen Hilfsstellen des Deutschen Roten Kreuzes (DRK), die nach Kriegsbeginn auf den Bahnhöfen eingerichtet wurden, Zusatzverpflegung, meist in Form von Kaffee, Broten oder einer warmen Suppe. Die Wehrmachtführung betrachtete diese Form der Betreuung anfänglich mit Skepsis, da sie ihr Überwachungssystem zu unterlaufen drohte. Fahnenflüchtige etwa konnten sich ohne vorhergehende Kontrolle in eingeschränktem Umfang ernähren. Eine weitergehende Versorgung durch den DRK-Bahnhofsdienst sollten die Kommandeure vor Ort auf jeden Fall reglementieren. Stationsoffiziere stellten hierzu »Teilmahlzeitkarten« aus. Die Bahnhofskommandanturen prüften monatlich die Abrechnungen. Hilfsstellen führten Protokoll über Name, Dienstgrad, Truppenteil und Empfangsquittung der Verpflegten und über die Höhe der empfangenen Brotration – dies alles wiederum getrennt nach Morgen-, Mittags- und Abendkost.[390] Bald war das Bild der fürsorglichen Rotkreuzschwestern, die in weißen Schürzen Suppe und Kaffee in die Blechnäpfe der Soldaten füllten, nicht mehr von der Szenerie vieler Bahnsteige wegzudenken. Sie wurden zu einem wichtigen Motiv der NS-Propaganda bei der Darstellung der tatkräftigen Treue der Heimat gegenüber den Soldaten.[391] Folgendermaßen beschrieb der *Völkische Beobachter* die Begegnung heimreisender Fronturlauber mit einer Rotkreuzschwester während eines Zwischenhalts am Gare du Nord in Paris im September 1940:

---

389 Vgl. BArch-MA, RH 53-17/35, Geheime Dienstanweisungen des OKH an das Wehrkreiskommando XVII vom 18.11. und 9.12.1939; für die regionale Umsetzung des Aufbaus von Auskunftsstellen für Fronturlauber im Wehrkreis VII (München) vgl. BArch-MA, RH 53-7/758 a: Verfügung zur Aufstellung von Auskunft- und Frontsammelstellen vom 11.11.1939; zur Gliederung des Bahnhofsdienstes der Wehrmacht: BArch-MA, RH 53-10/26, Meldung der Kommandantur Hamburg an das OKW am 13.11.1939; zur schematischen Darstellung der organisatorischen Gliederung und der Aufgaben von Betreuungseinrichtungen der Wehrmacht im Heimatkriegsgebiet: BArch-MA, RW 17/98, Kennzeichnung von Betreuungseinrichtungen im Wehrkreis VI vom 9.6.1943.
390 Vgl. BArch-MA, RH 53-9/66, Abschrift der Durchführungsbestimmungen aus den Akten des Wehrkreiskommandos IX, Kassel, 20.10.1939.
391 Zur soziologischen Funktion von Treue für das Kollektiv der Gesellschaft vgl. Simmel, Treue und Dankbarkeit, S. 652-659.

»… man würde fünfzig, sechzig Stunden unterwegs sein, aber die Gedanken hafteten noch zumeist am gegenwärtigen Leben und unternahmen nur selten einen Sprung in die Heimat hinüber, in die Stunde der Ankunft, die bevorstand, in das alte Leben hinein […], das war noch keine überschäumende Urlaubsstimmung. […] Dort, wo die deutsche Schwester auf einem Karren stand und lächelnd aus einem großen Topf das Essen in die Kochgeschirre schöpfte, gab sich eine rechte Belagerung zu erkennen. […] sieben Kameraden richten immer auf einmal ihre Fragen an sie, und sie antwortet, jedem, sie lächelt ohne aufzuhören, sie erkennt unsere Freude und diese Freude der Heimkehrenden ist auch ihre Freude. […] Närrische, glückliche Fragen, sinnlose Fragen zumeist gestellt, um nur eine deutsche Antwort zu erhalten. Man ist nun zum erstenmal wieder einem Mädchen begegnet, das deutsch spricht. […] Dann rollt der Zug wieder […]. Das ist nun die richtige Urlaubsstimmung, wir gehören der Gegenwart nicht mehr zu, uns gehört die Zukunft! So ist das nun mit uns seit Paris.«[392]

Die DRK-Schwester erfüllte gemäß dieser Lesart eine wichtige symbolische Funktion: Als »Leuchtturm« weiblichen Deutschtums in der Ferne half sie den Soldaten bei der schrittweisen Rückverwandlung von abgehärteten Frontkriegern in sorgende Familienväter und liebevolle Ehemänner. Aus bevölkerungspolitischen Gründen und mit Blick auf die Moral legte das Regime Wert darauf, dass die Urlauber zu dieser Transformation fähig blieben. Dieser Wandel jedoch wurde im weiteren Verlauf des Krieges und vor allem aufgrund der massenhaften Erfahrung ungehemmter Kriegführung an der Ostfront schwieriger.[393] Für die verantwortlichen Stellen wurde es folglich immer wichtiger, die Reise der Fronturlauber medial aufzubereiten.

Am 6. August 1940 erließ das OKW neue Anordnungen zur »Betreuung von Fronturlaubern« und über die »Fürsorgemaßnahmen im Personenverkehr der Wehrmacht«. Aus Gründen der militärischen Disziplin und um abwehrspezifische Aufgaben zu erleichtern regte es an, auf Bahnhöfen oder in ihrer unmittelbaren Umgebung Aufenthaltsräume für Fronturlauber mit weiteren Übernachtungsmöglichkeiten zu schaffen. Das OKW betonte ausdrücklich die »fürsorgerische Natur« der Maßnahmen, begrüßte aber ebenso »eine wesentliche Entlastung des Verkehrs in Bahnhofshallen und Wartesälen«. Die Dienststelle des Stellvertreters des Führers, inzwischen vertreten durch Martin Bormann, koordinierte die Zusammenarbeit zwischen Wehrmacht und Partei. Letztere sorgte für die entsprechende »geistige Betreuung« und stellte dazu

---

392 IFZ-Archiv, 11/Z 0001, VB vom 3.11.1940, Artikel: »Sie spricht deutsch! – Die Fahrt in den Urlaub geschildert von Soldat Erwin Klose«.
393 Vgl. Jasper, Zweierlei Kriege? S. 261 f.

Bücher, Zeitungen, Zeitschriften sowie Bildschmuck und weiteres Propagandamaterial aus dem Fundus örtlicher Dienststellen zur Verfügung.[394] Kurz darauf gab auch der BdE Richtlinien für die Betreuung der Wehrmachtangehörigen im Reiseverkehr aus. Sie befassten sich in erster Instanz mit der Ausgestaltung von Soldatenheimen. Unmittelbar nach Kriegsbeginn existierten solche zunächst nur in besetztem Gebiet. Zur besseren Überwachung der Fronturlauber wurden sie nun auch im Reich an verkehrsreichen Umsteigebahnhöfen, an denen die Reisenden erfahrungsgemäß eine längere Rast einlegten, eingerichtet. Vorgesehen waren Aufenthaltsräume, Lese-, Schreib- und Spielzimmer, eine Bücherei, gegebenenfalls ein Vortragsraum, der die Möglichkeit für Theater- und Filmvorführungen bot, sowie mehrere Rundfunkempfänger, eine Kantine und Waschgelegenheiten. Die Aufsicht über die Einrichtung lag in der Obhut der Standortkommandanten beziehungsweise der Standortältesten.[395] Das OKW erwartete bei der Umsetzung größte Sorgfalt: Aus der Einrichtung separater Warteräume sollten die Soldaten keinesfalls schlussfolgern, dass sie den Zivilreisenden lästig seien. Wehrmachtangehörige, die von Verwandten begleitet wurden, durften die üblichen Wartesäle weiterhin benutzen. Die Zimmer waren, wenngleich bescheiden, angemessen auszustatten, mit Sitzgelegenheiten, Tischen, Ablagen für Gepäck und Ausrüstungsgegenstände. Sofern keine Erfrischungsstelle des DRK existierte, war ein Wirtschaftsbetrieb einzurichten, der Essen und Getränke, aber keine Spirituosen ausgab. Hinweisschilder zeigten an, wo sich die nächste Auskunftsstelle und der nächste Militärarzt befanden. Aus gesundheitlichen Gründen sollten sich die Übernachtungsstellen nicht auf dem Bahnhofsgelände, sondern etwas entfernt davon befinden. Waren keine Pritschen und Bettdecken vorhanden, wurden Strohlager ausgelegt, die alle zehn bis 14 Tage gewechselt wurden. Während der Zeit ihrer Unterbringung konnten die Urlauber zum Arbeitsdienst oder zum Luftschutz herangezogen werden.[396]

Die betreuenden Stellen gerieten zu Stoßzeiten im Urlauberverkehr immer wieder an ihre Grenzen. Im Dezember 1941 wies das Wehrkreiskommando Münster (VI) den Kommandeur des Streifendienstes an zu prüfen, ob die vorhandenen Wartesäle und Unterbringungsmöglichkeiten für eine erhöhte Anzahl an Urlaubern ausreichten. Aufgrund von Frost oder Schneefall wurde mit Störungen im Reichsbahnverkehr gerechnet: »Unter allen Umständen muß

---

394 Vgl. BArch, NS 6/820, Reichsverfügungsblatt 31/40 vom 1.11.1940, Ausgabe A, Bekanntgabe B 72/40 Betr.: Betreuung von Fronturlaubern.
395 Vgl. BArch-MA, RH 56/391, Durchführungsbestimmung des Chefs der Heeresrüstung und Oberbefehlshaber des Ersatzheeres (BdE) an die Wehrkreisverwaltung X vom 6.11.1940.
396 Vgl. ebenda, Anordnung des Oberkommandos der Wehrmacht vom 21.9.1940.

vermieden werden, daß wie im Vorjahre Hunderte von Urlaubern ohne jegliche Betreuung auf Bahnsteigen herumstehen.« Traten unvorhersehbare Stauungen ein, verwiesen Bahnhofswachen die Urlauber an nahe gelegene Soldatenheime. Die Heeresstreifendienste hatten ferner die Standortältesten fortlaufend über Mängel im Urlauberverkehr zu informieren und Lösungsvorschläge zu unterbreiten.[397] Doch noch ein Jahr später waren die Probleme bei Weitem nicht gelöst. Aus Sorge um das Bild der Partei in der Öffentlichkeit schaltete sich Propagandaminister Joseph Goebbels im Winter 1942/43 ein. Er regte beim Führer an, das nächtliche »Herumlungern« von Fronturlaubern auf den Umsteigebahnhöfen abzustellen und diese endlich in »würdigen Unterkunftsräumen« einzuquartieren.[398] Da der Fronturlauberverkehr ab 20. März 1943 wieder aufgenommen werden sollte, befahl das OKH, »Überwachung und Betreuung [...] beschleunigt sicherzustellen«. Örtliche Einrichtungen der NSDAP und Gemeindeverbände waren nun mit verantwortlich, dass die Fronturlauber nicht auf den Bahnsteigen, Treppen und Vorplätzen herumstanden oder gar schliefen. Die einheitliche Lenkung zielte darauf, sowohl Betreuungsmangel als auch Doppelbetreuungen zu vermeiden. Da sich die Kontrollsperren oftmals als zu schwach oder gar unnütz erwiesen hatten, wurde das Personal verstärkt. Kern der Maßnahmen bildeten Neubauten, die mehr Raum für Wartende, Übernachtende, Nahrungszubereitung und Gepäckaufbewahrung boten. Daneben wurde ein Katalog erstellt, der allen Beteiligten nahelegte, die Überwachung als »Mittel der militärischen Reisebetreuung« deutlich stärker zu forcieren als bisher. Die insgesamt 15 Punkte empfahlen neben geistiger, hygienischer und räumlicher Betreuung unter anderem eine intensivere Kontrolle der Ausweispapiere an Ein- und Ausgängen der Gebäude und an den Wehrmachtsperren.[399] Ein späterer Tagebucheintrag des Propagandaministers verdeutlicht, dass es ihm in erster Linie um das Urteil der Öffentlichkeit ging. Demzufolge konzentrierten sich die Maßnahmen zu diesem Zeitpunkt im Wesentlichen auf die Fürsorge im Reichsgebiet:

»Sehr viel ist auf meine Anregung in der Frage der Bahnhofsbetreuung der Fronturlauber getan worden. Wenn ich die damaligen Verhältnisse, als ich begann, mich mit diesem Problem zu beschäftigen, mit den heutigen vergleiche, so kann man hier von einem grundlegenden Wandel sprechen. Jedenfalls haben die Fronturlauber nicht nur in Berlin, sondern auch in den ande-

---

397 Vgl. BArch-MA, RW 17/98, Anweisung des Wehrkreiskommandos VI (Münster) an den Kommandeur des Heeresstreifendienstes, 8.12.1941.
398 Goebbels-Tagebücher, Bd. 7, S. 178, S. 200, Einträge vom 23. und 26.1.1943.
399 Vgl. BArch-MA, RH 34/158, Anweisung des OKH zur Betreuung und Überwachung des Wehrmachtreiseverkehrs vom 18.3.1943.

ren Städten des Reiches, insbesondere aber auf den Grenzstationen jetzt die Möglichkeit, sich aufs beste in die Atmosphäre der Heimat einzuleben. Sie bekommen in der Heimat nicht den Eindruck, daß sie unerwünschte Gäste sind, die man am liebsten wieder über die Reichsgrenze abschieben möchte. Es war sehr notwendig, daß dieses Problem gelöst wurde, denn der Frontsoldat hat ein elementares Anrecht darauf, daß die Heimat sich seiner annimmt, insbesondere in den Tagen, in denen er von der Front in die Heimat in Urlaub fährt.«[400]

Außerhalb Deutschlands, in den besetzten Territorien und Operationsgebieten, existierten andere Rahmenbedingungen. Versorgungseinrichtungen wie Frontleit- und Sammelstellen mussten jeweils dem Verlauf der Gefechtslinien angepasst werden, oder es wurde ad hoc auf Lageänderungen und Bedrohungen, etwa durch Partisanen, reagiert. Die Aufsicht über den Wehrmachtreiseverkehr lag in den Händen der Kommandeure für Urlaubsüberwachung, die in der Regel den Kommandanten der rückwärtigen Armeegebiete (Korück) oder der Militärverwaltung unterstanden. Sie regelten in Abstimmung mit den Armeeoberkommandos, den Feld- und Ortskommandanturen und den Bahnhofskommandanten den Einsatz der Feldgendarmerie, von Heeresstreifen sowie des Wachpersonals in Zügen und an Bahnhöfen. Darüber hinaus trugen sie Sorge, dass die entsprechende Infrastruktur bereitstand, um die Durchreisenden angemessen zu verpflegen und unterzubringen. Zudem sollten Freizeitangebote zur Überbrückung von Wartezeiten nicht fehlen.[401]

Einen Einblick in das komplexe Zusammenspiel der zuständigen Stellen erlaubt die Vorbereitung des Urlauberverkehrs beim Korück 582 Ende des Jahres 1941. Nach einer Besprechung im Stabsquartier am frühen Abend des 29. November wurde Hauptmann Bahr vom Wachbataillon 721 als Kommandeur für Urlaubsüberwachung in Wjasma eingesetzt. Um die Disziplin zu wahren, verfügte er über mehrere Abteilungen der Feldgendarmerie. Ihm oblagen die Sicherstellung von Unterkunft und Versorgung, die Bewachung der Urlauberzüge, die Beschilderung aller Urlaubereinrichtungen und die Regelung des Um- und Einsteigens. Allerdings boten die Gebäude gegenüber dem Bahnhofsgelände lediglich Platz für 1.700 Mann, benötigt wurden jedoch rund 4.000 weitere Unterbringungsmöglichkeiten. Dies erforderte den Neubau eines Barackenlagers im Westen der Stadt mit entsprechenden Winterunterkünften. Ein Lager direkt am Bahnhof war für die abfahrenden, das entferntere für die zurückkehrenden Urlauber vorgesehen. Um weitere Häuser zu requirieren und

---

400 Goebbels-Tagebücher, Bd. 7, S. 591 f., Eintrag vom 20.3.1943.
401 Vgl. BArch-MA, RH 23/228, Besprechungsnotiz beim Kommandanten des rückwärtigen Armeegebietes 582 über den Urlauber- und Einzelreiseverkehr vom 15.12.1941.

die 646. Nachschubkompanie umzuquartieren, wurden die Ortskommandantur und der Oberquartiermeister eingeschaltet. Mit der Gesamtleitung der Bauarbeiten war Bahnhofskommandant Major von Faninger beauftragt, dem Regierungsbaurat von Neumann Unterstützung durch die Organisation Todt (OT) vermittelte. Für die Beschaffung von Küchen-, Bau und Heizmaterial waren Baurat Mosebach und die Heeresbaudienststelle 17 zuständig, die dafür zehn LKW erhielten. Nach der Fertigstellung übernahm die Frontsammelstelle 14 die Aufsicht über das entferntere Westlager, der Bahnhofskommandant über das Südlager.[402] Weiterhin wurde 800 Meter nördlich des Zentralbahnhofs eine Bade- und Entlausungsanstalt eingerichtet. Sie besaß eine Leistungsfähigkeit von 800 bis 1.000 Entlausungen oder 3.000 Duschbädern am Tag. Urlaubern, die »besonders Läuseverdächtig« waren und sich der Prozedur verweigerten, drohte der Ausschluss von der Weiterfahrt. Alle Unterbringungsräume wurden mit elektrischem Licht, dreistöckigen Holzpritschen sowie Latrinen- und Waschgelegenheiten ausgestattet. Allerdings verzögerten sich die Arbeiten wegen des Mangels an Baumaterial. Vor allem fehlten Bretter, Glas, Verdunkelungspapier und Brennholz. Bis zum ursprünglich avisierten Fertigstellungstermin, dem 12. Dezember 1941, standen lediglich für 700 weitere Urlauber Übernachtungsmöglichkeiten bereit. Notdürftig wurde Lagerstroh herangeschafft und die Zäunung des Kriegsgefangenenlazaretts neben dem Bahnhof abgerissen. Die Arbeiten zogen sich bis kurz vor Weihnachten hin. Der dann abermals gestiegene Urlauberverkehr erforderte wiederum eine Erhöhung des Wachpersonals. Die eingesetzten Trupps waren bereits mit der Betreuung überlastet. Zu ihren Aufgaben kamen Kochtätigkeiten, Gefangenenbewachung, Holzbeschaffung, Unterbringung der Reisenden und Instandhaltung der Einrichtungen hinzu. Schließlich wurde eine rein disziplinär arbeitende Dauerwache eingesetzt: Sie fahndete nach Drückebergern, verhinderte »wildes Quartiermachen« und illegale Nahrungsbeschaffung bei der Zivilbevölkerung oder säuberte die Bahnsteige von »unbefugten Elementen«.[403]

Mitte des Jahres 1943 folgte die Vereinheitlichung des Betreuungssystems. Eingeteilt nach Einsatzgebieten und Wehrkreisen, wurden je 82 Kommandeure für Urlaubsüberwachung und Leiter von Sammelkompanien aufgestellt.[404] Ziel

---

402 Vgl. ebenda, Besprechungsnotiz vom 29.11.1941 und Dienstanweisung an den Kommandeur für Urlaubsüberwachung vom 6.12.1941.
403 Vgl. ebenda, Besprechungsbericht »Vorbereitungen für Urlauberverkehr« zwischen Korück 582 und AOK 9 vom 2.12.1941; Berichte des Stabsquartiers des Korück 582 vom 5. und 12.12.1941; Bericht über die Besichtigung des Lager Süd und der Unterkunft für die Kurierstelle durch General Schellbach am 13.12.1941; Bericht des Kommandeurs für Urlaubsüberwachung vom 22.12.1941.
404 Vgl. BArch-MA, RH 53-7/754, Verfügung des OKH vom 19.8.1943.

war es, für die Soldaten flächendeckend Verpflegung, geheizte Räume und nötigenfalls provisorische Übernachtungsmöglichkeiten bereitzuhalten. In allen Einrichtungen wurde ein Grundangebot »Geistiger Betreuung« geschaffen. Inwieweit sich die Soldaten bei längeren Aufenthalten darüber hinaus die Freizeit vertrieben, etwa durch Kino- und Theaterbesuche, Stadtbesichtigungen oder andere Aktivitäten, hing weniger von den Organen der Reisefürsorge, sondern in erster Linie vom Einsatzort und der örtlichen Truppenbetreuung ab.[405] Es existierten deutliche Abstufungen zwischen dem Reich und den besetzten Territorien ebenso wie ein qualitatives Gefälle von West nach Ost. Während Soldatenheime in deutschen Städten eigens als Übernachtungsplätze in Bahnhofsnähe gedacht waren, erfüllten sie diesen Zweck im Ausland nicht. Dort stand die Tagesbetreuung im Vordergrund, Schlafbaracken waren strikt separat zu errichten.[406] Zudem berichteten Feldzeitungen nicht zufällig bevorzugt über Einrichtungen, die etwa in Frankreich lagen. So wurde auch das Soldatenheim Rouen, in dem 32 Helfer und Helferinnen die täglich 3.000 Gäste versorgten, zu einem Musterbeispiel nationalsozialistischer Fürsorge stilisiert. Das gezeichnete Bild verkörperte den Inbegriff behaglicher Wohnkultur: Die großen Holztische waren mit weißen Decken und anmutigen Blumenvasen geschmückt, künstlerische Wandgemälde zeigten das »Soldatenleben von der romantischen Seite«. Die Heimbibliothek mit Zeitungen, Zeitschriften und Büchern lud zum Verweilen ein, ebenso wie die Schreibstuben und die üppig ausgestatteten Spielzimmer. Im Sportraum fochten Soldaten Tischtennisturniere aus, während aus einer anderen Ecke des Heims Klavier, Geige, Cello und der Gesang der Soldaten erklangen. Eine ständige Geräuschkulisse bildete klapperndes Geschirr, da der Küchenchef als »Fachmann aus Berlin [...] das Essen zu jeder Tageszeit ausgezeichnet zubereitet[e]«. Richtig laut und fröhlich wurde es freilich erst zu späterer Stunde, bei den regelmäßigen Kameradschaftsabenden. Und über allem schwebte der Geist der Rotkreuzschwestern, die für die nötige weibliche und damit heimische Atmosphäre sorgten.[407] Bis zu welchem Grad es sich um NS-Agitation handelte, sei dahingestellt. Unabhängig davon herrschten bei westlichen Betreuungseinrichtungen günstigere Rahmenbedingungen, wohingegen jene der Ostfront meist improvisiert wirkten. Den höheren Grad

---

405 Vgl. Hirt, Truppenbetreuung, S. 407-434.
406 Vgl. BArch-MA, RH 56/391, Az. 31 c 18 AHA/Ag/H (III b) 19938.40, Schreiben des Chefs der Heeresrüstung und Befehlshaber des Ersatzheeres zur Betreuung der Wehrmachtangehörigen im Reiseverkehr mit Soldatenheimen vom 6.11.1940; BArch-MA, RW 17/98, Anordnungen des Standortältesten Warendorf zur Betreuung von Soldaten in Soldatenheimen vom Dezember 1941.
407 Vgl. BArch-MA, RHD 69/79, Soldatenzeitung *Der Durchbruch*, Artikel »Das Haus der 3000 Gäste. Ein Tag im Soldatenheim von Rouen – Ein Stück Heimat im Westen« von Kriegsberichter Hans Hesse, Ausgabe vom 9.11.1940.

an Organisation bestätigt auch das Beispiel der Frontleitstelle in Le Mans: Für 2.600 Soldaten und zwölf Offiziere standen hier dauerhaft einfache oder zweistöckige Pritschen mit Bettzeug zur Verfügung. Für weitere 3.000 Mann war eine Notbelegung möglich, indem Stroh aufgeschüttet wurde. Neben mehreren Küchenanlagen gab es eine Bekleidungskammer, einen weitläufigen Garten mit Schießstand und Sportplatz, einen Luftschutzbunker sowie eine Entwesungsanlage.[408]

Ein Großteil der geschilderten Maßnahmen fußte auf den Truppentransportvorschriften für die drei Waffengattungen vom September 1937 samt ihren Folgeverordnungen.[409] Wesentliche Elemente davon fanden Eingang in eine zusammenfassende Vorschrift zum »Überwachungs- und Betreuungsdienst im Wehrmachtreiseverkehr« vom 24. Januar 1941, die anschließend nur noch geringfügig modifiziert wurde. Der BdE und die Wehrkreiskommandos waren die zuständigen Schaltstellen im Reichsgebiet; außerhalb die Dienststellen des »Generals zur besonderen Verwendung IV«, denen unter anderem die Frontleitstellen unterstanden. Die Wehrmacht arbeitete in Betreuungsfragen eng mit nichtmilitärischen Organisationen zusammen: neben der NSDAP und dem Stab des Stellvertreters des Führers mit dem Reichsverkehrsministerium, dem Innenministerium, dem DRK, ferner mit OT und KdF sowie dem Hauptamt für Volkswohlfahrt, dem Reichsarbeitsdienst und der Reichspressestelle. Anordnungen an die Überwachungsorgane zeigen, dass die Kontrollintensität aus Sicht der Reisenden beim Umsteigen auf Zwischenbahnhöfen und beim Passieren der Wehrmachtsperren beim Betreten oder Verlassen von Gebäuden am dichtesten war.[410]

Um die Disziplin zu wahren, wurden im Reiseverkehr Streifendienste eingesetzt. Dazu zählten Heeresstreifen, Zugstreifen bzw. Zugwachen, Bahnhofswachen und Transportführer mit Transportkommandos. Weitere beteiligte Stellen waren Transportkommandanturen, Bahnhofskommandanten und Bahnhofsoffiziere. Neben den Reisepapieren wie Marschausweis, Urlaubsschein

---

408 Vgl. BArch-MA, RH 48/196, Einsatz und Aufbau der Frontleitstelle 5 Le Mans Juli 1942 – April 1944.
409 Vgl. IfZ-Archiv, Da 34.08, Reiseverordnung für die Wehrmacht vom 7.9.1937 (Heeresdruckvorschrift 159, Marinedruckvorschrift 283, Luftwaffendruckvorschrift 39); IfZ-Archiv, Da 34.08, Truppentransportvorschrift für Heer, Marine und Luftwaffe vom 10.11.1938; IfZ-Archiv, Da 34.01, AHM 1940, Bestimmung 1001 »Der Wehrmachtreiseverkehr«, 14.9.1940, S. 434 f.; IfZ-Archiv, Da 33.168, Wehrmachttransporte auf Eisenbahnen. Merkheft für die Kriegsdauer, 10.12.1940.
410 Vgl. IfZ-Archiv, Da 34.01, AHM 1941, Bestimmung 85 »Überwachungs- und Betreuungsdienst im Wehrmachtreiseverkehr«, 24.1.1941, S. 59 f.; BArch-MA, RH 48/197, Dienstanweisung für die Kommandeure der Frontleitstellen bei den Heeresgruppen, 16.11.1943.

und Fahrkarten überprüften sie »Benehmen und [...] Anzug der Urlauber«. Fielen den Aufsichtsorganen mangelhafte Angaben bei den Dokumenten auf, etwa bzgl. Name oder Truppenteil, nahmen sie die betreffenden Urlauber fest und meldeten den Vorfall weiter.[411] Eine besondere Verantwortung oblag laut Dienstvorschrift dem Transportführer. Er notierte getrennt nach Dienstgraden, wie viele Männer welcher Einheit wo zu- und ausstiegen. Die jeweiligen Veränderungen wurden genauestens dokumentiert. Neben den üblichen Kontrollen achtete er auf »geziemendes Verhalten« der Reisenden, auf Einhaltung des Alkoholverbots und auf die Verdunkelung im Zug. Erreichte ein Fronturlauberzug den Endpunkt seines Streckenabschnitts, meldete der Transportführer dem Bahnhofsvorsteher vorab, wie viele Reisende mit dem zivilen Nahverkehr weiterbefördert werden mussten. Darüber hinaus prüfte er, ob die Eintragungen auf den Wehrmachtfahrscheinen, insbesondere die Zugnummern für Hin- und Rückfahrt, stimmten, ob die Soldaten befehlswidrig Dienstschusswaffen mit sich führten und ob sie bei Gesprächen militärische Geheimhaltung wahrten. Verstießen Urlauber gegen diese Bestimmungen, konnte der Transportführer sie von der Fahrt ausschließen. Hierzu erstellte er einen schriftlichen Bericht und überstellte die Delinquenten der nächsten Bahnhofswache oder Heeresstreife. Je nach Schwere des Vergehens hatte dies womöglich zur Folge, dass die Soldaten bei gleichzeitiger Meldung des Tatbestandes zu ihren Truppenteilen zurückgeschickt wurden.[412] Der Transportführer besaß disziplinarische Weisungsbefugnis gegenüber den Zugreisenden. Gerieten Fronturlauber wegen schwererer Vergehen in die Obhut einer Heeresstreife, übermittelte sie den Tatbestand an den zuständigen Gerichtsherrn. Stand weder dieser noch der nächste erreichbare Gerichtsherr zur Verfügung und duldete eine Aburteilung aus zwingenden militärischen Gründen keinen Aufschub, so konnte »in klar liegenden Fällen der nächst erreichbare Kommandeur eines Regiments oder ein mit derselben Disziplinarstrafgewalt versehener Truppenbefehlshaber die Befugnisse des Gerichtsherrn [...] ausüben.«[413] Die Urlauber mochten sich während der Reise bereits freier fühlen als im Dienst. Aber de facto waren sie aufgrund der Flexibilität des Strafrechts zwischen Personalitäts- und Territorialprinzip ungebrochen der Zuständigkeit eines Disziplinarvorgesetzten und einem Gerichtsherrn unterworfen. Dabei lag es in deren Ermessen, ob sie Normverstöße selbst

411 Vgl. ebenda; IfZ-Archiv, Da 33.168, Wehrmachttransporte auf Eisenbahnen. Merkheft für die Kriegsdauer, 10.12.1940.
412 Vgl. BArch-MA, RH 37/2915, Befugnisse von Zug- und Bahnhofswachen; Dienstanweisung der Tansportabteilung Ost für Transportführer und Zugwachen der Fronturlauberzüge im Osten vom 7.12.1939.
413 Vgl. BArch-MA, RH 23/309, Anlage 1, AOK 6, Korück 585, Dienstanweisung und besondere Befugnisse des Heeresstreifendienstes, 17.12.1939.

verfolgten oder die betreffenden Soldaten zur Ahndung an ihre Feld- oder Ersatztruppenteile verwiesen.[414]

b. Freiräume und Grenzen

Impressionen und Deutungen

Bei jedem Windstoß fegte eiskalte Luft in das überfüllte Abteil. Die kleine Kerze war seit Stunden abgebrannt. Es war dunkel, obwohl die Sonne am Himmel stand. Vor der zerbrochenen Fensterscheibe hing eine schwere Wolldecke, und Erich Karl Maria R. vergrub sich tiefer in seinen Wehrmachtmantel, der inzwischen mit Schneestaub bedeckt war. Die Uhr zeigte 9.00 am Morgen des 25. Dezember 1941, als der Zug gerade Hannover passierte. Bereits zwei Tage, seit die Fahrt in Paris ihren Anfang genommen hatte, saß der Soldat auf seinem Platz, auf dem er auch schlief. Während des Aufenthalts in Namur in Belgien war Gelegenheit, sich für ein paar Minuten die Beine zu vertreten. Dort hatte er sich in einer Baracke Kaffee geholt. In der Weihnachtsnacht teilte er sich während der holprigen Fahrt mit seinen Reisekameraden die letzten Rauchwaren: eine Zigarette für je zwei Mann. Einer hatte eine Mundharmonika dabei, und sie sangen besinnliche Lieder. Natürlich drehten sich die Gespräche um die Heimat, doch inzwischen war es wieder still. Erich Karl Maria R. grübelte vor sich hin, denn er wusste nicht, wohin die Reise ging. Er war froh, als der Zug gegen zehn Uhr abends Berlin erreichte, denn in der Bahnhofshalle war es deutlich wärmer als in ihrem Abteil. In einem der Wartesäle feierte eine Wacheinheit Weihnachten, mit »Bergen von Päckchen und Flaschen«. Doch keiner hatte die Idee, dem unrasierten und frierenden Haufen »einen Bissen oder einen Schluck anzubieten«. Nach zwei Stunden ging es wieder zurück in den kalten Zug, der erst nach vier weiteren Stunden abfuhr. Den Soldat beschlich mittlerweile eine düstere Vorahnung: Anstatt nach Hause ging die Reise wohl weiter nach Osten.[415]

Ein klares Ziel vor Augen hatte dagegen Anton G.: Schwer bepackt mit »viele[n] guten Sachen« und seiner Aktenmappe unter dem Arm verließ er am 15. Oktober 1942 die weißrussische Stadt Lepel. Die erste Nacht der Reise war kurz, denn auf der Fahrt nach Witebsk wurde er zum »Geleitzugführer« bestimmt. Aber das störte ihn nicht, denn in seiner Tasche steckte »das Stückchen Papier, das jedem Landser zur größten Freude gereicht« – der Urlaubsschein. Nach fast zwölf Monaten ging es endlich wieder in die Heimat. Anton G. hatte

414 Vgl. Basenach, Disziplinarstrafgewalt, S. 37 f., S. 41 f. und S. 69.
415 Vgl. IfZ-Archiv, ED 939-D, Tagebucheinträge vom 20. bis zum 27.12.1941.

Erholung nötig, denn »die Arbeit schmeckt[e] [ihm] ohnedies nicht mehr«. Wie sehr die Gedanken unterwegs zwischen seiner Familie und den erschossenen »Zigeuner-Partisanen« und anderen »verdächtigen Elementen« schwankten – Tötungen, die er in den vergangenen Wochen als Leutnant der GFP mit verantwortete –, ist nicht ganz klar. Seine Notizen zeugen schon lange vor Aufbruch von großer Freude auf die kurze Rückkehr ins Zivilleben. Gleichzeitig spielen sie auf vorangegangene »Großunternehmen [...], dessen Einzelheiten aber nicht in dieses Buch gehören, nachdem der private Charakter erhalten bleiben muss«, an. Im Moment störten ihn ohnehin mehr die Zugverspätungen und die Qualität der dünnflüssigen braunen »Allerleisuppe«, die er in Minsk in die Hand gedrückt bekam. Trotz des Deckenbelages der Holzbank, auf der er saß, schmerzte sein Kreuz immer mehr, und zur Belustigung seiner Mitreisenden führte er einen »Veitstanz« auf. Schließlich nahm er in Białystok, nachdem er die Entlausung hatte über sich ergehen lassen, endlich das Führerpaket in Empfang. Zwar wurde sein Gepäck dadurch noch schwerer, doch ließen die Gedanken an seine Familie jede Unbequemlichkeit vergessen.[416]

Ganz ähnlich sah das Karl K., als er – ebenfalls im Oktober 1942 – Fronturlaub von Kreta nach Detmold zu seiner Familie erhielt. Während der Heimfahrt jubelte sein Herz vor Vorfreude, und den Kameraden erging es nicht anders. Zusammen sangen sie »helle Lieder«, ließen Flaschen in der Runde kreisen und zählten nur die Stunden bis zur Ankunft. Die Strapazen der Reise verblassten im Angesicht der Ungeduld auf das baldige Wiedersehen mit den Angehörigen: »Als wir ins Reich fuhren, war uns keine Anstrengung lästig«. Später, auf der Rückfahrt, fiel dem Studienassessor als aufmerksamem Beobachter »der gewaltige stimmungsmäßige Unterschied in den Fronturlauberzügen« auf. Karl K. verglich damit die jetzige Rückkehr zur Front mit jener nach seinem letzten Urlaub im Herbst 1941. Der ganze Krieg war »mühsam« geworden, kaum einer lachte noch oder riss Witze. Die Strecke erschien ihm und seinen Kameraden doppelt so lang, da ihnen »Zentnerlasten [...] schwer aufs Gemüt« drückten und der Gedanke an ein schnelles Ende des »Weltenbrandes« immer schwerer fiel. Hinzu kamen bei dem Familienvater die Sorgen um die Sicherheit während der Urlaubsfahrt, die er mit seiner Frau wiederholt diskutierte und weswegen er eigentlich die Beförderung mit der Luftwaffe bevorzugte: »Zunächst also haben die Urlauberzüge regelmäßig Feuer bekommen, einmal sollen sogar 16 Mann – zwei Abteile – durch Handgranaten getötet sein. [...] Ferner hat ein U-Boot unsern größten Kreta-Dampfer torpediert, zum Glück bei schwerer See nur das Heck getroffen. 200 Urlauber befanden sich an Bord. Von unserer

---

416 Vgl. DTA, Serie 2131, Tagebucheinträge von Anton G. vom 27.8.1942, 7.9.1942 und zwischen 13. und 18.10.1942.

Abteilung sind zwei Mann ertrunken, ein dritter liegt mit Wirbelsäulenbruch im Lazarett. Alle Urlauber sollen also nur noch fliegen.«[417]

Wie die gewählten Beispiele zeigen, setzt sich der Abschnitt mit den Eindrücken der Soldaten auseinander, die sie im Rahmen des Betreuungssystems während Wehrmachttransporten sammelten. Faktoren der Gratifikation, von Überwachung und Steuerung interessieren ebenso wie die Bandbreite autonomer Handlungsoptionen, die sich Fronturlauber unterwegs suchten, schufen oder im Normbruch erzwangen. Gewiss wirkten einerseits hemmende kameradschaftliche Dynamiken unter den Reisenden fort. Doch war andererseits ein »gewisses Maß an Dispens von Moral, Recht und Disziplin unverzichtbares Elixier der totalitären Institution Militär«. So halfen sich die vorübergehenden »Schicksalsgemeinschaften« auf Zwischenbahnhöfen und in Etappenstädten immer wieder, Schlupflöcher zu finden, genauso wie sie es im sozialen Gefüge des Militärs als »Deckungskameradschaft« gelernt hatten.[418]

Ein Artikel des *Völkischen Beobachter* (*VB)* vom Juli 1940 vermittelte demgegenüber einen Eindruck davon, wie sich die Machthaber eine Urlaubsreise idealerweise vorstellten: So ließ der Mitreisende Gustav S. zwar durchblicken, dass ihn bei dem Gedanken ein seltsames Gefühl beschlich, sich auf der mehr als 3.000 Kilometer langen Fahrt von Narvik nach Berlin über mehrere Tage und Nächte auf ein kleines Abteil beschränkt zu wissen. Schließlich durfte sich der Schreiber nicht unglaubwürdig machen.[419] Doch kaum im Zug, sah alles »bunt und sehr gemütlich« aus. Die Enge, die je drei Männer auf jeder Bankreihe – die nur für zwei gedacht war – verursachten, die herunterhängenden Mäntel, Röcke, Rucksäcke und Koppel mit Pistolen, »rhythmisch sich wiegenden Pelze, klappernde Essgeschirre, Feldflaschen, Gasmasken, schwingende Pakete und Mützen«, alles schuf eine behagliche Atmosphäre. Dazu trug auch die gute Verpflegung aus dem Küchenwagen bei. Und da jeder etwas gehamstert hatte, wurde aus dem Frühstück mit Kaffee, Tee, Butter und Brot »ein zweites und drittes Frühstück mit Krabbenpaste, Ölsardinen, Wurst und Fleisch«. Mittags wurde eine »dicke, fleischige Nudelsuppe« gereicht, gefolgt von einem üppigen Abendbrot. Vergessen waren die »lähmenden« und »narkotisierenden« Anfahrten von den Einheiten bis zum Einsteigebahnhof. Auch der Bann untereinander war mittlerweile gebrochen: »Nur drei vier Mann kennen sich [...] – sonst sind wir uns neu, aber nicht fremd. Je weiter die Heimat entfernt ist, desto enger ist das Gefühl der Zusammengehörigkeit.« So war man schnell dabei, sich von

---

417 MSPT, Serie 3.2002.8610, Briefe von Karl K. vom 12. und 13.10.1942 sowie vom 3.10.1941.
418 Kühne, Kameradschaft, S. 116, S. 120.
419 BArch-MA, RH 53-18/186, *VB*, Artikel »Heimkehr aus Narvik«, Juli 1940; Baird, Propaganda, S. 18-23, S. 175-179.

REISEWEGE   137

der Familie, Eltern, Geschwistern, Frauen und Kindern zu erzählen und Fotos zu zeigen. Kameradschaftlich löste man sich in der mit einer Wolldecke improvisierten Hängematte ab, einer »himmlisch einwiegenden Lagerstatt«. Eine Ziehharmonika, Dauerskat und ein »Flohzirkus« sorgten für Abwechslung: ein Schauspiel, an dem sogar die Feldgendarmerie teilhaben wollte. Gegen Abend schließlich waren die Männer, die sich erst »von Süd nach Nord« gekämpft hatten, um sich dann »unermüdlich im pünktlichen Dienst zu stählen«, über ihrer Lektüre eingeschlafen, während der Zug weiter Richtung Heimat rollte.[420]

Ganz so harmonisch ging eine Urlaubsreise in der Realität kaum vonstatten. Insbesondere fällt es schwer zu glauben, dass sich die Strapazen, die mit solch einer langen Fahrt verbunden waren, durch kameradschaftliches Wohlwollen einfach auflösten. Einen völlig anderen Eindruck seiner Urlaubsreise von Norwegen ins Deutsche Reich zeichnete im Januar 1942 ein Gefreiter, nachdem er in britische Kriegsgefangenschaft geraten war:

»Von Norwegen auf Urlaub ist Scheiße, du bist ja glattweg viereinhalb Wochen unterwegs. Erst mit einem Schiff – sonntagabends um acht Uhr abgefahren, ich war nachts um drei in Eid, von Eid Montagmittag weiter mit L. K. W. nach Dombas, Montagabend in Dombas. Da hielt man sich zwei Tage auf. Donnerstag von Dombas nach Oslo. Oslo einen Tag Aufenthalt. Sonnabendmorgens von Oslo geschwebt, dann waren wir nachts um zwei sowas in Trälleborg. Dann mit der Fähre nach Saßnitz, um halb zehn ging es weiter. Da hatte ich in Berlin gleich Anschluss und war abends um halb zwölf in Bielefeld. Da war ich genau acht Tage unterwegs. Achtzehn Tage ist der Urlaub, geht aber ab Oslo. Ich hatte Urlaub vom 13.-30. September. Ich musste am 29. ungefähr um 3 Uhr nachmittags fahren, um wieder rechtzeitig dienstagmittags […] die Fähre gesperrt. Ach Gott! Dann mit der Bahn nach Hamburg, Flensburg, durch Dänemark bis Nyborg […], wieder mit dem Zug nach Kopenhagen, Schweden mit der Fähre, in den Zug hinein in Schweden, dann Norwegen nach Oslo. […] Norwegen ist schön, wenn man in normalen Zeiten mit K. d. F. auf vierzehn Tage hinfahren kann und dann bleiben kann, wo es einem gefällt. Aber wenn man dauernd – wir sind Mitte Mai gekommen. Und Urlaub, ach! Wie lange man fährt!«[421]

Der Zellenkamerad erwiderte, dass viele der österreichischen Gebirgsjäger, die in einer der nördlichsten Ortschaften Norwegens, in Hammerfest, stationiert waren, gänzlich auf Urlaub verzichteten, da sie vor den Anstrengungen der

---

420 Vgl. ebenda.
421 TNA, Listening Reports on Prisoners of War from Navy, Military and/or Air Force mixed TNA, WO/208-4160, SRX 654, Gesprächsprotokoll vom 5.1.1942.

Fahrt zurückschreckten und dem ungewohnten Transport über Wasserwege mit großer Skepsis gegenüberstünden.[422]
Die schon eingangs erwähnte Verlegung des Artilleristen Erich Karl Maria R. von Frankreich an die Ostfront über die Jahreswende 1941/42 hält noch weitere Eindrücke über den Wehrmachtreiseverkehr bereit. Wenn auch in zunächst umgekehrter Richtung, führte ihn sein Weg über dieselben Stationen wie die Urlauber, die ihm nach Westen entgegenkamen. Da er zu diesem Zeitpunkt keiner Einheit angehörte, sondern als Einzelreisender unterwegs war, musste er dieselben Kontrollen über sich ergehen lassen und war in gleichem Maße auf Versorgung und Betreuung angewiesen. Nachdem sein Zug in den frühen Morgenstunden des zweiten Weihnachtsfeiertages 1941 den Schlesischen Bahnhof in Berlin verlassen hatte, erreichte R. gegen Mittag Frankfurt an der Oder. Während die Lokomotive gewechselt wurde, fasste er Kaffee. Am Sonntag erhielt er ein Quartier in der Frontsammelstelle in Warschau, wo laufend neue Einteilungen erfolgten. Zu diesem Zeitpunkt befanden sich bei ihm nur noch drei bekannte Männer aus seinem »alten Haufen«. Am Dienstag, dem 30. Dezember, wurde ihnen mitgeteilt, dass es an die Ostfront ging. Bis dahin hatten sie sich die Zeit mit einem Stadtbummel durch Warschau vertrieben und das Soldatenkino besucht. Tags darauf bekamen sie Marschverpflegung, und die Fahrt ging weiter. Diesmal mit einem leeren Lazarettzug, der aus umgebauten D-Wagen bestand. Statt der unbequemen Bänke waren doppelstöckige Betten eingebaut – »jeder bekommt ein Bett!« – allerdings durften sie im Zug nur in Socken umhergehen.[423]
Am Donnerstag, den 1. Januar 1942, passierten sie kurz nach Mitternacht die russische Grenze. Während des Aufenthalts in Baranowitschi machte R. eine Rotkreuzstation ausfindig und aß zum ersten Mal seit acht Tagen warme Suppe. Nach zwei weiteren Tagen Fahrt kam es zu einem längeren Zwischenhalt in Orscha, weil die Zugmaschine liegen geblieben war. Von seinem Stockbett aus hauchte R. »Gucklöcher« in die vereisten Fensterscheiben und beneidete die Russen um ihre »dicken Pelze und Filzstiefel«, während er immer noch Sommeruniform trug. »Ulkig« sahen die anderen Loks aus, mit ihren Holzverschalungen um Zylinder, Luft- und Wasserpumpe, »alles dick mit Eis gepanzert und tausende Eiszapfen« daran. Da auch am nächsten Tag die neue Zugmaschine auf sich warten ließ, wurde ihm und seinen Kameraden immer kälter, und ohne eine Rotkreuzstation gab es nur kaltes Wasser zu trinken. Plötzlich ein heftiger Stoß: Splitterndes Glas und Holz wirbelten durch die Luft. Ein einfahrender Güterzug rammte den stehenden Zug. Ein Wagen wurde aus

---

422 Ebenda, TNA, WO/208-4158, SRX 212, Gesprächsprotokoll vom 25.3.1941.
423 IfZ-Archiv, ED 939-D, Tagebucheinträge vom 26. bis 31.12·1941.

der Spur geworfen, jedoch von einem Signalmast davor bewahrt umzukippen. Somit gab es »nur Prellungen und Schnittwunden«. Wegen der Reparaturen erreichten sie Smolensk erst am frühen Dienstagmorgen des 6. Januar 1941.[424] Dort nahm Erich Karl Maria R. Quartier in Bahnhofsnähe bis zum Nachmittag des Folgetages. Leider musste er den »schönen Lazarettzug« verlassen, der mit Verwundeten zurückfuhr. Danach wanderte er über die große Eisenbahnbrücke hinüber in die Stadt. »90 % liegen in Trümmern. Über den Dnjepr führt statt der gesprengten eine provisorische Holzbrücke in die Altstadt. Auf der Hauptstraße doller Verkehr von Wehrmachtfahrzeugen, Panzern usw. Als die letzte Abendsonne auf den Goldkuppeln der Kathedrale glänzt, bummle ich zurück in die rauchige und verlauste Unterkunft«. Am nächsten Tag blieb Zeit, die Kathedrale von innen zu besichtigen. Den Artilleristen faszinierten die vergoldeten Stuckaturen und der reich verzierte Altar. Ihm fiel auf, dass die Reste der russischen Bevölkerung seit der deutschen Besatzung täglich die griechisch-orthodoxe Messe besuchten. Vor der Kirche bettelten alte Frauen um Brotreste, und den Aufgang von der Straße flankierten zwei deutsche »Tanks aus dem 1. Weltkrieg«.[425]

Nachmittags ging es weiter, mit tschechischen Waggons auf russischer Spurweite. Der Zug hielt nur noch an Wasser- und Feuerholzstellen. Bei 45 Grad Kälte und »ohne Winterklamotten« erreichte der Trupp am Freitag, den 9. Januar 1942, um zwei Uhr morgens Roslawl: »Unterkunft in einer miesen Holzbude, total überfüllt mit Durchreisenden und Versprengten. Sie sitzen dicht gedrängt auf ihrem Gepäck oder den Holzpritschen und geben sich der uns noch höchst ungewohnten Tätigkeit des Lausens hin.« Abends drängte eine Gruppe Infanteristen in die Unterkunft, um sich dort zu sammeln. Sie waren an der Front »zersprengt« worden. Es fehlten ihnen teilweise Gepäck und Waffen. R. wurde klar, dass hier andere Bedingungen herrschten als im Westen: »Auf den Gleisen läuft alle paar Stunden ein Zug mit gewöhnlichen Güterwagen ein, Schwerverwundetentransporte, die ohne Heizung, ohne Begleitpersonal tagelang tagelang durch den [...] Winter fahren. Kaum hält der Zug gehen Sanitäter von Waggon zu Waggon, um die inzwischen Gestorbenen aus den Wagen zu schaffen.«[426]

Am Samstag, den 10. Januar 1942, erneuter Aufbruch. Ausgestattet mit Marschverpflegung und einer Flasche Kaffee, ging es mit 30 Mann unter der Leitung eines Unteroffiziers als Transportführer weiter nach Juchnow. Das lag an der »Rollbahn I« in Richtung Moskau. Da alle Fahrzeuge voll beladen

---

424 Vgl. ebenda, Tagebucheinträge vom 1. bis 6.1.1942.
425 Vgl. ebenda, Tagebucheinträge vom 6. und 7.1.1942.
426 Vgl. ebenda, Tagebucheinträge vom 7. bis zum 9.1.1942.

mit Munition nach vorne preschten, ergatterte R. mit 18 anderen erst nach einigen Stunden einen Platz auf der Ladefläche eines LKW. »Wir hocken in den unmöglichsten Stellungen und können fast kein Glied rühren. Durch die Planen pfeift der Sturm, binnen kurzem ist alles voll feinem Schnee, wir frieren wie die Hunde. Bei dem fürchterlichen Gestoße fallen wir immer wieder durcheinander oder quetschen uns zwischen der Ladung [...]. Am Straßenrand zerschossene Panzer beider Armeen, unzählige Autowracks und immer wieder steifgefrorene tote Russen.« Bis zum Einbruch der Nacht hatten sie 80 Kilometer zurückgelegt. Dann war Schluss, weil die Rollbahn wegen sowjetischer Gegenangriffe vorübergehend gesperrt wurde. »Verfroren und steif«, versuchte der Trupp sich in einem der umliegenden Häuser aufzuwärmen und verlor dabei den Anschluss an seine Kolonne. Also ergatterten sie erneut Plätze, diesmal in einem erbeuteten französischen LKW und einem kleinen Mercedes. Nachdem die Fahrzeuge dreimal im Schnee stecken geblieben, siebenmal die Benzinzuleitung notdürftig repariert und viermal der lecke Kühler erst mit Schnee, dann mit Petroleum nachgefüllt worden waren, erreichten sie kurz nach Mitternacht Juchnow.[427]

Von ihren Kameraden keine Spur. Zwar durften sie sich über Nacht in einem Dienstzimmer der Ortskommandantur gegen die Kälte schützen. Da sie jedoch keinen Marschbefehl bei sich trugen, bekamen sie nirgends Verpflegung und bettelten in einigen Behelfslazaretten nach Brotresten. Schließlich trafen sie einen Kameraden, der sie in die Unterkunft, einen »dunklen Keller mit spärlichen Strohresten«, führte. Dort erfuhr R., dass die Abteilung, zu der sie als Ersatz kommen sollten, inzwischen 40 Kilometer »rückwärts im Erdkampf« lag. Feldgendarmen dirigierten sie weiter. Die Gruppe teilte sich abermals, da kein LKW Platz für alle bot. »Nach 30 Kilometern fragen wir in jedem kleinsten Kaff, aber keiner kennt den gesuchten Ort. – Viele Straßenstücke werden mit hohem Tempo durchfahren, da sie der Russe einsieht und jeden einzelnen Wagen mit Schrapnells verfolgt – Teilweise kriegen wir sogar Mg-Beschuss.« Bis zum Abend hatten sie sich 160 Kilometer von Juchnow entfernt, ohne ihre Kameraden zu finden. In einer Krankensammelstelle legten sie sich in die Ecke eines »zwar kalten, aber mit Stroh ausgelegten Raumes schlafen.« Erst am nächsten Tag trafen sie – zurück an der Rollbahn – auf einen Luftwaffenwagen, dessen Fahrer zufällig zu der Einheit gehörte, zu der sie wollten und der ihnen den Weg erklärte. Als Erich Karl Maria R. nach weiteren Zwischenaufenthalten am Mittwoch, den 21. Januar, »endlich« seine Artilleriestellung bei Ramino erreichte, hatte »die Versetzung von Le Havre hierher 32 Tage!« gedauert.[428]

427 Vgl. ebenda, Tagebucheinträge vom 9. bis zum 11.1.1942.
428 Vgl. ebenda, Tagebucheinträge vom 12. bis zum 21.1.1942.

Die Länge dieser Reise war in weiten Teilen der russischen Gegenoffensive an der Ostfront geschuldet, wodurch die deutsche Kriegsführung in ihre erste große Krise stürzte. Dies hatte chaotische Verhältnisse im Transportsystem zur Folge. Für den gleichen Zeitraum war allerdings die Aufhebung der Urlaubssperre avisiert worden. Nahezu parallel bereiteten sich die Dienststellen in den rückwärtigen Gebieten ebenso hektisch wie notdürftig auf die Versorgung und Unterbringung erhöhter Zahlen an Durchreisenden vor.[429] Vor diesem Hintergrund beschreiben die Notizen von Erich Karl Maria R. wichtige Eindrücke, die Heimaturlauber während ihrer Fahrt auf ähnliche Weise erlebten. Es wird deutlich, in welchem Maße bei längeren Aufenthalten in Etappenstädten und Durchreiseorten Freiräume existierten, die neben Einkaufsmöglichkeiten, Kino- und Theaterbesuchen Gelegenheit zu Begegnungen mit der einheimischen Bevölkerung boten. Entsprechende Kontaktmöglichkeiten bestanden auch in unmittelbarer Nähe zur Front, wo die Suche nach einer warmen Unterkunft gelegentlich mit »Requirierungen« einherging und sich die Menschen gegenüber Soldaten rasch in rechtsfreien Räumen wiederfanden. Je nach Grad der Aufmerksamkeit erfuhren die Soldaten die Schattenseiten der deutschen Schreckensherrschaft im Osten, etwa die Folgen der Hungerpolitik.[430] Für die vorliegende Untersuchung ist entscheidend, dass die Urlauber diese Eindrücke, die durchaus weitere Gräuel beinhalten konnten – wie die Forschungen zum »Exekutionstourismus« belegen –, frisch mit in die Heimat trugen. Die Handlungsbandbreite reichte von kommunikativer Multiplikation der Erlebnisse bis zum inneren Rückzug gegenüber den Angehörigen.[431] Weitere Beispiele zeigen, dass die Soldaten das Betreuungs- und Überwachungssystem von Wehrmacht und Partei bisweilen kritisch reflektierten. Ebenso thematisierten sie die Gefahren und die in Frontnähe steigenden Strapazen im Zusammenhang mit Urlaubsreisen.

429 Vgl. BArch-MA, RH 23/228: Besprechungsnotiz zwischen Korück 582 und AOK 9 vom 29.11.1941 sowie Dienstanweisung an den Kommandeur für Urlaubsüberwachung vom 6.12.1941; Bericht »Vorbereitungen für Urlauberverkehr« bei Korück 582 und AOK 9 vom 2.12.1941; Berichte des Stabsquartiers des Korück 582 vom 5. und 12.12.1941; Bericht über die Besichtigung der Unterbringungslager durch General Schellbach am 13.12.1941; Besprechungsnotiz beim Kommandanten des rückwärtigen Armeegebietes 582 über den Urlauber- und Einzelreiseverkehr vom 15.12.1941; Bericht des Kommandeurs für Urlaubsüberwachung vom 22.12.1941.
430 Vgl. Kunz, Charkow, S. 136-144.
431 Vgl. Donsbach, Schweigespirale, S. 7–34.

Strapazen, Partisanen und Luftangriffe

Die Urlauber, die von ihren Feldtruppenteilen aufbrachen, mussten als Erstes den nächstgelegenen Bahnhof erreichen. Es war keineswegs geregelt, mit welchem Transportmittel dies geschehen sollte. Mit einem Schlitten etwa kämpfte sich der Soldat Willy Reese durch tiefen Schnee, als er Anfang 1943 Heimaturlaub von der Ostfront bekam. Wie er notierte, spürte er die Kälte unter seinen Füßen kaum, da er den Aufbruch mit großer Freude erlebte und glücklich war, sein Schreibzeug bei sich zu führen.[432] Häufiger brachen die Urlauber mit Kraftfahrzeugen auf. Dass die Urlauber selbst zusehen mussten, wie sie vorankamen, zeigt ein Tagesbefehl der Armeegruppe »Ruoff« (AOK 17) vom 2. September 1942: »Für sämtliche Kfz. [Pkw. und Lkw.] die nach rückwärts fahren, ist es kameradschaftliche Pflicht, Urlauber in ihren Fahrzeugen bis zum Anfangsbahnhof der Urlauberzüge oder zur nächsten Bahnstation mitzunehmen.«[433] In Ausnahmefällen existierte gemäß einem Fernschreiben des Generals z. b. V. die Möglichkeit, rückwärtig eingesetzte Urlauber in Kraftwagen zur Reichsgrenze zu bringen. Allerdings mahnten die Heeresstreifen bald Missbrauch an, weil damit die Bestimmungen zur Beurlaubung mit Platzkarten umgangen wurden. Um die Quoten zu erhöhen, hatten Einheitsführer pauschal Urlaub mit dem Vermerk »Hin- und Rückfahrt im Kfz. gewährleistet« erteilt. Das führte zu einer »Überbevölkerung« der Straßen mit Urlaubern, die vergeblich Mitfahrgelegenheiten suchten.[434] Die Regel war der Transport mit der Bahn. Die Einheitsführer waren dafür verantwortlich, dass die Soldaten den Zug mit der Nummer erreichten, der auf ihrer Platzkarte eingestempelt war. Ansonsten wurden sie zurückgeschickt. Wenn der Einsatzort weiter entfernt war, legten sie meist eine gewisse Strecke mit einer lokalen Bahn bis zum eigentlichen Urlauberzug zurück. Die Reisenden waren folglich »eingehend zu belehren, dass Abfahrtstag des Zuges vom Ausgangsbahnhof [...] und der Zusteigetag am Zusteigebahnhof nicht übereinstimmen müssen«.[435] Da bereits beim Umsteigen aus den Zubringer- in die Urlauberzüge erhebliche Schwierigkeiten und Verstöße gegen die Disziplin auftraten, bestimmte bald jede Division einen Transportführer. Dieser sammelte die Urlauber auf dem Ausgangsbahnhof des Zubringerzuges und führte sie geschlossen zum Abfahrtsbahnhof. Häufig nahmen die Urlauber hier bereits ihren ersten Aufenthalt, weswegen

---

432 Vgl. Reese, Mir selber seltsam fremd., S. 141-146.
433 BArch-MA, RH 20-17/542, Tagesbefehl Nr. 17, Armeegruppe Ruoff, Abt. II b – Az. 13 z vom 2.9.1942.
434 Vgl. BArch-MA, RW 41/75, Bericht des Kommandeurs des Heeresstreifendienstes an den Wehrmachtbefehlshaber Ostland vom 13.8.1942.
435 Vgl. BArch-MA, RW 41/18, Fernschreiben des Wehrmachtbefehlshabers der Ukraine an den Chef der Feldtransportabteilung im OKH vom 3.7.1942.

genügend Betreuungs- und Übernachtungseinrichtungen bereitstehen sollten. Die zuständigen Heeresstreifen meldeten entsprechende Mängel. Hatte das Personal des Bahnhofsoffiziers die Reisepapiere aller Urlauber geprüft, setzte sich der Zug in Richtung Heimat in Bewegung.[436] Je nach Einsatzort folgte nun eine Phase, in der sich Fahrtzeiten, meist über mehrere Tage, mit unterschiedlich langen Aufenthalten an den Zwischenbahnhöfen abwechselten. Wenngleich die Propaganda dies als gemütliche Ausflugsreisen präsentierte, fühlten sich die Urlauber nicht zwingend sicher. Bis zur Reichsgrenze bestand eine ernst zu nehmende Gefahr durch Partisanen. Zudem rechneten die Urlauber mit Luftangriffen. Der Ernst dieser Bedrohungen sorgte für reichlich Gesprächsstoff unter den Kameraden und mit Angehörigen. Eine Beschreibung des Obergefreiten Walter L. verdeutlicht dies. Sie wurde nach seiner Gefangennahme im amerikanischen Abhörlager Fort Hunt aufgezeichnet:

»In Polotschin da hörte ich folgende Geschichte – die ich nicht nachprüfen kann – aber ich habe die zwei Busse gesehen. Da sind ca. 100 Offiziere von Vitebsk auf Urlaub gefahren. Und zwar wollten die schneller und sicherer als mit der Eisenbahn fahren und haben sich in Autobusse gesetzt. [...] Beide Busse wurden von Partisanen überfallen, ausgebrannt und die Offiziere verschleppt. Man hat nie wieder einen von denen gesehen. Die beiden Busse habe ich, wie ich nach Orscha zurückgefahren bin auf der Rollbahn liegen sehen.«[437]

Ein ähnlicher Gesprächsmitschnitt des Matrosengefreiten Helmuth K. legt nahe, dass sich Vorfälle dieser Art nicht auf die Ostfront beschränkten. Seine Erlebnisse aus Frankreich enthüllen zugleich die deutschen Gegenmaßnahmen:

»In Lorient arbeitet die Polizei Hand in Hand mit der Feldgendarmerie. – Die Franzosen machen das so, dass man das nie rauskriegt. [...] Und da haben sie auf der Strecke gelegen. Und der Express von Paris nach Brest ist vorgefahren. Und den haben sie erwischt, den haben sie gesprengt. Das ganze Ding ist in die Luft gegangen. Da hat es viele Tote gegeben. Da war nur ein Wehrmachtswagen daran. Denen ist auch fast nichts passiert. Aber auf den ersten Schienen ist kein Wagen ganz geblieben. Und da sind nicht

---

436 Vgl. BArch-MA, RH 20-17/541, Verfügung des AOK 17 zur Regelung des Urlauberverkehrs vom 18.4.1942; Bericht Hauptmann Schneider, Führer der Gruppe Heeresstreifendienst beim AOK 17, an General z.b.V. bei der Heeresgruppe Süd, 15.6.1942; BArch-MA, RH 23/228, Tagesbefehl des AOK 9 zur Beförderung Einzelreisender Soldaten in den besetzten Ostgebieten vom 8.12.1941.
437 Vgl. NARA, RG 165, Entry P 179 (B), Box 588, Room Conversation 14.8.1944.

viele lebend geblieben. Und da ist man nun eingeschritten. Jetzt sind auf der ganzen Strecke alle hundert Meter Posten. [...] Aber diese Sabotagekerle erwischt man nie. Ein einziges Mal haben sie 12 Mann geschnappt. Denen sind sie in den Rücken gefallen. [...] Und von der Zeit an waren unsere auch auf Draht. Da sind sie jetzt mit der 2 cm durch die Gegend gefahren. Da haben sie den ganzen Bahndamm, längs der Straße, wo sie gut fahren konnten, dauernd auf und ab gefahren. Und teilweise Strecken mit Scheinwerfern beleuchtet. Und trotzdem haben es die Kumpels noch gemacht. Genau wie Schlageter.«[438]

Immer wieder berichteten Gefangene, wie Urlauber von Partisanen gefangen genommen und anschließend von ihnen rekrutiert wurden. Andere beschäftigte die Gefahr durch feindliche Flieger, die über den Schienen lauerte.[439] Die Wehrmacht kannte die Bedrohungen und erließ Anordnungen, wie sich Fronturlauber bei Partisanenüberfällen und Luftangriffen verhalten sollten. Die »Vorläufigen Richtlinien für Sicherungsmaßnahmen der Truppentransporte und Urlauberzüge in bandengefährdeten Gebieten« vom April 1943 bestimmten, jeder Urlauberzug habe ständig als »abwehrbereiter Kampfverband einsatzfähig« zu sein. Die bisher »empfindliche[n] Objekte« sollten durch »energische Gegenmaßnahmen abschreckend auf die Bandentätigkeit« wirken.[440] Fortan ernannten die Heeresgruppen tatkräftige, kampferfahrene Offiziere. Als Zugkommandanten begleiteten sie die Urlauberzüge zusätzlich zu den Transportführern. Ihre Aufgabe war es, den Zug in ständiger Abwehrbereitschaft zu halten. Sie bemannten die Luftschutzwagen, die auch gegen »Erdbeschuss« eingesetzt wurden, und statteten die Züge mit mindestens zwei schweren Maschinengewehren und ausreichend Munition aus. Ferner sollten sich stets Handgranaten, Leuchtpistolen, Verbandzeug, Feldsprecher und Feldfernkabel sowie Pioniermaterial im Fall von Gleissprengungen an Bord befinden. Für jeden Waggon wurde ein Wagenkommandant bestimmt, der wiederum Beob-

---

438 NARA, RG 165, Entry P 179 (B), Box 592, Room Conversation 23.7.1944; Albert Leo Schlageter war Soldat im Ersten Weltkrieg und gehörte mehreren Freikorps an. Wegen seiner Sabotage- und Spionagetätigkeit während der Ruhrbesetzung durch Frankreich wurde er zum Tode verurteilt. Dies machte ihn in den Augen vieler Nationalsozialisten zu einem nationalen Märtyrer.
439 Vgl. NARA RG 165, Entry 179, Box 601, Room Conversation 23.7.1944; Box 555, Room Conversation 14.5.1944, 17.35 Uhr.
440 http://wwii.germandocsinrussia.org/de/nodes/900-akte-78-vorlaufige-richtlinien-des-okh-fur-sicherungsmassnahmen-der-truppentransporte-und-urlaub#page/1/mode/grid/zoom/1: Beuteakten in russischen Beständen, Bestand 500, Findbuch 12451 OKH, Akte 78, »Vorläufige Richtlinien für Sicherungsmaßnahmen der Truppentransporte und Urlauberzüge in bandengefährdeten Gebieten« vom 15.4.1943 (letzter Zugriff 30.9.2017).

achtungs- und Sicherungsposten einteilte. Weiter gab es einen Kommandeur für jede »Zugfront«. Bei Beschuss mussten sich die Urlauber zunächst auf den Boden werfen, bei Entgleisungen hatten sie den Zug zur feindabgewandten Seite zu verlassen und mit der persönlichen Ausrüstung zu sichern. Merkblätter informierten die Reisenden vorab. Während der Wartezeiten an den Bahnhöfen wurden zudem Probealarme durchgeführt – die Kommandeure zur Urlaubsüberwachung prüften dies nach.[441]

Die Beförderung von Urlaubern erlangte zusehends Einsatzcharakter mit regelmäßigem militärischen Drill, nicht nur im Osten. In Italien etwa nahmen die Wehrmachttransporte infolge der alliierten Luftüberlegenheit ab der zweiten Jahreshälfte 1943 immer chaotischere Züge an. Ein Schwachpunkt war die Route über den Brenner: Da regelmäßig Gleise zerstört und Züge angegriffen wurden, zogen lokale Kommandeure Urlauber zu Reparaturarbeiten heran. Durch die Verzögerungen stauten sich Reisende an den Unterwegsbahnhöfen, was sich nachteilig auf die Betreuung und Bewachung auswirkte. Die Wehrmacht wich folglich stärker auf Lastkraftwagen aus, doch zeigte diese Reaktion nur begrenzten Erfolg: zusätzliche bewegliche Verpflegungs- und Bevorratungsstellen waren nötig, ebenso eine bessere Beschilderung kleiner Nebenwege, und es war Material für Straßenausbesserungen heranzuschaffen. Gleichfalls nahm der kaum kontrollierbare »Anhalterverkehr« zu. Dadurch wiederum stiegen die registrierten Fälle von »Drückebergerei« und wildem Umhertreiben in den Etappenstädten.[442] So erwogen der Kommandeur für Urlaubsüberwachung und der Führer der Frontleitstelle in Bologna, wo sich regelmäßig zwischen drei- und viertausend »Rückurlauber« stauten, die Posten von Heeresstreifen und Feldgendarmerie so zu organisieren, dass die Soldaten die Bahnhofsgebäude und Betreuungseinrichtungen nicht mehr verlassen konnten.[443] Immer häufiger und überall sahen Heimreisende zurückkehrende Urlauber im Rücken der Front »festsitzen«. Wenn möglich, tauschten sie Informationen über die Situation in Deutschland und die aktuelle Lage an der Front aus.

Abgesehen von Sabotageakten durch Partisanen und feindliche Luftangriffe, brachten die »begrenzten« deutschen Rückzüge den Transport ins Stocken: Wenn die Fronten in Bewegung gerieten, konnten die Einheiten meist nicht

---

441 Ebenda.
442 Vgl. BArch-MA, RH 48/43, Tätigkeitsberichte der Heeresstreifen und Frontleitstellen im Bereich des Oberbefehlshabers Südwest (Obkdo. d. H.Gr. C) General z. b.V. vom 1.7.1944 bis zum 31.12.1944.
443 Vgl. BArch-MA, RH 48/46, Tätigkeitsberichte der Kommandeure für Urlaubsüberwachung und der Kommandeure der Frontleitstellen Florenz und Bologna im Bereich des Oberbefehlshabers Südwest zwischen Januar und Juni 1944.

unmittelbar ausfindig gemacht werden.[444] Infolge dieser Umstände hielten lokale Kommandeure die Urlauber im rückwärtigen Gebiet absichtlich zurück. Die Armeen richteten »Meldeköpfe« ein, um zurückkehrende Soldaten rascher zu finden. Klagen über die »unhaltbaren Zustände« rissen nicht ab. Die Abteilung II a der 86. Infanteriedivision im Norden der Ostfront beschwerte sich im Oktober 1943 beim AOK 2, dass an »irgendwelchen Bahnhöfen [...] die Urlauber ausgeladen, in fremde Einheiten eingereiht und zur Bahnsicherung, zur Bandenbekämpfung, zur Ortsverteidigung und zum Ausbau von Stellungen eingesetzt« werden. Die Abwesenheit von teilweise mehr als acht Wochen sei unannehmbar, da die »ausgeblutete« Truppe breite Frontabschnitte gegen den übermächtigen feindlichen Druck mit Kompaniegrabenstärken von nur sieben oder acht Mann zu halten habe. Der Gefechtsverband warf den rückwärtigen Dienststellen vor, die Urlauber aus »persönlicher Angst« und falschem »Sicherheitsbedürfnis« missbräuchlich in Dienst zu nehmen. Dies untergrabe den »berechtigten Drang« der Soldaten, zu ihren Einheiten zu finden. Ebenfalls monierte die Division eine Aufweichung des Kontrollsystems: »Die Tatsache, daß Offiziere, um ungehindert zu ihrer Truppe durchzukommen, bei der Brücke von Lojew sich in eine Decke gehüllt und damit dem Zugriff fremder, höherer Offiziere entzogen haben, beweist jedenfalls, daß die Möglichkeit, sich einer Kontrolle zu entziehen, durchaus bestanden hat. Bei Leuten, die [...] bei der Truppe eintreffen, ist nicht mehr festzustellen, ob sie dauernd ordnungsgemäß unter Aufsicht gestanden haben.« Als Reaktion darauf befahl das AOK mehrfach, alle festgehaltenen Urlauber unverzüglich in Marsch zu setzen. Dennoch wiederholten sich die Fälle noch über Monate hinweg. Letztlich konnten derartige Vorkommnisse zu keiner Zeit gänzlich abgestellt werden.[445]

Innere Transformation und Aktionsradien

Je weiter sich die Urlauber von der Kampfzone entfernten, desto ungestörter konnten und sollten sie ihre Gedanken auf die Ankunft in der Heimat richten. Die NS-Presse begleitete die Soldaten mittels Frontzeitungen auf diesem Weg und steuerte so ihre Realitätsdeutung. Die Berichte spiegeln wider, dass die Führung durchaus eine Vorstellung von den inneren Spannungen besaß: Die Widersprüche, die aus den gegensätzlichen Sozialisationsräumen Front und Fa-

---

444 Vgl. BArch-MA, RH 48/53, Kriegstagebuch Nr. 11 des Kommandeurs der Frontleitstellen beim Oberkommando der Heeresgruppe Nord, Februar bis Dezember 1944.
445 Vgl. BArch-MA, RH 20-2/744, Fernschreiben der Abteilung II a der Infanteriedivision 86 an das AOK 2 vom 13.10.1943; Fernschreiben des AOK 2 an die Frontleitstellen in ihrem Bereich vom 20.10.1943; Schreiben des Kommandeurs der 4. Panzerdivision an den Oberbefehlshaber der Heeresgruppe Mitte vom 22.11.1943.

milie resultierten, beschäftigten die Soldaten sowohl während der Fahrt in den Urlaub als auch auf dem Rückweg auf spezifische Weise. Einerseits betonte die Propaganda, der Kameradenkreis oder der Einsatzort stelle für viele inzwischen eine »Frontheimat« dar, die bei Urlauben oder Verlegungen mit gemischten Gefühlen verlassen wurde.[446] Andererseits war die Heimreise nicht einfach nur eine Fahrt. Sie war Symbol und Gelegenheit eines seelischen Wandlungsprozesses, den das Regime förderte und den viele Soldaten äußerst zwiespältig durchlebten. Ideale militärischer Männlichkeit, die gerade an der Ostfront »Härte«, »Kälte« und »Mitleidslosigkeit« forderten, sollten nun abgemildert werden, damit die Urlauber zu Hause im Privaten »funktionierten«.[447] Die Zeitungen folgten oft einem ähnlichen Muster: Nach dem »schweren Abschied« von den Kameraden, die für den Soldaten »Ausdruck eines besonderen Heimatgefühls« waren, drehten sich alle Gedanken und Gespräche zunächst um den »alten Wirkungskreis«. Dann lösten sich die Spannungen, »als ob eine gütige Hand mit unsichtbarer Schere einen Schnitt zu dem, was hinter einem liegt, getan hätte«. Allmählich erwachten die Herzen der Soldaten und empfingen die Liebe, die ihnen aus der Heimat entgegenströmte.[448] Der Stil, mit dem das Regime den Soldaten und ihren Angehörigen die staatskonformen Erwartungen vor Augen führte, bewegte sich in aller Regel im Bereich von Gleichnissen. Dennoch deutete die Führung relativ offen an, was sich hinter der Transformation verbarg. Die Grabenzeitung *Die Front* schrieb über das »Tor« der Soldaten zur Heimat: »Rechtschaffen – wo lag draussen die Grenze zwischen Recht und Unrecht – zwischen Grausamkeit und Milde? Ein jeder hatte seine Pflicht getan! Und nun möge sich das Tor öffnen vor denen, die in ungezählt harten Stunden die ferne Heimat mehr geliebt hatten als das eigene Leben. [...] Niemand darf wohl diese Erinnerung mit durch das goldene Tor nehmen, und die daheim sollten auch nie danach fragen.«[449] Offenkundig gehörten Aufgaben zur Pflicht des Soldaten, die traumatisierten, die nicht vergessen oder ungeschehen gemacht werden konnten, die ihn seinen Angehörigen entfremdeten und Sprachbarrieren während des Urlaubs erzeugten. Doch lag das Gebot der Stunde darin, brutalisierende Fronterlebnisse in den Tiefen der Seele zu verbergen und dort weiterzumachen, wo man einst aufgebrochen war. Hermann G. etwa äußerte Angst gegenüber seiner Frau, er könne sich bei

---

446 Vgl. SuStB Augsburg, Gs 2958 -42/60, Soldatenzeitung *Front und Heimat*, Nr. 93 vom 15.10.1944.
447 Vgl. Werner, Soldatische Männlichkeit, S. 45-61; Bloch, Falschmeldungen, S. 197f.
448 Vgl. BArch-MA, RHD 69/44, Soldatenzeitung *Wacht am Kanal*, Artikel »Sehnsucht nach Urlaub« vom 2.3.1942.
449 BArch-MA, RHD 53-54/2, Grabenzeitung *Die Front*, Artikel »Das Tor zur Heimat« vom 4.4.1943.

der Heimkehr wohl nicht mehr so einfach »auf Zivilisation« umstellen. Er und seine Kameraden hätten, seit sie an der Ostfront waren, schleichend sehr raue Sitten angenommen: »Weh den Juden […], diese Rasse ist nach Kriegsende in Europa ausgerottet […]. In den Soldaten des Ostheeres ist die letzte weiche Regung im Laufe dieses Feldzugs verschwunden. […] Hier in Russland zählt ein Menschenleben gar nichts.«[450] Dass die Führung nahezu Unmögliches verlangte und die Reise gerade in ihrer übertragenen Bedeutung einer Gratwanderung glich, tritt an zahlreichen weiteren Stellen zutage. Der Urlauber sollte seine zivilen Instinkte wiederentdecken, aber hatte dennoch seine militärischen Tugenden zu bewahren – er blieb stets Soldat. Der fiktive Gefreite Bollig etwa fuhr im September 1941 mit einem U-Boot von Tobruk in den Sonderurlaub, da er bald Vater wurde. Nichts bedauerte er währenddessen mehr als den ausgebliebenen Feindkontakt.[451] Den Spagat probte die Propaganda ebenso, indem sie die Heeresstreifen als »Freund und Helfer der Soldaten« deklarierte, im selben Atemzug zur Disziplin mahnte und die Bandbreite ihrer Sanktionsmöglichkeiten, als »Männer die gefürchtet werden«, schilderte. Sie suggerierte den Soldaten, die Anordnungen der Zugstreifen dienten keineswegs dazu, die Urlaubsfreude zu dämpfen. Jedoch sei ihnen unbedingt Folge zu leisten: »Als Urlauber musst Du wissen, dass Du zwar schon im Urlauberzug sitzt, Dich also sozusagen frei von militärischem Zwang fühlst, dass dies aber […] kein Grund sein kann, alles Soldatische über Bord zu werfen.«[452] Die Fronturlauber sollten schrittweise wieder mit der heimatlichen – oder ganz allgemein einer zivilisierten – Lebenswelt vertraut werden. Hierzu dienten unter anderem die bereits erwähnten Soldatenheime, die »Inseln der Heimat« oder die Verpflegungsstellen des DRK. Eröffnungsfeiern entsprechender Einrichtungen zeichnete die Presse regelmäßig als »kulturpolitische Ereignisse«.[453]

450 DTA, Serie 1462, Brief von Hermann G. an seine Frau Lore vom 13.2.1942.
451 Vgl. BArch-MA, RHD 69/44, Soldatenzeitung *Wacht am Kanal*, Artikel »Urlaubsreise von Afrika im U-Boot« von Kriegsberichter Wilhelm Brink, 17.9.1941.
452 Vgl. BArch-MA, RHD 69/45, Soldatenzeitung *Wacht am Kanal*, Artikel »Heeresstreife – Augen der Armee. Organ zur Sicherung der Disziplin – Freund und Helfer des Soldaten« vom 17.8.1941; BArch-MA, RHD 69/23, Soldatenzeitung *Der Urlaubsschein*, Artikel »Als Urlauber musst du wissen …«, ohne Datum; BArch-MA, RHD 69/82, Soldatenzeitung *Wacht im Südosten*, Artikel »Halt! Heeresstreife! Männer die gefürchtet werden«, vom 9.9.1941.
453 Vgl. BArch-MA, RHD 53-54, Soldatenzeitung *Die Front*, Artikel »Soldaten in der Oper« vom 6.4.1941; BArch-MA, RHD 69/15, Feldzeitung der 16. Armee *Von der Maas bis an die Memel*, Artikel »Dank der Heimat an ihre Soldaten. Deutsches Theater Lille feierlich eröffnet – Ein Geleitwort von Dr. Goebbels« vom 13.5.1941.

Die realen Erwartungen und Erfahrungen von Soldaten auf der Heimreise waren freilich andere und weit differenzierter. Gerade für den Westen lässt sich lange Zeit eine größere Bandbreite an Handlungsspielräumen nachweisen, etwa in Form von Einkaufsmöglichkeiten, Café- oder Varietébesuchen oder freizügigen Kontakten mit der Zivilbevölkerung. Die durchreisenden Soldaten profitierten von den Angeboten, die in den Etappenstädten für die Besatzungssoldaten vor Ort und für Kurzurlauber aus der näheren Umgebung existierten. Soldat Werner S. berichtete im Dezember 1941 aufgeregt von seiner Stationierung in Caen, von den Sehenswürdigkeiten, von alkoholischen und kulinarischen Genüssen, von den Concert-Cafés und anderen kulturellen Ereignissen.[454] Für Anton G. bedeutete die Versetzung von Belgrad nach Brüssel »Sonnenschein« und nie gekannte Freuden. Obwohl er verheiratet war, lockte ihn die Aussicht, dass jeden Monat zwei Leute seiner Einheit auf Kurzurlaub nach Paris fahren durften: Er verband damit die Hoffnung, Frauen kennenzulernen.[455]

Ego-Dokumente aus anderen Gebieten, insbesondere aus dem Osten, betonen stärker die Strapazen und Gefahren, die mit der Reise verbunden waren. Dennoch gab es auch hier hinter der Front und in der Etappe Möglichkeiten, autonom zu agieren. Während seines Aufenthalts in Riga berichtete der Soldat Geert-Ulrich Mutzenbecher neben Spaziergängen und dem Besuch eines Symphoniekonzerts von einer Damenbekanntschaft, wobei er eingestand, er sei eigentlich nur am Likör des Mädchens interessiert gewesen. Andererseits stießen ihn das wilde »Treiben« und »tolle Benehmen« der Nachrichtenhelferinnen ab. Einmal stand er kurz davor, zweien eine Ohrfeige »runterzuhauen«, und er schämte sich, »daß so etwas deutsche Menschen sein wollen.«[456] GFP-Leutnant Anton G. war dagegen einfach nur froh, als er nach der Fahrt durch verschiedene Bandengebiete sicher im weißrussischen Brest ankam. Eine »langwierige Angelegenheit« stellte dort die Entlausung dar, die sich bis zwei Uhr morgens hinzog. Die nächste Enttäuschung folgte prompt beim Mittagessen, da eine »Eintopfsuppe« serviert wurde, die »alles andere als gut« schmeckte. Immerhin war der Film »Liebeskomödie«, den er sich am Nachmittag samt Beifilm zum Zeitvertreib ansah, wiederum »sehr gut«.[457] Wilhelm Mauss bemerkte positiv,

---

454 Vgl. DTA, Serie 2033, Brief von Bernhard S. vom 7.12.1941.
455 Vgl. DTA, Serie 2131, Tagebucheinträge von Anton G. vom 14.1. und vom 20.2.1942.
456 Vgl. Mutzenbecher, Feldpostbriefe, S. 136-140, Briefe vom 11., 17., 24. und 27.2.1944.
457 Vgl. DTA, Serie 2131, Tagebuch von Anton G., Einträge vom 2. und 3.6.1943; BArch-MA, RW 41/18, Verordnung des Wehrmachtbefehlshabers Ukraine zum Urlaubsverkehr vom 4.7.1942: Sofort nach Eintreffen an den Grenz- und Umsteigebahnhöfen hatten sich Urlauber bei den Kommandeuren für Urlaubsüberwachung zu melden, der die Weisungen für die Entlausung und etwaige Übernachtung erteilte. Weiterbeförde-

nachdem sein Urlaubszug nach kurzem Halt im litauischen Wirballen und dortiger Entlausung weiterfuhr, die Urlauber würden »streng militärisch eingeteilt« und von Unteroffizieren zu ihren Abteilungen geführt, damit »alle an ihren richtigen Platz« kamen.[458] Von seinen Erfahrungen mit Frauen wiederum berichtete ein Matrosengefreiter über seine Zeit in den Niederlanden: »Da waren U-Bootsbesatzungen zur Erholung da. […] Da war ein Betrieb, da waren Frauen. Da hab ich eine kennengelernt, die sprach ziemlich gut deutsch. […] Die wohnte in Den Haag am Bahnhof.«[459] Es sind Erzählungen dieser Art, die von romantischen Eroberungen berichten und die das gängige Bild vom Leben in den besetzten Etappenstädten bis heute prägen. Auch der autobiografische Roman *Die Festung*, in dem Lothar-Günther Buchheim sein Leben als Kriegsberichterstatter schildert, enthält eine solche Anekdote. Demnach habe ein Urlauberzug in Savenay bei Nantes einmal besonders lange gehalten, weil ein Wachoffizier in seinem Urlaub »nicht über Paris hinausgekommen« sei. Nachdem er zwei Wochen in Bordellen zugebracht habe, sei er so erschöpft gewesen, man habe ihn aus dem Zug tragen müssen.[460] Man mag von solchen Geschichten, die nicht selten Klamotten waren, halten, was man will. Fakt ist, Kriegserleben in Form von ausgeübter Gewalt oder erfahrener Todesangst nahm mitunter Einfluss auf das Sexualverhalten der Soldaten. Von Vergewaltigungen einmal abgesehen, reichten die Ausprägungsformen von dem schlichtem Wunsch nach Zärtlichkeit bis hin zu Zwangsphantasien.[461] In den verkehrsreichen Städten der besetzten Gebiete, in denen die Wehrmacht den Großteil ihrer Bordelle eingerichtet hatte, lebten die Soldaten ihre Phantasien aus. Vor allem im Westen, aber auch in bestimmten Städten anderer Besatzungsgebiete, kam eine Vielzahl weiterer Kontaktmöglichkeiten und Annehmlichkeiten hinzu. Dies steigerte den Anreiz des Aufenthalts. In einem Rundschreiben zur Verbesserung der Situation für Fronturlauber in der Heimat kritisierte der Leiter der Parteikanzlei, Martin Bormann, im April 1944:

»Es wurde festgestellt, daß Fronturlauber es teilweise vorzogen, ihren Urlaub in Etappenstädten wie Brüssel, Warschau oder Belgrad zu verbringen. Die Gründe hierfür waren folgende:

1.) In diesen Städten ist nicht mit Alarm zu rechnen.

rung erfolgte nur, wenn der Kriegsurlaubsschein den Vermerk »Frei von ansteckenden Krankheiten« enthielt.
458 Vgl. Mauss, Sanitätsoffizier, S. 582, Tagebucheintrag vom 29.12.1942.
459 TNA, WO/208-4161, SRX 1019, Gesprächsprotokoll vom 19.8.1942.
460 Vgl. Buchheim, Die Festung, S. 86f.
461 Vgl. Neitzel, Soldaten, S. 217-228; Mühlhäuser, Eroberungen, S. 79-84; Beck, Wehrmacht und sexuelle Gewalt, S. 69-91.

2.) Es gibt dort Vergnügungen und Unterhaltungen aller Art.

3.) Man kann dort alkoholische Getränke kaufen.

4.) In jenen Städten ist viel eher als zu Hause die Möglichkeit gegeben, mit den dort eingesetzten deutschen Frauen und Mädchen in noch vorhandenen Unterhaltungsstätten Bekanntschaft zu machen.

Die Schaffung einer guten Geselligkeit für die Fronturlauber ist aus bevölkerungspolitischen Gründen unerläßlich.«[462]

Man kann davon ausgehen, dass sich die angesprochenen Bekanntschaften nicht auf deutsche Frauen beschränkten. Regelmäßig entstanden einvernehmliche wie materiell motivierte Beziehungen zwischen deutschen Soldaten und der weiblichen einheimischen Bevölkerung. Dies traf jedoch hauptsächlich auf Angehörige von Besatzungstruppen zu, weniger auf Etappen-Urlauber und noch seltener auf Durchreisende.[463] Dennoch ist das Dokument aufschlussreich. Es belegt, dass während der Urlaubsfahrt punktuell größere respektive anders gelagerte Handlungsspielräume als in der Heimat existierten. Die Situation war Folge einer Betreuungs- und Überwachungspolitik, die zum Teil inkonsequent zwischen kompensatorischen Zugeständnissen und übertriebener Sanktionierung schwankte. Zudem stellt sich die Frage, wie reibungslos die Zusammenarbeit zwischen Partei und Wehrmacht in den Besatzungsgebieten tatsächlich funktionierte. Bormann beabsichtigte mit seinem Rundschreiben gewiss nicht, was die Ortskommandantur Brüssel im Bereich des Befehlshabers in Belgien und Nordfrankreich gerade einmal zwei Wochen später durchzusetzen versuchte: nämlich die Polizeistunde für Vergnügungslokale zu lockern. Im Einvernehmen mit dem SD und der GFP wollte sie unter Verweis auf die »Ausgehbedürfnisse von Wehrmachtangehörigen« die Sperrstunde zwischen 23.00 Uhr abends und 5.00 Uhr morgens für einige Lokale sogar gänzlich aufheben.[464]

Auch die Tätigkeitsberichte von Feldpolizei und Heeresstreifen zeugen nicht zwangsläufig vom Disziplinierungserfolg des Regimes. Sie belegen eher eine kontinuierlich hohe Bereitschaft zu normüberschreitendem Verhalten bei der gezielten Suche nach Freiräumen. Aufgrund entsprechender Kritik sah sich

---

462 BArch, NS 6/346, Rundschreiben des Leiters der Parteikanzlei 83/44 vom 16.4.1944, Betrifft: »Veranstaltungen für Urlauber: Förderung von Eheschließungen«.
463 Vgl. Röger, Kriegsbeziehungen, S. 15 f.
464 Vgl. BArch-MA, RH 36/117, Schreiben des Verwaltungschefs der Oberfeldkommandantur 672 an den Militärbefehlshaber in Belgien und Nordfrankreich vom 4.5.1944; Antwortschreiben des Militärverwaltungsoberrates im Referat 3 vom 9.5.1944.

zum Beispiel das AOK 6 bereits im Februar 1940 genötigt, das »Auftreten von Urlaubern in Groß- und Etappenstädten« außerhalb des Reiches zu zügeln: Es verbot Wehrmachtangehörigen zunächst den Besuch gewisser Lokale, insbesondere solchen, dessen Besitzer keinen einwandfreien politischen Ruf genossen, die der »Halbwelt« zuzurechnen waren und in denen Musik gespielt wurde, die gegen die »natürliche Würde« verstieß. Es gab kein generelles Tanzverbot, sehr wohl aber mit Barfrauen. Vor der Theke auf Barstühlen zu sitzen, war zumindest in Lokalen verboten, in denen Frauen bedienten. Von Offizieren erwartete das AOK Zurückhaltung beim Tanzen. Heeresstreifen überwachten die Polizeistunde, die im gesamten Armeebereich ab 1.00 Uhr nachts galt. Laut AOK dienten die Bestimmungen zur »Entspannung« der Urlauber. Deswegen sollten die Überwachungsorgane bei der Umsetzung darauf achten, die Soldaten in ihrer Bewegungsfreiheit nicht allzu sehr zu beschneiden. Andererseits war klar, dass sie als Uniformträger stets »im Mittelpunkt des öffentlichen« Interesses standen und das Ansehen der Wehrmacht direkt von ihrem Verhalten abhing.[465] Aus Rumänien meldete der deutsche General beim Oberkommando der rumänischen Wehrmacht im August 1943 gehäufte Fälle, wobei »die Reisenden in Urlauberzügen und Sperrwagen und sogar einzelreisende Wehrmachtangehörige sich in Zügen – teilweise bis auf eine Badehose – entkleiden, in diesem Aufzug den Zug verlassen und sich auf Bahnhöfen, auch der größeren Städte, bewegen.« Weil Missachtung der militärischen Etikette, vor allem von Kleidungs- und Grußvorschriften, an die Auflösungserscheinungen des Ersten Weltkriegs erinnerte, ergriff die Führung sofort Maßnahmen: Sämtliche Streifen und Bahnhofskommandanten mussten fortan darauf achten, »dass Anzugerleichterungen das zulässige Maß nicht überschreiten« und die Urlauber ihre Züge »nur in ordnungsgemäßem Anzug« verlassen.[466]

Die Heeresstreifen beim Wehrmachtbefehlshaber »Ostland« wachten darüber, dass Bordelle in den Etappenstädten nicht zu nahe an Wehrmachtunterkünften, Soldatenheimen oder Hauptstraßen lagen. Gemäß Berichten vom Jahresende 1942 machten die Soldatenheime mehrheitlich einen gut geleiteten und gemütlichen Eindruck und trugen wesentlich zur Hebung der Stimmung der Truppe bei. Dass sich dort einige Fahnenflüchtige über die Zusatzverpflegung ernährten, könne in Kauf genommen werden. Immerhin überprüften

---

465 Vgl. BArch-MA, RH 20-6/704, Tagesbefehl des AOK 6 vom 12.2.1940 zum Auftreten von Urlaubern in Groß- und Etappenstädten.
466 Vgl. http://wwii.germandocsinrussia.org/de/nodes/1150-akte-337-unterlagen-des-chef intendanten-der-deutschen-wehrmacht-in-rumanien-befehle-und-anweis#page/11/mode/inspect/zoom/4: Beuteakten in russischen Beständen, Bestand 500, Findbuch 12451 OKH, Akte 337, Schreiben des Deutschen Generals beim Oberkommando der rumänischen Wehrmacht vom 19.8.1943 (abgerufen am 3.11.2018).

die Streifen mehrmals wöchentlich die Ausweise aller Anwesenden, während Verstärkungsmannschaften die Ausgänge sperrten. Größere Fahndungen richteten sich nach dem jeweiligen Anlass und den örtlichen Verhältnissen. Die Überwachungsorgane lobten weiter die größtenteils gute Rezeption der KdF-Vorführungen seitens der Durchreisenden, lediglich einige Stücke würden aufgrund ihres »unmoralischen Niveaus« abgelehnt. Ein Dauerproblem stellten allerdings mangelhafte Ehrenbezeugungen und das soldatische Auftreten bei Ansammlungen auf Bahnsteigen und in Lokalen dar: Die Streifen gewannen den Eindruck, gerade »der Einzelne« fühle sich nach Einbruch der Dunkelheit nicht mehr »verantwortlich«.[467]

Die Kontakte zu einheimischen Frauen verweisen auf weitere Freiräume. Wie die zahlreichen Verordnungen zur Bekämpfung von Geschlechtskrankheiten oder die wiederholten Berichte von »Orgien mit Dirnen in Hotels der Etappenstädte« zeigen, hatten die Überwachungsorgane dem Wunsch der Soldaten nach selbstbestimmtem Agieren letztlich wenig entgegenzusetzen.[468] Das AOK 2 an der Ostfront wies ab Juli 1943 mehrfach auf die geltenden Bestimmungen hin, dass sich »Urlauber […] vor und nach dem Urlaub einer besonderen Gesundheitskontrolle zu unterziehen« hatten. Eine Anordnung, die zugleich alle Dienstreisen in die Heimat betraf. Bei einem »Tripper« verhängten die Sanitätsdienststellen eine sofortige Urlaubssperre bis zwei Monate nach Abschluss der Behandlung.[469] Die Doppelmoral, die den Männern zugestand, ihre sexuellen Bedürfnisse auszuleben, aber von den deutschen Frauen Keuschheit erwartete, hatte eine räumliche Komponente: Ein wesentliches Kriterium war, ob sich die Soldaten im besetzten Gebiet oder im Altreich befanden. Die Kunde unterschiedlich normierter Handlungsräume drang rasch in die Heimat vor. Den Kreisleiter einer schwäbischen Gemeinde motivierte sie zu deutlicher Kritik: »… wer will heute schon übersehen, welche gesundheitlichen Dauerschäden […] unserem Volkskörper dadurch erwachsen, dass wir z. B. unsere

---

467 Vgl. BArch-MA, RW 41/75, Berichte der Heeresstreifendienste im Bereich des Wehrmachtbefehlshabers Ostland vom 15. und 17.9. und vom 24.11.1942.
468 Vgl. BArch-MA, RH 53-7/218b, Geheime Kommandosache, Weisung des Oberbefehlshabers des Heeres vom 31.8.1940 zur »Erziehung und Haltung der Truppe im besetzten Gebiet«.
469 Vgl. BArch-MA; RH 12-23/1371, Besondere Anordnung des AOK 2 vom 6.7.1943 zur Bekämpfung von Geschlechtskrankheiten; bereits im August 1940 legte das OKH fest, dass bei sämtlichen Soldaten, die vom Feldheer in die Heimat beurlaubt wurden, vor Urlaubsantritt festzustellen war, dass sie frei von ansteckenden Krankheiten, »insbesondere Geschlechtskrankheiten«, waren. Soldaten mit ansteckenden Krankheiten durften nicht beurlaubt werden, ein entsprechender Vermerk war auf dem Urlaubsschein einzutragen, vgl. IfZ-Archiv, Da 34.01, AHM 873, S. 384, »Ärztliche Untersuchung vor Urlaubsantritt« vom 2.8.1940.

Soldaten förmlich mit Überfütterung durch Tabak, oft auch mit Wein und Schnaps zum Nikotinismus und Alkoholismus erziehen und ihnen bezgl. des sexuellen Auslebens in der Etappe und den besetzten Gebieten weitgehendste Konzessionen machen ...«.[470] Umso moderater präsentierte die Propaganda die Betreuungsangebote, die während der meist kürzeren Reiseabschnitte durch das Heimatgebiet zur Verfügung standen. Als Vorzeigeobjekt par excellence diente naturgemäß Berlin. Die Reichshauptstadt war gleichermaßen die wichtigste Verkehrsdrehscheibe im Krieg und Experimentierfeld für die Propagandakampagnen ihres Gauleiters Joseph Goebbels. Exemplarisch sei abschließend einer der zahlreichen Artikel hierzu erwähnt. Die Grabenzeitung *Die Front* erklärte Berlin im August 1943 zur »Hauptstadt der Landser«. Im Vordergrund standen die nächtlichen Veranstaltungen, die Soldaten trotz Polizeistunde und Verdunkelung bis in die frühen Morgenstunden besuchen konnten. Im »theaterartigen Prachtbau« Atlantis beim Bahnhof Friedrichstraße fanden sich die Urlauber »an weiss gedeckten Tischen bei Erbsensuppe und Bier oder bei Kuchen und Kaffee wieder«, bevor ihnen zwischen elf und zwölf Uhr nachts »erlesene« Berliner Kapellen den »Schlaf aus den Augen« trieben. Anschließend folgte ein vierstündiges Kabarettprogramm, bei dem die Stimmung immer lebhafter und »mancher Tropfen Alkohol, der eigentlich für die Urlaubstage oder liebe Bekannte gedacht war, ein jähes Ende fand«. Allerdings stellte der Bericht klar, dass die Soldaten unter sich blieben, weil niemand mitbringen durfte, »was er so in Berlin schnell im Stehen kennen gelernt hat«. Im Planetarium am Bahnhof Zoo liefen ebenfalls Kabarett- und Kinoprogramme. Der Gauleiter bot diese »ausschließlich für Urlauber« an, damit sie nachts nicht in den Wartesälen der Bahnhöfe herumlungerten. Eine ähnliche Einrichtung war das Restaurant Stadtkrug, ebenfalls am Bahnhof Zoo. Darüber hinaus gab es Tagesangebote für Urlauber, etwa kulturhistorische Stadtfahrten mit speziellen Kremserwagen, oder sie konnten bei der amtlichen Wehrmachtbetreuung erste formelle Besorgungen erledigen, wie die Beschaffung von Lebensmittelmarken.[471] Trotz der Omnipräsenz Berlins in der Propaganda standen andere Städte bei der Betreuung nicht zwingend nach. Von der Rückfahrt an die Ostfront berichtete Hermann G. seiner Frau: »Nun bin ich in Königsberg angekommen [...]. Die Urlauberzüge haben viel Verspätung vom Reich her [wohl Fliegeralarm]. [...] In Posen war's ganz ordentlich. Ich habe im Hotel gewohnt und abends im

---

470 Vgl. Staatsarchiv Augsburg (StA Augsburg), S 4207, Stimmungs- und Lagebericht von Dr. Jost Rieblinger, Kreisleiter und Beauftragter der NSDAP des Kreises Dillingen an der Donau an den schwäbischen Gauleiter Karl Wahl vom 20.6.1943.
471 Vgl. BArch-MA, RHD 53/54, Soldatenzeitung *Die Front*, Artikel »Berlin – Hauptstadt der Landser. Zwischen Fernbahnhöfen und Nachtkabaretts – Urlauber auf Kremserwagen«, 1.8.1943.

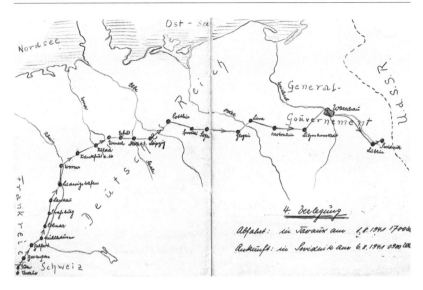

Abbildung 2: Skizze eines deutschen Soldaten über die Route seiner Verlegung im August 1941

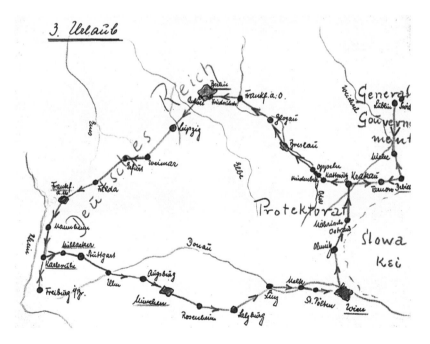

Abbildung 3: Skizze eines deutschen Soldaten über die Bahnfahrt in seinen dritten Heimaturlaub und zurück (ohne Datum)

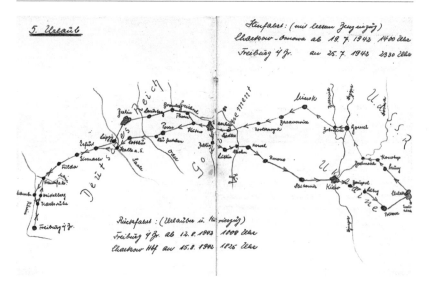

Abbildung 4: Skizze eines deutschen Soldaten über die zurückgelegte Strecke während seines fünften Heimaturlaubs im Juli 1942

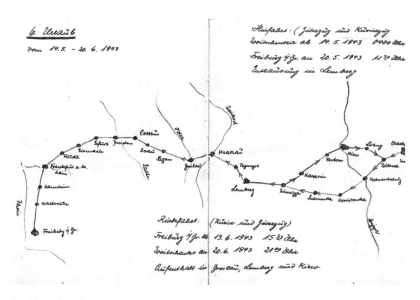

Abbildung 5: Skizze eines deutschen Soldaten über die Reiseroute seines sechsten Heimaturlaubs im Juni 1943

Wehrmachtsheim gegessen und getrunken [...]. Ausgezeichnet gegessen, sogar Kaviar. [...] Am Samstagabend noch mit [...] ins Varieté, ausgezeichnetes Programm, leider durch Fliegeralarm gekürzt«.[472] In München kümmerte sich eine »Militärurlauberbetreuungsstelle« um Soldaten, die von der Front eintrafen oder auf der Durchreise dort übernachteten. Sie stattete Urlauber mit Marken oder direkt mit Lebensmitteln wie Brot, Fleisch und Fett aus und verwies sie an die nahe gelegenen Quartiere. So etwa an das Soldatenheim »Hertie«, ein kurzerhand umfunktioniertes Warenhaus. In den Diensträumen der Bahnhofskommandantur gab es Behelfsunterkünfte für »Spätankommende«. Tagsüber standen Museen, Theater und Kinos zur Verfügung, und der Bürgermeister stellte eigens 10.000 Freikarten für den Tierpark Hellabrunn bereit, »um den Urlaubern den Aufenthalt so angenehm wie möglich« zu machen.[473] Hatten die Fronturlauber diese letzten Verkehrsdrehscheiben passiert, begaben sie sich in der Regel auf die letzte Etappe ihrer Heimreise. Dies zumeist mit regionalen Verkehrsmitteln, mit Mitfahrgelegenheiten oder schließlich zu Fuß. Eine weitere offizielle Pflicht, sofern die Urlauberlebensmittelkarten besorgt waren, bestand in der Meldung am Urlaubsort innerhalb von 48 Stunden: persönlich bei der zuständigen Wehrmachtkommandantur oder der Ortspolizeibehörde und persönlich oder schriftlich beim zuständigen Wehrmeldeamt.[474]

2. Urlaubsgaben – Kaufrausch und Raub

»Also, Du hast wieder mal für mich etwas gekauft? Tüll hast Du bekommen? Ich bin gespannt. Du tust mir jetzt schon leid, mein Schatz. Du mußt ja wie ein Packesel hier ankommen. Da wird man sich gleich am anderen Tag [...] davon erzählen.« Mit diesen Worten drückte Irene G. die Vorfreude aus, kurz bevor ihr Mann Ernst im Juni 1943 aus Frankreich heimkehrte. »Der ganze Brief ist ja mal wieder ein Wunschzettel«, hatte er die Bestellungen seiner Frau schon früher kommentiert. Offenbar waren solche Einkaufslisten für beide selbstverständlich.[475]

---

472 DTA, Serie 1462, Brief von Hermann G. an seine Frau Lore vom 18.1.1942.
473 Vgl. Stadtarchiv München (StdAM), Münchner Stadtanzeiger vom 7.11.1939, Artikel »Für die Urlauber – Der Bürgermeister besucht die eingerichteten Stellen«.
474 Vgl. IFZ-Archiv, Da 34.01, AHM 1943, S. 139 f., Verfügung 208 »Neuregelung für den Erholungsurlaub der außerhalb des Heimatkriegsgebietes eingesetzten Teile der Wehrmacht«.
475 MSPT, Serie 3.2002.0349, Brief von Irene an Ernst G. vom 26.6.1943 und Brief von Ernst an Irene vom 23.3.1941.

In der Tat war das Bild des vollbepackten Fronturlaubers, der mit gehorteten Waren in Rucksack, Taschen, Paketen und womöglich einer Holzkiste am Bahnhof in die Arme seiner Angehörigen sank, nicht ungewöhnlich. Viele Zeitzeugen zählen es zu den wenigen eher positiv belegten Kriegserinnerungen. Es sind wiederum vor allem Frauen, die von den begehrten Mitbringseln ihrer Ehemänner berichten. Die negativen Konsequenzen solchen Handelns werden nur selten thematisiert. Das französische Wort von den deutschen »Doryphores«, den »Kartoffelkäfern« in Uniform, die das Land leer kaufen, beschrieb die Kehrseite und war im zeitgenössischen Sprachgebrauch weit verbreitet. Der subjektive Anspruch vieler Wehrmachtsoldaten, als Sieger ein Anrecht auf die Güter der unterworfenen Länder zu besitzen, prägte die soziale Alltagspraxis auch in den übrigen besetzten Territorien. Anfang Dezember 1940 berichtete der SD von Spötteleien der niederländischen Bevölkerung über den »Hamsterwahn«, dem viele Soldaten in Erwartung ihres Weihnachtsurlaubs verfielen. Es ging sogar das »Gerücht« – offenkundig ein Flüsterwitz –, englische Spione hätten sich in Wehrmachtuniform unter die deutschen Soldaten gemischt, seien aber sofort überführt worden, weil sie keine Unmengen an Waren mit sich führten.[476]

Die Wehrmachtangehörigen agierten weitgehend im Sinne der politischen Führung, die ihren Kaufrausch sogar gegen Widerstände innerhalb der Wehrmachtsspitze unterstützte. Teilweise fanden sie sich im Normbruch wieder, beispielsweise, wenn sie Schleichhandel betrieben und den Schwarzmarkt bedienten. Komplementär dazu existierte ein zweites Spannungsfeld, dessen gegensätzliche Pole nationalsozialistische Wertvorstellungen einerseits und ein universeller Gerechtigkeitssinn andererseits markieren. Nicht selten gab es Raum für unmoralisches oder gar kriminelles Handeln bei den Beschaffungen, das die Führung teils bewusst nicht sanktionierte oder sogar förderte: »Ich war ganz erstaunt zu sehen, dass man alles noch kriegen konnte. Nichts hat gefehlt! In manchen Stellen sind die Soldaten mit Pistolen in Geschäfte hereingekommen, haben sich alles Mögliche genommen und sind dann verschwunden. – In Palma habe ich gehört ist auch oft so was passiert«, erzählte ein Soldat in Gefangenschaft von seinen Erfahrungen auf Sizilien.[477] Ein anderer berichtete über Saint-Malo in Frankreich: »Die sind da einfach in die Bauernhäuser und haben Speck, Cognac usw. rausgeholt. Und die Ostbataillone haben es noch viel schlimmer getrieben. [...] Haben an die Tür geklopft, wenn sie nicht gleich aufgemacht hatten oder eine Handgranate eingeworfen.«[478] Das zweite Zitat

---

476 Vgl. Boberach (Hrsg.), Meldungen, Bd. 6, S. 1822 ff., SD-Bericht vom 3.12.1940; Aly, Volksstaat, S. 115-132.
477 NARA, RG 165, Entry P 179 (B), Box 564, Room Conversation 3.7.1944.
478 Ebenda, Box 32, Room Conversation 19.9.1944.

URLAUBSGABEN – KAUFRAUSCH UND RAUB 159

weist über die Alltäglichkeit gewaltsamen Requirierens hinaus. Es spielt auf die gesteigerte Hemmungslosigkeit von Einheiten an, die zuvor im Osten eingesetzt oder dort aufgestellt worden waren: Viele von ihnen hatten Gewalt gegen Zivilisten als strukturelles wie tolerables Mittel der Kriegführung verinnerlicht. Reflektierte Sichtweisen tauchen immer wieder auf, schlagen jedoch häufig in Selbstrechtfertigung um. Kanonier Hans N. verurteilte zwar das wilde Beutemachen bei den umliegenden Landwirten, auf die gebratenen Hühner, Ochsenfleisch und Apfelmost wollte er aber nicht verzichten: »Man wird hier im Krieg manches mitmachen, was ein anständiger Mensch nie tun würde. Aber wenn man auch hier nicht über die absolute Notwendigkeit hinausgeht so wird es nie Unrecht sein.«[479]

Feldpostbriefe und Tagebücher beschreiben nicht immer eindeutig, welche Waren die Soldaten mit welchen Mitteln beschafften: ob sie gerade nur einkauften, regulär requirierten oder plünderten. Ebenso wird nur sporadisch klar, was sie davon selbst verbrauchten, per Feldpostpäckchen in die Heimat schickten oder schließlich mit in den Fronturlaub nahmen. Allerdings handelten die deutschen Soldaten nicht im luftleeren Raum. Ihr Verhalten folgte dem Rahmen der nationalsozialistischen Wirtschafts- und Versorgungspolitik während des Krieges. Die besetzten Gebiete der deutschen Versorgung dienstbar zu machen, war Quintessenz angestrebter Ernährungsautarkie und des Ziels, die Moral an der Heimatfront durch hohe Rationen zu erhalten: Den Hungertod Millionen »überflüssiger Russen« nahm die Führung billigend in Kauf. Elegante Seidenstrümpfe in vornehmen französischen Geschäften für die Ehefrau zu kaufen und Gewalt gegen Zivilisten, um ein paar Eier mit in den Heimaturlaub zu nehmen, markierten die Bandbreite soldatischen Alltagshandelns. Arisierungen, Enteignungen, die Beschlagnahme von Möbeln emigrierter oder deportierter Juden lieferten über Maßnahmen zur Währungspolitik wie Preis- und Lohnstopps oder dem »Eisernen Sparen« bis hin zu »Görings Schlepperlass« den staatlichen Rahmen, an dem sich die Wehrmachtangehörigen handlungsleitend orientierten.[480] An der Schnittstelle zwischen offizieller Beutepraxis und individuellen Konsumvorstellungen offenbarte sich die Politisierung dieses an sich zivilen Bereiches besonders deutlich; die Wirkungen setzten sich im privaten Raum fort, weil sich mit Versorgungsfragen klassische Rollenmuster verbanden, so etwa des männlichen Ernährers. Soldaten interpretierten den nationalsozialistischen Ausbeutungswillen als Partizipationsangebot und ließen sich als Erfüllungsgehilfen – bewusst und unbewusst – einspannen. Damit verbunden ist aber auch die Frage, in welchem Maße Wohlstandsver-

479 MSPT, Serie 3.2002.7283, Brief von Hans N. vom 6.5.1940.
480 Vgl. Burchardt, Kriegswirtschaft, S. 79 und 89 f.; Aly, Volksstaat, S. 129 f.

heißungen während des Krieges an Wirkmacht verloren. Bereits der September 1939 stellt eine erste Zäsur dar, bei der viele persönliche Wünsche zunächst auf die Zeit nach einem imaginierten Sieg vertagt wurden. Umso mehr erfüllte der Fronturlaub in materieller Hinsicht längere Zeit eine ausgleichende Brückenfunktion: Dass begehrte Waren, die im Reich kaum mehr erhältlich waren, im Heimaturlaub plötzlich wieder gemeinsam genossen wurden, belebte den Glauben an die Rückkehr besserer Zeiten.[481]
Welchen Stellenwert nahm also der Fronturlaub im übergeordneten Versorgungssystem ein? Wurden bestimmte Güter nur von der Front zur Heimat oder in umgekehrte Richtung transportiert? Welche Rolle spielten momentane Einschätzungen der Versorgungslage des jeweiligen Gegenübers? Als zum Beispiel die Regierung im Oktober 1941 verkündete, Abschnitte auf Lebensmittelkarten dürften nicht mehr vor- bzw. nachbeliefert werden, schlug der SD Alarm. Abgesehen davon, dass der Erlass die stets latenten Zweifel an der Ernährungslage befeuerte, fühlten sich die Angehörigen von Wehrmachtsurlaubern benachteiligt. Über Wochen hatten viele Familien Fleisch von ihren Wochenrationen abgespart und die übrigen Abschnitte den Fleischern zur Gutschrift übergeben. Ihr Wunsch war es, »den Soldaten in den ersten Tagen ihres Urlaubs etwas Besonderes zu bieten.« Durch die neue Regelung verfielen nun die angesparten Reserven.[482] Bereits im Dezember 1940 hatte der SD gemeldet, die »Liebesgaben«-Sammlung der Partei, um den Soldaten Weihnachtspakete ins Feld zu schicken, stoße bei den Volksgenossen ebenfalls auf gewisse Ablehnung. Die Kritik bezog sich auf die »Verknappung von Lebensmitteln und Gebrauchsgütern« in der Heimat und die Feststellung, dass die Soldaten in besetzten Gebieten »diese Dinge noch uneingeschränkt kaufen könnten, schwer bepackt auf Urlaub kämen und laufend diese Sachen nach Hause schickten.«[483] Die »problematische« Ernährungslage der Heimat dominierte in den Meldungen des SD durchweg, ebenso die eingeschränkte Versorgung mit Bedarfsartikeln, etwa mit Textilien und Schuhen. Das Auskommen der Soldaten wurde generell günstiger gesehen, zumal hier Möglichkeiten für Beitreibungen bestanden. Freilich relativierte sich diese Sichtweise zumindest vorübergehend, als die Heimat von massenhaften Erfrierungen infolge unzureichender Ausstattung mit Winterkleidung zur Jahreswende 1941/42 erfuhr. Der Grad der Empörung zeigt aber auch, wie selbstverständlich die Bevölkerung von einer gesicherten Versorgungslage der Soldaten bis dato ausgegangen war.[484] Folglich stieg das Verständnis für die »Liebesgabenpakete« der Partei. Sammlungen zum Win-

481 Vgl. Zagovec, Gespräche mit der »Volksgemeinschaft«, S. 337-349 und S. 369-376.
482 Vgl. Boberach (Hrsg.), Meldungen, Bd. 8, S. 2862 f., SD-Bericht vom 9.10.1941.
483 Boberach (Hrsg.), Meldungen, Bd. 6, S. 1869, SD-Bericht vom 16.12.1940.
484 Vgl. Rass, »Menschenmaterial« S. 246.

terhilfswerk oder sonntägliche Nachmittage des Sockenstopfens, die von der NS-Frauenschaft organisiert wurden, stellten willkommene Angebote individueller »Fronthilfe« dar. Ehefrauen und Mütter schickten ihren Männern und Söhnen paketweise Backwaren, haltbare Lebensmittel und andere Aufmerksamkeiten ins Feld. Und auch die Fronturlauber waren bei der Abfahrt in der Regel genauso bepackt, wie sie gekommen waren.[485] Insgesamt handelte es sich um einen wechselseitigen Warenfluss mit je eigenen Gütern, der hierarchischen Interpretationsmustern folgte. Dabei spielte es nicht nur eine wesentliche Rolle, wo ein Soldat stationiert war und was er beschaffen konnte, sondern vor allem, ob gerade die Front die Heimat oder die Heimat die Front als »bedürftiger« erachtete. Gegenseitige Lageeinschätzungen beeinflussten Richtung, Intensität und Qualität des Güterflusses. Insgesamt genoss allerdings die Versorgung der Heimat oberste Priorität. Viele Soldaten fühlten sich verpflichtet, an Nahrung und Waren mit auf Urlaub zu bringen, was sie nur tragen konnten. Neben Feldpostbriefen und Tagebüchern scheint diese Einstellung in vielen Abhörprotokollen und Befragungen deutscher Kriegsgefangener durch. Sie basierte in der Regel auf den Eindrücken aus dem letzten Heimaturlaub. Nur allzu häufig wird deutlich, dass sich Soldaten zunehmend um die materielle Lage zu Hause sorgten, die eigene Situation dagegen gelassener beurteilten. Folglich griffen sie den Angehörigen mit Feldpostpäckchen und Urlaubspräsenten unter die Arme: »Dann haben wir im Monat Februar alle 14 Tage jeder ein halbes Pfund Butter extra bekommen. Das war eigentlich eine gute Zulage, aber die Stimmung der Leute zu Hause, die wirkt sich am Schlechtesten dadurch aus, dass sie nicht ihren Bauch voll haben«, beurteilte ein Gefangener die Situation im Dezember 1942 in Deutschland.[486]

Weiterhin zeigt sich eine qualitative wie quantitative Verschiebung des Güterflusses im Kontext des Fronturlaubs. Der Gefreite Bernhard S. ließ sich, wie viele seiner Kameraden, vor einem Urlaub im Januar 1941 noch rasch einige Banknoten nach Frankreich schicken: »Jetzt komm ich bestimmt nicht mehr in Geldverlegenheiten und sind mir Wünsche sehr willkommen.« Wie lange die Einkaufsliste schließlich wurde – und dass er unmöglich alles selbst transportieren konnte –, zeigen die 15 Feldpostpäckchen, die er innerhalb von 30 Tagen als Urlaubsvorrat mit dem Kommentar absandte: »Das Einkaufen ist immer noch meine liebste Beschäftigung«. Die Sendungen enthielten neben Wollsocken und Rauchwaren verschiedene Stoffe, Schuhe und erlesene Kost. Besonderen Wert legte Bernhard S. auf Schuhe zum Binden für seine jüngste

---

485 Tennstedt, Winterhilfswerk, S. 157.
486 Vgl. TNA, WO/208-4161, SRX. 1351, Gesprächsmitschnitt vom 30.11.1942; TNA, WO/208-4162, SRX. 1419, Abhörprotokoll vom 26.12.1942.

Tochter Tilly. Seine Frau wies er dagegen an, nichts mehr zu schicken und insbesondere die Naschwaren »vorrätig« zu halten. Schließlich komme er »heim zum Fett werden«.[487] Anton G. versandte von Belgrad Garnituren für Kinderwagendecken, Hosenstoffe, Handschuhe und Babygurte. Mit in den Urlaub nahm er Stoff für einen Babykorb, eine Salami sowie weitere Fleisch-, Fell- und Wurstwaren. Es scheint, als hätte der Feldpolizist die Begierde seiner Angehörigen nach raren Artikeln während dieses Fronturlaubs gar erst geweckt. Davon beeindruckt, was er an seinem Einsatzort noch alles bekam, forderte seine Frau nun deutlich häufiger Gegenstände ein, die ihr im Alltag fehlten. Schon kurze Zeit nach der Rückkehr waren ihm die »Wünsche der Gattin […] zum Befehl geworden«. Alsbald titulierte er sie als »Zahlmeisterin«, weil sie ihm für die Einkäufe regelmäßig die nötigen Mittel schickte: »Ein schweres Geld habe ich dabei ausgegeben. Nichts aber ist für mich zuviel, wenn ich weiß, daß ich damit eine Freude machen kann.«[488] Auch bei Alfred B. und seiner Verlobten nahmen kulinarische Genüsse im Fronturlaub einen hohen Stellenwert ein. Er schickte einen Kameraden los, um Cognac, Butter und Fleisch aufzutreiben. Selbst »erbeutete« er bei einem französischen Bauern 16 Eier, ein Pfund Fleisch, drei Kilogramm Bohnen und ein Pfund Butter.[489] Adolph R. blieb unvergesslich, dass er seinem Jungen für den Urlaub »einen ganz schönen Fußball in Paris […] gekauft« hatte. Daneben besorgte er Cognac, Butter, Kakao, Stoff, Kaffee, Tee, Schokolade, Muskat, Speck und Rauchfleisch sowie andere Waren, die er auch sonst regelmäßig in Feldpostpaketen verschickte.[490]

Neben Gebrauchsgegenständen, die während der Wartezeiten geschickt wurden, gewannen im Fronturlaub Artikel an Bedeutung, die aufgrund ihrer Besonderheit die Alltagswahrnehmung durchbrachen. Sie wurden gemeinsam genossen oder konsumiert und werteten den Urlaub erheblich auf. Da die kurzen Zeiten des Wiedersehens ohnehin kaum ausreichten, um die langen Trennungsphasen zu kompensieren, ist es verständlich, dass man nicht darben oder kostbare Momente auf Ernährungsämtern und in Schlangen vor den Lebensmittelgeschäften verschwenden wollte. Jetzt galt es, sich etwas zu gönnen und die Zeit so intensiv wie möglich miteinander zu verleben. Dies erklärt, weshalb ein großer Teil der Waren, die im Vorfeld gehamstert wurden, für die Küche bestimmt waren. Daneben beansprucht in vielen Briefserien die Beschaffung von Alkohol Gewicht. Gewiss versuchten Eheleute, die Kriegsrealität etwas auszublenden, und Soldaten wollten belastende Erinnerungen verdrängen.

487 IfZ-Archiv, Akzessionsnummer 2, Brief vom 30.1.1941.
488 DTA, Serie 2131, Tagebucheinträge von Anton G. vom 12.8.1941, vom 2., 11. und 23.9.1941 sowie vom 9.10.1941.
489 Vgl. DTA, Serie 326 II, Tagebucheinträge von Alfred B. vom 20. und 23.2.1943.
490 NARA, RG 165, Entry P 179 (B), Box 533-1/2, Room Conversation 02.07.1944.

Überhaupt erfüllten die materiellen Komponenten des Fronturlaubs in sehr vielen Fällen zugleich sozialpsychologische Funktionen. Sie halfen, kognitive Dissonanzen in der Alltagswahrnehmung abzufedern, und unterstützten Transformationsprozesse der Wiederannäherung. Die Akteure knüpften mittels der Waren an ihre Beziehungen an, wie sie sie aus der Zeit des Friedens erinnerten. Zwar lässt es sich nicht durchweg belegen, aber die Spirituosen und Mitbringsel trugen offenbar dazu bei, etwaige innerfamiliäre Gräben im Heimaturlaub zu überwinden. Denselben Zweck hatten Geschenke, die auf gemeinsame Aktivitäten zielten. Kindern half die Freude daran, sich dem zusehends fremden Vater zu öffnen. Nicht immer waren dies ein Fußball oder Schnürschuhe für Mädchen, auch andere Dinge wie Spielzeugeisenbahnen befanden sich im Urlaubergepäck. Mitunter reichten schon die damals verbreiteten Zigarettenbildchen aus: Ledige Kameraden spendeten und Väter klebten sie gemeinsam mit ihren Kindern in ein Sammelalbum.[491] Für die Ehefrauen war ebenfalls meist etwas dabei. Häufig nannten die Schreiber französische Parfums, Büstenhalter oder Seidenstrümpfe. Dabei handelt es sich nicht um bloße Klischees im kollektiven Gedächtnis. Es waren vielmehr tradierte Formen männlicher Wertschätzung und erotischer Schmeichelei. Mit ihrer aufreizenden und verführerischen Wirkung erleichterten es diese Güter den Paaren, trennungsbedingte sexuelle Barrieren zu überwinden. Gerade im Hinblick auf den familiären Zusammenhalt erlangte der Fronturlaub herausragende Bedeutung innerhalb des europaweiten Versorgungs- und Ausbeutungssystems, das Nationalsozialisten und Wehrmacht mit Bedacht aufrechterhielten. Das kurze Wiedersehen zeitigte eine katalytische Wirkung auf den Güterfluss als solchen, über die eigentlichen Mitbringsel hinaus. Die Frequenz individueller Postsendungen stieg in der Regel schon Wochen vor dem jeweiligen Heimataufenthalt stark an, sofern die Soldaten nicht ausschließlich an der Front lagen und sich Möglichkeiten für Besorgungen boten. Während Fahrtunterbrechungen bestanden aber auch in den Etappenstädten Einkaufsmöglichkeiten, wobei größere Warenmengen teilweise noch hier aufgegeben wurden. Wie gesehen, motivierten die Urlaubsmitbringsel mitunter weitere Wünsche. Die Soldaten agierten nicht wahllos, sondern arbeiteten die Listen ihrer Angehörigen ab. Die Vorlieben und Nöte der Hausfrauen in der Heimat dirigierten Kauf und Raub der Soldaten am Einsatzort. Im Kleinen bestimmten sie die deutsche Versorgungspolitik zwischen legalem Kaufrausch und ruchloser Ausplünderung mit.

Aspekte des Prestiges spielten oft eine Rolle, wie im Eingangszitat beschrieben: Nachbarn und Angehörige sollten staunen, was der Mann auf Urlaub

---

491 Vgl. DTA, Serie 1462, Briefe von Hermann an Lore G. vom 18.12.1940, 8.11.1941 und vom 1.1.1942.

mitbrachte. Lore G. stimmte die Weihnachtseinkäufe für das Jahr 1940 bis ins Detail mit ihrem Mann Hermann ab, der zu diesem Zeitpunkt in Frankreich lag. Die gesamte Familie bezog sie in ihre Planungen ein:»... ich hab ja schon neulich geschrieben, wie das jetzt mit der Kleiderkarte in Frankreich ist. Ich sollte jetzt nötig Strumpfwolle für die Kinder haben. [...] Vielleicht siehst du auch sonst noch etwas für Weihnachtsgeschenke eventuell für deine Eltern und meine Mutter. Dein Vater hätte z. B. gerne warme Unterhosen und für deine Mutter vielleicht einen Wollstoff zu einem Kleid. [...] Auf jeden Fall schick ich am Montag nochmal 50,- [...]. Kannst du nicht auch noch Likör bekommen, der Kirschlikör ist prima. Ich möchte gerne reichlich solche Sachen haben, wenn du da bist. Schreib mir bitte gleich, was du [...] bekommen kannst, dass ich meine Weihnachtseinkäufe danach richten kann.« Allerdings verzögerte sich Hermanns Heimkehr unvorhergesehen bis Januar 1941. Als Leutnant konnte er jedoch sozialen Druck ausüben und die Einkäufe für seine Familie anderen Urlaubern oder Dienstreisenden mitgeben. Trotz der Enttäuschung über das vertagte Wiedersehen staunte Lore nicht schlecht, als ein Pkw die Lieferung vor ihr Haus fuhr: neben anderen Gaben eine große Kiste mit zwei Dutzend Flaschen Wein, Kostümstoff, Wolle und ein Füllfederhalter. »Im Großen und Ganzen hast du [...] das Einkaufen recht gut gelernt«, lautete ihr lobendes Resümee.[492] Neben einer gewissen Gleichgültigkeit, zumindest aber Unkenntnis der wirtschaftlichen Situation in den besetzten Gebieten, lässt dies auf Rollenverschiebungen innerhalb der Soldatenfamilien schließen: Unterhalt und Wehrsold sicherten zwar formal die Ernährer-Rolle der abwesenden Ehemänner. Und die Hamsterfahrten vermittelten ihnen das Gefühl, sie könnten selbst aus der Ferne einen Beitrag leisten. Dennoch trafen die Ehefrauen zusehends die Entscheidungen zu Hause, verwalteten den Finanzfluss und wiesen die Männer an, ihren Teil der Besorgungen zu erledigen.

Mit welcher Selbstverständlichkeit die Besatzer vor allem in der ersten Kriegshälfte und im Westen Europas spärliche Luxusartikel beitrieben, verraten Soldatenzeitungen, die den Sachverhalt unreflektiert verarbeiteten. Zwar zielten die Druckerzeugnisse der Wehrmacht in erster Linie darauf, die Moral der Truppe zu heben. Doch um glaubwürdig zu sein, mussten sie »Restsplitter« der Alltagswirklichkeit enthalten. Wenn sie also Europa als Selbstbedienungsladen skizzierten, lässt dies durchaus Rückschlüsse auf Verhalten und Wahrnehmung der Soldaten zu.[493] Der Artikel »Ein Urlauber brachte Geschenke« vom 18. Januar 1941 im *Durchbruch* schildert die Geschichte eines fiktiven Tiroler Ge-

---

492 DTA, Serie 1462, Briefe von Lore an Hermann G. vom 11., 17., 23. und 27.12.1940 sowie Brief von Hermann G. an Lore vom 3.12.1940.
493 Vgl. Lüdke, »Fehlgreifen«, S. 68.

birgsjägers, der versucht, mit französischem Parfum seine Erfolgschancen bei den Frauen in der Heimat zu steigern:

»Andere bringen Seidenhöschen mit oder Damenstrümpfe, hauchdünne, oder gar lange, rosarote Nachthemden. Er aber bringt das Feinste mit: Eine Doppelliterflasche voll ›Eau de Guerlain‹. [...] ›So a richtiger Urlauber, a französischer‹, meint der Vinzenz Mutschlechner, wie die Zugswache wieder draußen ist, ›der muess schon von weitem richtig nach Frankreich schmöcken, dass dös ganze Dorf glei kennt, wo er herkimmt und was er alles erobert hat in diesem Krieg‹. Recht hat er! Und der Sanitäter, der Obergefreite, alle lassen sich von ihm auf französisch parfümieren, ehvor sie aussteigen, heim in den Urlaub.«[494]

Die Propaganda erhob die Kriegsbeute zum individuellen Statussymbol der Soldaten. Bezeichnend ist die Verknüpfung materieller Errungenschaften mit Virilität. Mit Sicherheit traf die Pointe den humoristischen Geschmack mancher Soldaten, als sich nach einigen Tagen gleich mehrere der »jungen ledigen Weibleut« in die Haare kriegten, weil sie alle den gleichen Duft trugen: schließlich »schnüffel[te]« das ganze Dorf detektivisch nach den Urlaubsliebschaften des Gebirgsjägers. Dies wirft ein Licht auf die Sexualmoral des Nationalsozialismus, die promiskuitive Kontakte von Fronturlaubern zu deutschen Frauen tolerierte. Zumindest solange sie nicht verheiratet waren und keine öffentliche Aufmerksamkeit erregt wurde. Folgerichtig schloss der Artikel mit der Empfehlung an die Kameraden, den Damen doch lieber »Seidenhösln oder Nachthemden« mitzubringen.[495] Erneut kommt die enge Verbindung materieller Kultur mit dem Aufbau respektive der Pflege persönlicher Beziehungen im Fronturlaub zum Ausdruck.

Grabenzeitungen informierten die Soldaten außerdem über aktuell geltende Gepäck- und Transportbestimmungen. Die Vielzahl an Vorschriften und Reglementierungen zeigt zugleich die hohe Bereitschaft der Urlauber, offizielle Vorgaben zu umgehen. Im Juli 1940 verkündete *Der Durchbruch* die Richtlinien des OKW für die besetzten französischen, belgischen und luxemburgischen Gebiete. Angehörige der »im Interesse der Wehrmacht eingesetzten Verbände« durften mit in den Urlaub nehmen: an Nahrungs- und Genussmitteln 25 Zigarren oder 50 Zigaretten oder 100 Gramm Rauchtabak, eine Flasche Wein oder Schnaps, ein halbes Kilogramm Kaffee oder ein Viertel Kilogramm Tee, ein halbes Kilogramm Schokolade, zwei Stück Seife, zwölf Apfelsinen und 15 Eier. Pro Monat konnten die Soldaten sechs Pakete mit einem Höchstgewicht von

---

494 BArch-MA, RHD 69/80, Soldatenzeitung *Der Durchbruch*, Artikel »Ein Urlauber brachte Geschenke« vom 18.1.1941.
495 Vgl. ebenda

jeweils 250 Gramm versenden. Urlauber durften weder Pakete von Kameraden mitnehmen noch Waren, die nicht für den eigenen Verbrauch bestimmt waren: Explizit nannte die Verordnung Damenstrümpfe, Damenwäsche, Radioapparate und Lederwaren.[496] Die eng geschnittenen Maßgaben der Militärführung führten zu massenhaften Normüberschreitungen. Schon kurz darauf verfügte das OKH im Einvernehmen mit dem Reichsfinanzminister und dem Oberbefehlshaber der Luftwaffe die »weitgehende Lockerung des bisherigen Mitnahmeverbots«. Fronturlauber konnten nun zehn Kilogramm Waren ausführen, außer Schmuck, Pelzen, Kunstgegenständen und »Plünderungsgut«. Außerdem setzte das OKH wegen der Zunahme des Urlauberverkehrs ab Juli 1940 die Zollbestimmungen weitgehend außer Kraft. Unter anderem fielen Nachprüfungen an Grenzstationen fort. Nun genügten Bescheinigungen der Einheitsführer, dass die Soldaten lediglich Waren »im Rahmen ihres Urlaubsbedarfs und im Rahmen zusätzlicher Versorgung ihrer nächsten Angehörigen« im Gepäck hatten.[497] Damit führte sich die Richtlinie selbst ad absurdum: Viele Einheitsführer verstießen gegen die Verordnung, indem sie Untergebenen Sachen für die eigenen Angehörigen mitgaben. Die Bestimmungen wurden wiederholt überarbeitet und Grenzwerte an örtliche Gegebenheiten angepasst. Oft ergaben sich dabei Querelen zwischen Partei- und Militärvertretern.[498]

Wechselnde, teils widersprüchliche Vorgaben von Zollbehörden und Reichsbahn verkomplizierten das Bild. Die Transportbestimmungen für den Reiseverkehr der Wehrmacht erlaubten jedem Urlauber so viel Gepäck, wie er unterhalb und oberhalb seines Sitzplatzes unterbrachte.[499] Die Urlauber konnten diese natürliche Begrenzung nur überschreiten, sofern der Zug einen Packwagen mitführte. Wenn dies – wie meist im Operationsgebiet – nicht der Fall war, wiesen die Einheitsführer die Urlauber auf die fehlende Unterbringungsmöglichkeit zusätzlichen Gepäcks hin.[500] Anders lagen die Umstände, befand sich

---

496 BArch-MA, RHD 69/18, Soldatenzeitung *Der Durchbruch*, Artikel »Der Urlaub beginnt. Was darf der Soldat mitnehmen« vom 20.7.1940.
497 Vgl. http://wwii.germandocsinrussia.org/de/nodes/2215#page/14/mode/inspect/zoom /4; Beuteakten in russischen Beständen, Bestand 500, Findbuch 12450, OKW, Akte 77, Merkblatt über den Versand und die Mitnahme von Waren aus den besetzten Westgebieten nach Deutschland, S. 14 f. (letzter Zugriff: 3.11.2018).
498 Vgl. NARA RG 165, Entry P 179 (B), Box 476 (1) 58, (Akte 89), Room Conversation 11.8.1944.
499 Vgl. BArch-MA, RH 54/182, Merkblatt für den Wehrmachtreiseverkehr des Oberkommandos der Wehrmacht vom 14.9.1940; IfZ-Archiv, Da 033.168, Wehrmachttransporte auf Eisenbahnen, OKW, Merkheft für die Kriegsdauer vom 10.12.1940; IfZ-Archiv, Da 34.08, Truppentransportvorschrift der Wehrmacht vom Dezember 1938.
500 Vgl. IfZ-Archiv, Da 34.01, AHM 1939, Bestimmung 798 »Der Wehrmachturlauberverkehr zwischen der Front bzw. dem besetzten Gebiet und der Heimat und umgekehrt« vom 14.11.1939, S. 349.

der Haupteinsteigebahnhof in der Etappe oder reisten die Urlauber in einem öffentlichen Zug mit Wehrmachtteil. Dann konnten sie bis zu 75 Kilo Gepäck auf Kosten der Wehrmacht aufgeben.[501]

Weitere Einzelbestimmungen ergänzten die örtlichen Zollgesetze und legten immer neue Obergrenzen für Güter fest, die Urlauber aus den besetzten Gebieten mitnehmen durften. Schon die Richtlinien zur Warenausfuhr aus dem Generalgouvernement vom Dezember 1939 nahmen wesentliche Charakteristika der Verordnung für die besetzten Westgebiete vorweg, die ein halbes Jahr später erlassen wurde: Einheitsführer konnten Päckchen in beschränktem Umfang und nach eigenem Ermessen zollfrei deklarieren. Allerdings handhabte die Führung die Mitnahme von Lebensmitteln noch deutlich restriktiver, sofern sie den persönlichen Reisebedarf überstiegen. Die Einheiten führten Listen über die zollfreien Päckchen der Urlauber.[502] Bereits im ersten Kriegsjahr registrierten die zuständigen Stellen einen deutlichen Anstieg an Verstößen. Die Mitnahmementalität verselbstständigte sich gerade im Westen angesichts des reichen Angebots. Im Dezember 1940 monierten Zollstellen an sämtlichen Grenzen die Hamsterkäufe vor Weihnachten und dass in »einer großen Anzahl von Fällen […] zahlreiche Verstöße gegen die gegebenen Befehle, zum Teil schwerer Art« vorkamen. Die Beamten wurden bei ihren Amtshandlungen oft durch »Widersetzlichkeiten« und »Beleidigungen« gestört und insbesondere bei Beschlagnahmungen »unsachlich beleidigt«.[503] Das waren keine vorübergehenden Erscheinungen. Im Gegenteil nahmen die Delikte im Laufe des Krieges zu, auch an der Ostfront. Unablässig meldeten die zuständigen Stellen Urlauber, die für sich wie für Kameraden Kisten, Koffer und Pakete bei sich führten, die »das zulässige Maß weit überschreiten«. Zug- und Heeresstreifen griffen bevorzugt durch, wenn sie Beutegut, wehrmachtseigene Bekleidungsstücke, »eingesparte« Verpflegung oder große Mengen an Marketenderwaren wie Schnaps, Pelzmäntel und Felle entdeckten. In der Regel führten sie das »überzählige« Gepäck an Lazarette, Armeebekleidungs- und Divisionsverpflegungsämter ab.[504]

Situativ handelten die Soldaten mit den militärischen Kontrollorganen stets aufs Neue aus, was sie mit auf Urlaub nahmen. Parallel dazu schwelte ein kontinuierlicher Konflikt auf höherer Ebene, der die abweichenden Vorstel-

501 Vgl. ebenda, AHM 1941, Bestimmung 824 »Der Wehrmachtreiseverkehr« vom 8.8.1941, S. 425.
502 Vgl. ebenda, AHM 1939, Bestimmung 906 »über die Ausfuhr von Waren aus dem Generalgouvernement in das Reichsgebiet durch Wehrmachtangehörige« vom 13.12.1939, S. 408 f.
503 Vgl. ebenda, AHM 1940, Bestimmung 1258 »Zollkontrolle bei Reisen aus den besetzten Gebieten in das Reich« vom 11.12.1940.
504 Vgl. BArch-MA, RH 20-17/541, Bericht über den Streifeneinsatz beim XXXXIV. Korps im Bereich des AOK 17 vom 12.5.1942.

lungen von Reichsfinanzministerium, Partei und Wehrmachtführung widerspiegelt. Während sich Finanzminister Graf Schwerin von Krosigk um die wirtschaftliche Stabilität der deutschen Satrapien sorgte, stellte die Wehrmacht ihr Ansehen in der Öffentlichkeit und den Erhalt der Manneszucht in den Vordergrund. Unmengen von Gepäck durften die Fronturlauber keinesfalls in ihrer Grußpflicht einschränken oder den »besonders tadellose[n] Anzug« in der Öffentlichkeit mindern.[505] Die Partei wiederum interessierte ein möglichst ungehinderter Warenverkehr, da die sinnlichen Mitbringsel der Soldaten die Stimmung an der Heimatfront hoben. Am deutlichsten werden die Positionen anhand der Irritationen, die Hermann Görings Schlepperlass auslöste. Bereits im Oktober 1940 hob der Reichsmarschall die ohnehin aufgeweichten Einkaufsbeschränkungen für deutsche Soldaten in den okkupierten Westgebieten auf. Er vertrat den Standpunkt, jeder Soldat dürfe in den Fronturlaub mitnehmen, was er »tragen kann und was zu seinem persönlichen Gebrauch oder für seine Angehörigen bestimmt ist«. Alle entgegenstehenden Beschränkungen seien aufzuheben. Allerdings interpretierten verschiedene Stellen diese Direktive unterschiedlich. Während das OKW festlegte, ein Soldat dürfe so viel mitnehmen, wie er ohne Gurte in beiden Händen halten kann, drängte die Zollverwaltung auf ein objektives Maß, das sich nicht an der Muskelkraft des Fronturlaubers orientierte. Im Herbst 1942 stellte Hitler schließlich klar, die Urlauber dürften »sehr wohl Tragriemen und Tragvorrichtungen benutzen«: Soldatenpakete seien so großzügig wie irgend möglich abzufertigen, und jede Beschlagnahme von Lebensmitteln habe zu unterbleiben.[506] Der Zeitpunkt von Hitlers vehementer Stellungnahme nach knapp zwei Jahren Auslegungsstreit um Görings Schlepperlass ist erhellend. Obwohl die deutsche Wirtschaft die Produktion ziviler Güter auf einem vergleichsweise hohen Niveau gehalten hatte – und das Angebot von Nahrungs- und Genussmitteln noch bis 1943 relativ stabil blieb –, machten sich Einbrüche auf dem Konsumgütersektor bemerkbar. In erster Linie durch den Abzug von Arbeitskräften fiel die Zivilproduktion in den Jahren 1941 und 1942 um jeweils zehn Prozent. Dies wirkte sich auf die Verbrauchsdeckung der Bevölkerung aus. Gleichzeitig betrieb die Führung seit der Kriegswende die Neuorientierung der Außenwirtschaft, vom moderaten Konzept einer »europäischen Großraumwirtschaft« hin zu einer restriktiven »Wirtschaftsgemeinschaft«. Diese Entwicklung beflügelte die hemmungslose Ausplünderung der besetzten Länder und verschärfte den deutschen Druck auf die eigenen Verbündeten. Angesichts des vordringlichen »Kreuzuges« gegen

505 Vgl. BArch-MA, RH 84/21, Armeetagesbefehl Nr. 125 vom 14.7.1940 im Bereich des AOK 1.
506 Vgl. Aly, Volksstaat, S. 124-130.

den Bolschewismus nahmen Letztere die steigende wirtschaftliche Ausbeutung zähneknirschend hin.[507] Nachdem sich die Kriegführung 1941 erneut nach Osten verlagert hatte, fand sich ein Großteil der Soldaten alsbald im ukrainischen oder russischen Raum wieder. Dort herrschten für sie gänzlich andere Voraussetzungen der Warenbeschaffung, und auch die Angehörigen mussten sich zunächst daran gewöhnen. Viele Soldaten hatten zuvor die Früchte des Westens gekostet und sahen nun ihre Felle davonschwimmen. Sie sorgten sich, wie sie die Rolle des Versorgers aufrechterhalten sollten. Als Hermann G. im Mai 1941 von Frankreich nach Polen kam, schickte er seiner Frau Lore als Erstes die letzten Tafeln Schokolade »aus dem Land wo Milch und Honig« flossen. Wehmütig blickte er auf die »Herrlichkeiten« zurück und schlug vor, nach dem Krieg gemeinsam eine Reise an den Atlantik zu unternehmen. Seine Frau sollte auch einmal die Dinge genießen, die bisher sein Privileg waren. Die Wohlstandsverheißungen des Regimes, die es den Soldaten auf Kosten der unterworfenen Länder machte, wirkten zu diesem Zeitpunkt noch fort. Allerdings kamen enttäuschte Erwartungen wie ein Bumerang zurück, je mehr Soldaten ihre Erinnerungen an den Westen verklärten und mit der entbehrungsreichen Situation im Osten verglichen. Schon im November 1941, kurz vor Moskau, schrieb Hermann G. resigniert an seine Familie: »Leider dürft ihr von mir auf Weihnachten gar nichts erwarten. In diesem Sauland gibt es ja nicht einmal was zu erbeuten, viel weniger zu kaufen. Die paar Stück Seife, die ich habe, bringe ich mit.«[508] Bei seiner Frau Lore dauerte der Lernprozess etwas länger, da sie die Situation vor Ort nicht aus eigener Anschauung kannte. Noch im September 1941 sorgte sie sich um die Winterausstattung ihrer vier Kinder, namentlich mit Jacken und langen Stümpfen: »Falls du je im Feindesland auf derartiges stoßen solltest, dann erinnere dich an deine Buben.« Schließlich akzeptierte sie, dass ihr Mann die Einkaufslisten nicht mehr so einfach bedienen konnte. Zwei Monate später gab sie sich deutlich bescheidener: »Wenn Du in Urlaub kommst, solltest Du mir etwas mitbringen, das bei uns praktisch nicht zu bekommen ist: Zwiebel! [...] Wenn du mal requirieren kannst, denke bitte daran. [...] Weißt Du noch, wie wir im letzten Urlaub schlemmen konnten?! Schade, dass Russland so ein armes Land ist! Der letzte Tee ist allerdings ganz hervorragend.«[509] Die Arglosigkeit, mit der Lore G. »requirieren« mit der Aufstockung ihrer Haushaltsartikel verband, mag einer semantischen Unschärfe oder der Unkenntnis entsprungen sein, dass es sich dabei ausschließlich um heereseigene Beschlagnahmungen handelte.

507 Vgl. Müller, Rüstungspolitik, S. 478 f. und S. 498 f.
508 DTA, Serie 1462, Briefe von Hermann G. an seine Frau Lore vom 4.5. und vom 27.11.1941.
509 Ebenda, Briefe von Lore G. an ihren Mann Hermann vom 14.9., 7. und 25.11.1941.

Dennoch verweist die Grundhaltung auf eine frappierende soziale Praxis: In ihr spiegelt sich die Annahme wider, ein natürliches Anrecht selbst auf die spärlichen Ressourcen eines armen »unterworfenen« Landes zu besitzen. Viele Deutsche kannten die katastrophalen Lebensbedingungen der Bevölkerung im Osten durch Feldpostbriefe, Urlaubererzählungen und die Propaganda. Vor diesem Hintergrund kommt Lores Haltung einer – zumindest indirekten – Zustimmung zur rassistischen Höherbewertung des arischen Lebensrechts durch die Nationalsozialisten gleich. Viele Soldaten und ihre Angehörigen fühlten sich der slawischen Bevölkerung überlegen und hatten inzwischen die in- und exkludierenden Mechanismen der Volksgemeinschaft verinnerlicht. Wie sehr Zugehörigkeit und Nichtzugehörigkeit über Leben und Tod entschieden, manifestierte sich nun am Recht auf materielle Versorgung: Die nationalsozialistische Ausbeutungspolitik, die mit Unterstützung der Wehrmacht im Osten den Tod von Millionen in Kauf nahm, hatte ihren Ausgangs- und Zielpunkt in den Speisekammern der deutschen Haushalte. Die Waren, die dort anlangten, befanden sich nicht selten im Gepäck der Fronturlauber. Häufig ahnten die Soldatenfamilien die wirtschaftlich negativen Folgen dieser Politik, das Schicksal der betroffenen Bevölkerung blendeten sie dennoch aus. Centa B. schrieb im November 1943 ihrem Mann: »[...] wenn die Sachen so teuer sind, ist es ja unmöglich, was zu kaufen, hatte ja auch gar keine Ahnung, dass auch da heroben die Preise so gestiegen sind und war mehr eine Anfrage. Vielleicht ist es dir mal möglich, gelegentlich schmalen weißen Gummi und Zitronen zu besorgen, so etwas geht schließlich eher. Dann wird es mit den weißen Leinenschuhen natürlich auch nichts sein Butzl?«[510] Anton G. kommentierte das sinkende Warenangebot: »[...] bis zum nächsten Urlaub werde ich eine ganz nette Summe Geld beisammen haben, doch [...] auch in der Heimat läßt sich mit Geld nichts anfangen.«[511]

Allerorten leerten sich die Ladentheken und die Inflation stieg drastisch an. Dennoch brachten die Soldaten weiterhin Waren mit auf Urlaub oder schickten Pakete. In Frankreich etwa beliefen sich die privaten Einkäufe allein im Juli 1943 auf 125 Millionen Reichsmark. Die 18. Armee wiederum sandte zwischen Januar und März 1943 über drei Millionen Feldpostpäckchen mit »Beutestücken, Schnäppchen und überschüssigen Lebensmitteln« in die Heimat. Dies zeigt, dass sich alternative Strategien der Warenbeschaffung entwickelten. Selbst die isolierte Armee am Kubanbrückenkopf druckte im April 1943 eine Million Sondermarken für Warensendungen. Und noch im Winter 1944/45 erhielten 6.000 auf Rhodos abgeschnittene Soldaten 25.000 Zulassungsmarken

---

510 IfZ-Archiv, ED 930, Brief von Centa an Franz B. vom 1.11.1943.
511 DTA, Serie 2131, Tagebucheintrag von Anton G. vom 8.4.1942.

für »Heimatpäckchen«.⁵¹² Der Warenfluss im Kontext des Fronturlaubs änderte sich mehr qualitativ denn quantitativ. Für Anton G. war es im Herbst 1942 selbst unter erschwerten Beschaffungsbedingungen im Osten absolut selbstverständlich, seiner Familie das mitzubringen, was er eben ergattern konnte: »Es wurde mir gesagt, dass Urlaub [...] gewährt wurde. [...] Ich beschäftige mich dann noch mit Organisieren von Eiern und Butter und morgen wird außerdem noch eine Gans geschlachtet. 77 Eier waren die Ausbeute, die ich fein säuberlich verpackte [...].«⁵¹³ In Kiel richtete das OKW gegen Jahresende 1942 sogar eine »Heringsweiterleitungsstelle« ein. Fronturlauber hatten in Norwegen massenhaft Heringsfässer gekauft, obwohl das Land inzwischen auf Lebensmittelimporte angewiesen war. Die Weiterleitungsstelle transportierte die Fässer zunächst nach Güstrow und leitete sie von dort aus weiter. Zeitgleich nahm der Versand an Silberfuchspelzen erheblich zu.⁵¹⁴

Dessen ungeachtet machten Luxusgüter zusehends alltäglichen Grundnahrungsmitteln und gewöhnlichen Gegenständen im Gepäck der Soldaten Platz. In der Sichtweise der Zeitgenossen stieg nun der immaterielle Stellenwert der Mitbringsel. Träumereien von künftigen Aufstiegschancen und Wohlstand zu Lasten eroberter Länder rückten aus dem Fokus. Erinnerungen an das gemeinsame Leben in Friedenszeiten wurden bedeutender. Die Urlaubswaren erfüllten dabei weitaus mehr als nur eine zerstreuende Funktion: »Es gibt viele die lassen sich noch etwas von zu hause schicken und ich mache es umgekehrt, da beweise ich dir dass ich dir treu bin«, schrieb Karl M. seiner späteren Frau Erika.⁵¹⁵ Paare lasen an den Aufmerksamkeiten bisweilen den Stand ihrer Beziehungen ab: »Ob du wohl Feigen magst? Ich kann mich wirklich nicht mehr erinnern«, kommentierte Lore G. die beginnende Entfremdung von ihrem Mann. Nur kurze Zeit später schrieb sie weiter »Ach Hermann, Du ahnst ja gar nicht, was Du trotz der Entfernung für eine Rolle spielst. Der andere Satz ist bei den Buben: ›wenn der Papa kommt‹. Da wird ›gebriefmärkelt‹, da wird der Has und die Göckel geschlachtet, kurzum, alles Gute und Schöne wird bis dahin aufgehoben.«⁵¹⁶ Nicht nur die mitgebrachten Waren festigten Beziehungen im Fronturlaub. Auch der vorangehende Selbstverzicht der Angehörigen geriet immer mehr zum Liebesbeweis. Mit ihren Entbehrungen honorierten sie die Opfer der Soldaten. Und die Fronturlauber wussten dies: Luftwaffenunteroffizier Constantin M. erinnerte sich bei seiner Gefangenenbefragung im Dezember

---

512 Vgl. Aly, Volksstaat, S. 122-124.
513 DTA, Serie 2131, Tagebucheintrag von Anton G. vom 14.10.1942.
514 Vgl. Aly, Volksstaat, S. 123.
515 Sammlung Frauennachlässe am Institut für Geschichte der Universität Wien (SFN), NL 208, Brief von Karl an Erika M. vom 6.12.1942.
516 DTA, Serie 1462, Brief von Lore an Hermann G. vom 24.10.1941.

1944 daran, wie sehr sich seine Familie trotz der schlechten Ernährungslage geradezu »abgemüht« hatte, ihm für die Willkommensfeier ein besonderes »Menü« zu bieten. Den erbrachten Verzicht wollten sie sich freilich nicht anmerken lassen.[517] Folglich standen leibliche Versorgung im Heimaturlaub, Geschlechterrollen und Beziehungsstrukturen ebenso wie Moral an Front und Heimat in einer Wechselbeziehung. Dieses Spannungsgeflecht verlieh der Frage nach materieller Ausstattung aus Sicht des Regimes eine enorme politische Bedeutung. Das belegen Maßnahmen, die gezielt materielle Spannungen während des Fronturlaubs abmildern respektive verschleiern sollten. Dazu zählten etwa erhöhte Fleischrationen während des Heimataufenthalts, in gewissen Fällen die Gewährung der Schwerarbeiterzulage und andere Gratifikationen. Doch je weiter der Krieg voranschritt, desto tiefer rissen die Gräben immer wieder auf. In Gefangenenverhören erscheint die Lage in der Heimat in immer dunkleren Tönen. Der Soldat Fritz A. berichtete im August 1944, die Ernährungslage in Deutschland sei so schlecht, das Brot bröckle einem förmlich durch die Hände. Daher würden viele Soldaten während des Heimaturlaubs regelmäßig aufs Land fahren, um ihre Vorräte bei Bauern aufzustocken. Otto B. berichtete im April 1944, dass es in Wien an Fett, Obst und Gemüse mangele. Die Leute sähen im Vergleich zu früher viel schlechter aus. Das sei ihm im Urlaub besonders an seiner Mutter aufgefallen, die einmal sehr korpulent, nun aber völlig abgemagert war. Leid tat ihm die Lage vor allem für die Kinder. Georg R. gab an, seine Mutter sei allein wegen der schlechten Ernährungslage von der Stadt aufs Land gezogen, und die Soldaten versuchten, Lebensmittel, Kleidung und Spirituosen aus Frankreich und Italien mitzubringen, nicht zuletzt, um den »Schnaps« bei Bauern gegen etwas Essen einzutauschen. Der Obergrenadier Matthias S. erinnerte lange Schlangen blasser abgemagerter Menschen vor den Geschäften. Das Brot entspräche einer Qualität, mit der es früher an die Pferde verfüttert wurde. Es kam ihm ins Gedächtnis, wie Leute Kartoffelschalen für teures Geld kauften, um ihren Hunger zu stillen.[518] Ebenso gab es Stimmen die betonten, dass noch im Jahr 1944 genug Nahrung zur Verfügung stand, Angehörige kaum unter dem Bezugsscheinsystem litten, ausreichend Milch für Kleinkinder vorhanden sei und dass die Soldaten auf Urlaub mehr zu essen bekämen, als sie verzehren könnten. Gleichwohl räumte auch dieser Soldat ein, die Lage

517 NARA, RG 165, Entry P 179 (B), Box 515-2 (125), Report of Interrogation Constantin M., 16.12.1944.
518 Vgl. NARA, RG 165, Entry P 179 (B), Box 441 (680), Report of Interrogation Fritz A., 1.8.1944, Box 444 (98), Report of Interrogation Otto B., 29.4.1944, Box 530-1 (628), Report of Interrogation Georg R., 9.5.1944, Box 539-1 (579), Report of Interrogation Matthias S., 29.4.1944.

auf dem Land sei durchweg besser als in der Stadt.[519] Selbstverständlich bilden Gefangenenbefragungen die Realität nur gebrochen ab, vor allem wenn die Sprecher extreme Positionen beziehen. Möglicherweise spiegeln die Aussagen eher die weltanschauliche Sicht der Erzählenden wider bzw. den Eindruck, den sie beim Verhöroffizier hinterlassen wollten. Andererseits schätzt die Forschung die Aussagefähigkeit der Protokolle insgesamt sehr hoch ein. In vielen Fällen äußerten sich die Wehrmachtsoldaten bei den Befragungen kaum anders als hinterher gegenüber ihren Zellengenossen.[520] Weitere Plausibilität gewinnen die »Morale Questionnaires« aufgrund ihres anschaulichen Stils und weil sie oftmals bestätigten Sachverhalten folgen, wie dem Versorgungsgefälle zwischen Stadt und Land. So bezeugen auch sie die selbstauferlegte Verpflichtung, die viele Soldaten auf ihren Schultern spürten, wenn es darum ging, die Angehörigen mit Waren aus den besetzten Gebieten zu unterstützen.

Hierin erblickte das Regime schließlich einen geeigneten Hebel, um der Verschlechterung der Versorgungslage entgegenzuwirken. Die Bedeutung des Fronturlaubs in diesem Kontext aus Sicht der Machthaber offenbart ein Gesprächsprotokoll aus der Wolfsschanze, das bereits auf den 17. Juli 1942 datiert. Es behandelt den Abtransport von Nahrungsmitteln aus der Ukraine. Demnach müsse man, solange es nicht möglich sei, die Kapazitäten der Reichsbahn zu erhöhen, »den Urlauber als ideales und einfachstes Transportmittel ansehen und ihm für seine Angehörigen so viel Lebensmittel mitgeben, als er nur schleppen könne.«[521] Die »Führerpakete für Fronturlauber«, die dazu verwendet wurden, stilisierte die Propaganda zum großzügigen Geschenk der Partei an die Soldaten.[522] Am 16. Oktober 1942 trafen die Adjutantur des Führers, die Parteikanzlei, der Reichskommissar Ukraine und das OKW unter Zustimmung Reichsmarschall Görings die zugrunde liegende Vereinbarung. Die Geltungsdauer des Erlasses datierten sie auf den 1. Oktober 1942 zurück. Der Reichskommissar Ukraine bestimmte zunächst Ausgabestationen entlang der ostpreußischen und ukrainischen Grenze. Bis zum 31. März 1943 erhielten die heimreisenden Soldaten dort ihre »Urlauberpakete«. Die Führung deklarierte sie als »Dank des Führers an die Kämpfer der Ostfront«.[523] Die Bündel enthielten neben kleineren Dreingaben in der Regel fünf Kilogramm Weizenmehl, zwei Kilogramm Nährmittel oder Hülsenfrüchte, ein Kilogramm Zucker, ein-

---

519 Vgl. ebenda, NARA, RG 165, Entry 179, Box 448-1 (356), Report of Interrogation Herrmann B., 25.7.1944.
520 Vgl. Römer, Kameraden, S. 39.
521 Picker (Hrsg.), Tischgespräche, S. 628.
522 Vgl. Picker (Hrsg.), Tischgespräche, S. 619f.
523 Vgl. BArch, NS 6/338, Rundschreiben Nr. 160/42 des Leiters der Parteikanzlei vom 21.10.1942.

einhalb Kilogramm Marmelade und ein halbes Kilo Butter oder Margarine. Darüber hinaus Zutaten für einen Napfkuchen, Zigaretten, Speck, Eier, eine Dauerwurst und Schokolade.[524] Einmalig empfangsberechtigt waren zunächst nur die deutschen Wehrmachturlauber und Mitglieder des Wehrmachtgefolges im Bereich der Ostfront und der finnischen Front. Ein entsprechender Stempel des Einheitsführers auf dem Urlaubsschein regelte den Bezug. Lazarettkranke Soldaten, die in die Heimat transportiert wurden, erhielten ebenso ein Paket wie slowakische und kroatische Urlauber und Mitglieder der Legionen. Allerdings wurde das »Hitlergeschenk« italienischen, rumänischen und ungarischen Wehrmachtangehörigen verwehrt. Die Transportdienststellen zweigten deshalb deren Zugteile vor den Verteilerstationen ab oder beförderten sie in separaten Zügen. Die Angehörigen der Luftwaffe hatten eigene Ausgabestellen auf bestimmten Flughäfen.[525]

Mit einem Paukenschlag kündigte Göring die Aktion in seiner bekannten »Erntedank-Rede« am 4. Oktober 1942 im Berliner Sportpalast an. Der Reichsmarschall erklärte, die Wehrmacht verpflege sich an allen Fronten aus den eroberten Gebieten selbst, weshalb die heimatliche Ernte in vollem Umfang dem eigenen Volk zukomme. Nachdem das Publikum mit »nicht enden wollendem Beifall« die Erhöhung der Fleischrationen um 50 Gramm in den luftkriegsbetroffenen Gebieten quittiert hatte, versprach Göring, »daß von jetzt ab jeder deutsche Soldat, der auf Urlaub kommt, an der Grenze im Auftrage des Führers ein Paket mit Lebensmitteln« erhält.[526] Die journalistische Begleitmusik und insbesondere die Frontzeitungen ließen keinen Zweifel daran, wozu das Geschenk diente: Es war ein Stimulans für die Moral beider Fronten. Die heimkehrenden Soldaten sollten die angespannte Versorgungslage in den Haushalten nicht weiter belasten. Ebenso reduzierte die materielle Ausstattung schwelendes Konfliktpotenzial. Am 11. Oktober 1942 schrieb *Der Durchbruch*: »Dabei ist völlig gleichgültig, ob nun der betreffende Urlauber oben von Kirkenes oder von Stalingrad kommt. Er bekommt dieses Paket nicht für sich,

---

524 Vgl. IfZ-Archiv, Z 140, Soldatenzeitung *Der Durchbruch*, Artikel »Urlauber bekommen Lebensmittelpakete« vom 11.10.1942; IfZ-Archiv, Da. 34.01, AHM 1943, Heeresmitteilung 453 »Führergeschenk« für Fronturlauber« vom 22.9.1943, S. 535; BArch R 36/2641, Korrespondenz zwischen Parteikanzlei und dem Berliner Oberbürgermeister bezüglich der Verordnung des Reichsministeriums für Ernährung und Landwirtschaft vom 16./17.9.1943; Hornig, Jugend, Tagebucheinträge vom Januar 1944, S. 79-80.
525 Vgl. BArch, NS 6/338, Rundschreiben Nr. 160/42 des Leiters der Parteikanzlei vom 21.10.1942.
526 Vgl. Universitätsbibliothek Augsburg, 140/AZ 97590, *Neuburger Zeitung/Neuburger Nationalzeitung*, Erntedankrede Reichsmarschall Herrmann Görings vom 4.10.1942, abgedruckt in der *Neuburger Nationalzeitung* vom 6.10.1942.

denn er braucht es nicht. [...] Er soll dieses Paket den Seinen zu Hause geben, wenn er auf Urlaub kommt, damit der erste Urlaubstag schon ein freundlicher ist.«[527]

Allerdings hatte sich Göring bei seinem Versprechen versprochen: Der ursprüngliche Erlass dachte das Führergeschenk ausschließlich Osturlaubern zu. Ein Fehler, der sich medial multiplizierte und nicht mehr rückgängig machen ließ. Schon bald meldeten die Gauleitungen »zahlreiche Rückfragen und Mitteilungen der Partei«, weil Wehrmachtdienststellen in der Heimat Urlauber, die kein Paket erhalten hatten, an die NSV verwiesen. Diese enttäuschten die vorstelligen Soldaten nun mit dem Hinweis, dass keine nachträgliche Ausgabe von Paketen stattfinde. Jeder, der die Grenze bereits passiert hatte, sah damit seinen Anspruch auf das Führerpaket verwirkt.[528] Dies zeitigte äußerst negative Folgen auf die Stimmung vor allem in der Heimat. Zwar berichtete der SD zunächst, dass »die Geschenkpakete an die Urlauber überall eine große Freude ausgelöst« hatten und dass sie als ein »Beweis der Fürsorge des Führers für seine Soldaten« gewertet würden. Allerdings registrierte er alsbald weitverbreitete Enttäuschung, da die »günstige Auswirkung der Urlauberpaketaktion in allen Teilen des Reiches [...] dadurch getrübt [werde], daß Urlauber sowohl aus dem Osten, wie auch insbesondere dem Westen ohne derartige Pakete in der Heimat ankamen.«[529] Dies schädigte das Ansehen der Partei, was wiederum Propagandaminister Goebbels auf den Plan rief. Zur Schadensbegrenzung leitete er Verhandlungen zwischen Partei und OKW ein. In dem ihm eigenen Stil kommentierte er in seinem Tagebuch:

»Sehr unangenehm hat sich das Versprechen Görings in seiner Sportpalastrede ausgewirkt, daß jeder Fronturlauber ein Lebensmittelpaket mit nach Hause bekommt. Diese Maßnahme ist natürlich gar nicht vorbereitet. [...] Es macht schon die größte Mühe, jedem Urlauber aus dem Osten ein Lebensmittelpaket mit auf den Weg zu geben, von den Urlaubern im Westen, von Norwegen und aus Nordafrika ganz zu schweigen. Nun erscheinen diese Urlauber bei den Ortsgruppen, um die Pakete [...] dort in Empfang zu nehmen. Die Last dieser ganzen nicht eingehaltenen Versprechungen fällt damit auf die Ortsgruppen zurück. [...] dieser Zustand [...] führt auf die Dauer zu einer ungeheuren Autoritätsminderung der Partei und auch des Reichs-

---

527 IfZ-Archiv, Z 140, Soldatenzeitung *Der Durchbruch*, Artikel »Urlauber bekommen Lebensmittelpakete« vom 11.10.1942.
528 Vgl. BArch, NS 6/338, Schreiben Nr. 172/42 des Leiters der Parteikanzlei an das Führerhauptquartier vom 10.11.1942.
529 Vgl. Boberach (Hrsg.), Meldungen, Bd. 11, S. 4330, S. 4367, SD-Berichte vom 15. und 26.10.1942.

marschalles. Es werden deshalb auf meine Initiative hin Verhandlungen eingeleitet mit dem Ziel, entweder allen Soldatenurlaubern das versprochene Paket auszuhändigen oder der Öffentlichkeit wenigstens zu erklären, warum diese Aushändigung nur für die Osturlauber in Frage komme.«[530]

Schließlich kam ein Kompromiss zustande. Die Neuregelung über die Vergabe von Fronturlauberpaketen vom November 1942 weitete den Kreis der Empfangsberechtigten aus. Neben Urlaubern, Verwundeten und Kranken, die östlich der Reichsgrenze eingesetzt waren, kamen nun auch Soldaten des Afrikakorps und jene in Betracht, die in Norwegen nördlich des Polarkreises oder in Finnland stationiert waren. Konnten sie das Paket aus bestimmten Gründen nicht in Empfang nehmen, gaben die Heimatstellen nun ersatzweise Sonderlebensmittelkarten und »Beschaffungsgeld« aus. Diese Neuregelung beschwichtigte den Unmut jener, die zunächst leer ausgegangen waren. Die Kommandeure für Urlaubsüberwachung stellten den Betroffenen noch während der Rückfahrt ins Einsatzgebiet Bezugsscheine an den Durchgangsbahnhöfen aus, die sie dann an die Angehörigen zurückschickten. Wer bereits wieder an der Front war, richtete ein sinngemäßes Ersuchen an seinen Einheitsführer.[531]

Genau genommen handelte es sich bei der Urlauberpaketaktion anfangs um eine lokale Initiative des ukrainischen Reichskommissars Erich Koch. Die Führung weitete sie aus, um einen rednerischen Lapsus des Reichsmarschalls zu kaschieren. Hitler und Goebbels erkannten dennoch, dass sie damit erfolgreich auf der Stimmungsklaviatur spielten. Im nächsten Kriegswinter wiederholte das Regime die Aktion und setzte sie anschließend unbegrenzt fort. Der Kreis der Bezugsberechtigten wurde abermals systematisch ausgeweitet. Ab 15. Oktober 1943 statteten die Vergabestellen alle Urlauber mit zusätzlichen Waren aus, sofern sie gewisse Voraussetzungen erfüllten: Ausschlaggebend war vor allem eine Einsatzzeit von mindestens neun Monaten. Empfangsberechtigt waren Urlauber von der gesamten Ostfront, aus Italien, Albanien, den Ägäischen Inseln, Serbien, Kroatien und Norwegen, Schiffsbesatzungen sowie sämtliches Personal von Marine und Luftwaffe, das bei Kämpfen eingesetzt war.[532] Das OKH kritisierte schließlich die Großzügigkeit der Ausgabestellen und die Ausweitung des Bezieherkreises auf Verbände, die nicht mehr unmittelbar zur kämpfenden Truppe zählten. Im April 1944 versuchte es durchzusetzen, dass nur noch Sol-

---

530 Goebbels-Tagebücher, Bd. 6, S. 118, Eintrag vom 13.10.1942.
531 Vgl. IfZ-Archiv, Da. 34.01, AHM 1942, Allgemeine Heeresmitteilung 1055 »Urlauberpakete« vom 30.11.1942, S. 582f.
532 Vgl. IfZ-Archiv, Da 34.02, H.V.Bl. 1943 C, Heeresverordnung 453 »Führergeschenk für Fronturlauber« vom 22.9.1943, S. 535f.

daten das Paket erhielten, die nach neun Monaten aus Gefechtsgebieten in das Reich zurückkehrten.[533] Ein abschließender Blick auf Ego-Dokumente und Berichte der Überwachungsorgane zeigt, dass auch die Soldaten und ihre Angehörigen die Führerpakete für Fronturlauber mehrheitlich positiv bewerteten. Skeptische Stimmen tauchten eher vereinzelt auf. Als die Aktion im Oktober 1943 wiederholt wurde, beobachtete der SD insgesamt »großen Anklang«. Allerdings verschwieg er nicht die Kritik, die Pakete würden vornehmlich während Urlaubssperren verteilt. Es handle sich somit um eine »propagandistische Geste«, um den teilweisen »Verlust der Ukraine weniger schmerzlich« erscheinen zu lassen.[534] Ein deutscher General in britischer Kriegsgefangenschaft monierte gar: »Man fühlt das ja, das ist ja bloß lauter Theater. Jetzt heißt es, jeder Soldat an der Ostfront kriegt ein solches Paket mit – es ist weiter gar nichts als eine psychologische Besänftigung, dass wenn er zu seiner Alten nach Hause kommt, da sagt er: ›Siehste du Alte, ich bring dir was.‹«[535] Ungeachtet der Regimekritik identifizierte dieser Offizier scharfsinnig die »psychologische Besänftigungsmethode«, die realiter weitgehend funktionierte. Ein anderer Gefangener, der Gefreite Gebirgsjäger Johann F., berichtete unabhängig davon, ankommenden Soldaten würden scharenweise Zivilisten entgegenströmen, um ihnen die Urlauberpakete abzukaufen. Jedoch sei in diesem Fall mit schweren Strafen zu rechnen.[536] Mehrheitlich positiv spiegeln Kriegsbriefe und Tagebücher diese Form der materiellen Urlaubsbetreuung wider. »Der Mann ist großartig«, reagierte Lore G. auf die Ankündigung der Pakete durch Hermann Göring. Auch Anton G. notierte wiederholt seine außerordentliche Freude über das »Geschenk des Führers«.[537]

Aus der Sicht des Regimes leisteten die Mitbringsel der Fronturlauber einen herausragenden Beitrag für den Zusammenhalt der Heimatfront. Dies zeigt nicht zuletzt die Vehemenz, mit der Vertreter der Staatsmacht diesen Warenkreislauf schützten. Sie erachteten jeden, der sich an Paketen für Urlauber rechtswidrig bereicherte, als »Volksschädling« und reagierten mit drakonischen Strafen.[538] Sanktionen griffen nicht nur bei den Führerpaketen, sondern bezo-

---

533 Vgl. IfZ-Archiv, Da 34.02, H. V.Bl. 1944 V, Heeresverordnung 107 »Führergeschenk für Fronturlauber« vom 30.3.1944, S. 86 f.
534 Vgl. Boberach (Hrg.), Meldungen, Bd. 15, S. 5907, S. 5914 ff., SD-Bericht vom 21.10.1943.
535 NARA, SRX 1429, Gesprächsprotokoll vom 26.12.1942.
536 NARA, RG 165, Entry P 179 (B), Box 467-1 (445), Morale Questionnaire Johann F., 6.5.1944.
537 Vgl. DTA, Serie 1462, Brief von Lore an Hermann G. vom 4.10.1942; DTA, Serie 2131, Tagebucheinträge von Anton G. vom 18.10.1942 und vom 15.12.1943.
538 Vgl. BArch, NS 18/1250, Rundschreiben Martin Bormanns aus der Reichskanzlei betreffs »Urlauberpakete« vom 27.10.1942.

gen sich auf das gesamte Gepäck. Die *Berliner Morgenpost* stellte im April 1943 klar, jegliches Vergehen am Gepäck von Fronturlaubern sei eine »schwere Störung der Verbindung zwischen Heimat und Front«, die »besonders verwerflich ist und besondere Abwehr erfordert.«[539]

3. Fronturlauber in der NS-Propaganda

»Als Urlauber musst Du wissen, [...] dass Du dich sofort, spätestens aber innerhalb 48 Stunden, bei der Standortkommandantur [...] anmelden musst. Werden Dir dort besondere Weisungen (Merkblatt für Urlauber) gegeben, lese sie aufmerksam. [...] Zweckmäßig erledigst Du den Gang zur Anmeldung und zur Kartenstelle für Urlaubermarken sofort. [...] dass Deine im Arbeitseinsatz stehende Frau selbstverständlich während Deiner Anwesenheit Urlaub erhält, Vorausgesetzt allerdings, dass sie ihren Jahresurlaub nicht schon aufgebraucht hat. [...] Verleite sie nicht, einfach ihrer Arbeitsstätte fernzubleiben. [...] dass Du zu Hause in Zivil gehen darfst, wenn du einen entsprechenden [...] Genehmigungsvermerk [...] auf Deinem Urlaubsschein hast. [...] dass Du nur nach den Orten reisen darfst, die Dir auf dem Urlaubsschein bestätigt sind. [...] Tagesausflüge sind Dir im Umkreis bis zu 30 km von Deinem Heimatort gestattet. [...] dass Du dich soldatisch benehmen sollst Daheim: schneide nicht auf, erzähle keine Räuberpistolen. [...] Deinen eigenen Kampfwert würdest Du herabmindern, wenn Du dem Zweifel an dem Endsiege erlägest. [...] Hast Du durch Zufall doch etwas ›Interessantes‹ erfahren, so weißt Du, dass Du als Soldat zu schweigen hast. [...] Und draussen: Vieles, was bisher gesagt wurde, gilt auch draussen, außerhalb deiner vier Wände. [...] Reisse Dich auf der Straße zusammen. Grüße Vorgesetzte und Kameraden. [...] dass Du dich bei Luftangriffen dem Luftschutz zur Verfügung zu stellen hast. [...] dass Du im Krankheitsfalle Dich nur von einem Wehrmachtsarzt behandeln lassen darfst. [...] dass die schönen Urlaubstage auch wieder ein Ende haben.«[540]

Die Passage stammt aus einer Sonderausgabe der Grabenzeitung *Der Urlaubsschein*. Die Wehrmachtpropaganda gab sie als Unterhaltungsblatt in den besetzten Westgebieten heraus. Auf über einer halben Seite führte der Artikel den Soldaten gebetsmühlenartig vor Augen, »was sie zuhause wissen müssen«.

539 Vgl. Staatsbibliothek München (BSB), 2 Eph.pol. 82, *Berliner Morgenpost*, Artikel »Die Strafe wurde verschärft« vom 9.4.1943.
540 BArch-MA, RHD 69/23, Soldatenzeitung *Der Urlaubsschein*, Artikel »Als Urlauber musst du wissen ...«, ohne Datum.

Regime und Wehrmacht offenbarten damit ihre zentralen Ansprüche an das Verhalten der Fronturlauber. Dass Partei und Wehrmacht die Männer schon vor ihrer Ankunft mit einem günstigen Stimmungskorsett versehen wollten, wurde bereits deutlich: etwa anhand der Reisebetreuung oder im Kontext des Warenflusses.[541] Konsequenterweise intensivierte die Führung die direkten und indirekten Steuerungsversuche während des Heimataufenthaltes auf ein Höchstmaß. Unter anderem mit Ton, Bild, Film und gedrucktem Wort wollte das Regime die Urlauber an den gewünschten Benimm heranführen. Dominierte zunächst die Berichterstattung über siegreich heimkehrende Verbände, rückten bald problematische Folgen des anhaltenden Ausnahmezustands für die Gesellschaft in den Vordergrund. Neben der staatlichen Inszenierung ist zudem die Selbstdarstellung der Soldaten von Belang: Bewegten sich die Urlauber im öffentlichen Raum der Heimat, machte es einen großen Unterschied, ob sie Uniform oder Zivil trugen. Das soldatische Kleid kennzeichnete sie als Wehrmachtangehörige und erhöhte die Sichtbarkeit von Frontkämpfern gegenüber der Volksgemeinschaft. Nicht zuletzt aus diesem Grund maß das Regime dem Auftreten der Urlauber immer größeres Gewicht bei und forderte die Zurschaustellung eines soldatischen Habitus, weil es darin ein Abbild innerer Loyalität zu erkennen glaubte.

a. Inszenierung und Aufführung

Heimkehr als kollektives Phänomen

Beste Voraussetzungen, die Fronturlauber in Szene zu setzen, boten sich dem Regime, wenn die Soldaten von der militärischen in die zivile Sphäre wechselten. Eine Gelegenheit war die »Heimkehr« geschlossener Verbände, von denen ein Teil beurlaubt wurde. Diese Variante der Berichterstattung arrangierte die Rückkehr ganzer Truppenteile in größeren Städten als heroisches Großereignis. Naturgemäß überwog sie in der ersten Hälfte des Krieges. Eine Artikelserie über die »Narvik-Urlauber«, die ab Juli 1940 über das Reich rollte, verdeutlicht die Mechanismen und Intentionen des Regimes bei der Inszenierung

---

541 Vgl. IfZ-Archiv, 11/Z 0001, *VB* vom 3.4.1943, Artikel »Essenfassen im Fronturlauberzug«, darin ist unter anderem wortwörtlich zu lesen: »Wer als Soldat mit dem beglückenden Gefühl des Heimaturlaubs die weite Fahrt zu seinen Angehörigen überstanden hat, weiß zu Hause über seine Erlebnisse und Strapazen hinaus auch von der betreuenden Versorgung zu erzählen, die ihm durch die Wehrmachtküche, dem ›Mitropa-Dienst‹ des Urlauberzuges zuteilgeworden ist.« Daraus geht klar die instrumentelle Bedeutung der Versorgung hervor, womit die Stimmung des Urlaubers vorgeformt werden sollte, damit dieser seinen Angehörigen günstig über die fürsorglichen Bemühungen von Wehrmacht und Partei berichtete.

der Heimkehr als gemeinschaftliches Ereignis. Parallel dazu erließen OKW und OKH Anordnungen über den »Empfang von Feldtruppenteilen, die jetzt oder später in die Heimat zurückkehren«.[542] Demnach war den Heimkehrern überall ein würdiger Empfang zu bereiten. Meist ergriffen Vertreter von Staat und Partei die Gelegenheit, die Soldaten willkommen zu heißen. Da jede Aufführung ein Publikum benötigt, sorgten sie dafür, dass die Bevölkerung rechtzeitig informiert wurde und an den Veranstaltungen teilnahm. Für Verbände, die in abgelegenen Kasernen oder Truppenübungsplätzen untergebracht waren, organisierten Vorgesetze und örtliche Honoratioren eigens feierliche Einzüge in nahe gelegene Städte. In Zweifelsfällen holten die zuständigen Standortältesten Auskunft beim Stellvertretenden Generalkommando ein beziehungsweise beantragten eine Entscheidung. Andererseits wollte die Führung unbedingt vermeiden, dass die Bevölkerung mit den heimkehrenden Soldaten den Wunsch nach baldigem Frieden assoziierte oder gar an Demobilmachung dachte. Die arrangierten Einzüge mussten demnach den Charakter örtlicher Feiern bewahren und durften nicht die Form einer endgültigen Ankunft annehmen. Dies zwang Wehrmacht und Partei zu einem Spagat, insbesondere, wenn Truppenteile aufgelöst oder in Urlauberdivisionen umgebildet wurden. Folglich kaschierten sie entsprechende Maßnahmen als Neuaufstellungen oder Umstrukturierungen. Das Propagandaministerium erteilte Richtlinien für die Berichterstattung in der Lokalpresse: Untersagt waren Angaben über den ursprünglichen Aufstellungsort, die Stärke oder die landsmannschaftliche Zusammensetzung. Ebenso die Nennung der Namen von Kommandeuren oder Einheitsbezeichnungen. Noch während der Ankunft erhob die Partei ihren Zugriffsanspruch auf die Fronturlauber: Die Gauleitungen wiesen die Kreis- und Ortsgruppenleiter an, Kameradschaftsabende für die Mitglieder der zurückgekehrten Truppenteile anzubieten.[543] Zeitungsartikel mit Titeln wie »Die Narvik-Urlauber rollen durch Schweden«, »Urlauber aus Narvik begeistert begrüßt« oder »Unsere Narvikkämpfer auf Urlaub« setzten die Regieanweisungen um.[544] Höherrangige Parteivertreter exponierten sich bei Empfängen als die fürsorgenden Verantwortlichen, die hinter den Kulissen agierten und den Kämpfern nun offiziell die soldatische Ehre erwiesen. In den Großstädten

542 Vgl. BArch-MA, RHD 53-7/218b, Schreiben des Chefs des Generalstabes an das Stellvertretende Generalkommando VII A. K. (Wehrkreiskommando VII, München) vom 15.7.1940; vgl. auch: Unger, Die Männer von Narvik., S. 160-163.
543 Vgl. ebenda.
544 Vgl. BArch-MA, RH 53-18/186, Artikel »Die Narvik-Urlauber rollen durch Schweden« in der *Schlesischen Tageszeitung* am 30.7.1940, der *Deutschen Post für das Sudetenland* und der *Kattowitzer Zeitung* am 31.7.1940, der *Deutschen Zeitung in den Niederlanden* am 4.8.1940, Artikel »Urlauber aus Narvik begeistert begrüßt« im *VB* am 2.8.1940 und Artikel »Unsere Narvikkämpfer auf Urlaub« im *Neuen Wiener Tagblatt* am 9.8.1940.

zeigten normalerweise die Gauleiter oder deren Stellvertreter Präsenz. In Berlin empfingen etwa im Juli 1940 Reichsminister Joseph Goebbels und der Befehlshaber des Ersatzheers, Generaloberst Friedrich Fromm, gemeinsam die Urlauber aus Narvik.⁵⁴⁵ Die vergleichende Analyse der Berichte zeigt wiederkehrende Muster. Die *Münchner Neuesten Nachrichten* berichteten am 31. Juli 1940 über die Ankunft von Urlaubern:

»Was hier an Begeisterung von den Tausenden uns entgegenflutet, ist so gewaltig, daß es uns fast den Atem raubt. Kaskaden von Blumen ergießen sich über uns, Tausende von Händen drücken die unseren, und wie ein Orkan brausen die Heilrufe über die unüberschaubare Menge über uns hinweg. Schritt für Schritt nur können wir uns den Weg durch die Menschenmauer bahnen. Ein jeder will uns etwas zuliebe tun. Und keiner schämt sich der Tränen, die ihm das übervolle Herz ins Auge zwingt.«⁵⁴⁶

Der Wilhelmshavener Kurier ergänzte am 9. Juli 1940:

»In den Gesichtern der Männer [sind] noch die Spuren der Entbehrungen dieser harten Wochen zu lesen. [...] Viele von ihnen tragen das Eiserne Kreuz, eine große Zahl das Verwundetenabzeichen. [...] auf ihren Lippen aber ist das Lied von der Fahrt gegen England. [...] Diese wundervollen Verse [...] sind der Wunsch ihres Herzens: In Urlaub gehen und dann auf einem neuen Kommando zur neuen Fahrt gegen Engeland!«⁵⁴⁷

Das Regime appellierte damit an die Bevölkerung, die Leistung der heimkehrenden Männer angemessen zu würdigen. Die Hochschätzung des Militärs entsprach der soldatischen Tradition und war in Kriegszeiten geradezu eine gesellschaftliche Notwendigkeit. Dementsprechend galt »Der Frontsoldat [als] der erste Bürger [des] Volkes«, wie es Reichskriegsopferführer Hanns Oberlindober bei einer Kundgebung zusammen mit dem bayerischen Gauleiter Adolf Wagner im April 1940 ausdrückte.⁵⁴⁸ Die Berichterstattung ließ keinen Zweifel daran: Die Heimat würde diesmal unbedingt zur Front stehen. Symbolisch

---

545 Vgl. IfZ-Archiv, Z 1009, Zeitschrift *Die Wehrmacht*, Ausgabe Juli 1940, Artikel »Aus Narvik in die Heimat«; BArch-MA, RH 53-18/186, Artikel »Carl Röver empfing Narvik-Kämpfer«.
546 BArch-MA, RH 53-18/186, Artikel »Auf Urlaub von Narvik nach Klagenfurt«, *Münchner Neueste Nachrichten* vom 2.8.1940. Der Abschnitt findet sich zum Beispiel wortgleich im Artikel »Die Narvik-Urlauber rollen durch Schweden«, der in mehreren Zeitungen, unter anderem der *Deutschen Post,* am 31.7.1940 erschienen ist.
547 BArch-MA, RH 53-18/186, Artikel »Zerstörer-Fahrer aus Narvik in der Heimat« und »Admiral Densch bei den Narvik-Kämpfern« im *Wilhelmshavener Kurier* am 9.7.1940.
548 Vgl. IfZ-Archiv, 11/Z 000, *VB* vom 1.4.1940, Artikel »Der Frontsoldat der erste Bürger unseres Volkes«.

drückten dies die »Kaskaden von Blumen« und Tränen der Dankbarkeit aus. Die Heilrufe offenbarten allseitige Zustimmung zu den Kriegsmaßnahmen des Regimes. Darin zeigt sich zugleich die Instrumentalisierung der Fronturlauber für eine übergeordnete Propagandastrategie: Die Männer überzeugten sich zu Hause von der Loyalität der Zivilgesellschaft, während ihre Präsenz die Angehörigen zu treuer Pflichterfüllung ermahnte. Die Nationalsozialisten gingen noch weiter und dehnten diesen Appell über die Gegenwart hinaus aus: Die Erinnerung an die Opfer des vergangenen Krieges führte über den zeitgenössischen Helden- und Totenkult schließlich zum Postulat der »Generationenschuld«. Sich persönlich von den Kriegsanstrengungen auszunehmen, wurde dadurch unmöglich.[549] Die zitierten Zeilen verraten in diesem Zusammenhang noch mehr: Die Spuren von Entbehrung, Tapferkeit und Verwundungen – erkennbar an Orden – adelten den Fronturlaub als Privileg, das man sich erkämpfen musste. Darin spiegeln sich erneut nationalsozialistische Leistungsansprüche wider. Schließlich stellten die Artikel klar, dass es sich beim Fronturlaub nur um eine vorübergehende Rückkehr zur Familie handelte, solange der Krieg nicht gewonnen war. Das zeigt der unterstellte Wunsch, alsbald wieder hinauszuziehen, um den Kampf fortzusetzen.

Der Heimkehr als ritualisierter Metamorphose, von einer militärisch-öffentlichen Identität hin zu einer familiär-privaten Persönlichkeit, schenkten die Artikel ebenfalls hohe Aufmerksamkeit. Gemäß Lesart der Propaganda beanspruchte diese Rückverwandlung zwar den gesamten Reiseweg der Soldaten, von der Front bis zu ihrer Haustür, jedoch stellte die offizielle Empfangszeremonie einen wichtigen Kulminationspunkt dar. Konstruierte Heimatbilder entlang bestimmter Leitmotive rahmten die Szenen ein: Den Moment, wenn die Soldaten nach Monaten der Abwesenheit in »Landschaften der Trostlosigkeit« das Vaterland wieder erblickten, verbanden sie mit höchsten Glücksgefühlen und tiefsten Emotionen. So »schlugen die Herzen schneller«, egal ob die heimatliche Küste vom Schiff aus als schmaler Streifen am Horizont auftauchte oder sich Häuser und Felder schlagartig verwandelten, wenn der Urlauberzug die Reichsgrenze passierte. Die Soldaten sogen die lange entbehrten »Kulturlandschaften« auf wie Durstende das Wasser. Dennoch traten sie bis zum Ende der offiziellen Willkommensfeier streng militärisch auf. »Harte Kommandos« ertönten an der Anlegestelle am Kai. Von den Bahnhofshallen aus »marschierten« die Soldaten »stramm« vorbei an blumengeschmückten Häusern zu den Tribünen auf den Festplätzen, wo sie »in Aussehen und Haltung ein Musterbeispiel besten Soldatentums« ab-

---

549 Vgl. Stargardt, Krieg, S. 386 und S. 395 f.

gaben.[550] Geradezu demütig hieß die Bevölkerung die Soldaten willkommen und eiferte dem militärischen Habitus nach: Jugendliche marschierten etwa in Wien mit »vielen Blumen und noch mehr Fähnchen« in die Bahnhofshalle ein, wo sie »beinahe in Reih und Glied ausgerichtet standen, in froher Erwartung des Zuges, der vielleicht das erste große Zeiterleben in ihr Leben bringen wird.«[551] Dass Menschen aus allen Schichten das Bahnhofsgelände schon seit Stunden »belagert[en]«, zeugte von der großen Anteilnahme am »Heldenkampf« gegen die britische Übermacht im hohen Norden. Schließlich habe sich die Kunde von der Ankunft der Urlauber auch ohne Zutun von Presse oder Radio verbreitet – »die Bevölkerung weiß es eben.«[552] Ansprachen, die in der Regel zunächst ein hoher Offizier und erst dann ein Vertreter der Partei hielten, erinnerten an den Sinn des deutschen »Abwehrkampfes«. Die Redner bemühten soldatische Männlichkeitsideale, Opfertugenden und bekannte Phrasen, vom Kampf bis zur »letzten deutschen Granate« und dem Zeitpunkt, als »der letzte Torpedo das Rohr verlassen hatte«.[553]

Anschließend lockerte sich die Szenerie. Die Zeremonie ging in einen halboffiziellen Teil über, und die Soldaten knüpften Kontakt zu Zivilisten. Angehörige des BDM überreichten den Urlaubern Blumen, und die NS-Frauenschaft versorgte sie mit Paketen, Brot, Würstchen, Rauchwaren, Körben voll Wein und Hektolitern Bier. Im Hintergrund stand eine »unübersehbare Menge« an Volksgenossen, die gekommen war, den Soldaten Ehrerbietung zu erweisen. Erst nach diesen genormten Feierlichkeiten und nachdem die Heimkehrer ihren Weg durch die »wogende Masse« gefunden hatten, machten sie sich auf den Weg und zogen sich mit ihren Angehörigen in familiäre Häuslichkeit zurück. Mussten die Soldaten aber noch weiter reisen, reichte die Dankbarkeit der Kriegsgesellschaft über die Bahnhofshalle hinaus: »Sofort griff eine resolute Frau ein, stellte das gewünschte Fahrziel fest und schob den Soldaten, der gar nicht wusste wie ihm geschah, in den richtigen Wagen. [...] Im Handumdrehen sah sich der Mann im Mittelpunkt der Aufmerksamkeit und auf einem bequemen Eckplatz, hilfreiche Hände nahmen sich seines Riesenrucksacks an und von allen Seiten wurden ihm geöffnete Zigarettenschachteln hingereicht.«[554]

550 Vgl. BArch-MA, RH 53-18/186, Artikel »Deutsche Narvik-Kämpfer kehren zurück« in der *Thüringer Gauzeitung* am 16.6.1940, Artikel »Zerstörer-Fahrer aus Narvik in der Heimat« im *Wilhelmshavener Kurier* am 9.7.1940 und Artikel »Urlauber aus Narvik begeistert begrüßt« im *VB Wien* am 2.8.1940.
551 BArch-MA, RH 53-18/186, Artikel »Unsere Narvikkämpfer auf Urlaub« im *Neuen Wiener Tagblatt* am 9.8.1940.
552 Ebenda.
553 Vgl. BArch-MA, RH 53-18/186, Artikel »Zerstörer-Fahrer aus Narvik in der Heimat« im *Wilhelmshavener Kurier* am 9.7.1940.
554 Ebenda, Artikel »Urlauber aus Narvik begeistert begrüßt« im *VB Wien* am 2.8.1940.

Mit diesen Aufführungen zeichnete das Regime Realität nicht nach, sondern brachte sie teilweise erst hervor, indem es Tatsachen in Komponenten zerlegte und neu arrangierte. Folglich wog die Botschaft mehr als die Gegebenheiten (vgl. Abb. 6 bis 9). Kern der Suggestion bildete stets die Treue zwischen Front und Heimat. Dabei erzielte das Regime durchaus Erfolge, indem es soldatische Sinngebungsmuster bediente, den Kämpfern Wertschätzung für ihre Leistung zollte und immer wieder die Selbstlosigkeit der Heimat betonte. Ein Infanteriegefreiter in amerikanischer Kriegsgefangenschaft bemerkte: »In Friedenszeiten Soldat zu sein ist schlimm, weil man keine Vorteile hat gegenüber den Zivilisten, während im Krieg ist der Soldat ein grosser Mann, alles wird gemacht, um ihm das Leben schöner zu machen. Der Soldat fühlt sich wichtiger in Kriegszeiten, während im Frieden ist er nichts.«[555]

Ergänzend zu den großen Empfangszeremonien spannten Vertreter von Staat und Partei kleinere Gruppen von Fronturlaubern bei der Ankunft oder während ihres Heimataufenthalts für politische Zwecke ein. Drei Leitmotive spielten eine herausragende Rolle: Erstens traten individuelle Heldentaten deutlich stärker als bei den kollektiven Großinszenierungen in den Fokus. Auf Vorschlag der Einheitsführer rückten vornehmlich Soldaten ins Rampenlicht, die sich im Kampf besonders bewährt hatten. Dies verstärkte den Charakter des Fronturlaubs als Vorrecht für tapfere und einsatzfreudige Soldaten. Kameraden sollten dadurch angespornt werden. Zweitens gingen mit der Leistung weitere Belohnungen einher, was nicht nur den Soldaten, sondern zugleich der Zivilgesellschaft suggerierte, wie sehr sich das Regime um seine Kämpfer kümmerte. Den Konsens für die Kriegspolitik zu erhöhen war hier das Ziel. Drittens idealisierten die Machthaber den Einsatz der Soldaten. So nahmen sie die Volksgemeinschaft in die Pflicht und rechtfertigten steigende Anforderungen, etwa in Form von längeren Arbeitszeiten, Rationierungen oder durchwachten Nächten mit Luftalarmen. Die Bemühungen des Münchner Oberbürgermeisters Karl Fiehler liefern einen plastischen Eindruck, wie diese Mechanismen in Gang gesetzt wurden. Mitte Oktober 1940 empfingen die Honoratioren im Sitzungssaal des Rathauses die erste Gruppe der »Adolf-Hitler Urlauber-Kameradschaft«. Acht Tage lang residierten diese Fronturlauber – durchweg verdiente Soldaten aller Dienstgrade die »Zuhause nicht die nötige Erholung fanden« – als Ehrengäste in der »Hauptstadt der Bewegung«. Die Festredner bezogen sich auf die Tradition, anlässlich des Geburtstags des Führers altbewährte nationalsozialistische Kämpfer einzuladen. Diesen Platz nahmen fortan Fronturlauber als »Gäste des Führers« ein. Die Kämpfer erholten sich nicht einfach nur. Vielmehr sollten sie »bleibende Erinnerungen an die Hauptstadt

---

555 RG 165, Entry P 179 (B), Box 509 (16), Room Conversation 15.6.1944.

Abbildung 6: Einzug von »Narvik-Heimkehrern« in Berlin, Zeitschrift *Die Wehrmacht*, Juli 1940

der Bewegung mit ins weitere Leben hinaus tragen« und als Multiplikatoren fungieren, die von der Fürsorge der Partei gegenüber den Soldaten kündeten.[556] Mit dem Angriff auf die Sowjetunion endeten die Möglichkeiten des Regimes, siegreich heimkehrende Truppen zur Schau zu stellen. Die Betonung der Härte der Kämpfe gesellte sich immer öfter zum Tenor eigener Überlegenheit. Diese relativ frühe Kursanpassung der offiziellen Kriegsdeutung erinnert an

556 Vgl. IfZ-Archiv, *VB* vom 15.10.1940, Artikel »Dieses Jahr Soldaten – Empfang der Adolf-Hitler Urlauber-Kameradschaft im Rathaus«; StdAM, Fremdenverkehrsamt 14, Antrag des Fremdenverkehrsamtes auf Schaffung einer Betreuungsstelle für Militärurlauber in der Hauptstadt der Bewegung beim Bürgermeisteramt vom 21.10.1939.

Abbildung 7: Ankunft von Heimaturlaubern am Bahnhof in Ingolstadt

die spätere »Kraft durch Furcht Propaganda«. Allerdings dürfen die Parallelen nicht überzeichnet werden.[557] So lud etwa Reichsminister Joseph Goebbels im Juni 1942 die Kampfgruppe des Oberstleutnants und Ritterkreuzträgers Alfred Haase für mehrere Tage nach Berlin ein, nachdem sie als Besatzung eines Stützpunktes im Osten »monatelang überlegene feindliche Angriffe abgewehrt hat[te]«. Die Reportage betonte explizit, die Urlauber verdankten den »ersten schönsten Eindruck in der Reichshauptstadt« nach Monaten harter Kämpfe und dem »Dreck des Sumpfgeländes« im »Sowjetparadies« der Partei. In einem der ersten Berliner Hotels schliefen sie nun in weißen und richtigen Betten. Bewusst rückte Goebbels nicht die zeremonielle Würdigung ins Zentrum, sondern den anschließenden, zwanglos wirkenden Besuch der Soldatenstadt Potsdam. An den Erinnerungsstätten Friedrichs des Großen ließ ein kundiger Geschichtsprofessor die alten Zeiten auferstehen. Er vermittelte den Urlaubern, als Teil der Wehrmacht seien sie Träger und Verteidiger des »Vermächtnisses des Deutschtums«. Dass sie diese Mentalität nach der Rückkehr zur Front unter den Kameraden verbreiteten, quittierte der Propagandaminister mit voraus-

---

557 Vgl. Zagovec, Gespräche mit der »Volksgemeinschaft«, S. 322-341; Hano, Pressepropaganda, S. 105-114; Baird, Propaganda, S. 191 f.;

Abbildung 8: Begrüßung von »Narvik-Urlaubern« durch den BDM, Zeitschrift *Die Wehrmacht*, Juli 1940

Abbildung 9: Ein Heimaturlauber erreicht sein Haus

eilendem Dank des gesamten Volkes: »Was Sie und ihre Kameraden [...] in diesen Wochen und Monaten für den Ruhm der deutschen Waffen und für die Ehre und die Freiheit unseres Volkes getan haben, das wird zweifellos später einmal als eine der kühnsten Heldentaten dieses gigantischen Ringens in die Kriegsgeschichte eingehen.«[558] Bereits zu diesem Zeitpunkt verglich die Propaganda den gegenwärtigen Kampf gegen die »Plutokratien des Westens« und den »bolschewistischen Weltfeind« mit der Zeit des Siebenjährigen Krieges.[559] Mo-

[558] Vgl. BSB, 44,1/6, *Berliner Morgenpost*, Artikel »Frontkämpfer erleben Potsdam. Die Männer der Kampfgruppe Haase besichtigen die Soldatenstadt« vom 30.6.1942.
[559] Im Dritten Schlesischen Krieg (1756-1763) hatte der preußische König auf verlorenem Posten einer übermächtigen Koalition getrotzt und so letztlich die territoriale Expansion abgesichert. Mit Rekurs auf Friedrich II. pochte die Führung darauf, dass voreilige Resignation auch diesmal verfehlt sei.

noton erinnerte sie an die eigene moralische Überlegenheit, da sich das Reich angeblich in einem gerechten Verteidigungskrieg befand.[560] Der Fronturlaub erfüllte in dieser Lesart eine kulturelle Erinnerungsfunktion: Das Regime konstruierte die Heimat als abstrakten Wert, für den die Soldaten schon aufgrund der Schuld ihren Vorfahren gegenüber kämpfen mussten. Schließlich hatten diese auch ihr Leben eingesetzt und gemäß nationalsozialistischer Sippenideologie die Existenz der gegenwärtigen Generation erst ermöglicht. Die Inszenierungsstrategien verfingen umso mehr, je subtiler sie sich ausnahmen. Die Partei weitete das Konzept der Berlinbesuche aus und ergänzte es um jahreszeitabhängige Unterhaltungsangebote, wie Dampferrundfahrten über die Havelseen. Programm und Berichterstattung schlugen sich in Wochenschauen nieder, teilweise verlagerte sich der Schwerpunkt auf Aspekte der Erholung vom Kampfeinsatz.[561] Dennoch blieben bekannte Motive erhalten, wie der Urlaub als Privileg im Austausch für Leistung oder der stete Dank der Volksgenossen. Rund 40 Männer verschiedener Divisionen der Krim-Armee – Offiziere, Unteroffiziere und Mannschaften – entdeckten im August 1942 »die enge Verbundenheit zum Vaterland«, die sie sich draußen gar nicht mehr »so stark und schön« vorgestellt hatten, just in dem Moment wieder, als sie die Umgebung Berlins erkundeten und in den friedlichen Naturlandschaften entspannten. Für den Propagandaeffekt war ausschlaggebend, dass die Soldaten diese »Auszeichnung« erhielten, bevor sie den weiteren Fronturlaub mit ihren Familien verbrachten. Denn laut offizieller Deutung erwuchs aus diesem Erleben der »unerschütterliche Wille zum Durchhalten und der Gedanke an eine Kameradschaft« – in diesem Fall war wieder die symbolische zwischen Front und Heimat gemeint –, »aus der ein jeder tagaus tagein immer wieder neue Kraft schöpft.« Dementsprechend betonte der Propagandaminister anlässlich von Urlauberempfängen beständig, dass »die Heimat in diesem Kriege die Heldentaten ihrer Söhne an der Front nicht nur kenne, sondern sie auch zu würdigen wisse. Darin zeige sich die große Wandlung, die das deutsche Volk seit 1918 durchgemacht habe.«[562]

Auch den eigenen Opfern des Krieges trug das Regime in steigendem Maße Rechnung. In den Darstellungen mischten sich zusehends Verwundete unter die Fronturlauber. Spezielle Betreuungsangebote wurden geschaffen, und neue Reportage-Formate verkündeten, wie sehr sich die Partei um die rekonvaleszen-

---

560 Vgl. BSB, 44,1/6, *Berliner Morgenpost*, Artikel »Frontkämpfer erleben Potsdam. Die Männer der Kampfgruppe Haase besichtigen die Soldatenstadt« vom 30.6.1942.
561 Vgl. BArch-FA (Bundesarchiv Berlin Abteilung Filmarchiv), B 128474/1-1, *Wochenschau*, 664/23/1943 (01:01:03:10).
562 Vgl. BSB, 44,7/12. 1942, *Berliner Morgenpost*, Artikel »Havelfahrt der Krimkämpfer. Begeisterung über den Besuch in Berlin« vom 18.8.1942.

ten Soldaten sorgte: Beispielsweise fuhren einige Dampfer auf den Havelseen ausschließlich mit Lazarettinsassen; andere mit Urlaubern und Verwundeten. Propagandistischer Pomp trat in den Hintergrund, die Berichterstattung konzentrierte sich auf die Beschreibung »wunderschöner, erholsamer Stunden«. Mittschiffs spielte eine Kapelle, Rotkreuzschwestern machten ihren Gästen die Fahrt so angenehm wie möglich. Dazu zählten in erster Linie das leibliche Wohl, Zigaretten und Bier. Die Fahrgäste sangen, lachten, verputzten Stullen, und rasch lösten sich die erschreckenden Erinnerungen – bildlich – in den Bugwellen auf: »Das sanfte, geruhsame Dahingleiten auf dem blauen Wasser ließ den Alltag und seine Sorgen und Nöte, wie sie auch sein mochten, zurückbleiben.« Dennoch fehlte die Erinnerung an friderizianische Zeiten am Ende nicht: Die Glocken der Potsdamer Garnisonskirche kündeten aus der Ferne von »Treue und Redlichkeit«. Da die Verwundeten diese Tugenden allerdings schon an der Front bewiesen hatten, richtete sich die Mahnung diesmal an die Volksgenossen zu Hause. Sie wurden zu Spenden für das Rote Kreuz aufgerufen.[563]

In südlichen Regionen lichtete das Regime Fronturlauber und verwundete Soldaten als Negativ der nationalsozialistischen Fürsorgebereitschaft bevorzugt vor Bergkulissen ab. Von ganz Süddeutschland und Österreich aus organisierte die Partei regelmäßig Ausflugsfahrten auf das Nebelhorn oder in andere Alpenregionen, um den Männern »eine besondere Freude« zu machen und ihnen zu helfen, so »manche bittere Stunde zu überwinden«. Betreuungsaktionen des BdM oder durch die Organisation Glaube und Schönheit ergänzten solche Unternehmungen häufig mit »liebevoller Bewirtung« und »allerlei lustiger Unterhaltung.«[564] Honoratioren luden in zunehmendem Maße Verwundete genau wie Fronturlauber zu offiziellen Empfängen ein und rückten sie in den Mittelpunkt.[565] Darüber hinaus zog die Partei Fronturlauber verstärkt zur Teilnahme an ihren Veranstaltungen, insbesondere den wiederkehrenden Heldengedenkfeiern heran: Die Überwachungsorgane betonten die besondere Würde, die anwesende Fronturlauber dem Akt verliehen, indem sie mit Stahlhelm und Gewehr als Ehrenwache dienten.[566] Aus Baden-Württemberg kam im Jahr 1942 die Meldung, Urlauber und Verwundete der Standorte hätten beinahe durchweg an den Heldenehrungsfeiern teilgenommen. Die daraus resultierende

---

563 Ebenda, Artikel »Mit 400 Verwundeten über die Havelseen. Eine Dampferfahrt mit dem Roten Kreuz nach Werder« vom 20.8.1942.
564 Vgl. SuStB Augsburg, Gs 2958-42/60, Gauzeitung *Front und Heimat*, Ausgabe Nr. 51 vom 21.6.1942, »Verwundetenfahrt auf das Nebelhorn«.
565 Vgl. ebenda, Gs 2958-61/79, Gauzeitung *Front und Heimat*, Ausgabe Nr. 79, Dezember 1943, »Verwundete als Gäste des Reichsschatzmeisters«.
566 Vgl. Bailer (Hrsg.), Tagesrapporte, Tagesbericht Nr. 3 vom 8.4.1943.

»persönliche Note«, namentlich die Verbundenheit mit den Angehörigen der Gefallenen, habe den Erfolg der Veranstaltungen gesichert.[567] Einen hohen Stellenwert innerhalb der medialen Darstellung von Fronturlaubern und Rekonvaleszenten nahmen zudem kulturelle Veranstaltungen ein. Exemplarisch werden die Festspiele in Bayreuth und in Salzburg genannt. Das Regime inszenierte sie explizit als Kriegsfestspiele und wies den vorübergehend Heimgekehrten eine exponierte Rolle zu. Unter dem Motto »Arbeiter und Soldaten erleben Bayreuth. Als Gäste des Führers besuchen sie mit KdF die Richard-Wagner-Kriegsfestspiele« erprobten die Veranstalter das Spektakel in seiner neuen Form im Sommer 1940 das erste Mal.[568] Indem Fronturlauber und Rüstungsarbeiter nun die bevorzugten Gäste wurden, spielte das Regime erneut die Karte öffentlicher Gratifikation gegen persönliche Kriegsleistung aus. Dass »deutsche Kunst« und »deutsches Kulturschaffen« auch in der Zeit des »aufgezwungenen« Krieges keine Unterbrechung erlitten, schrieb es sich als Eigenleistung auf die Fahne. Die Propaganda spannte den Bogen bis zur Machtergreifung zurück: Die Übernahme eines Teils der Veranstaltungsorganisation durch KdF im Jahr 1933 galt als Beginn einer Entwicklung, »die nun, unter den besonderen Umständen des Krieges, den Charakter der Festspiele völlig bestimmte.« Das Bühnengeschehen, der *Fliegende Holländer*, geriet 1940 weitestgehend zur Nebensache. Eigentlicher Schauplatz der NS-Inszenierung wurde die Stadt Bayreuth samt Umgebung. Fronturlauber und Rüstungsarbeiter waren die Protagonisten, und ihr dirigiertes Auftreten während des mehrtägigen Aufenthaltes bestimmte den Handlungsverlauf, von der Ankunft in den Sonderzügen bis zur Rückfahrt. Verschwunden waren Fracks, Abendkleider und die »Massenauffahrt« der Automobile. Das begüterte Bürgertum hatte sein Privileg auf den Besuch der Spiele verloren – feldgrau dominierte die festlich geschmückte Stadt. Dennoch deklarierten die Kriegsauszeichnungen auf den Feldblusen die Teilnahme als leistungsbezogenes Vorrecht. Lediglich die Auswahlkriterien und die Besucherschichten hatten sich geändert. Neben Richard Wagners Jugendstück standen der Besuch am Grab des »Meisters« auf dem Programm, eine Stadtführung, der Besuch des Markgräflichen Opernhauses, ein Einführungsvortrag und »Gastgeschenke« in Form von Sondermahlzeiten.[569]

Soldaten und Arbeiter stellten in diesem Jahr den Großteil der insgesamt 19.000 Besucher aus jenen zwölf deutschen Gauen, die Bayreuth am nächsten lagen. Die Wehrmacht erteilte großzügig Fronturlaub an Soldaten, die aus die-

---

567 Boberach (Hrsg.), Meldungen, Bd. 10, S. 3830ff., SD-Bericht vom 15.6.1942.
568 Vgl. BArch, NS 5-VI/6249, Zeitschrift *Arbeitertum*, Ausgabe Nr. 10 vom August 1940, Artikel »Arbeiter und Soldaten erleben Bayreuth. Als Gäste des Führers besuchen sie mit KdF die Richard-Wagner-Kriegsfestspiele«.
569 Vgl. ebenda.

sen Gauen stammten. So konnten sie ihre Familien besuchen und an den Aufführungen teilnehmen. Um die Wirkung zu steigern, bevorzugte die Führung reisefähige verwundete Soldaten, die sich im Feld Tapferkeitsabzeichen erworben hatten. Sie achtete ebenfalls darauf, dass die anwesenden Wehrmachtangehörigen alle Bevölkerungsschichten und Chargen in ausgewogenem Verhältnis repräsentierten. Deswegen wurden nicht mehr als zehn Prozent Offiziere und maximal 25 Prozent Unteroffiziere eingeladen.[570] Die fiktiven O-Töne der Soldaten am Ende jeder Berichterstattung beteuerten einmütig, durch das Erlebte hätten sie »fast den Krieg vergessen«. Auch in diesem Fall sollten die Urlauber, wenn sie »wieder an die Front zurückkehr[ten], täglich dankbar an dieses herrliche Geschenk des Führers denken«, und »allen Kameraden von diesem überwältigenden Erlebnis erzählen.«[571] Der kriegsmäßige Anstrich und das zugrunde liegende Leistungsprinzip wurden immer offenkundiger: Im Sommer 1942 wurde der Besuch der Festspiele in Bayreuth und der Festspielwochen in Salzburg – als »Höhepunkte deutschen Kulturschaffens« – ausschließlich für Frontsoldaten, Verwundete und Rüstungsschaffende per Führerweisung reserviert.[572] Überhaupt belegen die steigenden Zahlen an Kino- und Theaterbesuchen das wachsende Bedürfnis nach realitätsfernen Gegenwelten.[573] Goebbels betonte im Sommer 1942 die Wichtigkeit des gewaltfreien Charakters ablenkender Veranstaltungen in Kriegszeiten: »Es herrscht in der Festspielstadt ein fast friedensmäßiges Leben. Sie ist wie geschaffen für solche festlichen Darbietungen. Während des Krieges finden diese fast ausschließlich vor verwundeten Soldaten und Rüstungsarbeitern statt.«[574] Was die Führung auf Reichsebene vorlebte, ahmten Parteiführer in den Gauen, Städten und Dörfern nach. Die lokalen kulturellen Betreuungsmaßnahmen reichten von Theateraufführungen bis hin zu musikalischen Auftritten von Spielmannszügen und SA-Standarten. Auch hier standen Fronturlauber, Verwundete und Rüstungsarbeiter als Komparsen für einen größeren Adressatenkreis im Mittelpunkt.[575] Inwieweit die medial ausgefeilten Massenveranstaltungen die Fronturlauber tatsächlich mit

570 Vgl. BArch-MA, RH 37-4012, Standortbefehl des Standortältesten Bayreuth vom 20.6.1940.
571 Vgl. BArch, NS 5-VI/6249, Zeitschrift *Arbeitertum*, Ausgabe Nr. 10 vom August 1940, Artikel »Arbeiter und Soldaten erleben Bayreuth. Als Gäste des Führers besuchen sie mit KdF die Richard-Wagner-Kriegsfestspiele.«
572 Vgl. SuStB Augsburg, Gs 2958 -42/60, Gauzeitung *Front und Heimat*, Ausgabe Nr. 55 vom 2.9.1942, »Verwundete des Gaues Schwaben Festspielgäste in Bayreuth und Salzburg«.
573 Vgl. Kundrus, Kulturelle Kriegführung, S. 96 f.
574 Goebbels-Tagebücher, Bd. 5, S. 420, Eintrag vom 29.8.1942.
575 Vgl. SuStB Augsburg, Gs 2958 -61/79, Gauzeitung *Front und Heimat* vom 23.8.1943, »Hier spricht die Gauhauptstadt«.

Zuversicht und neuem Mut für die nächsten Kampfeinsätze ausstatteten, bleibt dahingestellt. Aus Sicht der Soldaten war die Verbindung mit einem längeren Heimataufenthalt wohl wichtiger. Aus dieser Warte heraus entfalteten die Inszenierungen ihre volle Wirkung erst im Wechselspiel mit den anschließenden Erfahrungen zu Hause, indem die Eindrücke über die eigentliche Aufführung hinaus fortwirkten. Das Regime unterstützte so die Interpretation der Einsatzunterbrechung als vorübergehende Rückkehr in ein normales Umfeld, für dessen Erhalt es sich lohne, weiterzukämpfen.

Individuelle Identifikationsangebote

Das Regime verfolgte eine weitere Strategie, anhand derer es Fronturlauber mit augenscheinlich objektiver Berichterstattung ins gewünschte Licht rückte und die eigenen Botschaften kolportierte. Um den Identifikationsgrad der Adressaten zu erhöhen, fokussierte die Propaganda auf – mitunter fiktive – Einzelpersonen. Aufgrund außerordentlicher militärischer Leistungen stachen sie in der Regel aus der Masse hervor. Die Erzählungen sind deswegen interessant, weil sie nicht wie Reportagen zwangsläufig an der schützenden Schwelle der eigenen vier Wände haltmachten: Die Inhalte tangierten öffentliche Sphären, private Rückzugsräume und individuelle Handlungsoptionen gleichermaßen.

Im Januar 1941 dokumentierte etwa die *Berliner Illustrierte Zeitung* einen Skiurlaub des Jagdgeschwaders von »Kommodore« Werner Mölders. Hitler hatte dem damaligen Major kurz zuvor das Eichenlaub zum Ritterkreuz verliehen; für seinen 40. Feindabschuss während der Luftschlacht um England.[576] Das Blatt hielt die Aktivitäten der Staffel vor malerischer Bergkulisse in einer Bildserie fest. Als begeisterter und mutiger Skiläufer füllte der Kommodore selbst in seiner Freizeit die Rolle des Vorbildes aus. Gleichzeitig bediente er den sport- und gesundheitsorientierten Körperkult der Nationalsozialisten.[577] Die Aufnahmen wirkten ebenso privat wie heroisch: Umringt von jungen Frauen, blickten die Kriegshelden im Halbprofil siegesgewiss in die Ferne. Oder sie eskortierten ihre Begleiterinnen galant durch den Schlepplift. Geradezu unbekümmert verwischte die Darstellung die Grenzen zwischen kriegerischen, zivilen und persönlichen Lebenswelten: Die jungen Flieger, »die fast alle 100 Feindflüge hinter sich haben«, gaben sich bei einer »lustige[n] Schlacht in 1700 Metern Höhe, bei der die Schneebälle« flogen, diesmal den Damen geschlagen.[578]

576 Vgl. IfZ-Archiv, Z 1001, *Berliner Illustrierte Zeitung* vom 3.10.1940 und vom 23.1.1941.
577 Vgl. Czarnowski, Das Kontrollierte Paar, S. 79-90.
578 Vgl. IfZ-Archiv, Z 1001, *Berliner Illustrierte Zeitung* vom 23.1.1941.

Doch nicht nur Persönlichkeiten von öffentlichem Interesse, auch die unbekannten »Frontochsen«[579] rückten in das Raster der Propagandakompanien. Sie tauchten regelmäßig in den Wochenschauen auf, wenngleich als stumme Zeugen. Die Berichterstatter dokumentierten die Schicksale von Verwundeten oder die Betreuung alleinstehender Soldaten durch ihre Gastfamilien – ein »Geschenk«, das ihnen die Partei im Zuge der Hitlerfreiplatzspende verschaffte. In einem besonders plakativen Fall begleitete das Filmteam einer PK einen unbekannten Soldaten von seinem Frontabschnitt in Karelien bis in das heimische Schlafzimmer. Dort legte ihm seine Frau den neugeborenen Sohn in die Arme. Mit theatralischer Anmut hatte der Oberjäger den ganzen Weg über das Urlaubsgeschenk seines Generals transportiert: eine Holzwiege für den Spross, die seine Kameraden zuvor geschnitzt hatten.[580] Trotz aller Unterschiede in Rang, Waffengattung und Einsatzort war die Botschaft einhellig. Appelle an private und zivile Werte ergänzten bisherige Motive des Zusammenhalts zwischen Front und Heimat.[581]

Neben den geschilderten ereignisorientierten Berichtsformen beeinflusste das Regime Handeln, Moral und Realitätsdeutung von Fronturlaubern mit weiteren Techniken. Dazu bediente es sich normalerweise schablonenhafter Heimkehrerlebnisse. Der Stil war meist allegorisch, das bevorzugte Medium Druckerzeugnisse verschiedenster Art. Humoristische Anekdoten, Witze und Karikaturen zählten ebenfalls zu dieser eher unterhaltsam betriebenen Form der Manipulation. Aber auch Merkblätter mit Verhaltensregeln für Fronturlauber waren häufig vertreten. Insgesamt waren die Themen sehr allgemein oder bedienten Alltagsfragen, wodurch sie auf einen möglichst breiten Adressatenkreis zielten. Auf der einen Seite sind Grundmuster erkennbar, die während des Krieges relativ konstant blieben. Daneben standen Botschaften und Strategien, die sich zusammen mit der Kriegslage wandelten.

Kontinuierlich hierarchisierte die Propaganda zwischen zivilen und soldatischen Tugenden. Allerdings achtete sie darauf, die Kriegsleistung der Heimat gegenüber dem Fronteinsatz nicht herabzuwürdigen. Folglich verzichtete sie auf direkte Vergleiche, insbesondere negativ besetzte. Stattdessen erhob sie die Pflichterfüllung an dem Ort, an den die »Vorsehung« jeden Einzelnen geführt hatte, zum höchsten Ideal. Die schwäbische Gauzeitung *Front und Heimat* präsentierte in der Ausgabe vom 30. Dezember 1941 die »Wort für Wort

---

579 Vgl. Kroener, »Frontochsen«, S. 371-384.
580 Vgl. BArch-FA, B 1 31939/1-1, *Wochenschau* 711/18/1944 (01:05:20:07 bis 01:06:51:00); B 128474/1-1, *Wochenschau* 664/23/1943 (01:01:03:10 ff.); Dokumentarfilm »Dorfheimat« 1941, Titelnummer: 573728 (36 mm Kopie; K 25283; VHS K 267818).
581 Vgl. Burleigh, Nationalsozialismus, S. 269-272; Angermair, Inszenierter Alltag, S. 85-103; Maiwald, Sexualität, S. 55-57; Kasberger, Heldinnen, S. 92 f.

geschehen[e]« Geschichte eines noch jungen Soldaten, der instinktiv die kaum beschädigten Überreste eines abgeschossenen Feindflugzeuges gegen Plünderung geschützt hatte. Prompt belohnte ihn der Oberst, ein Veteran aus dem Ersten Weltkrieg, mit einem Fronturlaub. Doch obwohl der Soldat ein »Mädel daheim« hatte, wünschte er sich nichts sehnlicher, als »am Weihnachtsabend draußen [zu] stehen, als vorderster Posten.«[582] Die Auslegung seines Verhaltens, dass der »junge deutsche Soldat, der Leben und Liebe und alles vergisst um des einen willen: Vorne zu stehen im Kampf«, lieferte der Artikel gleich mit. Stellvertretend für den Leser wertete der Oberst als vertrauenswürdiger Kenner beider Kriege die Einsatzfreude als »Inbegriff des Deutschen in dieser Zeit« und als Beleg für den bevorstehenden Sieg: »Und so geschah es, daß an jenem Weihnachtsabend ein junger Soldat im vordersten Graben für Deutschland Wache stand, als Urlauber am Feind.«[583] Der Verzicht auf das Wiedersehen mit den Angehörigen ausgerechnet an Heiligabend, der auch während der nationalsozialistischen Diktatur wenn irgend möglich als besinnliches Fest der Familie begangen wurde, überhöhte den Altruismus des Soldaten. Abermals folgte die subtile Anspielung auf den Mentalitätswandel im Unterschied zum Geist von 1918. Das Verlangen schließlich, »vorne mit dabei zu sein« und sich im Krieg zu beweisen, war ein Wunsch, der tatsächlich in vielen Feldpostbriefen zum Ausdruck gebracht wurde. Es entsprach einer militaristischen Tradition, die älter war als der Nationalsozialismus. Sie versprach gesellschaftliches Ansehen, um das die Frauen ihre Männer mitunter beneideten.[584] Interessant ist jedoch der Zeitpunkt, zu dem das Regime die Geschichte lancierte. Die Verfasser von Ego-Dokumenten äußersten die Angst, den Krieg womöglich zu »verpassen«, überproportional während der Zeit der Blitzfeldzüge. Im Anschluss daran wandelte sich der Tenor deutlich. Forderte der Artikel den Verzicht auf persönliche Sehnsüchte also gerade in dem Augenblick, als die Siege der deutschen Armeen endeten, ist dies als Appell an die Soldaten zu werten, die bisherige Haltung zu konservieren.

Ebenfalls hütete sich die Propaganda davor, Privates und Soldatisches als unvereinbare Gegenwelten zu konstruieren. Sie durfte den »Wunsch« nach »Verteidigung« des Vaterlandes nicht in Widerspruch zur Sehnsucht nach den Angehörigen bringen. Im Gegenteil: Der Sieg bedingte die Rückkehr ins Zi-

---

582 SuStB Augsburg, Gs 2958 -21/41, *Front und Heimat. Soldatenzeitung des Gaues Schwaben* vom 30.12.1941, Artikel »Urlaub – nach vorne«.
583 Vgl. ebenda.
584 Vgl. Braudy, Chivalry, S. 49-55 und S. 158-162; Amberger, Männer, S. 41-50 und S. 76-90; DTA, Serie 1462, Brief von Lore an Hermann G. vom 28.6.1941: »Was musst Du inzwischen alles erlebt haben. [...] Wenn ich doch nur auch ein Mann wäre und mit dabei sein könnte. Das Los der Frauen ist ungleich schwerer.«

villeben. Die Medien betonten, die Heimat sei vielen Soldaten »so viel heiliger geworden in der langen Zeit der Trennung«, habe gegenüber dem Militärischen also an Wert gewonnen.[585] Folgerichtig legte diese Strategie Heimweh nicht als Schwäche aus, sondern deutete sie zum Motivationsfaktor des Weiterkämpfens um. Das Zugeständnis ziviler Rückzugsräume gerade unter drastischeren Kriegsbedingungen war kein Anachronismus, sondern Kalkül. Wie sehr sich die Führung bemühte, den Wünschen der Soldaten entgegenzukommen, suggerierten die Erzählungen teils erstaunlich spielerisch: Während einer Belehrung wollte ein Kompaniechef etwa wissen, was sich in letzter Zeit politisch wie militärisch »Großes« ereignet hatte. Darauf erhielt er zur Antwort: »Herr Oberleutnant, ich war in letzter Zeit in Urlaub.«[586]

In der Tat existierte in Soldatenzeitungen ein Spannungsverhältnis: Einige Abhandlungen erhoben den freiwilligen Verzicht auf Fronturlaub zur soldatischen Tugend. Andere priesen private Werte an und zeichneten die befristete Heimkehr als höchstes Privileg nach erbrachter Kriegsleistung. Dies belegt einmal mehr, dass das Regime selbst unter den geänderten Vorzeichen der militärischen Auseinandersetzung nicht ausschließlich mit Terror und Zwang operierte, sondern weiterhin auf Überzeugung und Konsensfähigkeit durch Zugeständnisse setzte. Dementsprechend warb es immer wieder um Verständnis für die hierarchisierende Urlaubsordnung der Wehrmacht, weil diese etwa Familienväter begünstigte. Im Artikel »Der verschenkte Urlaub«, der am 30. September 1941 in *Wacht am Kanal* erschien, ging es um den fiktiven Flieger Peter Stein, der schon über 50-mal gegen England geflogen war. Im Mittelpunkt der Erzählung stand zunächst seine Vorfreude auf die Heimat. Erwartungen, die er sich mit dem Urlaubsschein in der Tasche in den buntesten Farben ausgemalt hatte: wie sich innerhalb einer Stunde in der ganzen Stadt herumsprechen würde, dass er beide EK bekommen hatte oder die überglückliche Mutter an der Wohnungstür. Er dachte an die »Briefe auf rosa Papier«, die er unter den Kameraden nur heimlich las und die den Urlaub besonders verlockend erscheinen ließen. Doch alles verblasste, als der dekorierte Bordschütze erfuhr, die schwangere Frau eines Kameraden habe einen Unfall erlitten. Damit dieser nicht noch drei Tage warte musste, schenkte er ihm ohne zu zögern seinen Urlaub. Die Wiedersehensfreude rettete der Frau laut Aussage des fiktiven Arz-

---

585 Vgl. SuStB Augsburg, Gs 2958 -21/41, *Front und Heimat* vom 6.11.1941, Artikel »Fronturlaub«.
586 Vgl. ebenda, Gs 2958 -42/60, *Front und Heimat* vom 19.10.1942, Artikel »Urlaub wie er sein soll«.

tes das Leben. Flieger Peter Stein hingegen stürzte wenige Stunden später bei einem Einsatz ab.[587] Aus der Rückschau wirken solch konstruierte Heldenerzählungen überzeichnet und wenig glaubhaft. Doch traten die Forderungen des Regimes deutlich zutage. Der Appell richtete sich in erster Linie an die kameradschaftlichen Ideale von Treue und Fürsorge. Anstatt andere um ihren Urlaub zu beneiden, wurde um Empathie und Bescheidenheit geworben. Eine solche Sichtweise vermengte militärische und familiäre Aspekte gesellschaftlicher Vergemeinschaftung. Sie milderte Spannungen und Missmut über das lange Warten a priori ab. Tatsächlich sind Erklärungsmuster vor allem kinderloser Soldaten gegenüber ihren Angehörigen, die sich hinsichtlich des Urlaubsanspruchs auf den Vorrang von Familienvätern beziehen, in vielen Feldpostbriefen keine Seltenheit.[588]

Kognitive Dissonanzen im »öffentlichen Raum«

Eine andere Kategorie von Artikeln thematisierte die Auseinanderentwicklung von Wahrnehmungs- und Sinngebungsmustern zwischen Front und Heimat. Kognitive Dissonanzen und Entfremdungserfahrungen von Soldaten durch »Brutalisierung« und »Verrohung« standen im Mittelpunkt. Erzählungen dieser Art differenzierten nur rudimentär zwischen öffentlicher und privater Sphäre. Sie sprachen die Herausforderungen in der Regel umfassend an. Im Folgenden interessiert, inwiefern sich Soldaten von ihrem weiteren vormaligen gesellschaftlichen und sozialen Bezugssystem entfernten. Veränderungen persönlicher bzw. intimer Beziehungsstrukturen werden in einem späteren Kapitel aufgegriffen, das sich ausschließlich mit dem familiären Bereich beschäftigt, jedoch auf den folgenden Erörterungen aufbaut und teilweise daran anknüpft.

Zunächst überrascht die Intensität, mit der sich das Regime des Problems überhaupt annahm. Die zahlreich negativ unterlegten Rückbezüge auf den Ersten Weltkrieg offenbaren allerdings den pragmatischen Impetus: Das »Verständnis« für die Lage der Soldaten spiegelte kaum echte Anteilnahme wider. Es verrät eher die Absicht der Führung, aus vermeintlichen Versäumnissen zu lernen. Die Wende an der Ostfront beeinflusste auch hier Art und Weise, wie die Propaganda das Thema bespielte. Zuvor hatten die meisten Artikel bestehende Herausforderungen im Grunde verharmlost. Sie legten den Soldaten nahe, es handle sich um unvermeidbare, jedoch zumutbare Begleiterscheinungen des Krieges. Gleichzeitig standen in der Anfangsphase Inhalte im Vordergrund,

---

587 Vgl. BArch-RHD 69/44, Soldatenzeitung *Wacht am Kanal*, Artikel »Der verschenkte Urlaub« vom 30.9.1941.
588 Vgl. Kühne, Kameradschaft, S. 193 f.; DTA, Serie 2131, Tagebucheintrag von Anton G. vom 6.5.1942; SFN, NL 208, Briefe von Karl an Erika M. vom 8. und 10.1.1943.

die viele Veteranen aus dem Ersten Weltkrieg kannten: Etwa die Schwierigkeit, im Urlaub die Gedanken von den Kameraden zu lösen, oder das Reden über Kriegserlebnisse. Erst infolge der erbitterten Kämpfe mit der Roten Armee und der intensiveren Bombardierung des Reichsgebiets besprach die Führung seelische Kriegsfolgen und daraus resultierende Schwierigkeiten während des Fronturlaubs ernsthafter und reagierte mit mehr Feingefühl. Jedoch brachen heroische Appelle zum sturen Durchhalten weiterhin durch. Dass die Machthaber ohnehin keine reellen Lösungen parat hatten, verstärkt den Eindruck ihrer wachsenden Hilf- und Orientierungslosigkeit.

Zu einem erstaunlich frühen Zeitpunkt bereitete die Erzählung »Lisa hat wirklich nicht geweint« Soldaten mental auf Entfremdungserfahrungen während des Fronturlaubs vor. Sie erschien im März 1940 unter anderem in der schwäbischen Gauzeitung *Front und Heimat* und wollte die Gefahren abfedern, die aus dem abrupten Wechsel des Referenzrahmens resultierten. Kern der Geschichte bildeten die neuralgischen Punkte Wiedersehen und Abschied mit und von der Heimat. Die Soldaten konnten die offene Botschaft sowohl in Hinblick auf ihren Freundes- oder Kollegenkreis und ihre Angehörigen als auch in Hinischt auf Zufallsbegegnungen mit völlig Fremden interpretieren. So irritierte die Protagonisten der Heimat zunächst das introvertierte, ja geradezu abweisende Verhalten des Heimkehrers: Wenn er im Restaurant schweigend am Tisch saß, statt zu erzählen auf die Uhr blickte und den Eindruck vermittelte, er würde sich an die gemeinsame Vergangenheit nicht mehr erinnern. Der Artikel erklärte, der Urlauber müsse sich erst gewahr werden, dass er unverständlich agierte: »Erich weiß nicht, dass er anders gewesen ist; doch er denkt nach ...«. Darauf folgte der passende Perspektivwechsel: »[...] ich habe immer auf die Uhr schauen müssen. Als es zehn Uhr war habe ich gedacht: jetzt lösen sie die Posten ab. Wer es wohl ist? [...] Der Quante vielleicht? Oder der Brösel? [...] Mit dem Heimfahren gehe es nicht so schnell, [...] man ist zwar auf Urlaub, aber die Gedanken bleiben dennoch draußen.«[589] Ein Vorschlag zur Lösung der Spannungen wurde nicht angeboten. Schließlich konnten die Soldaten nicht aus ihrer Haut. Folglich appellierte die Propaganda an das Verständnis der Volksgenossen. Es war ihre Aufgabe, sich auf die Fronturlauber einzustellen, damit sie sich normal vorkamen und nicht als Fremdkörper im eigenen Land fühlten.

Sinngemäße Erzählungen blickten auf den Zivilberuf der Soldaten. Für Feldwebel Karl X. beispielsweise war es im Juli 1941 gar keine Frage, anlässlich seines Heimaturlaubs »seinem Betrieb, seinem Vorgesetzten und seinen alten Kollegen, soweit sie nicht ebenfalls den Rock des Soldaten trugen, einen Be-

---

589 SuStB Augsburg, Gs 2958 -1/20, *Front und Heimat*, Nr. 4 vom 10.3.1940, Artikel »Lisa hat wirklich nicht geweint«.

such« abzustatten.⁵⁹⁰ Er setzte sich an den vertrauten Schreibtisch und auf den gewohnten Stuhl. Nichts hatte sich geändert. Und wie der Kriegsheld von den siegreichen Feldzügen in Polen und Frankreich berichtete, da klingelte plötzlich das Telefon. Wie in Trance griff er zum Hörer. Nahtlos schlüpfte er zurück in seine Rolle als Prokurist: Professionell nahm er eine Beschwerde entgegen und entschlossener als üblich setzte er alle Hebel in Bewegung, den betriebsinternen Ursprung des Problems zu lösen. Schließlich käme nach dem Krieg wieder der Konkurrenzkampf, in dem nur die Tüchtigen bestehen. Kaum hatte er aufgehängt, wusste der Urlauber nicht mehr, was geschehen war und wollte sich entschuldigen. Doch der Geschäftsführer fiel ihm ins Wort: »Aber ich kann jetzt beruhigt der Zeit entgegensehen, in der wieder, nach der siegreichen Beendigung des Krieges, unter normalen und geschäftlichen Umständen gearbeitet und geworben werden muss. Denn dann werden Sie auf diesem Stuhl sitzen wie jetzt und nach dem Rechten sehen.«⁵⁹¹

Die Anekdote negierte Gefahren der Entfremdung im Grunde völlig und wirkte weitverbreiteten Ängsten unter den Soldaten entgegen, ihre bürgerliche Existenzgrundlage würde während der Abwesenheit zerbrechen und ihre Position von den Daheimgebliebenen eingenommen. Keinesfalls sollten sie das Gefühl haben, entbehrlich zu sein. Der Fronturlaub wurde als Musterbeispiel erfolgreicher Selbstvergewisserung über den Fortbestand des zivilen Lebens inszeniert. Die Kollegen, die in der Firma verblieben waren, hielten den Arbeitsplatz des Prokuristen »frei«. Nicht nur, dass dieser seine Tätigkeit nach wie vor uneingeschränkt ausüben konnte und nichts von seinem Fachwissen eingebüßt hatte, im Gegenteil: Die Szene legt nahe, dass er im Krieg an Reife gewonnen und neue Fähigkeiten erworben hatte. Diese machten ihn gegenüber den daheimgebliebenen Kollegen überlegen, und sie bewunderten ihn darum. In einer pervertierten Ideologie stilisierte das NS-Regime den Krieg zum Heilsbringer, der die Menschen zu Höchstleistungen anspornte.⁵⁹² Die Argumentation folgte der typischen NS-Verheißungsrhetorik: Die Soldaten, die ihr Leben riskierten und persönliche Entbehrungen akzeptierten, sollten durch ihre Abwesenheit nicht bestraft werden. Mit exponierten Stellungen in der Volksgemeinschaft und materiellen Vergütungen nach dem Sieg winkten vielmehr Entschädigungen für ihren Einsatz.⁵⁹³ Zuletzt spielte die Passage darauf an, dass konforme

---

590 Vgl. BArch-MA, RHD 69/44, Soldatenzeitung *Wacht am Kanal*, Artikel »Auf Urlaub im Büro« vom 19.7.1941.
591 Vgl. ebenda.
592 Vgl. Welzer, Kumulative Heroisierung, S. 57-73; Jacobsen, Weltanschauung, S. 427-439; Dirks, Nationalsozialismus, S. 13-19.
593 Vgl. http://wwii.germandocsinrussia.org/de/nodes/2208-akte-70-zusammenstellung-der-propagandistischen-blatter-mitteilungen-fur-die-truppe-der-propa#page/339/

Heldenerzählungen von Fronterlebnissen durchaus willkommen waren, sofern sie die Stimmung in der Heimat hoben. Gleichzeitig bat das Regime die Soldaten um tugendhaftes Schweigen über »Kriegsgrausamkeiten«.[594] Das Regime konnte die Probleme, die durch belastende Kampferfahrungen und lange Abwesenheiten von der Heimat entstanden, allerdings nicht durchweg verharmlosen. Alle Genres spiegelten dies wider, indem sie das Thema immer häufiger mit seriösen Tönen bespielten. Unter dem Titel »Um die Heimkehrer« warnte *Das Schwarze Korps* Ende Februar 1942 ungewohnt offen vor Missverständnissen, die im Fronturlaub lauerten. Das Blatt führte sie einerseits auf den Erfahrungskontrast der Soldaten zurück. Er bestand aus militärischem Kampferleben und zu hoch gesteckten Erwartungen, des »sich Überfreuen[s]« auf die zivile Gegenwelt. Andererseits gerieten die Belastungen und Sorgen der Heimatfront ins Blickfeld. Diese verhinderten oftmals, dass sich die Volksgenossen in die Fronturlauber hineinversetzen und das nötige Verständnis aufbringen konnten.[595] Die Freude der Heimkehrer war demnach nicht mehr »rein«, sondern durchsetzt mit »tiefer Entschlossenheit«. Die Volksgenossen erkannten sie nicht mehr an den Paketen, sondern an der Aura, die vor allem jene, die »von ganz vorn, von der Ostfront« als die »wahren Fronturlauber« kamen, umgab: »[...] und sie sind ernst, wie nur die Augen von Männern sein können, die so viel Erleben hinter sich haben [...].«[596] Zunächst bewegten sich die Heimkehrer wie im Traum. Im »Großstadtgewühl« angekommen, standen sie »zuweilen wie mit einem Brett vor den Kopf geschlagen hilflos dazwischen« und grübelten verwundert: über die seltsam anmutende friedliche Atmosphäre, die sauberen ordentlichen Häuser, das Fehlen von Schlamm, Eis und Artilleriefeuer. Besonders aber beunruhigte sie die sorglose Geschäftigkeit all der vielen Menschen, die von den lächerlichsten Dingen »plauderten und schwatzten«. Offenbar wussten sie nicht, was »draußen gespielt« wurde.[597] Die egoistische Fokussierung auf den eigenen Lebenskreis betrachtete die Führung bisweilen als Defätismus. Das Auseinanderdriften der Wahrnehmungswelten abzufedern

---

mode/inspect/zoom/6, Beuteakten in russischen Beständen, Bestand 500, Findbuch 12450 OKH, Akte 70, OKW WFSt/WPr (AP2), September 1942, *Mitteilungen für die Truppe*: »Der Soldat später im Zivilberuf« (letzter Zugriff: 23.6.2017).
594 Vgl. IfZ-Archiv, Da 033.015, *Soldatenblätter für Feier und Freizeit*, 4. Jahrgang, Heft 6, Artikel »Rückstrahlende Kräfte der Front«, S. 278 f.; SuStB Augsburg, Gs 2958 -1/20, *Front und Heimat. Soldatenzeitung des Gaues Schwaben* vom 10.3.1940, Artikel »Lisa hat wirklich nicht geweint«; ebenda, Gs 2958 -21/41, *Front und Heimat* vom 2.10.1941, Gedicht »Am Fronturlauberzug«.
595 Vgl. BArch NS 18/465, *Das Schwarze Korps*, Artikel »Um die Heimkehrer« vom 26.2.1942.
596 Ebenda.
597 Ebenda.

und Kommunikationsbarrieren einzudämmen, war demgegenüber das Gebot der Stunde.[598] Unmissverständlich warnte die Propaganda vor den Folgen, gelänge es den Menschen zu Hause nicht, sich in »das Los der Millionen dort draußen«, in ihre »Art zu leben« hineinzudenken und sich vorzustellen, »was sein würde, wenn die dort draußen nicht so lebten und kämpften.« Der Artikel ließ keinen Zweifel daran, dass nicht mehr dieselben Urlauber wie einst aus Narvik oder Paris in die deutschen Städte einzogen. Die Heimkehr selbst hatte sich verändert. Vorbei war die Zeit der feierlichen Truppeneinmärsche. Es gab keine Jubelrufe mehr, stattdessen nüchterne Abfertigung an Bahnhofssperren vor der Weiterfahrt in überfüllten Straßenbahnen. Als größte Herausforderung identifizierte der Autor den »gewaltigen Gegensatz der großen Verwandlung«. Damit sprach er offen die Konsequenzen potenzieller Verrohung an. Er griff auf das Motiv des Urlaubers als Wandler zwischen zwei Welten zurück: »[...] aus Schnee und Eis, aus Kampf und Gefahr in wenigen Tagen fast übergangslos hineinversetzt zu werden in den Trubel der Städte, in den Alltag friedlichen Bürgerlebens?« Ein Rezept, wie die Soldaten nahtlos an ihr normales Leben anknüpfen sollten, hatte auch dieser Verfasser nicht. Es blieb einmal mehr ein – zynischer – Appell an das Verständnis der Volksgenossen: Die Rückkehr aus dem Krieg sollten sie sich wie das Ende einer packenden Opern- oder Theateraufführung vorstellen. Auch hier sei es schwer, sofort in die Realität zurückzufinden. Mit dieser Imaginationstechnik falle es aber leichter, die Gemütslage der Fronturlauber zu verstehen, wenn sie ihre freilich noch viel furchtbarere und gewaltigere Bühne verlassen hatten, um zu Hause noch nächtelang das Rasseln der Panzer zu hören.[599]

Suggestive Artikel wie diese lancierte die Führung in Serie, wobei Inhalt und Technik leicht variierten. Insgesamt bemühten sich die Darstellungen darum, schwierige Themen mundgerecht aufzubereiten, wenn sie schon nicht ausgespart werden konnten. Dies kam erstens dem Wunsch der Bevölkerung nach leichter Unterhaltung und zeitweiliger Flucht aus dem Alltag entgegen. Zweitens folgte dies einer grundlegenden Modifikation der Propagandarichtlinien: Die Adressaten schenkten der staatlichen Agitation erfahrungsgemäß mehr Glauben, je offener sie die Wirklichkeit reflektierte. Gleichzeitig bemühte die Führung in immer stärkerem Maße mythische Argumentationsmuster, je weniger Siegesmeldungen sie verzeichnete.[600] Eindringlich vermittelt diese – im Grunde widersprüchliche – Trendwende die humoristisch intendierte Erzäh-

---

598 Zu kommunikativer Offenheit als Voraussetzung emotionaler Nähe vgl. Luhmann, Liebe, S. 15.
599 Vgl. BArch NS 18/465, *Das Schwarze Korps*, Artikel »Über die Heimkehrer« vom 26.2.1942.
600 Vgl. Baird, Propaganda, S. 10-12.

lung »Urlaub auf Probe« beziehungsweise »Der Probeurlaub« vom Februar 1942. Sie rekurrierte auf Probleme der Brutalisierung und Entfremdung, die zu diesem Zeitpunkt angesichts der besonderen Bedingungen des Ostkrieges in steigendem Maße auftraten.[601] Die Geschichte wurde in einer ganzen Reihe Soldatenzeitungen abgedruckt. Zahlreiche begeisterte Leserbriefe führten laut offizieller Stellungnahme zur Neuauflage dieses Stücks im Jahr 1944.[602] Die Schilderung selbst kleidete sich in Form eines Polizeiberichts: Ein Armeeoberkommando schickte den erfundenen Oberschützen Alois Hinterhuber auf Probeurlaub, um zu sehen, ob »der im Osten aller guten Manieren entwöhnte Soldat auch urlaubsfähig sei«. Die Führung verneinte dies schließlich und empfahl den Besuch von »Sittenkursen«. Was als ironischer Blick auf unterschiedliche Lebenswelten gedacht war, offenbart die breite Akzeptanz rohen soldatischen Verhaltens – nicht im Fronturlaub, sondern im Osten. Nimmt man etablierte Theorien über Meinungsbildungsprozesse im »Dritten Reich« sowie über Mechanismen schweigender Mehrheiten ernst[603], enthalten die dargebotenen Eskapaden mehr als nur Reste von Realität. Vielmehr ermöglichen sie einen Blick auf echte soziale Praktiken.[604] Gerade innerhalb des humoristischen Genres wurden Themen, die ansonsten tabu waren, als quasi sanktionierter Flüsterwitz[605] gehandelt:

»Am Morgen des 9. Dezember trat aus dem hiesigen Bahnhof der hier wohnhafte Alois Hinterhuber behufs Urlaub. Derselbe war mit einem dichten Bart behaftet. Nach Aussagen des vereidigten Polizeihilfswachtmeisters Obacht näherte sich der mit dem üblichen Urlaubergepäck versehene Hinterhuber dem Kutscher Dünnbier [...], der mit seiner Pferdedroschke wartend vor dem Bahnhof stand und stieß ihn mit den Worten ›endlich ein Panjewagen‹ vom Bock, setzte sich auf denselben und fuhr solchermaßen zu seiner Wohnung. Unterwegs eignete [er] sich widerrechtlich folgende Gegenstände an: 1. Zwei Petroleumlampen von einem Baugerüst, 2. 2,37 Meter eines eisernen Gartenzaunes, 3. 2 Kehrichteimer. Auf den in der Bahnhofstrasse parkenden Wagen des Stadtrates [...] schrieb Hinterhuber mit Kreide: ›Nicht ausschlachten, wird abgeholt‹. [...] Hinterhuber begrüßte seine rechtlich

---

601 Vgl. Fritz, Ostkrieg; Hürter, Neue und alte Bilder, S. 301-322; Streit, Ostkrieg, S. 242-255.
602 Vgl. BArch-MA, RHD 69/14, *Das Neueste. Front-Nachrichtenblatt einer Panzer-Armee*, Artikel »Der Probeurlaub« vom 15.2.1942; SuStB Augsburg, Gs 2958 -42/60, *Front und Heimat* vom 5.2.1942, Artikel »Urlaub auf Probe«; ebenda, Gs 2958-80/96, Nr. 80, Neuauflage des Artikels »Urlaub auf Probe« in der Neujahrsausgabe 1944.
603 Kershaw, Hitler-Mythos, S. 209.
604 Vgl. Lüdtke, »Fehlgreifen«, S. 61-75; Wirl, Öffentliche Meinung, S. 125-130.
605 Vgl. Redlich, Flüsterwitz, S. 79-101; Gramm, Flüsterwitz.

ihm angetraute Ehefrau mit den Worten: ›Sdrasditsche Maruschka, jetzt werden wir erst mal ordentlich Quartier machen‹, und gab ihr einen derben, aber wohl gemeinten Schlag auf die Verlängerung des Rückens. [...] Hierauf vernagelte er die Fenster [...]. Dann nahm er alle Bilder von den Wänden [...]. Er riß Teile der Tapete ab [...]. Darnach überreichte er seiner Familie Geschenke und Spielzeug. Der Frau gab er ein paar Fußlappen und eine scharfe Eierhandgranate, den Kindern eine Tellermine, eine Streichholzschachtel gefüllt mit [...] Käfern [...]. Als die Zeit zum Abendessen nahte, baute Hinterhuber den Ofen ab und legte den [...] Gartenzaun gleichsam als Rost über das offene Feuer und ging daran, in einer leeren Konservendose Bratkartoffeln zu rösten. [...] Er weigerte sich [...], seinen Platz im Ehebett einzunehmen [...], legte sich Stroh auf den Tisch, breitete darüber eine Zeltbahn und [...] [a]ls ihn die Maria Hinterhuber auf die Erfüllung seiner ehelichen Rechte und Pflichten hinwies, lehnte er dies mit der Begründung ab, in Rußland habe man das verlernt, im übrigen sei das auch nur auf dem Ofen möglich. [...] Am anderen Morgen fand die Ehefrau Hinterhuber ihren Mann in einem Kochtopf, die Füße waschend. [...] ›Wir heizen mit Holz‹, sagte der Hinterhuber [...]. Daraufhin holzte der Hinterhuber ab: 1. den Gartenzaun des Nachbargrundstücks [...], 2. die Haustüre des eigenen Hauses, 3. das Treppengeländer, 4. jede zweite Stufe der Treppe, 5. eine Kommode seiner eigenen Wohnung [...]. Am Abend [...] war Hinterhuber [...] zu einer kleinen Abendgesellschaft geladen [...]. Nach dem Essen entwickelte sich zwischen ihm und seinem Tischnachbarn, dem Prokuristen Immerhinten folgendes Gespräch: Immerhinten: ›Ich beneide Sie wirklich um das Kriegserleben‹ [...]. Hinterhuber: ›Das kannst du deiner Großmama erzählen‹. [...] Als am Abend des nächsten Tages der Oberschütze Hinterhuber [...] zu wiederholten Malen in seiner Wohnung gegen die Decke schoß, wobei eine dieselbe durchschlagende Kugel den Rechnungsrat [...] in den Hinterkopf traf [...], hielt es die Ortspolizeibehörde für dringend ratsam, [...] den Hinterhuber in polizeilichen Gewahrsam zu verbringen.«[606]

Der derbe Humor wirkte, indem er alltägliches Soldatenhandeln – mehr oder weniger überzeichnet – vom Feld auf die Heimat übertrug. Dass dieses im Osten weitgehend entzivilisierte Züge aufwies, galt offenbar als Norm. Immerhin stellten die Schreiber der Erzählung den Protagonisten als charakteristischen Stellvertreter eines durchschnittlichen »Landsers« vor. Die Pointen bezogen ihre Schwungkraft aus dem Unvermögen, inzwischen verinnerlichte Handlungs- und Sinngebungsmuster wieder an heimische Maßstäbe rückzubinden. Daraus

606 BArch-MA, RHD 69/14, *Das Neueste. Front-Nachrichtenblatt einer Panzer-Armee*, Artikel »Der Probeurlaub« vom 15.2.1942.

ergeben sich mehrere Schlussfolgerungen im Hinblick auf die tatsächlichen Fronturlauber: Erstens nahmen kognitive Dissonanzen und Entfremdungserfahrungen an der Ostfront deutlich zu. Das erkennbare Ausmaß war derart groß, dass die Propaganda mit neuen, gewissermaßen experimentellen Mitteln gegensteuerte. Zweitens hatte die Führung erkannt, dass Änderungen von Verhalten und Wahrnehmung nicht nur aus langen Abwesenheiten oder dem Zwiespalt aus ziviler und militärischer Sozialisation resultierten.[607] Größeren Einfluss nahmen Art, Intensität und Umstände individuellen Kriegserlebens. Der Fronturlaub kann folglich nicht ohne angemessene Berücksichtigung der Einsatzerfahrungen der Soldaten untersucht werden: Man denke an die steigende Härte der Kämpfe oder den schonungslosen Umgang mit der Zivilbevölkerung vor allem im Osten. Somit gilt Vorsicht, um aus der Rückschau nicht den Absichten der PKs zu erliegen. Die Berichte, die an einer Stelle negative Kriegsfolgen mehr oder minder offen ansprechen, sind andernorts nicht frei von Agitation. Besonders irritiert an dieser Sondernummer, die »Soldaten für Soldaten« geschrieben hatten, dass die Kämpfer in ihrer Verrohung als schuldlose Opfer äußerer Umstände erscheinen. Die Verantwortung für potenzielle Probleme im Urlaub unterstellten die Verfasser dem angeblich niedrigen Zivilisationsgrad der Sowjetunion. Der Perspektivwechsel verrät weiter: Eine weitgehend als vogelfrei deklarierte Bevölkerung lieferte die Projektionsfläche für gestohlene Droschken, Schläge auf den verlängerten Rücken und niedergerissene Häuser. In diesem Sinn schloss die zynische Maxime »Humor ist, wenn man trotzdem lacht« nicht nur erduldete Strapazen, sondern ein verinnerlichtes Verständnis für Unrecht mit ein.[608] Gewiss fiel es schwer, nach entsprechenden Erfahrungen plötzlich wieder die Rolle des liebenden Vaters und Gatten auszufüllen, wie die etwas weniger verfänglichen Beispiele andeuten: so etwa die Verweigerung der ehelichen Pflichten, wohinter sich die vage Anspielung auf tatsächlich vorhandene sexuelle Störungen verbarg, oder die Übernahme von Küchentätigkeiten. Letzteres verweist auf eine Verschiebung klassischer familiärer Aufgaben durch den Krieg. Allerdings übernahm die Frau hier keine männlichen Attribute, sondern der Soldat hatte sich durch die Selbstversorgung im Feld weibliche Fähigkeiten angeeignet.[609]

Die Untersuchung von Merkblättern für Fronturlauber untermauert die bisherigen Befunde. Das OKW gab diese über die Truppenteile an die Soldaten aus, die sie dann in ihr Soldbuch einlegen sollten. Soldatenzeitungen deuteten die offiziellen Handlungsrichtlinien nicht selten spöttisch, aber in einem tolera-

607 Zu »Gefühlsmanagement« und emotionaler Sozialisation in verschiedenen Organisationen vgl. Flam, Soziologie der Emotionen, S. 187-192.
608 Vgl. ebenda.
609 Vgl. Maiwald, Sexualität, 126-138.

blen Maße um. Das ermöglicht einen direkten Vergleich der verschiedenen Erwartungen, die staatliche Instanzen einerseits und die Soldaten andererseits an den Fronturlaub richteten (s. Anhang, Tabelle 12, S. 482). Die offiziellen Stellen formulierten ihre Forderungen erwartungsgemäß sehr sachlich. Abstrakt thematisierten sie erwünschte Formen der Kommunikation oder soldatischen Auftretens. Konkret zeigte sich dies etwa an dem Gebot, Defätisten »scharf« das Wort abzuschneiden und bei Problemen nicht gleich »zu schimpfen«, sondern sich vertrauensvoll an amtliche Stellen zu wenden. Auch im Umgang mit den Behörden sollten die Fronturlauber Vorbild für die übrigen Volksgenossen sein.[610] Die karikativen Umdeutungen offizieller Maßgabenkataloge in Feldzeitungen standen den Alltagserfahrungen der Soldaten deutlich näher. Kein Wunder, denn sie wurden auf Armee- oder sogar auf Divisionsebene gedruckt.[611] Im Grunde handelte es sich bei beiden Darstellungsformen um zwei Seiten einer Medaille. Die mediale Kanalisierung drohender Verrohung von Millionen Soldaten war umso wichtiger, als davon das gegenseitige Verständnis der Akteure »Drinnen« und »Draußen« abhing. Gleichermaßen banal wie erschreckend spiegelten die Inhalte Begebenheiten des Einsatzalltags wider. Besonders frappieren Beispiele, die von der Aufweichung allgemeingültiger Normen zum Schutz von Person und Eigentum zeugen. So etwa der Hinweis, nicht kooperative Passanten könnten rasch wie Partisanen behandelt werden. Oder Anspielungen auf die Salonfähigkeit ruchlosen Umgangs mit Frauen.[612]

Gewiss war die Flucht in seichte Anekdoten und überspitzte Ironie nur eine Strategie unter mehreren, mit der die Propaganda Gefühle der Deplatziertheit während des Fronturlaubs aufgriff. Parallel näherte sie sich der Thematik in ernstem Ton. Immer häufiger kehrte sie in den Artikeln zum Motiv des Soldaten als Gast im eigenen Land zurück oder interpretierte den Heimataufenthalt als Zeit der Zwiespältigkeit. Daneben gab es Themenfelder, die ausschließlich seriös angegangen wurden, wie etwa die Bedrohung der Zivilbevölkerung durch feindliche Luftangriffe. Erzählungen, in denen Soldaten nach der Ankunft anstelle ihrer Häuser Ruinen und ihre Familien tot vorfanden, spiegelten zwar so manche Kriegsrealität wider. Jedoch lieferten sie kein echtes Mitleid. Sie trachteten in Struktur und Stil vielmehr danach, Trotzreaktionen zu stimulieren.[613]

---

610 Quelle: http://wwii.germandocsinrussia.org/de/nodes/2208-akte-70-zusammenstellung-der-propagandistischen-blatter-mitteilungen-fur-die-truppe-der-propa#page/415/mode/inspect/zoom/6, Beuteakten in russischen Beständen, Bestand 500, Findbuch 12450 OKH, Akte 70, OKW, WFSt/Wpr (IV A), in der Ausgabe Nr. 274 vom Juli 1943, »10 Gebote für Fronturlauber« (letzter Zugriff: 30.9.2017).
611 Vgl. Vossler, Propaganda, S. 117-123.
612 Vgl. BARch-MA, RHD 69/83, Wacht im Südosten, 25.2.1942.
613 Vgl. ebenda, Gs 2958 -61/79, 23.8.1943, Artikel: »Wie der Gefreite S. hassen lernte«.

Andernorts differenzierten die Verfasser nüchtern, der Urlaub sei auch »an der Wende vom vierten zum fünften Kriegsjahr« für viele Urlauber noch eine »reine Zeit der Entspannung und Freude«. Andere jedoch, die in bombenzerstörte Gebiete reisten, hätten »harte Zeiten« vor sich. Die Fronturlauber sollten sich bewusst machen, dass gewisse Enttäuschungen unvermeidbar waren und auf welche »seelische Lage« sie zu Hause stoßen würden, da eben »vielen Menschen an der Heimatfront diese soldatische Elastizität fehlt«.[614] Deswegen war es bald auch Aufgabe jedes Soldaten, wie bereits erwähnt, selbst »seelische Vitamine« nach Hause zu bringen.[615] Die Ansprüche an wechselseitige moralische Auffrischung glichen sich im Verlauf des Krieges allmählich an.

b. Uniform und Männlichkeit

Am 7. Februar 1943 erschien in der Soldatenzeitung *Die Front* der Artikel »Wir bleiben Wir«.[616] Abermals wurde die »Verrohung« der »Sitten« deutscher Soldaten durch den langen Kriegseinsatz angesprochen. Der Verfasser, Unteroffizier Ernst Köller, wählte den Fronturlaub als Bühne für sein Traktat über den Kulturverlust. Er konzipierte es als Aufforderung zur Selbstermahnung für seine Kameraden. Die Folgen der »Entzivilisierung« brachen während des kurzen Aufenthalts zu Hause in dieser Erzählung deswegen so stark hervor, weil die Soldaten den Wechsel zwischen militärischem und bürgerlichem Referenzrahmen zu abrupt erfuhren. Vor allem beschäftigte den Autor, dass viele den Anschluss an das »äußere Leben in der Heimat« nicht fanden. Sie konnten die Gewohnheiten nicht mehr ablegen, die mit dem Leben im Feld gekommen waren. Der Krieg hatte auch jenseits der zerschlissenen Uniform Spuren hinterlassen: Es war »wirklich bemerkenswert, wie man nach einem Jahr Osten so daher[kam].« Viele Frontsoldaten hätten sich an »Dreck« und »Unrat« gewöhnt und allmählich ein Dasein von Landsknechten angenommen. Folglich sei es nicht verwunderlich, wenn sich im Heimaturlaub schlechtes Gebaren seinen Weg an die Oberfläche bahnte. Dies manifestiere sich bereits in der Unlust zur Rasur. Folglich bedachten Passanten die Urlauber mit nachdenklichen Blicken, wenn diese wunderlichen Gestalten »bummelnd durch die Straßen« gingen. Derlei Reflexion führte zur Kernfrage des Artikels: »Man hat doch einstmals die Beobachtung gemacht, dass gerade die Kleinigkeiten im äußeren Auftreten

---

614 Vgl. BArch-MA, RW 4/v-357, *Mitteilungen für die Truppe*, August 1943, »Urlaub an der Wende vom vierten zum fünften Kriegsjahr«.
615 Vgl. ebenda.
616 BArch-MA, RHD 53/54-2, Soldatenzeitung *Die Front*, Artikel »Wir bleiben Wir« vom 7.2.1943.

den Charakter des Einzelnen klar aufzeigen. Sollten diese schlechteren Manieren nicht ein Zeichen sein, dass wir auch innerlich in die alte Umgebung nicht mehr hineinpassen, dass wir ihr fremd geworden sind?«[617] Bekanntlich fuhren die Soldaten nach Lesart des Regimes nicht als Privatmänner, sondern als Repräsentanten der Wehrmacht nach Hause. Vor diesem Hintergrund verweist der zitierte Artikel auf spezifische Konformitätsansprüche der NS-Machthaber. Vor allem sticht die Verknüpfung von äußerem Erscheinungsbild und innerer Gesinnung hervor. Bereits Aussehen und Auftreten der Urlauber galten als kritische Punkte, weil die Angehörigen daraus Rückschlüsse über den Kampfwillen der Front zogen. Ein dezidiert militärischer Habitus stärkte das Vertrauen der Volksgenossen in die Wehrmacht. Das Regime »erforschte« mit den SD-Berichten »Stimmung« und »Haltung« der Bevölkerung; u. a., weil sich daraus Indikatoren für die Verbundenheit zwischen Kämpfern und Angehörigen ableiten ließen. Die Haltung von Wehrmachturlaubern interpretierte die Führung im doppelten Wortsinn. Die äußere soldatische Erscheinung wurde während des Krieges immer mehr zum Gradmesser innerer Loyalität.[618] Auch im zivilen Bereich forderten die Nationalsozialisten die Bürger auf, sich mit alltäglichen Gesten zu positionieren: Man denke an die Verwendung des deutschen Grußes oder das Verhalten bei Spendenaktionen der Partei.[619]

Performanz als politisch relevantes Auftreten spielte sich bei Fronturlaubern auf unterschiedlichen Ebenen ab. Im Folgenden interessiert zunächst die optische Dimension. Sie repräsentiert die erste Stufe der gegenseitigen Wahrnehmung zwischen Front und Heimat. Stärker als bewusste Sprechakte oder planerisches Handeln verweist intuitives Auftreten und Verhalten der Soldaten auf kurzfristige Stimmungseinflüsse, die nicht oder kaum von sozialen Konformitätsfloskeln überdeckt waren.[620] Diese situative Spontanität gab oft die tatsächliche innere Verfasstheit preis. Aus diesem Grund legte das Regime größten Wert auf ein tadelloses Aussehen. Wegen der Erfahrungen aus dem

---

617 Ebenda.
618 Vgl. BArch-MA, RH 34/378, Bestimmungen der Standortkommandantur zu Straßendisziplin, Gruß- und Anzugpflicht von Fronturlaubern im Heimatkriegsgebiet (ohne Datum); BArch-MA, RH 34/39, Bestimmungen des Wehrkreiskommandos Wiesbaden zum Auftreten von Soldaten in der Öffentlichkeit vom August 1944.
619 Vgl. Spona, Ehrungen, S. 46 f. und S. 233 f.; Allert, Der deutsche Gruß, S. 38 f. und S. 66 f.; Therhoeven, ›Nicht spenden, opfern‹. Spendenkampagnen im faschistischen Italien und im nationalsozialistischen Deutschland als Disziplinierungs- und Integrationsinstrument, in: Reichardt, Faschismus in Italien und Deutschland, S. 59-93; Schmiechen-Ackermann (Hrsg.), Volksgemeinschaft, S. 24 f.; Burleigh, Nationalsozialismus, S. 257-269.
620 Vgl. Steinert, Krieg, S. 319 f.

Ersten Weltkrieg wähnte es etwa hinter jeder Lockerung der Grußdisziplin die Anfänge einer neuen Revolution.[621] Andererseits kanalisierte es Spannungen infolge schwindender Siegeszuversicht mit Konzessionen. Die Kontrastierung konformer und devianter Praktiken soldatischen Auftretens zeigt, wie Regime und Akteure Grenzlinien zwischen militärischen und zivilen Sinnsystemen im Fronturlaub verhandelten. Dies gilt umso mehr, je stärker individuelle Intentionen das Auftreten der Soldaten bestimmten. Der ikonografische Vergleich zwischen inszenierten Bildern der Propaganda und selbstbestimmter Darstellung in Privatfotografien verdeutlicht dies.[622] Schließlich verweist das Erscheinungsbild der Soldaten auf Bewegungs- und Handlungsoptionen. Dies betrifft zwar vorwiegend den öffentlichen Raum, dennoch zeigen sich Wechselwirkungen mit dem dahinterliegenden Privatbereich.

Einen plastischen Eindruck, welchen Wert Wehrmacht und NS-Regime auf das Auftreten ihrer Soldaten in der Öffentlichkeit legten, vermittelt der Erlebnisbericht des Rekruten Günther Heysing. Unter dem Titel »Junge Soldaten« erschien dieser 1936 als Roman, in den folgenden Jahren wurde er mehrfach neu aufgelegt.[623] Demnach erstreckte sich militärische Erziehung nicht nur nominell auf »individuelles« Verhalten außerhalb des Truppenverbands. Es wurde anlässlich des ersten Kurzurlaubs nach der Grundausbildung unter Aufsicht der Vorgesetzten vielmehr »vorgeübt«.[624] Der Unterricht beinhaltete etwa, welche Personen und welche Lokalitäten die Soldaten zu meiden hatten, aber auch das Benehmen gegenüber der »Frau mit dem Kind auf dem Arm in der Straßenbahn« oder dem »Fräulein, das nach dem Bahnhof fragt«.[625] Besondere Beachtung schenkte der Einheitsführer dem Aussehen: Die Stiefel sollten glänzen und die Wäsche sauber sein, die Zähne und die Fingernägel geputzt, die Haare gekämmt, und vor allem musste »das Grüßen« klappen. Der Vorgesetzte Offizier ließ nicht zu, dass seine Soldaten außerhalb der Kaserne wie »Katschmareks« herumliefen. Das gewünschte Erscheinungsbild deklarierte er ausdrücklich als Attribut der »neuen deutschen Wehrmacht«.[626] Dies führte zwangsläufig zu folgendem Resümee über die Uniformpflicht und dem Verbot, zu Hause Zivilkleidung zu tragen: »Man huldigte nicht mehr jenem Grundsatz der liberalistischen Zeit, daß der Soldat nur im Dienst Soldat sei. [...] Man

---

621 Vgl. BArch, NS 18/465, Reichspropagandaleitung der NSDAP, Notiz für Parteigenosse Bühler vom 16.3.1942 über die »Kennzeichnung der Frontsoldaten auf Urlaub zur Unterscheidung von in der Heimat stationierten Soldaten«.
622 Vgl. Paul, Bildermacht, S. 7f., S. 45f. und S. 68-77.
623 Vgl. Heysing, Soldaten.
624 Vgl. ebenda, S. 23-26.
625 Ebenda, S. 25.
626 Vgl. ebenda, S. 24.

kann nicht äußerlich Soldat und Uniformträger sein und innerlich Bürger. Das ist unvereinbar.«[627] Konformes Aussehen diente dem Ansehen der Wehrmacht und der Disziplinierung. Die Rekruten schuldeten es ihrem grauen Rock, sich im Urlaub nicht in schlechte Gesellschaft zu begeben oder weiter als erlaubt vom Urlaubsort zu entfernen. Folgerichtig legten die Protagonisten der Erzählung vor Normbrüchen – wie dem Besuch zweifelhafter Etablissements oder bei zwielichtigen Frauenbekanntschaften – regelwidrig, aber konsequent ihre Uniform ab. Infolge der »heilenden Wirkung einer missglückten Urlaubserfahrung« zogen sie diese dann umso bereitwilliger wieder an.[628]

Die Ansprüche der Friedenszeit forderte die Führung während des Krieges verschärft ein. In der zweiten Novemberhälfte 1939 erließen der Oberbefehlshaber des Heeres und der Befehlshaber des Ersatzheers, Generalfeldmarschall Walther von Brauchitsch und Generaloberst Friedrich Fromm, neue Bestimmungen über das militärische Auftreten von Offizieren, Unteroffizieren und Mannschaften in der Heimat und über die Manneszucht im Heer.[629] Dies geschah zu einem Zeitpunkt, als die Wehrmacht nach dem Sieg über Polen und mit Blick auf die Weihnachtsfeiertage verstärkt Fronturlaub erteilte. Beanstandungen über »disziplinwidriges Auftreten« der Kriegsheimkehrer gaben Anlass zu der Verordnung. Sehr häufig monierten Heeresstreifen Verstöße gegen die Anzugbestimmungen und die Grußpflicht.[630] Mit Nachdruck betonten die Befehlshaber, die »Straßendisziplin« der Fronturlauber spiegle »Wert«, »Schlagkraft« und »Durchhaltevermögen« der Wehrmacht wider. Ihre »eiserne Aufrechterhaltung« galt als Voraussetzung für den »Endsieg«, weil in diesem Krieg Front und Heimat nicht mehr zu trennen seien: »soldatischer Geist« und »soldatischer Wille« verbanden beide Bereiche »in fester unerschütterlicher Diszi-

---

627 Ebenda, S. 64: Demgegenüber hat die historische Geschlechterforschung plausibel herausgearbeitet, dass Männer im europäischen Nationalstaat des 19. und frühen 20. Jahrhunderts ihre politischen Bürgerrechte erwarben, indem sie Wehrpflicht leisteten; vgl. Hagemann, Mainstream, S. 97-103.
628 Vgl. ebenda, S. 49-63.
629 Vgl. BArch-MA, RH 54/56, Anordnung des Chefs der Heeresrüstung und Befehlshabers des Ersatzheeres über »Militärisches Auftreten von Offizieren, Unteroffizieren und Mannschaften in der Heimat« vom 23.11.1939 sowie Anordnung des Oberbefehlshabers des Heeres über »Manneszucht im Heere«, 18.11.1939.
630 Vgl. BArch-MA, RH 37/1332, Schulungsmaterial des Oberkommandos des Heeres für den Unteroffiziers- und Mannschaftsunterricht, herausgegeben am 18.1.1940, Punkt VIII »Verhalten in der Öffentlichkeit«, Abschnitt 1 »Straßendisziplin«; BArch-MA, RH 34/201, Bericht des Streifendienstes der Standortkommandantur Bocholt vom 13.1.1945, Beanstandungen über das Auftreten von Wehrmachtsoldaten in der Öffentlichkeit und über die Vernachlässigung der Bestimmungen über Anzugordnung und Ehrenbezeugungen.

plin zu einem unlösbaren Ganzen«.[631] Der Truppe eröffnete die Führung daher, alle Vergehen gegen die Manneszucht, selbst wenn sie im Frieden mit geringfügigen Sanktionen belegt waren, könnten im Krieg mit dem Tode oder mit Zuchthaus bestraft werden. Bei kleineren Verstößen wurde der Urlaubsschein entzogen und der betreffende Soldat unverzüglich an die Front zurückbeordert.[632] Heeresstreifen überwachten nun verstärkt Lokale, Kinos, Ausflugsorte, Bahnhöfe sowie alle Plätze, an denen sich Fronturlauber aufhielten. Scharfes Durchgreifen sollte abschrecken und erziehen. Vor allem aber hatten Träger des Eisernen Kreuzes Erster oder Zweiter Klasse die Kontrollen durchzuführen, weil – so wurde befürchtet – die Urlauber des Feldheeres ihnen sonst nicht den notwendigen Respekt entgegenbrachten.[633]

Die anhaltenden Verstöße zeigen: Fronturlaubern fiel es nach längerem Kampfeinsatz immer schwerer, die teils äußerst peniblen Bestimmungen einzuhalten. Der Standortbereichsälteste von Wesel etwa wies im August 1943 darauf hin, dass das »Ehrenkleid des Soldaten verpflichtet, stets aufmerksam, zuvorkommend, rücksichtsvoll und höflich zu sein«. Dazu zählten »an jedem Ort und zu jeder Zeit, auch nachts, […] soldatische Haltung, diszipliniertes, anständiges, nicht auffallendes und nicht störendes Benehmen, einwandfreier Anzug, straffe, vorschriftsmäßige Ehrenbezeugung sowie vorbildlicher Gruß und Gegengruß.«[634] Dies bedeutete, die Urlauber durften beim Spazierengehen weder daherschleichen noch die Hände auf den Rücken legen, noch in die Taschen wie zwischen Blusenknöpfe oder Koppel schieben oder gar die Arme verschränken. Koffer und Gepäck mussten sie am Griff und nicht unter dem Arm tragen. In Lokalen und Verkehrsmitteln sollten sie nicht »herumlümmeln« – und ganz allgemein war Zurückhaltung bei Alkohol geboten. Seinen Anzug musste ein Soldat stets in Ordnung bringen, bevor er die Straße betrat, Hemden- und Mantelkragen sollte er schließen. Zeitungen, Schriften, Zettel und Fahrausweise durften nicht aus Taschen oder Aufschlägen herausragen. Gefordert waren gerade sitzende Mützen, tadelloser Haarschnitt und Schlips sowie geschlossene Knopfreihen bei Feldblusen. Drückte sich ein Soldat vor der Ehrenbezeugung, indem er vorgab, einen Vorgesetzten nicht gesehen zu haben, unterstellte die Wehrmachtführung »schlechten Geist«. Sie forderte weiter, die Finger beim Salutieren nicht zu spreizen, sondern geschlossen zu halten

---

631 BArch-MA, RH 54/56.
632 Vgl. BArch-MA, RH 34/378, Wehrmachtkommandantur Würzburg, Merkblatt für beurlaubte und durchreisende Wehrmachtangehörige in Würzburg (ohne Datum).
633 Vgl. RH 54/56.
634 BArch-MA, RW 17/108, Abschrift beim Wehrmachtstandortbereichsältesten von Wesel vom August 1943 über »Verhalten und Auftreten der Wehrmachtangehörigen in der Öffentlichkeit«.

und den Gruß sechs Schritte vor dem Ranghöheren zu beginnen und erst zwei Schritte hinter ihm zu beenden. Hatte ein Urlauber zu viel Gepäck, um es rasch abzustellen oder anders zu halten, war der Gruß genau wie während des Radfahrens durch »Stillstehen« beziehungsweise »Stillsitzen« zu erbringen. Jeweils gesonderte Bestimmungen in Bezug auf Grußpflicht und Auftreten galten für den Aufenthalt in Wartesälen, Gasthäusern, Gartenwirtschaften, Theatern, Konzert- und Vortragssälen, öffentlichen Verkehrsmitteln, Warteräumen von Ärzten, Zahnärzten, Friseuren, auf der Post, in Geschäften sowie gegenüber Vertretern von Polizei, Gendarmerie, des NS-Reichskriegerbundes, des NS-Fliegerkorps, der SA und der SS bis hin zu Beamten in Uniform.[635]

Viele Fronturlauber erfüllten kaum die Anforderungen aufgrund des vorangegangenen Einsatzes: Zerschlissene Uniformen und Ausrüstungen mussten sie bei den Wirtschaftstruppenteilen in der Heimat ausbessern lassen oder umtauschen. Nicht immer hatten diese genügend Vorrat.[636] Für verwundete und rekonvaleszente Soldaten, die in ihrer Grußpflicht eingeschränkt waren, galten spezielle Vorschriften.[637] Unter Umständen gestanden die örtlichen Armeeoberkommandos ihren Fronturlaubern Anzugerleichterungen zu. Der Einsatzort bestimmte das Erscheinungsbild der Soldaten in der Heimat mit. In Rücksichtnahme auf Kampflage und Witterung legte die Führung die Anzugbestimmungen dort ohnehin großzügiger aus. Die Soldaten verinnerlichten diese Spielräume umso stärker, je länger sie im Gefechtsgebiet waren. An der Ostfront befahl das AOK 2 im April 1943, die Winterbekleidung einzusammeln. Gleichzeitig kassierte es geltende Erleichterungen und kündigte an, künftig wieder mehr Wert auf den Anzug der Truppe zu legen. Allerdings lieferten die Kommandierenden den Hinweis mit, in Kürze sei mit einem Armeebefehl zu rechnen, der das Tragen geöffneter Feldblusen bei großer Hitze gestattete.[638] Kommandierte und Urlauber aus Afrika konnten in der Heimat während der Sommermonate Tropenuniform tragen, sofern sie auf kurze Hosen verzich-

---

635 Vgl. ebenda.
636 Vgl. BArch-MA, RH 15/?83, Bestimmungen über die Bekleidungsinstandsetzung von Fronturlaubern, Anlage 3 Ziffer 8 zu den Urlaubsbestimmungen vom 3.12.1943, in: Allgemeine Heeresmitteilungen 1943 (Ziffer 867), S. 534; BArch-MA, RH 34/381, Merkblatt der Wehrmachtkommandantur Leipzig für den Aufenthalt von Wehrmachtangehörigen, insbesondere Urlaubern, im Standortbereich Leipzig vom November 1941, Ziffer 13 »Austausch von Bekleidungsstücken« gemäß Heeresverordnungsblatt 1940, Teil C, Ziffer 1269.
637 Vgl. BArch-MA, RW 17/108, Abschrift beim Wehrmachtstandortbereichsältesten von Wesel vom August 1943 über »Verhalten und Auftreten der Wehrmachtangehörigen in der Öffentlichkeit«.
638 Vgl. BArch-MA, RH 20/2-1394, Armeetagesbefehl Nr. 242 des Armeeoberkommandos 2 vom 6.4.1943.

teten. Lediglich zwischen Oktober und April mussten sie sich für den Fronturlaub neu einkleiden – dann galt Feldgrau als Gebot im Heimatkriegsgebiet.[639] Militärischer Pragmatismus war der Hauptgrund für Anzugerleichterungen im Fronturlaub. Die Soldaten interpretierten sie auch nur bedingt als Entgegenkommen an ihr Auftreten, geschweige denn an ihre Bewegungsfreiheit. Die Erlaubnis, während des Heimataufenthalts Zivilkleidung zu tragen, war in diesem Kontext viel bedeutender. Offiziere entschieden selbstständig darüber. Mannschaftsdienstgrade und Unteroffiziere benötigten die Unterschrift ihres Vorgesetzten. Dies war in der Regel der Einheitsführer.[640] Leider lässt sich nicht quantifizieren, wie häufig davon Gebrauch gemacht wurde beziehungsweise in welcher Größenordnung entsprechende Anträge bewilligt wurden. Allerdings ist von einer gewissen Kulanz der Vorgesetzten auszugehen, zumal die Wehrmacht insgesamt wachsende Bereitschaft für Zugeständnisse signalisierte. Dazu gehörte etwa der Spaziergang von Soldaten in Uniform mit Frauen auf der Straße. Mit gewohnter propagandistischer Lautstärke verkündeten die zuständigen Stellen im Herbst 1942, der Urlaubsschein habe ein »goldenes Rändlein« bekommen, weil Mädchen nun untergehakt werden durften:

»[…] gerade mit dem Blick auf uns Ostkämpfer hat eine hohe Dienststelle in Berlin entschieden, dass man mit weiblichen Wesen auch als Soldat künftig in aller Oeffentlichkeit ›eingehakelt‹ gehen darf. Beim Erlass dieser neuen Verfügung wurde an die Osturlauber gedacht. Wir haben […] nach monatelangem Aufenthalt in den gesegneten Gefilden des Stalinparadieses sicher den Wunsch, bei einer Heimkehr für einige Tage uns möglichst eng an unser Mädchen […] zu schliessen. Dieses durfte man früher in jedem gewünschten Mass innerhalb der eigenen vier Wände (so man hat), nicht aber vor den Augen des uns scharf musternden Volkes. Das Ansehen dieses Staates war – so lautete die wohlberechtigte Friedensvorschrift – nicht durch das private Unterhaken von Mädchen zu mindern. Jetzt im Krieg haben wir Feldgraue

---

639 Vgl. BArch-MA, RH 19/VIII-110, Armeetagesbefehl Nr. 4 des Oberkommandos der Panzerarmee in Afrika vom 15.4.1942.
640 Vgl. BArch-MA, RHD 4/209, Verordnung über den Urlaub der Soldaten der Wehrmacht vom 28.8.1935, S. 13; BArch-MA, RHD 4/324 (Heeresdruckvorschrift 75), Bestimmungen über die Erhaltung des Heeres im Kriegszustand vom 15.9.1939, unveränderter Nachdruck 1941, S. 14 f.; BArch-MA, RL 2-VI/83, Vernehmungsprotokoll vom 29.6.1945, Befragung von Oberst Schultz über Urlaubsbestimmungen, Erholungsurlaub, Sonderurlaub und Vergünstigungen im Zuge der Personalpolitik der Wehrmacht, Abschnitt »Vergünstigungen«, Ziffer 4; in Ausnahmefällen konnte die Erlaubnis zum Tragen von Zivilkleidung nachträglich während des Fronturlaubs bei der Kommandantur des zuständigen Ersatztruppenteils eingeholt werden, vgl. BArch-MA, RH 34/381, Merkblatt für den Aufenthalt von Wehrmachtangehörigen, insbesondere von Urlaubern, im Standortbereich Leipzig, November 1941.

es vieltausendfach bewiesen, dass wir für die Ehre unseres Staates einstehen.«[641]

In Uniform waren Fronturlauber sichtbarer, sowohl für die Überwachungsorgane als auch für das zivile Milieu. Das Wechselspiel aus Erwartungshaltungen und Performanz beeinflusste das Auftreten der Soldaten in der Öffentlichkeit und ihre privaten Beziehungen. In ihrem Tagebuch reflektierte Annemarie H. diese Mechanismen ausführlich. Detailliert beschrieb sie, wie sie mit Alfred meist Arm in Arm spazieren ging. Als ihnen einmal ein Major entgegenkam, stieß sie ihn rasch in die Seite, und schnell setzte Alfred seine Mütze wieder auf. Immer wenn sie Militärpersonen begegneten, lösten sie sich »ganz unauffällig« voneinander, »weil das ja nicht gesehen werden durfte«.[642] Die genannte Erlaubnis zum »Unterhaken« im Jahr darauf sanktionierte also einen bestehenden Zustand. Deutlich größer waren die Handlungsspielräume des Paares gegenüber Zivilisten, vor allem, wenn Alfred die Uniform abgelegte. Dann verlangte die Etikette weniger Zurückhaltung, und Alfred küsste Annemarie sogar, als sie von Anglern beobachtet wurden. Trotzdem trieb es ihr die Schamesröte auf die Wangen.[643]

Um der öffentlichen Kontrolle weiter auszuweichen, suchten Fronturlauber regelmäßig unbeobachtete Orte auf. Geradezu eine Notwendigkeit war dies für Paare, die noch keinen eigenen Hausstand oder andere private Rückzugsmöglichkeiten besaßen. Dies galt umso mehr, als Zärtlichkeiten während des kurzen Wiedersehens oft kompensatorisch und »auf Vorrat« ausgetauscht wurden.[644] Doch auch hier gab es Unterschiede. Im Kino saßen Annemarie und Alfred »brav nebeneinander«. Nur einmal wagten sie einen verliebten Blick. Außer dem Schutz der Dunkelheit bedurfte es der Abgeschiedenheit. So »lobte« Alfred eines anderen Abends auf dem Heimweg die Verdunkelung, zog Annemarie in einen stillen Winkel und küsste sie, wohingegen sie »wie eine leise geahnte Süßigkeit seine Manneswildheit [spürte], die er fest und gezügelt in seiner Hand hielt.«[645] Häufig nutzten die beiden die Einsamkeit der Natur, um zu ihrem »Recht zu kommen«, und suchten »Deckung« auf Waldlichtun-

---

641 IfZ-Archiv, Z 140, Soldatenzeitung *Der Durchbruch*, Artikel »Mädchen dürfen untergehakt werden« vom 8.11.1942; vgl. auch BArch-MA, RHD 69/23, Soldatenzeitung *Der Urlaubsschein*, Artikel »Als Urlauber musst du wissen« (gegen Jahresende 1943); BArch-MA, RW 17/108, Hinweise des Wehrmachtstandortbereichsältesten von Wesel über Verhalten und Auftreten der Wehrmachtangehörigen in der Öffentlichkeit vom August 1943.
642 DTA, Serie 1818, Tagebucheintrag von Annemarie H. vom 18.3.1941.
643 Vgl. ebenda.
644 Ebenda, Tagebucheintrag vom 16.3.1941.
645 Ebenda, Tagebucheintrag vom 22.3.1941.

gen. Zu den höchst intimen Beschreibungen schlich sich militärischer Duktus in Annemaries Tagebuch. Sie beschrieb, wie nützlich Alfreds Fähigkeiten als Frontsoldat im privaten Alltag waren. Etwa wenn er beurteilte, ob die beiden von einer Häuserfront aus mit dem Fernglas beobachtet werden konnten oder ob sie in einer Wiesenkuhle gegen jede Einsicht geschützt waren.[646] Derartige Beschreibungen von Liebschaften während des Fronturlaubs sind keine Seltenheit. Stellvertretend zeigt auch das Tagebuch von Maria B., wie sich private und öffentliche Bereiche im Fronturlaub durch die optische Performativität der Soldaten verquickten.[647] Die Schreiberin kompensierte eine geplatzte Bergwanderung mit ihrem Verlobten, indem sie sich an einem sonnigen Plätzchen im Gebüsch verkrochen und »sehr lieb« hatten.[648]

Einerseits erlebten es die Heimkehrer als gesteigerte Freiheit, wenn sie in Zivilkleidung schlüpften. Die lästige Grußpflicht entfiel und in der Regel ebenso Personalkontrollen durch die Wehrmacht. Jürgen Harms zog sich im Kurzurlaub zu Weihnachten 1941 ohne Erlaubnis Zivilkleidung an. Um sich im öffentlichen Raum anonym und folglich freier zu bewegen, nahm er Sanktionen in Kauf. Es drohte die Versetzung in ein Strafbataillon. Der angehende Funker empfand es als Wohltat, auf der Straße niemanden grüßen zu müssen und nach Lust und Laune Freunde und Freundinnen zu besuchen. Auch die geltende Begrenzung des Bewegungsradius am Urlaubsort beachtete er nicht: »Drei Tage durfte ich frei atmen.«[649] Das Regime warb demgegenüber dafür, im Urlaub Uniform zu tragen, und spielte die Einschränkungen herunter. Es sei keine Schikane, »wenn der Soldat an einem Urlaubstag hundertmal grüßen muß«. Denn die Ehrenbezeugung symbolisiere das »Geheimnis der Kraft deutschen Soldatentums«. Die Heimatbevölkerung war Beobachter und Adressat. Folglich sollten sich die Zivilisten an der »federnden Energie« des Grußes erfreuen. Er galt nicht der Person, sondern der »Idee der Armee« und verkörperte den »angespannten Willen der Nation«. Die Uniform fungierte als Platzhalter. Das Regime spannte den sinnbildlichen Bogen weiter, und so erfüllten schließlich der Anzug, die Körperpflege, Sprache und militärische Pünktlichkeit spezifische Funktionen im gegenwärtigen Daseinskampf.[650] Die Überwachungsorgane wit-

646 Vgl. ebenda, Tagebucheinträge vom 17. bis zum 19.3.1941.
647 Vgl. Fischer-Lichte, Performativität, S. 168 f.
648 Vgl. DTA, Serie 49/1, Tagebucheintrag von Maria B. vom 11.6.1943.
649 Vgl. Harms, Leerjahre, S. 33; Zu Bewegungsbegrenzungen am Urlaubsort abgesehen von den Bestimmungen der jeweils geltenden Urlaubsordnung vgl. BArch-MA, RW 17/28, Weisungen des Standortältesten Jüterborg vom 1.2.1944; BArch-MA, RHD 69/23, Soldatenzeitung *Der Urlaubsschein*, Artikel »Als Urlauber musst du wissen« (Jahresende 1943); BArch-MA, RW-17/99, Anordnungen des Wehrkreiskommandos VI zur Bewegungsfreiheit der Soldaten vom 25.1.1943.
650 SuStB Augsburg, Gs 2958-21/41, *Front und Heimat*, Artikel »Disziplin« vom 30.1.1941.

terten grundsätzlich einen Verfall der Disziplin, sobald die Soldaten außerhalb der Kontrolle ihrer Einheit standen und darüber hinaus Zivil trugen. Einen Anstieg entsprechender Delikte verzeichneten die Heeresstreifen insbesondere in der Endphase des Krieges.[651] Im Januar 1945 meldete der Streifendienst aus Bocholt innerhalb von nur neun Tagen 1.163 Vergehen, darunter 34 Festnahmen. Größtenteils waren Wehrmachturlauber die Verursacher. 380 Beanstandungen bezogen sich auf das Benehmen, insbesondere die Grußpflicht, 310 weitere auf die Anzugbestimmungen. Die Polizisten des Heeres sahen ein großes Problem darin, dass »Urlauber, die von ihrer Einheit die Erlaubnis zum Tragen von Zivil erhalten haben, […] überhaupt keiner Kontrolle« unterlagen. Dies begünstige die Neigung zur Fahnenflucht und »privaten Quartiermachens«.[652] Andererseits gab es Soldaten, die im Urlaub die Uniform bevorzugten. Luftwaffenoffizier Georg Pemler fuhr vor dem Besuch bei seiner Braut eigens in sein Quartier, um sich umzuziehen – weil er sich in »Räuberzivil« nicht sehen lassen wollte.[653] Lag die Erlaubnis letztendlich vor, entschied jeder Soldat selbst, ob, wann und weshalb er im Fronturlaub Zivil oder Uniform trug. Gänzlich frei von äußeren Einflüssen war diese Wahlmöglichkeit allerdings selten.[654] Schließlich war die Uniform ein gesellschaftliches Statussymbol. Sie forderte Ehrerbietung ein und löste gleichermaßen Erwartungshaltungen aus. Daraus erwuchs eine Wechselwirkung zwischen dem – öffentlichen – Auftreten von Soldaten und ihren persönlichen Beziehungsstrukturen.[655] Sowohl sozialer Druck seitens der Machthaber als auch die davon geprägten Erwartungen des privaten Umfelds beeinflussten die Selbstdarstellung der Fronturlauber. Konventionen von Männlichkeit und soldatischer Verpflichtung zu kriegerischem Heldentum unterschieden nur graduell danach, ob sich der Heimkehrer gerade zu Hause oder inmitten der Stadt befand.[656] Viele Soldaten und ihre Angehörigen hatten die

---

651 Vgl. BArch-MA, RH 54/182, Merkblätter für Fronturlauber und Berichte des Kommandeurs des Heeresstreifendienstes für Wehrmachtreiseverkehr Südost zwischen 14.9.1940 und 3.7.1942; BArch-MA, RH 54/150, Berichte der Überwachungsorgane des Panzer-Grenadier-Ersatz- und Ausbildungsbataillons 4 (Kommandeur der Panzertruppen VI) zwischen 28.11.1942 und 30.11.1943; BArch-MA, RH 53/6-88, Berichte der Überwachungsorgane des Heeres an den Kommandeur des Wehrmachtstreifendienstes vom September und Oktober 1943; BArch-MA, RH 34/371, Standortältester Hagen, Merkblatt für Fronturlauber (ohne Datum).
652 BArch-MA, RHD 34/201, Standortkommandantur Bocholt, Erfahrungsbericht vom 13.1.1945 über die Tätigkeit des örtlichen Streifendienstes vom 4.1. bis zum 12.1.1945.
653 Pemler, Flug, S. 130.
654 Rössler, Wert des Privaten, S. 25.
655 Vgl. Brändli, Zur Konstruktion bürgerlicher Männlichkeit, S. 101-115; Dietrich (Hrsg.), Männlichkeitenforschung, S. 7-29.
656 Vgl. IfZ-Archiv, 11/Db 008.010-1944.32, Schulungsunterlage Nr. 32 »Heldentum als Vorbild«, März/April 1944, herausgegeben vom Hauptschulungsamt, Reichsorgani-

gewünschten Ideale verinnerlicht und lebten danach, ob nun reflektiert oder unreflektiert. Zwischen Konformität und Devianz lag dennoch ein komplexes Spannungsfeld aus bewussten wie unbewussten Ansprüchen.[657] Die jüngeren Jahrgänge der Wehrmacht hatten mit Hitler-Jugend, Reichsarbeitsdienst und Wehrpflicht noch vor ihrem Kriegseinsatz ein ausgedehntes System militärischen Drills durchlaufen. Soldatische Tugenden gingen oftmals in Fleisch und Blut über. Ein großer Teil war zum Zeitpunkt der Einziehung unverheiratet.[658] Eigeninteresse und Staatsräson erzeugten im Fronturlaub Druck, eine intime Beziehung einzugehen.[659] Junge Frauen lernten ihre potenziellen Partner oft in Uniform kennen und interpretierten den soldatischen Habitus nicht selten als den natürlich männlichen. Annemarie H. nahm zu ihrem späteren Verlobten Alfred im November 1940 brieflich Kontakt auf. Im Zuge einer Betreuungsaktion des BDM schrieb sie regelmäßig Briefe an unbekannte Soldaten.[660] Obwohl sich die beiden an den Weihnachtsfeiertagen einige Male sahen, fand eine körperliche Annäherung, zunächst in Form von Händchenhalten und zaghaften Küssen, erst während eines darauffolgenden Heimaturlaubs im März 1941 statt. In dieser Phase spielte Alfreds jeweiliges Erscheinungsbild für Annemarie eine herausragende Rolle. Entsprechende Erwähnungen fanden mehrfach Eingang in ihr Tagebuch und in den folgenden Briefwechsel: »Als wir damals bei Heinemanns saßen und Du so zivilmäßig in dem hellen Hemd aussahst, habe ich Dich immer ansehen müssen, so ungewohnt war der Anblick.«[661] Ausgerechnet die Erinnerung an dieses fremde bürgerliche Erscheinungsbild veranlasste Annemarie nun, über Alberts Berufsaussichten nach dem Krieg nachzudenken. Weil im Zivilleben vieles »natürlich freier und ungebundener«, dafür

sationsleiter der NSDAP: Die Schrift entwickelt in NS-typischer Manier die deutsche Geschichte als kriegerische Heldengeschichte von Arminius dem Cherusker über Karl den Großen und Friedrich II. bis zum Zweiten Weltkrieg. Diese Vorbilder sollten im Rahmen der parteilichen Menschenführung helfen, Ideale der bürgerlichen Zeit »verblassen« zu lassen. Der Hinweis, dass im derzeitigen Krieg wichtige Entscheidungen des privaten Daseins unter dem Einfluss dieser Vorbilder, aber auch anhand soldatischer Erfahrung und des entsprechenden Verhaltens anderer getroffen werden, tangierte Funktionen des Fronturlaubs an der Schnittstelle zwischen Militär- und Zivilgesellschaft.
657 Vgl. Werner, »Noch härter«, S. 45-61.
658 Vgl. Vgl. Rass, Sozialprofil S. 683 f.
659 Vgl. BArch-MA, RW 4/v-357, Soldatenzeitung *Mitteilungen für die Truppe*, Artikel »Soll man im Kriege heiraten«, Februar/März 1944.
660 Vgl. DTA, Serie 1818, Brief von Annemarie H. vom 19.11.1940: Aus diesem ersten Schreiben geht hervor, dass die beiden sich zuvor bereits gesehen hatten, sich jedoch nur flüchtig kannten. (Alfred und Annemarie blieben unverheiratet. Da Annemaries Lebenslauf unbekannt ist, ihr Name nach späterer Hochzeit Annemarie (t.) H. lautete, wird sie im folgenden Text vereinfacht als Annemarie H. geführt).
661 Ebenda, Brief von Annemarie H. vom 14.4.1941.

aber »faul« sei, konnte sie sich »doch schon vorstellen«, dass ihm eine Karriere als Berufsoffizier »in seiner Gradheit« mehr Spaß machen würde.[662] In ihrem Tagebuch stellte sie selbst das Militärische über das Zivile und empfand großen Stolz an der Seite eines Soldaten:

»Als ich Samstagnachmittag aus der Stadt heim kam [...] stand Mama draußen und sagte: ›Alfred ist schon da, Du der ist schick und hat seine gute Uniform an! Ein Strahlen ging über mich [...]. Heute trug er die lange Hose, die mit Stegen unter den Zugstiefeln befestigt war und den guten Sommerrock aus segeltuchartigem Stoff. Er sah gut aus und ich bewunderte ihn gebührend. [...] Immer wieder streichelte ich mit meinen Blicken seine elegante, gelassene Erscheinung und freute mich daran.«[663]

Auch bei älteren Paaren hatten Uniform und militärische Tugenden eine hohe Bedeutung. Jedoch gaben sie sich in der Regel reflektierter. Ihre Äußerungen sind von früheren Sozialisationsmustern durchsetzt, die sich stärker an zivilen Werten orientierten. Lapidar antwortete der gestandene Studienassessor Karl K. im Mai 1942 auf die Aufforderungen seiner Frau, sich militärische Sporen zu verdienen: »Du schreibst immer wieder, ich sollte Offizier werden. Warum denn nur? Gewiß sieht solch eine Uniform im Urlaub besser aus [...]. Und doch, Achtung kann man sich auch als Landser erzwingen.«[664] Nicht nur die Soldaten sahen ihre Uniform als Mittel, sich im Urlaub Respekt zu sichern. Ebenso verbanden die Angehörigen mit der Uniform soziales Ansehen, das auf die Familie zurückstrahlte. Häufig sprachen Ehefrauen, aber auch Kinder, Mütter und Väter das soldatische Aussehen ihrer Verwandten an, insbesondere wenn sie an der Front standen und nicht nur rückwärtig Dienst leisteten.[665] Wie sehr das Umfeld die heimkehrenden Soldaten anhand ihrer Uniform klassifizierte, zeigt das – allerdings negative – Beispiel eines jungen Österreichers. Er war zur SS eingezogen worden. Während seines Urlaubs verschleierte er den Sachverhalt, indem er Zivil anlegte: »Ich hab mich zuhause nicht sehen lassen in der SS Uniform, oder die meinen ich bin Verraeter geworden.«[666]

Die Uniform lieferte wichtige visuelle Rückschlüsse über die militärischen Aufgaben und den Einsatzort. Dies galt insbesondere für Orden und Ehren-

---

662 Vgl. ebenda.
663 Ebenda, Tagebucheintrag von Annemarie H. vom 22.3.1941.
664 MSPT, Serie 3.2002.8610, Brief von Karl K. vom 19./20.5.1942.
665 Vgl. DTA, Serie 1462, Brief von Lore G. vom 20.5.1941; MSPT, Serie 3.2002.7605, Brief von Robert W. vom 15.7.1942; ebenda, Serie 3.2002.0349, Brief von Irene G. vom 17.12.1940.
666 NARA, RG 165, Entry P 179 (B), Box 554 (1) 374 (# 505), Room Conversation, 21.1.1945.

zeichen. Anders als Ehrbezeugungen oder die Tadellosigkeit des soldatischen Kleides dokumentierten sie den kämpferischen Mut der Fronturlauber. Die deutlich sichtbaren Symbole waren moralisch stark aufgeladen, weil auch viele daheimgebliebene Zivilisten akzeptierten, dass Heldentum im »Dritten Reich« zum höchsten Lebensprinzip, Opferbereitschaft für das Volk zur erhabensten Ehre und Kameradschaft zur vollkommenen Form völkischer Gemeinschaft gehörten.[667] Nicht zufällig setzte sich der Obergefreite Perzl zum ersten Mal mit seinem »leeren Knopfloch« auseinander, als er auf Urlaub fuhr: »Was werden sie daheim von mir halten«, fragte er sich, weil er keine Auszeichnungen vorweisen konnte.[668] Wie alle in seiner Kompanie hatte der Koch Polen und Frankreich miterlebt, den Osten ertragen und sogar sein Leben riskiert, als er »mitten im schwersten Feuer den Kaffee heran«schleppte. Lediglich der Gedanke tröstete ihn, dass viele Soldaten »ohne« waren, weil es in der Wehrmacht eben mehr tapfere Männer als Zeichen der Tapferkeit gab.[669]

Ausgedachte Erzählungen wie diese waren häufig in Soldatenzeitungen. Das Regime federte damit subjektiv empfundene Ungerechtigkeiten ab, weil äquivalente Leistungen unterschiedlich honoriert wurden. Gewiss konnten nicht alle Soldaten im Feld ihre Männlichkeit gleichermaßen unter Beweis stellen, selbst wenn sie wollten. Unterdessen hierarchisierten die Volksgenossen zwischen qualitativen Stufen des Kriegseinsatzes. Galt der Kampf an vorderster Front als höchste Ehrenpflicht, wurden Soldaten rasch als »Drückeberger« gebrandmarkt, taten sie weiter hinten Dienst. Ihre Notizen zeigen, wie wichtig Ehefrauen oder Müttern das militärische Prestige der eigenen Familie gegenüber dem nachbarschaftlichen und sozialen Umfeld sein konnte:

»Von der Wochenschau war ich sehr beeindruckt. [...] Ich musste innerlich zugeben, dass sich eigentlich jeder Mann, der zu Hause sitzt schämen muss, zumindest aber muss er todunglücklich sein.«[670]

In der Tat hatten viele Männer zumindest phasenweise ein Problem damit, statt bei Gefechten in der Kriegsindustrie oder bei der Flak eingesetzt zu sein. Ebenso, wenn Vorgesetzte in rückwärtigen Gebieten oder im Ersatzheer Auszeichnungen vergaben und »echte Kämpfer« leer ausgingen. Dies führte zu Spannungen zwischen Front-, Etappen- und Heimatsoldaten. Zudem verschärfte es die Erwartungshaltungen zwischen Militär- und Zivilgesellschaft.

667 Vgl. Frevert, Kasernierte Nation, S. 318; Werner, »Noch härter [...]«, S. 69-85.
668 BArch-MA, RHD 53/54-3, Soldatenzeitung *Die Front*, Artikel »Das leere Knopfloch« vom 18.10.1942.
669 Vgl. ebenda.
670 DTA, Serie 1462, Briefe von Lore G. an ihren Mann Hermann an die Ostfront vom 17. und 22.8.1941.

Konflikte traten während des Fronturlaubs mit besonderer Vehemenz zum Vorschein, weil die jeweilige Kriegsleistung auf den Prüfstand gehoben wurde: Während die Soldaten genau beäugten, wer unabkömmlich gestellt war, während sie ihr Leben riskierten, beurteilten die Zivilisten Einsatzbereitschaft und Mut der Heimkehrenden anhand ihrer Uniformen und der daran hängenden Ehrenzeichen.

Das Regime selbst geriet ins Spannungsfeld der Interessen. Nach einigen Monaten des Krieges gegen die Sowjetunion befand es sich in einem Dilemma. Einerseits wollte es dem Geltungsbedürfnis der Wehrmachtulauber entgegenkommen: Im Gespräch war eine besondere Kennzeichnung sämtlicher Angehöriger der kämpfenden Truppe im Osten, unabhängig von ihrer militärischen Leistung. Andererseits sollte eine Spaltung zwischen Front und Heimat vermieden werden. Lebhaft diskutierten Vertreter der Münchner NSDAP im März 1942 einen Vorschlag an die Reichspropagandaleitung, der die Einführung eines Urlauber- beziehungsweise Heimkehrerabzeichens vorsah. Diskussionsgrundlage war ein Artikel der Zeitung *Das Schwarze Korps* »Um die Heimkehrer«, der kurz zuvor am 26. Februar erschienen war. SS-Berichterstatter von Wangenheim hatte die Frage aufgeworfen, wie die Soldaten nach der langen Abwesenheit wohl auf unerwartete Verhältnisse in der Heimat oder abfällige Äußerungen über den Krieg reagierten. Einige Parteigenossen unterstellten, Zivilisten würden sich gegenüber Kriegsteilnehmern anders verhalten als gegenüber Wehrmachtangehörigen der Heimatstandorte. Das Problem lag ihrer Ansicht nach in der fehlenden Unterscheidbarkeit. Deswegen befürworteten sie die Einführung eines speziellen Abzeichens für Urlauber, und sei es nur ein »kleiner Zweig«, ein »Reis« aus der russischen Landschaft. Nicht nur die Heimkehrer würden sich geehrt fühlen. Auch die Volksgenossen könnten sich mit »ganz anderer Freude« der Soldaten annehmen. Demzufolge würde »der kurze Urlaub [dazu] beitragen, in dem Soldaten, der an die Front zurückkehrt, den Glauben an die Heimat zu bestärken.«[671] Allerdings verwarf die Parteispitze den Vorschlag als »außerordentlich gefährlich«. Dies mit dem Hinweis auf die Maxime des Propagandaministers, es sei alles zu vermeiden, was Gegensätze in der Wahrnehmung bestärkt. Unterschiedliche Wertigkeiten zwischen fechtender Truppe, Etappe und Rüstungsindustrie offiziell zu sanktionieren – gerade weil sie in der Alltagswahrnehmung bestanden –, barg die Gefahr, die »Grußverweigerung von 1917 wieder in Gang zu setzen.«[672]

---

671 BArch, NS 18/465, interne Korrespondenz der Reichspropagandaleitung über »Kennzeichnung der Frontsoldaten auf Urlaub zur Unterscheidung von in der Heimat stationierten Soldaten« vom März 1942.
672 Ebenda.

Über das Streben nach Orden und Ehrenzeichen herrschte innerhalb der soldatischen Leistungsgemeinschaft verbreiteter Konsens. Die weithin sichtbaren Tapferkeitsmedaillen galten als Erweis der Männlichkeit. Rasch fühlten sich sogenannte Heimatkrieger gegenüber ihren Frontkameraden zurückgesetzt, ja entwickelten geradezu Komplexe. Der Fronturlaub war der neuralgische Punkt, an dem diese Problemkonstellation zum Ausbruch kam. Stellvertretend zeigt dies ein Schreiben des Münchner Zoodirektors an das städtische Kulturamt vom 1. Oktober 1943. Tierparkmitarbeiter hatten sich während eines Luftangriffs ausgezeichnet, die Dienststelle für Luftschutz sie daraufhin zur Verleihung von Kriegsverdienstkreuzen mit Schwertern vorgeschlagen. Da nicht genügend Orden vorhanden waren, erfolgten Verleihungen aber nur stellvertretend. Dies veranlasste den Direktor zu folgender Stellungnahme:

»Von uns sind 30 Mann im Felde und nur 6 Mann der Friedensbelegschaft sind hier übrig. [...] Die 30 Mann im Felde sind alle tüchtige Soldaten und haben alle Auszeichnungen, teilweise sogar sehr hohe, erhalten. Diese werden nun eines Tages [...] wiederkommen, und dann werden sie bei irgendeiner Gelegenheit, zum Beispiel beim nächsten Oktoberfest, zu den hier gebliebenen, die ich nicht weggelassen habe, irgend eine dreckige Bemerkung machen, und im Handumdrehen wird wieder einmal die schönste Holzerei fertig sein. Da habe ich nun gedacht, dieser Angriff, bei dem hier wirklich alle genau so mutig waren wie bei einer kriegerischen Handlung draussen, ist eine wunderbare Gelegenheit, um meinen mutigen Leuten [...] den Beweis der Bewährung anzuheften.«[673]

Allzu deutlich sticht das Bestreben hervor, gegenüber den Kameraden im Feld nicht nachzustehen: Männliche Mitglieder der deutschen Kriegsgesellschaft konkurrierten in hohem Maße um Belege soldatischer Tugendhaftigkeit. Vertreter der Front fühlten sich demgegenüber brüskiert, wenn sie den Eindruck hatten, die Heimat verteile beliebig Orden für belanglose Taten. Ein Stimmungsbericht der Kreisleitung Lindau an die Gaupropagandaleitung Augsburg vom 14. Juli 1943 monierte: »Ein großer Teil der Fronturlauber, die seit Kriegsausbruch an den Fronten stehen, zum Teil schon ein und zwei mal verwundet, haben bis heute weder das EK noch das KVKr erhalten, während in der Heimat das EK und das KVKr an die HJ verteilt wird. Die Frontkämpfer bezeichnen die Verteilung der Auszeichnung [sic!] den größten Schwindel der Gegenwart.«[674]

673 StdAM, BUR 640/15, Schreiben des Leiters des Tierparks Hellabrunn München an den Aufsichtsratsvorsitzenden der Münchner Tierpark AG, Herrn Direktor M. Reinhard, beim städtischen Kulturamt München vom 1.10.1943.
674 StA Augsburg, S 4207, Stimmungsbericht der Kreisleitung Lindau an die Gaupropagandaleitung Augsburg vom 14.7.1943.

Doch nicht nur zwischen Heimat und Front, fechtenden Einheiten und Etappe bestanden Misshelligkeiten, sondern gleichermaßen innerhalb der Kampfverbände, zwischen den einzelnen Waffengattungen und Truppenteilen. Dass sich Hitler selbst wiederholt mit diesem Thema beschäftigte, zeigt, wie wichtig die Zurschaustellung soldatischer Tapferkeit in der gegenseitigen Wahrnehmung von Militär- und Zivilgesellschaft war. Das OKH gab am 8. März 1943 eine entsprechende Führerweisung heraus. Im Kontext der »enormen« Abwehrleistungen des Heeres kritisierte sie, hohe Auszeichnungen gingen überproportional an die Luftwaffe. Dies führe zu einer unzutreffenden vergleichenden Betrachtung innerhalb der Öffentlichkeit, weswegen dem Heere letztlich der beste Teil der Jugend abgezogen würde. Dieser strebe selbstverständlich dahin, wo »höchstem Einsatz höchster Lohn« winkte.[675] Es lagen sogar Meldungen vor, wonach jugendliche Luftwaffenhelfer in der Heimat die Rechte der Soldaten für sich beanspruchten. Sie forderten, an der Mütze den Luftwaffenadler zu tragen, weil sie in der Nacht den vollen Dienst und die Pflicht des Soldaten erfüllten. Die Schüler, die als Luftwaffenhelfer eingesetzt waren, wollten »im Urlaub« als Soldaten behandelt und »nicht mit einem Pimpfen« verwechselt werden.[676] Verordnungen und Meldungen wie diese zeigen, in welch starkem Maße sich militärische Werthaltungen seit Kriegsbeginn an der Grenze zur bürgerlichen Gesellschaft ausbreiteten.

Die Heimat übte ebenfalls immensen Druck auf Fronturlauber aus. Sie erwartete Belege ihrer Angehörigen, sich im Feld als Männer erwiesen zu haben. Wie Gerichtsakten zeigen, motivierten häufig private Impulse unerlaubtes Tragen von Orden und höheren Rangabzeichen. Das Gericht der Wehrmachtkommandantur Berlin verurteilte den Gefreiten Gerhard P. am 8. Oktober 1943 zu vier Monaten Gefängnis wegen Urkundenfälschung nach § 267 Reichsstrafgesetzbuch (RStGB) und Vergehen gegen das Gesetz über Titel, Orden und Ehrenzeichen vom 1. Juli 1937. Während eines Heimaturlaubs im Juli und August 1943 hatte er sich ohne Berechtigung das EK II, das Panzersturmabzeichen in Silber und die Ostmedaille angelegt. Als Grund gab er an, sich vor den Kameraden seines Vaters, der Offizier war, geschämt zu haben: Nach fünf Jahren bei der Wehrmacht war er immer noch einfacher Soldat ohne jegliche Auszeich-

---

675 Quelle: http://wwii.germandocsinrussia.org/de/nodes/1446-akte-662-okh-heeresperso nalamt-befehl-hitlers-und-des-okh-uber-die-erhohung-der-zahl-der-antr#page/3/ mode/inspect/zoom/4; Beuteakten in russischen Beständen, Bestand 500, Findbuch 12451, Oberkommando des Heeres, Akte 662, Befehl Hitlers und des OHK über die Erhöhung der Zahl der Anträge auf hohe Auszeichnungen für die kämpfenden Offiziere und Soldaten des Heeres vom 8.3.1943 (letzter Zugriff: 4.11.2018).
676 Vgl. Boberach (Hrsg.), Meldungen, Bd. 13, S. 4951, SD-Bericht vom 15.3.1943.

nung.[677] Grenadier Alfred D. wurde wegen ähnlicher Vergehen zu zehn Monaten Gefängnis verurteilt. In seinem Hochzeitsurlaub legte er beide EK und das Infanteriesturmabzeichen in Silber an, um seiner Braut »eine Freude« zu machen. Bei der Strafzumessung berücksichtigte das Gericht, dass er sich im Feld bewährt hatte, wiederholt verwundet wurde und sowohl Ostmedaille als auch Verwundetenabzeichen berechtigt trug. Die höhere Strafe begründete es mit der Abschreckungswirkung, weil »das unbefugte Tragen von Orden und Ehrenzeichen in letzter Zeit wiederholt erheblich zugenommen hat.«[678] Kanonier Siegfried B. entwendete die Orden eines Kameraden, weil er dachte, »daß es etwas schmucker aussehe«, wenn er sich mit den Auszeichnungen im Fronturlaub in der Öffentlichkeit zeige.[679] Der Gefreite Fritz N. berief sich auf die briefliche Aufforderung seiner ehemaligen Arbeitskollegen: Diese wünschten ihn im Urlaub mit Auszeichnungen zu sehen.[680] In der Regel gaben die Soldaten offen zu, wenn es ihnen um das Ansehen der Angehörigen und Bekannten ging, wenn sie Stolz über ihren Kriegseinsatz zum Ausdruck bringen wollten oder dass sie sich ungerecht behandelt fühlten, weil sie die Ehrenzeichen längst verdient hätten. Eher selten brachten sie Ausreden vor, etwa, man habe versehentlich den Uniformrock eines Kameraden angezogen.[681]

Die Heimat beobachtete in der Tat mit Argusaugen, wie die Uniform soldatische Tugend und militärische Karrieren widerspiegelte. Dies verdeutlicht der Fall des Panzergrenadiers G. Die Vorgesetzten erachteten seinen Ordens- und Uniformbetrug als besonders erwähnenswert, weil er trotz Kontrollen nicht den Überwachungsorganen des Heeres, sondern Zivilisten aufgefallen war. G. befand sich bei einer Frontbewährungseinheit, nachdem er Teile einer zweijährigen Gefängnisstrafe wegen unerlaubter Entfernung verbüßt hatte. Nach einem Urlaub bei seiner Freundin informierten die Mutter und die Schwester des Mädchens den Bataillonsführer, dass G. die Uniform eines Feldwebels und hohe Ehrenzeichen trug. Es erscheine ihnen verdächtig, dass er in der kurzen Zeit seines Kriegsdienstes so schnell befördert und ausgezeichnet worden sei. Die Untersuchung ergab, G. war fahnenflüchtig. Schließlich wurde er in der

---

677 Vgl. BArch-MA, Pers. 15-2353, Verkürzter Tatbericht der Streifenabteilung Groß-Berlin, Az. 14/16 886/43 vom 20.9.1943 sowie Protokoll und Strafverfügung des Gerichts der Wehrmachtkommandantur Berlin vom 8.10.1943.
678 BArch-MA, Pers. 15-2308, Feldurteil des Gerichts der Wehrmachtkommandantur Berlin vom 5.10.1943, Az. 593 /1943.
679 BArch-MA, Pers. 15-2302, Protokoll der Streifenabteilung Groß-Berlin vom 17.7.1943, Az. 13 125/43.
680 BArch-MA, Pers. 15-2299, Protokoll der Streifenabteilung Groß-Berlin vom 2.8.1943, Az. D/14 067/43.
681 Vgl. BArch-MA, Pers. 15.1736, Protokoll der Streifenabteilung Groß-Berlin vom 9.12.1942, Az. 14/Fr./Br.Tgb.Nr. 41 165/42.

Uniform eines Leutnants aufgegriffen und zu acht Jahren Zuchthaus verurteilt.[682] Neben der direkten Verbindung zwischen Uniform, Ehrenzeichen und soldatischer Bewegungsfreiheit sticht vor allem die scharfe Aufmerksamkeit der Zivilbevölkerung gegenüber dem soldatischen Auftreten hervor. Ebenso konnten die Symbole militärischer Leistung Normbrüche legitimieren, über die Vorgesetzte bereitwillig hinwegsahen. So berichtete ein Matrosenobergefreiter in britischer Gefangenschaft von einem Landgang:

»Als wir mal auf Urlaub waren, in Hamburg, da sind wir sechs Mann hoch losgezogen auf eine Sauftour. Da haben wir vielleicht wüst aufgegeben. Wir waren in Uniform und trugen unsere Ehrenabzeichen. Die Offiziere und Feldwebel, die wir getroffen haben, haben uns mit Absicht nicht gesehen. Mensch, und wir haben vielleicht gejohlt und gekokst! Aber in der Nähe vom Bahnhof, da hat uns ein älterer Polizist, der auch das EK I trug, vom letzten Krieg, angehalten. Der war ziemlich schnoddrig und fing gleich an: ›Ihr Lumpensöhne, ihr!‹ Mensch, du, dem haben wir uns vielleicht vorgenommen! Das gab dann schweren Krach und wir mussten zu einem Oberleutnant [...]. Der hat uns einen langen Vortrag gehalten – von dem Unterschied zwischen den Weltkriegskämpfern und den neuen Anschauungen und so – aber der Polizist hat nicht gewagt sich offiziell zu beschweren.«[683]

Offizielle Bildserien und private Schnappschüsse liefern weitere Aufschlüsse über Bedingungsfaktoren soldatischer Performanz. Während Propagandafotos die Szenerie detailliert planten, inszenierten sich Fronturlauber auf privaten Fotos frei und spontan. Ein Vergleich ermöglicht Aussagen über die Intentionen des Regimes, das Selbstverständnis der Heimkehrer und das Spannungsverhältnis aus normativen Ansprüchen und individuellen Gestaltungswünschen. In der Propaganda erschienen Soldaten während des Fronturlaubs in Feld- wie in Heimatzeitungen grundsätzlich in Uniform (vgl. Abb. 10 bis 17). Es spielte keine Rolle, ob sie sich im öffentlichen Raum bewegten, beim Spaziergang auf der Straße oder beim Einkaufen, oder ob sie in den eigenen vier Wänden mit ihren Kindern spielten. Der militärische Habitus als Ideal wurde nur in den seltensten Fällen durchbrochen; wie gesehen bei Oberst Mölders, der aber ohnehin als schlachtenerprobter Kämpfer bekannt war.[684] Mit den Fotos erweckte die Propaganda den Eindruck von Normalität im Krieg. Nicht zufällig fanden

682 Vgl. BArch-MA, RHD 54/150, Bericht der Genesendenkompanie des Panzer-Grenadier-Ersatzbataillons 4 vom 31.1.1943.
683 TNA, WO/208-4160, SRX 675, Vernehmungsprotokoll vom 10.1.1942.
684 Siehe auch Seite XXX; vgl. IfZ-Archiv, Z 1008 a, Zeitschrift *Signal*, Heft Nr. 5 1941, Erste Märzausgabe, Artikel »Was braucht ein Soldat, wenn er auf Urlaub kommt?«, S. 4 f.

Abbildung 10: Heimaturlauber mit seinen Kindern beim militärischen Spiel, *Das Schwarze Korps*, 4. Januar 1940

Abbildung 11: Soldat mit DRK-Schwester im Genesungsurlaub, *Ostfront Illustrierte*, Jg. 1943, Heft 4, S. 9

Abbildung 12: Heimaturlauber mit »Soldatenbraut«, *Illustrierter Beobachter*, 22. April 1943

Abbildung 13: Heimaturlauber mit Mutter beim Einkaufen, *Signal*, Erste Märzausgabe 1941

die Fronturlauber in den heimatlichen Geschäften überbordende Auslagen vor und staunten über das breite Warenangebot trotz Rationierung.

Unversehrte Häuserfassaden kündeten lange Zeit von einer Heimat wie im Frieden. Ganz selbstverständlich trafen sich die Heimkehrer mit DRK-Schwestern – dem »zivilen« Gegenstück der uniformierten Kriegsgesellschaft – auf öffentlichen Plätzen zum Kaffee oder sie streiften mit der Geliebten ausgelassen durch die Natur. Gleichzeitig zog das Militärische in die privaten vier Wände ein und beherrschte die Szenerie schließlich auch dort: Immer wieder zeigte

Abbildung 14: Heimaturlauber mit seinen Kindern beim militärischen Spiel, *Das Schwarze Korps*, 4. Januar 1940

Abbildung 15: Heimaturlauber mit seinen Kindern, *Die Koralle*, 17. Dezember 1943

das Regime Kinder, die Soldat spielten. Sie trugen Uniformstücke des heimgekehrten Vaters, wie Stiefel, Mütze, Stahlhelm oder Rock und posierten mit Ausrüstungsgegenständen der Wehrmacht. Von da war es nur ein Schritt zum familiären Exerzieren.

Die Propaganda bemühte das Bild des makellosen Soldaten selbst auf Fotos, die den Urlauber ganz privat, mit der Frau und den Kindern zu Hause zeigten. Wie wichtig diese Maxime war, belegen die äußerst sensiblen Reaktionen der Führung auf Verstöße. So rief ein Bild der *Frankfurter Illustrierten Zeitung* heftigsten Protest der Wehrmacht hervor, das die Reichspropagandaleitung zunächst abgesegnet hatte. Auslöser waren Art und Weise, wie das Aufeinandertreffen von Vater und Sohn während eines gemeinsamen Fronturlaubs zu Weihnachten 1939 gezeigt wurde. Das Foto, auf dem der Vater dem Sohn gönnerhaft Feuer für dessen Zigarette mit der Glut seiner Zigarre gab, sei »übelster Kitsch«. Es habe bei der gesamten Truppe »schärfstes Missfallen erregt«, weil die dargestellten Soldaten in »Anzug und Haltung ein völlig unmilitaristisches Bild« abgaben. Es entspreche nicht dem »Ernst der Zeit« und sei mit der Haltung des deutschen Soldaten völlig unvereinbar.[685] Zwar nehme das OKH an

---

685 Vgl. BArch-MA, RH 19/III-343 b, Heeresgruppe C / Heeresgruppe Nord / Heeresgruppe Kurland, Führungsabteilung, Erlasse und Ic-Angelegenheiten zwischen Juni 1939 und Januar 1940.

Abbildung 16: »Vater und Sohn« gemeinsam auf Weihnachtsurlaub, *Frankfurter Illustrierte*, 23. Dezember 1939

Abbildung 17: Oberst Mölders mit seiner Staffel im Skiurlaub, *Berliner Illustrierte*, 23. Januar 1941

sich keinen Anstoß an Szenen, die Situationen kameradschaftlicher Gemütlichkeit zeigen, jedoch entstünden ernsthafte Zweifel, ob der abgebildete Hauptmann überhaupt Soldat sei. Das Bild wurde folglich als »geschmacklos« klassifiziert. Darüber hinaus lasse das Foto positive wie negative Rückschlüsse über die wirtschaftliche Kriegslage in Frankfurt zu: Während aus den geöffneten Kragen auf eine gute Kohlenversorgung geschlossen werden könne, deute der Schmutz an selbigen auf Engpässe bei Seife hin. Der Tadel, der beim Lesen den Eindruck erweckt, das Heeresgruppenkommando habe sich einen Scherz erlaubt, war durchaus ernst gemeint. Wenige Zeilen später folgte der Hinweis an die Propagandaämter, künftig »aus abwehrtechnischer Sicht dafür Sorge zu tragen, dass solche wirtschaftlichen Kriegsschwierigkeiten nicht öffentlich so krass sichtbar gemacht werden.« Da die Bevölkerung die Soldaten des Westwalls zu diesem Zeitpunkt ohnehin als »Sitzkrieger« bespöttelte, goss die Darstellung zusätzlich Öl ins Feuer.[686]

Bildaufnahmen aus dem zivilen beziehungsweise dem privaten Bereich (vgl. Abb. 18 bis 33) variierten stärker. Sie belegen gleichermaßen eine gewisse Internalisierung von Propagandarichtlinien bei Soldaten und Angehörigen, verwei-

---

686 Vgl. ebenda.

Abbildung 18: Soldat auf Heimaturlaub im Sommer 1943

Abbildung 19: Kriegsheimkehrer mit seinen Söhnen 1942 in Raesfeld
(Aufnahme des Heimatfotografen Ignaz Böckenhoff)

FRONTURLAUBER IN DER NS-PROPAGANDA 227

Abbildung 20: Heimaturlauber verschiedener Waffengattungen 1942 in Raesfeld (Aufnahme des Heimatfotografen Ignaz Böckenhoff)

Abbildung 21: Gruppe von Soldaten auf Urlaub (ohne Datum)

Abbildung 22: Heimaturlaub 1939 in Raesfeld (Aufnahme des Heimatfotografen Ignaz Böckenhoff)

Abbildung 23: Heimaturlaub 1940 in Raesfeld (Aufnahme des Heimatfotografen Ignaz Böckenhoff)

Abbildung 24: Hochzeit während des Heimaturlaubs

sen aber auch auf individualistische Tendenzen.[687] Häufig ist die Übertragung militärischer Wertmuster auf Angehörige zu erkennen, vor allem wenn Söhne soldatisches Gebaren imitierten. Die Selbstinszenierung mit Orden und Ehrenzeichen wirkt teils exaltierter als in der offiziellen Fotografie. Betont herzliche Fotos, die Nähe zwischen Eheleuten oder Eltern und Kindern ausdrücken,

[687] Ein Teil der beschriebenen Bilder stammt aus der Sammlung »Böckenhoff« aus dem LWL-Medienzentrum für Westfalen. Sie stammen von einem Heimatfotografen, der Fronturlauber während des Zweiten Weltkriegs in ihren vier Wänden beziehungsweise in ihrer heimischen Umwelt in Szene setzte. Das Medienzentrum hält hierzu fest: »Nur zu ganz besonderen Anlässen wandte man sich für Familienporträts an einen Fotografen. Der Fronturlaub des Vaters oder eines Sohnes war so ein außergewöhnlicher Anlass. Bei solchen Porträts kommt der ›Figurenregie‹ eine ganz besondere Bedeutung zu. Familien können um eine zentrale Figur gruppiert werden, was die herausgehobene Stellung eines Familienmitgliedes demonstriert. Eine strenge Reihung kann den Zusammenhalt und die feste Position jedes Einzelnen innerhalb der Familie unterstreichen. Die Mitglieder einer Familie können aber auch locker oder gar zusammenhanglos nebeneinanderstehen. Für diese Möglichkeiten gibt es in der Sammlung Böckenhoff zahlreiche Beispiele. Sonderfälle von Familienaufnahmen stellen die Bilder dar, die Böckenhoff während des Krieges in den Jahren von 1939 bis 1942 realisierte. Fotografien waren ein Medium, um die Verbindung zwischen Heimat und Front aufrechtzuhalten. Aufnahmen, die während des Heimaturlaubs entstanden, wurden mit an die Front genommen, um der Familie in der fernen Heimat nahe zu sein. Freilich muss man bedenken, dass das lange Fortsein der Väter nicht selten familiäre Probleme mit sich brachte. Solche Spannungen werden auf den Fotos in aller Regel nicht sichtbar.« (Vgl. https://www.lwl.org/LWL/Kultur/LWL-LMZ/Bildarchiv/suche/?q=heimaturlaub&t=381; letzter Zugriff: 03.8.2017).

Abbildung 25: Heimaturlauber an seinem 40. Geburtstag mit der Familie

Abbildung 26: Urlauber beim Ausflug mit der Familie im Juli 1940

Abbildung 27: Urlauber mit der Familie im Garten, Juli 1942

sind selten anzutreffen. Offenbar galten diese Momente als zu intim, um sie für die Nachwelt festzuhalten. Freudiges Wiedersehen im Fronturlaub nach monatelanger Abwesenheit oder getrübte Szenen des Abschieds blieben damit Domäne der öffentlichen Medien. Folglich finden sich dort auch häufiger arrangierte Szenen, die in ihrer Ungezwungenheit irreführenderweise an zufällige Schnappschüsse erinnern. Demgegenüber durchbrachen Privatfotografien den Urlaubsalltag und froren den Moment meist statisch in Frontalposen ein. Die Bandbreite der Motive ist folglich überschaubar. Die Heimkehr von Fronturlaubern war zudem ein gesellschaftliches Ereignis, für das sich überwiegend

Abbildung 28: Heimaturlauber im November 1942 auf dem Balkon

Abbildung 29: Heimaturlauber im November 1942 an der Balkontür

in kleineren, ländlichen Gemeinden die Nachbarschaft interessierte.[688] Dies erklärt die häufigen Gruppenaufnahmen von Heimatfotografen. Das Bestreben, Urlauber unterschiedlichster Waffengattungen und von diversen Einsatzorten auf einem Bild zu vereinen – etwa von Heer, Marine, Luftwaffe und aus Afrika, siehe Abb. 20 – spiegelt den kollektiven Stolz der Kommunen wieder, wenn ihre Söhne sie an allen Fronten vertraten. Gewisse Trends zeigen sich ebenfalls bei feierlichen Anlässen im Fronturlaub: Während bei Hochzeiten meist Uniform gewählt wurde, trugen die Heimgekehrten bei Geburtstagen oder anderen Familienfesten häufiger Zivil. Wie Aufnahmen aus privaten Fotoalben belegen, zogen Fronturlauber oft eine imaginäre Grenze an ihrer Haustür oder ihrem Gartenzaun. Von Ausnahmen abgesehen, bevorzugten sie im öffentlichen Bereich die Uniform, die gemütlichere bürgerliche Kleidungsalternative wählten sie eher im engeren Familienkreis. Interessant sind Fotos, wenn sie die gedachte Grenze zwischen Privatheit und Öffentlichkeit in Bezug zum Raum oder zu Freizeitaktivitäten setzten. So trug etwa derselbe dekorierte Offizier seine Uniform auf dem heimischen Balkon, sichtbar für die Nachbarn, wagte sich jedoch im Morgenrock nur bis zur Türschwelle. Privataufnahmen, die Solda-

---

688 Vgl. SuStB Augsburg, Gs 2958 -61/79, Soldatenzeitung *Front und Heimat*, Artikel »Schwäbische Kleinstadt im Krieg« vom 21.10.1943.

Abbildung 30: Heimaturlaub am Chiemsee   Abbildung 31: Heimaturlaub im Zillertal

Abbildung 32: Heimaturlaub in Kiel, Juni 1944   Abbildung 33: Heimaturlaub in Kiel, Juni 1944

ten in Uniform mit Eisernem Kreuz, Ostmedaille und Verwundetenabzeichen beim Ruderausflug mit der Liebschaft zeigen, könnten ebenso der Propaganda entnommen sein. Bilder, die Fronturlauber ganz »lässig« im Anzug beim Spaziergang abbilden, sind in privaten Alben eher selten. Auch dies lässt auf die Tiefenwirkung soldatischer Sozialisation schließen, die während des Militärdienstes eingeübt wurde und im zivilen Leben fortwirkte.

4. Konzession und Kontrolle

Am Dienstag, den 15. September 1942, lud das Hauptamt Propaganda zu einer Beratung über die »Ausgestaltung des Urlaubs von Frontsoldaten durch Maßnahmen der NSDAP« in die Berliner Taubenstraße 10 ein. Neben Mitarbeitern des Reichspropagandaministeriums (RMVP) erschienen zu diesem Treffen Vertreter des Oberkommandos der Wehrmacht, des Reichsarbeits- und des Reichswirtschaftsministeriums sowie von Reichsarbeitsdienst, Reichsstudentenführung, Reichsfrauenführung und dem Hauptamt für Volkswohlfahrt. Stellvertretend für Minister Joseph Goebbels erklärte Parteigenosse Wächter, der kurze Aufenthalt in der Heimat müsse den Frontsoldaten so angenehm wie möglich gemacht werden. Die Anwesenden diskutierten, was in dieser Hinsicht realistisch erschien.[689]

Allein der Zeitpunkt, zu dem das Propagandaministerium eine Lanze für die Fronturlauber der Wehrmacht brach, erlaubt gewisse Rückschlüsse. Schon zwei Jahre zuvor hatte die Parteikanzlei Interesse an der Befindlichkeit der Soldaten im Krieg signalisiert und angeboten, geistiges Schulungs- und Unterhaltungsmaterial in den Aufenthaltsräumen der Bahnhöfe auszulegen.[690] Nun ging es aber nicht mehr lediglich um Reisebetreuung und subtile Beeinflussung, während die Soldaten ihre Wartezeiten beim Umsteigen überbrückten. Die avisierten Maßnahmen zielten direkt auf den Aufenthalt und tangierten Handlungsoptionen der Fronturlauber sowohl im öffentlichen Raum als auch in ihrem persönlichen Umfeld. Materielle wie immaterielle Gratifikationen sollten die Laune der Soldaten und ihre Beurteilung der heimatlichen Verhältnisse heben. Alle zehn Tagesordnungspunkte, die auf der Agenda des Propagandahauptamtes standen, verdeutlichen dies:

1. Bevorzugung beim Einkauf und bei sonstiger Abfertigung.

2. Kostenlose Benutzung der Verkehrsmittel.

3. Zurverfügungstellung von Karten für Theater und Kino.

4 Im Bedarfsfalle Sonderzuteilung von Kohlen während der Urlaubszeit.

---

689 Vgl. BArch, NS 18/775, Reichspropagandaleitung 1933-1945, Krieg und Kriegsauswirkungen, Truppenbetreuung, Aktenvermerk vom 17.9.1942 über die »Ausgestaltung des Urlaubs von Frontsoldaten durch die NSDAP«.
690 BArch, NS 6/820, Reichsverfügungsblatt 31/40 vom 1.11.1940, Ausgabe A, Bekanntgabe B 72/40/Betr.: Betreuung von Fronturlaubern.

5. Sonderzuteilung von Zigaretten.
6. Im Bedarfsfalle Zurverfügungstellung von Hausmädels.
7. Klarstellung der Fragen wegen Beurlaubung der Frauen, die berufstätig sind.
8. Richtiger Einsatz der Nachbarschaftshilfe.
9. Wünscht der Fronturlauber mit einem Angehörigen in eine Gaststätte zu gehen, sollen in diesem Falle Plätze frei gehalten werden.
10. Eine Gaststätte soll für Fronturlauber Tag und Nacht offen gehalten werden, beste Künstler sollen hier zum Einsatz kommen.[691]

Durch bevorzugte Abfertigung beim Einkauf oder die Unterstützung durch Haushaltshilfen konnten die Soldaten ihre kurze Urlaubszeit effizienter nutzen. Andere Annehmlichkeiten zielten auf sinnliche Ablenkung, materiellen Genuss, symbolische Anerkennung oder sie glichen ein Stück weit die zivilisatorischen Entbehrungen im Einsatzraum aus. Zugleich kündeten sie von der guten Versorgungslage in der Heimat wie von der Unterstützungsbereitschaft der Daheimgebliebenen. Bei der Nachbarschaftshilfe spielten außerdem Momente von Überwachung und sozialer Kontrolle eine Rolle.[692] Allen Punkten gemeinsam war die pragmatische Absicht, die gegenseitige Beeinflussung zwischen Soldaten und Angehörigen in konforme Bahnen zu lenken. Mit längerer Dauer des Krieges, zunehmend unkalkulierbaren Einsatzzeiten und steigendem Wunsch der Bevölkerung nach Frieden erlangten handfeste stimmungshebende Maßnahmen vor und während des Fronturlaubs an Bedeutung.[693] Diese beinhalteten zwangsläufig Zugeständnisse an das Privat- und Familienleben der Soldaten oder zielten auf die Sicherung ihrer zivilen Existenz. Goebbels zog die Fäden hinter den Kulissen und berichtete dem Führer regelmäßig über die Fortschritte.[694] Die Tagebuchaufzeichnungen des Propagandaministers aus jener Phase liefern Hinweise auf die tieferliegenden Absichten hinter diesen Maßnahmen:

---

691 BArch, NS 18/775, Reichspropagandaleitung 1933-1945, Krieg und Kriegsauswirkungen, Truppenbetreuung, Aktenvermerk vom 17.9.1942 über die »Ausgestaltung des Urlaubs von Frontsoldaten durch die NSDAP«.
692 Vgl. Schmiechen-Ackermann, Blockwart, S. 575-602.
693 Vgl. Boberach (Hrsg.), Meldungen, Bd. 14, S. 5426f., Bd. 15, S. 6022f., SD-Berichte vom 2.7.1943 und 18.11.1943.
694 Vgl. BArch, NS 18/775.

»Darüber hinaus organisiere ich augenblicklich zusammen mit der Partei eine großzügige Fürsorge für Fronturlauber. Sie sollen für die kurze Zeit, da sie in der Heimat weilen, eine besondere Betreuung [...] erfahren, vor allem durch Erleichterung ihrer und ihrer Familie Lebenslage, durch Urlaubserteilung an die arbeitende Ehefrau und durch großzügige Vermittlung von Theater- und Kinokarten. Überhaupt muß man diesem Problem jetzt im vierten Jahr des Krieges eine erhöhte Aufmerksamkeit schenken. Es besteht die Gefahr, daß bei längerer Abwesenheit der Frontsoldaten von der Heimat sich eine gewisse Kluft zwischen Zuhause und draußen auftut. [...] Umso mehr halte ich es für nötig, daß wir alles unternehmen [...], ihn davor zu bewahren, einen gänzlich falschen und ungerechten Eindruck von der Heimat zu bekommen.«[695]

Goebbels, der sich damit als Initiator der Besprechung vom 15. September 1942 zu erkennen gab, hatte weitreichende Ambitionen. Jede Ortsgruppe sollte eine Sonderstelle »Fronturlauberdienst der NSDAP« einrichten. Die genannten Punkte waren zu einem Merkblatt zusammenzufassen und jedem heimkehrenden Soldaten durch einen Vertreter der Ortsgruppe persönlich zu überreichen. Ziel der Partei war es, flächendeckend als Wohltäterin aller persönlichen Belange der Soldaten und ihrer Familien aufzutreten. Allerdings war es bis dahin ein weiter Weg, der eine genaue Abstimmung zwischen den verschiedenen Behörden und Organisationen erforderte.[696]

Die Bedenken des OKW, den Fronturlaubern Scheine zur kostenlosen Benutzung der öffentlichen Verkehrsmittel auszuhändigen, wies das Propagandaministerium mit dem Hinweis zurück, es handle sich um eine Geste der Anerkennung. Betreiber von Museen, Kinos und Theater hielt es an, ständig ein Zehntel ihrer Karten für Freibesuche zurückzulegen. Sonderdienststellen bei den Ortsgruppen vergüteten die Beträge. Das Reichsarbeitsministerium wollte die Frage der Freistellung der Ehefrauen aus den Betrieben zunächst mit den zuständigen Reichstreuhändern klären, wohingegen dem Reichswirtschaftsministerium der zu erwartende Arbeitsausfall tragbar erschien. Der Vertreter der NSV teilte schließlich mit, bisher seien lediglich 30.000 Freiplätze für alleinstehende Soldaten beansprucht worden, wohingegen noch etwa 50.000 zur Verfügung stünden.[697] In mehreren Abstimmungsrunden mit dem OKW, insbesondere jedoch mit der Reichskanzlei, modifizierte das RMVP den Plan in den folgen-

---

695 Goebbels-Tagebücher, Bd. 5, S. 549, Eintrag vom 22.9.1942.
696 Vgl. BArch, NS 18/775, Reichspropagandaleitung 1933-1945, Krieg und Kriegsauswirkungen, Truppenbetreuung, Aktenvermerk vom 17.9.1942 über die »Ausgestaltung des Urlaubs von Frontsoldaten durch die NSDAP«.
697 Vgl. ebenda.

den Wochen. Durchweg positive Resonanz fanden alle Vorschläge, die den Soldaten ihren Urlaub faktisch erleichterten und sie »von so manchem formalistischen überbürokratischen Kram« befreiten. Neben dem oft zeitraubenden Erwerb von Theater- und Lebensmittelkarten dachten die Verantwortlichen an die Regelung behördlicher Vorgänge, etwa Fragen des Familienunterhalts. Andererseits stieß die Idee, »Hausmädels« einzusetzen, auf breite Ablehnung. Dies passe nicht »für den kleinen Mann« von der Front, der sich in den wenigen Tagen nach häuslicher Eintracht sehne und keine »Fremden im kleinen Heim haben« wolle.[698]

Am 16. Oktober 1942 informierte die Reichskanzlei das RMVP in einer einstweilig abschließenden Stellungnahme, bei allen Maßnahmen dürfe die Ruhe, die sich der Fronturlauber wünscht, nicht gestört werden: »Er muß das Gefühl haben, in seinem Urlaub ›frei‹ zu sein. Keinesfalls darf er in eine Aktion eingespannt und innerhalb dieser durch eine Reihe von Besuchen und Veranstaltungen hindurchgeschleußt [sic!] werden.«[699] Die Verantwortlichen an der Reichsspitze stellten sich die Frage, wie viel Überwachung in Form von direktem Kontakt mit Parteivertretern und welches Maß an organisatorischer Einbindung sie den Soldaten aufbürden konnten. Eindeutig fiel die Entscheidung zugunsten von Konzessionen, individuellen Handlungsspielräumen und privaten Rückzugsmöglichkeiten. Allerdings gab das Regime seine Zugriffsoptionen auf die Fronturlauber damit nicht preis, für die es sich allein schon aus propagandistischen Gründen interessierte. Lediglich standen in dieser Phase des Krieges stimmungsstabilisierende Maßnahmen und parteiliche Zurückhaltung im Vordergrund. Die Mahnung der Parteikanzlei an das RMVP, die Urlauber nicht zu sehr einzuspannen und ihnen das Gefühl von »Freiheit« zu belassen, war eine taktische. Beide Institutionen verständigten sich schließlich darauf, den Fronturlauberdienst der NSDAP zunächst versuchsweise in den Berliner Ortsgruppen einzuführen und keine »Arbeitsmaiden« in die Haushalte zu schicken. Einigkeit bestand über die »stimmungsmäßige Bedeutung« des kurzen Zusammenseins sowie darüber, die Urlauberfamilien stärker zu betreuen. Ehefrauen erhielten generell Urlaub, ihren Ausfall kompensierten ausländische Arbeitskräfte bzw. die ursprünglich vorgesehenen Haushaltshilfen. Der Einsatz von Zwangsarbeitern verweist auf typische Mechanismen von Inklusion und Exklusion der nationalsozialistischen Volksgemeinschaft: Persönliche Vergünstigungen ihrer Mitglieder resultierten aus der völkerrechtswidrigen Ausbeutung Außenstehender.[700] Die Vorzugsbehandlung beim Einkaufen orientierte sich

698 Vgl. BArch, NS 18/775, Stellungnahme der Parteikanzlei vom 20.9.1942.
699 Vgl. ebenda, Stellungnahme der Parteikanzlei vom 16.10.1942, Notiz für Parteigenosse Wächter, S. 9.
700 Vgl. Harvey, Housework, S. 115-131.

an traditionellen Geschlechterrollen. Eine Flasche Wein kam als materielle Gratifikation noch hinzu. Die übrigen Vorschläge wurden im Kern unverändert übernommen.[701] Die fragmentarische Überlieferung lässt leider nicht erkennen, ob der Fronturlauberdienst nach einem Testlauf in Berlin tatsächlich flächendeckend im gesamten Reich eingeführt und zentral dirigiert wurde. Die Umsetzung hing wohl letztlich vom Engagement lokaler Hoheitsträger ab. Da die Personaldecke bei Kommunen und Einrichtungen der Partei kriegsbedingt abschmolz, sind Zweifel gerechtfertigt.[702] Wie Stichproben allerdings zeigen, hatten örtliche Initiativen die systematische Betreuung von Fronturlaubern in einigen Großstädten schon vor Herbst 1942 vorangetrieben.[703] Viele der bis dahin ad hoc angebotenen Vergünstigungen nahmen die Ideen des Propagandaministeriums vorweg. Die Intervention von Goebbels ist somit als Versuch zu werten, die im Reich heterogen gewachsene Betreuungslage unter seiner Ägide zu vereinheitlichen. Er erblickte darin ein Mittel, seine Position gegenüber Reichskanzlei und Wehrmacht zu stärken. Insgesamt liefert die institutionelle Entwicklung des Betreuungssystems Rückschlüsse über Verschiebungen im Machtgefüge des NS-Staates. Einerseits gab es Bereiche mit klaren Kompetenzabsprachen zwischen Partei und Wehrmacht. So bei der Beaufsichtigung von Soldatenfamilien durch Blockleiter[704] oder der materiellen und ideologischen Betreuung in Lazaretten.[705] Die Zeitspanne des Fronturlaubs selbst erscheint als Grauzone, in der Staat, NSDAP und Militär stärker um den Zugriff auf die Soldaten konkurrierten. Mit Liebesgabensendungen, Kameradschaftsdienst, Nachbarschaftshilfe und Familienunterhalt versuchten Partei und Militär gleichermaßen, die Soldaten während des Einsatzes von ihren Sorgen um die Angehörigen zu befreien und das Gefühl der Verbundenheit zu beflügeln.[706] Aktionen dieser Art nahmen die Soldaten aus der Ferne wahr. In Intention und Wirkkraft un-

---

701 Vgl. BArch, NS 18/775, Stellungnahme der Reichskanzlei vom 3.10.1942, Vorlage des Propagandaministeriums an den Reichsleiter der NSDAP vom 7.10.1942, Stellungnahme der Reichskanzlei vom 16.10.1942 sowie Vorlage des Propagandahauptamtes vom 26.9.1942.
702 Vgl. Nolzen, NSDAP, S. 112-121.
703 Vergleichende Regionalstudien wären wünschenswert.
704 Vgl. Barch-MA, RH 53/7-8, Stellungnahme des Reichskriegsministers und Obersten Befehlshabers der Wehrmacht zur Betreuung von Soldatenfamilien durch Block- und Zellenleiter vom 6.9.1936.
705 Vgl. IfZ-Archiv, Da. 34.02, Heeresverordnungsblatt 1940 (Teil B), Nr. 7 »Betreuung von Wehrmachtangehörigen in Lazaretten« vom 11.12.1939, S. 2.
706 Vgl. IfZ-Archiv, Da. 34.02, Heeresverordnungsblatt 1939 (Teil B), Nr. 421 »Familienunterhalt der Angehörigen der Einberufenen« vom 28.9.1939, S. 280 f.; StAM, NSDAP 1560, Fürsorge für die Angehörigen von Soldaten in persönlichen Angelegenheiten im Rahmen des Kameradschaftsdienstes zwischen Partei und Wehrmacht, Sammel-

terschieden sie sich von Betreuungsformen, die Soldaten während ihres Heimataufenthaltes direkt erfuhren. Dynamiken zwischen beiden Aspekten sind zu berücksichtigen. In ihrer Gesamtheit offenbaren die Fürsorgemaßnahmen den Wirkungszusammenhang von Gratifikation, Kompensation, Stimmung, Instrumentalisierung, Überwachung und Zwang.

a. Fürsorge und Überwachung

Ende April 1940 leitete der Reichsminister des Inneren einen Befehl des OKW »vertraulich« an sämtliche Landräte und Oberbürgermeister weiter. Er enthielt Klagen über das ungebührliche Auftreten von Soldaten bei zivilen Ämtern und Behörden. Tatsächlich hatten sich Vorfälle gehäuft, wobei in erster Linie Fronturlauber teils schreiend und drohend Beihilfen für ihre Familienangehörigen einforderten.[707] Das Schreiben wies explizit darauf hin, dass selbst berechtigte Beschwerden und Wünsche zunächst den Einheitsführern vorzutragen seien. Diesen stünde neben den Fürsorgeoffizieren der Wehrmacht in den Wehrkreisen der Kameradschaftsdienst der Partei für die Zusammenarbeit mit der Zivilverwaltung vermittelnd zur Seite.[708] Gleichzeitig künden zahllose Feldpostbriefe, Tagebücher und Kriegserinnerungen davon, wie zeitraubend und enervierend die Betroffenen die vielen notwendigen Behördengänge während des kurzen Heimataufenthalts erlebten: Die Anlässe reichten vom Erhalt von Bezugsscheinen und Eintrittskarten über Hochzeitsgenehmigungen und Ehestandsdarlehen bis hin zu Urlaubsverlängerungen.[709]

Aus einer gänzlich anderen Perspektive erinnerte Oberfeldwebel Karl L. die persönlichen Begegnungen mit Staat und Militär während seiner Besu-

akt Jahrgang 1940; SuStB Augsburg, 4 A 64 -7, *Der Politische Soldat*, Heft 12 vom 15.6.1940, Blatt 13 S. 3.
707 Vgl. StdAN, C 25 I – 947 und C 25 I – 964, Korrespondenz zwischen dem Kommandanten des rückwärtigen Armeegebietes 570, dem Oberbürgermeister der Stadt Nürnberg, dem Gesundheits-, Jugend- und Wohlfahrtsreferat der Stadt Nürnberg, der Geheimen Staatspolizei, der Kreisleitung der NSDAP der Stadt Nürnberg und dem Generalkommando des XIII. Armeekorps über das Auftreten von Wehrmachtangehörigen bei Dienststellen der Familienunterstützung zwischen 19.8.1939 und 13.2.1940.
708 Vgl. StdAN, C 25 I – 964, Abschrift eines OKW-Befehls vom 29.2.1940, durch den Reichsminister des Innern am 23.4.1940 weitergeleitet an die Landesregierungen, Reichstatthalter, Reichskommissare, Regierungspräsidenten, Landräte und Oberbürgermeister.
709 Vgl. DTA, Serie 2033, Brief von Bernhard S. vom 16.12.1942; MSPT, Serie 3.2002. 0349, Brief von Ernst G, Anfang Mai 1943; vgl. auch Grupe, Jahrgang 1916, Tagebucheinträge vom September 1942; Allmayer-Beck, Herr Oberleitnant, Aufzeichnungen vom Mai 1944.

che zu Hause:» [...] ach, ich kann dir sagen, ich kam gar nicht mehr klar. Da war ich gerade auf Urlaub. Jeden Abend kam da ein Zivilist, kann ich ihr Soldbuch sehen. Zeigt Plakette, Gestapo. An allen Ecken. Weiber haben sie nicht kontrolliert.«[710] Gustav F. schilderte Gängelungen durch die Partei und beschwerte sich über Ortsgruppenführer, die Heimkehrer »anschnauzten« und von deren Frauen forderten, während der flüchtigen Zeit des Wiedersehens nationalsozialistische Versammlungen zu besuchen.[711] Die vielen Klagen über Bespitzelung, sozialen Druck oder Unwohlsein angesichts des Klimas gegenseitigen Misstrauens erscheinen plausibel, weil das Regime Fürsorge und Überwachung kombinierte.[712] In welchem Maß Urlauber Einschränkungen ihrer autonomen Lebensführung erduldeten[713], beschrieb der Infanteriegefreite Walter A. Seine Skepsis gegenüber dem Regime und sein Freiheitsdrang hatten sich durch den Militärdienst und die Erfahrung der Heimat in kurzen Fronturlauben intensiviert:» [...] ich habe schon vor dem Kriege gesagt, wenn er zu Ende ist, mache ich auch, dass ich aus Deutschland rauskomme. [...] Dann will ich auch einmal ein Privatleben führen. [...] Ich habe keine Lust nach dem Kriege deutscher Soldat zu spielen. Oder S.A. oder S.S., NSKK, und so weiter. [...] Denn man wurde ja dazu gewissermaßen gezwungen.«[714] Bei aller Heterogenität verweisen die gewählten Beispiele auf die vielschichtigen Beweggründe, derentwegen Soldaten während des Fronturlaubs mit Vertretern von Staat, Partei und Wehrmacht aufeinandertrafen und Grenzen von Privatheit verhandelten. Es zeigt sich die doppelpolige Funktion der Fürsorgemaßnamen, die auf Konzession und Kontrolle zielten. Nicht zuletzt sind Zuständigkeiten verschiedener Dienststellen angesprochen sowie qualitative Unterschiede zwischen Familien- und direkter Urlauberbetreuung. Die nachfolgende Betrachtung vertieft dies anhand der wichtigsten Weichenstellungen. Vorausgeschickt sei, dass die Organisation stets improvisierte wie regional differenzierte Züge behielt. Weiterhin sind Fragen von Interesse, inwieweit das Regime die heimgekehrten Soldaten durch informellen Druck einband, ob sie besonderer Beobachtung unterlagen und welche Rolle personelle Begrenzungen des NS-Staates spielten.

Den Großteil der unmittelbaren Betreuung von Fronturlaubern trugen kommunale Einrichtungen. Honoratioren größerer Städte zogen direkt nach

---

710 NARA, RG 165, Entry P 179 (B), Box 509/263 (# 265), Room Conversation, 6.6.1944.
711 Vgl. ebenda, Box 467-1 (101), Interrogation Gustav Felix vom 13.7.1944, 10.45-11.30 Uhr.
712 Zur »Wüste der Nachbarlosigkeit« und dem Klima gegenseitigen Misstrauens im Nationalsozialismus vgl. Schmiechen-Ackermann, Volksgemeinschaft, S. 117-120.
713 Zur Voraussetzung privater Rückzugsräume für eine autonome Lebensführung vgl. Rössler, Wert des Privaten, S. 134-136.
714 NARA, RG 165, Entry P 179 (B), Box 441/192 (#196), Room Conversation, 29.4.1944.

Kriegsbeginn Fürsorgekompetenzen an sich. Stellvertretend wird dies anhand von München gezeigt. Bis weit in den Krieg hinein brüsteten sich die Stadtoberen mit der bereits am 21. Oktober 1939 gegründeten »Betreuungsstelle für Militärurlauber« und der kurz darauf erfolgten Einrichtung von Wehrmachthotels. München habe als eine der ersten Städte Deutschlands »zweckmäßige Einrichtungen« geschaffen, die bald darauf viele weitere Kommunen aufgriffen.[715] Die Abteilung Wirtschaft und Verkehr der Münchner Stadtverwaltung beschäftigte sich Anfang 1943 mit Umstrukturierungen innerhalb der Fronturlauberbetreuungsstelle. Aus einem Schreiben dieser Zeit geht rückblickend hervor, dass der Name der Einrichtung »bewusst so gewählt wurde, um mit der Wehrmacht und der Partei in keine Konflikte zu geraten.« Denn während die Wehrmacht die allgemeine Betreuung ihrer Angehörigen für sich reklamierte, forderte die Partei die materielle wie ideologische Versorgung der verwundeten Soldaten für sich.[716] Folglich existierten in Hinblick auf die Fronturlauberbetreuung zu Beginn des Krieges strukturelle Leerstellen.

In einer Ratssitzung vom 20. Januar 1941 hielt Oberbürgermeister Karl Fiehler eine Lobrede auf die Betreuungsstelle für Militärurlauber, weil von ihrer Arbeit nicht nur die Soldaten, sondern auch der Fremdenverkehr und damit die Stadt profitierten. Neben dem Direktor des Reichsfremdenverkehrsverbands nahmen Vertreter der Partei, der Ministerien und weiterer Behörden, etwa von Reichspost und Reichsbahn, sowie nahestehender Wirtschafts- und Gewerbegruppen teil.[717] Nachdem der Fremdenverkehr zunächst zu erliegen drohte, weil »Vergnügungsreise[n]« oder »Kuraufenthalt[e]« nicht mehr in die Zeit passten, belebten laut Fiehler bald die neuen Gäste, die »Militärurlauber«, das Geschäft im Kriege neu. Noch während die eigenen Armeen das polnische Heer zerschlugen, stellte sich der deutsche Tourismus »bravourös« auf das geänderte Aufgabenspektrum ein. Dass die Betreuungsstelle tagtäglich Tausende, ja gar Zehntausende Soldaten mit Lebensmittelmarken, Freikarten für Theater, Kinos, Varietés und Unterkünften versorgte und zudem Auskünfte bei behördlichen Anliegen erteilte, bewies die Gastfreundschaft der »Hauptstadt der Bewegung«.[718] Auch der Hinweis auf die wiederholte Anerkennung hoher mi-

---

715 Vgl. StdAM, RP 714/4, Ratssitzungsprotokolle, Mitschrift einer Beratung der Fremdenverkehrsbeiräte der Stadt München vom 21.1.1941 unter der Leitung von Oberbürgermeister Karl Fiehler.
716 Vgl. StdAM, Fremdenverkehrsamt 14, Dezernat 2, Schreiben der Abteilung Wirtschaft und Verkehr über die Neuregelung der Geschäftsführung beim Fremdenverkehrsverein, dem städt. Fremdenverkehrsamt und der Betreuungsstelle für Militärurlauber.
717 Vgl. StdAM, RP 714/4, Ratssitzungsprotokolle, Mitschrift einer Beratung der Fremdenverkehrsbeiräte der Stadt München vom 21.1.1941 unter Leitung von Oberbürgermeister Karl Fiehler.
718 Vgl. StdAM, Kulturamt 67, Kulturamt 68/1, Kulturamt 62/2.

litärischer Dienststellen fehlte nicht: Regelmäßig bestätigten sie der Münchner Stadtverwaltung, dass sie auf dem Gebiet der Fronturlauberbetreuung »Vorbildliches« leiste.[719] Ein knapp neunminütiger Propagandafilm mit dem Titel »Fronturlauberbetreuungsstelle – München im Krieg 1939/40« liefert weitere Aufschlüsse über die Tätigkeit der Einrichtung.[720] Er wurde offenbar gezielt für jene Ratssitzung produziert. Gezeigt wurden Soldaten, die aus Polen zurückkehrten. Große Anschläge und Transparente im Münchner Hauptbahnhof machten sie auf die Ausgabe von Lebensmitteln durch die Betreuungsstelle aufmerksam. Eingeblendete Texttafeln ergänzten den Stummfilm inhaltlich. Der Zuschauer erfuhr, dass täglich bis zu 14.000 Wehrmachturlauber die Hilfe der Abteilung beanspruchten. Man sah Stadtführungen mit Soldaten, deren Besuche im Tierpark oder in Kinos und Theatern und ihre Gespräche mit den Mitarbeiterinnen der Stelle. Die Heimgekehrten fütterten Elefanten, blickten begeistert auf die Frauenkirche oder bestaunten Akrobaten im Zirkus. Am Ende folgte ein Resümee: Im ersten Jahr des Bestehens habe die Betreuungsstelle nicht nur 20.000 Freikarten für den Zoo ausgegeben, sondern insgesamt rund 1,25 Millionen Militärurlaubern mit ihren Diensten geholfen.[721]

Der Leiter des Münchner Fremdenverkehrsamtes, Rats- und Parteimitglied Paul Wolfrum, hatte die Fronturlauberbetreuungsstelle im Oktober 1939 initiiert. Gleichzeitig agierte er federführend beim Fremdenverkehrsverein. Zu diesem Zeitpunkt zählte es noch zu den Obliegenheiten des Fremdenverkehrsamtes, täglich mehrere Tausend Lebensmittelkarten an die Militärurlauber auszugeben. Von Anfang an bearbeitete die Dienststelle im nördlichen Bau des Hauptbahnhofes zahlreiche weitere Gesuche.[722] Die antragstellenden Soldaten waren im Großraum München und Umgebung beheimatet oder nahmen während ihres Transports vorübergehend Quartier. Bis weit in den Krieg hinein waren viele Fronturlauber darunter, die mit ihren Angehörigen reisten und nach einem Zwischenhalt in Richtung Berge fuhren. München wurde zudem für jene Soldaten ein attraktiver Treffpunkt, deren Verwandte wegen »Luftgefahr« nach Bayern evakuiert worden waren.[723] Da das Verkehrsamt den zusätzlichen

---

719 Vgl. ebenda.
720 Vgl. StdAM, Bestand Filmsammlung, Video-Archivnummer 190, Film »Fronturlauberbetreuungsstelle – München im Krieg 1939/40«, Produktion: städtisches Tiefbauamt.
721 Vgl. ebenda.
722 Vgl. StdAM, Fremdenverkehrsamt 14, Schreiben des Dezernats 2, Abteilung Wirtschaft und Verkehr, an den Oberbürgermeister der Hauptstadt der Bewegung vom 27.11.1942.
723 Vgl. StdAM, RP 715/6, Ratssitzungsprotokolle, Sitzung der Beiräte für Fremdenverkehrsangelegenheiten unter Vorsitz des Stadtkämmerers Pfeiffer am 13.2. 1942.

Arbeitsanfall nicht alleine bewältigen konnte, band es in Absprache mit Intendanturrat Dr. van Calker vom Generalkommando VII und dem Stadtkommandanten der Wehrmacht den Fremdenverkehrsverein ein und leitete so die Gründung der Betreuungsstelle für Militärurlauber in die Wege.[724] Die praktische Fürsorge für Fronturlauber orientierte sich in München an bestehenden Organisationsstrukturen und den anerkannten Bedürfnissen der Soldaten. Da die Dienststelle im Hauptbahnhof residierte, wechselten die Fronturlauber vom Betreuungs- und Überwachungssystem der Wehrmacht nahtlos in das der Stadt beziehungsweise von Staat und Partei.

Im Juni 1944 gab das Fremdenverkehrsamt München die Urlauberbetreuung schließlich auf.[725] Die bis dato wesentlichste Änderung im Geschäftsbetrieb der Fronturlauberbetreuungsstelle erfolgte im März 1941. Zu diesem Zeitpunkt übernahm das städtische Ernährungsamt die Lebensmittelkartenabgabestelle für Militärurlauber. Die Fürsorgetätigkeiten des Fremdenverkehrsamtes beschränkten sich fortan auf Auskünfte, Stadtführungen, die Verteilung von Eintrittskarten sowie die Organisation von Veranstaltungen und Weihnachtsbescherungen für die Verwundeten in Lazaretten. Dass die Aufgaben nur noch mittelbaren Zusammenhang mit kommunalen Ressorts aufwiesen, verursachte Abrechnungsprobleme bei den Haushaltsposten. Sie zogen sich bis ins Jahr 1943. Die Honoratioren wollten in erster Linie das Engagement der Stadt hervorheben und unbedingt den Eindruck vermeiden, die Privatwirtschaft trage den finanziellen Aufwand. Die Kämmerei schlug vor, den Haushaltsposten für das Jahr 1943 als »Freiwillige Betreuung der Stadt von Truppenteilen, Einheiten der Kriegsmarine und Verwundeten« auszuweisen. Dies folgte wiederum dem Regelwerk der Reichshauptstadt, wo Posten »für Feldpostpakete der eingezogenen Bediensteten und für Spenden an Truppenteile« sowie »Für die Betreuung von Truppenteilen, Einheiten der Kriegsmarine und Verwundeten« existierten.[726]

Spätestens an dieser Stelle offenbart sich die komplexe organisatorische Verflechtung des Betreuungssystems. Die weitreichenden Kooperationen und Kompetenzüberlagerungen zwischen Staat, Partei und Wehrmacht spiegeln letztlich den polykratischen und personalisierten Herrschaftsstil des National-

---

724 Vgl. StdAM, Fremdenverkehrsamt 14, Schreiben des Dezernats 2, Abteilung Wirtschaft und Verkehr, an den Oberbürgermeister der Hauptstadt der Bewegung vom 27.11.1942.
725 Vgl. StdAM, Fremdenverkehrsamt 14, Anlage zum Protokoll der Sitzung der Abteilung Wirtschaft und Verkehr im Referat 10 der Münchner Stadtverwaltung, Bekanntgabe der Beschlüsse der Sitzung des Hauptausschusses vom 11.9.1945.
726 Vgl. StdAM, Fremdenverkehrsamt 14, Anlage der Stadtkämmerei zum Haushaltsentwurf vom 2.12.1942; ebenda, Dezernat 2, Abteilung Wirtschaft und Verkehr, Schreiben vom 10.12.1942 an die Stadtkämmerei.

sozialismus wider.[727] Feldpostpakete und Spenden an Truppenteile waren klassische Aufgabenbereiche des Kameradschaftsdienstes. Die Partei hatte ihn als fürsorgerische Hilfestellung der Ortsgruppen für deren eingezogene Soldaten ins Leben gerufen. Einen Einbruch in das innere Gefüge der Wehrmacht stellte das allerdings nicht dar. Der Kameradschaftsdienst erfüllte primär Aufgaben der Fernbetreuung.[728] Die Fürsorge betraf die abwesenden Soldaten in ihrem Einsatzgebiet, bezog ihre Familienmitglieder aber ausdrücklich mit ein. Beide Facetten verfolgten die Absicht, den Männern im Einsatz die Sorgen um ihre Angehörigen zu nehmen. Laut Anordnung erhielten die Soldaten hin und wieder, unbedingt jedoch zu Weihnachten, Pakete ihrer Ortsgruppe. Darin befanden sich in der Regel Süßigkeiten, Backwaren, Tabak, Uhren oder andere nützliche Utensilien. Mit ideologisch unaufdringlichen Heimatbriefen hielten Ortsgruppen- und Kreisleiter das Interesse der Soldaten am öffentlichen Geschehen ihrer Heimat wach. Hinzu kamen Spendenaktionen für die Truppenteile. Die Partei sammelte Grammophone, Schallplatten, Spiele oder Werkzeuge, um den Soldatenalltag facettenreicher zu gestalten. Auf der anderen Seite stand die Unterstützung der Soldatenfamilien. Die NSDAP griff ein, wenn es etwa wirtschaftliche Schwierigkeiten, Probleme mit dem Familienunterhalt oder Streitigkeiten mit den Nachbarn gab. Sie schreckte nicht davor zurück, eheliche Treue zu überwachen. Damit brachte sie ihren Anspruch auf die soziale Disziplinierung der Soldatenfrauen zum Ausdruck.[729] Parteilichen Einmischungen in das Familienleben gingen in der Regel Denunziationen voraus. Oft schrieb das nachbarschaftliche Umfeld den Ehemännern über den angeblich frivolen Lebenswandel ihrer Frauen. Jene wandten sich wiederum von der Front aus an die örtlichen Dienststellen der Partei. Andere Anliegen der Soldaten leiteten die Einheitsführer an die Fürsorgeoffiziere der Wehrkreise weiter. Diese entschieden dann, ob sie die Partei einschalteten. Dies konnte der Fall sein, ging es um die Unterbringung von Familien mit vielen Kindern, etwa bei Umquartierungen, oder waren das familiäre Geschäft oder der landwirtschaftliche Betrieb und damit die zivile Existenz bedroht. Häufig machten Wehrmacht und Partei mit dem Kameradschaftsdienst Sonder- bzw. Arbeitsurlaube der Soldaten überflüssig, indem sie anderweitig Hilfe organisierten.[730]

---

727 Vgl. Römer, Volksgemeinschaft, S. 64-104; Packheiser, Volksgemeinschaft (Rezension: http://www.sehepunkte.de/2018/12/29703.html, letzter Zugriff: 21.12.2018).
728 Vgl. Nolzen, NSDAP, 128 f.; Ruppert, Herrschaft, S. 166-174.
729 Vgl. ebenda; ferner StA Augsburg, S 4208 b, Schreiben der Gauleitung der NSDAP Schwaben an die Kreisleitung der NSDAP Augsburg-Stadt vom 21.6.1943.
730 Vgl. StAM, NSDAP 1560, Korrespondenz und bearbeitete Vorgänge zwischen Wehrmachtfürsorgeoffizieren und den Kreisleitungen Bad Reichenhall und Rosenheim, Geschäftsjahr 1940.

Den Grundstein ihrer Kooperation legten Wehrmacht und Partei hierzu bereits im Jahr 1936, als sie sich über die Befugnisse von Block- und Zellenleitern hinsichtlich der Betreuung von Soldatenfamilien verständigten. Der Reichskriegsminister und Oberbefehlshaber der Wehrmacht, Generalfeldmarschall v. Blomberg, teilte mit:

»[...] dass ich gegen eine Betreuung der Soldatenfamilie nichts einzuwenden habe, wenn sie sich nur an diese und nicht an die aktiven Soldaten als Haushaltsvorstände wendet. Für verheiratete aktive Soldaten habe ich einer persönlichen Fühlungnahme und gelegentlichen Aussprache zwar zugestimmt, jedoch um Sicherstellung gebeten, daß dienstliche Fragen keinesfalls zum Gegenstand derartiger Aussprachen gemacht werden.«[731]

Während des Krieges intensivierte die Partei ihren Anspruch auf Fürsorge und Überwachung sukzessive. Parallel dazu entwickelten kommunale Organe wie auch die Münchner Betreuungsstelle wachsendes Interesse am Kameradschaftsdienst. Dies äußerte sich unter anderem in Form von zahlreichen Paketen an die Soldaten.[732] Daneben stellten sie heimatlichen, »kurzatmigen« Lesestoff mit ausgiebigem Bildmaterial zur Verfügung. Lokale Einrichtungen arbeiteten bisweilen mit Instanzen der Reichsebene zusammen, wie hierarchisierte Steuerungsmechanismen verraten. Propagandaministerium und OKW informierten etwa das Münchner Kulturamt im November 1942, Front und Heimat könnten seit Beginn des Russlandfeldzuges »betreuungsmäßig« nicht mehr gleich behandelt werden, weil »durch die blitzschnellen, kriegerischen Operationen der Unterschied in der Mentalität« nun immer stärker zum Ausdruck kommt. Die Parole lautete fortan: »Frontgeschehen für die Heimat, Heimatgeschehen für die Front«.[733]

Daneben engagierten sich kommunale Instanzen immer stärker im Rahmen der Lazarettbetreuung. Meist koordinierten sie sich mit übergeordneten Einrichtungen wie Gauleitungen oder den zuständigen Wehrmachtdienststellen.

---

731 BArch-MA, RH 53/7-8, Abschrift, Stellungnahme des Reichskriegsministers und Oberbefehlshabers der Wehrmacht v. Blomberg zur Betreuung von Soldatenfamilien durch Block- und Zellenleiter vom 6.9.1936.
732 Vgl. StdAM, Fremdenverkehrsamt 14, Dezernat 2, Abteilung Wirtschaft und Verkehr, Schreiben vom 10.12.1942 an die Stadtkämmerei; StAM, NSDAP 1167, Korrespondenz zwischen der Gauleitung München-Oberbayern, Gauleiter Paul Giesler, dem Reichsleiter und Münchner Oberbürgermeister Kurt Fiehler und der Betreuungsstelle für Militärurlauber vom 11. und 13.9.1944; IfZ-Archiv, 11/Z 0001, VB, Artikel »Tausende von Weihnachtspäckchen für Soldaten und Verwundete durch die Betreuungsstelle für Militärurlauber vorbereitet« vom 17.12.1940.
733 StdAM, Kulturamt 871, »Vorschlag von OKW und Propagandaministerium für eine billige, aber dringend erwünschte zusätzliche Truppenbetreuung an der Front«, 24.11.1942.

Die Unterhaltung rekonvaleszenter Soldaten genoss auch bei der Münchner Betreuungsstelle für Militärurlauber hohe Priorität. Zusammen mit Gauleiter Adolf Wagner und der NSV verteilte sie verbilligte Eintrittskarten für Kulturveranstaltungen und Kinos oder organisierte gänzlich geschlossene Vorführungen.[734] Regelmäßig stellte sie der Wehrmachtkommandantur Omnibusse und Straßenbahnsonderwagen zur Verfügung, damit die Münchner Lazarettinsassen an Stadtbesichtigungen, Theateraufführungen oder Ausflugsfahrten teilnehmen konnten. Schon seit August 1940 befanden sich hierzu bis zu zwölf Sonderwagen im Einsatz.[735]

Mit den Zugriffsmöglichkeiten der Lazarettbetreuung beeinflusste das Regime das Wiedersehen von Kriegsfamilien ebenfalls im Vorfeld: Zwischen Verwundung, Hospital und erneuter Abstellung lagen in der Regel Genesungs- und Erholungsurlaube. Noch vor dem Kontakt mit den Angehörigen sollten die Soldaten moralisch wiederaufgerichtet werden.[736] Das Generalkommando des Wehrkreises XII bemerkte im März 1941 zur geistigen Betreuung lazarettkranker Soldaten: »Der verwundete oder kranke Soldat ist im Gegensatz zu dem im Truppendienst befindlichen Soldaten häufig eigenen Gedankenbildungen ausgesetzt, und es ist Aufgabe der diesen Soldaten betreuenden Sanitätsdienststelle, ihm auf geistigem Gebiet möglichst viel Anregung zu bieten, um eine sichere Beeinflussung seines Denkens im Sinne der Wehrmacht und der Staatsführung zu ermöglichen.«[737] Eine einheitliche nationalsozialistische Erziehung erschien notwendig, weil die Führung mit dem Lazarettaufenthalt eine erhöhte Gefahr der Zersetzung und des Disziplinverlustes assoziierte. Für Geist und Haltung der rekonvaleszenten Soldaten waren der Chefarzt und seine Mitarbeiter verantwortlich. Das Generalkommando nahm an, die Soldaten stünden ihnen aufgrund der körperlichen und seelischen »Hilfsbedürftigkeit« besonders aufgeschlossen gegenüber. Unbedingt waren der Kampfeswille und der Wunsch nach Rückkehr zur Truppe zu stärken. Ein wichtiges Mittel der Beeinflussung war der politische »Unterricht über Tagesfragen«. Hinzu kamen Vorträge über nationalsozialistische Grundbegriffe und Steuerungsversuche mit Lesestoff, Filmen und über die Freizeitgestaltung.[738] Die ideologischen Leitlinien des Unterrichts orientierten sich an Kategorien wie Volk,

---

734 Vgl. StdAM, Kulturamt 359, Korrespondenz mit dem Reichsbund für Volksbühnenspiele vom 23.8.1943.
735 Vgl. StdAM, Schreiben der Betreuungsstelle für Militärurlauber an Dr. Jobst vom 5.9.1940.
736 Vgl. Hirt, Truppenbetreuung; Vossler, Propaganda.
737 BArch-MA, RH 34/159, Az. 31, 382/41 geh. Ic./WPr. IV b, Anweisung des Stellvertretenden Generalkommandos XII (im Wehrkreis XII) über »Weltanschauliche Erziehung und geistige Betreuung in den Reservelazaretten des Wehrkreises XII« vom 7.3.1941.
738 Vgl. ebenda.

Reich, Lebensraum und Nationalsozialismus. Sie beinhalteten Vorträge über »Gesunde und tüchtige Frauen«, »Viele Kinder« und die Anzahl der deutschen Rekruten in 20 Jahren. Schulungen zu »Rassenkunde« und »Autarkie« durch Sicherung des Lebensraumes ergänzten das Angebot. Die Tagesfragen legten großen Wert darauf, dass sich die Soldaten mit den Themen identifizierten und Bezugspunkte zu ihren Alltagserfahrungen herstellten. Entsprechend stand die Besprechung von guten und schlechten Feldpostbriefen auf dem Programm, ebenso praktische Übungen zur Verschwiegenheit oder Fürsorge- und Berufsfragen für die Soldaten während und nach dem Krieg.[739] Abschließend wurden Richtlinien für die familiäre Kommunikation erteilt. Daneben organisierte die Partei ein Betreuungsprogramm für Lazarette, das regionale Hoheitsträger selbstverantwortlich umsetzten. In der Regel banden sie Gliederungen wie HJ, BDM, KdF, NSV oder NSKOV ein. Diese organisierten Gaben wie Backwerk, Ostereier, Zigaretten, Blumen und Marketenderwaren. Unterhaltungsangebote kamen hinzu: von Kleinkunstdarbietungen, Gesangs- und Musikgruppen bis hin zu Akrobatik und gemischten Vorführungen. Weltanschaulich gefestigte und »mütterliche« Frauen der NSF wirkten subtil politisch auf die Genesenden ein. Die Organisation glaubte, die Soldaten würden dann leichter von ihren Sorgen sprechen.[740]

Mit der Einrichtung von Betreuungsstellen entwickelte das Regime seit Kriegsbeginn eine rege und kontinuierliche fürsorgerische Tätigkeit für die heimkehrenden Soldaten. Eine unmittelbare Einwirkung der eingangs erwähnten Sitzung vom 15. September 1942, wobei Goebbels die Ausgestaltung des Wehrmachtsurlaubs durch die Partei vorantreiben wollte, lässt sich anhand der überlieferten Akten allerdings nicht flächendeckend belegen. In der Reichshauptstadt ist immerhin gegen Ende des Jahres 1943 der Versuch erkennbar, Hilfs- und Unterstützungsangebote für die Fronturlauber weiter zu systematisieren.[741] Am 3. Dezember setzte sich der Berliner Oberbürgermeister Ludwig Steg bei den Bezirksverwaltungen für die Umsetzung eines Erlasses des Gene-

739 Vgl. ebenda.
740 Vgl. BArch, NS 6/349, Anordnungen der Parteikanzlei zur Betreuung lazarettkranker Soldaten vom 8.12.1944 sowie Anordnung 60/30 vom 13.11.1943; BArch, R 58/187, SD-Bericht vom 9.8.1943 (Rote Serie, Kulturelle Gebiete), Zur Frage der Lazarettbetreuung durch die Hitlerjugend; BArch-MA, RH 34/153, Anordnungen des Wehrkreiskommandos XII über »Besondere soldatische Betreuung der Verwundeten und Kranken in den Heimatlazaretten« vom 9.5.1942; StA Augsburg, S 4207, Stimmungsbericht der Kreisleitung Günzburg über die Lazarettbetreuung an die Gauleitung Schwaben vom 8.5.1943.
741 Es bleibt unklar, ob dieser relativ späte Zeitpunkt auf überlieferungsbasierten Einschränkungen beruht oder ob schon zuvor Betreuungsmaßnahmen für Fronturlauber umgesetzt wurden.

ralbevollmächtigten für die Reichsverwaltung ein, der die lückenlose Einrichtung von Auskunftsstellen zur Betreuung von Fronturlaubern vorsah. Beide Schriftstücke erinnern im Wortlaut stark an das Protokoll besagter Unterredung im Hauptamt Propaganda. Nach wie vor ging es darum, dass den »von der Front zurückkommenden Urlaubern [...] ihr meist kurz bemessener Aufenthalt in der Heimat in jeder Weise erleichtert werden« müsse.[742] Sehr häufig suchten die Soldaten in eigener Angelegenheit oder im Interesse ihrer Angehörigen Rücksprache mit den verschiedensten Verwaltungsbehörden. Weil der verdiente Urlaub aber nicht unnötig verkürzt werden sollte, war nun »bei allen Landräten sowie Bürgermeistern von Gemeinden über 5.000 Einwohner eine Auskunftsstelle für Fronturlauber« einzurichten.[743] Langjährig erfahrene Beamte oder Angestellte der Verwaltung wurden mit dieser »ehrenvollen Aufgabe zusätzlich« betraut, um eine Vermehrung des Personals zu vermeiden. Zum Kerngeschäft der Dienstleistung gehörten Auskünfte; vornehmlich die Urlauber an die richtigen Stellen zu verweisen. Militärische Dienststellen wie Standortkommandos, Wehrmeldeämter oder Wehrbezirksämter wurden in die Aktion eingebunden.[744]

Um die Vorgaben zu erfüllen und um den Fronturlaubern mit »Rat und Tat zur Seite zu stehen«, wies der Oberbürgermeister Berlins die Bezirksverwaltungen schließlich an, im Hauptverwaltungsgebäude jedes Bezirks eine entsprechende Informationsstelle für Fronturlauber einzurichten und dafür einen oder mehrere »gewandte Bedienstete« abzustellen. Sie sollten sich vor allem auf dem Gebiet der Kriegs- und Ernährungswirtschaft auskennen, in Fragen des Familienunterhalts bewandert sein und einen guten Überblick über die gesamte Behördenorganisation besitzen. Gebäude und Zimmertüren erhielten entsprechende Hinweistafeln. Schließlich forderte der Oberbürgermeister die Einrichtungen auf, bis Mitte Januar Erfahrungsberichte zu senden.[745] Wie diese Vorgaben umgesetzt wurden, zeigt das Beispiel des Verwaltungsbezirks Lichtenberg. Die Auskunftsstelle befand sich dort in Zimmer 21 des Rathauses, ein Stadtoberinspektor stand den Fronturlaubern jeweils Montag bis Freitag zwischen 7.30 und 16.30 Uhr sowie samstags von 7.30 bis 14.00 Uhr Rede und Antwort. Der Geschäftsanfall erforderte die Zusammenarbeit mit Einrichtungen von Staat und Wehrmacht, namentlich dem zuständigen Wirtschafts- und Ernährungsamt, der FU-Stelle (Stelle für Familienunterhalt), dem Wehrbezirkskom-

---

742 Landesarchiv Berlin (LAB), A Rep. 047-08, Nr. 142, Schreiben des Oberbürgermeisters der Reichshauptstadt Berlin an die Bezirksbürgermeister und Bezirksverwaltungen vom 3.12.1943.
743 Ebenda.
744 Vgl. ebenda.
745 Vgl. ebenda.

mando III, dem Wehrmeldeamt Lichtenberg, der Kommandantur Berlin und der Kartenstelle für Wehrmachturlauber. Darüber hinaus mit den Einrichtungen der NSDAP im Kreis IX, insbesondere der NSV und den zugehörigen Ortsgruppen. Außerdem forderte die Auskunftsstelle die Verantwortlichen der Wehrmacht dazu auf, sie stets über alle Verfügungen und Änderungen zu informieren, sofern sie sich auf Fronturlauber bezogen.[746] Der erste Rechenschaftsbericht vom 10. Januar 1944 verweist schließlich auf die exakten Tätigkeitsfelder, wenngleich er beklagte, die Auskunftsstelle werde bisher nur in geringem Umfang in Anspruch genommen. Die meisten Antragsteller erbaten Hilfe in folgenden Angelegenheiten: Beseitigung von »Terrorschäden«, Evakuierungen, Wiedererlangung der Berliner Stadt- und Obstkarte, Familienunterstützungen, Unterbringung erkrankter Fronturlauber, Erhalt des Führerpakets bei Fehlen entsprechender Ausweise, Hochzeiten und Heiratsunterlagen, Beglaubigung von Urkunden, Rückführung erkrankter Evakuierter sowie eidesstattliche Erklärungen der »Kriegsbräute« zur Erlangung der Heiratserlaubnis.[747]

Auch in Bezug auf die 1943 eingerichteten kommunalen Auskunftsstellen sind keine abschließenden Aussagen möglich, ob und in welchem Maß sie über Berlin hinaus einheitliche Arbeitsstrukturen entfalteten und sich erfolgreich an bestehende Verwaltungsorgane angliederten.[748] Bereits im Dezember 1940 hatte eine Ortsgruppe im bayerischen Landkreis Altötting mitgeteilt, ihre Soldatenbetreuungsstelle müsse infolge »Arbeitsüberhäufung des Geschäftsführers« umbesetzt werden. Immerhin fand der Leiter Ersatz und meldete, dank wochenlanger Bemühungen würde dennoch jeder Soldat »sein« Weihnachtspaket mit einem Brief der Ortsgruppe erhalten.[749] Entsprechende Arbeitsüberlastungen kamen häufig vor. Deshalb muss bezweifelt werden, ob die NSDAP bei abermals gesunkener Personaldecke im Herbst 1942 und im Winter 1943 flächendeckend Betreuungsstellen respektive Informationsstellen für Heimaturlauber einrichten konnte. Die Ortsgruppe Altötting jedenfalls stieß im Dezember 1940 bereits mit der Fernbetreuung im Rahmen des Kameradschaftsdienstes an ihre Grenzen. Die später geforderte zusätzliche Übernahme direkter Betreuungsaufgaben während des Heimataufenthalts dürfte den Personalrah-

746 Vgl. ebenda, Bericht des Bezirksbürgermeisters Lichtenberg vom 14.12.1943.
747 Vgl. ebenda, Tätigkeitsbericht des Bezirksbürgermeisters Lichtenberg über die Auskunftsstelle für Fronturlauber vom 10.1.1944.
748 Zumindest trifft dies zu, solange keine vergleichenden Regionalstudien vorliegen. Im Rahmen der vorliegenden Arbeit wurden mit München, Berlin und Nürnberg drei große Städte untersucht, die für das Regime eine hohe symbolische Bedeutung besaßen. Das Interesse an einer adäquaten Fronturlauberbetreuung war dort aus propagandistischen Gründen freilich besonders hoch.
749 Vgl. StAM, NSDAP 285, Tätigkeits- und Stimmungsbericht der Ortsgruppe Burghausen im Monat November an die Kreisleitung NSDAP Altötting, 2.12.1940.

men oftmals gesprengt haben. Allerdings sind auch gegenläufige Entwicklungen erkennbar: so notierte Joseph Goebbels am 10. Mai 1943 in sein Tagebuch: »Ich berichte dem Führer ausführlich über die von mir eingeleitete Betreuung der Fronturlauber in der Heimat, was dem Führer, da er ja die Mißstände auf diesem Gebiet aus dem Weltkrieg genau kennt, besondere Freude macht. Er legt Wert darauf, daß diese Betreuung eine Parteisache und nicht eine Wehrmachtsache bleibt. Dafür habe ich ja schon immer gesorgt.«[750]

In Nürnberg, der Stadt der Reichsparteitage, eröffnete Ende 1943 im Rahmen dieser Betreuungsinitiative ein Soldatenheim im vormaligen Künstlerhaus. Für die neuen Zwecke wurde es eigens umgestaltet. Der *Nürnberger Beobachter* bewarb es am 4. Dezember 1943 erstmals mit der Überschrift: »Wie die Partei unsere Fronturlauber betreut«. In seiner Funktion unterschied sich das Etablissement von den bis dato bekannten Heimen im Wehrmachtreiseverkehr, die in Nürnberg wie in anderen Städten die Kommandanturen betrieben.[751] Zwar stand das Haus auch vor Ort garnisonierten Einheiten von Wehrmacht, Waffen-SS, der Polizei, des RAD und der OT offen. In erster Linie jedoch war es für Fronturlauber aus Stadt und Umgebung gedacht. Reichsgesundheitsführer Dr. Leonardo Conti übte als Leiter der Arbeitsgemeinschaft für Soldatenheime zusammen mit Reichsfrauenführerin Gertrud Scholz-Klink die Trägerschaft aus. Die Organisationsform wies das Heim als »Neuschöpfung der Partei« aus, was auf parallele Bestrebungen in anderen Städten schließen lässt.[752] Ebenso wie

750 Goebbels-Tagebücher, Bd. 8, S. 262, Eintrag vom 10.5.1943.
751 Vgl. StdAN, F 4/26, *Nürnberger Beobachter*, Artikel »hier ist alles was das Herz begehrt ... Wie die Partei unsere Fronturlauber betreut – Stellv. Gauleiter Karl Holz sicherte die Schaffung dieses vorbildlichen Werks für unsere Stadt« vom 4.12.1943«, Artikel »Wehrmachtheim und Unterkunft für durchreisende Soldaten« vom 8.12.1943.
752 In München etwa wurde im Sommer 1943 die Umwandlung des ehemaligen Kaufhauses Hertie in ein Soldatenheim initiiert, woran sich sowohl die Münchner Stadtverwaltung als auch die Gauleitung Oberbayern beteiligten. Weder aus den fragmentarisch erhaltenen amtlichen Unterlagen hierzu noch aus Zeitungsberichten lässt sich zweifelsfrei eruieren, ob die Einrichtung wie in Nürnberg in erster Linie für »echte« Fronturlauber gedacht war. Dass auch Gepäckstellen geschaffen, Auskunft erteilt und Marken ausgegeben wurden, lässt den Schluss zu, dass es sich um eine Mischform handelte und das Münchner Soldatenheim zusätzlich Funktionen im Rahmen des Reiseverkehrs der Wehrmacht übernahm. Das Fehlen von Übernachtungsmöglichkeiten (bzw. deren Nichtthematisierung in Nürnberg) und die Tatsache, dass die Urlauber angehalten waren, ihre Angehörigen mitzubringen, deuten wiederum auf eine Einrichtung zur propagandistischen Unterhaltung durch die Partei hin. Gerade hier besteht für München jedoch Unklarheit. So berichtete der *Münchner Stadtanzeiger* am 2.5.1944, das Soldatenheim besitze keine Übernachtungsräume, wohingegen nur drei Tage später ein Tagebuchschreiber aus dem zugrunde liegenden Sample notierte, im Münchner Hertie-Soldatenheim übernachtet zu haben, da sein Zug in Richtung Hof

die Bemerkung, die vorbildliche Arbeit des städtischen Hochbauamtes hebe das Soldatenheim der »Stadt der Reichsparteitage« an die Spitze derartiger Einrichtungen im gesamten Reich: Im Erdgeschoss boten drei Wirtschaftsräume rund 200 Soldaten Gelegenheit zum Essen und für »gemütlichen Aufenthalt«. Offiziers- und Mannschaftsräume waren grundsätzlich nicht getrennt. Im Obergeschoss gab es neben einem Lesezimmer einen Saal mit etwa 300 Sitzplätzen. Nachmittags zeigte die Partei dort Filme, abends führte die NS-Gemeinschaft KdF abwechselnd Varieté- und Konzertdarbietungen oder kleine Operetten auf.[753]

Hierbei ging es eindeutig nicht um die Betreuung durchreisender Soldaten. Im Mittelpunkt stand die propagandistische Bearbeitung ortsansässiger Kriegsteilnehmer und ihrer Angehörigen. Ab Januar 1944 veranstaltete die Kreisleitung jeden Montag und Donnerstag »Fronturlaubernachmittage der NSDAP« im Nürnberger Soldatenheim. Ihr erklärtes Ziel war es, die heimgekehrten Soldaten wieder in Einklang mit dem »inneren Leben« an der Heimatfront zu bringen. So wurden sie nicht nur mit »alten Freunden«, sondern auch mit Rüstungsarbeitern, Soldaten des Ersatzheeres und »Männern der Partei« zusammengeführt, damit sie einen »lebendigen Einblick in das Schaffen und Kämpfen der Heimat« erhielten. Ein artistisches Programm gehörte zur Dramaturgie, während Mitglieder von NS-Frauenschaft und BdM den Urlaubern kostenloses Gebäck und Getränke reichten.[754] Die Fronturlaubernachmittage sind als direkter Zugriff des Regimes auf das Privatleben der Soldaten zu interpretieren. Das Versprechen freier Ausgestaltung des Heimataufenthalts wurde zumindest an diesem Tag unterlaufen. Neben kurzweiliger Beeinflussung fungierten die Veranstaltungen als Stimmungsbarometer: Die Partei beäugte die Zuversicht der anwesenden Soldaten und identifizierte Gefährdungspotenziale für die Moral der Angehörigen. Einladungen für die Fronturlaubernachmittage sprach sie nicht nur pauschal aus, etwa durch Hinweise in Zeitungen oder im Radio, sondern auch persönlich. Folglich existierte ein gewisser sozialer Druck, der die

wegen Fliegeralarm nicht abgegangen sei; vgl. hierzu: StdAM, *Münchner Stadtanzeiger*, Artikel »Wohlausgestattetes Münchner Soldatenheim« vom 2.5.1944; IfZ-Archiv, ED 939-D, Tagebucheintrag von Erich Karl Maria M. vom 5.5.1944; StAM, NSDAP 11, Korrespondenz des Gauleiters Paul Giesler mit dem Gauobmann der DAF über den Baufortschritt im Münchner Soldatenheim Hertie vom 17.8.1943; StdAM, RP 716/1, Ratssitzungsprotokolle der Stadtverwaltung München, Besprechung über die Umwandlung des Kaufhauses Hertie in ein Soldatenheim am 24. 8. 1943.

753 Vgl. StdAN, F 4/26, *Nürnberger Beobachter*, Artikel »hier ist alles was das Herz begehrt ... Wie die Partei unsere Fronturlauber betreut – Stellv. Gauleiter Karl Holz sicherte die Schaffung dieses vorbildlichen Werks für unsere Stadt« vom 4.12.1943.

754 StdAN, F 4/27, *Nürnberger Beobachter*, »Fronturlauber-Nachmittage der NSDAP«, 15.1.1944.

Männer zur Teilnahme an den Veranstaltungen zwang. Blieben sie fern, stufte die Partei sie womöglich als Nonkonformisten ein. Die Einladungen des Kreisleiters Hans Zimmermann richteten sich ausdrücklich an jeden Fronturlauber, der in Nürnberg weilte, einschließlich eines Angehörigen. Blockwarte überreichten entsprechende Aufforderungsschreiben den Soldaten persönlich in ihren Wohnungen. Die Urlaubermeldestelle der Bahnhofskommandantur informierte die Partei fortlaufend, welche Soldaten sich gerade auf Urlaub befanden, und meldete ihre Adressen.[755] Innerhalb eines halben Jahres organisierte die Kreisleitung Nürnberg auf diese Weise 40 Nachmittage für Fronturlauber und verzeichnete über 7.000 Einladungen.[756] Das Verfahren erläutert Überwachungsmechanismen des Regimes und zeigt, wie gut die Organe der Partei über die Präsenz individueller Fronturlauber unterrichtet waren.

Das Regime wusste nicht nur über die Anwesenheit von Kriegsheimkehrern Bescheid und instrumentalisierte sie bei Veranstaltungen, es bemächtigte sich ihrer auch durch Hausbesuche. Allerdings ist es schwierig, die Intensität dieses Kontakts zu bestimmen. Weiter stellt sich die Frage nach der Reichweite staatlicher Kontrollorgane, um konformes Verhalten gegebenenfalls zu erzwingen und Hinweise über deviante Einstellungen zu erlangen. Dennoch wird klar, dass die Machthaber auf mehrere Ebenen von Privatheit während des Fronturlaubs zielten. Ihr Bestreben, Wissen über Anwesenheit und Stimmung der Soldaten zu sammeln, verweist auf die Durchdringung der informationellen Dimension. Betreuungsmaßnahmen von Blockleitern und NS-Frauenschaft mit Nachbarschaftshilfe, regelmäßigen Visiten oder Haussammlungen belegen die Infiltration lokaler Rückzugsorte. Dezisionale Aspekte von Privatheit, sprich individuelle Handlungsoptionen, schränkte das Regime durch Denunziationen und Konformitätszwänge in der Öffentlichkeit, im sozialen Nahbereich und teilweise hinter den vermeintlich schützenden vier Wänden ein.[757] Dies zeigt ein generelles Misstrauen gegenüber dem Umfeld bei vermeintlich kritischen Äußerungen. Insgesamt ist davon auszugehen, dass intrinsische Motivation in abnehmendem Maße, außengesteuerte Erwartungen dagegen zunehmend das Verhalten der Heimkehrer beeinflussten. Je mehr dies den Protagonisten bewusst wurde, umso stärker litt darunter die Urlaubsqualität.

Auch andernorts war es für die Vertreter der Partei leicht zu erfahren, welche Soldaten sich innerhalb ihrer Ortsgruppe, ihrem Kreis oder Gau auf Heimaturlaub befanden. Dazu mussten sie, wie das Beispiel der Nürnberger Kreis-

---

755 Vgl. ebenda.
756 Vgl. StdAN, F 4/27, *Nürnberger Beobachter*, Artikel »Über 7000 Einladungen an Soldaten und Rüstungsarbeiter in Nürnberg. 40 Fronturlauber-Nachmittage der Kreisleitung im Soldatenheim«, 10.6.1944.
757 Vgl. Schmiechen-Ackermann, Blockwart, S. 575-602; Wildt, Radikalisierung S. 11-41.

leitung zeigt, lediglich Auskunft bei den entsprechenden Behörden einholen. Schließlich hatten sich alle Fronturlauber binnen 48 Stunden nach Eintreffen an ihrem Aufenthaltsort zu melden.[758] Weitere Kontrollmöglichkeiten resultierten aus der eingeschränkten Bewegungsfreiheit am Heimatort. Grundsätzlich wies jeder Urlaubsschein maximal zwei Reiseziele auf. Dementsprechend waren die Fahrscheine der Wehrmacht kontingentiert. Da jeder weitere Ortswechsel einer administrativen Genehmigung bedurfte, waren die Urlauber ständig erreichbar.[759] Zudem etablierte die Partei zu Kriegsbeginn im Rahmen des Kameradschaftsdienstes ein eigenes Erfassungssystem, wodurch es stets einen aktuellen Kenntnisstand über die Fluktuation der Soldaten zwischen Front und Heimat besaß. Dieses erfüllte zugleich weitere Anliegen, wie die Honorierung hervorstehender soldatischer Leistungen oder die Fürsorge für die Verwundeten. Gleichermaßen entwickelten die Organe der Partei ein wachsendes Interesse an jenen Fronturlaubern, die nicht ortsansässig waren, und registrierten Ferienreisende, Kurgäste und Verwandtenbesuche.[760]

Bereits im Dezember 1939 organisierten alle Ortsgruppen auf Befehl des Stellvertreters des Führers, Rudolf Heß, Beratungsstellen. Sie gaben Auskunft über kriegsrelevante Hilfeleistungen von SA, NSV, DAF, NS-Frauenschaft, Rotem Kreuz und der NSDAP. Diese Einrichtungen standen allen Volksgenossen offen, primär adressierten sie jedoch Angehörige einberufener Soldaten.[761] Noch deutlicher rückten die Kämpfer und ihre Familien im Rahmen der Statistik über Kriegsdienst, Kriegsverluste und Kriegsauszeichnungen in den Blick der Partei. Die Gauleitungen verzeichneten jeden Soldaten, der in irgendeiner Beziehung zu ihrem Distrikt stand. Sie registrierten Mannschaften, Unteroffiziere und Offiziere, deren Geburts- oder Heimatort in dem Bezirk lag. Ferner jene, die vorübergehend darin lebten, auch wenn sie nur infolge ihres Kriegsdienstes zugezogen waren. Die ursprüngliche Anweisung an die lokalen Hoheitsträger, lediglich Frontsoldaten zu erfassen, wurde schließlich auf das Er-

---

758 Vgl. BArch-MA, RH 34/381, Merkblatt für den Aufenthalt von Wehrmachtangehörigen, insbesondere Urlaubern, im Standortbereich Leipzig, November 1941.
759 Vgl. BArch-MA, RH 20/17-544, Mitteilung des AOK 17 zum Urlaubs und Dienstreiseverkehr vom 8.8.1943 (Az. 31 d 10/61 a 14); IfZ-Archiv, Da. 34.01, Allgemeine Heeresmitteilungen 1943 (208), S. 139 ff., Neuregelung für den Erholungsurlaub der außerhalb des Heimatkriegsgebietes eingesetzten Teile der Wehrmacht vom 5. 2. 1943.
760 Vgl. StAM, NSDAP 434, Kreisleitung der NSDAP Berchtesgaden-Laufen an das Landratsamt Laufen, die Kurdirektionen Berchtesgaden und Bad-Reichenhall sowie alle Ortsgruppenleiter der NSDAP des Kreises Berchtesgaden-Laufen zur »Erfassung der vorübergehend hier befindlichen Erholungsurlauber, Kurgäste, Verwandtenbesuche etc.« vom 21.4.1944.
761 Vgl. SuStB Augsburg, 4 A 64 -6,2, *Der Politische Soldat*, »Beratungsstellen in den Ortsgruppen«, 5.12.1939.

satzheer ausgeweitet.[762] Auf dieser Basis erfüllten die Block-, Zellen- und Ortsgruppenleiter fünf Betreuungsaufgaben, die das Regime essenziell für den Erhalt der Bindung zwischen den Männern und ihren Familien erachtete. Neben der Fürsorge für Frontsoldaten, zudem für Verwundete und Erkrankte, zählten dazu die Betreuung der Hinterbliebenen, die fortlaufende Meldung von Familien, die vier oder mehr Söhne im Feld hatten, sowie von Kämpfern mit besonderen Tapferkeitsauszeichnungen.[763] Um jeden Partei- und Volksgenossen zu erfassen, suchten die Blockleiter sämtliche Haushaltungen ihres Bereichs auf. Kreis- und Gauleitungen meldeten die Ergebnisse zentral auf Formblättern. Das Verfahren wiederholten sie monatlich, da die vorgeschalteten Stellen stets aktuelle Informationen wünschten.[764]

Direkte Kontakte zwischen Soldaten und Partei bestanden insbesondere während der Rekonvaleszenz sowie bei Genesungs- und Erholungsurlauben. Genau wie bei der Hinterbliebenenbetreuung forderten die Kreisleitungen die Hoheitsträger vor Ort auf, im Zusammenwirken mit Bürgermeistern und Parteigliederungen aktuelle Aufenthaltsorte, Familienverhältnisse und Anschriften der Verwundeten zu ermitteln. Als Ausdruck besonderer Anteilnahme empfahlen sie persönliche Besuche, die aufgrund der räumlichen Entfernung meist nach der Entlassung aus dem Lazarett im Heim des Fronturlaubers stattfanden.[765] Wiederholt mahnten höhere Stellen die Hoheitsträger an, sie würden ihre Pflicht der regelmäßigen Meldungen bei Weitem nicht erfüllen. Diese galten als Voraussetzung für die eigentliche Betreuungsarbeit. Kurz vor Kriegsbeginn wiesen die Gauleitungen die Blockleiter zudem an, jeden Volksgenossen, der zum Militär einrückte oder vom Militärdienst zurückkehrte, persönlich zu begrüßen und zu verabschieden.[766] Hausbesuche während des Fronturlaubs lagen aufgrund zeitlich unbefristeter Einziehungen im Krieg im Ermessensspiel-

762 Vgl. ebenda, 4 A 64 -7, *Der Politische Soldat*, Anordnungen zur Erfassung der Feldpostnummern schwäbischer Soldaten vom 1.1.1940 und vom 15.3.1940.
763 Vgl. ebenda, 5.2.1940 und 1.8.1940.
764 Vgl. StAM, NSDAP 273, Gauleitung München-Oberbayern, Organisationsamt – Statistik an alle Kreisleiter des Gaues München-Oberbayern über die »Aufnahme der Statistik Kriegsdienst, Kriegsverluste und Kriegsauszeichnungen«, 30.5.1941; SuStB Augsburg, 4 A 64 -7, *Der Politische Soldat*, Schreiben zur »Betreuung der Hinterbliebenen und Sorge um die Verwundeten in den Lazaretten« vom 1.8.1940.
765 Vgl. SuStB Augsburg, 4 A 64 -7, *Der Politische Soldat*, Schreiben zur »Betreuung der Hinterbliebenen und Sorge um die Verwundeten in den Lazaretten« sowie Hinweis an die Ortsgruppenleiter zur Unterweisung der Zellen- und Blockleiter hinsichtlich der regelmäßigen Betreuung und Erfassung von Soldaten und ihren Familien vom 5.2.1940.
766 Vgl. ebenda, Anweisung »Persönliche Fühlungnahme der Ortsgruppen-, Zellen- und Blockleiter mit den Volksgenossen« (AO 31/39) vom 20.7.1939 sowie sinngemäße Aufforderung des Gauorganisationsleiters an die Ortsgruppenleiter vom 1.8.1940.

raum der Hoheitsträger. Der Zugriff von Wehrmacht und Partei auf die Fronturlauber war während ihres Aufenthalts in der Heimat somit ungebrochen gegeben und stand zu keinem Zeitpunkt in Zweifel. Auch nicht, als im Laufe des Jahres 1943 die Meldung der Soldaten mittels Urlaubermeldekarte beim zuständigen Wehrmeldeamt wegfiel. Im Gegenteil intensivierte sich das Überwachungspotenzial, da sich die Heimkehrer fortan direkt bei den Bürgermeistern ihrer Heimatgemeinden melden mussten, die ihrerseits Urlauberlisten führten. Um einen fortlaufenden Überblick zu bewahren, wurden die Urlauber des Feldheers getrennt nach Heer, Luftwaffe und Marine erfasst.[767] Selbst in Bezug auf die Arbeitsurlauber, deren militärisches Dienstverhältnis sehr lose war, konstatierten die Überwachungsorgane, dass »die Zugriffsmöglichkeit der Truppe […] während des Urlaubs zwar gelockert, jedoch zweifellos noch vorhanden« sei.[768] Schließlich verband das Regime mit der Kenntnis des Aufenthaltsortes ein weiteres instrumentelles Interesse. Alle Fronturlauber mussten sich bei Fliegeralarm und Luftangriffen uneingeschränkt samt Gasmaske dem Luftschutz zur Verfügung stellen. Sofern sie sich in Wohnhäusern aufhielten, hatten sie den Luftschutzwart nach besten Kräften zu unterstützen. Befanden sie sich während eines Alarms in der Öffentlichkeit, in Gaststätten, Parks, Theatern oder Lichtspielhäusern, war die Meldung bei der nächstgelegenen Wache der Wehrmacht oder dem Verantwortlichen des nächsten Luftschutzraumes obligatorisch. Nach jedem »Fliegergroßangriff« mussten sich die Fronturlauber am nächsten Tag persönlich bei der Wehrmachtkommandantur vorstellen, damit diese den Überblick über Verwundungen und Todesfälle behielt.[769]

Auch bei Versammlungen und Kundgebungen von Wehrmacht und Partei erfüllten Fronturlauber spezielle Funktionen. Dabei ist zu differenzieren, ob es sich bei den Soldaten um Parteimitglieder oder »gemeine« Volksgenossen handelte. Ebenso, ob die Teilnahme an einer Veranstaltung aktiver oder passiver Natur war. Laut Wehrgesetz von 1935 ruhte die Parteimitgliedschaft während des Militärdienstes. Die Fortsetzung ehrenamtlicher Tätigkeit war verboten. Diese Regelung änderte sich erst im September 1944. Nach dem Attentat vom 20. Juli forderte die Führung die nationalsozialistisch-politische Betätigung der Soldaten ausdrücklich. Dessen ungeachtet hatte das OKW bereits Anfang

---

767 Vgl. StAM, LRA 205689, Stellungnahme des Wehrmachtstandortbereichsführers Rosenheim an die Landräte Rosenheim, Bad Aibling, Wasserburg und Ebersberg vom 17.11.1943 zur Verfügung in den Allgemeinen Heeresmitteilungen (A. H. M.) Nr. 786.
768 BArch, NS 7/4, Der Reichsführer SS und Chef der deutschen Polizei, Hauptamt SS-Gericht über die strafrechtliche Beurteilung der Arbeitsurlauber bei Vergehen, insbesondere unerlaubter Entfernung und Fahnenflucht, am 15.1.1942.
769 Vgl. BArch-MA, RH 34/378, Merkblatt für beurlaubte und durchreisende Wehrmachtangehörige in Würzburg (ohne Datum); BArch-MA, RH 53/7-900, Anweisungen des Wehrkreiskommandos VII über das Verhalten bei Fliegeralarm vom 6.6.1942.

November 1939 darauf hingewiesen, dass abweichend von den Bestimmungen für die Dauer des Krieges »Soldaten an allen politischen Versammlungen der NSDAP, ihrer Gliederungen und angeschlossenen Verbände teilnehmen« können.[770] Ohne es explizit auszusprechen, bezog sich diese Heeresverordnung neben Angehörigen des Ersatzheers in erster Linie auf Fronturlauber. Inwiefern Block- und Zellenleiter Druck auf Soldaten während ihres Heimataufenthalts ausübten, damit diese an den regelmäßigen Versammlungen und Sprechabenden teilnahmen, lässt sich allerdings kaum eruieren. Während offizielle Verlautbarungen Freiwilligkeit betonten, zeugen Ego-Dokumente latent und Gefangenengespräche deutlicher vom Gefühl alltäglichen Zwangs durch die Omnipräsenz der Partei.[771] Stimmungsberichte liefern ein heterogenes Bild. Eine Kreisfrauenschaftsleiterin aus Herrsching im Landkreis Starnberg klagte im Februar 1941 über die äußerst mäßige Teilnehmerzahl bei den Gemeinschaftsabenden. Als Grund nannte sie die derzeit häufigen »Urlaubsbesuche von der Front«.[772] Den Verantwortlichen erschien der Wunsch, die kurze Zeit des Wiedersehens in häuslicher Zurückgezogenheit zu verbringen, durchaus plausibel. Andererseits reagierten die Kreisleitungen auf rückläufige Beteiligungen ebenso wie auf militärische Krisen häufig mit Versammlungswellen. Ortsgruppen- und lokale Propagandaleiter erhöhten die Taktung öffentlicher Sprechabende und intensivierten den Druck zur Teilnahme mit schriftlichen und persönlichen Einladungen nicht nur für die Parteimitglieder, sondern für alle Einwohner. Anwesende Fronturlauber rückten so ebenfalls stärker in den Fokus.[773] Bei

---

770 Vgl. Absolon, Wehrgesetz, § 26 Abs. 1, S. 32 f.; IfZ-Archiv, Da. 34.02, H.V.Bl. 1939 (Teil C), Verordnung 1122 »Teilnahme von Soldaten an Veranstaltungen der NSDAP« vom 8.11.1939, S. 433.
771 Vgl. BArch, NS 6/340, Rundschreiben, Anordnungen und Verfügungen des Führers bzw. der Parteikanzlei vom 30.1. bis zum 31.3.1943 über »Urlaubsangelegenheiten, Feiern, Partei und Wehrmacht«; NARA, RG 165, Entry 179, Box 515/1 (#219), Room Conversation Meese, Richard – Pruschka vom 27.6.1944; ebenda, Box 467/1 (#)101, Interrogation Gustav Felix vom 13.7.1944; DTA, Serie 770, Tagebucheintrag von Max. V. vom 6.6.1943; MSPT, Serie 3.2002.7404, Tagebucheintrag von Lutz R. vom 5.1.1945; zur Überwachung der Volksgenossen über die Teilnahme an Parteiveranstaltungen durch Zellen- und Blockleiter vgl. Bajohr, Volksgemeinschaft, S. 62-66.
772 Vgl. StAM, NSDAP 1987, Bericht der NS-Frauenschaft Herrsching/Ammersee für Februar 1941 vom 2.3.1941.
773 Vgl. StA Augsburg, S 4220, Erfahrungsbericht der NSDAP-Kreisleitung Memmingen: Der Kreispropagandaleiter an sämtliche Ortsgruppenleiter, Ortsgruppenpropagandaleiter und Kreisredner über die Versammlungswelle im Kreisgebiet vom 20.10.1941; ebenda, Mitteilung der Kreisleitung Memmingen an sämtliche der NSDAP angeschlossenen Gliederungen und Verbände sowie die im Kreisring erfaßten Vereine über die im gesamten Gau Schwaben stattfindende Groß-Aktion »Die Front spricht zur Heimat«; ebenda, NSDAP 4206, Schreiben der Kreisleitung Memmingen an sämtliche Ortsgruppen vom 23.10.1936.

wiederkehrenden Großveranstaltungen wie dem Tag der Wehrmacht, dem Tag der Machtergreifung, Kreistagen oder den Heldengedenkfeiern existierten Absprachen zwischen Partei und Wehrmacht. Sie regelten die Abstellung von Formationen und bezogen sich folglich auf Soldaten des Ersatzheers im Dienst.[774] Berichte der Überwachungsorgane darüber zeugen von der regen Beteiligung durch Fronturlauber. Und davon, dass sie bei Veranstaltungen dieser Art gezielt in Szene gesetzt wurden.[775]

Neben bloßer Teilnahme an Kundgebungen instrumentalisierte das Regime Fronturlauber als Redner. Mit konformen Interpretationen des Kriegsgeschehens sollten sie die Stimmung der Heimatfront heben. Die NSDAP griff vornehmlich auf eingezogene Mitglieder zurück, zu denen die Hoheitsträger ohnehin Briefkontakt hielten. Im Zuge der Kriegswinterpropagandaaktion »Die Front spricht zur Heimat« im Februar und März 1941 versuchte die Gaupropagandaleitung Oberbayern, möglichst viele ihrer Gau- und Kreisredner vom Militär zu beurlauben.[776] Das OKW sammelte seinerseits Erfahrungen im Rahmen der Wehrmachtpropaganda. Es setzte genesende Offiziere innerhalb der Truppe oder an Schulen der Heimat ein.[777] Beide Institutionen kooperierten von Anfang an. Die Kreisleiter machten auf Weisung der Gauleitungen Vorschläge für die personelle Besetzung der Propagandaeinheiten der Wehrmacht. In erster Linie benannten sie Genossen mit militärischer Ausbildung und aktiver Parteierfahrung.[778] Im Umkehrschluss setzte die NSDAP zunehmend Soldaten mit Fronterfahrung als Multiplikatoren im Zuge sogenannter Mund- und Flüsterpropagandaaktionen ein. Sie kamen an Brennpunkten oder nach Luftangriffen

---

774 Vgl. BArch-MA, RW 17/188, Schriftwechsel der Wehrmachtkommandanturen zur Betreuung der Soldaten in der Freizeit und über die Teilnahme der Wehrmacht an Veranstaltungen der Partei, an Staatsfeiertagen und dgl. zwischen 1941 und 1944, hier insbesondere Korrespondenz der Standortkommandantur Mühlhausen im April 1942; BArch, NS 6/329, Verlautbarungen der Parteikanzlei über »Menschenführung im Krieg« und »Teilnahme von Soldaten an Veranstaltungen der NSDAP« vom 10.11.1939.
775 Vgl. Bailer (Hrsg.), Tagesrapporte, Tagesbericht Nr. 3 vom 8.4.1943; StAM, NSDAP 285, Tätigkeits- und Stimmungsbericht der Ortsgruppe Burghausen an die Kreisleitung der NSDAP in Altötting vom 27.11.1941; ebenda, Gestapo 132, Korrespondenz der Staatspolizeistelle München mit den oberbayerischen Landräten und Oberbürgermeistern über den Tag der Wehrmacht am 23.3.1943.
776 Vgl. StAM, NSDAP 135, Schreiben der Gaupropagandaleitung München-Oberbayern zur Versammlungsaktion »Die Front spricht zur Heimat« vom 5.2.1941.
777 Vgl. BArch-MA, RH 54/301, Vermerk der Kommandantur Regensburg über die geistige Betreuung den Einsatz von verwundeten Offizieren bei Vorträgen vor der Truppe und an Schulen.
778 Vgl. StAM, NSDAP 135, Schreiben des Kreisamtsleiters Altötting an die Gauleitung München-Oberbayern vom 16.12.1940.

zum Einsatz und wurden zudem laufend vom Sicherheitsdienst überwacht.[779] Zwar befanden sich in diesen Einheiten viele Genesende oder nur bedingt kriegsverwendungsfähige Soldaten, jedoch waren auch Fronturlauber darunter. Mit Wehrmachtangehörigen, die aus der Kriegsgefangenschaft zurückgekehrt waren und sich inzwischen beim Ersatzheer befanden, wollte die Reichspropagandaleitung zudem die Anschaulichkeit der Erzählungen steigern.[780] Das OKW vermittelte außerdem Redner an Dienststellen von Militär und Partei, indem es geeignete Soldaten zentral erfasste und lenkte. Die Stellvertretenden Generalkommandos meldeten ihren Bedarf zunächst an, der Beauftragte für das militärische Vortragswesen vermittelte. Da sich bis Ende 1941 Fälle häuften, in denen Fronturlauber öffentlich Erlebnisberichte ohne die Freigabe eines Zensuroffiziers oder die Redeerlaubnis ihres Disziplinarvorgesetzten wiedergaben, forderte die Führung eine striktere Überwachung des Vortragswesens. Die Standortältesten kooperierten hierbei mit den Ortspolizeibehörden.[781] Welchen Organisationsgrad der gezielte Einsatz von Fronturlaubern bis zum Jahr 1943 erreicht hatte, zeigt eine Bezugsverfügung des OKH:

»Neben Großveranstaltungen, die besonders angesetzt und durchgeführt werden, kommt dem Einsatz von Frontsoldaten als Sprecher eine besondere Bedeutung zu, die vor einem kleinen Kreis [Schulklassen, Einheiten der Hitler-Jugend, Betrieben usw.] zwanglos in frischer, packender Weise über ihre Erlebnisse und die Leistungen der Truppe berichten [...]. Der Bedarf [...] an Rednern ist groß und kann aus den im Bereich des Ersatzheeres befindlichen Frontsoldaten allein nicht gedeckt werden. Infolgedessen müssen mehr noch als bisher geeignete Fronturlauber [Offiziere, Unteroffiziere und Mannschaften] zu derartigen Vorträgen herangezogen werden. Der bei vielen Frontsoldaten bestehenden Abneigung, Vorträge zu halten, ist [...] zu begegnen.«[782]

779 Vgl. BArch-MA, RW 4/266, OKW/WFSt/Abt. für Wehrmachtpropaganda, Schriftwechsel zur Aktion »Mundpropaganda (Flüsterpropaganda): Einsatz von Soldaten aller Dienstgrade in der Heimat, um das Vertrauen in der Heimat zu festigen, Gerüchten entgegenzutreten sowie bestimmte Parolen und Mitteilungen zu verbreiten«, Dezember 1943 bis April 1945.
780 Vgl. BArch-MA, RH 54/244, Wehrkreiskommando VI, Landesschützen Ersatz- und Ausbildungsbataillon 6 Osnabrück, Gewinnung von Wehrmachtangehörigen Rednern für das militärische Vortragswesen, 9.7.1944.
781 Vgl. RH 53/7-784, Wehrkreisverordnungsblatt, hrsg. vom Stellvertretenden Generalkommando des VII. Armeekorps am 4.11.1941, Ziffer 451 »Rednervermittlung und Fronturlauberberichte«.
782 Vgl. BArch-MA, RH 13/39, Oberkommando des Heeres. Der General zur besonderen Verwendung beim OKH, Heerwesenabteilung, Az. IV/Nr. 1330/43, Bezugsverfügung vom 26.4.1943.

Hierzu meldeten die Divisionen den Armee-Oberkommandos Frontsoldaten, die nach Hause fuhren und sich in den Augen ihrer Vorgesetzten als Sprecher eigneten. Die Meldung erfolgte mindestens eine Woche vor Antritt des Urlaubs, damit die Abteilungen der Wehrmachtpropaganda in den Wehrkreisen ihren Einsatz planen konnten. Die Betreffenden setzten sich nach ihrer Ankunft selbstständig mit der Propagandaabteilung ihres Wehrkreiskommandos in Verbindung. Da die Referate »eine nicht unerhebliche Beschränkung ihrer Frei- und Erholungszeit« bedeuteten, wurde der Urlaub für jeweils drei gehaltene Vorträge um fünf Tage verlängert.[783]

Wie gezeigt, diente die Fronturlauberbetreuung primär dazu, Konformität herzustellen und die Männer gegebenenfalls für politische Zwecke einzuspannen. Über die geschilderten Maßnahmen hinaus sind allerdings keine speziellen Direktiven oder besondere Institutionen auszumachen, die dazu dienten, die Heimkehrer innerhalb des Fürsorgesystems gesondert zu bespitzeln oder dezidiert stärker als andere Volksgenossen an der Heimatfront zu überwachen. Dennoch rückten sie im Verlauf des Krieges immer stärker in den Fokus der Überwachungsorgane, etwa, weil die Führung sich stärker mit den Auswirkungen von »Urlaubererzählungen« befasste – was an späterer Stelle thematisiert wird. Damit verbunden, nahmen Streifen von Staat und Wehrmacht verstärkt Plätze ins Visier, »wo Soldaten zu verkehren pfleg[t]en«.[784] Unter anderem war dies Aufgabe der 1942 umstrukturierten Polizei-Wachbataillone. Bei »stärkster Drosselung aller bisherigen friedensmäßigen Aufgaben« erfüllten sie neben Luft- und Objektschutz »elastisch« Aufgaben der Wehrwirtschaft und schützten so die Volksgemeinschaft.[785] Zusammen mit Formationen der Wehrmacht übernahmen sie auch die »Kriegsfahndung«. Dabei suchten sie nach Kriegsgefangenen und fahnenflüchtigen Wehrmachtangehörigen gleichermaßen. Betreuungseinrichtungen und Fronturlauber in Uniform waren im Zuge dessen

---

783 Vgl. ebenda; in der Folgezeit erlangte der Einsatz von Fronturlaubern einen relativ großen Umfang und eine gewisse Selbstverständlichkeit. Dies zeigt sich unter anderem daran, dass die Stammeinheiten in den Kampfzonen ebenso routiniert wie beiläufig den politischen Einsatz ihrer Heimaturlauber in den Kriegstagebüchern und Tätigkeitsberichten vermerkten; vgl. auch BArch-MA, RH 24/38-109, Vermerk des Generalkommandos XXXVIII A. K., Abteilung Ic am 31.3.1944: »Eine Anzahl Fronturlauber erhielt Einladungen zum OKH, andere wurden als Frontredner in der Heimat eingesetzt. Mehrere Infanterie-Stoßtrupps wurden zu Propaganda-Zwecken in die Heimat geschickt.«
784 Vgl. BArch-MA; RH 34/156, Anweisung des Kommandeurs des Streifendienstes des Stellvertretenden Generalkommandos XII A. K. Wiesbaden vom 23.6.1941.
785 Vgl. StAM, LRA 206222, Der Regierungspräsident Oberbayerns an die Oberbürgermeister der Stadtkreise Ingolstadt und Rosenheim sowie die Bürgermeister der Gemeinden mit Schutzpolizei bezüglich der Aufstellung von Polizei-Wachbataillonen vom 23.9.1942.

grundsätzlich engmaschigeren Kontrollen ausgesetzt. Die Stärke dieser Streifeneinheiten errechnete sich nach einem Schlüssel, der die Anzahl anwesender Fronturlauber explizit berücksichtigte.[786] Allerdings bemaß sich der Erfolg der Überwachung nicht nur am Willen des Regimes. Vielmehr bedingte die Anzahl verfügbarer Kräfte die Einschränkung individueller Handlungsoptionen. Schließlich erforderte der wachsende Bedarf an Sicherungskräften in den weitläufigen Gebieten im Rücken der Ostfront die Abstellung ziviler Formationen für Kriegsaufgaben. So teilte der Regierungspräsident Oberbayerns im Juni 1942 den Landräten und Bürgermeistern mit, der »polizeiliche Einsatz im Osten« erfordere die Bereitstellung weiterer Kräfte. Aufgrund des »außerordentlichen Menschenmangels« müsse »daher versucht werden, mit so wenig Polizisten wie möglich in der Heimat auszukommen«.[787] Die personellen Ressourcen der Kriegsgesellschaft limitierten nicht nur den Ausbau der Betreuungsstellen der NSDAP, sondern auch die Überwachungsbestrebungen. Aus der Unfähigkeit des Regimes, Konformität durchgehend zu erzwingen, entstanden folglich Freiräume während des Fronturlaubs. Nicht immer spiegeln sie sich in den Quellen wider, jedoch sollten sie stets mitgedacht werden.

b. Gratifikation und Steuerung

Zugeständnisse waren ein wichtiger Bestandteil des nationalsozialistischen Steuerungssystems. Das verhaltensregelnde Wechselspiel aus Konzession und Kontrolle illustrieren drei Bereiche besonders: die materielle Ausstattung von Fronturlaubern, Vergünstigungen auf kulturellem Gebiet und ihre Vorzugsbehandlung innerhalb des Fremdenverkehrs. Zugleich offenbaren die Maßnahmen des Regimes, wie tradierte Grenzlinien zwischen öffentlichen und privaten Bereichen während des Krieges immer weiter verblassten.

Zunächst suchte das NS-Regime die Loyalität seiner Volksgenossen aufrechtzuerhalten, indem es trotz Kontingentierung eine adäquate Lebensmittelversorgung garantierte und Hungerkrisen wie im Ersten Weltkrieg entgegenwirk-

---

786 Vgl. BArch-MA, RH 53/7-222, Schreiben des Stellvertretenden Generalkommandos VII A. K. zur Organisation des Streifendienstes vom 1.3.1944; ebenda, Mitteilung des OKH über die Aufstellung einer Streifenkompanie bei der Wehrmachtkommandantur München vom 23.12.1943; ebenda, RH 35/37, Stellv. Generalkommando XII A. K., Dienstanweisung zur Kriegsfahndung vom 17.5.1943.
787 StAM, LRA 206222, Der Regierungspräsident Oberbayerns an die Landräte des Regierungsbezirks Oberbayern, die Landratsaußenstelle Bad Reichenhall und die Oberbürgermeister der Stadtkreise über die Bereitstellung von Polizei-Reservisten für den Osteinsatz am 25.6.1942.

te.[788] Da Wehrmachtangehörige Gemeinschaftsverpflegung bezogen und keine Lebensmittelkarten besaßen, schuf es für Urlauber ein eigenes Bezugssystem. Dieses richtete sich nach der Dauer des Aufenthalts und sollte Benachteiligungen bei Rationsmengen und bürokratischen Aufwand vermeiden. Dem nationalsozialistischen Leistungsprinzip folgend, kompensierten erhöhte Zuteilungen spezifische Entbehrungen, die aus den Kriegsaufgaben resultierten. Mit Blick auf die Moral durfte die Führung die Soldaten jedoch weder gegenüber der Zivilbevölkerung stark bevorteilen, noch untereinander allzu unterschiedlich behandeln. Um eine einheitliche Verpflegung herzustellen, führte der Reichsminister für Ernährung und Landwirtschaft in Absprache mit dem OKW im Mai 1940 Lebensmittel-Reichskarten für Urlauber ein.[789] Die Soldaten konnten diese bei jedem Ernährungsamt (Kartenstelle) im Reichsgebiet beziehen. Die Quittierung auf dem Urlaubsschein und ein vierwöchiges Verfallsdatum verhinderten Mehrfachausgaben. Die Maßgabe, nur auf persönliche Vorsprache Lebensmittel zu erhalten, erhöhte die soziale und vor allem räumliche Kontrolle über die Fronturlauber. Möglichkeiten zu unerlaubter Entfernung oder gar Fahnenflucht wurden limitiert. Ende des Jahres 1941 verschärfte das OKW die Bestimmungen. Kommandanturen, Standortälteste wie Polizeibehörden erfassten die Urlauber nun in Namenslisten und stempelten ihre Urlaubsscheine ab. Dies bedingte fortan den Erhalt von Marken bei den Ernährungsämtern.[790]

Da die Urlaubsdauer variierte, existierte ein Set verschiedenster Markensysteme. Die Grundabgabemenge orientierte sich an der Portionsgröße für Normalverbraucher. Neben der individualisierten und nicht übertragbaren Stammkarte gab es sieben weitere Einzelabschnitte, gestaffelt nach der Anzahl der Urlaubstage. Während die Karten für ein und zwei Urlaubstage nur Abschnitte für Brot, Fleisch und Fett enthielten, berechtigten die anderen Abschnitte zum Bezug von Marmelade, Zucker, Nährmitteln, Kaffeeersatz, Zusatzmitteln und Käse. Im Frühjahr 1940 erhielt ein Fronturlauber als wöchentliche Grundversorgung 2,4 kg Brot, 500 g Fleisch, 280 g Fett, 140 g Marmelade, 200 g Zucker, 150 g Nährmittel, 100 g Kaffeeersatz, 60 g Käse und ein Ei.[791] Wollten die

---

788 Vgl. Niemann, Konsumgemeinschaft, S. 87-110; das System der Lebensmittelversorgung von Fronturlaubern wurde im Krieg mehrfach modifiziert. An dieser Stelle können nur die grundlegenden Mechanismen in den Blick genommen werden, sofern sie die pragmatischen Absichten des Regimes als stimmungsstabilisierende Maßnahme für die Kriegsgesellschaft illustrieren.
789 Vgl. IfZ-Archiv, Da. 34.02, H.V.Bl. 1940 (Teil B), Verordnung Nr. 386 »Lebensmittel-Reichskarten für Urlauber« vom 30.5.1940, S. 226f.
790 Vgl. IfZ-Archiv, Da. 34.02, H.V.Bl. 1941 (Teil B), Verordnung 899 »Lebensmittelkarten für Urlauber« vom 17.12.1941, S. 562.
791 Vgl. IfZ-Archiv, Da. 34.02, H.V.Bl. 1940 (Teil B), Verordnung Nr. 386 »Lebensmittel-Reichskarten für Urlauber« vom 30.5.1940, S. 226f.: Obwohl die Rationssätze

KONZESSION UND KONTROLLE 261

Soldaten Ausflüge unternehmen oder Lokale besuchen, tauschten sie Teile ihres Sets in Reise- und Gaststättenmarken um. Weil sich das Bezugssystem bis zum Jahresende 1940 bewährt hatte, versorgten viele Kartenstellen fortan auch andere Militär- und Zivilreisende über Urlauberkarten. Aus diesem Grund schlugen der Oberbürgermeister und das Haupternährungsamt Berlins dem Reichsminister für Ernährung und Landwirtschaft vor, künftig für alle Verbraucher die Reichskarte für Fronturlauber anzuwenden. Das System entlastete die Kartenstellen und schloss Fehlerquellen weitgehend aus.[792]

Zu den Standardsätzen kamen Zusatzrationen als Ausgleich für den Kampfeinsatz. Ferner erhielten Urlauber der Wehrmacht und des RAD alle regionalen Sonderzulagen, sofern der Urlaub mindestens drei Tage dauerte. Dies betraf in erster Linie luftkriegsgefährdete Gebiete.[793] Allerdings verbot Reichsminister Walther Darré den Kartenstellen, Süßwaren an die Heimaturlauber auszugeben, weil »die Wehrmachtangehörigen bereits im Rahmen der Wehrmachtverpflegung bestimmte Mengen von Süßwaren erhalten [und] es mit Rücksicht auf die der Zivilbevölkerung zur Verfügung stehenden geringen Mengen an Süßwaren nicht vertretbar [schien], diese durch Zuwendungen an Wehrmachturlauber noch schmälern zu lassen.«[794] Irritationen rief die individuelle Behandlung von Soldaten verschiedener Waffengattungen und Einsatzorte hervor. Weil Matrosen auf Front-U-Booten und Flieger der Luftwaffe, die gegen England oder im Mittelmeer eingesetzt waren, im Urlaub Schwerstarbeiterzulagen erhielten, mehrten sich in der zweiten Jahreshälfte 1941 die Klagen

---

während des Krieges variierten und mehrfach angepasst wurden, sanken diese Mengen bis zur zweiten Jahreshälfte 1944 nur langsam: Ab Juni 1941 betrugen die Portionsmengen pro Fronturlauber und Woche 2,25 kg Brot, 400 g Fleisch, 280 g Fett, 175 g Marmelade, 200 g Zucker, 150 g Nährmittel, 100 g Kaffeeersatz, 60 g Kaffee und 1 Ei. Ab 6.4.1942 beliefen sich die Abgabemengen wöchentlich auf 2 kg Brot, 300 g Fleisch, 210 g Fett (Butter und Margarine), 175 g Marmelade, 200 g Zucker, 150 g Nährmittel, 80 g Kaffeeersatz, 60 g Käse und 1 Ei. Ab August 1943 auf 2,25 kg Brot, 250 g Fleisch, 210 g Fett, 175 g Marmelade, 200 g Zucker, 150 g Nährmittel, 60 g Kaffeeersatz, 60 g Käse, 1 Ei; vgl. hierzu: IfZ-Archiv, Da. 34.02, H.V.Bl. 1941 (Teil B), Verordnung 474 »Lebensmittel-Reichskarten für Urlauber« vom 11.6.1941, S. 306 f.; ebenda, H. V. Bl. 1942 (Teil B), Verordnung 293 »Lebensmittel-Reichskarten für Urlauber«, S. 167; ebenda, H. V.Bl. 1943 (Teil C), Verordnung 331 »Änderung der Reichskarten für Urlauber ab 9.8.1943« vom 26.6.1943.
792 Vgl. BArch, R 36/2677, Abschrift des Haupternährungsamtes Berlin an die Bezirksbürgermeister vom 20.6.1940 sowie Schreiben des Oberbürgermeisters von Berlin an den Reichsminister für Ernährung und Landwirtschaft vom 6.12.1940.
793 Vgl. BArch, R 36/2641, Dienstblatt beim Haupternährungsamt Berlin vom 31.1.1941.
794 Ebenda, Verfügung des Reichsministers für Ernährung und Landwirtschaft an die Landesregierungen (Landesernährungsämter), die Preußischen Oberpräsidenten (Provinzialernährungsämter) und an die Regierungspräsidenten und entsprechenden Behörden vom 21.2.1941.

anderer Truppenteile. Insbesondere Angehörige des Afrikakorps und Kämpfer der Ostfront machten während des Fronturlaubs ihrem Ärger bei den Ämtern Luft. Darré vereinheitlichte daraufhin im Oktober das System der Sonderzuteilungen für Fronturlauber: Die Behörden gaben statt Schwerst- grundsätzlich nur noch Schwerarbeiterzulagen aus, rechneten nun aber alle Angehörigen des Afrikakorps, der Front-U-Boote, von Handelszerstörern, des gegen den Feind eingesetzten fliegenden Personals und Fallschirmtruppen zu den Bezugsberechtigten; vorausgesetzt, die Soldaten traten ihren Urlaub innerhalb von vier Wochen nach einem Feindeinsatz an. Die zusätzlichen Rationen betrugen pro Urlaubswoche neben zwei Eiern 400 g Fleisch, 125 g Fett sowie 1,4 kg Brot.[795] Zur Bekämpfung von Vitaminmangel erhielten Fronturlauber des Afrikakorps ab Januar 1942 außerdem erhöhte Mengen an Obst und Gemüse.[796] Im März 1942 dehnte die Führung die Regelung über Verpflegungszulagen vom vorangegangenen Oktober auf Urlauber aller kämpfenden Verbände im Osten aus.[797] Im April und Dezember 1942 folgten zusätzlich zum »Führergeschenk für Fronturlauber« Regelungen zur Sicherstellung der »Kartoffelversorgung der Fronturlauber« und der »Verpflegungszulagen für beurlaubte verwundete oder kranke Wehrmachtangehörige.«[798] Weiter führte das OKW im März 1943 eine einheitliche Verpflegungskarte für Kommandierte, Urlaubs- und Dienstreisende ein. Zuvor regelte eine unübersichtliche Vielzahl von Papieren (Marschbefehl, Dienstreiseausweis, Urlaubsschein) die Verpflegungsabfindun-

---

795 Vgl. BArch, R 36/2641, Vermerk Rv. 5 – 289/41 beim Deutschen Gemeindetag vom 30.9. und vom 2.10.1941, Schnellbrief des Reichsministers für Ernährung und Landwirtschaft an die Landesregierungen, Oberpräsidenten und Regierungspräsidenten, Erlass II/1 – 11 267 vom 10.10.1941; Auch hier variierten die Zuteilungsgrößen bzw. wurden im Kriegsverlauf modifiziert, vgl. IfZ-Archiv, Da. 34.02, H.V.Bl., 1943 (Teil B), Verordnung 228 »Schwerarbeiterzulagen für Wehrmachtgefolge bei Urlaub« vom 7.4.1943, S. 113; H.V.Bl. 1943 (Teil C), Verordnung 392 »Zusätzliche Zuteilung zu den Reichskarten für Urlauber« vom 23.7.1943, S. 455.
796 Vgl. BArch, R 36/2641, Haupternährungsamt Berlin, Verfügung vom 29.1.1942.
797 Vgl. ebenda, Verfügung des Reichsministers für Ernährung und Landwirtschaft an die Landesregierungen, Oberpräsidenten und Regierungspräsidenten vom 26.3.1942.
798 Vgl. ebenda: Gemäß Erlass des Reichsministers für Ernährung und Landwirtschaft vom 10.4.1942 sollte jeder Fronturlauber pro Tag ein Pfund Kartoffeln erhalten, wenn der Urlaub kürzer als eine Woche dauerte; bei längerer Urlaubsdauer wurden fünf Pfund als Höchstmenge pro Kopf und Woche zugrunde gelegt. Ein Erlass vom 18.12.1942 bestimmte dagegen, dass rekonvaleszente Soldaten, die vom Chefarzt des zuständigen Lazaretts bis zu sechs Wochen Urlaub erhalten konnten, wöchentlich zusätzlich 1 kg Brot, 350 g Fleisch und 100 g Fett beziehen konnten, im Interesse der baldigen Wiederherstellung ihrer Gesundheit; Das Führerpaket für Fronturlauber enthielt Berechtigungsscheine über 5 kg Weizenmehl, 2 kg Nährmittel oder Hülsenfrüchte, 1 kg Zucker, 1 1/2 kg Marmelade, 1/2 kg Butter oder Margarine und sollte ausdrücklich den Angehörigen zugutekommen.

gen. Häufig fehlten Eintragungen oder die Soldaten besaßen bei kombinierten Reisezwecken mehrere Dokumente. Um bessere Kontrollmöglichkeiten zu erreichen, bemerkte das OKW:

»Dies führt nicht nur zum Doppelempfang von Verpflegungsgebührnissen, sondern gibt außer Kontrolle geratenen Wehrmachtangehörigen auch die Möglichkeit, sich widerrechtlich Verpflegung zu verschaffen. Da aber der Verkehr gerade bei den Verpflegungsstellen die beste Gelegenheit bietet, diese Leute wieder zu erfassen, müssen die Ausweise [...] so gestaltet sein, daß die Prüfung leicht und einwandfrei möglich ist.«[799]

Soldaten ohne Karte konnten sich an den Bahnhofsversorgungsstellen der Wehrmacht nun nicht mehr zusätzlich verpflegen. Ab März 1944 schränkte die Führung die Heimatverpflegungszulagen wiederum sukzessive ein. Um den Kreis der Bezugsberechtigten zu reduzieren, galten sie zunächst nur noch während des regulären Erholungsurlaubs.[800]

Berichte der Überwachungsorgane zeigen aus einer anderen Perspektive, welchen Stellenwert das Regime dem Lebensstandard der Bevölkerung beimaß. Am 15. Mai 1942 notierte Joseph Goebbels in sein Tagebuch: »Die Ostlage wird jetzt vor allem aufgrund von Urlauberberichten und Feldpostbriefen im Volke außerordentlich positiv beurteilt. Allerdings werden all diese Hoffnungselemente in der militärischen Lage etwas neutralisiert durch die doch außerordentlich gespannte Ernährungslage.«[801] Derartige Verknüpfungen von Interpretationsmustern kamen sehr häufig und in verschiedenen Konstellationen vor. Wie gezeigt, verstanden viele Volksgenossen die Ausgabe von Lebensmittelgeschenken an Fronturlauber nicht nur als Akt der Fürsorge und Zeichen einer günstigeren Ernährungslage, bei vielen stieg damit die Siegeszuversicht. Überhaupt wirkten sich die materiellen Vergünstigungen für Fronturlauber sehr lange positiv aus. Die Soldaten fuhren oftmals beruhigt und mit einem guten Eindruck von der Versorgungslage in der Heimat zu ihrer Truppe zurück. Trotz vereinzelter Kritik sollte die stimmungsstabilisierende Wirkung materiellen Entgegenkommens also nicht unterschätzt werden.[802] Neben der Grundversorgung verschaffte das Regime den Fronturlaubern Zugang zu Luxusgütern oder forderte ihre bevorzugte Behandlung in Restaurants

---

799 Ebenda, OKW, Verfügung 62 v 23 VA/Ag V III (V 3/VIII), Einführung einer Verpflegungskarte, 5.3.1943.
800 Vgl. ebenda, Verfügung des Reichsministers für Ernährung und Landwirtschaft im Einvernehmen mit dem OKW vom 8.3.1944.
801 Goebbels-Tagebücher, Bd. 4, S. 294, Eintrag vom 15.5.1942.
802 Vgl. Boberach (Hrsg.), Meldungen, Bd. 11, S. 4329f., S. 4100, SD-Bericht vom 15.10. 1942 und 17.8.1942 (vgl. auch SD-Bericht vom 30.3.1944).

und in Wirtshäusern. In München ging die Gestapo ab Herbst 1942 intensiv gegen Missstände im Gaststättengewerbe vor, weil das »willkürliche Gebaren« der Inhaber, »dass nur an besonders bevorzugte Stammgäste Wein verabreicht wird, [...] vor allem bei den Fronturlaubern größten Unwillen« hervorrief. Neben »Schmiergeldern« für das Bedienungs- und Einlasspersonal kritisierte die Behörde, Fronturlauber würden mit Dünnbier abgespeist. Sie monierte, wer »an der Front steht [...], kann nicht Stammgast sein. Wer täglich Zeit findet, abends in den Wirtschaften zu sitzen, ist nicht wert, dass er vor allen anderen Volksgenossen bevorzugt bewirtet wird.«[803] Individuelle Kriegsleistung definierte den Anspruch auf Vergünstigung. Wie hoch die Nationalsozialisten diesen Grundsatz hielten, zeigt die Reaktion des Gauleiters Paul Giesler: Als Reichsverteidigungskommissar für den Wehrkreis VII beantragte er beim Brauwirtschaftsverband Süddeutschland monatlich 200 Hektoliter 7,5-prozentiges Spezialbier, ausschließlich für die Truppenbetreuung.[804] Die Gestapo beobachtete Benachteiligungen der Fronturlauber nicht nur bei der Abgabe von Wein oder Spirituosen. Anstoß erregte vor allem die Ablehnung von Bezugsscheinen oder von Reise- und Gaststättenmarken. Die Beamten schilderten einen Fall, wo ein Wirt Fronturlaubern in Uniform und in Zivil die Abgabe von Spaghetti mit Soße verweigerte. Als Grund führte er an, in München gebe es auf blaue Urlaubermarken lediglich Gries-, aber keine Mehlspeisen. Der Vorsitzende des Münchner Ernährungsamtes erachtete die Beschwerde als »berechtigt« und leitete sie mit der Bitte an das Landesernährungsamt weiter, eine umfassende Lösung beim Reichsernährungsamt zu erwirken. Allerdings sah der bayerische Wirtschaftsminister keinen Handlungsbedarf, solange es sich um einen Einzelfall handelte.[805] Dennoch stufte das Regime die Probleme der Fronturlauber im Gaststättengewerbe als umfassend ein. Es ging nicht nur um die Abgabe bestimmter Artikel. Viele Wirte privilegierten grundsätzlich Stammgäste beim Einlass oder bei Tischreservierungen. Gestapo und Wirtschaftsämter waren sich einig, dass Fehlverhalten gegenüber Frontsoldaten »energisch« zu bekämpfen sei und »dass Fronturlauber u. Verwundete selbstverständlich bevorzugt behandelt werden müssen.«[806] In der Folgezeit überwachten V-Männer und Zivilbeamte eine ganze Reihe von Lokalen. Speziell achteten sie auf den Umgang

803 StAM, Gestapo 99, Vermerk der Geheimen Staatspolizei, Staatspolizeileitstelle München (N – A (6), 32212/42), 9.11.1942.
804 Vgl. StAM, NSDAP 11, Schreiben des Gauleiters Paul Giesler an die Hauptvereinigung der Deutschen Brauwirtschaft Berlin vom 12.5.1943.
805 StAM, Gestapo 99, Korrespondenz zwischen Geheimer Staatspolizei, Staatspolizeileitstelle München, Ernährungs- und Wirtschaftsamt der Stadt München sowie dem Reichsernährungsministerium vom 20. und 25.11.1942 sowie vom 12.1.1943.
806 Vgl. ebenda, Schreiben der Wirtschaftskammer Bayern an die Münchner Gestapo vom 25.11.1942.

mit Heimaturlaubern und rekonvaleszenten Soldaten. Dem folgte eine Vereinbarung zwischen Wirtschaftskammer und dem Höheren SS- und Polizeiführer in den Wehrkreisen VII und XIII, die ihrerseits eine umfassende Verfügung des Reichswirtschaftsministers und des Staatssekretärs für Fremdenverkehr vorwegnahm. Fortan durften höchstens 20 Prozent der vorhandenen Plätze für Tagesgäste reserviert werden. Die Wirte mussten weiter Namens- und Adresslisten darüber führen, wer Plätze vorbestellt hatte, und diese mindestens einen Monat aufbewahren. Bei einer Verspätung von 20 Minuten verfiel die Belegung. Außerdem waren »Kriegsversehrte und Fronturlauber [...] bei der Vergebung von Plätzen in jeder Weise zu bevorzugen.«[807]

Auf kulturellem Gebiet und im Unterhaltungssektor vollzog sich eine entsprechende Entwicklung. Der Besuch von Kinos, Konzerten, Kabaretts, des Theaters oder anderweitiger Aufführungen bot der Bevölkerung zumindest für einige Stunden Zuflucht vor der immer drückenderen Realität des Krieges.[808] Besonders galt dies für Fronturlauber. Umso größer war ihr Unmut, wenn das dargebotene Programm schlechte Qualität hatte oder keine Plätze verfügbar waren. Das Regime nahm die wachsenden Engpässe auch hier äußerst ernst, weil sich Enttäuschungen einzelner Soldaten unter ihren Angehörigen und Kameraden potenzierten. Im Dezember 1942 gab ein Funkmaat die Erzählung eines Kameraden wieder, der das »Pech« gehabt hatte, nach sechs Monaten auf Wasser ausgerechnet in Kiel und nicht wie gehofft in Frankreich einzulaufen: »[...] wie wir ankamen, dachte ich ins Theater gehen zu können, wälzte mich zum Stadttheater – alles ausverkauft, war unmöglich einen Platz zu bekommen. Waren nur Spießer und feldgraue Soldaten, die in Kiel stationiert sind. Ich fragte ob für Frontfahrer [...] die von draußen gekommen wären, die noch frische E. K.'chen trugen, nicht noch Plätze zu haben wären. Nichts zu machen. In den Kinos, alles voll [...].«[809] Nachdem der Maat am selben Abend noch eine »plumpe« Abfertigung in einer Kneipe erlebt hatte, schlich er desillusioniert an Bord in seine Hängematte zurück und stach mit einem denkbar ungünstigen Eindruck von der Heimat wieder in See. Das Erlebnis fand über die Borddruckerei Eingang in eine Soldatenzeitung, Matrosen anderer Schiffe

807 Vgl. ebenda, Überwachungsbericht der Stapoleitstelle München vom 1.2.1943; Schreiben der Wirtschaftskammer Bayern, Unterabteilung Gaststätten- und Beherbergungsgewerbe der Abteilung Fremdenverkehr an die Staatspolizeileitstelle München vom 25.11.1942; Ausschnitt aus dem Bayer. u. Westmärk. Gastwirt und Hotelier vom 27.8.1943, Nr. 18.
808 Vgl. Giessen, Nazi propaganda films, S. 51-117; Tegel, Nazis and the Cinema, S. 169-190.
809 TNA, WO/208-4162, SRX 1405, Unterhaltung Funkmaat N 1382 und Unteroffizier A 969, 22.12.1942.

rezipierten die Geschichte anschließend in der Gefangenschaft.[810] Das Beispiel belegt die Breitenwirkung, mit der negative Urlaubserfahrungen Erwartungen an künftige Heimatbesuche vorbelasten konnten.

Es handelte sich bei Weitem um keinen Einzelfall. Im Juli 1942 berichteten die Meldungen aus dem Reich von einem flächendeckenden »Kunsthunger«. Volksgenossen ständen die Nacht über an Theaterkassen, um am nächsten Morgen Karten zu kaufen.[811] Fronturlaubern war dies bei der Kürze ihres Aufenthalts kaum zuzumuten. Ungünstigerweise korrespondierten der Ansturm auf Theater und Kinos und der Mangel an Plätzen mit einem wachsenden Kompensationsbedürfnis der Urlauber.[812] Goebbels erkannte Handlungsbedarf, doch die Herausforderungen wurden bis Kriegsende immer größer. Wiederholt betonte der Propagandaminister die Notwendigkeit, Eintrittskarten gerechter zu verteilen und ein Kontingent für Soldaten, Urlauber, Verwundete und Rüstungsarbeiter zurückzuhalten. Auch hier definierte individuelle Kriegslast den Anspruch auf »Erholung und Entspannung«: »Es hat sich herausgestellt, daß die Aufrechterhaltung der Theater sozial insofern aufreizend wirkt, als die breiten Massen praktisch keine Theaterkarten mehr bekommen. [...] die Wehrmacht verteilt die ihr zur Verfügung gestellten Theaterkarten mehr an die Heimatformationen als an Fronturlauber. Auch hier sorge ich für Gerechtigkeit.«[813] Mancherorts bestanden die Schwierigkeiten, insbesondere auf kulturellem Gebiet, schon deutlich früher. Wie die Protokolle der Ratssitzungen in München zeigen, sorgten sich die Stadtoberen mindestens seit Anfang des Jahres 1941 über Ungerechtigkeiten bei der Kartenverteilung für Theater. Sie registrierten »große Klagen«, wenn »es für Soldaten, die nach einem Jahr Frontdienst auf 10 oder 14 Tage nach München kommen, unmöglich ist eine Karte zu bekommen«, insbesondere wenn diese sich »auf kulturelle Genüsse gefreut haben.«[814] Dass Soldaten weniger die Kammerspiele oder schwere Opernstoffe, sondern lieber Stücke mit leichter Kost sehen wollten, wie sie im Gärtnertheater oder auf kleineren Bühnen gezeigt wurden, verschärfte aus Sicht der Ratsherren die Notlage.[815] Die NS-Organisation »Kraft durch Freude«

810 Vgl. ebenda.
811 Vgl. Boberach (Hrsg.), Meldungen, Bd. 10, S. 3936 ff., SD-Bericht vom 13.7.1942.
812 Baird, Propaganda, S. 191-198.
813 Goebbels-Tagebücher, Bd. 9, S. 122, Bd. 7, S. 471 f., Einträge vom 18.7. und 4.3.1943.
814 StdAM, RP 715/1, Ratssitzung vom 20.1.1942 über »Theaterkarten für Fronturlauber«. Das Protokoll weist ausdrücklich darauf hin, dass sich der Vorsitzende des Fremdenverkehrsamtes, Ratsherr Paul Wolfrum, bereits ein Jahr zuvor an die Gauleitung gewandt hatte, um Theaterkarten vom Kontingent der KdF an Fronturlauber zu verteilen.
815 Vgl. zum kulturellen Anspruch und zum qualitativen Niveau sowie zur Gestaltung von Kulturveranstaltungen für Fronturlauber durch Soldaten, wie beispielsweise im Rahmen der Münchner Kulturwochen: StdAM, Kulturamt 62/2, Korrespondenz und Pro-

erwarb ferner breite Kontingente für Rüstungsarbeiter. Drastisch beurteilten die Honoratioren gar die Lage an den Kinokassen. Laut einem Ratsherrn verursachte es zwangsläufig »böses Blut« unter den Volksgenossen, wenn die Propaganda einerseits »alles für die Fronturlauber« verkündet, diese aber ständig leer ausgingen.[816]
Das Reichspropagandaministerium strebte spätestens seit Beginn des Jahres 1943 gerechtere Verteilungsschlüssel im Unterhaltungsbereich an. Karten sollten in erster Linie Fronturlaubern und Verwundeten zugutekommen. Dort, wo die Nachfrage das Angebot an Plätzen deutlich überstieg, waren Stammsitzmieten einzuschränken. Die Gesamtzahl der Abonnenten durfte bei Musikaufführungen 25%, bei Schauspielaufführungen 35% der Gesamtplätze nicht übersteigen. Wöchentliche und 14-tägige Abonnements wurden gänzlich abgeschafft und die Bildung neuer Stammsitzmieten verboten. Die Regelung für die KdF blieb unberührt, jedoch erhielt die Wehrmacht ein Kontingent, das Partei, Intendanz und Wehrmachtstelle lokal festlegten. Die Kreispropagandaleiter hatten nun ein Eingriffsrecht und konnten die Verteilung an die Bedarfsträger innerhalb der Wehrmacht steuern. Karten sollten »in die richtigen Hände, also vorwiegend an Fronturlauber und Lazarettinsassen« gelangen.[817] KdF musste ihnen einen Prozentsatz ihrer Karten ohne Entgelt zur Verfügung stellen. Theaterbetreiber und Konzertveranstalter waren angehalten, freie Karten vorwiegend Besuchern zu verkaufen, die keine Zeit hatten, sich lange anzustellen.[818] Um die Einhaltung der Anweisungen zu überprüfen, durften die Überwachungsbeamten aufgrund der Überfüllungen allerdings schon seit dem Vorjahr nur noch einen Freiplatz je Veranstaltung reklamieren.[819] Wie bei Theater- und Konzertveranstaltungen strebte die Führung auch bei den Kinos eine ausgewogenere Vergabe an. Mit sozialem Druck, Einschüchterungen und Denunziationen bekämpfte sie in erster Linie die Reservierung von Stammplätzen. Im August 1943 brachte ein Obergefreiter des Luftdienstkommandos 1/7 den

 grammheft zur »Kulturwoche der Hauptstadt der Bewegung im Oktober 1942« sowie Sendeprogramm »Feldgraue Münchner gestalten Kulturwoche«; ferner StdAM, Kulturamt 359, Korrespondenz der Bayerischen Landesleitung der Reichstheaterkammer und dem Reichspropagandaamt München-Oberbayern vom 1.4.1943 und 30.6.1943.
816 Vgl. StdAM, RP 715/1, Ratssitzung vom 20.1.1942 über »Theaterkarten für Fronturlauber«.
817 Vgl. BArch, NS 18/306, Interne Korrespondenz des Reichspropagandaministeriums zur gerechteren Verteilung von Konzert- und Theaterkarten zwischen 17.3. und 18.4.1943, Vortragsnotiz vom 18.3.1943.
818 Vgl. StdAM, Kulturamt 359, Anweisung des Reichsministeriums für Volksaufklärung und Propaganda über »Gerechtere Kartenverteilung in den Theatern«, Abschrift vom 8.6.1943; ferner BArch, NS 18/306.
819 Vgl. StAM, Polizeidirektion München, Anweisungen und Korrespondenz zur »Überwachung von Kinos und Theatern«, Jahrgang 1942.

Inhaber eines Lichtspielhauses zur »polizeilichen Untersuchung«. Mehrfach hätten Soldaten als Erste an der Kasse gestanden, dann aber keinen »Sperrsitz« bekommen, weil sie angeblich ausverkauft seien. Hinterher habe sich herausgestellt, dass der Betreiber diese für markenpflichtige Waren an Stammkunden ausgab. Er wurde daraufhin zum Wehrdienst eingezogen.[820] In Berlin nahm sich das Amt Truppenbetreuung der Reichskulturkammer der Fronturlauber und Verwundeten an.[821] V-Leute und Polizeihilfskräfte überwachten gastronomische und kulturelle Einrichtungen, um Benachteiligungen zu vermeiden.

Neben Nahrungsversorgung, Gaststättengewerbe und dem Unterhaltungssektor zielten Partei und Wehrmacht im Bereich des Fremdenverkehrs, bei Reisen und Erholungsaufenthalten auf die Gunst der Fronturlauber. Abermals honorierten sie spezifische Kriegsleistungen mit bestimmten Privilegien. Drei strukturelle Strömungen lassen sich unterscheiden: zum einen Initiativen der Wehrmacht, in der Absicht, Motivation und Kampfkraft zu erhalten oder wiederherzustellen. Zweitens Maßnahmen lokaler und überregionaler Dienststellen von Staat und Partei, die exklusiv Wehrmachturlauber betrafen. Drittens organisierten DAF, NSV und KdF Erholungsverschickungen von Werktätigen der kriegswichtigen Betriebe. Letzteres tangierte die Soldaten, wenn es um die Arbeitsbefreiung ihrer Frauen während des Heimataufenthaltes ging oder wenn ein Ehepaar den Urlaub gemeinsam an einem Kurort verbringen wollte. Nicht zuletzt berührt der Themenkomplex familiäre Rollenverschiebungen, da die Frauen in den Rüstungsbetrieben inzwischen die Plätze der Männer einnahmen und ähnlich honoriert wurden wie Soldaten nach Fronteinsätzen und Verwundungen.[822]

---

820 Vgl. StAM, NSDAP 479, Schreiben des Obergefreiten H. an die Polizeibehörde Schongau/Lech vom 24.8.1943, Schreiben des Lichtspielhauses Peiting vom 18.9.1943.
821 Vgl. Hirt, Truppenbetreuung, S. 407-434.
822 Vgl. BArch, NS 5/VI- 3246, *Der Angriff* vom 25.6.1943, Artikel »Rüstungsarbeiterinnen in DAF-Heimen. Bisher erhielten 31.000 Frauen eine zusätzliche Erholung«: Seit Herbst 1940 wurden auf Initiative des Reichsorganisationsleiters Robert Ley monatlich rund 1.200 Rüstungsarbeiterinnen für jeweils 14 Tage kostenlos in Erholungsheime der DAF, insbesondere in den Alpen oder an der Ostsee, verschickt. Hierbei handelte es sich um Gruppenaufenthalte ausschließlich für Frauen, die durch Betreuerinnen des Frauenamtes überwacht wurden. Für werktätige Mütter und Ehefrauen wiederum gab es spezielle Mütterheime der NSV, wobei Nachbarschaftshelferinnen die Betreuung der Familie organisierten. Nicht selten übernahmen Studentinnen ehrenamtlich den Arbeitsplatz der Frauen für die Dauer ihrer Abwesenheit, was auch für wehrmachteigene Betriebe galt. Besondere Bevorzugung fanden überdies die Frauen eingezogener Soldaten, vgl. hierzu: BArch, NS 5/VI-3246, *Die Innere Front*, Artikel »Urlaubstage ohne Sorgen« vom 17.8.1941; ein Leistungsbericht des Reichserholungswerkes der DAF vom Januar 1945 gibt an, dass in den Kriegsjahren jährlich 200-250.000 Rüstungsarbeiter verschickt wurden, darunter etwa ein Drittel Arbeiterinnen, vgl. ebenda,

Die Wehrmacht unterhielt bereits vor dem Krieg Urlauberheime, die »allen Truppenteilen und Wehrmachtangehörigen nebst deren Familien« offenstanden.[823] Eine Übersicht vom März 1939 listet 55 Erholungseinrichtungen für elf Armeekorps auf. Sie boten knapp 3.200 Übernachtungsmöglichkeiten und wurden in der Regel in zweiwöchigem Turnus belegt. So beherbergte die Führung pro Monat etwa 6.400 Besucher. Rund 660 Betten in Privatzimmern standen Angehörigen bzw. Familien zur Verfügung. Da der Beherbergungsraum für sie nach Bedarf erweitert wurde, konnten sich monatlich mindestens 1.320 Soldaten mit Ehefrauen und Kindern in den Wehrmachtunterkünften aufhalten. OKW und OKH gliederten die Einrichtungen nach Erholungsmöglichkeiten. Sie wiesen aus, ob sie sich für Wasser-, Ski- oder Angelsport sowie für Bergwanderungen oder Eissegeln eigneten und ob Seebäder oder andere Kurmöglichkeiten existierten.[824] Interessierte Soldaten bewarben sich bei ihren Vorgesetzten, oder Letztere schlugen jene bei hervorragender Leistung für einen Platz vor. Ferner gab es Erholungsheime ausschließlich für Offiziere und deren Familien. Zudem erweiterte die Wehrmacht das Netz dieser Art von Unterkünften in den ersten Kriegsjahren nach und nach. Dabei griff sie auf die Unterstützung gemeinnütziger Träger zurück; in der »Ostmark« etwa auf die Gesellschaft vom »Weißen Kreuz«, oder sie beanspruchte Kapazitäten privater Hotel- und Kurstättenbetreiber. Diese nahmen die Fronturlauber mit ihren Familien dann zu einem Vorzugspreis auf.[825] Schließlich kooperierte die Wehrmacht mit Parteidienststellen, um Soldatenfamilien den Zugang zu Kurorten zu erleichtern. Das Hauptamt für Volkswohlfahrt wies die Gauamtsleitungen der NSV regelmäßig an, Frauen und Kinder von Frontsoldaten bei Erholungsmaßnahmen zu favorisieren.[826]

Der Angriff vom 21.1.1945, Artikel »Reichserholungswerk der DAF verschickte 1 Million Gefolgsleute«.
823 Vgl. IfZ-Archiv, Da. 34.02, H.V.Bl. 1939 (Teil B), Heeresverordnung Nr. 126 »Urlauberheime« vom 23.3.1939, S. 74.
824 Vgl. ebenda, Anlage zu Nr. 126, S. 75-87.
825 Vgl. IfZ-Archiv, Da. 34.02, H.V.Bl. 1939 (Teil B), Verordnung Nr. 446 »Erholungsheime in der Ostmark« vom 7.10.1939, S. 290; H.V.Bl. 1940 (Teil C), Verordnung Nr. 1293 »Urlauberheime« vom 17.12.1940, S. 564; H.V.Bl. 1941 (Teil C), Verordnung 915 »Heereserholungsheim in Bad Wießsee am Tegernsee« vom 15.10.1941, S. 620; H.V.Bl. 1942 (Teil B), Verordnung Nr. 326 »Erholungs- und Urlauberheime« vom 7.4.1942, S. 184; H.V.Bl. 1943 (Teil C), Verordnung Nr. 227 »Erholungsmöglichkeiten im Schwarzwald« vom 24.4.1943, S. 232; inwieweit insbesondere in Kurregionen Zwangsenteignungen von Hotelbetreibern erfolgten geht aus den hier geprüften Quellen nicht hervor.
826 Vgl. IfZ-Archiv, Da. 34.02, H.V.Bl. 1941 (Teil C), Verordnung 913 »Urlaubsmöglichkeiten für Familienangehörige« vom 11.10.1941, S. 619f.

»Kann der Arbeiter noch reisen?« fragte die Zeitung *Die Innere Front* rhetorisch am 7. Januar 1940. Sie stellte fest, dass zwar »kurzgetreten wird, aber noch lange nicht stillgestanden.« Denn dem Erholungsbedürfnis werde auch im Krieg vollauf entsprochen. Wenngleich nicht mehr mit Fahrten ins Ausland, so doch mit Reisen innerhalb des Reiches, mit Besuchen bei »Brüdern und Schwestern anderer Stämme.«[827] Einen Tag darauf meldete die Auslandspressestelle, es hätten sich die »größten Veränderungen durch den Krieg [...] im Amt Reisen, Urlaub und Wandern ergeben«. Der Hinweis auf die »unerschöpflichen« Urlaubsmöglichkeiten im Inland folgte.[828] Auch beim Fremdenverkehr galt die Parole »Normalität«. Allerdings profitierten weniger zivile Arbeiter von obiger Ankündigung, sondern eher Urlauber von der Front – zumindest dem normativen Anspruch nach. Deutlich zeigte sich dies ab dem zweiten Kriegsjahr, als einerseits das Erholungsbedürfnis stieg, andererseits Engpässe in Hotels, Pensionen und begehrten Kurgebieten auftraten. Das Regime staffelte die Vergabe verfügbarer Plätze erneut nach dem Wert des persönlichen Einsatzes für die Gemeinschaft. In der Propaganda überzeichnete es die eigene Fähigkeit jedoch, kriegsbezogene Lasten und Privilegien gerecht zu verteilen.[829]

Im September 1939 schienen die zu erwartenden Veränderungen überschaubar: Fremdenverkehrseinrichtungen agierten zusammen mit örtlichen Verbänden und kommunalen Dienststellen noch weitgehend frei von Eingriffen überregionaler Behörden. Vielerorts, so wie beispielsweise in München, bevorzugten die Stadtoberen Soldaten nicht nur denkbar früh, sondern hofierten sie geradezu.[830] Die Besucherzahlen waren dort zwar vorübergehend rückläufig. Doch rasch hatte sich gezeigt, wie unnötig alle Befürchtungen waren, der Fremdenverkehr könne zum Erliegen kommen. Weder ein Hotel noch eine Gaststätte musste stillgelegt werden. Den Grund dafür erblickten die Verantwortlichen bekanntlich in den neuen Gästen, den »Militärurlaubern«. Sie lobten die Tatsache, dass diese – im Gegensatz zu England etwa – als echte »Ehrengäste betrachtet« wurden.[831] Die Euphorie in dieser Phase des Krieges war groß; der örtliche Verkehrsverein forderte im Juni 1940 bei Oberbürgermeister

---

827 Vgl. BArch, NS 5/VI-19470, *Die Innere Front*, Artikel »Kann der Arbeiter noch reisen? Die Einwirkung des Krieges auf den KdF.-Reisebetrieb – Dem Erholungsbedürfnis wird weiterhin entsprochen« vom 7.1.1940.
828 Vgl. BArch, NS 5/VI-6249, Kurzmeldung der Auslandspressestelle »Das Amt Reisen, Urlaub und Wandern« vom 8.1.1940.
829 Vgl. IfZ-Archiv, 11/Z 0001, *VB*, Artikel »Fronturlauber haben den Vorrang. Lenkung des Fremdenverkehrs im Winter«, 29.11.1941, S. 4.
830 Erinnert sei an die Ratssitzung in München vom 20. Januar 1941, in der die Stadtoberen die Entwicklung des Fremdenverkehrs seit Kriegsbeginn resümierten.
831 Vgl. StdAM, RP 714/14, Ratssitzungsprotokoll »Münchner Fremdenverkehr im Kriegsjahr 1939/40«, 20.1.1941.

KONZESSION UND KONTROLLE 271

Karl Fiehler eine Zentralstelle für den städtischen Fremdenverkehr. Er begründete die Notwendigkeit mit dem Besucherstrom, den München nach dem Sieg als »politisches, kulturelles und wirtschaftliches Zentrum Europas« erwarte. Als Wermutstropfen erachteten die Honoratioren lediglich die wenig repräsentativen Räume der Betreuungsstelle für Militärurlauber im Bahnhofsgebäude. Man drohe hier gegenüber kleineren Städten wie Berchtesgaden, Oberstdorf, aber auch Köln, Frankfurt und Leipzig ins Hintertreffen zu geraten.[832] Knapp zwei Jahre später wanderte das Gesuch des Verkehrsvereins allerdings in die Ablage. Ein Ratssitzungsprotokoll vom 13. Februar 1942 zur weiteren Entwicklung des Fremdenverkehrs liefert Aufschluss:

»Fest steht, dass wir zuviel Fremde in München hatten und sie nicht entsprechend unterbringen konnten. [...] Mütter mit weinenden Kindern, durchfahrende Soldaten hatten ihre Frauen zum Bahnhof bestellt und dann standen die Frauen auf dem Bahnhof herum und konnten kein Quartier bekommen. [...] wir laufen dabei von Pontius zu Pilatus, auch in die Haushalte von höheren Beamten und bitten durch die Bezirksinspektoren, Leute aufzunehmen, nicht nur Soldaten und Studenten, sondern auch Offiziere.«[833]

Was hatte sich in der Zwischenzeit geändert? Wie im übrigen Reich wirkten sich drei Faktoren auf den Fremdenverkehr und Erholungsreisen im Krieg aus. Erstens, der wachsende Wohnungsmangel infolge des Luftkrieges. Evakuierte beanspruchten zunehmend Beherbergungsraum in den ländlichen und weniger gefährdeten Kurgebieten. Zweitens die gestiegene Aufgabenlast der Reichsbahn. Der dritte Punkt resultierte aus den beiden ersten: das Regime sagte »unberechtigte[n]« Kurgästen den Kampf an. Es diffamierte jene Personen als »arbeitsscheu«, die keine kriegswichtige Arbeit leisteten und den »Berechtigten« aus Wehrmacht und Rüstungsindustrie die Plätze stahlen.[834] Wie stark sich die

832 Vgl. StdAM, Bürgermeister und Rat (BUR) 1126/4, Akt Verkehrsverein München 1935-42, Schreiben des Verkehrsvereins München an den 1. Vorsitzenden des Verkehrsvereins München, Oberbürgermeister Karl Fiehler, über die »Schaffung einer Zentralstelle des Münchner Fremdenverkehrs«, 24.6.1940.
833 StdAM, RP 715/6, Ratssitzungsprotokoll vom 13.2.1942 zur Entwicklung des Fremdenverkehrs und zur Unterbringung von Soldaten und militärischen Studienurlaubern, Stellungnahme des Ratsmitglieds und Vorsitzenden des Verkehrsamts Paul Wolfrum.
834 Vgl. Boberach (Hrsg.), Meldungen, Bd. 10, S. 3891 f., SD-Bericht vom 29.6.1942; StAM, NSDAP 11, Schreiben von Gauleiter Paul Giesler an Pg. Klessing vom 21.10.1943: »General Wachenfeld berichtete mir heute über verschiedene Beobachtungen auf dem Gebiet des Arbeitseinsatzes. Unter anderem machte er darauf aufmerksam, daß in den hiesigen Pensionen und Hotels sich hunderte von arbeitsscheuen Personen herumtreiben, die niemand erfasst und die alle paar Monate ihren Wohnsitz ändern. Er regte an, durch eine Razzia die Arbeitsverhältnisse aller in Hotels und Pensionen

drei Bereiche überlappten, zeigt ein Bericht des Leiters des Arbeitsamtes in Rosenheim. Bereits im August 1941 klagte er: »Die Fremdenbeherbergungsbetriebe der Sommerkurorte sind durch den weiteren Zustrom von Volksgenossen aus den luftgefährdeten Gebieten bis auf den letzten Platz überfüllt.« Dies verstärke den Mangel an Haus-, Küchen- und Bedienpersonal, »da es schon bisher nicht möglich war, bei geringerer Belegung der Unterkunftsstätten den Bedarf annähernd zu decken.«[835] Viele Male appellierten die betroffenen Stellen an die Bevölkerung, unnötiges Reisen im Krieg zu vermeiden. Sie differenzierten zwischen privaten Vergnügungsreisen ohne ersichtlichen Gewinn für die Volksgemeinschaft und Fahrten, die der Regeneration der Arbeits- oder Kampfkraft dienten und einen kollektiven Mehrwert besaßen.[836]

Der Reichswirtschafts- und der Verkehrsminister sowie der Staatssekretär für Fremdenverkehr drängten ab Herbst 1941 darauf, das Urlaubs- und Reiseaufkommen stärker zu regulieren. Laut einer Anordnung vom November 1941 sollte der Beherbergungsraum in sämtlichen Fremdenverkehrsgemeinden einschließlich der Großstädte, insbesondere jedoch in Heilbädern, Kur- und Erholungsorten in den kommenden Wintermonaten nur jenen zur Verfügung gestellt werden, die kriegswichtige Arbeit leisteten und besonderer Erholung bedurften. Zugute kam dies »in erster Linie also den beurlaubten Angehörigen der deutschen Wehrmacht und den in kriegswichtigen Betrieben und Dienststellen Beschäftigten, ferner deren Ehegatten und zum Haushalt gehörigen Kindern.«[837] Etwa anhand des Urlaubsscheines mussten die Vermieter prüfen, ob ihre Gäste dem genannten Personenkreis entstammten. Noch weiter ging die »Verordnung zur grundlegenden Neuregelung des Fremdenverkehrs im Krieg« vom 20. April 1942. Sie führte eine Rangordnung ein und hierarchisierte explizit innerhalb des Kreises der Anspruchsberechtigten. Nach außen sichtbar privilegierte die Verordnung Fronturlauber gegenüber Rüstungsschaffenden. Der Beherbergungsraum war nun bevorzugt zur Verfügung zu stellen:

Wohnenden prüfen zu lassen. Ich habe ihn an Sie verwiesen und bitte Sie, mit ihm zu überlegen, ob für diese schlagartig durchzuführende Aktion Ihre Beamten eingesetzt werden können.«
835 Vgl. StAM, LRA 223960, Der Leiter des Arbeitsamts Rosenheim an den Präsidenten des Landesarbeitsamts Bayern, Monatsbericht für August vom 30.8.1941.
836 Vgl. StA Augsburg, S 4219, Mitteilung der NSDAP-Kreisleitung Memmingen an alle Ortsgruppenleiter zur Abhaltung von Sprechabenden über notwendige »Einschränkungen im Personenverkehr« vom 3.11.1941.
837 Vgl. BArch, R 19/82, Bekanntmachung des Reichsministeriums für Volksaufklärung und Propaganda an die Obersten Reichsbehörden, Landesregierungen, Reichsstatthalter etc. über die Regelung des Fremdenverkehrs im Kriege durch den Staatssekretär für Fremdenverkehr im Einvernehmen mit dem Reichswirtschaftsminister vom 26.11.1941.

»1. In erster Linie den Fronturlaubern, d. h. den Urlaubern der Wehrmacht, der Waffen-SS, der Polizei und des Reichsarbeitsdienstes sowie des Wehrmachtgefolges (einschließlich der Angehörigen von Organisationen, die im Rahmen des Wehrmachtgefolges eingesetzt sind), soweit sie außerhalb des Reichsgebietes im Einsatz stehen – jeweils mit ihrem zum Haushalt zählenden und mit ihnen gemeinsam reisenden Angehörigen.«[838]

Insbesondere Soldaten, die außerhalb des Reiches eingesetzt waren, hatten bei Urlaubsreisen im Krieg nun Vorrang. Damit rangierten sie vor Millionen Volksgenossen in der Heimat, deren Erholungsbedürfnisse das Regime ebenfalls als entscheidend für einen siegreichen Kriegsausgang erachtete. Die Durchführungsbestimmungen berücksichtigen durchaus, dass Ausflüge während des Heimataufenthalts kaum planbar waren, da die Freistellungen meist kurzfristig erfolgten. Noch schwieriger wurde es, wenn die Ehefrau oder Verlobte berufstätig war. Folglich durften die Beherbergungsbetriebe Reservierungen von Personen außerhalb der Wehrmacht nur noch zeitnah annehmen; sofern 14 Tage vor der Anreise nicht bereits Fronturlauber das Kontingent ausschöpften. Außerdem wurden die administrativen und polizeilichen Voraussetzungen zur Überwachung des Fremdenverkehrs verstärkt sowie die Möglichkeiten, unerwünschte Urlauber fernzuhalten. Vermerke auf der Reichskleiderkarte regulierten die maximale Aufenthaltsdauer von drei Wochen – Genesende mit ärztlichem Attest stellten die Ausnahme dar – und erleichterten Razzien.[839] Leider liegen keine Zahlen vor, welchen Anteil Fronturlauber während des Krieges am Gesamtvolumen des zivilen Fremdenverkehrs ausmachten. Doch auch wenn sie nicht den größeren Teil stellten, in den Medien waren sie Gäste erster Wahl.

Um die große Nachfrage zu befriedigen, modifizierten OKW und OKH die Aufnahme in ihre Erholungsheime ebenfalls. Auch hier koppelte die Neuregelung vom 16. April 1943 Ansprüche noch stärker und sichtbarer an Leistungen als bisher. Oberste Priorität hatten nun Angehörige des Feldheers mit ihren Ehefrauen, insbesondere Versehrte sowie rekonvaleszente Soldaten. Ferner wur-

838 BArch, R 4901/707, Abschrift, Abdruck des Erlasses Z III a 980/42 vom 27.4.1942, Anordnung des Staatssekretärs für Fremdenverkehr zur Lenkung des Fremdenverkehrs im Kriege vom 20.4.1942.
839 Vgl. ebenda; ferner BArch, R 19/82, Schnellbrief des Reichsführers SS und Chef der Deutschen Polizei im Reichsministerium des Innern vom 4.12.1942 über Urlaubsreisen im folgenden Winterhalbjahr; die grundsätzliche Möglichkeit für Soldaten, während ihres Fronturlaubs zu reisen, widersprach nicht den Bestimmungen der Meldepflicht oder der eingeschränkten Bewegungsfreiheit am Urlaubsort, da auch in diesen Fällen entsprechende Anmeldungen vorgenommen werden mussten. Der permanente Zugriff von Wehrmacht und Partei auf die Fronturlauber blieb gewahrt. Vgl. hierzu: IfZ-Archiv, Da. 34.02, H.V.Bl. 1944 (Teil C), Verordnung Nr. 158 »Unterkommen für Wehrmachturlauber« vom 24.4.1944.

den Kriegerwitwen binnen zwölf Monaten nach dem Tod ihrer Männer privilegiert. Anträge von Soldaten des Ersatzheers, von Heeresangestellten oder der Ehefrauen von Angehörigen des Feldheers – sofern sie alleine anreisen wollten – behandelte die Führung nachrangig. Für Kinder beantragten die Eltern eine Sonderanweisung, wiederholte Aufnahmen waren nur möglich, wenn Erstbelegungen die vorhandenen Plätze nicht ausschöpften. Zeit und Dauer des Aufenthaltes wurden ebenfalls auf die Reichskleiderkarte eingetragen.[840]

Zusammen mit der Partei organisierte die Wehrmacht zudem bis weit in die zweite Kriegshälfte Erholungsaufenthalte für Soldaten im Ausland – wenngleich in geringerem Umfang. Beispielsweise stellte die NSV der Wehrmacht Pensionen an der italienischen Riviera zur Verfügung, so in Alassio oder die Villa Zirio in San Remo. Der Aufenthalt kam keineswegs nur dort stationierten Soldaten zugute, sondern stand laut Verfügung des OKH vom 9. Juli 1941 allen erholungsbedürftigen Soldaten offen, »die sich an der Front ausgezeichnet haben.«[841] Die Regelung galt auch für Wehrmachtbeamte im Offiziersrang. Unter bestimmten Voraussetzungen konnten die Soldaten ihre Angehörigen mitbringen, bis zu 70 Prozent der entstandenen Kosten wurden den Familien ersetzt.[842] Potenzielle Kandidaten mussten allerdings von ihren Kommandeuren vorgeschlagen werden, unter Angabe besonderer Dienste und der Art der erhaltenen Auszeichnung.[843] Die »Tapferkeitstat« war somit Voraussetzung. Im April 1943 verschärfte die Führung die Kriterien. Fortan kamen »vor allem erholungsbedürftige, verwundet gewesene Heeresangehörige in Frage«, die durch den Aufenthalt wieder »truppendienstfähig [kv oder gvF]« werden sollten. Die NSV belegte rund 2.000 Betten in dreiwöchigem Turnus in Abbazia, Laurana, Riccione und in Madonna di Campiglio.[844] Unter dem Stichwort »Auslandsurlaub« organisierten OKW und OKH schließlich Erholungsaufenthalte außerhalb des Reichsgebietes für Auslands- und Volksdeutsche aus verbündeten wie eroberten Staaten. Aus Sicht der Betroffenen handelte es sich um Besuche in ihrer Heimat. Sie stammten etwa aus Oberitalien, der Slowakei, Polen oder Elsass-Lothringen. Die Urlaubserteilung war hier in der Regel an bestimmte

---

840 Vgl. IfZ-Archiv, Da. 34.02, H.V.Bl. 1943 (Teil C), Verordnung Nr. 211 »Aufnahme in Heereserholungsheime« vom 16.4.1943.
841 Vgl. BArch-MA, RW 15/65, Abschrift OKH, 9.7.1941, 31 c 18.16 AHA/Ag./H (III b), »Erholungsaufenthalt in Italien«.
842 Vgl. ebenda, Wehrkreiskommando VI, Abt. IIa, Az. 31 d, »Beschaffung von Urlaubsmöglichkeiten«, 1.8.1941.
843 Vgl. ebenda, Abschrift OKH, 9.7.1941, 31 c 18.16 AHA/Ag./H (III b), »Erholungsaufenthalt in Italien«.
844 Vgl. BArch-MA, RH 53/12-122, OKH (Ch. H. Rüst. u. BdE.), 31 c 18.6 Tr. Abt. (III b 2), Verfügung über »Erholungsaufenthalt in Italien« vom 28.4.1943.

Kriterien geknüpft, wie besondere häusliche Verhältnisse. Zudem variierten die Kontingente in Relation zur Kampflage.[845]

c. Hilfestellung und Bevormundung

Dienststellen von Partei und Wehrmacht traten oft ad hoc als Sachwalter ziviler Belange von Soldaten und ihren Angehörigen auf. Häufig standen Probleme im Vordergrund, die aus der langen Abwesenheit der Männer resultierten. Etwa wenn häusliche Herausforderungen überhandnahmen, weil Familienmitglieder erkrankten, oder wenn die kurze Urlaubsdauer nicht ausreichte, um dringende organisatorische Dinge zu regeln.[846] Oder wenn Angehörige eingezogener Soldaten des selbstständigen Mittelstandes oder aus der Landwirtschaft ihren Betrieb nicht mehr alleine führen konnten. Dann dienten Sonderurlaube der Sicherung ziviler Existenzen. Junge Soldaten, die mit HJ, RAD und Wehrmacht nur militaristische Sozialisationsinstanzen kannten, standen vor der fundamentalen Frage, wie sie ihr späteres Zivilleben gestalten wollten. Dementsprechend vermengten die Gesuche berufliche, familiäre und verschiedenste persönliche Anliegen. Sie tangierten die Urlaubserteilung, Versorgungsfragen, geschäftliche Belange, Mietangelegenheiten und nachbarschaftliche Streitereien ebenso wie eheliche Verfehlungen oder den Wunsch nach Zweisamkeit, Nachwuchs, Studium und Ausbildung. Die Reaktionen der Dienststellen – sofern rekonstruierbar – zeigen, wie stark im NS-Regime Behörden teils willkürlich über zivile Bedürfnisse entschieden. Selbst intimste Dinge handhabten sie als Anliegen der Volksgemeinschaft. Im Folgenden interessieren Aspekte von Privatheit, die Fronturlauber mit und gegen Behörden aushandelten, und damit Prozesse, die sich noch wesentlich im öffentlichen Raum abspielten. Davon getrennt und an späterer Stelle betrachtet wird das Ringen um die Eindringtiefe des NS-Staates in spezifisch häuslich-familiäre Bereiche und Entscheidungen.

In vielen Gesuchen an die Partei forderten die Soldaten und ihre Angehörigen etwa den Wunsch nach einem Wiedersehen lediglich mit dem Verweis auf Sehnsucht und ohne pragmatische Begründung ein. Sie waren offenbar von einem fundamentalen Anrecht auf Privatheit überzeugt. Auch argumentierten sie vehementer als die Zeitgenossen des Ersten Weltkriegs. Dafür hatte die NS-Führung selbst gesorgt, denn das Betreuungssystem der Partei wie der Kameradschaftsdienst begünstigten Eingaben dieser Art. Die (Selbst-)Stilisie-

---

845 Vgl. Kaczmarek, Polen in der Wehrmacht, S. 59-67, und S. 153-158; IfZ-Archiv, Da 34.01, Allgemeine Heeresmitteilungen, Bekanntmachungen Nr. 529, 21.5.1941, Nr. 49, 5.1.1942, Nr. 548, 18.6.1942.
846 Vgl. Luhmann, Liebe, S. 60f.

rung örtlicher Hoheitsträger zu Advokaten der Soldaten spielte ebenfalls eine ausschlaggebende Rolle. Oberleutnant Hermann P. bezog sich in seinem Klagebrief an den Gauleiter explizit auf dessen »Mitteilungen an die Frontsoldaten, wonach jeder Soldat sich bei irgendeinem Anliegen an Sie wenden kann.«[847] In diesem Fall wurde die Ehefrau während seiner Heimkehr nur kurz von der Arbeit freigestellt. Hermann P. hatte als Offizier an vier Feldzügen teilgenommen und im Januar 1942 während eines Fronturlaubs geheiratet. Diesen Heimataufenthalt brach er jedoch ab, da sich seine Einheit aufgrund sowjetischer Durchbrüche auf dem Rückzug befand. Den Urlaub im darauffolgenden November wollte er mit seiner Frau im neuen Heim verbringen – »[n]un aber sprach die Heimat«: Nach persönlicher Rücksprache beim Regierungsschulrat habe seine Frau als Lehrerin nur sechs Tage Urlaub bewilligt bekommen, und dies »obwohl man in unseren Mitteilungen für die Truppe immer liest, dass jede Arbeitersfrau beim Fronturlaub ihres Mannes ausreichend Urlaub bekommt.« Selbst ein Brief an den örtlichen Schulrat änderte nichts. Der Offizier resümierte, »dass ich dadurch in keiner Weise ein Familienleben habe.« Die Gauleitung dokumentierte den Fall, konnte jedoch rückwirkend nichts ändern. [848] Wie das Beispiel zeigt, rechtfertigten die Zeitgenossen intuitiv private Ansprüche mit ihrer Opferbereitschaft und ihrem soldatischen Selbstverständnis, sofern keine konkreten Notstände vorlagen. Außerdem offenbart sich die Tendenz vieler Urlauber, aus individuell erfahrenen Zurücksetzungen ein universelles Urteil über die Heimat abzuleiten. Hermann P. assoziierte mit der bürokratischen Starrheit ein grundlegendes Unverständnis von Zivilisten gegenüber Soldaten. Weil dies das Auseinanderleben von Front und Heimat begünstigte, entschied die Partei über berechtigte Eingaben in der Regel positiv.

Ebenso wie die Eingezogenen äußerten die Verwandten ihren Unmut: Die Wehrmachtangehörigen seien zu selten zu Hause oder würden bei der Vergabe von Freistellungen benachteiligt. Hierbei spielte das Vorschlagsrecht der Partei auf Fronturlaub gegenüber Wehrmacht und Waffen-SS eine zentrale Rolle. Für den verwundeten SS-Rottenführer Ludwig H. setzten sich Ortsgruppenleiter und Obergemeinschaftsführer bei der Kreisleitung für einen Erholungsurlaub ein, als er sich bei einer Genesungskompanie in Prag befand. Ausschlaggebend war neben der besonderen Betroffenheit der Eltern, die bereits einen Sohn im Krieg verloren hatten, dass es sich um eine »einwandfreie und nationalsozialis-

---

847 StAM, NSDAP 1172, Brief von Oberleutnant Hermann P. an Gauleiter Paul Giesler vom 3.12.1942.
848 Vgl. ebenda, Schreiben von Oberleutnant Hermann P. an den Bezirksschulrat Pfaffenhofen/Ilm und Antwortschreiben vom 30.11.1942.

tisch wertvolle Familie« handelte.[849] Das war sicherlich kein Einzelfall. Gustav K. ersuchte direkt beim Reichsminister für Volksaufklärung und Propaganda um einen Urlaub für seinen Sohn, den Obergefreiten Kurt K. Dieser war am 23. April 1944 bei Witebsk verwundet und in ein Lazarett bei Minsk verlegt worden. Der Vater forderte die gerechtere Verteilung der Lasten, die Goebbels zuvor selbst öffentlich versprochen hatte. Sein Sohn sei innerhalb von drei Jahren nur zweimal zu Hause gewesen und erhalte damit viel seltener Urlaub als andere Soldaten, die nicht an der Ostfront kämpften. Er betonte, die Familie leide schmerzlich unter der Trennung: »Sie werden verstehen können, dass die Eltern, wenn der Sohn noch lebt, sich [sic!] in gewissen Zeitabständen auch mal sehen möchten, denn es beruhigt die Seele und hebt den Mut.«[850]

Allerdings gestand die Führung immer seltener Privatheit um ihrer selbst willen zu. Dies belegt unter anderem der Rückgang klassischen Erholungsurlaubs. Auch Genesungsurlaub nach leichterer Verwundung und Einsatzurlaub vor Frontabstellung gingen zurück.[851] Anfang 1943 schlugen die Überwachungsorgane Alarm: Weil viele Angehörige des Jahrgangs 1924 vom RAD direkt zur Wehrmacht eingezogen wurden, ohne dass »vor oder nach der Ausbildung Urlaub gewährt wurde«, zeigten sich immer mehr Eltern äußerst ungehalten.[852] Bürgermeister, Landräte, Kreis- und Gaupropagandaleiter sowie Kreis- und Gauleiter registrierten ebenfalls zahlreiche Beschwerden: Für die Eltern stelle es ein großes Problem dar, wenn die Söhne den »Heldentod« starben, ohne sich vorher zu verabschieden. Der Ärger spiegelte sich selbst in Gefallenenanzeigen wider: »Es war uns nicht vergönnt, ihn als Soldat zu sehen.«[853] Da die Klagen nicht abrissen, nahmen sich schließlich Propagandaministerium, Parteikanzlei und OKW des Sachverhalts an. Wegen der regel-

---

849 StA Augsburg, S 4208_b, Schreiben des Obergemeinschaftsleiters der Ortsgruppe Augsburg 01 an die Kreisleitung der Stadt Augsburg vom 4.10.1943, Schreiben der Kreisgeschäftsführung der Kreisleitung Augsburg an die NSV-Kreisamtsleitung der Stadt Augsburg vom 8.10.1943.
850 Vgl. BArch, R 55/586, Schreiben von Gustav K. an Reichsminister Joseph Goebbels vom 29.7.1944.
851 Zur Veränderung der Anteile der Urlaubsarten im Zweiten Weltkrieg vgl. Grafik 4 und Tabelle 11.
852 Vgl. StA Augsburg, S 4207, Stimmungsbericht des Kreispropagandaamtes der Kreisleitung Donauwörth an das Reichspropagandaamt Schwaben für die Monate März und April 1943 vom 21.4.1943.
853 Vgl. BArch, R 55/604, Reichsministerium für Volksaufklärung und Propaganda, Propagandaerkundungen und Auswertungen, Meldungen, Akt: »Angelegenheiten der Wehrmacht und des Volkstums, Heimaturlaub von Soldaten die erstmals an die Front abgestellt werden – Prüfung von Einzelfällen 1944«, hierzu insbesondere die Korrespondenz zwischen Reichspropagandaministerium, Reichskanzlei und OKW zwischen April und August 1944.

rechten Flut von Gesuchen empfahl das Ministerium dem OKW zunächst, vor Frontabstellungen großzügig Kurzurlaub zu erteilen. Angesichts des allseitigen Neids auf die regelmäßigen Wochenendurlaube im Ersatzheer verspreche diese Maßnahme essenzielle Wirkung. Wie wichtig dem nationalsozialistischen Regime die Rolle als Sachwalter von Soldatenfamilien war, zeigt der Beschluss, jeden Einzelfall auf Berechtigung zu prüfen. Bei Beschwerden waren sämtliche Daten wie Rang, Truppenteil, Einsatzort und Anschrift der Angehörigen zu erfassen. Der SD schilderte einen »besonders tragische[n] Fall«, wobei ein Soldat einen 48-stündigen Urlaub vor der Frontabstellung erhalten hatte, der Bahnhofsoffizier ihn aber nicht fahren ließ, weil die rechtzeitige Rückkehr ungewiss war. Derlei Härten sollten unbedingt vermieden werden.[854] Allerdings ist unklar, welchen Erfolg Parteidienststellen gegenüber der Wehrmacht mit ihren Initiativen verzeichneten. OKW und militärische Propagandaabteilungen wehrten die Eingaben mehrfach mit dem Hinweis auf die Lage ab: Im fünften Kriegsjahr könne Einsatzurlaub eben nur noch »in den seltensten Fällen« erteilt werden. Als »glatte Lüge« bezeichnete das OKW den Vorwurf, die Rekruten seien niedergeschlagen gewesen, weil sie keinen Urlaub bekommen hatten: Vielmehr seien es die Angehörigen, die mit ihren Wünschen den »Soldaten das Leben schwer« machten.[855] Da ein Führerbefehl die Umsetzung des Einsatzurlaubs forderte, stellte das OKW dennoch Nachforschungen an, um die Klagen als unbegründet zu widerlegen. Es argumentierte, viele Soldaten hätten den Urlaub mit »ihren Mädels« verbracht und dies den Eltern verschwiegen.[856] Im Tauziehen um die Privatheit der Soldaten gab es neben Partei und Wehrmacht offenbar eine weitere Konfliktlinie. Sie verlief entlang innerfamiliärer Interessensunterschiede.

Gesuche, die auf die Sicherung der beruflichen Existenz zielten, bildeten eine eigene Kategorie. Neben UK.-Stellungen, Arbeitsurlaub und Landwirtschaftsurlaub unterstützte die Führung Gewerbe- und Handwerksbetriebe der Einberufenen mit Hilfsmaßnahmen. Nur einen Teil davon deckten Nachbarschaftshilfe und Kameradschaftsdienst ab. Ferner gab es die Gemeinschaftshilfe der Wirtschaft, die richterliche Vertragshilfe, Beihilfen zur Mietzahlung oder Wirtschaftsbeihilfen zur Fortführung von Betrieben.[857] Letztere wurden mit dem Familienunterhalt verrechnet und gewährt, wenn das Geschäft vor der Einberufung des Mannes den Lebensunterhalt der Familie gesichert hatte und

854 Vgl. ebenda, Meldung der Gauleitung Berlin vom 8.7.1944.
855 Vgl. ebenda, Schreiben von OKW und WMPr an das Reichspropagandaministerium vom 1.6. und 8.7.1944.
856 Vgl. ebenda, Schreiben von WMPr an das RMVP vom 6.5.1944.
857 Vgl. StAN, C 25/955-06, *Fränkische Tageszeitung*, Artikel »Hilfsmaßnahmen für die Betriebe Einberufener« vom 2.11.1940.

der Umsatz aufgrund des Wehrdienstes zurückging. Noch im Dezember 1944 war es für Parteidienststellen und Hoheitsträger »selbstverständlich darauf zu achten, daß man Geschäfte, dessen Besitzer oder Pächter an der Front steht, nach Möglichkeit den Angehörigen erhält, [...] damit nach Rückkehr des Inhabers die sofortige Weiterführung sichergestellt« ist.[858] Sofern keine UK.-Stellung in Aussicht stand, strebten Betroffene naturgemäß eine Beurlaubung an. Die Wehrmacht leitete Gesuche zunächst an Parteidienststellen und Polizeibehörden weiter. Zusammen mit der Kreisbauernschaft oder Wirtschaftsverbänden prüften diese die Notwendigkeit. Dahinter standen restriktive und teils widerstreitende Absichten: Einerseits wollte die Führung unnötige Freistellungen und damit zusätzliche Belastungen der Reichsbahn vermeiden. Andererseits setzte die NSDAP begründete Anträge aufgrund der Stimmungslage vehement durch. Ein Fall aus dem Allgäu verdeutlicht dies: Als der »Saaturlaub« des Landwirts Matthäus B. aus der Nähe von Kempten nicht genehmigt wurde, offenbar, weil das Schreiben verspätet bei der Kreisbauernschaft eingegangen war, schaltete sich die Gauleitung ein. Zu ihrer »Entlastung« teilte die Kreisbauernschaft daraufhin mit, sie behandle das Anliegen unverzüglich als »Heuurlaubsgesuch« weiter und lege »besonderen Wert auf die Befürwortung«.[859]

Überhaupt liefert der Blick auf die Berufsgestaltung Rückschlüsse auf die Aushandlung von Privatheit zwischen Staat und Individuen, da sie ebenfalls bedingender Bestandteil einer autonomen Lebensführung ist.[860] Insbesondere Antragsteller familiärer Unternehmen verquickten häufig geschäftliche und persönliche Motive. Sie führten häusliche Überlastung oder gesundheitliche Einschränkungen an. So wandte sich die Ehefrau eines Gastwirts an dessen Kompanieführer mit der Bitte um einen zweiwöchigen Arbeitsurlaub für ihren Mann. Außer der angestauten Arbeit und steuerlichen Erledigungen, die sie nicht leisten könne, nannte sie die Beanspruchung durch ihre drei kleinen Kinder. Wegen ihrer geschwächten Gesundheit befinde sie sich seit Wochen in ärztlicher Behandlung.[861] »Bestens befürwortet[e]« ein Ortsbauernführer aus Mainfranken ein Urlaubsgesuch des 66-jährigen Landwirts Michael H. für dessen Sohn am 13. Juni 1940. Neben der Betriebsgröße von 22 »Tagwerk« und

---

858 StAM, NSDAP 16, Korrespondenz der Kreisleitung Berchtesgaden-Laufen vom 13.12. 1944, ferner interne Korrespondenz zum Fall Anna N.
859 Vgl. StA Augsburgs, 4219, Schreiben der Kreisbauernschaft über die Kreisleitung Memmingen an die Gauleitung der NSDAP Schwaben vom 9.6.1943.
860 Vgl. Rössler, Wert des Privaten, S. 26.
861 Vgl. BArch-MA, RH 37, 3204, Schreiben von Frau B., Mitinhaberin der Gaststätte Fränkischer Hof in Kitzingen an das III. Bataillon, Infanterie-Regiment 555 vom 6.6.1940.

weil keine »Kriegsgefangenen oder andere stark sachverständige Arbeitskräfte« zur Verfügung standen, berücksichtigte er das fortgeschrittene Alter des Ehepaares. Ferner, dass die Familie acht Kinder großgezogen hatte und drei der vier Söhne Kriegsdienst leisteten.[862] Hilde J. tat sich schwer, das Schuhgeschäft ihrer 63-jährigen Schwiegermutter mit einem Jahresumsatz von 142.000 Reichsmark nach der Einberufung ihres Mannes alleine zu führen. Die Schwiegermutter könne kaum noch arbeiten, und Hilde J. solle auf ärztliches Anraten selbst dringend ausspannen. Neben anstehenden Einkaufsdispositionen hatte sie »drei unmündige Kinder im Alter von 4 Jahren, 3 Jahren und 3 Monaten zu versorgen«. Der Urlaub des Mannes schien »dringend erforderlich wenn nicht das Geschäft erheblichen wirtschaftlichen Schwierigkeiten ausgesetzt werden soll.« Der Bürgermeister der Stadt Herborn erachtete das Gesuch als »ausreichend begründet«. Er bat das Wehrbezirkskommando, »den J. zu beurlauben«, weil das umfangreiche Geschäft »von seiner Ehefrau bestimmt nicht dauernd geleitet werden kann« und ihren »Gesuchsangaben […] unbedingt Glauben zu schenken« sei.[863] »Soldatenbriefe zur Berufsförderung« und Studienurlaube dienten der beruflichen Perspektive junger Soldaten.[864] Gleichwohl wies auch dieses Zugeständnis Versatzstücke nationalsozialistischer Ideologie auf und folgte pragmatischen Erwägungen. Das Regime begünstigte Studenten technischer und naturwissenschaftlicher Richtungen, an denen im Krieg naturgemäß Mangel herrschte. Künstlerische, gestaltende und religiöse Disziplinen benachteiligte es. Letztlich kam dies einer steuernden Einflussnahme auf persönliche Lebensentscheidungen gleich.[865]

Ihre Eindrücke während des Fronturlaubs veranlassten Soldaten ebenfalls dazu, sich – auch nachträglich – an die Partei oder militärische Fürsorgestellen zu wenden. Nicht selten baten sie eigenhändig um Einschreiten bei privaten Angelegenheiten oder um Hilfe in familiären Notsituationen. Für das Regime musste es »dem einzelnen Fronturlauber […] sinnfällig werden, daß die ganze

---

862 Vgl. ebenda, Schreiben von Michael H. an das Inf.-Reg. 555 und Stellungnahme des Ortsbauernführers Gossmansdorf vom 13.6.1940.
863 Vgl. BArch-MA, RH 84/28, Schreiben von Hilde J. und Gutachten des Bürgermeisters von Herborn an das Wehrmeldeamt Dillenburg vom 15.6.1940.
864 Vgl. BArch, R 4901/13892, Oberkommando der Kriegsmarine, Verfahrensweise bei Immatrikulation der zum Wehrdienst eingezogenen Abiturienten vom 15.3.1943, Schreiben zur Weiterbildung der Jungakademiker vom 5.4.1943, Vermerk zur Betreuung der Studenten-Wehrmachtsangehörigen vom 1.5.1943, Schreiben zur Fernbetreuung der Jungakademiker vom 16.7.1942.
865 Vgl. Absolon, Wehrmacht, Bd. 5, S. 304 f.; exemplarisch: IfZ-Archiv, Da 34.01, Allgemeine Heeresmitteilungen, Verordnungen Nr. 1067 vom 6.11.1941, Nr. 1106 und 1139 vom 18.11.1941, Nr. 1204 vom 5.12.1941, Nr. 1223 vom 11.11.1941, Nr. 334 vom 4.4.1942, Nr. 680 vom 15.8.1942, Nr. 792 vom 9.9.1942 und Nr. 266 vom 18.3.1943.

Arbeit der Heimatdienststellen der Front« galt.[866] Jedem Soldaten sollte klar sein, dass »seine Betreuung und die seiner Familie in den sicheren Händen der NSDAP« lag.[867] Am 2. Dezember 1942 beschwerte sich Unteroffizier Ernst L. schriftlich bei seinem Gauleiter über die geringe Benzinzuteilung für Hausärzte. Sein »Soldatsein« erlaube ihm zwar nicht, persönlich vorzusprechen, jedoch bezog sich Ernst L. ausdrücklich auf die Sprechstunden, die für »dringende persönliche Anliegen« aller Volksgenossen im Krieg bei den Gauleitern eingerichtet worden waren. L. war zuvor in Russland verwundet worden und hatte im November 1942 einen Heimaturlaub zur Geburt seines zweiten Kindes erhalten. Als während dieses Aufenthaltes sein Erstgeborenes über »heftige Schmerzen im Unterleib« klagte, wollte der Unteroffizier einen Arzt hinzuziehen. Dies scheiterte, weil durch Einberufungen nicht nur ein Mangel an Ärzten in ländlichen Regionen herrschte, sondern die verbliebenen Mediziner zudem kein Benzin für Hausbesuche hatten. Den Stein des Anstoßes lieferte letztlich der lakonische Kommentar eines Beamten des Münchner Wirtschaftsamtes, »es sei Krieg«. L. war empört und betonte, er habe »in Russland schon mehr vom Krieg gespürt, als dieser Beamte in seinem Amt.« Dass der Gauleiter dem nachging, war für den Familienvater gleichbedeutend mit der Gewissheit, dass die Angehörigen während des Einsatzes der Männer die notwendige ärztliche Betreuung erhielten. Der Fall verweist auf die Quintessenz der Familienbetreuung durch die NSDAP: Das Gefühl, in der Ferne handlungsunfähig zu sein, machte den Fronturlaub zu einem besonders sensiblen Erfahrungsraum. Hier prüften die Soldaten mit Argusaugen, ob es den Angehörigen gut ging und ob ihr eigener ziviler Angelpunkt gefährdet war. Der Adjutant des Gauleiters beschwichtigte L. indessen und beteuerte die Bemühungen der Partei, die ärztliche Betreuung nach besten Kräften zu fördern. Für den Beamten bat er um Nachsicht und darum, auf »ein großes Verfahren in dieser arbeitsreichen Zeit« zu verzichten.[868] Deutlich umfassender kümmerte sich die Partei im ähnlich gelagerten Fall des Unteroffiziers H. S. Nachdem eines seiner Kinder im Krankenhaus verstorben und der Gesundheitszustand seiner Frau ebenfalls gefährdet war, machte er während des Sonderurlaubs, den er zur Beerdigung erhalten hatte, einen ärztlichen Kunstfehler geltend. Gegenüber Gauleiter Paul Giesler betonte er, wenn dies Kindern anderer Soldaten zustoßen könne, dann »hätte

---

866 Vgl. BArch-MA, RW 15/65, Anordnung des Wehrkreiskommandos Münster über die »Behandlung von Urlaubern, insbesondere Fronturlaubern bei Wehrmachtdienststellen« vom 25.11.1943.
867 Vgl. SuStB Augsburg, 4 A 64 -6,2, *Der politische Soldat*, Ausgabe vom 25.9.1939.
868 Vgl. StAM, NSDAP 1168, Brief von Unteroffizier Ernst L. an den Gauleiter im Gau Bayern vom 2.12.1942 sowie die Abschrift des Antwortschreibens des Stellvertreters des Gauleiters vom 8.12.1942.

der Krieg für mich den Sinn verloren, denn wir kämpfen doch nicht um höheren Lebensstandard, sondern um unsere Zukunft, das heisst für unsere Kinder.« Daraufhin verlangte die Gauleitung ein umfassendes Gutachten und prüfte die Zustände in dem betreffenden Krankenhaus.[869]
Neben materieller Absicherung wünschten sich viele Soldaten trotz der Kriegslasten ein möglichst harmonisches Alltagsleben für ihre Angehörigen. In unzähligen Eingaben baten sie die Partei, Mietstreitigkeiten zu regeln oder Anfeindungen durch Nachbarn abzustellen. Nach seiner Rückkommandierung von Sizilien wollte Hauptmann S. den Fronturlaub nutzen, um dem »unerträglichen Benehmen« der Hauswirtin seiner Frau gegenüber »Einhalt zu gebieten«. Nach gescheiterter Unterredung mit dem Sohn der Vermieterin, dem Obergefreiten Helmut S., wandte sich der Hauptmann an die Gau- und Kreisleitung. Wegen Zersetzung der Wehrkraft, groben militärischen Ungehorsams wie Beleidigung und Verleumdung kam der Sachverhalt schließlich vor Gericht. Dass der Hauptmann beim Militär direkter Vorgesetzter des Obergefreiten war, sich aber im Zivilleben als Mieter dessen Gängelungen ausgesetzt sah, verkomplizierte die Konstellation. Es tauchte der Verdacht auf, die Hauswirte hätten Heizmaterial unterschlagen, das der Frau des Hauptmanns zustand. Als nun beide Urlaub hatten, suchte der Hauptmann das klärende Gespräch, »absichtlich in Zivil […] um in keiner Weise militärische Dinge in diese private Unterhaltung zu bringen.« Doch der Streit eskalierte mit der Bemerkung des Obergefreiten: »Außerdem ist der Krieg bald zu Ende, da hat das mit dem Hauptmann aufgehört«. Der Vorgesetzte wandte sich daraufhin an den Kriegsgerichtsrat.[870] Neben Denunziation als gängigem Sozialverhalten zeigt das Beispiel, wie stark sich im Krieg private Interessen mit militärischen Statuskämpfen verquickten und dadurch politisch aufluden. Dies ist sowohl ein Indiz für die tiefe ideologische Durchdringung der Gesellschaft mit nationalsozialistischem Gedankengut als auch für die fortschreitende Verdrängung ziviler Werte durch soldatische Ideale.[871]

---

869 Vgl. StAM, NSDAP 14, Persönliche Korrespondenz des Gauleiters, Schreiben von Unteroffizier H. S. an die Gauleitung vom 21.9.1944, Antwortschreiben des Gauleiters vom 11.10.1944, Gutachten des Amtes für Volksgesundheit München an die Gauleitung vom 10.10.1944, Schreiben des Landratsamtes Tegernsee an die Gauleitung vom 29.9.1944.
870 Vgl. BArch-MA, Pers. 15/2561, Schreiben von Hauptmann S. an den Kommandeur des Luftgaupostamtes Paris vom 9.9.1943, Vermerk des Feldgerichts des Kommandierenden Generals des IX. Fliegerkorps vom 16.9.1943, Vernehmungsprotokoll des Obergefreiten Helmut S. beim 1./Wachbataillon Großdeutschland vom 10.10.1943, Protokoll des Gerichts der Wehrmachtkommandantur Berlin NW 40 vom 19.10.1943.
871 Vgl. Hornung, Denunziation, S. 9-11; Paul, Private Konfliktregulierung, S. 380-402.

Die Partei zeigte bereits in deutlich glimpflicheren Situationen Bereitschaft, zivile und private Sphären zu kontrollieren. Der Gefreite Xaver H. wandte sich im Januar 1941 an die Kreisleitung Memmingen, sie möge »Beleidigungen« und »Belästigungen« seiner Frau durch den Untermieter beenden. Da er dies im Urlaub nicht regeln konnte, schreibe ihm seine Frau nun ständig ins Feld, wie »kopflos« sie sei und dass sie daran denke, »sich und ihre 7 Kinder aus der Welt« zu schaffen.«[872] Auch Josef R. sorgte sich um seine Frau und seine beiden Kinder, die während seiner Abwesenheit von den Vermieterinnen, einem älteren Geschwisterpaar, schikaniert würden. So dürften weder die Kinder im Garten spielen noch die Frau dort die Wäsche aufhängen. Außerdem stelle der bissige Wolfshund der Hauswirtinnen eine ernste Gefahr dar. Der Verweis auf die mangelnde nationale Gesinnung der Hauswirtinnen folgte als obligatorische Floskel.[873] Das Regime reagierte gewohnheitsgemäß: Der Sachverhalt wurde durch Blockwart und Ortsgruppenleiter geprüft und »im Auge behalten«, was Veranlassung gab, »ab und zu in diesem Haus vorbeugend Nachschau zu halten.«[874] Auch enthielt das Antwortschreiben die übliche Phrase, dass »Kriegersfrauen unter dem persönlichen Schutz des Gauleiters« stehen.[875] Im Alltag und im persönlichen Kontakt mit den Volksgenossen übten diesen »Schutz« Block-, Zellen- und Ortsgruppenleiter aus.

Umso drakonischer reagierte das Regime, wenn einer ihrer Hoheitsträger seine Fürsorgebefugnisse für eigene Zwecke missbrauchte. In einem besonders pikanten Fall war ein Blockleiter ein intimes Verhältnis mit der Frau eines Frontsoldaten eingegangen. Der Ehemann hatte während seines Heimaturlaubs davon erfahren und sich bei der Kreisleitung beschwert. Ein Gericht beurteilte das Verhalten als »besonders verwerflich«, weil es den Zusammenhalt zwischen Front und Heimat gefährdete.[876] Aus ebendiesem Grund schrieb das Regime ehelicher – insbesondere weiblicher – Treue innerhalb der Soldatenfamilien staatsmännische Bedeutung zu: Öffentliches Interesse und Privatleben waren auch hier nahezu deckungsgleich. Folglich schenkten staatliche Organe den

---

872 Vgl. StA Augsburg, S 4208 b, Schreiben des Gefreiten Xaver H. an den Gauleiter von Schwaben vom 12.1.1941 sowie Erledigungsvermerk der Adjutantur des Gauleiters vom 31.1.1941.
873 Vgl. StA Augsburg, S 4207, Schreiben des Unteroffiziers Joseph R. an die Gauleitung Schwaben vom 8.10.1942.
874 Vgl. StA Augsburg, S 4208 b, Schreiben des Ortsgruppenleiters Pfersee-Süd (Augsburg) an die NSDAP Kreisleitung Augsburg Stadt vom 24.2.1941 sowie Antwortschreiben der Kreisleitung an den Gefreiten Xaver H. vom 18.3.1941.
875 Vgl. StA Augsburg, S 4207, Schreiben des Oberbereichsleiters der NSDAP (Augsburg) an die Ortsgruppe Haunstetten vom 2.10.1942.
876 Vgl. StAM, NSDAP 15, Persönliche Korrespondenz des Gauleiters, Schreiben vom 3.4.1942.

Kriegerfrauen besondere Aufmerksamkeit. Ebenso eigenmächtig wie aufgrund von Verdachtsäußerungen der Soldaten griffen sie in intime Beziehungen ein.[877] Magdalena M. aus Augsburg, deren Mann bei der Reichsbahn in Belgien Kriegsdienst leistete, zog wegen ihres angeblich frivolen Umgangs mit Soldaten das Interesse der Partei auf sich. Weil sie nachts ins Kino ging und ihre Kinder in die Wohnung sperrte, müssten sich die Nachbarn bei Fliegeralarm regelmäßig der Kinder annehmen. Nach mehrfachen Ermahnungen meldete der zuständige Blockwalter der NSV diese Beobachtungen seinem Zellenwalter. Die Situation eskalierte während des Heimataufenthaltes des Mannes im Juni 1941. Die Partei befragte zunächst alle Beteiligten und sprach gegenüber der Ehefrau schließlich eine scharfe Verwarnung aus. Diese reagierte mit einer Verleumdungsklage, der Ehemann wiederum reichte die Scheidung ein. Letzterer erschien allerdings nicht zur Verhandlung am Landgericht. Zu diesem Zeitpunkt fahndeten bereits Gestapo und Wehrmacht nach ihm. Sie verdächtigten ihn, wegen eines Verhältnisses mit einer Wallonin nach Belgien fahnenflüchtig geworden zu sein.[878] Der Vorwurf der Entfernung von der Truppe wog letztlich schwerer als die moralische Verfehlung.

Doch existierten gewisse Grenzen, genau wie das Regime seine Hilfsbereitschaft gegenüber Fronturlaubern stets an ideologische und rassistische Normen band. Als etwa der Kriegslagermeister M. F. seine Frau zur Scheidung drängte, weil er seine schwangere norwegische Freundin heiraten wollte, wandte sich die Gattin an den Münchner Gauleiter Paul Giesler. In seinem Schreiben an den Einheitsführer betonte dieser »Verständnis für Situationen, die der Krieg mit sich bringt, aber die Wahrung der Ehre der deutschen Frau fordert in diesem Fall ein Einschreiten.« Die Ehe sollte nicht an dieser »Verwirrung scheitern«, und Giesler forderte den Vorgesetzten auf, den Mann von jedem weiteren Verkehr mit der Norwegerin abzuhalten, weil dies die »einzig richtige Lösung zur

---

877 Vgl. Kundrus, Kriegerfrauen, S. 369-377; StAM, Landgerichte 17380, Az. 3 R 121/44, Scheidungsklage P. gegen P., Anhörung vom 25.2.1944; StAM, Landgerichte 17385, Az. 3 R 121/43, Scheidungsklage R. gegen R., Brief des Anwalts des Klägers an das Landgericht vom 17.3.43: »Der Kläger ist im April 40 im Bahndienst im Osten eingesetzt worden. Als er im Sommer 40 erstmals in Urlaub nach Hause kam, fand er einen polizeilichen Meldezettel, aus dem hervorging, daß während seiner Abwesenheit ein fremder Mann in der Wohnung Aufnahme gefunden hatte, den die Beklagte gegenüber dem Hausherren als einen Bruder des Klägers ausgegeben hatte.«
878 Vgl. StA Augsburg, S 4208, Schreiben der Kreisleitung Augsburg an die Geschäftsstelle des Amtsgerichts Augsburg, Abteilung für Strafsachen, 30.10.1941, Schreiben der NSDAP Ortsgruppe Augsburg-Bärenkeller an die NSDAP Kreisleitung Augsburg Stadt vom 20.11.1941, Notiz des Oberbereichsleiters der NSDAP an den Justizrat Anton D. vom 17.5.1942.

Wiederherstellung eines gesunden Eheverhältnisses« sei. Der Armeeintendant versetzte den Kriegslagermeister daraufhin an eine andere Front.[879]

5. Kampf um öffentliche und private Grenzen

Konnte das Regime das Auftreten der Fronturlauber nicht mittels Propaganda oder Vergünstigungen in die gewünschten Bahnen lenken, erwuchs aus dessen Sicht daraus die Gefahr von Normüberschreitungen. Die Ursachen abweichenden Verhaltens reichten von spontanen Reaktionen auf Alltagsbegebenheiten bis hin zu vorsätzlicher Planung. Auslöser war in der Regel ein Impuls oder Entschluss, der sowohl in Beziehung zur individuellen Kriegserfahrung als auch zur persönlichen häuslichen Situation stand. Da Devianz in der Summe neue gesellschaftliche Realitäten und Normen konstruiert, provozierten Verfehlungen der Urlauber zwangsläufig harte Gegenmaßnahmen des Regimes.[880] Dies dokumentieren etwa Gerichtsakten.

Im Folgenden wird zuerst die Interpretationshoheit von Fronturlaubern über das Kriegsgeschehen untersucht. Gemeint sind »Urlaubererzählungen«, denen die Bevölkerung aufgrund vermeintlicher Authentizität im Kontrast zum allmählichen »Niedergang der Deutungsmacht« der NS-Propaganda wachsende Aufmerksamkeit schenkte.[881] Der SD hat diese Stimmungskurve ausgiebig dokumentiert.[882] Allerdings sind die Berichte oft einseitig und konzentrieren sich zu stark auf das Rezeptionsverhalten in Deutschland. Die tatsächliche Beeinflussung von Meinung und Moral durch Fronturlauber fußte demgegenüber auf einem wechselseitigen Informationskreislauf: Ebenso wie die Soldaten den Angehörigen von »Draußen« berichteten, multiplizierten sie ihre Eindrücke von der Heimat unter den Kameraden an der Front. Es gilt, den Anteil der Frontsoldaten am Meinungsaustausch der deutschen Kriegsgesellschaft zu destillieren, Zäsuren auszuloten und den Kommunikationsfluss von der Heimat zur Front angemessen zu berücksichtigen. Kenntnisse über Kriegsverbrechen interessieren ebenso wie die Einflussnahme dritter Parteien, etwa der Kirchen oder der Feindpropaganda. In einem weiteren Schritt werden Normüberschrei-

---

879 Vgl. StAM, NSDAP 1172, Brief des Adjutanten des Gauleiters Paul Giesler an den Führer der Einheit Feldpostnummer 03945 B vom 22.6.1943 und Antwort des Gauleiters Paul Giesler an die Ehefrau vom 14.7.1943.
880 Vgl. Fischer-Lichte, Performanz, S. 114f.; Turner, The Liminal, S. 4–20.
881 Vgl. Kallis, Deutungsmacht, 203-250, insbes. S. 223-228.
882 Seit den frühen 70er Jahren liegen hierzu Arbeiten vor, deren Ergebnisse durch neue Indikatoren inzwischen weiter nuanciert wurden, vgl. Steinert, Krieg; Wirl, Öffentliche Meinung, S. 24 f.; Aly, Volkes Stimme, S. 9-19.

tungen thematisiert, die primär durch Handlungen oder das Unterlassen gewisser Handlungen charakterisiert sind. Dazu zählt die sogenannte Erschleichung von Urlaub, meist indem familiäre Notlagen konstruiert wurden. Ferner die Übertretung des Urlaubs, die oft in Fahnenflucht mit Folgedelikten überging. Ebenso sind Vergehen gegen die Kriegswirtschaftsordnung anzuführen. In allen genannten Bereichen zeigt sich trotz zunehmender Repressionen des Regimes eine wachsende Bereitschaft, Verstöße zu begehen. Sanktionen wurden teils bewusst in Kauf genommen. Dies lenkt den Blick schließlich auf Handlungsmotive, Tatumstände und Urteilsbegründungen.[883]

Der Zusammenhang aus steigender Deliktbereitschaft und erhöhtem juristischen Verfolgungswillen erlaubt ebenfalls Aussagen über individuelle Handlungsoptionen in der Öffentlichkeit und entsprechende limitierende Eingriffe des Regimes. Während heimkehrende Soldaten seit der Kriegswende häufiger »defätistisch« über die Lage sprachen, fuhren sie zugleich immer öfter mit besorgniserregenden Eindrücken infolge des Luftkrieges zurück an die Front. Im gleichen Zeitraum mehrten sich Verweigerungshaltungen, wie eigenmächtige Urlaubsübertretungen oder Selbstverletzungen. Laut einer Erhebung des OKH meldeten sich bei einzelnen Einheiten im April 1943 rund 40 Prozent aller Urlauber gegen Ende ihres Heimatbesuches krank.[884] Das Regime reagierte mit insgesamt sechs Novellierungen der Kriegssonderstrafrechtsverordnung. Die Kriegsstrafverfahrensordnung (KStVO) modifizierte es elfmal. Aburteilungen wurden beschleunigt, Verfahrensgarantien abgebaut und schließlich auf Revisionen und Urteilsprüfungen verzichtet, was richterlicher Willkür Tür und Tor öffnete. Primär ging es um den Erhalt der Kriegsgemeinschaft und nicht um die Suche nach Wahrheit oder individueller Schuld der Angeklagten. Der »defätistische Tätertyp« war »Hauptfeind Nummer eins«. Aburteilungen wegen Wehrkraftzersetzung stellten zusammen mit Entfernungsdelikten den bedeutendsten Teil der Tatbestände. Die Soldaten begingen diese Vergehen bevorzugt im Kontext des Heimataufenthalts: Bei rund einem Drittel aller 2,4 Millionen Strafverfahren gegen Wehrmachtsoldaten waren Fronturlauber betroffen.[885] Bedenkt man, dass die Heimatbesuche weniger als ein Zehntel der Gesamtdienstzeit ausmachten, wird rasch klar, wie hoch dieser Wert ist; die Bereitschaft zum Normbruch stieg während Urlauben und der Abwesenheit vom Stammtruppenteil exponentiell.

883 Vgl. Heinemann, Krieg, S. 41 f.
884 Vgl. BArch-MA, RH 15/283, Abschrift des Oberkommandos des Heeres, Geheime Kommandosache bezüglich der »Krankmeldung von Urlaubern« vom 14.4.1943; vgl. ferner Theis, Wehrmachtjustiz, S. 197-204.
885 Vgl. Messerschmidt, Wehrmachtjustiz, S. 34-38, S. 49 f., S. 90-92; Theis, Wehrmachtjustiz, S. 206-209.

Bereits als die KSSVO im Oktober 1940 novelliert wurde, gerieten die Fronturlauber in eine exponierte Position. Das Regime weitete die Zugriffsmöglichkeiten auf die Soldaten und auf ihr Sprechen vom Krieg aus. Insbesondere weichte es das Kriterium der Öffentlichkeit auf, das nach § 5 Abs. 1 die Aburteilung wegen Wehrkraftzersetzung aufgrund »zersetzender« Reden begründete. Da nun die »Ersatzöffentlichkeit« eingeführt wurde, galt der Straftatbestand schon als erfüllt, wenn eine Äußerung potenziell öffentlich werden konnte. Dementsprechend musste auch keine Zersetzung eintreten, es genügte, dass sie eintreten konnte. Das Regime kriminalisierte damit unerwünschtes Auftreten im Krieg bereits in den vier Wänden seiner Volksgenossen ebenso früh wie massiv. Dies offenbart den staatlichen Willen, selbst auf die private Kommunikation unter Angehörigen und Bekannten zuzugreifen. Freilich blieb die Führung auf die Bereitschaft zu gesellschaftlicher Selbstüberwachung angewiesen.[886] Bei Urlaubererzählungen profitierten die Überwachungsorgane sogar davon, dass sich die Interpretationshorizonte zwischen den Akteuren an Front und Heimat auseinanderentwickelten. Ferner spielten geschlechtlich konnotierte Sinnzuschreibungen eine Rolle. Vorwiegend wandten sich etwa Frauen an Partei und Polizei, wenn sie sich von Erzählungen bekannter oder verwandter Fronturlauber bedroht sahen, sich vor der Niederlage fürchteten, kaum Interesse an der Realität hatten oder glaubten, mit einer Denunziation zum Sieg beizutragen. Bei den Kriegserzählungen sind weiter nicht nur die Inhalte, sondern auch die Orte der Verleumdung wie das Verhältnis zwischen »Zersetzer und Denunziant« von Bedeutung. Erst die Zusammenschau dieser Komponenten erhöht die Aussagefähigkeit über »staatlicherseits gesteckte Grenzlinien zwischen Privatheit und Öffentlichkeit« und die Aushandlungsprozesse zwischen Regime und Fronturlaubern.[887]

a. Deutungshoheit

Grundzüge und Wandel des Wissenskreislaufs

Urlaubererzählungen waren als alternative Informationsquelle für die deutsche Kriegsgesellschaft von besonderer Bedeutung. Sie hatten wesentlichen Anteil daran, dass sich die öffentliche Meinung – wie adäquat dieser Begriff unter den Bedingungen der nationalsozialistischen Diktatur nun sein mag[888] – teil-

---

886 Vgl. Paul, Konfliktregulierung, S. 380-402.
887 Vgl. Hornung, Denunziation, S. 31, S. 11f., S. 60-63 und S. 80; vgl. auch Messerschmidt, Zersetzer, S. 261.
888 Vgl. Wirl, Öffentliche Meinung, S. 2f.: Wirl betont, dass die öffentliche Meinung auch in demokratischen Gesellschaften bis zu einem gewissen Punkt ein wertgelade-

weise von der bevormundenden Realitätsdeutung des Regimes befreite. Die Bevölkerung nutzte sie als Korrektiv zur Propaganda. Urlaubererzählungen unterschieden sich fundamental von anderen Formen inoffizieller Wissensbeschaffung: Im Gegensatz zur Feldpost gab es keine Zensur, und die Kommunikation erfolgte direkt und oft mit geringerer Zeitverzögerung.[889] Anders als beim verbotenen Abhören der Feindsender sprachen hier deutsche Soldaten, die sich im eigenen Lager befanden, und keine tendenziös eingestellten Exilanten. Je nach politischem Ort der Zuhörer machte dies einen deutlichen Unterschied für die Glaubwürdigkeit. Vor allem aber konnte ausländisches Radio nur im Verborgenen gelauscht werden. Die Geschichten von Fronturlaubern multiplizierten sich nicht nur im öffentlichen Raum, sondern auch im Privaten oder an halböffentlichen Orten, wie in Gaststätten oder Wirtshäusern.[890] Dies machte sie ebenso wirksam wie gefährlich, für das Regime wie für die Erzählenden. Beispielsweise meldete der SD im Februar 1943 »Gerüchteverbreitung durch Urlauber von Afrika bis zur bretonischen Küste.«[891] Im Sommer 1944 konstatierte er: »Im allgemeinen vollzieht sich die Meinungsbildung über die Lage im Osten weniger aufgrund der Darstellungen der Führungsmittel als vielmehr aus privaten Nachrichtenquellen, wie Erzählungen von Soldaten ...«.[892] Staat und Partei erhöhten ihre Sensibilität für »defätistische« Äußerungen und reagierten mit verstärkter Überwachung. Politische Leiter erhielten zusätzliche Unterstützung durch Polizeikräfte, eigens um gegen »Meckerer« einzuschreiten. Die Wehrmacht belehrte Urlauber vor Antritt der Heimreise regelmäßig über die Tragweite ihrer Worte, die Abwehr von Spionage, über Sabotage und Zersetzung in der Wehrmacht, die Schädlichkeit von prahlerischem Verhalten oder die fahrlässige Preisgabe von Staatsgeheimnissen.[893] Die Soldaten kannten

nes Konstrukt beschreibt, in der Konsens über insbesondere moralisch aufgeladene Meinungen oder Verhaltensweisen herrscht, den man öffentlich zeigen oder vertreten muss, wenn man sich nicht isolieren will.
889 Zur Einflussnahme subjektiver Wahrnehmungen und von individuellen Emotionen auf Prozesse der öffentlichen Meinungsbildung vgl. Bloch, Falschmeldungen, S. 191 f.
890 Vgl. Hornung, Denunziation, S. 89 f.
891 Boberach (Hrsg.), Regimekritik, Meldungen aus Luxemburg vom 25.2.1943.
892 Boberach (Hrsg.), Meldungen, Bd. 17, S. 6708, SD-Bericht vom 17.8.1944.
893 Vgl. BArch, NS 6/347, Runderlass der Parteikanzlei zur Unterstützung politischer Leiter durch Polizeikräfte im Kampf gegen Reichsfeinde und Defätisten vom 31.5.1944; BArch, R 58/4071, Anweisungen des Reichsführers SS zur Überwachung der Stimmung im Krieg und zur Erfassung illegaler Schriften durch die Staatspolizei 1939-1944, hier insbesondere eine durch Fronturlauber verbreitete Schmähschrift »Reichsfürsorgestelle für Familienzuwachs« vom Mai 1940; BArch-MA, RW 4/v-357, Mitteilungen für die Truppe, August 1943; Quelle: http://wwii.germandocsinrussia.org/de/nodes/2264-akte-128-anleitung-fur-den-unterricht-uber-abwehr-von-spionage-sabotage-und-zersetzung-in-der#page/1/mode/grid/zoom/1, Beuteakten in russischen Beständen, 500, Findbuch 12450, OKW, Akte 128, Anleitung für den Unterricht über Abwehr von

ihre Einflussmöglichkeiten und wussten, dass der Meinungsaustausch in der Heimat reglementiert wurde. Sie entwickelten ein Gespür dafür, unter welchen Umständen sie wem welche Dinge erzählen konnten und wann sie in Gesprächen mit der Heimatbevölkerung selbst zwischen den Zeilen lesen mussten. Alois H. teilte in der Gefangenschaft seinem amerikanischen Verhöroffizier mit, die Stimmung sei bei seinem letzten Heimaturlaub im Januar 1944 sehr schlecht gewesen. Vor allem sei ihm aber aufgefallen, dass die Leute »Angst zu reden« hatten.[894] Kurt M. beschrieb mit Blick auf seinen letzten Heimatbesuch eine Problematik, mit der sich der SD selbst auseinandersetzte, um die tatsächliche Volksstimmung zu erfassen: »Es ist sehr schwer zu sagen, was die Menschen heutzutage denken. [...] Die Leute sind durch die Luftangriffe sehr entmutigt. Aber man hört solche Kommentare nur zwischen Menschen, die sich gegenseitig vertrauen. Die Gestapo unterdrückt jegliche öffentliche Meinung.«[895]

Das Ringen um die Deutungshoheit vollzog sich nicht in einem linearen Prozess, sondern unterlag ständigen Schwankungen. Der Informationskreislauf zwischen Kampf- und Heimatgebiet war ein äußerst heterogenes Gebilde. Beim Transfer von Wissen, Stimmungen oder bloßen Annahmen, auf denen die Lageinterpretationen der Urlauber beruhten, lassen sich acht Grundkonstellationen unterscheiden: Die Front konnte die Heimat sowohl positiv wie auch negativ beeinflussen und bestehende Mehrheitsmeinungen[896] jeweils verstärken oder ihnen entgegenwirken. Entsprechend galten diese vier Muster für die umgekehrte Richtung des Informationsflusses, von der Heimat zur Front. Zudem lud der Austausch mit der Zivilgesellschaft die Eindrücke der Militärurlauber katalytisch auf. Dies vervollständigte den Kreislauf von Wissen und Stimmung erst. Umso mehr antizipierten die Machthaber Gefahr, wenn Soldaten resigniert an die Front zurückfuhren.

Zunächst interessierte das Regime, inwieweit sich die Ausführungen der Urlauber mit den offiziellen Nachrichten deckten. Grundsätzlich forderte es optimistisches Auftreten. Jedoch bemühte sich Goebbels in bestimmten Situa-

---

Spionage, Sabotage und Zersetzung in der Wehrmacht, 17.1.1942 (letzter Zugriff: 8.6.2017); BArch, NS 6/331, Maßnahmen der Parteikanzlei gegen fahrlässige Preisgabe und Unterstützung von Aufklärungsaktionen des OKW durch warnende und aufklärende Aufsätze in der Tagespresse vom Februar 1940.
894 Vgl. NARA, RG 165, Entry 179, Box 478 (1) 149 (NND 750/22), Unteroffizier der Infanterie Alois H., Report of Interrogation, 5.9.1944.
895 NARA, RG 165, Entry 179, Box 515 (2) 32 (NND 756/22), Soldat der Infanterie Kurt M., Report of Interrogation 22.5.1944.
896 Vgl. Wirl, Öffentliche Meinung, S. 2f. und S. 125-128. Interessant sind in diesem Zusammenhang die Überlegungen zur Schweigespirale und zu Mehrheitsmeinungen in atomisierten Massengesellschaften, insbes. in Diktaturen.

tionen, übertriebenen Enthusiasmus durch Urlaubererzählungen abzudämpfen. Er befürchtete, dieser würde unerfüllbare Hoffnungen in der Bevölkerung wecken.[897] Ob die Urlaubererzählungen in Einklang mit der tatsächlichen Entwicklung standen, war nicht zwingend relevant – je nach Situation begrüßte das Regime realitätsnahe Schilderungen mal mehr, mal weniger. Auch der Grad an Glaubwürdigkeit, den die Bevölkerung den Soldatenberichten schenkte, blieb nicht konstant. Phasenweise vertraute sie der Propaganda stärker, vor allem, wenn die inoffiziellen Erzählungen die eigenen Siegeshoffnungen untergruben:

»Laufende Berichte aus den verschiedensten Reichsgebieten bestätigen, daß die Nennung von Ortsnamen im Osten eine beruhigende Wirkung auf die Bevölkerung ausgeübt hat. Man entnehme aus ihrer Bekanntgabe mit Erleichterung, daß es an der Gesamtfront doch wohl nicht so schlecht stehen könne, wie man auf Grund von Gerüchten, Schilderungen von Fronturlaubern oder Mitteilungen in Feldpostbriefen hätte annehmen können.«[898]

Wie die Tagesrapporte der Gestapoleitstelle Wien vom 27. und 28. Februar 1940 zeigen, schenkten die NS-Überwachungsorgane Urlaubererzählungen seit Anbeginn des Krieges erhöhte Aufmerksamkeit. Die V-Leute belauschten zu diesem Zeitpunkt bevorzugt Gespräche der Soldaten in Kaffee- und Gasthäusern. Die Haltung der Urlauber erschien »völlig einwandfrei«, da sie sich ruhig und »schweigsam in militärischen Angelegenheiten« zeigten. Die Heimkehrer lobten die gute Behandlung durch Heimatdienststellen sowie die »gute und ausreichende Verpflegung und Bekleidung«.[899] Ende Mai 1940, nachdem die Wehrmacht unter dem Decknahmen »Weserübung« Dänemark und Norwegen besetzt hatte, in Frankreich aber noch kämpfte, registrierte der SD großräumig negative Berichte heimkehrender Soldaten und das hohe Interesse der Bevölkerung an ihren Erzählungen. Angaben durchfahrender Verwundeter lösten »Gerüchte über hohe deutsche Verluste« aus, die vielerorts »zur Grundlage weiterer teilweise übertriebener Erörterungen« wurden. Einen Einfluss der »feindlichen Rundfunkgreuelhetze« schloss der SD ausdrücklich aus. Allerdings wirkten die Berichte der Urlauber in verschiedenen Gebieten des Reiches höchst unterschiedlich. Während sie etwa in Franken und Ostpreußen die Zuversicht der Heimat stärkten, beeinträchtigten sie durch hohe Verlustangaben in Sachsen und Hannover die »Stimmungslage kleinerer Personenkreise«.[900]

897 Vgl. Goebbels-Tagebücher, Einträge vom 11.5.1940, 9.6.1940, 11.9.1940, 2.11.1940, 7.1.1941, 4.7.1941, 19.7.1941, 24.7.1941, 15.8.1941, 16.9.1941, 27.9.1941, 25.7.1942, 14.8.1942, 8.10.1942, 26.2.1943, 19.3.1943 und vom 7.6.1944.
898 Boberach (Hrsg.), Meldungen, Bd. 9, S. 3179, SD-Bericht vom 19.1.1942.
899 Vgl. Bailer (Hrsg.), Tagesrapporte, Tagesrapport vom 27. und 28.2.1940.
900 Vgl. Boberach (Hrsg.), Meldungen, Bd. 4, S. 1191-1204, SD-Bericht vom 30.5.1940.

Schon einen Monat zuvor hatten Fronturlauber Wissen über Kriegsverbrechen verbreitet. Weite Teile der Bevölkerung bezweifelten Ende April 1940 die Glaubwürdigkeit der Propaganda, weil deutsche Stellungnahmen zum polnischen Schwarzbuch Massenerschießungen grundsätzlich bestritten. Jedoch hatten vielfach »Urlauber aus Polen über solche Erschießungen berichtet« – die Heimat empfand die Vorgänge ohnehin mehrheitlich als »recht und billig«.[901] Im folgenden Sommer wiederum »beeinträchtig[t]en« Urlaubererzählungen die Zuversicht der Heimat auf ein baldiges Kriegsende. Diesmal spielten sie der Propaganda allerdings in die Karten. Kurz vor Weihnachten grassierten Gerüchte über neue Kampfstoffe und Fernkampfwaffen an der Kanalküste sowie über den geringen Einsatzwert der italienischen Verbündeten.[902] Die Stimmung der Heimat dagegen schien sich im Jahr 1940 noch kaum auf die Soldaten auszuwirken. Nur vereinzelt meldete der SD, Zivilisten würden sich »wehrkraftzersetzend« gegenüber Fronturlaubern äußern. Mehrheitlich denunzierten in diesen Fällen die Soldaten, weil sie ihre Ehre verletzt und ihren Kampfeinsatz herabgewürdigt sahen.[903]

In den ersten Monaten nach dem Überfall auf die Sowjetunion fielen die Erzählungen von heimgekehrten Soldaten überwiegend optimistisch aus. Zumindest bis zum Wintereinbruch förderten sie genau wie Presseberichte die voreilige Siegeseuphorie der Bevölkerung – zum Ärger des Propagandaministers. Laut SD beriefen sich schon seit Mitte Juli etliche Gerüchte trotz herrschender Urlaubssperre auf Erzählungen von Soldaten an der Ostfront. Demnach stünden deutsche Truppen bereits in Kiew und St. Petersburg sowie 20 Kilometer vor Moskau, nur werde eben noch »mit der Bekanntgabe des ganzen Ausmaßes der militärischen Fortschritte gewartet.«[904] Gerüchte dieser Art kursierten bis in den Herbst hinein durch das gesamte Reich. Sie drückten den Wunsch nach einem Kriegsende noch vor den Unwägbarkeiten des Winters aus. Die Kolporteure beriefen sich häufig auf Verwundete. Es bestand Konsens über die Glaubwürdigkeit heimgekehrter Soldaten.[905] Insbesondere überzeugten anschauliche Erzählungen während Nachrichtensperren. Die Bevölkerung gewann den Eindruck, die Propaganda würde wesentliche Tatsachen verschweigen oder wäre geschönt, was die Suche nach inoffiziellen Informationen beflügelte. Dieser Prozess begann schon zu Beginn des Jahres 1941, zunächst relativ harmlos. Aufgrund eines Mangels an konkreten militärischen Erfolgsmeldungen kursierten

---

901 Vgl. ebenda, Bd. 4, S. 1073 f., S. 893 f., SD-Berichte vom 29.4.1940, vom 15.3.1940 und vom 1.7.1940.
902 Vgl. ebenda, SD-Berichte vom 12.8.1940, vom 5.12.1940 und vom 16.12.1940.
903 Vgl. Bailer (Hrsg.), Tagesrapporte, Tagesrapport vom 19. und 20.9.1940.
904 Vgl. Boberach (Hrsg.), Meldungen, Bd. 7, S. 2514 ff., SD-Bericht vom 14.7.1941.
905 Vgl. ebenda, Bd. 8, S. 2760-2765, SD-Bericht vom 15.9.1941.

Mitte Januar Gerüchte über alliierte Fortschritte in Afrika und über den Verlust der Luftüberlegenheit gegenüber England. Urlaubererzählungen führten die Bevölkerung bis zum Sommer in eine ablehnende Haltung gegenüber Italien, da Heimkehrer aus Kreta die hohen Verluste auf »mangelhafte Aufklärung italienischer Flieger« zurückführten.[906] Steigende Verlustzahlen, eine einseitige Presseberichterstattung und die undurchsichtige Entwicklung der militärischen Lage förderten das Interesse der Bevölkerung an den Geschichten der Ostfrontkämpfer. Am 25. August 1941 berichtete der SD: »Eine Unzahl von Gerüchten, in erster Linie genährt durch Erzählungen von Fronturlaubern [...], bilden bei allen Volksgenossen den mit größtem Interesse gehörten Ersatz für in den OKW-Berichten vermisste Angaben, vor allem über die Zahl der bisherigen Verluste im Ostfeldzug. [...] Diese Berichte werden sehr rasch weiter erzählt und die Einzelangaben dabei unbedenklich [sic!] verallgemeinert.«[907] Die Gerüchte spitzten sich bis zum Jahresende zu und kulminierten, als die deutschen Truppen vor Moskau zurückwichen und immer mehr Soldaten wegen Krankheit und mit Erfrierungen in Lazarette eingewiesen wurden.[908] Zudem erhielt die Bevölkerung in diesem Zeitraum durch »Erzählungen von Wehrmachtsurlaubern« einen Eindruck über »schwierige Verhältnisse in den besetzten Gebieten«, vom harschen Vorgehen gegen Partisanen und die Zivilbevölkerung. Flächendeckend berichteten die Soldaten zu Hause, »daß sich die Bevölkerung [...] unter der deutschen Herrschaft nicht wohl fühle und sich überall das Streben nach Selbständigkeit bemerkbar mache«. Konkret bezogen sich die Erzählungen, die der SD hier als »Gerüchte« beschönigte, auf Unruhen und Sabotageakte in Norwegen, »kommunistische Umtriebe« im Osten, Überfälle auf deutsche Soldaten sowie auf Anzeichen von Aufständen in Serbien, Kroatien und Griechenland.[909]

Die Krise an der Ostfront und ihre nachrichtentechnische Bewältigung bestimmten aus Sicht der NS-Führung den Jahresbeginn 1942 und die folgenden Wochen. Die Intensität der Kämpfe und die Quantität des Personalkreislaufs der Wehrmacht erreichten ungekannte Ausmaße. Dies lag an den steigenden Zahlen von Verwundeten und am Urlauberverkehr, der trotz anhaltender Kämpfe im Spätherbst angelaufen war.[910] Der wachsende Kreis alternativer Informanten stellte fortan das Vertrauen der Heimatbevölkerung in die staatlichen Nachrichten insbesondere in Krisensituationen auf die Probe. Zwar bekam

---

906 Vgl. ebenda, Bd. 6, S. 1904 ff., S. 1914 ff., Bd. 8, S. 2659, SD-Berichte vom 16.1.1941, vom 20.1.1941 und vom 18.8.1941.
907 Vgl. Boberach (Hrsg.), Meldungen, Bd. 8, S. 2684 f., SD-Bericht vom 25.8.1941.
908 Vgl. ebenda, Bd. 8, S. 2771 f., SD-Bericht vom 18.9.1941.
909 Vgl. ebenda, Bd. 8, S. 2825, SD-Bericht vom 2.10.1941.
910 Urlaubssperren verhängte die Führung ad hoc an lokalen Brennpunkten.

das Regime den massiven Vertrauensverlust noch einmal in den Griff, indem es dem Volk Sündenböcke aus dem Generalstab präsentierte.[911] Dennoch hielt es eine stärkere Überwachung und Steuerung des Informationsflusses für nötig: OKW und OKH intensivierten die Belehrungsmaßnahmen und gaben den Soldaten vor, wie sie Feldpostbriefe schreiben und sich im Heimaturlaub äußern sollten.[912] Trotz dieser »Eindämmung« wurden Urlaubererzählungen als alternative Informationsquelle für die Heimatbevölkerung immer wichtiger. Weil sie deren Inhalte meist ambivalent rezipierte, trugen sie wellenförmig, aber kontinuierlich zum Niedergang der offiziellen Nachrichtenhoheit bei. Dessen ungeachtet reflektierten viele Erzählungen zusehends die mythisch-irrationalen Durchhalteparolen des Regimes.[913]

Das Dilemma der Propaganda resultierte in dieser Phase erneut aus ihrer Sprachlosigkeit. Goebbels war geneigt, dem Volk die volle Härte des Ostkrieges vor Augen zu führen. Hitler wollte warten, bis sich die Front stabilisierte, und verbot, Näheres über die Lage im Osten zu veröffentlichen. Ebenfalls sollte das Ansehen der Wehrmacht wegen der unzureichenden Winterausrüstung nicht geschädigt werden. Die Taktik der Schadensbegrenzung durch Schweigen wirkte sich für die Führung zwiespältig aus. So fasste das Volk infolge der Führerrede Anfang Februar zwar wieder etwas mehr Vertrauen.[914] Derweil lösten Schilderungen von Urlaubern und Verwundeten allerdings starke Kritik am OKW aus, »da es erstens das Volk nicht ausgiebig über die Lage orientiert und zweitens vor allem das Heer in seiner Organisation des Winterfeldzugs im Osten völlig versagt habe.«[915] Über Wochen kursierten aufgrund der »zurückhaltende[n] Unterrichtung der Volksgenossen« Berichte über schwere Verluste und empfindliche Rückschläge an der Ostfront, die sich »vielfach auf angebliche Erzählung von im Urlaub befindlichen oder verwundeten Soldaten stützte[n].« Dies waren freilich keine Gerüchte, die im luftleeren Raum standen. Die Bevölkerung entwickelte ein Gespür dafür, wann die Berichte »aus erster Quelle« den höheren Wahrheitsgehalt transportierten. Folglich schenkte sie auch den angeblich freiwilligen »Frontverkürzungen« des OKW keinen Glauben mehr. Sie vermutete realitätsnah, dass »die deutschen Truppen an verschiedenen Teilen der Ostfront ihre Stellungen nicht mehr halten konnten und unter Zurücklassung eines großen Teiles ihres Kriegsmaterials den oft vollkommen überraschend und mit ungeheurer Schlagkraft angreifenden Sowjets

---

911 Vgl. Goebbels-Tagebücher, Bd. 3, S. 45 f., Eintrag vom 3.1.1942.
912 Vgl. Steinert, Krieg, S. 271-277 und S. 320 f.; Heinemann, Krieg, S. 41.
913 Vgl. Baird, Propaganda, S. 10-12 und S. 175 f.
914 Vgl. Goebbels-Tagebücher, Einträge vom 8., 10., 15., 20. und 22.1.1942 sowie vom 2.2.1942.
915 Vgl. ebenda, Eintrag vom 15.1.1942.

weichen mussten.«[916] Ende Januar bezogen ein »großer Teil der Bevölkerung und insbesondere jene Kreise, die Angehörige an der Front haben, [...] ihre Informationen noch immer aus – vorwiegend veralteten – Schilderungen und Erzählungen von Frontsoldaten oder Verwundeten [...].« Aus Sicht der Überwachungsorgane nahmen die Spekulationen über Verwundungen und Erfrierungen allmählich »defätistischen« Charakter an und ließen ein »vollkommen entstelltes Bild von der tatsächlichen Lage im Osten entstehen«.[917] Selbstverständlich berichteten die Urlauber authentisch von der Front, dennoch überblickten sie meist nur Ausschnitte der gesamten Entwicklung. In ihren Geschichten mischten sich zu einem wesentlichen Teil subjektiv erfahrene Strapazen und eigene Auslegungen. Die Winterkrise vor Moskau stellte erstmals den Nimbus der unbesiegbaren Wehrmacht infrage, weil sie die Soldaten zu passiver Kriegführung und Rückzügen zwang. Als der Vormarsch im Sommer wieder rollte, wurde die »Ostlage« »vor allem aufgrund von Urlauberberichten und Feldpostbriefen im Volke außerordentlich positiv beurteilt.«[918]

Spätestens jetzt war den offiziellen Meinungslenkern bewusst, dass die Berichte der Fronturlauber eine gefährliche Konkurrenz darstellten, wenn Sinnzuschreibungen zwischen Front und Heimat divergierten. Der SD beobachtete fortan genauer, wie sich Urlauber über die Aufbereitung des Kampfgeschehens für die Heimatbevölkerung in PK-Berichten oder Wochenschauen äußerten. Hier zeigt sich ebenfalls eine mehrdeutige Entwicklung. So wurde im März 1942 der Anschein »besonders eindrucksvoll[er] und wirklichkeitsnah[er]« Bilder von der Ostfront durch das »Zeugnis verwundeter Frontsoldaten erhärtet«. Trotz erwartungsvoller Aussichten der Frühjahrsoffensive greife der »Gegner immer noch mit gleicher Heftigkeit und ungeheuren Massen an [...].«[919] Andere Heimkehrer spotteten, bei den gezeigten Kampfzonen handle es sich um Truppenübungsplätze. Zum Ärger des SD blieb dies nicht ohne Wirkung auf die übrigen Zuschauer.[920] Kontinuierlich kritisierten die Soldaten, die Wochenschauen würden niemals deutsche Verluste oder Verwundete zeigen und immer nur einseitige Bildausschnitte bringen.[921] Die Filmabteilung im Propagandaministerium wusste, dass sie die für die Zivilbevölkerung aufbereiteten Kriegsbilder nicht in Einklang mit der soldatischen Realität bringen konnte. Wie Stimmungsberichte von Lazarettärzten die Agitatoren informierten, lachten die

---

916 Vgl. Boberach (Hrsg.), Meldungen, SD-Bericht vom 12.1.1942.
917 Vgl. ebenda, Bd. 9, S. 3163 ff., S. 3193 ff., S. 3208 ff., SD-Berichte vom 15., 22. und 26.1.1942.
918 Vgl. Goebbels-Tagebücher, Bd. 4, S. 294, Eintrag vom 15.5.1942.
919 Vgl. Boberach (Hrsg.), Meldungen, Bd. 9, S. 3449 ff., SD-Bericht vom 12.3.1942.
920 Vgl. ebenda, Bd. 10, S. 3664 f., SD-Bericht vom 23.4.1942.
921 Vgl. ebenda, Bd. 7, S. 2536, SD-Bericht vom 17.7.1941.

Verwundeten über die gestellten Aufnahmen oftmals, und im Verwandten- und Bekanntenkreis kolportierten sie, der Krieg spiele sich so harmlos überhaupt nicht ab. Das Ministerium rechtfertigte sich, es gehe nicht darum, »den Frontsoldaten das wirkliche Frontgeschehen«, sondern einen Eindruck davon »der Heimat nahezubringen.«[922]

Im gleichen Zeitraum beschwerte sich Goebbels über »Gerüchte von Fronturlaubern«, »die sich, sobald sie in die Heimat kommen, etwas großtun wollen und den Mund außerordentlich voll nehmen«. Damit beschrieb er ein Phänomen, das nicht an konkrete Geschehnisse gebunden war. Die Motivation dafür lieferte oft der Drang nach Kompensation des Kriegserlebens. Zudem hatten viele Soldaten infolge des Ortswechsels Schwierigkeiten, sich dem ungewohnten Zivilleben anzupassen. Vor diesem Hintergrund äußerten sich die Urlauber häufig »wehrkraftzersetzend« und wurden dann denunziert. Das immer harschere Zugreifen des Regimes ist ein Symptom der steigenden Interpretationshoheit von Fronturlaubern. Im Juli 1942 notierte Goebbels: »Schädlich wirkt sich [...] vor allem die Tatsache aus, daß das Publikum geneigt ist, Fronturlaubern viel mehr Glauben zu schenken als normalen Zivilisten. Ich nehme mit dem OKW Verbindung auf, damit man noch einmal die Fronturlauber entsprechend instruiert und ausrichtet [...]«.[923]

Dem darauffolgenden Winter sah die Bevölkerung trotz der Ereignisse des Vorjahres gelassener entgegen, da die Soldaten mehrheitlich von guter materieller Ausstattung und ausreichenden Vorbereitungen berichteten.[924] Gleichzeitig nährten ihre Deutungen jedoch die Angst vor der Weite und den immensen Ressourcen des russischen Raumes; verbunden mit der bangen Frage, ob die Sowjetunion jemals zu bezwingen sei.[925] Ferner wurde der Fronturlaub selbst zu einem wichtigen Indikator für die Kriegslage. Im Herbst kursierten Gerüchte, Soldaten aus dem Osten bräuchten laut einem Vermerk auf ihrem Urlaubsschein nicht mehr zur Front zurückkehren, da der Sieg kurz bevorstehe. Dahinter stand der irrationale Wunsch nach einem baldigen Friedensschluss.[926] Schließlich äußerten sich im Jahr 1942 Angehörige der Zivilgesellschaft immer

---

922 Vgl. BArch, NS 18/356, Akt zur filmischen Betreuung der Wehrmacht 1941-1943, Notiz für Pg. Thießler zur »Beurteilung der Wochenschauen durch die Verwundeten« und zur »Beurteilung der Wochenschau durch Verwundete und Fronturlauber« vom 2.7.1942.
923 Goebbels-Tagebücher, Bd. 5, S. 79, Eintrag vom 8.7.1942.
924 Vgl. Boberach (Hrsg.), Meldungen, Bd. 11, S. 4354 f., SD-Bericht vom 22.10.1942.
925 Vgl. ebenda, Bd. 12, S. 4504, SD-Bericht vom 26.11.1942.
926 Vgl. Goebbels-Tagebücher, Bd. 6, S. 145, S. 169 f., Einträge vom 18. und 23.10.1942.

häufiger »zersetzend« gegenüber Fronturlaubern. Die Sensibilisierung des Regimes äußerte sich in steigenden Verhaftungen und härteren Strafen.[927]
Vor dem Hintergrund der Ereignisse in Stalingrad klafften die Glaubhaftigkeit der öffentlichen Nachrichtenmittel und der Drang der Bevölkerung nach genaueren Informationen aus privaten Quellen erneut weit auseinander. Zwar variierten die Urlaubererzählungen je nach Frontabschnitt, Kriegsschauplatz oder Einsatzbereich stark. Dennoch geriet die Propaganda langsam endgültig in die Defensive. So hatte der Minister noch kurz nach Neujahr notiert, dass sich »Erzählungen von Fronturlaubern und Briefe von der Front, sehr im Gegensatz zum vergangenen Winter, außerordentlich positiv« auswirkten und sich der deutsche Soldat nach wie vor »haushoch überlegen« fühle.[928] Doch schon Mitte Januar 1943 meldete der SD, dass

»sich beim Großteil der Bevölkerung die Vorstellung von der Lage im Osten aus eigenen Überlegungen und Schlüssen [ergibt], bei denen an dem Wortlaut der Presse- und Rundfunknachrichten nur mehr angeknüpft werde, und mit denen man Lücken in der Berichterstattung [...] zu schließen versuche. [...] Als völlig vertrauenswürdig würden nur die Mitteilungen angesehen, die unmittelbar von der Front kämen. Von den Feldpostbriefen und den Berichten von Fronturlaubern gehe daher zur Zeit der tiefste Einfluß aus. Diese Mitteilungen seien je nach der Lage in dem Abschnitt, den der betreffende Soldat übersehe, sehr unterschiedlich [...]. Volksgenossen, die auf die zwar ernste aber im ganzen Zuversicht ausstrahlende Berichterstattung der Zeitungen Bezug nehmen, wurde von Fronturlaubern z. B. erklärt 'laß mi aus mit dem Zeitungsschmier, geh' selber 'naus und schau Dir den Laden an‹.«[929]

Für den Vertrauensverlust in die offiziellen Berichte war derzeit weniger relevant, ob die Urlauber resignativ oder zuversichtlich wirkten. Schon kurz darauf entwarfen die »Fronturlauber im Vergleich zur jetzigen Nachrichtengebung zumeist ein positiveres Bild von der Lage«. Die Bevölkerung blieb dennoch »misstrauisch«.[930] Der Informationsfluss wurde unübersichtlicher, je nach Träger wichen die Inhalte immer stärker voneinander ab. Bald weckten Urlaubererzählungen Hoffnungen auf eine neue Sommeroffensive, erzeugten Gerüchte

---

927 Vgl. Boberach (Hrsg.), Meldungen, Bd. 12, S. 4515 f., SD-Bericht vom 30.11.1942; Boberach (Hrsg.), Regimekritik, Meldung wichtiger staatspolizeilicher Ereignisse – Nr. 3 vom 5.6.1942; ebenda, Meldung vom 1.7.1942; ebenda, Meldungen aus Norwegen – Nr. 43 vom 4.8.1943.
928 Vgl. Goebbels-Tagebücher, Bd. 7, S. 40, Eintrag vom 3.1.1943.
929 Boberach (Hrsg.), Meldungen, Bd. 12, S. 4698 f., SD-Bericht vom 18.1.1943.
930 Vgl. ebenda, Bd. 12, S. 4717, SD-Bericht vom 25.1.1943.

von einem neuen Kessel auf dem Kaukasus.[931] Ende Mai sprach Goebbels offen von einem »Stimmungseinbruch«, den er wesentlich »den Auslassungen der Fronturlauber« zuschrieb.[932] Weil dem »Soldatenwort vorbehaltlos geglaubt« werde, war im Juni von »Verzweiflung« die Rede.[933] Im September widmete der SD einen Bericht ausschließlich dem »Einfluss der Frontsoldaten auf die Stimmung in der Heimat«. Er stellte fest:

> »Während die Soldaten aus den besetzten Gebieten schon früher nie durchweg positiv auf die Heimatbevölkerung einwirkten, sondern durch Erzählungen von Etappenerscheinungen manchmal Unruhe erzeugt hätten, sei es auffallend, daß jetzt auch eine ansteigende Zahl von Fronturlaubern aus dem Osten mit pessimistischen Anschauungen heimkommen, während diese vor wenigen Monaten noch fast durchweg felsenfeste Zuversicht und volles Vertrauen zu dem Sieg unserer Waffen beseelt habe. In den Äußerungen der Soldaten von der Ostfront seien es vor allem Angaben über das Kräfteverhältnis zwischen Deutschland und der Sowjetunion, welche auf die Bevölkerung niederdrückend wirken.«[934]

Der Personalkreislauf der Wehrmacht wie der Fronturlaub waren wichtige Facetten alternativen Informationsaustauschs. Beide trugen zum Niedergang der Stimmung in der Bevölkerung bei. Goebbels führte den Wechsel aus »Apathie und Gleichgültigkeit« inzwischen darauf zurück, dass »die Urlauber [...] von der Front fast defätistisch« auftraten.[935] Angesichts der Briefzensur spielten »die Erzählungen von Soldaten und anderer im Osten eingesetzter Personen eine große Rolle« auch dabei, wie die Bevölkerung die »Aufdeckung neuer Massengräber« im Osten moralisch bewertete.[936] Deren Bedeutung als Wissensträger ist kaum zu unterschätzen: Im Februar 1943 erhielten die Fronturlauber Vorzugsrechte für den Besuch von Angehörigen in Konzentrationslagern. Nun genügte die Vorsprache beim Lagerkommandanten. Freilich bezog sich diese Regelung in erster Linie auf Verwandte, die in der Heimat inhaftiert waren, und nicht auf die Vernichtungslager im Osten. Dennoch beflügelte der Personalkreislauf der Wehrmacht den Transport von Wissen um terroristische Herrschaftsmethoden und die nationalsozialistischen Vernichtungsabsichten.[937]

---

931 Vgl. ebenda, Bd. 13, S. 4966 ff., SD-Bericht vom 18.3.1943.
932 Goebbels-Tagebücher, Bd. 8, S. 343 f., Eintrag vom 22.5.1943.
933 Vgl. Boberach (Hrsg.), Meldungen, Bd. 14, S. 5403 ff., SD-Bericht vom 25.6.1943.
934 Ebenda, Bd. 14, S. 5715, SD-Bericht vom 6.9.1943.
935 Goebbels-Tagebücher, Bd. 10, S. 206, Eintrag vom 30.10.1943; Boberach (Hrsg.), Meldungen, Bd. 15, S. 5852 ff., S. 5874 ff., SD-Berichte vom 7. und 11.10.1943.
936 Vgl. Boberach (Hrsg.), Meldungen, Bd. 14, S. 5531, SD-Bericht vom 26.7.1943.
937 Mitteilung der Arbeitsgruppe D im Wirtschaft- und Verwaltungshauptamt an die Lagerkommandanten der Konzentrationslager zur »Erteilung von Sprecherlaubnis für

Im Jahr 1943 wandelte sich zudem die subjektive Qualität des Heimataufenthalts: »Fronturlauber [fuhren] mit schlechterer Stimmung [...] aus der Heimat an die Front zurück, als sie aus der Front an die Heimat gekommen waren.«[938] Dies hatte mehrere Gründe. Ein wesentlicher Faktor war der Luftkrieg. Die Schäden in der Heimat erschreckten die Fronturlauber zusehends. Der Fatalismus der Bevölkerung veränderte die Wahrnehmung der Soldaten außerdem. Obgleich sich der Moralverlust nicht als kriegsentscheidend erwies, kontrastierten die Urlauber den augenscheinlich unzureichenden Durchhaltewillen der Heimat immer stärker mit ihrem eigenen Leiden an der Front.[939] Versorgungsengpässe, Arbeitsüberlastung und Schlafmangel durch Luftalarme hatten negativen Einfluss auf das Stimmungsbild der Reichsbevölkerung. Dies entfernte ihre Wahrnehmung von jener der Soldaten. Es entstanden Kommunikationsbarrieren, und die Erwartungshorizonte entwickelten sich immer weiter auseinander.[940] Die Heimkehrer erlebten nicht nur sporadisch Missstände, sondern flächendeckend, was wiederum die Überwachungsorgane beunruhigte. Viele Zivilisten drückten ihren Pessimismus gezielt Fronturlaubern gegenüber aus. Der SD las eine Verschlechterung der Haltung daran ab, »daß ein großer Teil der Volksgenossen in offener undisziplinierter Weise seine Befürchtungen um den Kriegsausgang kundgibt [...] ohne Rücksicht auf die Wirkung solcher Äußerungen auf [...] Fronturlauber.«[941] Wiederholt stellte er fest, durch den »Luftterror [werde] auch die Stimmung der Front stark beeinflusst«. Der Grund hierfür war privater Natur. Denn während der Soldat früher sein Leben für die Sicherheit seiner Familie in dem Bewusstsein riskiert habe, sie sei wohlauf und versorgt, fürchte er nun dauernd um ihr Wohlergehen.[942]

Goebbels glaubte die Zusammenhänge zu erkennen: »Selbstverständlich ist der Luftkrieg immer noch das Hauptthema der öffentlichen Meinung im deutschen Volke. Er wirkt sich sehr nachteilig auf die Stimmung der Front aus. Die Urlauber kommen im Großen und Ganzen sehr positiv eingestellt in die Heimat, sehen dann die hier angerichteten Zerstörungen und werden vielfach durch die Wankelmütigkeit der Stimmung im Innern etwas angesteckt.«[943]

Fronturlauber« vom 19.2.1943, vgl. hierzu BArch, R-70-POLEN/573, Kommandeur der Sipo und des SD Lublin, Erteilung von Besuchs- und Sprecherlaubnissen für Angehörige der Inhaftierten; vgl. Herf, Der Krieg und die Juden, S. 159-202, insbes. S. 194-196.
938 Goebbels-Tagebücher, Bd. 8, S. 491, Eintrag vom 18.6.1943.
939 Vgl. Blank, Kriegsalltag S. 357-461, insbes. S. 417-442; Süß, (Hrsg.), Luftkrieg, S. 71-98.
940 Vgl. Boberach (Hrsg.), Meldungen, Bd. 13, S. 5064, SD-Bericht vom 5.4.1943.
941 Ebenda, Bd. 14, S. 5447, SD-Bericht vom 8.7.1943.
942 Vgl. ebenda, Bd. 14, S. 5698, SD-Bericht vom 2.9.1943.
943 Goebbels-Tagebücher, Bd. 9, S. 414 f., Eintrag vom 3.9.1943.

Da die stimmungsüberwachenden Organe ihr Hauptaugenmerk auf die Heimat richteten, erfassten sie allerdings nur gebrochen, wie sehr Eindrücke des Luftkrieges die Urlauber nach der Rückkehr an die Front belasteten. Ebenso konnten sie nur schätzen, inwiefern die Soldaten diese Erlebnisse unter ihren Kameraden multiplizierten. Das Gesamtbild ergänzen Mitschnitte von Unterhaltungen gefangener deutscher Soldaten. Diese Erzählungen sind zwar sehr anschaulich, aber nicht frei von Gerüchten oder Übertreibungen. Mitunter wogen subjektive Umdeutungen schwerer als das reale Erleben. Kurt G., der im Sommer 1943 die Folgen der alliierten Operation »Gomorrha« gegen Hamburg erlebt hatte, teilte seinem Zellengenossen mit: »Sie waren noch nicht ganz durch die Straße durch, da fielen die Häuser von beiden Seiten über der Straße zusammen und haben hunderte Menschen unter sich begraben. [...] Das ganze wird jetzt als tote Stadt erklärt und wird zugemauert. Da darf kein Mensch mehr hin. 340.000 bis 350.000 Menschen sind in Hamburg umgekommen.«[944] Etwas nüchterner berichtete der Stabsgefreite Hermann H. beim Verhör von ständigen Luftangriffen und Alarmen während seines Heimaturlaubs im Dezember 1942 im Raum Mannheim. Während seiner 17 Urlaubstage habe er an jedem einzelnen Tag einen Angriff miterlebt oder zumindest wegen Luftwarnung in den Keller gemusst. Diese Erfahrung habe ihn mehr belastet als die schlimmsten Gefechte an der Ostfront, vor allem weil die Frauen aus Angst, lebendig im Keller begraben zu werden, panisch durch die Straßen liefen.[945]

Im Jahr 1944 stiegen nach der alliierten Invasion in der Normandie Urlaubssperren sprunghaft an. Deshalb lässt sich nur bis zum Sommer gesichert verfolgen, wie Wehrmachturlauber auf den Informations- und Stimmungsaustausch einwirkten. Im Wesentlichen schrieben sich die vorgezeichneten Linien fort. Die verbliebenen Hoffnungen und der Durchhaltewille konzentrierten sich auf Wunderwaffen oder die Invasion. Die Parole »Kraft durch Furcht« drängte in den Vordergrund, die Goebbels allerdings schon nach der Niederlage von Stalingrad im Sportpalast ausgegeben hatte. Die Propaganda verlor weiter an Boden gegenüber informellen Informationsquellen. Im Januar stellte der SD fest, dass durch »die Erzählung eines einzigen Urlaubers bei vielen Volksgenossen der Glaube an die Standhaftigkeit der Ostfront mehr beeinflusst werde, als ›die Presse in einer Woche gut machen‹ könne.«[946] Im März ergänzte er: »Da das Wort eines Soldaten und Frontkämpfers für die Bevölkerung schwerer wiege, als alles, was in Presse und Rundfunk mitgeteilt werde, seien ungünstige Äu-

---

944 NARA, RG 165, Entry P 179 (B), Box, 474/(1)/98, Unteroffizier Kurt G. (1404889485), Room Conversation vom 2.3.1944.
945 Vgl. ebenda, NND 750122, Report of Interrogation, Morale Sheet, 9.2.1944.
946 Boberach (Hrsg.), Meldungen, Bd. 16, S. 6287, SD-Bericht vom 27.1.1944.

ßerungen dieser Art von besonders großer Wirkung.«[947] Immer stärker speisten private Sorgen und Ängste um Frau und Kinder die Berichte. Dadurch gewann der »defätistische« Charakter der Urlaubererzählungen abermals neue Qualität.[948] Obwohl dem Regime die Haltung der Heimatbevölkerung im Jahr 1944 teils gefestigter schien als die Moral der Frontsoldaten, registrierte es weiterhin wachsende negative Einflüsse vom Reich auf die besetzten Gebiete.[949]

»Feindpropaganda« und konfessionelle Einflüsse

Aus Sicht des NS-Regimes übten sowohl die Feindpropaganda wie auch die Konfessionen, insbesondere der ultramontane Katholizismus, eine zersetzende Wirkung auf die Kriegsgesellschaft aus.[950] Ebenso rückten kommunistische und konservative Gruppen in den Fokus. Die »inneren« wie die »äußeren Gegner« betrachteten Fronturlauber aus mehreren Gründen als geeignete Adressaten. Sie förderten ihre Missgunst gegenüber der Führung, indem sie ihr Heimweh instrumentalisierten. Oder sie führten ihnen private Sehnsüchte vor Augen, deren Erfüllung nur die – endgültige – Heimkehr versprach.

Seit Kriegsbeginn forderte das Regime Finder und Empfänger unter Androhung schwerer Strafen dazu auf, Feindschriften unbesehen abzugeben. Fronturlauber und Zivilisten mussten Flugblätter sofort zum nächsten Standort oder zur nächsten Polizeidienststelle bringen und dort ihre Personalien angeben. Es war verboten, die Blätter bis zum Ende des Urlaubs mitzuführen, um sie dann beim eigenen Truppenteil zu überreichen.[951] Freilich ließ sich dies in der Praxis nur schwer prüfen. Kurz nach Kriegsbeginn tauchte ein maschinenschriftliches Pamphlet »Reichsfürsorgestelle für Familienzuwachs« auf, das die Bevölkerungspolitik des Regimes karikierte. Als Urheber vermutete die Gestapo unpolitische »Witzbolde« innerhalb der Wehrmacht. Den Fall konnte sie zwar nicht aufklären, jedoch schien zunächst weder »zersetzende Absicht« noch Gefahr zu bestehen. Allerdings verbreiteten Fronturlauber die Schmähschrift, und der

947 Ebenda, Bd. 16, S. 6416, SD-Bericht vom 16.3.1944.
948 Vgl. ebenda, Bd. 16, S. 6498 ff., Bd. 17, S. 6651 ff., SD-Berichte vom 20.4. und vom 22.7.1944.
949 Vgl. Goebbels-Tagebücher, Bd. 12, S. 167 f., Eintrag vom 22.4.1944; Boberach (Hrsg.), Regimekritik, Meldungen aus den Niederlanden, Nr. 156 vom 10.8.1943.
950 Vgl. Alois, Kirche, S. 345 f.
951 Vgl. Quelle: http://wwii.germandocsinrussia.org/de/nodes/2173-akte-35-zusammensetzung-der-weisungen-des-wehrmachtsbevollmaechtigten-beim-reichsprotektor-in-bo#page/1/mode/grid/zoom/1; Beuteakten in russischen Beständen, 500, Findbuch 12450, Akte 35: »Zusammensetzung der Weisungen des Wehrmachtsbevollmächtigten bei Reichsprotektor in Böhmen und Mähren, 25.9. bis Dezember 1940, Weisung Nr. 9 des Wehrmachtbevollmächtigten vom 31.5.1940 an Fronturlauber (letzter Zugriff: 11.6.2017).

Fall schlug bald höhere Wellen: Das Rundschreiben war bis zum Jahr 1941 »der Feindpropaganda in die Hände gefallen und dort als ernstgemeinte Verfügung einer wirklich vorhandenen Reichsstelle [...] ganz außerordentlich ausgebeutet worden.«[952] Schließlich befassten sich die Reichsfrauenführerin, die Sipo und der SD sowie das Propagandaministerium mit der Schrift. Der ursprünglich rein zynische Ton dürfte den Alliierten, in diesem Fall der russischen Abwehr, allerdings nicht entgangen sein. Dennoch traf die Aufforderung an die daheimgebliebenen Männer, ihre bevölkerungspolitischen Zeugungspflichten auf die Frauen der im Felde stehenden Soldaten auszudehnen, einen heiklen Punkt. Aufgrund ihrer immer längeren Abwesenheit sorgten sich die Eingezogenen zusehends um die Treue ihrer Frauen, was wiederum die Moral der Truppe schädigte.[953] Heydrich verkannte weder die »Gefahr« noch die »staatsfeindliche« Wirkung, die von dem Schreiben ausging.[954] Die Episode zeigt, dass viele Soldaten ein Ventil suchten und verdeckt die Frage thematisierten, inwieweit das Regime in das Privatleben ihrer Angehörigen vordrang. Bis Ende 1943 legten mehrere Wehrmachtsoldaten das Blatt illegalerweise neu auf und verbreiteten es.[955] Das Spannungsverhältnis zwischen Geburtenpolitik des Regimes und familiärer Selbstbestimmung beschäftigte breiteste Soldatenkreise. Abhörprotokolle, die wiederholt Gerüchte über Zeugungs- und Entbindungsheime reflektierten, belegen dies ebenfalls. Ein Bootsmaat befürchtete in diesem Zusammenhang gar, weibliche Zivilisten seien den Vertretern der Staatsmacht ausgeliefert: »Die SS hat Anweisung: Alle Weiber, die sie irgendwie unter die Knochen kriegen können, anzubocken, ob sie verheiratet sind oder nicht. Wir brauchen Soldaten.«[956] Pointierter könnte der Generalverdacht kaum formuliert sein, das Regime würde familiäre Grenzen missachten und entsprechende Übergriffe fördern.[957]

952 Vgl. BArch, R 58/4071, Schreiben des Ministerialdirektors Berndt vom Reichsministerium für Volksaufklärung und Propaganda an den Chef des Sicherheitshauptamtes SS Gruppenführer Müller vom 27.11.1941; ebenda, Mitteilungen der Geheimen Staatspolizei Oppeln an das RSHA Berlin vom 22.8. und 18.10.1941; Der Chef der Sicherheitspolizei und des SD an die Reichsfrauenführerin Scholtz-Klink vom 13.8.1940; Vermerk der Staatspolizeistelle Weimar vom 5.6.1940; Vermerk RSHA vom 2.1.1942.
953 Zur Liebe als »Überbrückungsleistung« über Intervallen zwischen sexuell motivierten Kontakten vgl. Luhmann, Liebe, S. 47f., ferner S. 60f.
954 Vgl. BArch, R 58/4071, Schreiben des Chefs der Sicherheitspolizei und des SD an die Reichsfrauenführerin Scholtz-Klink vom 13.8.1940.
955 Vgl. ebenda, Schreiben der Staatspolizeistelle Litzmannstadt an das RSHA vom 10.12.1942; Schreiben des Chefs des Rasse- und Siedlungshauptamtes SS an das RSHA vom 12.3.1943; Staatspolizeistelle Oppeln an das RSHA vom 25.11.1943.
956 TNA, WO/208-4164, SRX 2114, Bootsmaat D., Gesprächsprotokoll vom 3.3.1945; vgl. auch TNA, WO/208-64, SRX 1952, Gesprächsprotokoll vom 23.2.1944.
957 Vgl. Essner, Fernehe, S. 205.

Auch die alliierte Flugblattpropaganda setzte den Hebel an den privaten Entbehrungen der Soldaten an. Sie fokussierte auf die Sehnsucht nach Frau und Kindern und auf den Wunsch nach Fronturlaub oder endgültiger Heimkehr. Häufig verknüpften die Alliierten diese Aufhänger mit echten oder vermuteten Missständen im Zivilleben der Soldaten. Ungerechtigkeiten bei der Urlaubsvergabe oder der materiellen Versorgung führten sie auf Statusunterschiede in der starren Hierarchie der Wehrmacht zurück. Regelmäßig appellierten sie an transnationale und apolitische Gemeinsamkeiten. Sie betonten, die gegnerischen Soldaten wollten ebenfalls nur zu ihren Familien zurück. Die wachsende Bedrohung der Angehörigen durch Luftangriffe war ebenfalls ein breites Thema. Im Herbst 1942 erfasste die Sicherheitspolizei beim Militärbefehlshaber in Frankreich »kommunistische Flugblätter«, die Themen des Moskauer Rundfunks verbreiteten. Gegen die Atomisierung des Einzelnen innerhalb der Gruppe, »weil sich jeder allein fühlt«, den Krieg aber alle satthatten, riefen sie zur Bildung von Soldatenkomitees auf. Diese sollten die Forderungen der Kompanie nach »mehr Zigaretten, bessere[r] Verpflegung, mehr Ausgang und Heimaturlaub« durchsetzen und Verlegungen an die Ostfront sabotieren.[958] Andere Schriften legten den Soldaten nahe, sich nicht zu »Henkersdiensten bei Geiselerschießungen erniedrigen« zu lassen. Erneut verdeutlicht dies den Wissenstransfer um Kriegsverbrechen. Ein Flugblatt mit dem Titel »Wir wollen Heim« zeichnete nach dem deutschen Sieg ein Europa des Heimwehs: Ähnlich wie Zwangsarbeiter mussten Millionen Deutsche als Sicherungskräfte im Ausland bleiben.[959] Die Schrift »Fröhliche Weihnachten Landser« kursierte Ende des Jahres 1942 und war heikel, da die Sehnsucht um die Feiertage herum besonders hoch war. Sie betonte zunächst, die Mannschaften hätten gegenüber Offizieren immer das Nachsehen, bei der Vergabe von Urlaub ebenso wie bei Hamsterkäufen. Dann bot sie eine Schilderung privater Entbehrungen und drohender Sanktionen, wenn Militärangehörige »weihnachtsschädliche« Gedanken offenbarten:

»Aber der Landser will für die Feiertage zur Familie. Er will, dass auch in seiner Familie Freude und fröhliche Stimmung herrscht. Er will seine Kinder als Weihnachtsmann überraschen! Er will nicht, dass seine Mutter wieder alleine mit Tränen Weihnachten verbringt und vielleicht als Weihnachts-

---

958 BArch, R 58/4113, Interne Vermerke sowie Mitteilungen des Befehlshabers der Sicherheitspolizei und des SD im Bereich des Militärbefehlshabers Frankreich an das Reichssicherheitshauptamt, den Militärbefehlshaber in Frankreich und an den Kommandanten von Groß-Paris vom 16.10.1942 sowie vom 14. und 30.1.1943.
959 Ebenda, Flugschrift aus der illegalen Zeitung *Soldat im Westen* vom 22.9.1942, erfasst beim SD Frankreich, Abschrift und Flugblattsammlung vom 14.11.1942.

bescherung die Todesnachricht ihres Sohnes erwartet. [...] Die Kinder sollen ihren Weihnachtsmann wieder haben. Landser die nach Hause wollen [sic!], fordert gemeinsam Weihnachtsurlaub.«[960]

Der Artikel »Urlaub« in der Untergrundzeitung *Hört die Signale* ergänzte, der Heimatbesuch in der Wehrmacht sei eine Lotterie. Er forderte, den Wunsch nach Urlaub auf »die Türen und die Wände« zu schreiben und den Offizieren auf alle erdenkliche Wege nahezubringen: »Wir wollen Urlaub«.[961]
Der SD betrachtete die Fronturlauber gleichermaßen als Zielgruppe und potenzielle Multiplikatoren feindlicher Propaganda. Wie er registrierte, erfolgten Verteilungen von Flugblättern bevorzugt in der Nähe von Wehrmachtunterkünften; ebenso stellte er regelmäßig Schriften in Urlauberzügen sicher.[962] Nahezu den gesamten Krieg über und auch mittels Radio bespielten die Alliierten die Sehnsucht der Soldaten nach ihren Familien. Teilweise forderten sie die Eltern der Soldaten auf, ihre Söhne am Ende des Urlaubs nicht mehr in den Krieg ziehen zu lassen.[963] Die Schrift »Bremen existiert nicht mehr« versuchte, den Durchhaltewillen der Eingezogenen mit der Angst um ihre Familien zu »zersetzen«. Sie forderte pauschal Sonderurlaub für Soldaten aus luftkriegsbetroffenen Gebieten und rechtfertigte Urlaubsübertretungen. Ein fiktiver Soldat berichtete nach Aufräumarbeiten seinen Kameraden: »Bremen existiert nicht mehr! Es gibt keine Straßen nur Trümmerhaufen. [...] Oft fanden wir nur mehr die Reste von Menschen. In einem Fall konnten wir all das, was von den 58 Bewohnern des Hauses [...] übriggeblieben war, in einer Kinderbadewanne zusammenpacken und beerdigen. 18.000 Menschen haben wir ausgegraben [...].«[964]
Aufgrund ihrer Anschaulichkeit entfalteten die Schriften große Wirkung und schürten Gerüchte. Da viele Soldaten an der Front keine eigene Anschauung von den Folgen der Luftangriffe hatten, beflügelten die Texte ihre Ängste teils erheblich. Dies war vor allem bei Soldaten aus betroffenen Regionen der

---

960 BArch, R 58/4113, Korrespondenz zwischen RSHA und dem Befehlshaber der Sicherheitspolizei und des SD für den Bereich des Militärbefehlshabers in Frankreich vom 10.2.1943, Anlage, Flugblatt »Fröhliche Weihnachten Landser«.
961 Vgl. ebenda, Flugblatt »Hört die Signale – Urlaub«, Anlage in der Korrespondenz zwischen SD Frankreich und RSHA vom 28.1.1943.
962 Vgl. ebenda, Schreiben des Befehlshabers der Sicherheitspolizei und des SD im Bereich des Militärbefehlshabers in Frankreich an das RSHA Berlin vom 27.4.1943.
963 Vgl. Boberach (Hrsg.), Regimekritik, Meldung wichtiger staatspolizeilicher Ereignisse vom 29.10.1941; ebenda, Meldungen vom 5.9.1941, vom 14.1.1942, vom 2.1.1942, vom 4.8.1942 und vom 7.7.1944.
964 Vgl. BArch, R 58/4113, Flugschrift »Bremen existiert nicht mehr« in der Anlage der Korrespondenz des Befehlshabers der Sicherheitspolizei und des SD im Bereich des Militärbefehlshabers Frankreich an das Reichssicherheitshauptamt vom 1.10.1943.

Fall, da nach Abwürfen regelmäßig die Feldpost stockte. Die Überwachungsorgane beobachteten scharf, ob sich die Feindpropaganda durch Fronturlauber in der Heimat auswirkte. Im November 1943 berichtete der SD, wie Lehrer über die Bedeutung der gegnerischen Agitation aufklärten. In Aufsätzen sollten die Schüler Äußerungen dazu aus ihrem persönlichen Umfeld festhalten. Auffallend häufig erwähnten die Kinder, »daß einzelne Soldaten durch Geschenke an ihre Vorgesetzten oft Urlaub bekämen, andere aber gar keinen. [...] In der deutschen Wehrmacht herrsche Bestechlichkeit und ›Spendage‹.« Einige der Jugendlichen bekräftigten, sie hielten diese Redereien für wahr.[965] Dies mag darauf zurückzuführen seien, dass sie selbst ihre eingezogenen Brüder und Väter selten zu Gesicht bekamen. Die Flugblatttätigkeit innerer Gegner, insbesondere von Kommunisten, wurde ebenso akribisch verfolgt. Das Regime verfügte im Oktober 1941 eine Sammelklage gegen eine »widerständische« Gruppierung aus dem Raum Feldkirchen, die Flugzettel an Fronturlauber verteilt hatte. Diese betonten die Unrechtmäßigkeit gewaltsamer Annexionen.[966] Die Alliierten warfen weiterhin Lebensmittel- und Reichskleiderkarten für Fronturlauber ab, um die deutsche Kriegswirtschaft zu schädigen. Die NS-Dienststellen erkannten sie teils als »gutgelungene Fälschungen« an.[967]

Geistliche Vertreter schnitten ihre Werbung ebenfalls auf Fronturlauber zu. Die Partei erachtete die Religionsgemeinschaften grundsätzlich als weltanschauliche Gegner und sah die eigene Deutungshoheit durch sie bedroht.[968] Die Einflussmöglichkeiten beider großer Konfessionen überstiegen jene der alliierten »Feindpropaganda«. Zudem akzentuierten die Kirchen stärker pazifistische Haltungen. Sie sprachen das Gewissen der Soldaten aufgrund des Tötens an und betonten den Sitten- und Werteverfall während des Krieges. Rollenverschiebungen innerhalb der Familien lasteten sie der Partei an. Besonders kämpften Staat und Konfessionen um die Inszenierung wichtiger Lebensereignisse wie Taufe, Hochzeit oder Beerdigung.[969] Pfarrer und Pastoren schickten

---

965 Vgl. Boberach (Hrsg.), Meldungen, Bd. 15, S. 6053 f., SD-Bericht vom 22.11.1943.
966 Vgl. Form (Hrsg.), Widerstand, Verfahren OJs 94/41 A.
967 Vgl. Boberach (Hrsg.), Meldungen, SD-Berichte vom 1.4.1943 und 5.4.1943.
968 Vgl. BArch, R 58/230, Reichssicherheitshauptamt, Schriftensammlung »Christentum und Kirche als weltanschauliche Gegner«, Merkblätter des Inspekteurs der Sicherheitspolizei und des SD Hamburg, Laufzeit ab Mai 1937, hier Merkblatt vom 1.6.1942.
969 Vgl. AEK, Z 80 – 84, Kirchlicher Anzeiger für die Erzdiözese Köln vom 15.1.1944, Akten und Schriften Sr. Heiligkeit Papst Pius XII., »Der Wert der christlichen Jungfräulichkeit«, »Umgestaltung unseres Frauenlebens«, »Die Stellung der Frau im modernen Leben«, »Zur neuen sozialen Lage der Frau«, »Eine dreifache Gefahr«; ebenda, Z 80 – 81/83, Kirchlicher Anzeiger der Erzdiözese Köln vom 15.11.1941, Schriften, »Meine lieben neuvermählten Paare«, »Die religiöse Erziehung der Kinder«; Kirchlicher Anzeiger vom 15.8.1942, Akten seiner Heiligkeit Nr. 201, »Ansprache des Heiligen Vaters

Briefe und Broschüren ins Feld oder besuchten Eltern, Frauen und Kinder der Soldaten. Während der Liegezeiten in Lazaretten oder des Heimataufenthalts waren persönliche Besuche keine Seltenheit. Damit konkurrierten Geistliche direkt mit der Propaganda und der Gratifikationsmaschinerie des Regimes um die Wahrnehmung der Urlauber.

Das Regime wollte schon vor Kriegsbeginn konfessionelle Einflüsse aus der Wehrmacht möglichst heraushalten und innerhalb der militärischen Seelsorge kanalisieren. Bereits im September 1936 sah sich das SD-Hauptamt wiederholt genötigt, alle SD-Oberabschnitte auf eine Verfügung des Kriegsministeriums vom 14. Februar 1936 hinzuweisen. Diese verbot jede eigenständige Missionsarbeit der Konfessionen innerhalb der Wehrmacht. Dazu zählte auch der Vertrieb konfessionellen Schrifttums unter den Soldaten. Die seelsorgerische Betreuung war allein Aufgabe der zuständigen Standortpfarrer, später der Divisionsgeistlichen. Nun lagen Meldungen über eine verstärkte konfessionelle Einflussnahme mittels evangelischer Sonntagsblätter und Zeitschriften vor. Die Kirche hatte versucht, Wehrmachtangehörige indirekt über Eltern und Verwandte mit religiösen Schriften zu versorgen und so die Verbindung zwischen Eingezogenen und Pfarrern aufrecht zu erhalten.[970] Während des Krieges intensivierten die Konfessionen ihre Bestrebungen, da die Gefahr des Todes für die Soldaten hinzukam. Bereits im Dezember 1939 zeigte sich der SD äußerst besorgt: Er erblickte eine Gefahr im Missverhältnis zwischen der wirksamen Tätigkeit der Kirchen und der mangelnden Betreuung durch die Partei. Geistliche würden die Truppenteile mit Flugschriften regelrecht überschwemmen und dabei »sehr geschickt auf die Psyche des Frontsoldaten« eingehen.[971] Wie der SD-Leitabschnitt Münster im Juli 1940 meldete, versandten katholische Pfarrer Heimatbriefe an Soldaten. Die Tendenz der Kirche sei auffällig, sich »Begriffe des Staates oder der Partei zu eigen« zu machen. Ebenso wurde Kritik an den »antinationalsozialistischen« Lektüreempfehlungen der Pfarrer, etwa des Buches »Der Sinn der Ehe«, geäußert.[972] Der Reichsminister für kirchliche Angelegenheiten und das OKW verschärften daraufhin am 12. Juli 1940 die Bestimmungen: Es galt, »rücksichtslos« gegen Geistliche einzuschreiten, die das Verbot der Verteilung und Versendung religiösen Schrifttums, der Versendung von gedruckten und vervielfältigten Feldpostbriefen konfessionellen Inhalts sowie des Sammelns von Feldpostanschriften durch kirchliche Stellen oder

---

über die Pflichten der Eheleute, die vorübergehend getrennt leben müssen«; Kirchlicher Anzeiger Nr. 277, »Verbindung von Heimat und Front«.
970 Vgl. BArch, R 58/5637a, Der Reichsführer SS an alle SD-Oberabschnitte am 12.9.1936, Schreiben des SD-Abschnitts Ost an das Sicherheitshauptamt Berlin vom 31.11.1936.
971 Vgl. Boberach (Hrsg.), Meldungen, Bd. 3, S. 598, SD-Bericht vom 22.12.1939.
972 Vgl. BArch, R 58/5637a, SD Leitabschnitt Münster an das RSHA, 18.7.1940.

konfessionelle Organisationen missachteten.[973] Daraufhin beobachtete der SD erneut »Umgehungsformen« des Erlasses, da kirchliche Kalenderblätter und Broschüren zunächst an die Angehörigen geschickt wurden, die sie ihrerseits an die Soldaten weiterleiten sollten. Es folgte die Empfehlung, nun das Schriftgut an sich einzuschränken.[974]

Bereits im Mai 1940 übersandte der SD-Abschnitt Nürnberg eine Zusammenstellung über die »Taktik der evangelischen Kirche in der Beeinflussung ihrer Gläubigen« an das RSHA. Demnach verlagerten Geistliche ihr Augenmerk systematisch auf direkte Kontakte mit vorübergehend heimgekehrten Soldaten. In Analogien zum Ersten Weltkrieg betonten die konfessionellen Blätter, dass »Urlauber [...] auch daheim sich über den Besuch des Pfarrers freuen«, weil sie sich so direkt »ihre menschlichen Anliegen vom Herzen reden« können.[975] Im gleichen Zeitraum teilte Martin Bormann dem Chef der Sicherheitspolizei und des SD mit, es müsse alles getan werden, »um gegenüber dem konfessionellen Einfluss den weltanschaulichen Einfluss der Partei auf die Angehörigen der Wehrmacht zu verstärken.« Hierzu wurde unter anderem eine vollständige Liste, in diesem Fall aller katholischen Wehrmachtseelsorger, angefertigt, um zu eruieren, in welchem Umfang »geistliche Scharfmacher« auf die Soldaten wirkten.[976] Im Juli 1940 leitete der Stab des Stellvertreters des Führers Berichte über die Werbetätigkeit der katholischen Geistlichkeit an das RSHA weiter. Darin war unter anderem zu lesen:

»Besonders auf dem Lande geht die Aktivität der Geistlichen in der Betreuung der Frontsoldaten, der Urlauber und Verwundeten unvermindert weiter. Der Geistliche weiß meist schon vor dem Bürgermeister und Ortsgruppenleiter, wann ein Urlauber oder Verwundeter zurückkehrt. [...] Der katholische Geistliche G. von Unterdarching LK. Miesbach fuhr sogar bis Wien,

---

973 Vgl. ebenda, Schreiben des OKW an das Reichsministerium für die kirchlichen Angelegenheiten vom 1.3.1940; ferner Schreiben des RSHA an den Stab des Stellvertreters des Führers vom 9.9.1940, Abschrift der Bestimmungen beim Evangelischen Konsistorium der Provinz Sachsen vom 10.7.1940, Mitteilung der Deutschen Evangelischen Kirchenkanzlei an die obersten Behörden der Evangelischen Landeskirchen vom 31.8.1940; vgl. auch BArch, R 58/266, Rundschreiben an die Gestapoleitstellen, Vorgehen gegen Konfessionelles Schrifttum vom 27.8.1940.
974 Vgl. ebenda, Der Chef der Sicherheitspolizei und des SD an den Stellvertreter des Führers, 9.10.1940.
975 Ebenda, Textsammlung konfessioneller Schriften des SD-Abschnitts Nürnberg für das RSHA, 29.5.1940.
976 Vgl. BArch, R 58/5352, Korrespondenz zwischen der Kanzlei des Stellvertreters des Führers und dem RSHA vom 7.3.1940 sowie Bericht des SD-Abschnitts Frankfurt am Main an das RSHA vom 23.5.1940.

um einen Verwundeten aus seiner Pfarrei zu besuchen, was ihm bei seiner Gemeinde und bei den Soldaten die größte Sympathie gebracht hatte.«[977] Wie weit die Bemühungen der Geistlichen teilweise reichten, berichtete ein V-Mann aus einer fränkischen Gemeinde. Dort habe ein Pfarrer von der Kanzel verkündet, er werde jedem Fronturlauber, der ihn besucht, einen Liter Bier ausgeben. Von diesem Angebot sei reger Gebrauch gemacht worden.[978] Mit den steigenden Verlusten rückten die Lazarette in das Augenmerk der Kirchen. Missliebigen Einflussnahmen begegnete das Regime mit Verordnungen vom 9. April und 8. Juli 1941. Danach durften Geistliche nur noch in Kontakt mit Verwundeten treten, ihnen die Kommunion spenden oder die Beichte abnehmen, wenn diese zuvor ausdrücklich darum gebeten hatten. Daraufhin stellten die Überwachungsorgane eine »Verbesserung« der Situation in staatlichen Krankenhäusern fest.[979] Ungeachtet aller Maßnahmen fand der Versand konfessionellen Schrifttums weiterhin statt. Fronturlauber berichteten nach wie vor, dass ihnen von verschiedensten Seiten regelmäßig entsprechende Schreiben zugingen.[980] Am 20. April 1942 beurteilte der SD einen katholischen Hirtenbrief als »glatte Kampfansage der politisierenden Kirche« an den Staat. Er habe insbesondere auf die Jugend irritierend gewirkt, weil diese am Vormittag »von der Kanzel herab die gemeinsten Vorwürfe gegen den Staat hören« musste und nachmittags auf ebendiesen vereidigt wurde. »Ähnlich habe sich diese Verlautbarung auch auf die im Urlaub befindlichen Frontsoldaten ausgewirkt.«[981] Zudem meldete der SD in diesem Zeitraum, die »kirchliche Propaganda« bringe zusehends Anekdoten über Kriegsereignisse in Umlauf und stütze sich dabei auf angebliche Erzählungen von Fronturlaubern. Demnach würden heimgekehrte Offiziere mehrheitlich die Kirche gegenüber Angriffen der Partei in Schutz nehmen und sich dahingehend äußern, sie hätten an der Front schon viele katholische und evangelische Geistliche kämpfen sehen, aber keinen Ortgruppenleiter.[982] Im Herbst 1942 wiederum gelang es der Partei, den Einfluss der Kirchen auf dem Gebiet der Heldenehrungsfeiern und der Lebensfeiern zurückzudrängen. Andererseits hatten die Konfessionen einen grundlegenden Vorteil: Die »steigenden seelischen Anforderungen des Krieges« weckten bei

---

977 Ebenda, Schreiben des Stabs des Stellvertreters des Führers an den Chef der Sicherheitspolizei und des SD vom 9.7.1940.
978 Vgl. ebenda, Bericht des SD-Abschnitts Würzburg vom 16.5.1940.
979 Vgl. Barch, R 58/181, Meldungen des Sicherheitsdienstes der SS, SD-Berichte vom 1. bis zum 11.3.1943.
980 Vgl. Boberach (Hrsg.), Meldungen, Bd. 7, S. 2263 f., SD-Bericht vom 5.5.1941.
981 Vgl. ebenda, Bd. 10, S. 3644 f., SD-Bericht vom 20.4.1942.
982 Vgl. ebenda, SD-Berichte vom 2.3., 30.4., 6.6. und 24.8.1942.

den Soldaten und ihren Angehörigen ein »steigendes religiöses Bedürfnis«.[983] Obwohl das Regime die Auseinandersetzung mit der Kirche ursprünglich erst nach dem Krieg beabsichtigte, bekämpfte es nun konfessionelle Einflüsse immer vehementer und intensivierte die Observation von Kirchenvertretern. Ende des Jahres 1941 machte es einem Priester den Prozess, der mit einer Allegorie über Fronturlauber die Schließung von Klöstern kritisiert hatte: In dem Gleichnis fand ein Soldat auf Heimaturlaub seine Schwester, die Nonne war, in Zivil vor. Daraufhin warf er all seine Orden weg und sagte seinem Einheitsführer, er wolle Pfarrer werden.[984] In Wien wurde ein Geistlicher mit Strafgeld belegt, weil er eine Rede von Goebbels »heruntergespielt« und die Erfassung der Jugend durch den RAD beanstandet hatte. Das Urteil fiel betont milde aus, weil der Pfarrer zuvor positiv aufgefallen war: Er hatte Fronturlauber mit Stahlhelm und Gewehr als Ehrenwache zu Heldenehrungsfeiern hinzugezogen.[985] Die Behörden in Wien verhängten zahlreiche weitere Strafgelder gegen Kleriker. Ein Ordensgeistlicher musste 2.000 Reichsmark aufbringen, weil er Fronturlauber »nach militärischen Dingen« befragt hatte.[986] Den Gesprächsinhalt spezifizierten die Staatsorgane allerdings nicht. Es scheint ihnen mehr darum gegangen zu sein, den Kontakt zwischen Frontsoldaten und Geistlichen generell zu verhindern, als um die Wahrung militärischer Geheimnisse. Scharf beobachtete der SD auch die Einbindung von Fronturlaubern bei einer »neuen Methode kirchlicher Heldenehrung«: Geistliche errichteten inzwischen Symbolgräber für abwesende Gefallene. Laut dem Dienst nutzten die Kirchen jedes »sich ergebende psychologische« Moment aus, um nationalsozialistische Veranstaltungen zu überbieten.[987] Dass Geistliche Druck auf »gottgläubige« Soldaten ausübten, sie zu kirchlichen Trauungen drängten oder die doppelbödige Sexualmoral der Wehrmacht hinterfragten, war dem Regime ebenfalls ein Dorn im Auge. Einige Kirchenvertreter hatten sich bei Heimaturlaubern nach dem »Umgang mit leichten Mädchen in der Truppe« erkundigt und gefragt, ob sie dafür »eigens Urlaub« bekämen.[988] Die Soldaten begrüßten derlei missionarischen Eifer nicht immer. Dies zeigt ein Fall vom Spätsommer 1944: Ein Pfarrer äußerte sich beim Hausbesuch eines Fronturlaubers »wehrkraftzersetzend«. Da dies im geschützten Raum geschah, kommt nur eine Denunziation infrage. Die Anwesenden

---

983 Vgl. ebenda, SD-Bericht vom 12.10.1942.
984 Vgl. Boberach (Hrsg.), Regimekritik, Meldung wichtiger staatspolizeilicher Ereignisse vom 8.12.1941.
985 Vgl. Bailer (Hrsg.), Tagesrapporte, Rapport vom 8.4.1943.
986 Vgl. ebenda, Tagesrapporte vom 21.6.1943, vom 2.7.1943 und vom 13.4.1944.
987 Vgl. Boberach (Hrsg.), Meldungen, Bd. 13, S. 4874 f., SD-Bericht vom 1.3.1943.
988 Vgl. ebenda, Bd. 4, S. 1020 ff., SD-Bericht vom 19.4.1940; Boberach (Hrsg.), Regimekritik, Meldung vom 14.1.1943.

sahen durch die Kritik des Geistlichen offenbar ihren Kriegseinsatz herabgewürdigt.[989] Im April 1944 verurteilte das Regime einen Pater der Redemptoristen zum Tode, weil er angeblich einen Fronturlauber mithilfe eines feindlichen Flugblattes beeinflussen wollte: Der SS-Untersturmführer, der gerade bei seinen katholischen Eltern weilte, zeigte den Geistlichen an. Eine Falschaussage schloss das Gericht aufgrund seiner Zugehörigkeit zur Schutzstaffel aus. Die Schwere des Vergehens des Paters bemaß es dagegen an der Kriegslage und der Stabilität der Volksgemeinschaft.[990]

Ungeachtet solcher Einzelfälle verzeichneten die Überwachungsorgane seit Beginn des Jahres 1943 eine wachsende Zahl an Urlaubern, die während ihres Heimataufenthaltes in den Schoß der Kirche zurückkehrten. Den Grund sah der SD neben den Kampferlebnissen in der Beeinflussung durch Feldgeistliche: Ihr Argument eines göttlichen »Strafgerichts«, mit den »Geschehnisse[n] an der Front« und den »Fliegerangriffe[n] in der Heimat« als Beweis, übe enormen »seelischen Druck« aus.[991] Ebenfalls als Ursache identifizierten die Überwachungsorgane die neuen »Seelsorge- und Glaubensstunden«. Über die Jugendseelsorge und die konfessionelle Jugenderziehung wandten sie sich indirekt an die Eltern und entfalteten vor allem in ländlichen Regionen breite Wirkung.[992] Der Kampf um das individuelle Seelenheil war zugleich eine Auseinandersetzung um den Sinn des Krieges. Nicht nur Regime und Kirche führten ihn. Der Konflikt ragte tief in die Lebenswirklichkeit der Volksgenossen hinein und säte innerhalb vieler Familien Zwietracht. Lore und Hermann G. etwa wollten ihre Kinder nach nationalsozialistischen Grundsätzen »gottgläubig« und ohne konfessionellen Einfluss erziehen. Allerdings versuchte die streng religiöse Mutter während der Abwesenheit ihres Sohnes bei jeder Gelegenheit, die Ehefrau und die Kinder der Kirche näherzubringen. Der soziale Druck machte die Situation für die Soldatenfrau schließlich untragbar. In Briefen flehte sie ihren Mann über Monate hinweg an, auf die Mutter einzuwirken und im nächsten Urlaub ein Machtwort zu sprechen. Dies schien ihr auch nötig, weil die Schwiegermutter ungefragt beider Briefe öffnete. Sie empfand den Eingriff in ihre Privatsphäre derart eklatant, dass sie sich sogar wünschte, jemand würde die Mutter denunzieren:

»Doch es ist mir einfach unbehaglich, von Deiner Mutter unsere Korrespondenz überwacht zu wissen. [...] Heute Mittag ist Deine liebe Mutter wieder abgereist, nachdem Sie mich vorher noch gepeinigt hat, ich müsste die Bu-

---

989 Vgl. Boberach (Hrsg.), Regimekritik, Meldung vom 1.9.1944.
990 Vgl. Form (Hrsg.), Widerstand, Urteil 1H 230/44 -- 11J 153/44 vom 6.4.1945.
991 Vgl. Boberach (Hrsg.), Meldungen, Bd. 13, S. 5174ff., SD-Bericht vom 22.4.1943.
992 Vgl. ebenda, Bd. 13, S. 5049ff., SD-Bericht vom 1.4.1943.

ben zum Religionsunterricht anmelden. Natürlich hatte ich wieder nicht den Mut Farbe zu bekennen – aus Furcht vor Szenen, die ich nicht verkraften könnte. [...] Ach, Du glaubst nicht, wie einem diese Frau zusetzen kann. Wenn du nur bald kommen und diese Angelegenheit regeln könntest, ich schaff's bald nicht mehr allein. Du hättest's doch in Deinem letzten Urlaub sagen sollen, damit wir endlich unsere Ruhe und unseren Frieden hätten. Ich lasse mich grundsätzlich auf keine Diskussionen über Christentum und Nationalsozialismus mit Deiner Mutter mehr ein. Recht hat doch nur sie und dann wird sie derart ungerecht und ausfällig, dass ich's ihr tatsächlich gönnen würde, wenn sie jemand anzeigen würde. [...] Meine Nerven hielten diese Auseinandersetzung mit Deiner Mutter nicht mehr aus.«[993]

Urlaubererzählungen vor Gericht

Nicht zuletzt wegen des heiklen Informationsflusses bewertete das Regime den Fronturlaub ambivalent. Es wünschte, Front und Heimat würden sich gegenseitig Zuversicht spenden und den Willen zum Durchhalten stärken. Doch agierten immer mehr Protagonisten abseits der Norm. Erfüllten deviante Äußerungen Straftatbestände wie Wehrkraftzersetzung oder Heimtücke, fanden sich die Betroffenen rasch vor Gericht wieder: die Soldaten vor aburteilenden Instanzen des Feld- oder Ersatzheeres, die Bevölkerung vor Zivilgerichten, dem Reichskriegsgericht oder dem Volksgerichtshof.[994] Prozessakten belegen den Einfluss von Zeit und Raum auf die Urteilsfindung. Sie zeigen, was es für einen Unterschied machen konnte, ob Regeln im Privaten oder in der Öffentlichkeit gebrochen wurden. Die Bandbreite der Verleumder reichte von Familienmitgliedern und Kameraden über Bekannte und Nachbarn bis hin zu völlig Fremden. Delikt wie Denunziation erfolgten je nach Situation impulsiv oder reflektiert. Unabhängig davon verweisen die performativen Akte auf vorangegangene Sozialisationsprozesse. Sie erlauben Rückschlüsse, wo Akteure die Trennlinie zwischen Öffentlichkeit und Privatsphäre – bewusst oder unbewusst – zogen.[995] »Defätistischen« Äußerungen lagen häufig persönliche Auslöser zugrunde: Die Soldaten kompensierten unverarbeitete Erlebnisse oder versuchten, Front- und Heimaterleben in Einklang zu zwingen. Mit Geschichten über herausragende Heldentaten befriedigten sie ihr Geltungsbedürfnis und grenzten sich von den Daheimgebliebenen ab. Alkohol als enthemmender Faktor

993 Vgl. DTA, Serie 1462, Briefe von Lore an Hermann G. vom 26.10. und vom 4.11.1941; In ähnlichem Tenor die Briefe vom 11. und 22.7.1941, vom 4., 8. und 14.11.1941, vom 2.2.1942 sowie vom 9., 11. und 18.3.1942 und vom 14.10.1942.
994 Vgl. Wette, Tabu, S. 30f.
995 Vgl. Rössler, Wert des Privaten, S. 16-19.

spielte oft eine Rolle. Folgerichtig prüften Richter bei kritischen Äußerungen genauer als bei anderen Verstößen die politische Beurteilung, den Bildungsgrad und den zivilen Hintergrund des Angeklagten. Offenbar wird ein reziproker Prozess aus Privatisierung der Öffentlichkeit und kontrollierenden Eingriffen des Regimes in Rückzugsräume.[996] Dabei treten vor allem die persönlichen Motive der Verleumder zutage. Nicht selten wies der Entschluss zur Denunziation kaum Bezug zur verhandelten Aussage auf, oder die Verleumdung war klar als »femininer Beitrag« zum Krieg erkennbar.[997]

Gerichtsakten relativieren außerdem die überstrapazierte Ansicht, das Regime habe mit seinen Eingriffen vornehmlich die Bevölkerung vor zersetzenden Reden der Heimkehrer geschützt. Nicht minder schirmte es Soldaten vor unliebsamen Einflüssen der Heimat ab. Hierzu verschärfte es mehrfach die Rechtspraxis und steigerte das Verfolgungsinteresse in Relation zur Kriegslage. Die Urteilsbegründungen wurden harscher, die verhängten Strafen härter. Signifikant stiegen beschleunigte Verfahren wegen Wehrkraftzersetzung nach der Niederlage in Stalingrad an.[998] Konsequenterweise datiert die Mehrzahl der untersuchten Akten – aus einer Zufallsstichprobe des Militärarchivs – aus den Jahren 1943 und 1944. Die Dunkelziffer bei Delikten wegen Wehrkraftzersetzung ist äußerst hoch. Die unvollständige Wehrmachtstatistik beziffert 30.000 Verurteilungen, davon rund 5.000 zum Tode. Ein wesentlicher Teil der Verfahren beruht auf Denunziationen.[999] Allerdings bezogen sich bei Weitem nicht alle wehrkraftzersetzenden Äußerungen auf die strategische Lage. Sie beinhalteten auch die Straftatbestände der Heimtücke und des Kriegsverrats.

Am 2. September 1941 verurteilte das Feldkriegsgericht der 16. Infanteriedivision im ukrainischen Apostolowo den Schützen Josef F. aus Waldmünchen wegen Vergehen gegen § 2 des Heimtückegesetzes zu acht Monaten Gefängnis. Es verhandelte einen Vorfall, der sich ein knappes Jahr zuvor während seines Heimaturlaubs zugetragen und dessen Strafverfolgung das Justizministerium erst acht Monate später angeordnet hatte. Das Gericht stellte fest, dass der damals 27-Jährige am 28. Oktober 1940 mit seinem Fahrrad auf der Landstraße unterwegs war und sich gegenüber mehreren Zeugen, darunter einer jugendlichen Bekannten und einem Bauern wie dessen Begleiter, abfällig über die Schlagkraft der deutschen Luftwaffe geäußert habe. Weiterhin hinsichtlich

---

996 Vgl. Theiss, Wehrmachtjustiz, S. 292-294; Hornung, Denunziation, S. 60-63 und S. 225-228.
997 Vgl. Hornung, Denunziation, S. 74-80.
998 Vgl. ebenda, S. 30 und S. 75-80.
999 Messerschmidt, Wehrmachtjustiz, S. 24-32 und S. 132-143.

des Ausgangs des Krieges und gegenüber der Person des Führers.[1000] Laut den Ermittlungsakten der Gestapo Regensburg urteilte der Soldat aufgrund nächtlicher Feindeinflüge über die eigene Luftwaffe: »Ja, die Hansel bringen ja keinen herunter, ausserdem es muss einer notlanden«. Er stellte die deutschen Siegesaussichten im Falle eines Kriegseintritts der USA in Abrede und kommentierte ein Treffen von Hitler und Mussolini in Florenz mit der Bemerkung: »[...] die Halunken, weil sie sich nicht mehr auskennen fährt einer zum anderen«.[1001] Bei der Strafzumessung berücksichtigte das Gericht persönliche Kriterien, den Gesamtcharakter und individuelle Umstände. Mildernd wirkte vor allem sein soldatischer Einsatz, genauer die »volle Bewährung während seines Einsatzes gegen Russland«. Die »einmalige Entgleisung« führte der Richter auf eine »augenblickliche Verstimmung« zurück. Er anerkannte den Drang des Soldaten, »seinen Landsleuten als Urlauber unbedingt einige Neuigkeiten auftischen zu müssen«. Dies decke sich mit seiner Dienstakte, die ihn als harmlosen, aber gutmütigen und »unbedeutenden« Menschen auswies, der »manchmal reichlich viel redet.« Andererseits handele es sich um eine »ganz üble Beschimpfung des Führers«, die »Moral und Widerstandsfähigkeit des Volkes auf's schwerste gefährden« könne. Damit stellte das Gericht das Kriterium der Öffentlichkeit fest.[1002] Der Fall zeigt, wie einen Soldaten ein Fehltritt während des Heimaturlaubs noch nach Monaten an der Front einholen konnte. Ebenso wirft er ein Schlaglicht auf die Motive von Denunzianten: Als der Bauer den Soldaten beim Bürgermeister meldete, hatte Letzterer bereits Kenntnis von dem Vorfall durch einen weiteren Zeugen. Dieser arbeitete auf einem Feld neben der Straße und bekam die Unterhaltung ebenfalls mit.[1003] Die hohe Bereitschaft zur Verleumdung an diesem Punkt des Krieges, als das NS-Regime nach dem Sieg über Frankreich breiteste Zustimmung genoss, ist interessant.[1004] Womöglich ist sie auf den Kontrast aus unsoldatischem Auftreten und vorherrschendem Konsens über die Schlagkraft der Wehrmacht zurückzuführen. Angesichts der ausbleibenden Invasion in England können ebenso latente Zweifel an der strategischen Lage eine Rolle gespielt haben.

1000 Vgl. BArch-MA, Pers 15/16890, Protokoll der öffentlichen Sitzung des Kriegsgerichts der 16. Infanteriedivision in Apostolowo/Ukraine am 2.9.1941, Az. 162/1940, Verfügung des Reichsministeriums der Justiz an das OKW vom 21.6.1941, Az. III g 19 5485/41, Bestätigung der Rechtskräftigkeit des Feldurteils vom 23.9.1941, Az. St. L 162/40.
1001 Ebenda, Akten der Geheimen Staatspolizei, Staatspolizeistelle Regensburg, Az. 1622 vom 26.11.1940.
1002 Vgl. ebenda, Bestätigung der Rechtskräftigkeit des Feldurteils vom 23.9.1941, Az. St. L 162/40, Dienstliche Beurteilung des Schützen Josef F. durch die Panzerjägerabteilung 229 vom 5.12.1940.
1003 Vgl. ebenda, Akten der Geheimen Staatspolizei, Staatspolizeistelle Regensburg, Az. 1622 vom 26.11.1940.
1004 Vgl. Lorenz, Adolf-Kurve, S. 22-37.

Wegen fahrlässigen Landesverrats in zwei Fällen zu sieben Monaten Gefängnis verurteilte das Gericht des 2. Admirals der Ostseestation in Stralsund den Matrosenobergefreiten Willi H. am 5. Juli 1940. Der Richter attestierte dem Soldaten das Bedürfnis, im Heimaturlaub mit den eigenen Erlebnissen und Fertigkeiten aus »Ruhmredigkeit und Angeberei« zu »prahlen«. Willi H. tätigte dieselben Äußerungen an zwei Orten gegenüber verschiedenen Personengruppen. Weil das Gericht die beiden Situationen völlig unterschiedlich bewertete, sind Rückschlüsse möglich, wie das NS-Regime das Kriterium der Öffentlichkeit im Kontext von Urlaubererzählungen handhabte. Der Soldat hatte laut Akte verbreitet, der Kreuzer Leipzig habe »etwas abbekommen« und liege nun zur Reparatur in Hamburg. Ferner, dass die F 9 bei der U-Bootssicherung gesunken sei. Aus seinen Reden könne weiterhin das Auslaufdatum der »Deutschland« gefolgert werden und dass dieser Kreuzer kurz zuvor in »Lützow« umbenannt worden war. Diese »Staatsgeheimnisse« gab der Matrose am 22. Januar 1940 in einem Zugabteil sowohl fremden Zivilisten als auch kurz darauf im Lazarett einem Unteroffizier und einem Sanitätsobergefreiten preis. Obwohl es sich bei einem Militärhospital um einen prinzipiell öffentlichen Ort handelte, den auch Zivilisten besuchten, sah das Gericht den Straftatbestand der Gefährdung des Reichswohls nach § 90 Reichsstrafgesetzbuch nicht erfüllt. Schließlich sei die Schilderung lediglich anderen militärischen Geheimnisträgern zur Kenntnis gelangt. Anders beurteilte es die Erzählung im Eisenbahnabteil. Allein dass eine der anwesenden Frauen ihren Mann informiert hatte, wenngleich in der Absicht, den Matrosen zu melden, erachtete der Richter als »Verbreitung«. Zudem lägen keine Beweise für die Vertrauenswürdigkeit der weiteren Anwesenden vor. Dieses Nichtwissen legte das Gericht »zu Lasten des Angeklagten aus«, da »grundsätzlich daran festzuhalten ist, daß die Sicherheit des Reiches gefährdet ist, wenn ein militärisches Geheimnis über den Kreis der Geheimnisträger hinausgelangt.«[1005]

Soldaten traten selbst als Denunzianten auf, etwa wenn sie ihren Einsatz kritisiert oder sich ungerechtfertigt benachteiligt glaubten. Dies zeigt ein Beispiel, das zugleich die Rückwirkung von Urlaubserfahrungen auf die Front unterstreicht. So wurde der Gefreite Wilhelm D. wegen Zersetzung der Wehrkraft nach § 5 Absatz 1 Ziffer 3 der KSSVO zu drei Jahren Gefängnis verurteilt, weil er unter Vorspiegelung falscher Tatsachen eine UK.-Stellung erschlichen hatte. Aufgrund des landsmannschaftlichen Rekrutierungsprinzips fanden Soldaten während ihres Urlaubs heraus, dass ihr ehemaliger Kamerad gar keine eigene Schlachterei besaß. Auf dem Antrag hatte seine Frau angegeben, eine solche wegen Erkrankung nicht mehr führen zu können. Die Soldaten meldeten den

---

1005 Vgl. BArch-MA, Pers 15/6906, Feldurteil des Gerichts des 2. Admirals der Ostseestation, Zweigstelle Stralsund, vom 5.7.1940, Az. R H J. V 29 3/40.

Sachverhalt nach ihrer Rückkehr zur Kompanie. Allerdings erkannte das Gericht den privaten Umstand als mildernd an, dass sich der Angeklagte tatsächlich »in Hinblick auf das Nervenleiden seiner Ehefrau dem Wehrdienst zu entziehen gesucht hat.« Die familiäre Notsituation und seine Anstellung in einer Schlachterei gereichten ihm weiter zum Vorteil, denn das Gericht konstatierte: »Strafmildernd kam aber in Betracht, daß der Angeklagte unwiderlegt in seiner damaligen Dienststellung ein wesentlich angenehmeres Leben führte, als er es zu Hause im Zivilleben erwarten konnte, und dass der Angeklagte unwiderlegt allein in Rücksicht auf die Klagen seiner Ehefrau zu diesem Schritte gekommen ist.« Das relativ hohe Strafmaß von drei Jahren ergab sich aus einer Reihe von zivilen wie militärischen Vorstrafen, so etwa einer Plünderung in Polen während seiner Zugehörigkeit zum Nachrichtenregiment 511 bei der 4. Armee.[1006]

Im nächsten Fall entwickelte sich eine wehrkraftzersetzende Äußerung aus einem persönlichen Impuls heraus zu einer unerlaubten Entfernung und schließlich zur Fahnenflucht. Die Umstände werfen ein Schlaglicht auf das soldatische Selbstverständnis im Spannungsfeld gesellschaftlicher und individueller Wahrnehmung. Ferner auf die subjektiv empfundene Erosion von Privatheit im Angesicht staatlicher Omnipräsenz. Laut Tatbericht vom 13. Oktober 1941 hatte sich der Gefreite Hermann M., der in einem Pferdelazarett bei Berlin stationiert war, während eines Urlaubs »lügnerischer Behauptungen« und der »Herabsetzung der Wehrmacht« schuldig gemacht. Zudem hatte er »Unglaubliches über den Führer« geäußert.[1007] Der Vorfall ereignete sich in einer Gastwirtschaft, sprich einem »halböffentlichen« Ort.[1008] Nach »mehreren Lagen Schnaps und Bier« habe der verheiratete 39-Jährige von erdichteten Heldentaten als Meldereiter bei Kiew berichtet, dass er Urlaub hatte, um seine Uniform zu tauschen, weil diese vor »Blut und Eiter förmlich gestanden« sei. Darüber hinaus habe er erzählt, es gebe »draußen nichts zu fressen«, man dürfe nicht glauben, was »Radio und Zeitungen bringen«, und der Führer sei »ein Strolch«.[1009] Nach seiner Verhaftung floh der Tatverdächtige aus Angst vor der

---

1006 BArch-MA, Pers 15/167, Urteil des Feldkriegsgerichts der Division Nr. 180 vom 24.9.1940, Az. R.II.L. I Nr. 46/40; Tatbericht des Kompanieführers an den Gerichtsherrn im Bereich Ober-Ost vom 17.2.1940.
1007 Vgl. BArch-MA, Pers 15/606, Tatbericht beim Gerichtsherrn der Kommandantur Berlin vom 13.10.1941.
1008 Vgl. Hornung, Denunziation, S. 138 f., Hornung bezeichnet das Gasthaus zwar als neuralgischen kommunikativen Ort öffentlichen Geschehens, billigt ihm jedoch zugleich die Eigenschaft als »verlängertes Wohnzimmer« und eines semi-privaten Raumes, bzw. eines Ortes »anonymer Öffentlichkeit« zu.
1009 Vgl. ebenda, Vernehmungsbericht vom 13.10.1941, Zeugenvernehmung vom 7.10. 1941, Feldurteil des Gerichts der Kommandantur Berlin vom 9.2.1942, Az. II 429/1941.

Strafe aus dem Lazarett, in dem er inzwischen wegen eines Magenleidens lag. Anschließend tauchte er bei einer bekannten Witwe unter. Später übernachtete er in einem Schuppen in der Nähe seiner Wohnung. Er ernährte sich von erbettelten und geliehenen Brotmarken. Laut eigener Aussage traute er sich nicht, seine Frau zu besuchen, weil er fürchtete, sie würde ihn sofort verhaften lassen.[1010] Schließlich wurde er wegen Fahnenflucht, Wehrkraftzersetzung und Diebstahl zum Tode verurteilt. Als strafmildernd erachtete das Gericht neben den körperlichen Beschwerden und dem alkoholisierten Zustand, dass die Äußerungen im Gasthaus nur vor wenigen Personen fielen. Somit reduzierte es die Strafe auf sechs Jahre und einen Monat Gefängnis. Interessanterweise brachte der Richter in diesem Fall kein Verständnis für das allgemein verbreitete Bedürfnis auf, sich im Kontakt mit der Zivilbevölkerung als Soldat zu profilieren. Dieses Zugeständnis konterkarierten offenbar die Zugehörigkeit zum Ersatzheer, die lediglich »genügende« militärische Führung und die »minderwertigen« Charaktereigenschaften. Dass der Gefreite während der Flucht seine Uniform abgelegt hatte, interpretierte das Gericht strafverschärfend als Absicht, sich dauerhaft dem Wehrdienst zu entziehen. Ähnlich bewertete es den Diebstahl von Urkunden.[1011]

Oberschütze Johannes B. wurde im Februar 1941 zum Militär eingezogen und Anfang August mit einem Fronttruppenteil nach Osten abgestellt. Nach Erkrankung und Lazarettaufenthalt im November verbrachte er einige Zeit beim Ersatzheer, bevor er im Mai 1942 als Fernsprecher nach Frankreich kam. B. war bereits im Februar 1942 wegen Wehrkraftzersetzung zu zwölf Jahren Zuchthaus verurteilt worden. In Frankreich rollte das Gericht des Kommandanten von Groß-Paris seinen Fall neu auf und prüfte, ob auf Todesstrafe zu erkennen sei: Denn während der Frontbewährung, die er wegen eines Hüftgelenkschadens in der Etappe absolvierte, waren weitere Delikte hinzugekommen. Äußerungen, die bei den Kameraden die »Zuversicht in den Sieg der deutschen Waffen« untergruben, resultierten eindeutig aus persönlicher Betroffenheit durch Luftangriffe und besorgniserregenden Eindrücken, die der Angeklagte in der Heimat erlebte. Nach seiner Versetzung zum Regimentsstab im Juli 1943 erzählte er im Offizierskasino, die Kölner Bevölkerung habe nach einem Bombardement dem Bischof zugejubelt, nicht aber dem Reichsminister Joseph Goebbels, der sich wegen der schlechten Stimmung keinesfalls habe blicken lassen dürfen. Oberschütze Johannes B. war kurz zuvor von einem Sonderurlaub zurückgekehrt, den er erhalten hatte, weil seine Angehörigen in Krefeld »voll-

1010 Vgl. ebenda, Vernehmungsprotokoll des Gerichts der Kommandantur Berlin vom 9.12.1941.
1011 Vgl. ebenda, Feldurteil des Gerichts der Kommandantur Berlin vom 9.2.1942, Az. II 429/1941.

bombengeschädigt« waren. Doch schien es sich bei ihm um eine dauerhafte Verstimmung zu handeln. Laut Gerichtsprotokoll verfolgte B. die Feindeinflüge fortan im »englischen Sender«, zeigte eine Affinität für kommunistische Gedanken und äußerte im November gegenüber Kameraden, eigentlich »müsse Adolf dem Hermann [...] in die Fresse hauen, weil doch dieser behauptet habe, keine feindlichen Flugzeuge kämen nach Berlin.«[1012] Wie das Gericht erkannte, neigten die »gebrauchten Redensarten« dazu, »das Vertrauen seiner Kameraden in die zur Führung des Deutschen Volkes berufenen Männer zu untergraben«. Dennoch blieb es bei der bisherigen Strafzumessung. Der Richter hielt B. zugute, dass er nicht böswillig zersetzen wollte, sondern vielmehr aus einem gewissen »Geltungsbedürfnis« heraus handelte, um sich »wichtig und interessant« zu machen. Auch die Umstände waren entscheidend: So hätten die Äußerungen kaum Wirkung gezeigt, da B. als »Schwätzer« bekannt sei und im Grunde nicht ernst genommen werde. Ebenso berücksichtigte der Richter den privaten Schicksalsschlag: weil B. bei dem Luftangriff seine Wohnung verlor und »ein Teil seiner nächsten Angehörigen denselben Verlust zu beklagen hat.« Den Vorwurf kommunistischer Tendenzen entkräftete schließlich der Hinweis auf die streng katholische Erziehung durch die Eltern.[1013]

Die Bedeutung des Personalkreislaufs für den Informationsaustausch, ebenso wie Motive der Denunziation unter Kameraden, kommen in den Vernehmungsakten von Adolf Carl Gustav J. zum Vorschein. Der 50-jährige Weltkriegsveteran führte als Hauptmann eine Nachschubkompanie der Heeresgruppe Süd. Im Zivilleben war er evangelischer Pfarrer. Im Zweiten Weltkrieg machte er den »Frankreichfeldzug« mit, hatte sich die Spangen zu beiden E. K., die Ostmedaille, das Sturmabzeichen sowie das Kriegsverdienstkreuz Zweiter Klasse mit Schwertern erworben und einen Sohn verloren.[1014] Im November 1943 beschuldigte ihn ein anderer Kompanieführer, der ebenfalls 50-jährige Regierungsamtmann Arthur S., den Abfall Italiens und die deutschen Rückzugsbewegungen zu begrüßen. Außerdem habe er das Zurücklassen von Kriegsgerät zynisch kommentiert. Seine Vorwürfe stützte der Denunziant auf eine Vermutung: Weil der Tatverdächtige im Sinne der Feindpropaganda wirke, höre er offenbar ausländisches Radio.[1015] Hauptmann Adolf J. erklärte den Vorfall mit persön-

---

1012 Vgl. BArch-MA, Pers 15/7408, Feldurteil des Gerichts des Kommandanten von Gross-Paris vom 27.4.1944, Az. St. L. V. Nr. 430/43.
1013 Vgl. ebenda.
1014 Vgl. BArch-MA, Pers 15/13471, Auszug aus der Kriegsstammrolle, Stammrollennummer 43/12.
1015 Vgl. ebenda, Vernehmungsprotokoll des Gerichts der Höheren Kommandantur der Nachschubtruppen 3 vom 21.2.1944 in Proskurow, Aussage von Hauptmann Arthur S., Az. St. L. I/605/43.

lichen Differenzen zwischen ihm und seinem Ankläger. Im Hinblick auf die militärische Situation sei dieser zudem »Illusionist«, er dagegen »nüchterner Realist«, der sich »an die gegebenen Tatsachen« halte.[1016] Erst kürzlich sei S. auf die »Ente« hereingefallen, deutsche Truppen wären in England gelandet. J. sprach damit an, was viele Denunzianten motivierte, wenn andere sie mit dem Ernst der Lage konfrontierten: Realitätsleugnung gepaart mit persönlicher Kränkung. Der Tatverdächtige führte aus, er habe seinerzeit durch Urlauber von deutschen Nachschubproblemen in Afrika erfahren und dass die italienische Bevölkerung Verwundetentransporte schlecht aufnehme. Sein Ankläger verwechsle Freude mit Wertschätzung einer alternativen Nachrichtenquelle: »Ich habe wohl meine Genugtuung darüber zum Ausdruck gebracht, dass meine Informationen zuverlässig und meine daraus gezogenen Schlüsse richtig waren.«[1017] Ob das Gericht diese Rechtfertigung akzeptiert hätte, ist fraglich. Wohl eher hätte es den abträglichen Stimmungskreislauf durch Urlauber von der Front in die Heimat und von dort an eine andere Front unterbunden. Allerdings kam der Fall nicht mehr zur Verhandlung. Ohne Ergebnis erkundigte sich der Abwicklungsstab »Gericht« des BdE im Januar 1945 beim OKH nach dem zuletzt der Heeresgruppe D in Frankreich unterstellten Hauptmann, da gegen ihn ein Ermittlungsverfahren wegen »Zersetzung der Wehrkraft des deutschen Volkes« vorlag.[1018]

Ebenfalls wegen »Politisierens« schwärzten seine Kameraden den Soldat Gustav H. Anfang des Jahres 1943 an. Ausschlaggebend für den ursprünglichen Tathergang waren private Motive und ein Hang zur Kompensation mit Alkohol. H. kämpfte nach der Rückkehr zur Einheit mit verstörenden Erfahrungen aus dem vorangegangenen Heimaturlaub. Ihm war zu Hause klargeworden, wie zerrüttet sein Familienleben inzwischen war. Die Ermittler warfen ihm vor, er habe Mitte Februar 1943 im Osteinsatz geäußert, »Ich scheiße auf den Führer« und »Wir wollen unsere Arbeit und unsere Freiheit haben und unser Geld verdienen«. Zu seiner Verteidigung gab H. an, er könne sich wegen des starken Alkoholkonsums nicht an die Vorfälle erinnern. Weiterhin führte er aus: »Ich war in dieser ganzen Zeit etwas in Sorge um mein Familienleben. Ich bin im November vorigen Jahres zum letzten Male in Urlaub gewesen. In dieser Zeit habe ich erfahren, dass meine Frau mit einem Soldaten die Ehe gebrochen hat. Ich habe mich damals zu einer Scheidung nicht entschließen

---

1016 Vgl. ebenda, Vernehmungsprotokoll des Gerichts der Höheren Kommandantur der Nachschubtruppen 3 vom 21.2.1944 in Proskurow, Aussage von Hauptmann Adolf J., Az. St. L. I/605/43.
1017 Ebenda.
1018 Vgl. ebenda, Anfrage des Abwicklungsstabes »Gericht« beim Oberkommando des Ersatzheeres an das OKH/Heerespersonalamt vom 3.1.1945, Az. L.V Nr. 16/45.

können, weil wir das Kind haben. Ich bin aber auch hinterher den Gedanken nicht losgeworden, dass meine Frau während meiner Abwesenheit es jetzt wieder so treibt und sich mit anderen Männern abgibt. In dieser Stimmung hat der Alkohol mehr auf mich gewirkt, als es sonst der Fall gewesen wäre.«[1019] Da der Fronturlaub kurz zurücklag, beanspruchte die Rechtfertigung Plausibilität. Das Feldkriegsgericht erkundigte sich bei der Gestapo über das zivile und politische Vorleben des Beschuldigten.[1020] In der Hauptverhandlung im Mai stellte es fest, es falle tatsächlich erst seit dem Heimaturlaub auf, »dass der Angeklagte im Kameradenkreise viel auf den Krieg schimpfte«.[1021] Allerdings betonte das Gericht auch die niedere Gesinnung, die über ein »anständiges Schimpfen, wie es jedem Soldaten einmal über die Lippen geht«, hinausging. Nachteilig legte es aus, dass der Angeklagte die Notwendigkeit des Krieges und den »dadurch bedingten soldatischen Zwang« ablehnte.[1022] Die Richter sahen das Kriterium der Öffentlichkeit nach § 5 Abs. 1 KSSVO erfüllt, weil der »abstoßende Charakter« der Äußerungen die Gefahr der Weitergabe in sich barg. Bei der Strafzumessung von zwei Jahren argumentierten sie, H. habe keinen Grund, kriegsmüde zu sein: Er war bis 1940 in der Heimat und anschließend in Frankreich stationiert. Im Osten befand er sich erst seit einem Jahr, zudem bei einer rückwärtigen Bäckerei-Kompanie. Ferner relativierte das Gericht den Einfluss privater Verhältnisse: Laut Dienstakte hatte sich der Angeklagte in Frankreich eine Geschlechtskrankheit geholt und somit schon vorher die eheliche Treue gebrochen.[1023]

Einen seltenen Einblick in die wechselseitige Bedeutung des Personal- und Informationsflusses liefern die Verhandlungsunterlagen des Obergefreiten und promovierten Betriebswirts Kurt H. Im September 1944 wurde er wegen Zersetzung der Wehrkraft und Untergrabung der Mannszucht in mehreren Fällen zu neun Monaten Gefängnis verurteilt. Die Ermittler dokumentierten seit dem Winter 1942 mehrere kritische Äußerungen. Die Inhalte veranschaulichen, wie Einsatzverhältnisse sein Erzählen zu Hause nachhaltig prägten. Andererseits gründeten seine Auslassungen im Kameradenkreis auf unvollständigen Verarbeitungsprozessen und Irritationen aus der Zeit der Heimataufenthalte. Als Funker einer Nachrichtenabteilung hörte H. regelmäßig den Moskauer

1019 Vgl. BArch-MA; Pers 15/14580, Vernehmungsprotokoll des Gerichts der 1. Infanteriedivision vom 26.2.1943, im Feld, Az. St.-L. Nr. 44/43.
1020 Vgl. ebenda, Schreiben des Gerichts der Dienststelle Feldpost-Nr. 04089 an die Geheime Staatspolizei in Harburg vom 28.2.1943.
1021 Vgl. ebenda, Protokoll der Verhandlung des Gerichts der 1. Infanterie-Division am 4.5.1943, Az. R.H.L. Nr. 34/1943.
1022 Vgl. ebenda.
1023 Vgl. ebenda.

Freiheitssender. Infolgedessen verkündete er wiederholt öffentlich, der Krieg sei nicht mehr zu gewinnen und man dürfe den eigenen Nachrichten nicht alles glauben: Auf dem Rückweg zur Front berichtete er mitfahrenden Soldaten von einer Privatreise, die er kurz zuvor im Heimaturlaub mit seiner Familie »in Zivil« unternahm. Dabei habe er zwei Offizieren einmal seine Ansichten über die militärische Lage erklärt – Zeugenaussagen lagen dem zuständigen Gericht bereits vor. Nach dem Besuch einer Wochenschau in der Heimat erklärte er anderen Soldaten, der Gegner habe mit seinem »Bombenterror« völlig recht, auch wenn er Zivilisten im Tiefflug beschießt. Schließlich hätten »wir« mit dem Luftkrieg begonnen und würden es auch so machen, »wenn wir könnten«. Das Gericht bedauerte die geringe Strafzumessung, denn viele Aussagen konnte es inzwischen nicht mehr wortgetreu eruieren. Es erhob sogar Vorwürfe gegen den Denunzianten, Unterwachtmeister G., weil er eineinhalb Jahre gewartet hatte, bevor er H.s defätistische Äußerungen meldete. Dies werfe »kein gutes Licht auf seine männlichen, soldatischen und Führungseigenschaften«. Allerdings räumte das Gericht ein, der Angeklagte habe inzwischen seinen »Weg zu soldatischem Handeln« gefunden, weil die Vorfälle so weit zurück lagen.[1024]

Zu acht Jahren Zuchthaus wurde der Obergefreite Christel H. am 3. Februar 1944 verurteilt, weil er während eines Fronturlaubs vom 22. August bis zum 11. September 1943 den Einwohnern seines Heimatorts die Kriegslage »in den schwärzesten Farben« ausgemalt hatte. Unter anderem erzählte er, die sowjetischen Waffen seien den deutschen überlegen und die kampfmüden Soldaten gingen zurück, weil sie sich nicht von den sowjetischen Panzern »zermalmen« lassen wollten. Der Krieg sei seiner Ansicht nach in wenigen Wochen vorbei. Die Äußerungen tätigte der Landwirt in dem Frust, weil es die Heimat trotz gegenteiliger Versprechung nicht schaffte, seine Ernte rechtzeitig einzubringen. Situativ bedingt habe er mehr gesagt als gewollt. Das Gericht argumentierte, er sei zu diesen allgemeinen Aussagen wegen des kleinen Gesichtskreises seines Frontabschnitts nicht berechtigt. Die Zeugen aber, einfache Leute, würden jede Schilderung eines Frontsoldaten für bare Münze nehmen. Die hohe Strafe gründete mit Blick auf die Gesamtlage und die Stimmung der Bevölkerung in der Notwendigkeit, abzuschrecken. Das Gericht erklärte, die Bemerkungen schürten ausgerechnet bei der Landbevölkerung Zweifel an der »Gerechtigkeit der deutschen Sache«.[1025]

1024 Vgl. BArch-MA, Pers 15/18482, Tatbericht der 69. Infanterie-Division, 2./Nachr-Abt. 169 vom 21.8.1944, Feldurteil des Gerichts der 69. Infanterie-Division vom 18.9.1944, Az. St. P. L. Nr. 313/1944.
1025 Vgl. BArch-MA, Pers 15/7923, Feldurteil des Feldgerichts zur besonderen Verwendung der Luftwaffe vom 10.10.1944, Az. So. K. St. L. 130/1943.

Nach einer Äußerung im vermeintlichen Schutz der eigenen vier Wände denunzierte im September 1943 eine Bekannte Robert T., als er sich von der Ostfront auf Heimaturlaub in Wien aufhielt. Im Gespräch mit der Nachbarin Anna H. erkundigte sich T. nach ihrem Sohn, von dem sie seit sieben Wochen keinen Brief mehr erhalten hatte. Als Anna H. mitteilte, ihr Sohn sei bei der SS, bemerkte der Fronturlauber: »[…] oh je, da könnens schwerlich damit rechnen, dass er wieder kommt, die SS macht was mit«. Bei Tarnopol habe er selbst gesehen, wie die SS 10.000 Juden umgebracht hat. Darüber hinaus höre man ständig von deutschen Soldaten, die im Osten von Juden verstümmelt würden, weil sie Kriegsverbrechen begangen hatten. Laut Vernehmungsprotokoll konnte die Nachbarin aufgrund dieser Schilderung nächtelang nicht schlafen. Sie vertraute sich zunächst einer Freundin und schließlich der Polizei an. Zwar verlief das Verfahren im Sande, weil T. Anfang 1944 bei Nikopol vermisst wurde. Doch der Fall verweist erneut sowohl auf den regen Austausch über Völkermord als auch auf private Beweggründe der Denunziation: Die Konfrontation mit einem verdrängten Sachverhalt, dem Tod des Sohnes und seiner Teilnahme an Verbrechen, löste die Verleumdung als Abwehrhaltung aus. Die Mutter wollte den Einsatz des Sohnes in Ehren halten und nicht durch Geschichten über die Verbrechen der SS entwürdigt sehen. Die ermittelnde Dienststelle vermerkte, die Urlaubererzählung habe »der Mutter in rücksichtsloser Weise die Ruhe genommen«.[1026]

Es kam auch vor, dass sich Ehepartner während des Fronturlaubs wegen defätistischer Reden gegenseitig anzeigten. Umstände und Inhalte variierten, jedoch verfolgte der Verleumdende in der Regel persönliche Absichten. Nicht selten hatte sich ein Paar entfremdet, und einer von beiden suchte einen Vorwand, um sich der Situation zu entziehen. Dem Sanitätsunteroffizier Ludwig D. wurde es zum Verhängnis, als er während eines Besuches bei seiner Frau erwähnte, an der Front wäre er lieber drei Minuten feige als in fünf Minuten tot – und wenn die Bolschewisten kommen, könnten alle zusammenpacken. Nach Aussage des Angeklagten handelte es sich um einen Racheakt der Ehefrau, da er gegen ihre Affäre interveniert hatte. Das Ehepaar hatte sich auseinandergelebt, obwohl der Soldat beim Ersatzheer alle zwei Wochen Kurzurlaub erhielt. Gerade darin erblickte die Frau aber den Makel: Ohne Fronteinsatz genügte er nicht ihren Ansprüchen an Männlichkeit, obwohl er in Polen gekämpft und ein Jahr im Streckverband gelegen hatte. Das Gericht vertagte die Behandlung des Sachverhalts schließlich auf die Zeit nach dem Krieg.[1027]

1026 Vgl. AdR, Akten des Zentralgerichts Außenstelle Wien (1939-1945), Fall-Akte 181/11, (der Fall wird auch besprochen bei: Hornung, Denunziation als Soziale Praxis).
1027 Vgl. AdR, Akten des Zentralgerichts Außenstelle Wien (1939-1945), Fall-Akte 170/16, (der Fall wird ebenfalls behandelt in: Hornung, Denunziation als Soziale Praxis).

Widerständisches Handeln

Auch für widerständisches Handeln während des Zweiten Weltkriegs erfüllte der Fronturlaub eine wichtige Funktion. Allerdings handelt es sich um einen eigenständigen Untersuchungsgegenstand, der an dieser Stelle nur angedeutet werden kann. Konspirative Netzwerke mussten durch regelmäßige, ebenso persönliche wie anonyme Kontakte aufrechterhalten werden. Dies lag einerseits an der Briefzensur, andererseits daran, dass viele Akteure Kriegsdienst leisteten und über weite Teile Europas verstreut waren. Der militärische Widerstand zeigt, dass »Verschwörer« bestimmte Entscheidungen und Weichenstellungen nur während Dienstreisen oder auf Urlauben treffen konnten.[1028] Bei der Weißen Rose dagegen führte erst die Famulatur ihrer soldatischen Mitglieder in Russland, der Wechsel zwischen Heimat, Fronterleben und Rückkehr, den Handlungsentschluss herbei.[1029] Der Fronturlaub besaß nicht nur eine wichtige Bedeutung für den militärischen Widerstand, sondern im Grunde immer, wenn Soldaten und Zivilisten zusammenwirkten. Dies gilt auch für weniger bekannte konspirative Zirkel. Viele Fronturlauber gerieten zudem wegen angeblicher »geheimer« Treffen ins Visier der Gestapo, selbst wenn die Zusammenkünfte rein kommunikativer Natur waren und auf keinen Umsturz zielten.

b. Normbrüche

Neben Erzählungen liefern deviante Handlungen Erkenntnisse über öffentliche und private Grenzen im Kontext des Fronturlaubs. Viele spontane wie geplante »Vergehen« resultierten aus der Sehnsucht nach geliebten Menschen oder folgten dem Wunsch, Beziehungen zurechtzurücken oder zivile Angelegenheiten zu regeln. Folglich finden sich »Erschleichung« und »Übertretung« des Urlaubs als charakteristische Grenzübertritte im Zusammenhang mit Heimataufenthalten häufig in Gerichtsakten. Formal behandelten KSSVO und Militärstrafgesetzbuch (MStGB) diese Deliktstrukturen je nach Dauer und Umständen der Abwesenheit als »unerlaubte Entfernung« oder »Fahnenflucht«. Dies unter dem Straftatbestand der Wehrkraftzersetzung nach § 5 der KSSVO.[1030] Die Gerichtsakten zeigen auch hier die Funktionen, die das NS-Regime dem Fronturlaub zuschrieb, welche privaten Verhaltensweisen von Männern und

---

1028 Vgl. Ueberschär, Deutschland, S. 46, S. 53-55, S. 74f., S. 79-83, S. 103, S. 109, S. 126 und S. 131-140.
1029 Vgl. Ueberschär, Widerstand, S. 31-42.
1030 Vgl. Messerschmidt, Wehrmachtjustiz, S. 50-59; Rass, »Menschenmaterial«, S. 166-170.

Frauen es als konform erachtete und welche nicht. Ferner geben sie die Sichtweise der Akteure preis; sie verdeutlichen, dass Familien exklusive Bereiche für sich reklamierten und dafür bewusst Sanktionen in Kauf nahmen. Die folgenden Fallbeispiele identifizieren wiederkehrende Handlungsmuster sowohl der Soldatenfamilien wie auch des Regimes in dem komplexen Ringen um Privatheit im Krieg.

Erschleichung von Urlaub

Einen ersten Eindruck liefert das Verfahren gegen den Matrosen Karl K. Es steht stellvertretend für unzählige Fälle der Urlaubserschleichung, die sich innerhalb der Wehrmacht den gesamten Krieg über ereigneten. Allerdings ist die Strafzumessung seitens des Militärgerichts wie auch die Beurteilung des Vergehens als relativ mild einzustufen, da es sich zu einem frühen Zeitpunkt ereignete. Gemäß Tatbericht vom 17. September 1940 hatte der 18-jährige Seemann seinem Vorgesetzten einen Monat zuvor ein Telegramm vorgelegt, mit der Bitte, ihm zum Besuch bei seiner schwer kranken Mutter sieben Tage Sonderurlaub nach Leipzig zu gewähren. Da K. als »nachlässiger« Soldat bekannt war und der Vorgesetzte die Echtheit des Gesuchs bezweifelte, gewährte er ihm fünf Tage Urlaub mit der Auflage, nach der Rückkehr ein ärztliches Attest vorzulegen. Als K. dann aber anführte, seine Mutter sei »nur nervenkrank« und kein Arzt hinzugezogen worden, übten die Vorgesetzten Druck aus. Infolge mehrerer Drohungen mit Disziplinarstrafen stellte sich heraus, dass nicht der Vater, sondern die Freundin, Annemarie G., das Telegramm geschickt hatte. Sie wollten Zeit zu zweit verbringen.[1031] Sehr häufig suchten Soldaten mit derlei Täuschungen nach Intimität. Sie kompensierten die langen Trennungen von Angehörigen und verschafften sich Raum für ihr Privatleben. Lediglich die Rahmenbedingungen und die angeführten Gründe variierten. Ehemänner erschlichen sich Urlaube mit dem Hinweis auf eine angeblich schwere Erkrankung des Kindes, um Zeit mit ihren Ehefrauen zu verbringen, oder sie führten wirtschaftliche Notstände an. Naturgemäß hatten Soldaten des Ersatzheers oder Matrosen während Werftliegezeiten aufgrund der kürzeren Entfernungen zwischen Dienst- und Heimatort größeren Erfolg mit dieser Methode. Für sie waren die Ausgangsbedingungen auch deshalb günstiger, weil die Einheitsführer die Kampfkraft nicht zwingend mit einer bestimmten Iststärke aufrechterhalten mussten. Dennoch versuchten es die Soldaten des Feldheers ebenfalls.

1031 Vgl. BArch-MA, Pers 15/71372, Tatbericht des Standortältesten Neustadt an den Gerichtsherrn beim Küstenbefehlshaber der westlichen Ostsee vom 17.9.1940, Az. 2402.

Aufgrund der kurzen Feldzüge hatten auch sie bis zum Sommer 1941 keine allzu schlechten Karten, sich Urlaub zu erschleichen. Danach sahen sie sich allerdings gezwungen, immer drastischere Gründe vorzubringen, etwa Todesfälle in der Familie oder schwere Bombenschäden. In der Regel prüften die Heimatbehörden diese Angaben. Nicht selten deckten sie Betrugsversuche auf, wie bei Karl K. Das Gericht beließ es in seinem Fall bei einer Arreststrafe von drei Monaten wegen »Zersetzung der Wehrkraft und Erschleichung von Urlaub«, weil es in der Tat kein »böswilliges Drücken vor unangenehmem Dienst oder gar Gefahr, sondern mehr [...] einen törichten, leichtsinnigen Streich eines jungen, noch unreifen Menschen« erblickte. Der Matrose sei außerdem Einflüsterungen eines Kameraden erlegen. Erschleichung von Urlaub galt lange Zeit als Kavaliersdelikt, und die Hemmschwelle dazu war niedrig. Die Feststellung des Gerichts, »dass der immer wieder hervortretenden Neigung, sich mit falschen Angaben Urlaub zu verschaffen, im Interesse der Kriegführung mit wirksamen Strafen begegnet werden muss«, deutet auf das breite Ausmaß hin. Von abschreckenden Urteilen, die primär dem Zusammenhalt der Kampfgemeinschaft dienten, nahm die Wehrmachtjustiz zu diesem Zeitpunkt noch weitgehend Abstand.[1032]

Soldaten des Feldheers erschlichen sich bevorzugt Freistellungen, wenn sie sich ohnehin im Personalkreislauf befanden. Viele Normüberschreitungen fanden während Dienstreisen und nach Lazarettaufenthalten statt, wenn kein regulärer Urlaub in Aussicht stand. Der ledige Unteroffizier Herbert U., der als Mitglied des 4. Infanterie-Regiments 479 zu den Besatzungstruppen im Osten gehörte, kam nach einem zweiwöchigen Lazarettaufenthalt in Königsberg wegen eines gebrochenen Arms am 16. April 1941 zunächst zum Ersatzheer nach Landsberg. Weil er aber die Voraussetzungen für die Aufnahme in eine Genesungskompanie nicht erfüllte, wurde er von dort aus direkt wieder zum Feldheer in Marsch gesetzt. Allerdings fuhr er stattdessen zu seinen Eltern nach Angermünde und meldete sich dort am 24. April beim Standortarzt. Über das Wehrmeldeamt teilte er seiner Kompanie mit, er sei auf der Rückreise erkrankt. Als seine Feldeinheit ein Attest forderte, teilte er 20 Tage später mit, dass er inzwischen im Reservelazarett Eberswalde liege. Tatsächlich hatte er dort am 3. und 7. Mai lediglich ambulant seinen geschwollenen Arm behandeln lassen. In Unkenntnis der Umstände versetzte ihn seine Kompanie am 12. Mai zur Ersatzabteilung nach Landsberg. Als sie jedoch am 22. Mai von der ursprünglichen Feldabstellung Mitte April erfuhr, leitete sie polizeiliche Nachforschungen ein. Diese ergaben, dass sich U. ohne Meldung bei seiner Braut in Angermünde auf-

1032 Vgl. ebenda, Feldurteil des Gerichts des Küstenbefehlshabers westliche Ostsee vom 14.11.1940, Az. J II 200/40.

hielt.[1033] Das Gericht der Kommandantur verurteilte den Unteroffizier schließlich zu zwei Jahren Gefängnis und zu Rangverlust wegen Urkundenfälschung in Tateinheit mit Zersetzung der Wehrkraft. Das Urteil betonte ausdrücklich, es müsse »mit schärfsten Mitteln durchgegriffen werden, um eine abschreckende Wirkung auf Gleichgesinnte auszuüben.« Wie die Akte anhand des akribischen Schriftwechsels mit den polizeilichen Behörden, den betreffenden Ärzten und Reservelazaretten zeigt, versuchte die Wehrmacht inzwischen deutlich vehementer, strukturelle Missstände abzustellen und Gelegenheiten für Normbrüche zu unterbinden.[1034]

Dennoch hielt die Bereitschaft zur Urlaubserschleichung unter den Soldaten des Feld- und Ersatzheers unvermindert an, teilweise stieg sie sogar. Das Private gewann als Motivationsfaktor weiter an Stellenwert. In zunehmendem Maße kämpften die Soldaten gegen negative Auswirkungen ihrer andauernden Abwesenheit und traten der Erosion persönlicher und ziviler Netzwerke in der Heimat entgegen. Aufgrund emotionaler und situativer Zwänge sahen viele Soldaten keine Alternative zur Normüberschreitung. Immer öfter handelten sie impulsiv. Nachdem der Oberbootsmaat Karl B. nach 48-tägiger Feindfahrt auf einem U-Boot wieder den Hafen von Bordeaux erreicht hatte, beorderte ihn sein Kommando am 17. Februar 1944 zu einem Lehrgang nach Weilerbach nahe Kaiserslautern. Da dem Kommando das Ende des Lehrgangs nicht bekannt war, trug es provisorisch den 10. März als Tag der Rückreise auf den Marschbefehl ein. Als der Lehrgang am 4. März endete, erwirkte sich B. vom Heimleiter einen Urlaub, um die sechs verbliebenen Tage bei seiner Familie zu verbringen. Als der Vorfall aufflog, leitete die Einheit ein Verfahren wegen »unerlaubter Entfernung bzw. Urlaubserschleichung« ein.[1035] Zur Verteidigung gab der Angeklagte an, er habe sich mit seiner Frau »wegen Unstimmigkeiten, die zwischen uns getreten sind, aussprechen« wollen. Mildernd berücksichtigte das Gericht die familiären Umstände, dass B. seinen Truppenteil telefonisch verständigen wollte und dass er als »anständiger« Soldat galt. Der Richter wertete zudem die Eintragung eines spekulativen Rückreisedatums als Fehler des Kommandos. So blieb es bei vier Wochen geschärftem Arrest.[1036]

1033 Vgl. BArch-MA, Pers 15/619, Tatbericht des 4. Infanterieregiments 479 vom 6.6.1941 an den Gerichtsherrn der 258. Division, Auszug aus der Kriegsstammrolle 58 I, Wehrnummer 12. (M.G.) I.R. 479, Eberswalde 20/1/3/6 Fr.
1034 Vgl. ebenda, Feldurteil des Gerichts der Kommandantur Berlin vom 17.10.1941, Az. St. L. V Nr. 412/1941.
1035 BArch-MA, Pers 15/18477, Tatbericht des Kommandos der 12. Unterseebootsflotte an das Gericht des Führers der Unterseeboote West vom 1.5.1944, Az. H 716/44.
1036 Vgl. ebenda, Anklageerhebung in der öffentlichen Sitzung des Bord-Kriegsgerichts des Führers der U-Boote West, Zweigstelle Bordeaux, vom 18.5.1944, Az. J VI 31/44.

Zu 15 Jahren Zuchthaus wegen »Zersetzung der Wehrkraft und Fahnenflucht« gemäß KSSVO verurteilte dagegen das Gericht der 526. Infanterie-Division im September 1944 den Gefreiten Gottlieb O. Laut Tatbericht hatte er sich im Zusammenwirken mit seiner Frau Sonderurlaub in mehreren Fällen erschlichen.[1037] Im Vernehmungsprotokoll gab der Gefreite an:

»Ich muß bemerken, daß meine Frau dauernd hinter mir her war wegen Urlaubs. Wenn ich, wie oben beschrieben, meine Frau aufgefordert hatte, ein Telegramm mit falschen Angaben zu schicken, so ist auch das nur auf Betreiben meiner Frau geschehen. Meine Frau hat schon einmal, wenn ich es auch schlecht beweisen kann, ein Verhältnis hinter meinem Rücken mit einem Oberfeldwebel der Flieger angefangen, als ich längere Zeit nicht in Urlaub war.«[1038]

Gottlieb O.s Ehefrau fügte hinzu, sie habe während des Urlaubs mit ihrem Mann über all diese Dinge sprechen wollen und gehofft, dadurch eine Besserung ihrer Verbindung zu erreichen.[1039] Das Paar stellte die Lösung persönlicher Probleme über die Konformitätsansprüche des Regimes und erzwang das Wiedersehen für eine Aussprache. Sanktionen nahmen beide bewusst in Kauf. Es liegt allerdings im Dunkeln, in wie vielen Fällen im Laufe des Krieges Urlaub erfolgreich erschlichen wurde. Damit kann das Ausmaß verdeckter Handlungsspielräume in diesem Kontext nur erahnt werden.

Übertretung von Urlaub

Die Erschleichung von Freistellungen fußte in der Regel auf den Hoffnungen, die Soldaten auf einen künftigen Heimataufenthalt projizierten. Der Entschluss zur Übertretung resultierte vornehmlich aus den Erfahrungen des Fronturlaubs selbst. Die Dokumente verweisen sehr häufig auf kognitive Konflikte infolge des mehrfachen Wechsels zwischen völlig verschiedenen Lebenswelten: Die Soldaten hatten sich monate- oder gar jahrelang mit den Widernissen in ihren Kampfabschnitten arrangiert und waren trainiert, private Bedürfnisse auszublenden. Vielen reichte die Zeit im Urlaub nicht, um emotional an ihre frühere Rolle anzuknüpfen. Umso frustrierender wirkte die Vorstellung zum Urlaubsende, sich schon wieder umstellen zu müssen. Weitere Faktoren kamen hinzu: etwa der Kontrast aus erneuter Todesgefahr und gerade spürbarer Sicherheit,

---

1037 BArch-MA, RH26/526G 2411, Feldurteil Gericht der Division 526, Zweigstelle Düren, 2.9.1944.
1038 Ebenda, Vernehmungsprotokoll vom 19.6.1944.
1039 Ebenda, Protokoll der öffentlichen Sitzung des Feldkriegsgerichts der Division 526, Zweigstelle Düren, 29.8.1944.

aus militärischen Zwängen und relativer Freiheit. Der Zeitpunkt des Krieges und der Ort des Einsatzes spielten ebenfalls eine wichtige Rolle. Es war bedeutend, ob es zurück an die Front oder in die Etappe, in den Westen oder den Osten ging. Wie der Blick auf die Feldpost zeigt, fielen Abschiede in den ersten Jahren des Krieges leichter, weil die Verluste gering, die Feldzüge kurz und die Gelegenheiten, sich soldatische Lorbeeren zu verdienen, begehrt waren. Dies änderte sich nach dem Angriff auf die Sowjetunion, denn die Soldaten wussten, ihre Einsatzzeiten wurden länger und die Gefahr, verwundet oder getötet zu werden, höher. Schwindende Siegesaussichten korrelierten negativ mit der inneren Bereitschaft, nach einem Fronturlaub die soldatische Pflicht wiederaufzunehmen. Hier sorgten Sanktionen und Überwachungsorgane zusehends für den nötigen Druck. Dennoch häuften sich Urlaubsübertretungen. Nicht zufällig stiegen seit Anfang 1943 Krankmeldungen zum Urlaubsende sprunghaft an.[1040] Verhörprotokolle zeugen zunehmend von affektiven Kontrollverlusten der Soldaten. Oft gaben sie an, in die Situation hineingeschlittert zu sein: etwa indem sie erst einen Zug verpasst und sich dann aus Angst vor der Strafe unerlaubt entfernt hätten. Oft lagen wichtige private Gründe vor, die das Regime bei der Urteilsbemessung fallweise berücksichtigte. Häufig sind direkte Einwirkungen des Krieges feststellbar, etwa gesundheitliche Beeinträchtigungen der Angehörigen infolge Arbeitsüberlastung und ungenügender Ernährung. Vor allem wenn die Familie einen Luftangriff erlitten hatte, lieferten innere wie äußere Faktoren Anlässe für eine Urlaubsübertretung. Bei »egoistischen« Motiven, wie der Angst vor Gefahr oder dem Willen, sich militärischen Pflichten zu entziehen, griff das Regime mit unverminderter Härte durch. Die folgenden Beispiele vermitteln einen Eindruck von der Vielfalt der Konstellationen und den meist persönlichen Auslösern.

Der Fall des Pioniers Otto S. zeigt, wie aus einer ursprünglich disziplinarisch zu ahndenden Urlaubsübertretung Fahnenflucht wurde. Das Feldkriegsgericht verurteilte ihn zunächst zu zehn Jahren Zuchthaus und Verlust der bürgerlichen Ehrenrechte auf fünf Jahre. Die Überschreitung fand während eines Tagesurlaubs am Dienstort statt. Eine zerrüttete Ehe und ein abgelehntes Urlaubsgesuch bildeten den weiteren Rahmen. Der Pionier hatte am 1. November 1940 von seiner Kompanie eine Freikarte für den Besuch eines Varietés in Köln erhalten. Jedoch verpasste er den Anfang, daraufhin besuchte er mehrere Wirtschaften und überschritt schließlich den Zapfenstreich. Als er am nächsten Morgen in die Kaserne zurückkehrte, eröffnete ihm sein Vorgesetzter, er habe sich beim Kompaniechef zu verantworten. Deswegen verließ er die Kaserne wieder – und

---

1040 BArch-MA, RH 15/283, Abschrift des Oberkommandos des Heeres, Geheime Kommandosache bezüglich der »Krankmeldung von Urlaubern« vom 14.4.1943.

weil er disziplinarisch mehrfach vorbestraft war. In der Folgezeit durchstreifte er am Tage die Wirtschaften und nächtigte in Wäldern, in Bahnhofswartehallen und bei Bekannten. Als ihn schließlich eine Heeresstreife aufgriff, versuchte er vergeblich zu fliehen. Er gab an, aus »Furcht vor Strafe« gehandelt zu haben. Ein abgefangener Brief an seine Ehefrau verschärfte die Lage, weil er darin um Zivilkleidung gebeten hatte. Dies erhärtete den Verdacht der Fahnenflucht. Der Angeklagte erklärte, seine Frau treibe sich mit Soldaten umher; von seiner Tante habe er erfahren, sie wolle seine Kleider samt Möbel verkaufen. Das Gericht unterstellte zwar Willen zur dauerhaften Wehrdienstentziehung, auf die Todesstrafe verzichtete es allerdings wegen der privaten Motive:

»Zugunsten des Angeklagten kann angenommen werden, daß schwierige häusliche Verhältnisse für den Angeklagten und seine Tat bestimmend gewesen sind, insofern, als sie ihm die nötige Überlegung und Widerstandskraft geraubt haben. Dafür spricht, daß er wegen der ihm anonym mitgeteilten angeblichen Untreue seiner Ehefrau einen Selbstmordversuch[1041] gemacht hat und andererseits, daß seine Frau bei ihrer Zeugenvernehmung erklärt hat, sie habe schon vor geraumer Zeit alle Schritte unternommen, um die Ehescheidung in die Wege zu leiten. Dadurch scheint aus dem [...] letzten zärtlichen Brief an seine Frau hervorzugehen, daß er noch an ihr gehangen hat.«[1042]

Das Gericht bewertete diesen Brief anhand von Formulierungen wie »Meine liebe gute Frau« und sie sei »sein Alles auf der Welt gewesen«. In einem Revisionsverfahren wurde das Urteil auf drei Jahre Gefängnis wegen unerlaubter Entfernung reduziert, da keine »vollendete« Fahnenflucht, sondern lediglich der Gedanke daran vorlag. In diesem zweiten Verfahren, das letztlich zur Abmilderung führte, schenkte das Gericht dem zerrütteten Familienverhältnis deutlich mehr Beachtung.[1043]

Der 22-jährige Obergefreite Josef G. war bei der 11. Panzerdivision im Osteinsatz und hatte vom 8. Juni bis zum 27. Juni 1943 Urlaub nach Köln erhalten. Während dieses Heimataufenthalts erlitten seine Eltern Bombenschaden, Josef G. erhielt von seiner Kompanie per Telegramm zehn Tage Nachurlaub. In

1041 Dies unter anderem, weil ihm ein Urlaub zur Aussprache mit seiner Frau verwehrt wurde, vgl. BArch-MA, RH 26/526 G 686, Revisionsurteil des Gerichts der Division 182 vom 6.5.1941, Az. 20/1941, (der Fall wird auch behandelt bei: Theis, Wehrmachtjustiz).
1042 BArch-MA, RH 26/526 G 686, Feldurteil des Gerichts der Division Nr. 156 vom 15.2.1941, Az. St. L. B II Nr. 277/40.
1043 BArch-MA, RH 26/526 G 686, Revisionsurteil des Gerichts der Division 182 vom 6.5.1941, Az. 20/1941.

dieser Zeitspanne trafen Bomben das Haus seiner Schwester, und der Urlaub wurde ein weiteres Mal, nun bis zum 11. Juli 1943, verlängert. G. zog also mit der Familie zu seiner zukünftigen Schwiegermutter. Prompt wurde diese ebenfalls ausgebombt, die Ortskommandantur verlängerte den Heimataufenthalt bis zum 13. Juli 1943. Weil er dennoch länger zu Hause bleiben und helfen wollte, änderte G. den Verlängerungsvermerk in seinen Papieren auf den 28.7. und notierte den 29.7. als ersten Reisetag. Am 30. Juli nahm ihn eine Steife in Berlin deswegen vorübergehend fest, bevor sie ihn zu seiner Truppe in Marsch setzte. Die Urlaubsübertretung in Tateinheit mit Urkundenfälschung rechtfertigte G. damit, der Familie sei als letztes Domizil die Wohnung seiner anderen Schwester in der Eifel geblieben. Da seine Stiefschwester Kinder hatte, unter gesundheitlichen Problemen litt und seine Eltern schon über 60 Jahre alt waren, habe er außer dem Transport der »geretteten Sachen« in den »überfüllten Zügen« die notwendigen administrativen Gänge zu erledigen gehabt. Dazu zählten die Regelung der Kriegsschadenfrage wie die Organisation erforderlicher Marken und Bezugsscheine. Seinen Eltern hatte er allerdings mitgeteilt, die Ortskommandantur habe die Urlaubsverlängerung bewilligt. Er wollte ihnen keine weiteren Sorgen bereiten.[1044] Das Gericht folgte einer harten Linie, familiäre und zivile Belange berücksichtigte es kaum. Es argumentierte, wenn G. auch den Umzug wegen der schlechten Verkehrsverhältnisse nicht restlos geschafft hatte, so »doch wenigstens zum entscheidenden Teil. Seine Angehörigen hätten sich weiter behelfen können und müssen, da die außergewöhnlichen Umstände des Krieges von jedem Einzelnen mehr verlangen als in anderen Zeiten.«[1045] Das Gericht warf dem Obergefreiten Falschaussage vor und bezweifelte die Dringlichkeit der Umstände: »Andernfalls hätte der Angeklagte, falls tatsächlich ein weiteres Verbleiben in der Heimat unbedingt erforderlich gewesen wäre, nochmals dringend, gegebenenfalls beim Ortskommandanten selbst, um Nachurlaub bitten müssen.« Damit sprach es den Verdacht aus, G. habe seine Schilderung zumindest teilweise als Vorwand benutzt. Es verurteilte ihn zu fünf Monaten Gefängnis wegen Plünderung[1046] und unerlaubter Entfernung in Tateinheit mit Urkundenfälschung. Angesichts des Zeitpunktes fiel das Urteil dennoch milde aus. Immerhin gestand das Gericht schließlich doch persönlich belastende Umstände zu: »Das Feldkriegsgericht glaubte ihm daher, dass er sich

1044 Vgl. BArch-MA, Pers 15/26403, Feldurteil des Feldkriegsgerichts des Kommandeurs der 17. Flakdivision (mot.) in Poltawa vom 7.9.1943, Az. KStl. 209/43.
1045 Ebenda.
1046 Vgl. ebenda: G. hatte kurz vor seinem Urlaub, am 17.5.1943, zusammen mit vier Kameraden das Pferd eines Einheimischen aus dessen Garten entwendet, als sie mit einem Panjewagen auf dem Weg nach Poltawa waren und das Pferd ihrer Einheit zu lahmen begann.

in erster Linie aus Sorge um seine Angehörigen zu seiner Tat hat verleiten lassen. Die missliche Lage seiner Angehörigen hat ihn wahrscheinlich erst auf den Gedanken gebracht, seinen Urlaub eigenmächtig zu überschreiten.«[1047] Ebenfalls private Umstände lagen bei Grenadier Walter B. vor. Am letzten Tag seines Genesungsurlaubs vom 19. November bis zum 4. Dezember 1943 in Berlin detonierte in der Nähe seiner Laube eine Luftmine. Durch die Erschütterung und den Luftdruck erlitt seine Frau einen Nervenzusammenbruch mit starken Unterleibsblutungen. Da die Frau ins Krankenhaus musste, sah sich B. gezwungen, seine beiden Kinder im Alter von vier und acht Jahren zunächst in »Sicherheit und Pflege« zu bringen. Er beantragte eine Urlaubsverlängerung, die ihm die Kommandantur allerdings nicht bewilligte. Daraus resultierte schließlich eine eigenmächtige Urlaubsüberschreitung von neun Tagen und 13 Stunden. Allerdings ist unklar, ob die Justizorgane es bei einer disziplinarischen Bestrafung beließen oder ein Verfahren einleiteten, da der Akt unvollständig ist.[1048]

Der Fall des Grenadiers Matthias Z. zeigt wiederum eindeutig, wie mildernd private Umstände wirken konnten. Er hatte im August 1943 seine Papiere gefälscht und einen Urlaub wegen Bombenschadens um 17 Tage überschritten. Dies erfüllte den Straftatbestand der Fahnenflucht.[1049] Das Gericht beließ es jedoch bei sechs Wochen verschärftem Arrest. Es berief sich auf den verwirrten Zustand des M.G.-Schützen, der bei dem Luftangriff seine Familie verlor, »durch den schweren Schicksalsschlag kopflos wurde und sich der Tragweite seines Handelns nicht bewusst war [...].«[1050] Unter Umständen berücksichtigten Gerichte auch bei weniger dramatischen Ereignissen familiäre Belange. Bei Pionier Otto S. war dies der »seelische Druck« infolge des »unsteten Lebenswandels« seiner Ehefrau, der ihn schließlich zur Fahnenflucht verleitete. Er wurde zwar zu zehn Jahren Zuchthaus verurteilt, aber dies lag in erster Linie an elf Vorstrafen aus dem Zivilleben sowie sechs militärischen Disziplinarmaßnahmen.[1051]

Auch bei Arnold W. von der 211. Infanterie-Division griff die Militärjustiz »gegen solche eigenmächtige Urlaubsüberschreitungen aus abschreckenden Gründen scharf ein [...]«. Der Gefreite erhielt am 26. April 1944 Heimaturlaub

---

1047 Ebenda.
1048 Vgl. BArch-MA, Pers 15/5223, Vernehmungsbogen des Grenadiers Walter B. im Reservelazarett 130 vom 31.12.1943, Tatbericht vom 31.12.1943.
1049 Vgl. Koch, Fahnenfluchten S. 27f.
1050 BArch-MA, RG 26-526G/791, Urteil des Gerichts der 26. Infanteriedivision vom 10.12.1943, Stellungnahme des Kompaniechefs der 4. Kompanie des Grenadierregiments 78 vom 21.11.1943.
1051 BArch-MA, RG 26-526G/686, Feldurteil des Gerichts der Division 156 vom 25.11.1940.

nach Bonn und musste spätestens am 20. Mai wieder am Umsteigebahnhof in Brest-Litowsk sein. Dort traf er allerdings erst am 24. Mai ein, weil die Ehefrau nach der Geburt ihres sechsten Kindes am 18. März 1944 erkrankte und »mit der Arbeit der vielen Kinder nicht recht fertig« wurde. W. hielt es für legitim, einige Tage länger zu bleiben, »um seiner Frau bei den Hausarbeiten zu helfen.« Laut Verhörprotokoll bewog ihn bei dieser Entscheidung, dass er »im vorletzten Urlaub bei einem Terrorangriff« mit seiner »Familie verschüttet« wurde, das Wehrbezirkskommando den daraufhin erbetenen Nachurlaub allerdings nicht genehmigte. Angesichts der Kriegsopfer der gesamten Familie forderte W. verpasste Privatheit selbstbewusst ein, auch entgegen geltender Normen. Das Gericht sah seinerseits »keinen wirklich triftigen Grund« für sein Fernbleiben, zumal eine Hebamme die Frau unterstützte. Bei der Urteilsbemessung von sechs Monaten Gefängnis wegen unerlaubter Entfernung erkannte es lediglich die gute Führung des Gefreiten an.[1052]

1052 Vgl. BArch-MA, Pers 15/21259, Tatbericht der Fahrschwadron 2/211 bei der 211. Infanterie-Division vom 30.5.1944, Vernehmungsprotokoll vom 30.5.1944, Feldurteil des Gerichts der 211. Infanterie-Division vom 5.6.1944, Az. 195/1944.

III. SOLDATENBEZIEHUNGEN UND STAATLICHE INTERVENTIONEN

Im August 1942 begann die Universum-Film AG Berlin (UfA) unter der Regie von Karl Ritter mit den Dreharbeiten zu *Besatzung Dora*. Allerdings kam der Streifen, der die Einsatzerlebnisse einer vierköpfigen Fliegerbesatzung mit ihren Urlaubsromanzen verwob, nie in die Kinos. Unter anderem lag dies an den ständigen Szenewechseln zwischen Front und Heimat, die den Alltag der getrennten Protagonisten einfingen: Die Filmkulisse Krieg hinkte der echten militärischen Lage trotz mehrerer Umarbeitungen schließlich derart hinterher, dass sich das Propagandaministerium im November 1943 gegen die Aufführung entschied.[1053] Dennoch spiegelt das Stück wesentliche Aspekte der sozialen Realität wider: In der versöhnlichen Aufbereitung privater Verwerfungen stand es Kassenschlagern wie *Die große Liebe* mit Zarah Leander oder *Zwei in einer großen Stadt* mit Karl John in nichts nach. In ähnlicher Manier inszenierte der Film das »heikle Thema der Trennung von Paaren im Krieg beruhigend für die Männer und als Appell für die Frau«. Er deklarierte soldatische Pflichterfüllung als Vorbedingung privaten Glücks in einer siegreichen Zukunft.[1054] Zudem verharmloste er faktische Bedrohungen des Zivillebens und lieferte beschwichtigende Identifikationsangebote. Dennoch sprach *Besatzung Dora* einige kriegsbedingte Probleme von Paaren erstaunlich offen an. Nüchtern thematisierte er den Zusammenhang aus privater Zufriedenheit und soldatischer Leistungsbereitschaft. Letztlich trug dies zur Zensur bei, weil der Streifen ungewollt die Erosion persönlicher Rückzugsorte mit der Kriegslast verband, die das Regime jedem Einzelnen aufbürdete.

Die Handlung selbst ist simpel: Der Kapitän des Aufklärungsflugzeugs Leutnant Joachim »Jo« Krane, Beobachter Leutnant Franz von Borcke und Bordschütze Fritz Mott erhalten von ihrem Staffelführer Heimaturlaub nach Berlin, weil Funker Otto Roggenkamp während der Ferntrauung in Frankreich von seiner Braut per Telegramm versetzt wurde. Ottos »Gemütskrankheit« bedroht die Einsatzbereitschaft der Crew. Also sollen die Kameraden der Dame Mathilde Kruschke, die als Tänzerin »Cora Corona« von den Siedlungsabsichten des Funkers im Osten nichts wissen will, »das Köpfchen zurecht rücken«.[1055]

1053 Vgl. Drewniak, Film, S. 378 f.; Gillespie, Crew of the Dora.
1054 Vgl. Kundrus, Totale Unterhaltung, S. 132; UFA Film & TV-Produktion GmbH (Hrsg.), Bilder-Träume, S. 48-73, insbesondere S. 63.
1055 Besatzung Dora, 00:12:20 – 00:13:30.

Ungünstig ist nur, dass Bordschütze Fritz Mott eigentlich eine Künstlerin sucht, während seine Verlobte, Straßenbahnschaffnerin Betty Schütte, vom Leben auf einem Bauernhof träumt. Das weckt wiederum Ottos Interesse. Beziehungen über Kreuz bahnen sich an, während die Offiziere Jo und Franz insgeheim um ihre ehemalige Schulkameradin, Physiotherapeutin Dr. med. Marianne Güldener, wetteifern. Die Crew kommt nach dem Urlaub an die Ostfront, wo die Verwicklungen durch vertauschte Briefe auffliegen. Die vormals besten Freunde entfremden sich und beantragen ihre Versetzung. Doch es wartet ein Spezialeinsatz in Afrika auf sie. Der stellvertretende Staffelführer verfügt, sie sollen sich als Kameraden erweisen und persönliche Probleme militärischen Pflichten unterordnen: »Vergesst euren privaten Mist. Das Schicksal des Einzelnen ist zu unwichtig geworden. Der Mittelpunkt aller Dinge für uns ist der Auftrag.«[1056] Nach einer Bruchlandung in der Wüste und im Angesicht des Todes erkennen sie die Nichtigkeit ihres Zwists. Unerwartet werden sie gerettet, es folgt ein erneuter gemeinsamer Heimaturlaub. Otto und Fritz vollziehen nun offiziell den Partnertausch, Jo und Franz befürworten die Hochzeit Mariannes mit ihrem Staffelführer, der zuvor verwundet im Lazarett gelandet war.[1057]

Besatzung Dora tangierte Kriegsbeziehungen im Spannungsfeld aus Harmonie, Entfremdung und staatlichen Steuerungsabsichten. Private Zufriedenheit wurde zum Selbstzweck soldatischer Kampfbereitschaft degradiert. Die Siedlung im Osten verwies auf die Zukunftsversprechen des Regimes, die freilich an den Sieg gekoppelt blieben. In den Berufen der Protagonistinnen spiegelten sich kriegsspezifische Dynamisierungsprozesse wider, die nicht ohne Rückwirkung auf das männliche Selbstverständnis blieben; als Soldat wie als Haushaltsvorstand. Allerdings wurde der vorübergehende Charakter der Wandlungen betont. Zur Wiederherstellung klassischer gesellschaftlicher Muster gab es kaum Alternativen. Dies bezeugt Bettys Wunsch, die Schaffnerin nach dem Krieg an den Nagel zu hängen und als Bauersfrau zu leben. Auch das Moment der Eifersucht traf einen Nerv, der innerhalb vieler Soldatenbeziehungen erheblich gereizt war. Die Kernbotschaft barg jedoch der Appell, sich in den Dienst der Geburtenpolitik zu stellen. Wer sich im Fronturlaub eine Partnerin suchte und eine Familie gründete, legte das zivile Fundament für den Frieden. Die Instrumentalisierung des Heimataufenthalts zu Reproduktionszwecken deutet ferner auf eine gewisse Beliebigkeit der Partnerwahl hin. Das Wohl des Volkes wog schwerer als individuelles Glück. Allerdings zeichnete *Besatzung Dora* die Belange der Frauen nicht als Verfügungsmasse der Soldaten: Der Wunsch zum Partnerwechsel ging gleichermaßen von ihnen aus.

1056 Ebenda, 01:04:00-01:04:30.
1057 Vgl. ebenda, 01:17:10-01:30:13.

Immer häufiger und in sämtlichen Medien thematisierte das Regime Soldatenbeziehungen anhand des Fronturlaubs. Die wenigen Tage, an denen die Männer ihre Familien wiedersahen, verwiesen implizit auf die langen Phasen der Trennung dazwischen. Dadurch verquickten sich politische und private Motive: Die persönlichen Entbehrungen der Gegenwart galten als Opfer für die Volksgemeinschaft und sollten nach dem Sieg vorwiegend materiell kompensiert werden. Familiäre Wünsche mussten die 18 Millionen Soldaten und ihre Angehörigen zunächst auf den Heimaturlaub beschränken. Ihre Sehnsüchte bündelten sich dort wie in einem Brennglas. Umso größeres Interesse hatte die NS-Führung, Einfluss auf dieses Residuum von Privatheit auszuüben. Schließlich folgte das Zugeständnis pragmatischen Erwägungen, und es waren Konformitätsansprüche daran gebunden. Nur wer den Erwartungen entsprach, sollte Privatheit als Privileg genießen.[1058] Insbesondere interessieren jedoch die subtilen Strategien, mit denen das Regime Privates während des Fronturlaubs manipulierte. So wurde »Ortsgruppenleiter[n] angeraten, Soldaten nicht in [ihrem] Heim aufzusuchen und [ihnen] wertvolle Stunden mit der Familie zu rauben.« Andererseits sollte es »Brauch werden, dass der Ortseingesessene, der nach längerer Abwesenheit in seinen Ort zurückkehrt, seinen Hoheitsträger aufsucht«.[1059] Das Regime lavierte auch zwischen indirekten Appellen und direkten Eingriffen, wenn es um weibliche Treue, zerrüttete Ehen und die Scheidungspraxis ging.[1060] Mitunter klammerte es gewisse Probleme aus und stellte Heimataufenthalte generell als »Sonntagsbeziehungen« dar.[1061] Dies führt letztlich zu der Frage, ob die Wahrnehmung der Akteure dem folgte, sie ihr Wiedersehen als »schöne Zeit selbst inszeniert[en]«[1062] und inwieweit das etablierte Bild von der »Familie in der Krise« zu relativieren ist.[1063]

Die adäquate Verortung des Fronturlaubs in diesem Spannungsfeld benötigt eine Neugewichtung der verfügbaren Quellen. Ein erstes Problem besteht darin, dass die Zeit des Wiedersehens selbst mit damaligen Ego-Dokumenten nur indirekt greifbar ist.[1064] Um weiterhin retrospektive Zuschreibungen zu vermeiden, werden zunächst die unterschiedlichen Erfahrungen der Protago-

---

1058 Vgl. Theiss, Wehrmachtjustiz, S. 4-18.
1059 Vgl. IfZ-Archiv, 11 Db 08.01, *Der Hoheitsträger*, Artikel »Soldaten in der Heimat«, S. 37, Ausgabe VII/VIII 1942.
1060 Vgl. Kasberger, Heldinnen, S. 70-72; Mouton, Nurturing, S. 89-93; Herzog, Sex after Facism, S. 33 f.; Kundrus, Kriegerfrauen, S. 360-366.
1061 Vgl. Dörr, Frauenerfahrungen, S. 196-201.
1062 Vgl. Hornung, Warten, S. 10 und S. 160 f.
1063 Vaizey, Surviving, S. 2 f., S. 55-60.
1064 Vgl. Kochinka, Emotionstheorien, S. 20-25; Plamper, Emotions, S. 237-265.

nisten an Front und Heimat wie die gegenseitige Wahrnehmung untersucht.[1065] Dies zeigt, inwiefern Trennungserfahrungen das Wiedersehen beeinflussten. Es ermöglicht zudem, zwischen dringenden familiären Herausforderungen zu differenzieren und solchen, deren Lösung auf die Zeit nach dem Krieg verschoben wurde.[1066] Anschließend werden die Steuerungsversuche des Regimes betrachtet. Danach folgt die Untersuchung persönlicher Erwartungen und Erfahrungen mittels Briefen und Tagebüchern. Dass viele Schreiber ihren Adressaten rücksichtsvoll begegneten und Probleme bewusst ausklammerten, wirkt sich auf die Interpretation der Quellen aus.[1067] Die fehlende oder geringe Thematisierung von Entfremdungserfahrungen während des Fronturlaubs bedeutet keineswegs, dass diese nicht existierten. Zerrüttung oder die Angst davor fand selbst in übersteigerten Liebesbekundungen ihren Ausdruck. Die Propaganda bot ein breites Repertoire an Formulierungen, die oftmals unreflektiert übernommen wurden, ohne damit zwingend politisch Position zu beziehen. Ironischerweise spiegelte die staatliche Agitation mit Artikeln über Ehe und Familie deutlich stärker als Feldpostbriefe erodierende Beziehungsstrukturen im Krieg wider. Entsprechende Texte und Ratgeber bieten sich zur Ergänzung, aber auch zur Kontrastierung der Ego-Dokumente an. Abschließend wird gefragt, ob erhaltene Brief-Konvolute grundsätzlich ein zu harmonisches Bild von soldatischen Beziehungsstrukturen zeichnen. Gingen aus einer zerrütteten Kriegsehe keine Kinder hervor, fehlen meist auch die Nachlass-Bildner. Die Hemmschwelle, Sammlungen abzugeben, dürfte wohl deutlich höher sein, wenn sie familiäre Krisen dokumentieren. Als Korrektiv werden am Ende des Kapitels exemplarisch Scheidungsfälle vorgestellt, überwiegend von Zivilgerichten. Sie beleuchten Mechanismen staatlichen Eingreifens in die Privatsphäre. Zugleich liefern sie einen breiten Eindruck von disharmonischen Urlaubserfahrungen.

1065 Zur Verallgemeinerbarkeit der gewählten Beispiele an Ego-Dokumenten vor dem Hintergrund traditioneller Kongruenz von Liebe und Gesellschaft vgl. Luhmann, Liebe, S. 34 f.
1066 Vgl. Hornung, Warten; Allport, Demobbed; Kundrus, Kriegerfrauen, S. 364-366; Herzog, Sex after Fascism, S. 1-10, S. 56-58; Vaizey, Surviving, S. 89 f.; Dörr, Frauenerfahrungen, S. 199.
1067 Vgl. Latzel, Soldaten, S. 227 f. und S. 233 f.; Buchbender (u. a. Hrsg.), Das andere Gesicht.

1. Trennungserfahrungen

Die unterschiedlichen Erfahrungen der Protagonisten an ihrem Einsatzort, ihr jeweiliges Umfeld und ihre Tätigkeiten prägten das Wiedersehen von Paaren und Familien während des Krieges in hohem Maße.[1068] Sie nahmen die Trennung in der Regel nicht als bloße Abwesenheit der Angehörigen wahr. Charakteristisch sind vielmehr Versuche, sich in die Lebenswirklichkeit des jeweils anderen hineinzuversetzen. Es galt, Kommunikationsbarrieren und divergierende Kognitionsprozesse zu überbrücken, die aus den verschiedenen Anforderungen an Front und Heimat resultierten.[1069] Wie gut das gelang, entschied über die Qualität des Fronturlaubs mit.[1070] Häufig taucht das Bild des verrohten, schweigsamen Heimkehrers auf. Traumatisiert durch den Einsatz, verstand er nicht recht, was es seiner Frau abverlangte, gleichzeitig Luftkrieg, Arbeitsdienstpflicht und Haushalt zu bewältigen.[1071] Andere Historiker betonen, den Männern sei die Identifikation mit ihren Familien leicht gefallen, weil sie deren Lebenswirklichkeit von den Heimataufenthalten kannten.[1072] Dann wiederum erscheinen Frauen und Kinder als passiv Hinnehmende, wohingegen die Soldaten der Ohnmacht des Krieges durch die »Aktivität des Kämpfens« entflohen.[1073] Weiterhin wird eine »Rekonfigurierung des Beziehungsgeflechts aus Sex, Lust und Gewalt« während der Trennungsphasen angedeutet. Dies habe Soldaten wie Heimatangehörige auf eine »emotional niedrigere Zivilisationsstufe« zurückgeführt, die Neigung zur Promiskuität erhöht oder eben intime Probleme während des Fronturlaubs erzeugt.[1074] Vor diesem Hintergrund interessiert, inwiefern neben brutalisierenden Einsatzerfahrungen Residuen von Privatheit im Feld und neuerlernte Wertmuster Soldaten von ihren An-

---

1068 Zur wechselseitigen Abhängigkeit von äußeren Einflüssen, der Lebenssituation und individueller Empathiefähigkeit vgl. Febvre, Sensibilität und Geschichte, S. 315 f.
1069 Über den Zusammenhang von Liebe, Emotion und Kommunikation vgl. Luhmann, Liebe, S. 10-28.
1070 Zum Themenkomplex emotionaler Kommunikationsregeln, Empathie als Kulturprodukt und dem Verhältnis von gesellschaftlicher emotionaler Vor-Prägung und situativen Einflüssen in Extremsituationen vgl. Flam, Soziologie der Emotionen, S. 179-185.
1071 Vgl. Kasberger, Heldinnen, S. 92.
1072 Vgl. Dörr, Frauenerfahrungen, S. 179.
1073 Vgl. Roberts, Mütter. S. 45 f.; zum Gefühl der Ohnmacht im Krieg und der Begrenzung von Empathie vgl. Frevert, Vergängliche Gefühle, S. 45 f.
1074 Vgl. Herzog, Sex after Facism, S. 55-59: Für das Heimatkriegsgebiet wird ein Fallbeispiel für das gesteigerte Nähebedürfnis wegen der ständigen Angst aufgrund der Luftgefahr angeführt, wobei eine Zeitzeugin nach einem durchstandenen Angriff im Keller von spontanem und »sehr erfüllendem« Gelegenheitssex einem völlig fremden Mann berichtet.

gehörigen entfremdeten. Stand der Wunsch, sich in der Ferne nicht dauerhaft fremd zu fühlen, mit der Sehnsucht nach den Angehörigen im Konflikt? Wie beeinflusste es bestehende Beziehungsstrukturen, wenn Soldaten ihren Kameradenkreis als Ersatzfamilie und Aspekte des Krieges als Reise oder Abenteuer empfanden?[1075] Verstärkten belastende Erlebnisse den Wunsch nach häuslicher Vertrautheit und Harmonie, anstatt nur Schweigen und zwischenmenschliche Distanz zu erzeugen? Um diese Fragen zu beantworten muss geprüft werden, wie die Akteure den Erfahrungsraum des jeweils anderen – gerade im Vorfeld des Fronturlaubs – interpretierten. Selten reflektierten sie ihre eigene Situation, ohne Bezug auf die Lebensumstände des Gegenübers zu nehmen. Die Synthese beider Bereiche offenbart Kommunikationsstrukturen sowie Möglichkeiten und Grenzen wechselseitiger empathischer Wahrnehmung.[1076]

a. Im Einsatz: Brutalisierung, Kameradschaft, Handlungsoptionen

Der Zweite Weltkrieg hielt für die eingezogenen deutschen Soldaten eine enorme Bandbreite höchst unterschiedlicher, geradezu widersprüchlicher Erfahrungen bereit. Memoiren, Feldpost und Tagebücher schildern gleichermaßen unbeschwerte Badeerlebnisse an der französischen Atlantikküste oder am Mittelmeer wie Massenerschießungen und die blutige Grausamkeit der Kämpfe.[1077] Die räumlich und zeitlich bedingten Kontraste der Einsätze erzeugen bisweilen den Eindruck von »zweierlei Kriegen«.[1078] Genossen Soldaten in der Etappe Privilegien, gewöhnten sie sich daran. Wurden sie dann an einen rauen Frontabschnitt versetzt, mussten sie ihre Erwartungen zwangsläufig zurückschrauben. Viele durchliefen so mehrere Phasen der Entwöhnung. Zudem eröffnete der Referenzrahmen des Krieges Handlungsoptionen, die im Zivilleben unvorstellbar waren. Von sämtlichen Schauplätzen und besetzten Territorien sind etwa »Kriegsbeziehungen« überliefert. Sie basierten auf einvernehmlichen Romanzen, wirtschaftlichen Abhängigkeitsverhältnissen oder aber sexueller Gewalt. Je nach äußeren Umständen fiel dieses »Mischungsverhältnis« höchst unterschiedlich aus.[1079] Ein kontinuierlicher Wechsel aus Kampfeinsatz

1075 Vgl. Latzel, Soldaten, S. 133-136; Jasper, Zweierlei Weltkriege, S. 39-65.
1076 Zum komplexen Wechselverhältnis aus physisch wie psychisch stark belastenden Lebenssituationen sowie der Entstehung, Verarbeitung und gesellschaftlichen Perzeption von Emotionshaushalten vgl. Eitler, Emotionengeschichte als Körpergeschichte, S. 283-288.
1077 Bourke, Emotions in War, S. 314-330.
1078 Jasper, Zweierlei Weltkriege, S. 289 f.
1079 Mühlhäuser, Eroberungen, S. 103 f., S. 160 f. und S. 279 f.; Röger, Kriegsbeziehungen, S. 120 f.; Lilienthal, Lebensborn, S. 63-79.

und relativer Ruhestellung begünstigte den Kontakt mit der einheimischen Bevölkerung. Auch im größeren Rahmen trug der Personalkreislauf zur Bandbreite der Erfahrungen bei. Durch individuelle Versetzungen wie die Verlegung ganzer Truppenteile lernte ein erheblicher Teil der knapp 18 Millionen Wehrmachtangehörigen mehr als nur einen Einsatzort kennen. Ebenso befanden sie sich nicht dauernd im Kampfeinsatz. Sie verlebten ihre Dienstzeit abwechselnd an der Front, im rückwärtigen Einsatzgebiet, in der Etappe und in der Heimat beim Ersatzheer. Die gesamte Palette an Kriegserlebnissen wirkte auf private Beziehungsstrukturen zurück, unabhängig davon, ob die Soldaten einzelne Erfahrungen nun positiv oder negativ bewerteten. In diesem Kontext zeugen die Quellen von Prozessen der Brutalisierung, dem Stellenwert des Kameradenkreises, dem Kontakt mit der einheimischen Bevölkerung, Freiheiten außerhalb des Dienstalltags oder dem grundlegenden Wunsch, sich am Einsatzort heimisch zu fühlen. Im Folgenden wird exemplarisch gezeigt, wie diese Faktoren ineinandergriffen und welch ambivalenten Einfluss sie auf Soldatenbeziehungen ausübten.[1080]

Es ist sehr schwer zu beziffern, wie viele Soldaten traumatisiert auf ihre Familie trafen oder Anzeichen von Verrohung während des Fronturlaubs zeigten. Selbst Schätzungen sind problematisch: Aufgrund ihrer Erfahrung mit »Zitterern« aus dem Ersten Weltkrieg handhabte die Wehrmacht psychische Erkrankungen mehrheitlich disziplinarisch oder kriminalisierte sie gar. Zwangsläufig schlugen sich Angstsymptome deutscher Soldaten oft körperlich nieder. Doch Anzahl und Größe sogenannter Magen- und Ohrenbataillone liefern nur fragile Werte.[1081] Vergleiche mit anderen Streitkräften – damals wie heute – übersehen ebenfalls wichtige Faktoren: gänzlich unterschiedliche Kampftaktiken etwa oder die Heimatgesellschaften als Referenzrahmen. Letztere leben heutzutage im »tiefsten Frieden«, die Empathie für das Kriegshandwerk der Angehörigen in der Ferne ist limitiert. Erhebungen zu deutschen Heimkehrern aus Afghanistan, die allerdings nicht repräsentativ sind, erlauben zumindest eine grobe Orientierung. So verspüren rund 40 Prozent aller Soldaten, die aus Einsätzen zurückkehren – und in gleichem Maße ihre Angehörigen – deutliche Auswirkungen auf das Familiensystem.[1082] Als Symptome nennen sie vermehrte Aggressivität, Verschlossenheit, Apathie, gesteigerten Konsum von Alkohol,

---

1080 Zu Mitleid und Empathie als kulturelle Normen und spezifische Formen männlichen Mitleids vgl. Frevert, Vergängliche Gefühle, S. 48-63.
1081 Vgl. Shepard, War of Nerves, S. 299-305; Bourke, Emotions in War, S. 314-330.
1082 Vgl. Gmelch (u. a. Hrsg.), Soldatenfamilien, S. 20: Die Daten stützen sich auf eine Umfrage des Generalvikars des katholischen Militärbischofamtes aus den Jahren 2010 und 2011. Daran nahmen über 400 Personen, darunter 198 aus dem Einsatz in Afghanistan heimkehrende Soldaten, 146 ihrer Partner und 89 Kinder teil.

Zigaretten und Medikamenten, schlechten Schlaf, sexuelles Desinteresse und Depressionen. Über 60 Prozent der Angehörigen bedauern, nicht alles über den Einsatz zu erfahren. Rund 20 Prozent attestieren den Heimkehrern gesunkenes Interesse an häuslichen Themen.[1083] Genauer als die Wehrmacht beobachteten die alliierten Streitkräfte die Breitenwirkung traumatisierender Erlebnisse, beispielsweise in Nordafrika. Wie die Führung dort wusste, stiegen Neurosen nach deutschen Angriffen rapide an, und etwa ein Drittel aller Krankheitsfälle war psychisch bedingt. Allerdings verursachten Kampfhandlungen nur 35 Prozent aller »psychologischen Schadenswirkungen«. Für den Rest waren Faktoren wie Schlaflosigkeit, Dehydrierung, körperliche Überbelastung, zu kurze Ruhephasen oder Gefühle der Einsamkeit verantwortlich.[1084] Folglich kamen selbst Soldaten überspannt, entfremdet oder gar traumatisiert im Fronturlaub an, die weder unmittelbar zuvor oder überhaupt nicht an Kämpfen teilgenommen hatten. Andererseits wirkten gewisse Friktionen infolge des raschen Wechsels zwischen gegensätzlichen Sozialisationssystemen über den Besuch bei der Familie hinaus.[1085] Es sind Extremfälle deutscher Stalingradkämpfer bekannt, die zunächst dem Kessel entkommen waren, nach Heimataufenthalten und der Neuaufstellung ihrer Einheit jedoch Suizid begingen.[1086] Auch wenn keine Hochrechnungen möglich sind, so befürchteten doch immer mehr Soldaten negative Auswirkungen ihrer »Verrohung« auf ihre zivilen Beziehungen und kommunizierten dies – zumindest in abstrakter Form – in Briefen. Ebenso thematisierte die NS-Propaganda »psychische« Aspekte unterschiedlichen Front- und Heimaterlebens immer häufiger. Einzelne Soldaten hielten entsprechende Eindrücke in ihren Tagebüchern fest, die allerdings nur für die eigenen Augen bestimmt waren. Der Artillerist Erich Karl Maria M. schrieb im Januar 1942, kurz nachdem er an die Ostfront verlegt wurde:

»Oh Sohn meines Vaters, da draußen fliegen Gliedmassen u. Körper in der Luft herum und Du hilfst mit, dieses ungeheuerliche, meisterhaft konstruierte u. von Menschen bediente Massenmordinstrument gegen andere Menschen in Tätigkeit zu setzen und tanzt schließlich mit den anderen Kumpels, als der Angriff nach 33 Schuß abgewehrt ist, um die Kanone und freust Dich,

1083 Vgl. Gmelch, Dissonanzen, S. 129-142; ebenda, Anonyme Dokumentation symptomatischer Erfahrungen, S. 27-29, S. 44 f.; über die Einschränkungen und Möglichkeiten retrospektiver Rekonstruktion affektiver Gefühlslebens früherer Epochen vgl. Febvre, Sensibilität und Geschichte, S. 323 f.
1084 Vgl. Shepard, War of Nerves, S. 212-214, S. 182-188; Bourke, Emotions in War, S. 314-330.
1085 Flam, Soziologie der Emotionen, S. 187-192.
1086 Vgl. Steinkamp, Patientenschicksale, S. 217 f.

daß da draußen auf dem Schnee einige 100 leblose Körper herumliegen. Was ist der Mensch doch für ein hochkultiviertes Wesen und wie sehr unterscheidet er sich dank seiner Erfindungsgabe von den Raubtieren.«[1087] Knapp einen Monat später folgte ein ähnlicher Eintrag. Der Artillerist schilderte, wie er seine blutverkrusteten und steifgefrorenen Kameraden auf einen Panjeschlitten stapelte. Auf dem Weg zum Friedhof rutschten diese immer wieder vom Schlitten, und jedes Mal gaben die »gefrorenen Lungen einen schauerlich-dumpfen Laut von sich.«[1088] Erich Karl Maria M. verarbeitete bisher nicht gekannte Kriegsschrecken schriftlich über mehrere Wochen äußerst intensiv. Wie in vielen anderen Tagebüchern oder Briefserien ebbte dies nach erfolgter Gewöhnung wieder ab, was auf Abstumpfung verweist. Doch selbst wenn die meisten Schreiber nach dieser Phase kaum noch Details reflektierten – ihren wachsenden Fatalismus konnten sie weder in der Kommunikation mit den Angehörigen vollständig ausblenden noch während des Heimataufenthalts.

Auch den Untergefreiten Albert J. beschäftigten die »Verrohung« und die »primitive Lebensweise« im Osten. Er schilderte das »Schauspiel« aufgehängter Russen, verwüsteter Häuser, die verzweifelten Gesichter der Besitzer und seine eigene Verwahrlosung durch das ständige Leben in »Erdlöchern«. Die Briefe seiner Eltern wirkten vor diesem Hintergrund widersprüchlich auf ihn. Einerseits gaben sie ihm Halt, weil sie ihn an eine zivilisiertere Welt erinnerten. Andererseits nährten sie seine Zweifel, dorthin zurückzufinden: »Alle feinen Empfindungen und Regungen werden untergraben. Nur die Korrespondenz mit den Lieben in der Heimat erinnert einen an das ausgeglichene Leben [...]. Gebe es das Schicksal, bald wieder in die geordnete[n] Bahne[n] des Zivillebens zurückkehren zu können.«[1089] Noch fühlbarer kommt die Ambivalenz im Schriftwechsel zwischen Bernhard S. und seiner Verlobten Gerda zum Ausdruck. Obwohl sich der Obergefreite im November 1941 auf den besetzten Kanalinseln in relativer Ruhestellung befand, blendete er seine privaten Wünsche weitestgehend aus. Er tat dies aus Angst, die Sehnsucht nach zu Hause könne ihn übermannen: »Mit deinem Vorschlag, im nächsten Urlaub eine Reise zu machen, bin ich einverstanden. Ich darf bloß jetzt noch nicht daran denken, sonst wird es so schwer, den sturen Dienst hier auszuhalten und vernünftig zu sein. Ich darf überhaupt nicht an dich denken, Gerda.«[1090] Kurze Zeit später an der Ostfront, »aus dem dicksten Frieden mitten in den

---

1087 IfZ-Archiv, ED 939-D, Tagebucheintrag von Erich Karl Maria R. vom 23.1.1941.
1088 Ebenda, Tagebucheintrag vom 28.2.1942.
1089 DTA, Serie 148/1, Tagebucheintrag von Albert J. vom 11.3.1942.
1090 Ebenda, Serie 2033, Briefwechsel zwischen Bernhard und Gerda S., Brief vom 22.11.1941.

Hexensabbat« geworfen, irritierte ihn der innere Konflikt aus militärischer Pflicht und familiären Bedürfnissen umso mehr. Er schrieb seiner Verlobten, er könne während der harten Kämpfe nicht an sie oder zu Hause denken, weil das zu schwer sei. Doch nur wenige Tage danach zeichnete er das Wiedersehen in umso grelleren Tönen: »Was sagt meine Mutter? [...] Ich möchte jetzt mit euch beiden Spazieren gehen, [...] im Warmen sitzen und Kaffee trinken, und mich von Russland erzählen lassen, und eure Liebe spüren, und keine Granaten und Schnellfeuergewehre mehr hören, nichts als Winterstille und Frieden ringsum ... ob wir das wohl mal erleben werden?!«[1091] Die widersprüchliche Wirkung von Kampfeinsätzen kommt hier besonders klar zum Vorschein. Wohl sehr viele Soldaten ertrugen Strapazen und Grausamkeiten nur, indem sie humane Regungen in der konkreten Situation ausblendeten. Die Kehrseite dieses wiederholten Schutzverhaltens war die schleichende Entfremdung vom Wertesystem des Friedens. Gleichzeitig zeigten viele Wehrmachtangehörige nach einer gewissen zeitlichen Distanz zu den Kämpfen ein gesteigertes Bedürfnis nach Zuwendung, Nähe und Intimität. Oft idealisierten sie dabei ihre Vorstellung von der Heimat und den Angehörigen, was zwangsläufig zu Enttäuschungen beim Wiedersehen führte. Bernhard S. blieb innerlich zerrissen. Immer wieder betonte er, der Krieg habe ihn hart gemacht, und er dürfe nicht an seine Verlobte denken, um nicht völlig »apathisch« zu werden.[1092]

Luftwaffensoldat Hermann K. war sich seiner Lage völlig bewusst. Einer Freundin schrieb er ganz offen, dass er »schwarz sehe«, solle er im Heimaturlaub auf Wochen den anständigen Mann »markieren«. Er und seine Kameraden seien inzwischen auf so ein »niedriges Niveau« herabgesunken, wobei »Saufen und Fluchen« noch die kleinsten Übel waren. In anderen Briefen berichtete er von kompensatorischen Trinkgelagen, von einem Abend, an dem sie zum Spaß die Wände eines beschlagnahmten Hauses zerschossen, und dass er sich im nächsten Urlaub dringend mit ihr über seine »Verrohung« unterhalten müsse.[1093] Ähnlich ging es dem Soldaten Max V. Er sah sich außerstande, noch einen Bezug zum Zivilleben herzustellen. So versuchte er erst gar nicht, seine Verlobte bei den Hochzeitsvorbereitungen zu unterstützen: »Ich hatte wegen meines Lebens [...] bei den Soldaten keine Ahnung von solchen zeremoniellen Ereignissen und überließ Gustl diesen Teil der Planungen.«[1094]

Ähnlich ambivalente Rückwirkungen entfaltete die Kameradschaft. Das Gefühl, während des Fronturlaubs nicht richtig zu Hause anzukommen, weil

1091 Vgl. ebenda, Briefe vom 5. und 12.1.1942.
1092 Vgl. ebenda, Briefe vom 3. und 7.2.1942.
1093 Vgl. IfZ-Archiv, ED 534, Briefe von Hermann K. an Rosa M. vom 26.11.1941, 15.2.1942 und vom 19.9.1942.
1094 Vgl. DTA, Serie 770, Kriegstagebuch von Max V., Eintrag vom 30./31.1.1944.

die Gedanken ständig zu den Schicksalsgenossen »draußen« schweiften, wurde bereits angesprochen. Zudem war in den ersten Jahren des Krieges der Wunsch noch deutlich stärker, möglichst »vorne« mit dabei zu sein. Das reichte sogar bis hin zu der Angst, angesichts der raschen Blitzfeldzüge keinen Beitrag zum deutschen Sieg mehr leisten zu können. So schrieb Karl C. 1940 an seine Frau nach Wien: »Ja glaubst du mich würde es daheim freuen, wenn hier so große Dinge geschehen, wenn alles dann vorüber ist dann hab ich das Bewusstsein auch meinen Teil beigetragen zu haben.«[1095] Die Gruppendynamik innerhalb des Kameradenkreises spielte dabei eine besondere Rolle. In der Erwartung großer gemeinsamer Taten fiel es leichter, die Sehnsucht zu überspielen: »Weißt manches mal denk ich schon daran wie schön es wär wenn ich bei euch sein könnte, aber jetzt wenn's dann hier so richtig angeht will ich doch lieber hier, bei meinen Kameraden sein.«[1096] Häufig tauchte dies als Klischee in der Propaganda auf.[1097] Dennoch spiegelt der Sachverhalt die soziale Realität bis zu einem gewissen Punkt wider: Der Halt bei den Kameraden half den Soldaten, mit Belastungen und traumatisierenden Erfahrungen umzugehen. Gewiss spielte die Bindung der Primärgruppe eine zentrale Rolle. Die subjektive Erfahrung von Kameradschaft war jedoch sehr komplex und höchst unterschiedlich. Sie reichte von echten Freundschaften über Kameraderie[1098] bis hin zum einengenden Gefühl gegenseitiger Überwachung. Wehrmacht und Soldaten hatten teils deckungsgleiche, teils völlig unterschiedliche Erwartungen daran. Es entstanden Dichotomien aus Familien- und Kasernenleben, ziviler Geselligkeit und militärischer Vergemeinschaftung; es erwuchs ein grundlegender Zwiespalt aus Freiheitsdrang und Pflicht zur Unterordnung. Die situative Übernahme geschlechtsuntypischer Rollenaufgaben, wie »Putzen, Flicken, Stopfen, Bettenmachen«, gehörte ebenso zur Kameradschaft wie ihre Resistenz gegenüber starken persönlichen Gefühlen. »Geborgenheit« und »emotionale Entlastung« waren wesentliche Bestandteile – Zerrissenheit zwischen »privatem Ich« und »militärischem Wir« sowie gegenseitige soziale Kontrolle ständige Wegbegleiter. Andererseits deckten sich Kameraden im Normbruch und eröffneten so Handlungsfreiräume, wie zum Beispiel unbemerkte Entfernungen oder Frauenaben-

1095 SFN, NL 57, Brief von Carl an Anna C. vom 29.5.1940.
1096 Ebenda, NL 57, Brief von Carl an Anna C. vom 22.3.1940.
1097 Vgl. IfZ-Archiv, Da 033.015, *Soldatenblätter für Feier und Freizeit* (SBFF), Heft 2, 3. Jahrgang 1942, Artikel »Abschied von der Gemeinschaft«, S. 63 f., Artikel »Die Urlauber«, S. 74 f.; ebenda, Heft 4, Artikel »Das Geheimnis des Engelbert Thurner«, S. 170 f.
1098 »Während Kameradschaft bedeutet, daß Menschen zueinanderhalten und füreinander einstehen, meint Kameraderie, daß sie untereinander nicht mehr die Würde der Eigenständigkeit achten, sich dafür aber gegenseitig Zugeständnisse machen«, vgl: Buchheim, Gehorsam, S. 258.

teuer. Nicht vergessen werden sollte das Bild von der Ehe-/Frau als Kamerad.[1099] Es kolportierte den Mythos allseitiger Harmonie, innerhalb der Frontfamilie wie auch gegenüber den Zurückgelassenen. Doch war darin kaum Raum für wirkliches privates Glück. Das Konstrukt folgte vorwiegend dem Gedanken der »versachlichten Liebe«.[1100] Ob die Soldaten ihre Kameraden als Bereicherung oder als Störfaktor empfanden, bestimmte letztlich mit, wie sie sich gegenüber ihren Angehörigen verhielten.

Der 19-jährige Soldat Lutz R. musste sich nach einem Lazarettaufenthalt bei einer neuen Einheit in Weißrussland eingewöhnen. Kurz vor Weihnachten 1943 schrieb er seinen Eltern: »Mit den Kameraden auf meiner Stube ist auszukommen. Aber einen Kameraden wie den Horst K[.] werde ich hier wohl kaum wiederfinden, denn diese hier sind meist älter und stehen in geistiger Beziehung weit hinter Horst zurück. Ich muss mir hier tatsächlich Mühe geben, in meinem Deutsch nicht ganz zu versauen. Da ich aber meine Lektüre durcharbeite, kann ich wenigstens die Höhe meines jetzigen Niveaus halten.«[1101] Seinen Bildungsstand, den er im Zivilleben erworben hatte, sah R. durch den Dienst und den täglichen Umgang mit »dumpfen« Kameraden bedroht. Persönliche Freundschaft bedeutete ihm mehr als das militärische Ideal von Vergemeinschaftung. Vom Standpunkt eines normativen Kameradschaftsbegriffes aus qualifizierte er sich als »Unsoldat« – auch weil er sehr stark bürgerlichen Werten verhaftet blieb.[1102] Zwangsläufig zog er sich zurück und versteckte sich hinter seinen Büchern: »Wenn man hier nicht ein reges Innenleben hat, verblödet man vollkommen.«[1103] Der innere Konflikt bedrohte dennoch die Kommunikation mit den Eltern und verzerrte die gegenseitige Wahrnehmung. Immer häufiger revidierte er Aussagen vergangener Briefe und entschuldigte sich für schriftliche Entgleisungen, weil er unter »extremen Stimmungsschwankungen« litt.[1104] Auch Alfred B. fühlte sich unter seinen Kameraden wie »ein Vogel im Käfig«, obwohl er als Funker im französischen Saint-Lo ein ruhiges Leben führte. Nach dem Dienst ließen sie sich zwar an der Vire gemeinsam »in der Sonne braten« und waren »einmal nicht beaufsichtigt«. Aber sein Gesang war – womit er bei der Metapher des Vogels blieb – ein »jämmerliches Singen«. Er nutzte jede Gelegenheit, um dem »ekligen Kasernenleben« zu entfliehen. Doch

---

1099 Zum Ehe-Typ des »Companionship« vgl. Luhmann, Liebe, S. 17.
1100 Vgl. Kühne, Kameradschaft, S. 38-40, S. 80, S. 82, S. 140 f., S. 153 f., S. 172-176, S. 182 f., S. 91-93.
1101 MSPT, Serie 3.2002.7404, Briefwechsel Lutz R. mit seinen Eltern, Brief vom 13.12.1943.
1102 Vgl. Kühne, Kameradschaft, S. 172 f.
1103 MSPT, Serie 3.2002.7404, Briefwechsel Lutz R. mit seinen Eltern, Brief vom 6.1.1944.
1104 Vgl. ebenda, Briefe vom 8., 12. und 21.1.1944.

als er kurz darauf »aufatmen« konnte, weil er zu einem Funktrupp aufs Land versetzt wurde, schämte er sich prompt gegenüber »dem Schweren«, was seine Frau, die Eltern und Schwiegereltern in der Heimat ertrugen.[1105] Albert J. wiederum mied seine Kameraden aus moralischen Gründen. Er wanderte »einsam zwischen zwei Welten«, weil er den Verlockungen des »breiten Weges« nicht erliegen wollte. Die Besuche seiner Kameraden bei Prostituierten bezeichnete er als »Tage des [...] uneingeschränkten Lasters«, und nur schwer konnte er sich dem Gruppendruck entziehen, den die Forschung als »Bordellzwang« identifiziert hat.[1106]

Auf der anderen Seite erfüllte der Kameradenkreis durchaus willkommene inkludierende und entlastende Funktionen. Er bot Geborgenheit und kompensierte die Sehnsucht nach zu Hause. Für Hermann G. standen Gedanken an die Familie in untrennbarem Sinnzusammenhang mit der Situation im Kreis seiner Schicksalsgenossen vor Ort: »Seit wir hier in einer gewissen Ruhe liegen, wandern die Gedanken mehr noch als sonst in die Heimat. [...] Heute ist Sonntag. Ob ihr da wohl in der guten Stube am Radio sitzt? Ein Glück für uns, dass wir im Kreis der Kameraden sind und Deutschland eigentlich immer um uns haben. [...] Man fühlt sich in dieser Zeit dann daheim.«[1107] Kurzfristig erleichterten die positiv empfundenen Seiten des Kameradenkreises die Trennung von den Angehörigen – auf lange Sicht förderten sie jedoch die Entfremdung. Hermann G. erklärte nach seinem Weihnachtsurlaub 1942, weshalb ihm der Abschied viel leichter fiel: »Was hatten wir ein Glück mit dem Urlaub! [...] Allerdings die ›Entwöhnung‹ ist nicht so einfach, bei Dir sicher noch schwieriger als bei mir, der ich ja im Kameradenkreis sitze.«[1108] Im Urlaub vergewisserten sich die Soldaten, dass sie nach dem Krieg in ihr gewohntes soziales Umfeld zurückkehren konnten. Aber es war ihnen auch wichtig, nach einem Heimataufenthalt die alten Kameraden und Strukturen vorzufinden. Diese Form der Identitätssicherung war von großer Bedeutung, weil Kriegsdienstleistende durchschnittlich neun Zehntel ihrer Zeit mit den Kameraden und nur ein Zehntel mit der Familie verbrachten (siehe Abschnitt I, Kapitel 2.2). In nahezu allen untersuchten Ego-Dokumenten thematisierten Soldaten das Verhältnis zu ihren Kameraden direkt nach Fronturlauben überproportional häufig. Feldpolizist Anton G. notierte im November 1942: »Eine gewisse Befriedigung zeigt

---

1105 Vgl. DTA, Serie 326 II, Kriegstagebuch und Briefwechsel zwischen Alfred und Annelie B., Einträge bzw. Briefe vom 14. und 30.4.1943, vom 3.5. und vom 6.6.1943.
1106 Vgl. DTA, Serie 148/1, Kriegsbriefe von Albert J. an seine Eltern, Brief vom 3.5.1941; ferner Mühlhäuser, Eroberungen, S. 230 f.; Kühne, Kameradschaft, S. 163.
1107 DTA, Serie 1462, Briefwechsel zwischen Hermann und Lore G., Brief von Hermann G. vom 8.2.1942.
1108 Ebenda, Brief von Hermann G. vom 25.1.1943.

sich immer wieder deutlich, wenn man den alten Gesichtskreis der Kameraden gewonnen hat. Man weiß sich wieder zuhause und kann sich wieder frei bewegen.«[1109] Die ausgleichende familiäre Funktion des Kameradenkreises war ein offenes Gesprächsthema unter Soldaten wie gegenüber Angehörigen: »Wir kaufen uns täglich einen Kasten Limonade und spielen an den Abenden einen schönen Skat. Wir führen ein ausgesprochenes Familienleben, im Kameradenkreis, selbstverständlich ohne weiblichen Anhang.«[1110]

Auch für genormte oder normüberschreitende »Freiheiten« während des Wehrdienstes bildete der Kameradenkreis den entscheidenden Rahmen. Im Besatzeralltag existierte ein Spannungsfeld aus Tolerierung und Sanktionierung, das Spielräume für individuelles Verhalten öffnete. Oft manifestierte sich dies an Kategorien wie Alkohol, Nahrung, Wertsachen, Glaube oder dem Ausleben sexueller Bedürfnisse.[1111] Im weitesten Sinne gehörten dazu alle individuellen Bestrebungen, dem Wehrdienst etwas Positives abzugewinnen. Nicht immer war die Grenze zwischen Dienst und Freizeit entscheidend, wie die Interpretation des Krieges als Abenteuer offenbart. Während der Gefangenschaft urteilten die Zellengenossen Unteroffizier Kurt M. und der Gefreite Heinz H. rückblickend: »Wenn ich nicht so viele Sorgen zu Hause hätte, dann wäre dasselbe ein prima Abenteuer gewesen.« Sie waren stolz darauf, was sie von der Welt gesehen und welche Entfernungen sie überwunden hatten: »Im Jahre 1943 habe ich in LKW und Wagen allzusammen ca. 140.000 Kilometer zurückgelegt. Von Minsk – Warschau, Wien – Budapest etc. immer gefahren, nach Warschau, nach Krakau, nach Lublin.[1112]

In ihren Tagebüchern und Briefen schrieben Soldaten regelmäßig von »Privatheit« in ihrem Alltag. Darunter verstanden sie Kameradschaftsabende oder gemeinsamen Sport ebenso wie Zeit und Aktivitäten, die sie für sich alleine hatten oder frei gestalten konnten. Es existierte ein breites Spektrum individueller Vorstellungen von Privatheit, ebenso wie damalige von heutigen Definitionen abweichen. Gewiss setzten viele Eingezogene ihre Ansprüche während des Wehrdienstes herab, zumal sie durch jahrelange männerbündische Sozialisation an Kollektivierungszwänge gewöhnt waren. Dennoch entschieden letztlich situative und subjektive Faktoren. Ein Schreiber aus Weißrussland empfand Kameradschaftsabende als äußerst unangenehm, zu denen ihn seine Vorgesetzten einluden. Jedoch war es für ihn »Freizeit«, konnte er sich den Kreis selbst

---

1109 Vgl. DTA, Serie 2131, Tagebucheintrag von Anton G. vom 23.11.1942.
1110 Ebenda, Brief von Anton G. an seine Frau vom 5.9.1944.
1111 Vgl. Lehnstaedt, Okkupation, S. 331-335.
1112 NARA, RG 165, Entry 179, Box 516 (2) 86, (#110, #102), Room Conversation am 14.2.1945.

TRENNUNGSERFAHRUNGEN

aussuchen.«[1113] Wenn Residuen des Privaten und Rückzugsräume im Einsatz als solche wahrgenommen wurden, ging das in der Regel mit einem Gefühl individueller Selbstbestimmtheit einher, das sich nicht objektiv fassen lässt. Die Qualität solcher Momente lässt sich – wenn überhaupt – nur im Einzelfall und in Abhängigkeit von den Rahmenumständen beurteilen. Doch auch bei der Kommunikation über verbliebene Freiräume nahmen die Schreiber wechselseitig Bezug auf die jeweilige Lebenssituation.

Kanonier Hans N. schrieb im April 1940 seiner Frau Friedel: »Glücklicherweise bin ich ja auch jetzt bei einer Abteilung, wo mir in mein privates Leben nicht dreingeredet wird, ja es ist als Soldat überhaupt ein Glück wenn man ein solches hat.«[1114] Darunter verstand er, Bücher zu lesen, alleine Spaziergänge durch die Stadt zu unternehmen und sich in Ruhe seiner Korrespondenz zu widmen, in der es vorwiegend um Erziehungsfragen und die schulische Ausbildung der Kinder, aber auch um Haushaltsangelegenheiten ging. Zugegeben, die militärische Erfahrung von Hans N. fußte zu diesem Zeitpunkt im Wesentlichen auf Kasernendienst und Geländeübungen. Die Eroberung und Okkupation west- und nordeuropäischer Staaten bildete die Grundlage vieler positiv belegter Besatzungserfahrungen, die ihrerseits die Erwartung des weiteren Kriegsverlaufs prägten und mitunter Hoffnungen auf eine verheißungsvolle Zukunft nährten. Als Leutnant eines Panzerregiments hatte Hermann G. am Überfall auf Polen und später am Westfeldzug teilgenommen. Als er sich im Sommer 1940 bei Bordeaux »am Meer« von den Kämpfen erholte und den ganzen Tag »in Badehose und Trainingsanzug umher«turnte, schrieb er an seine Frau: »Ich habe in diesem Jahr Teile des Kontinents gesehen, die ich sonst nie zu sehen bekommen hätte. Bedauerlich ist bloß, dass wir das nicht zusammen auf friedlichen Ferienreisen erleben durften.«[1115] Da es »mit der Entlassung und der Heimkehr vorläufig also nichts« war, freute er sich sehr, »auf diese Weise wenigstens was von der Welt [zu] sehen.« Dazu gehörten Ausflüge in die Vogesen, nach St. Dié, Géradamer und Belfort sowie regelmäßige Pirschgänge. Diese Kriegseindrücke waren es, die Hermann G. zu Träumereien über den Frieden mit seiner Frau und der Familie veranlassten: Als Förster überlegte er, sich für ein Amt im Reichsgau Wartheland zu melden, weil »das einen finanziell freier macht.« Die privaten Versäumnisse der Kriegsjahre wollte er dagegen nachholen, indem sie gemeinsam die unterworfenen Länder bereisten: »Wohin fahren wir eigentlich zuerst?! Nach Osten oder nach Westen?«[1116]

1113 DTA, Serie 2131, Briefe von Anton G. vom 7.5.1942, vom 5.3.1943 und vom 14.10. 1943.
1114 MSPT, Serie 3.2002.7283, Brief von Hans N. an seine Frau Friedel vom 21.4.1940.
1115 Vgl. DTA, Serie 1462, Briefe von Herrmann an Lore G. vom 21.7. und vom 10.8.1940.
1116 Vgl. ebenda, Briefe von Hermann G. vom 29.6.1940, vom 17.5. und vom 1.6.1941.

Der 22. Juni 1941 und der folgende Jahreswechsel bildeten für Pläne dieser Art eine Zäsur. Ebenso wurden persönliche Handlungsoptionen spärlicher, vor allem im Osten. Dennoch vermengten die Briefe, die Hermann G. im September 1942 aus Russland schrieb, erlebte Strapazen mit privaten Vorstellungen und Zukunftshoffnungen. Sie zeugen vom Wunsch nach Häuslichkeit selbst unter rauesten Bedingungen: »Die Abende werden jetzt schon sehr lang, aber unser Haus ist ja sehr gemütlich. Wir wollen uns jetzt nur noch eine Sauna bauen, zu diesem Zweck war ich vorgestern schnell in Orel, uns fehlten noch gut schließende Türen und Fenster dazu. Am liebsten würde ich nach dem Krieg daheim eine bauen.«[1117]

Für Anton G. war es das Reiten, das er im Krieg als willkommene »Privatbeschäftigung« für sich entdeckt hatte und in Friedenszeiten gerne in sein Zivilleben integrieren wollte; da er es andernfalls »wohl vermissen« würde. Als Leutnant einer rückwärtigen Feldpolizeidienststelle im weißrussischen Lepel war G. ohnehin in einer relativ privilegierten Position. Das eigene Zimmer offerierte Rückzugsmöglichkeiten, das gute Verhältnis zu den Kameraden und der eigenständige Dienst erlaubten ihm eine »Freizeitgestaltung«.[1118] Einsätze gegen »Banden« und »Freischärler« in der Region unterbrachen diese Oasen der Ruhe jedoch immer wieder. G. ärgerte sich, musste er seine Dienststelle deswegen für mehrere Wochen verlassen, die er mit einem zu Hause verglich: »Besser können wir es im tiefsten Frieden in der Heimat auch nicht haben.«[1119] An den Partisanenaktionen, die er von seinem Panzerwagen aus dirigierte, störte ihn weniger das Töten oder der verbrecherische Umgang mit Zivilisten. Vielmehr klagte er über den vorübergehenden Verzicht auf die gewohnten Annehmlichkeiten. Außer dem erwähnten Reiten waren dies selbst organisierte »Herrenabende« oder die Besorgung von Waren und Nahrung für den persönlichen Gebrauch.[1120] Daneben weitere, als »privat« deklarierte Tätigkeiten mit den Kameraden, wie zahlreiche Einträge nahe legen:

»In privater Hinsicht stach ein Ereignis hervor: die Fortsetzung unseres Schachturniers. [...] Heute wieder nur Privattätigkeit. [...] In privater Hinsicht: 40 Zigarillos. [...] ziehe mich schon seit Tagen in mein Privatquartier zurück [...] wie schön es ist, der Stellvertreter des Einheitsführers zu sein. [...] Es ist so schön, wenn man bei dem gegenwärtigen wunderbaren Wetter sich dem Nichtstun hingeben kann. Allgemein tauchte unter Kameraden die

1117 Ebenda, Brief vom 20.9.1942.
1118 Vgl. DTA, Serie 2131, Kriegstagebuch von Anton G., Einträge vom 29.5.1942 und 12.7.1944.
1119 Ebenda, Eintrag vom 1.5.1942.
1120 Vgl. ebenda, Einträge vom 3. und 4.9.1941.

Meinung auf, dass wir gegenwärtig im Zeitpunkt der Lepeler Festspielwochen leben, denn kein Tag dieser Woche sah uns soweit was die Beamten betrifft, unternehmungslos am Abend zuhause.«[1121] Zu diesen Unternehmungen zählte oftmals der Kontakt mit einheimischen Frauen. Gelegenheiten dazu boten sich immer wieder: in der Etappe und im besetzten Hinterland häufiger als in unmittelbarer Frontnähe, wo die Zivilbevölkerung in der Regel »evakuiert« wurde. Dennoch entstanden Berührungspunkte aus Einquartierungen, wo die Soldaten sich unter Umständen Tage oder gar Wochen die Zimmer mit den einheimischen Familien teilten. Verheiratete wie unverheiratete Soldaten nutzten dies bisweilen für freiwillige oder erzwungene sexuelle Begegnungen.[1122]

Erich Karl Maria M. verzeichnete am 17. April 1944 in der Nähe von Brest-Litowsk in seinem Tagebuch: »Gestern u. heute feierte die russ. Orthodoxe Kirche das Osterfest, Paschka genannt – Ich hatte mich hier mit einem 17-jährigen Russenmädel näher angefreundet und war heute bei ihrer Familie zum Osterfest eingeladen.«[1123] Zu diesem Zeitpunkt wartete der Artillerist auf die Scheidung seiner Kriegsehe, die er im August 1943 während eines Fronturlaubs eingegangen war. Schon zehn Wochen später hatte seine Frau ihn jedoch gebeten, sie wieder frei zu geben. Angesichts solch grundlegender Entfremdung von der Heimat verwundert es wenig, wenn die Soldaten ihr »Glück« vor Ort suchten. Ende des Jahres notierte M. aus Ostpreußen:

»Silvester – Abends in unserer vorigen Unterkunft im Keller des Nachbarhauses mit den Kumpels von der Vermittlung zusammengesessen und etliche hinter die Binde gekippt. [...] Kurz vor Mitternacht schnappte ich mir noch die kleine Erika, eine niedliche 16jährige Russin, die wir aus dem Osten mitgebracht hatten, um wenigstens zu einem Silvesterkuß zu kommen. Es wurden aber, glaube ich, einige mehr draus. Gegen vier krochen wir in ziemlich unordentlicher Formation mitten auf der vereisten Dorfstraße auf dem Bauch herum, während die Kameraden der in der Nachbarschaft liegenden

---

1121 Ebenda, Einträge vom 15.9.1941, 17.1.1942, 17.2.1942, 14.10.1943 und vom 29.5.1942.
1122 Vgl. Mühlhäuser, Eroberungen, S. 103 f.; Röger, Kriegsbeziehungen, S. 120 f.; IfZ-Archiv, ED 534, Brief vom 15.2.1942; Beck, Rape, S. 255-269: Entgegen vielfach anderslautenden Behauptungen reagierten die Wehrmachtgerichte in diesen Fällen äußerst hart auf entsprechende Vergehen. Dies geschah allerdings weniger, um die Bevölkerung zu schützen, sondern vorwiegend um die Ausbreitung sexueller Krankheiten, Spionage und den Zerfall der Truppendisziplin zu verhindern.
1123 IfZ-Archiv, ED 939-D, Tagebucheintrag vom 17.4.1944.

Panzereinheit in ihre Sturmgeschütze sprangen und sich gegenseitig mit den Mg's beschossen.«[1124] Deutlich schwingt die fatalistische Untergangsstimmung der letzten Kriegsmonate zwischen den Zeilen mit. Die moralisch fragwürdigen Facetten einer in ähnlicher Konstellation immer wieder auffindbaren Praxis, 16-jährige Mädchen zu verschleppen und zu Romanzen zu nötigen, reflektierte der Schreiber nicht. Dass er sie sich »schnappte«, lässt die Frage nach physischer oder psychischer Gewaltanwendung in dieser konkreten Situation offen.

Stets einvernehmlich lesen sich dagegen die romantischen Eroberungen von Max V., die er während des deutschen Vormarsches im ukrainischen und russischen Hinterland machte. Gegen Jahresende 1941, als vorübergehend kein Weiterkommen möglich war, verliebte er sich in dem Dorf Grodowskaja [sic!] in die bildhübsche Modia – »und die nette Modia mochte [ihn] auch.«[1125] Obwohl die Eltern ein waches Auge auf ihre Tochter hatten und die beiden selten alleine ließen, »kam es zu schüchternen Küssen und verstohlenem Händchenhalten«, was für den jungen Soldaten ein »überwältigendes Erlebnis« war. Der Abschied wenige Tage später fiel sehr schwer, die »liebe Modia vergoss Tränen und winkte [ihm] lange nach.«[1126] In Konstjantyniwka lernte er einige Monate später die »nette« und »gescheite« Deutschstudentin Sina kennen. Sie lehrte ihn über mehrere Wochen Russisch, und auch hier war der Abschied »wehmütig«, weswegen die beiden über einen Soldaten bei der Kommandantur »trotz Verbots« in Verbindung bleiben wollten.[1127] Im August folgte eine »Beinahe-Verführung« durch ein Mädel in Apscheronskaja auf dem Kaukasus. Parallel dazu pflegte V. Briefkontakte zu mehreren Frauen in der Heimat, und es ergaben sich weitere Romanzen, darunter eine ernstere im Rahmen eines Lazarettaufenthalts.[1128]

Nun handelte es sich bei V. um einen jungen unverheirateten Mann, der den Tod vor Augen hatte und nicht an die Front wollte, »ohne was gehabt zu haben«. Aber auch bei Verheirateten ist dieses Vorgehen zu beobachten.[1129] Kurz vor dem Angriff auf die Sowjetunion berichtete Werner K. von einem Verhältnis, das er trotz bestehender Verlobung eingegangen war. Der entsprechende Eintrag vermerkte ironisch-beschwichtigend »kaum Intimitäten«. Ähnlich ging K. damit um, als verheirateter Mann gegen Kriegsende während des Rückzugs womöglich einen Sohn mit einer flüchtigen Bekanntschaft gezeugt zu haben:

1124 Ebenda, Tagebucheinträge vom 13.8.1943, 15.1.1944 und vom 31.12.1944.
1125 Vgl. DTA, Serie 770/1, Erinnerungen und Kriegstagebuch von Max. V., Eintrag vom 28.12.1941.
1126 Ebenda, Einträge vom 28. und 31.12.1941.
1127 Vgl. ebenda, Einträge vom 17.5. und 28.6.1942.
1128 Vgl. ebenda, Einträge vom 23.8. und 20.10.1942 sowie zwischen 10. und 12.5.1943.
1129 Vgl. Dörr, Frauenerfahrungen, S. 152 und S. 154.

Beiläufig spielte er auf amouröse Erlebnisse mit einer jungen Frau namens Lottchen an, vermerkte, er habe erneut seine Frau betrogen, und rechtfertigte dies mit dem Hinweis auf andere Zeiten.[1130] Zwar sind quantitative Zuordnungen problematisch und die Dunkelziffer naturgemäß hoch, dennoch legen gewisse Indikatoren nahe, dass Kontakte mit der weiblichen Zivilbevölkerung am Einsatzort ein verbreitetes Alltagsphänomen waren.[1131] Etwa die hohe Dichte an Wehrmachtbordellen, die genau diese Verhältnisse verhindern sollten. Oder der regelmäßige Niederschlag des Themas in militärischen Unterlagen, so des Gerichts- und Sanitätswesens, aber auch von Kommandobehörden. Im Scheidungsverfahren des Wachtmeisters Georg F. berichtete dessen Vorgesetzter von einem monatelangen Liebesverhältnis mit einer russischen Arbeiterin. Mehrfach habe er sie in dem Quartier angetroffen, das sich F. mit anderen Wachtmeistern teilte. Der Einheitsführer betonte: »Erfahrungsgemäß sind russische Frauen, wenn sich erst einmal ein deutscher Soldat mit ihnen eingelassen hat, sehr anhänglich. Das geht sogar so weit, dass sie dem Betreffenden wenn er versucht, sich von ihr zu lösen, Szenen machen und ihm immer wieder nachlaufen.«[1132] Die latente Assoziation verrät, wie selbstverständlich diese Form von Beziehungen im Alltag hinter der Front wahrgenommen wurde. Die Staatsführung ging den Sachverhalt pragmatisch an. Vor allem Himmler wollte die Kinder, die er aus diesen Verhältnissen erwartete, der Volksgemeinschaft dienlich machen. Allerdings führten die rassistischen Zukunftsvisionen zu völlig unrealistischen Schätzungen, die mehrfach nach unten korrigiert wurden. Das Wehrwirtschafts- und Rüstungsamt im OKW bezweifelte die Prognose eines namentlich nicht genannten Armeeoberbefehlshabers an der Ostfront von drei Millionen Verhältnissen zwischen Soldaten und Einheimischen Frauen sowie eineinhalb Millionen jährlich zu erwartenden deutsch-russischen Besatzungskindern. Ungeachtet dessen wollte auch Hitler diese Kinder »als wertvolle[n] Ersatz für die kriegsbedingt ausfallenden Geburten« erfassen und ließ ihnen neben den russischen Vornamen die Namen »Friedrich« und »Luise« zuweisen.[1133] Im Juni 1944 korrigierte der Oberquartiermeister der Heeresgruppe Mitte, General Georg von Unold, die Schätzung erneut: Während des gesamten Krieges seien in den besetzten Ostgebieten etwa 500.000 Kinder geboren worden, rund die Hälfte davon sei

---

1130 Vgl. DTA, Serie 2108, Erinnerungen auf Grundlage des Kriegstagebuchs von Werner K., Einträge und Ereignisse Ende Juni 1941 und Anfang des Jahres 1945.
1131 Vgl. Mühlhäuser, Eroberungen, S. 331 f.
1132 Vgl. BArch-MA, Pers 15/19826, Unterlagen des Landgerichts Oldenburg, Zivilkammer I, 11.12.1945, Az. 1 R 342/44.
1133 BArch-MA, RW 19/473, Internes Schreiben des Wehrwirtschafts- und Rüstungsamtes im OKW »Vorsorgliche Erfassung von zusätzlichen Arbeitskräften«, 18.9.1942.

deutscher Abstammung. Die Anzahl der bis dahin offiziell registrierten Kinder belief sich auf 500.[1134] Dessen ungeachtet beeinflussten die Soldatenbeziehungen den Personalkreislauf, das Urlaubsverhalten und das Verhältnis zwischen Heimat und Front. Ludwig Runte, Hauptabteilungsleiter beim Reichskommissariat Ostland, klagte 1942, immer mehr Soldaten würden ihren Heimaturlaub in Weißrussland verbringen.[1135] Schon zu Jahresbeginn 1940 hatten Sanitätsabteilungen Richtlinien »Zur Verhütung einer Verschleppung von Geschlechtskrankheiten und Verseuchung in das weitere rückwärts liegende Heimatgebiet« erlassen. Sie ordneten an, »dass Urlauber vor Antritt einer Urlaubsreise und nach Rückkehr sich grundsätzlich einer Gesundheitsbesichtigung zu unterziehen haben.«[1136] Eine Vielzahl von Anordnungen systematisierte entsprechende Maßnahmen im Kriegsverlauf. Vor und nach Fronturlauben mussten die Soldaten »Gesundheitsbelehrungen« beiwohnen: Die Führung befahl »Sanierungspflicht« bei jeglicher Form außerehelichen Verkehrs und Urlaubssperren bei festgestellter Geschlechtskrankheit. Im letzteren Fall stand Geschlechtsverkehr für einen bestimmten Zeitraum unter Strafe, Dienstausfälle wurden auf den zustehenden Erholungsurlaub angerechnet.[1137] Dennoch meldeten die zuständigen Stellen immer wieder die Verschleppung von Geschlechtskrankheiten: nicht nur, dass Soldaten diese ins Reich brachten – »in nicht unerheblicher Zahl« steckten sie sich erst während des Urlaubs an.[1138] Als Reaktion befahl die Führung die Ausgabe von Kondomen bei Heimaturlaub. Entsprechende Maßnahmen waren zwar geeignet, die Verbreitung von Krankheiten einzudämmen, oft wirkten sie sich jedoch nachteilig auf Beziehungen aus, etwa weil Eheverfehlungen auf diese Weise erst aufflogen.[1139]

1134 Vgl. Mühlhäuser, Eroberungen, S. 333.
1135 Ebenda, S. 241.
1136 Vgl. BArch-MA, RH 23/309, Kommandant des rückwärtigen Armeegebiets 585, Kommandanturbefehl Nr. 51 vom 12.1.1940.
1137 Vgl. BArch-MA, RH 12/23-1212, Rundschreiben und Befehle des Chefs des Wehrmachtsanitätswesens im OKW vom 31.12.1942 unter anderem an den Reichsführer SS, die Reichsarbeitsdienstleitung, Organisation Todt, die Wehrmachtbefehlshaber und den Chef der deutschen Wehrmachtmission in Rumänien; BArch-MA, RH 12/23-1371, Abschrift beim AOK 2, »Bekämpfung von Geschlechtskrankheiten«, 6.7.1943.
1138 Vgl. BArch-MA, RH 12/23-1825, Rundschreiben des Generalkommandos im Wehrkreis VII zur »Bekämpfung und Bestrafung von Geschlechtskrankheiten«, 20.4.1943; ebenda, RH 12/23-1849, Schreiben des Sanitätswesens im OKW zur »Bekämpfung von Geschlechtskrankheiten« vom 18.9.1944.
1139 Vgl. StAM, Landgerichte München I 17381, Az. 3 R 7/44; Mühlhäuser, Eroberungen, S. 186.

b. Herausforderungen der Heimatfront

Die Angehörigen in der Heimat machten naturgemäß andere Erfahrungen, die sich ebenfalls ambivalent auf die Beziehungen auswirkten. Die Frauen mussten den Haushalt aufrechterhalten und die Kinder versorgen, was durch Warenknappheit und die langen Wartezeiten in Ladenschlangen immer mehr zur »Überlebensarbeit« wurde.[1140] In vielen Fällen kam eine Erwerbstätigkeit hinzu. Bei der Einführung der Arbeitsdienstpflicht für Frauen agierte die NS-Führung lange Zeit äußerst zurückhaltend. Konsequenter trat sie im Rahmen der Mobilisierung zum »Totalen Krieg« erst ab 1943 auf.[1141] Im Sommer 1944 zeichnete der SD ein Bild, nach dem den meisten Volksgenossen im Grunde keine Zeit mehr für ein Privatleben blieb. Unter Berücksichtigung der alliierten Luftangriffe und der zerstörten Verkehrsinfrastruktur vermerkte der Bericht, dass viele Arbeiter und Arbeiterinnen »oft mehr als zwei Stunden für den einfachen Weg von der oder zu der Arbeitsstelle benötigen. Das bedeute[t], daß den hiervon betroffenen Arbeitern für ihr privates Leben, d. h. für Essen, Schlafen, Zusammenleben mit ihrer Familie usw. vielfach kaum 8 Stunden übrig blieben, ganz abgesehen von der durch Fliegeralarm [...] ausfallenden Nachtruhezeit.«[1142] Die Nächte in Luftschutzkellern taten ein Übriges. Folgen waren Schlafmangel, Frühgeburten, Schockwirkungen und anhaltende Nervosität. Kinder erkrankten in den feuchten Schutzräumen, oft waren nach Angriffen über Tage hinweg weder Gas noch Wasser und Strom verfügbar. Evakuierungen und Einquartierungen waren belastende Begleiterscheinungen, sie dezimierten persönliche Rückzugsräume und rissen Familien auseinander – von zerstörten Wohnungen ganz zu schweigen. Häufig führten Überlastung, Schlafmangel und Todesangst zu Apathie. Bei vielen stellte sich fatalistische Gleichgültigkeit ein.[1143] Diese Faktoren beeinflussten die Wahrnehmung des Wartens und die Sehnsucht der Angehörigen an der Heimatfront. Unterschiedliche Lernprozesse zwischen Daheimgebliebenen und Soldaten determinierten so die Erwartungen an den Partner auf je eigene Art.[1144]

Das Regime dachte der Ehefrau die Rolle der häuslichen »Bewahrerin« und »Beschützerin« zu, die dem Fronturlauber den nötigen Regenerationsraum bereitstellte. Sie galt als »Vermittlerin zwischen beiden Sozialisationswelten« und

---

1140 Vgl. Kundrus, Kriegerfrauen, S. 312 f.
1141 Vgl. Hachtmann, Volksgemeinschaftliche Dienstleister, S. 111-131.
1142 Boberach (Hrsg.), Meldungen, Bd. 17, S. 6584, SD-Bericht vom 8.6.1944.
1143 Vgl. Kundrus, Kriegerfrauen, S. 314 f.; Römer, Kameraden, S. 207-209; Kühne, Kameradschaft, S. 193, S. 198 f.
1144 Über den historischen Geltungszuwachs an Empathie vgl. Frevert, Vergängliche Gefühle, S. 44 f.

leistete »Rehabilitationsarbeit«.[1145] Dies war eine enorme Aufgabe. Beispielsweise nahmen Kinder ihre Mütter angesichts der Vielzahl an Herausforderungen ohnehin als »psychisch und auch physisch gestört« wahr.[1146] Wie teilten sich nun die Frauen vor dieser Spannung aus zugeschriebener Rollenerwartung und erlebter Belastung ihren eingezogenen Männern mit? Und auf welcher Grundlage brachten die Soldaten Verständnis für die Lebenswirklichkeit ihrer Angehörigen auf? Centa B. hatte zwar keine Kinder, betrieb aber neben dem Haushalt einen eigenen Schneiderladen mit Angestellten und Lehrlingen. Das wachsende Arbeitspensum erschwerte den Kontakt zu ihrem Mann im Feld, oft war sie zu müde, um lange Briefe zu schreiben. Sie fühlte sich hilflos, weil sie an dieser Situation nichts ändern konnte. Folglich sorgte sie sich um die Beziehung: »Mein Butzl, sind denn meine Briefe nicht mehr so lange wie früher, wie Du schreibst? Weißt, ich schreibe Dir lieber öfter und dass ich dazu jede Minute ausnutze, das weißt du ja sowieso, gell mein Schatz? Ich wollte natürlich selbst, dass ich noch viel mehr Zeit zum Schreiben hätte, am liebsten würde ich Dir jeden Tag ein Brieflein senden, aber leider geht dies nicht, weil die ganze Arbeit an mir allein hängt, muss aufräumen und alles selbst machen Schatzl.«[1147] Umgekehrt beeinträchtigte die Situation ihre Leistungsfähigkeit im Beruf, was zu einem Teufelskreis führte. Die Sehnsucht machte sie »so schrecklich verzweifelt«, es fühlte sich »schlimmer wie eine Krankheit« an. Sie konnte sich immer seltener zu Dingen »aufraffen«, die ihr früher leicht von der Hand gingen: »Bring gar nichts zusammen heute [...]. Wenn ich nur einem Menschen mein Herz ausschütten könnte [...]. Dieser Zustand ist auf Dauer nicht auszuhalten und man reibt sich auf dabei.«[1148] Centa B. war zudem frustriert, weil sie sich eigentlich Kinder wünschte, um nicht einsam zu sein. Sie fühlte sich nicht vorübergehend überlastet, sondern dauernd – und der Zustand verschlimmerte sich. Immer öfter sprach sie das Thema in ihren Briefen an. Von einem künftigen Wiedersehen versprach sie sich einerseits, dass der Kinderwunsch endlich in Erfüllung ging, andererseits aber vor allem Entlastung: »Weißt, solltest halt selbst da sein und mir ein bisl helfen, wie herrlich wäre dies doch. [...] bin schon wieder todmüde, [...] die viele, viele Arbeit macht mich noch vollends fertig. [...] Früher habe ich dies alles spielend gemeistert und jetzt geht es auf einmal nicht mehr so.«[1149] Die Schneiderin führte ihre schwindende Arbeitskraft weniger auf die gestiegene Aufgabenlast durch den Krieg zurück. Sie litt in erster Linie emotional unter der Trennung und bedauerte ihre Inselexistenz.

1145 Vgl. Roberts, Mütter, S. 29-32.
1146 Vgl. Dörr, Frauenerfahrungen, S. 149f.
1147 IfZ-Archiv, ED 930, Brief von Centa an Franz B. vom 19.4.1943.
1148 Vgl. ebenda, Brief von Centa an Franz B. vom 29.8.1943.
1149 Vgl. ebenda, Briefe von Centa an Franz B. vom 22. und 24.11.1943.

Die Hausfrau Lore G. interpretierte ihre Lage gänzlich anders. Die vier jungen Söhne halfen ihr zwar über den Trennungsschmerz von ihrem Mann hinweg, nachdem er im August 1939 eingezogen worden war. Allerdings musste sie neben den Kindern noch ihren Schwiegervater betreuen. Dieser hatte im Frühjahr 1940 stellvertretend das Forstamt seines Sohnes übernommen. Die ungewohnte Konstellation führte zu Problemen im Haushalt. Anfang Mai 1940 schrieb Lore, sie habe den Krieg »so satt wie noch nie«, weil sie »immer so müde« sei und »fast täglich wahnsinnig Kopfweh« bekomme.[1150] Knapp drei Monate später, als eines der Kinder an einer langwierigen Darmstörung erkrankte, wusste sie sich »bald nicht mehr zu helfen«. Ihrem Gatten Hermann warf sie vor: »Du bist wieder recht sparsam mit deinen Briefen geworden [...].«[1151] Zu dieser Zeit – einer der anderen Söhne war ständig »frech und ungezogen«, und die Anwesenheit des Schwiegervaters »drosselte« ihre »Lebensfreude vollends ab« – fehlte Lore ihr Mann mehr denn je bei der Erziehung der Kinder: »Es kommt mir immer deutlicher zum Bewusstsein, wie viel ich da an Dir habe. Ich will Männer aus den Buben machen und keine Sonderlinge.«[1152] Trotz aller Bemühungen war Lore bis zum Jahresende »einfach mit den Nerven runter«, was sie zu der Feststellung führte: »[...] dagegen hilft nur Deine Anwesenheit.« Weil dieser Wunsch unerfüllbar blieb, bekämpfte sie ihren Kummer und ihre innere Unrast, indem sie regelmäßig Schlafmittel nahm: »[...] ohne die wäre ich zur Zeit übel dran.« Doch erforderte die Situation letztlich eine langfristige Strategie. Resigniert schrieb Lore »Mich freut überhaupt nichts mehr« und sprach sich im selben Atemzug Mut zu, da sie ja eigentlich viel besser dran sei als ihr Mann, weil sie die Kinder hatte.[1153] Auch in der Folgezeit schwankte ihre Haltung zwischen Entmutigung und Ausharren und bis zum Wiedersehen.[1154]

Agnes Neuhaus aus Münster betrieb den gemeinsamen Kolonialwarenladen während des Wehrdienstes ihres Mannes. Im Juni 1940 klagte sie, sie finde keine Zeit zum Schreiben. Die vielen Luftalarme im Speziellen und der Krieg im Allgemeinen erschwerten das Einkaufen und die Weiterführung des Geschäftes: »[...] aber die Zeit zum Schreiben fehlt mir tatsächlich. Du weißt ja auch, wie es zum Schluss der Kartenperiode so ist, dazu die neu Eintragungen, ich weiß manchmal nicht wo mir der Schädel steht. Dann kommt noch dazu am Tage so 2-3 mal in den Luftschutzkeller, heute sogar 4 x, um 11 Uhr, um ½ 1 Uhr, um ¼ vor 5 und um ½ 8 Uhr und dann jedes mal wenigstens 1 ganze Stunde, dann

---

1150 Vgl. DTA, Serie 1462, Brief von Lore an Hermann G. vom 7.5.1940.
1151 Vgl. ebenda, Brief von Lore an Hermann G. vom 20.7.1940.
1152 Ebenda, Brief von Lore an Hermann G. vom 26.7.1940.
1153 Vgl. ebenda, Brief von Lore an Hermann G. vom 17.12.1940.
1154 Vgl. ebenda, Briefe von Lore an Hermann G. vom 1.5., 1.6., 25.9. und 27.11.1941 und vom 22.3.1942.

ist man durchgedreht, das kann ich Dir sagen.«[1155] Trugen Äußerungen wie diese bereits zu einem frühen Zeitpunkt des Krieges resignierenden Charakter, blieben kaum Steigerungsmöglichkeiten. Umso größer war die Gefahr, dass die Stimmung bald in Apathie und Fatalismus umschlug. Insgesamt entwickelten sich die Gefühlslagen jedoch nicht linear. Sie schwankten zwischen sturer »[D]ickfällig[keit]« und Hoffnung auf Besserung, wobei Letzteres oft mit Erwartungen an den nächsten Fronturlaub verknüpft wurde. Neben den Klagen über die Belastungen zeigen Ego-Dokumente, dass sich viele Schreiber schon früh zu gegenseitigem Durchhalten ermahnten, weil sie sich als Teil der großen Neugestaltung Europas begriffen.[1156] Diese Pole markierten das Spektrum der weiteren Kriegsdeutung. Wenngleich Ängste der Daheimgebliebenen mit schwindender Siegesgewissheit wuchsen, so gab der Gedanke an »frohere Zeiten [...] Kraft, alles jetzt zu ertragen«. Allerdings blieb am Ende nur noch die Hoffnung auf Wiederherstellung der häuslichen »Gemeinschaft«.[1157] Diesem Ziel folgte sogar der irrationale Glaube an »Wunderwaffen«, der insbesondere bei der Heimatbevölkerung für begrenzte Zeit die Härten des Luftkrieges ertragen ließ.[1158]

Elisabeth Braumann litt ebenfalls unter dem Luftkrieg. Mit ihren Kindern wurde sie im Jahr 1943 von Bochum in das rund 670 Kilometer entfernte Köslin in Westpommern an der Ostsee evakuiert. Familienvater Georg blieb als Beamter der Ruhrknappschaft in der Heimatstadt zurück. Zuvor hatte er gegen Polen und im Westfeldzug gekämpft und war vorübergehend als Besatzungssoldat in Frankreich stationiert. 1944 musste er erneut zum Kriegsdienst. So sah sich auch diese Familie nur selten im Rahmen von kurzen Urlauben. Unstimmigkeiten des Einquartierungsalltags, in unbekannten Gegenden in fremden Haushalten zu leben, verschlimmerten die Lage. Die Mutter war mit ihren beiden Kindern zwar bei »netten Leuten« untergebracht.[1159] Allerdings bezweifelte sie bei den »meisten Menschen das Verständnis, warum wir überhaupt hier sind.«[1160] Die drei hatten ein Zimmer, das sie als ihr »eigenes Reich« betrachteten, sie durften das Esszimmer mitbenutzen und dort Besuch empfangen. Dennoch fühlten sie sich nicht wohl: »Wir sind und leben beengt«.[1161] Fraglich war vor allem Georgs Besuch unter diesen Bedingungen, da sich das eheliche Verhältnis schon deutlich abgekühlt hatte.[1162] Centa B. wiederum fürchtete, selbst Luftkriegsge-

---

1155 Reddemann (Bearb.), Briefwechsel, S. 23, Brief von Agnes Neuhaus vom 27.6.1940.
1156 Vgl. ebenda, S. 87f., Brief von Agnes Neuhaus vom 29.8.1940.
1157 Ebenda, S. 252f., Brief von Agnes Neuhaus vom 6.7.1941.
1158 Vgl. ebenda, S. 877f. und S. 898f., Briefe von Agnes Neuhaus vom 14.6.und 27.6.1943.
1159 Vgl. Braumann, Evakuiert, S. 39, Brief von Elisabeth B. an Georg B. vom 11.7.1943.
1160 Ebenda, S. 41, Brief von Elisabeth an Georg B. vom 13.7.1943.
1161 Vgl. ebenda, S. 44, Brief von Elisabeth an Georg B. vom 18.7.1943.
1162 Vgl. ebenda, S. 47f., Brief von Elisabeth an Georg B. vom 19.7.1943.

schädigte aufnehmen zu müssen: »Der Horst ist schon aufgefüllt mit Frauen. Will sehen, was noch alles kommt. Die Zimmer muss man auch alle angeben u. wieviel Personen dabei wohnen. Da darf ich froh sein, dass ich noch daheim bin, sonst hätten sie bestimmt unsere Wohnung beschlagnahmt u. hättest vielleicht nicht mal wieder ein eigenes Plätzerl mein Schatz, wenn du in Urlaub kommst.«[1163]

Neben Luftangriffen, Haushalt und Arbeit belasteten die »Auflockerung der Sexualmoral« und damit verbundene Auswirkungen von Eifersucht Beziehungen und die Kommunikation im Krieg.[1164] Obwohl das Regime vor allem weibliche Ehebrüche scharf sanktionierte, ergaben sich für verheiratete und ledige Frauen gleichermaßen neue Handlungsspielräume und Möglichkeiten zur Promiskuität. Für junge und noch ledige Frauen war gewiss der »Männermangel« in der Heimat ein entscheidendes Kriterium. Bei einigen Mädchen löste er eine regelrechte Angstpsychose aus, »ja noch einen Mann zu bekommen.« Manche korrespondierten gleichzeitig mit mehreren Soldaten – nicht weil sie besonders wählerisch waren, sondern weil die Todesrate stieg.[1165] Kriegsehen wiederum, die auf der Basis von Urlaubsbekanntschaften geschlossen wurden, standen auf keinem besonders soliden Fundament; es blieb kaum Zeit, sich kennenzulernen. Erotische Aufladung durch erzwungene Enthaltsamkeit, fehlende Kontrolle durch das soziale Umfeld und eine generelle Neubewertung von Treue, Liebe und Sex im Ausnahmezustand waren weitere Faktoren.[1166] Nach durchlebter Todesgefahr infolge von Luftangriffen stieg mitunter das Bedürfnis nach Nähe und Intimität. Berichte dokumentieren mehr oder weniger affektive Ehebrüche unmittelbar nach solchen Extremsituationen, teils mit fremden Personen.[1167] Insgesamt handelt es sich um ein schwer zugängliches Thema. Darüber zu reden war nicht üblich, dementsprechend hielten es die Schreiber aus der brieflichen Kommunikation weitestgehend heraus. Selbst entsprechende Einträge in Tagebüchern sind spärlich. Einen Ausnahmefall stellt Maria B. dar. Ihren späteren Mann »Wolf« lernte sie als Krankenschwester im Jahr 1943 in einem Lazarett in Warschau kennen. Es entspann sich eine Kriegsbeziehung. Gleichwohl zeigte sie nach seiner Abreise weiterhin Interesse an anderen Männern, gefiel sich in der Rolle der Umworbenen und überspielte ihre Sehnsucht mit den Romanzen. In ihrem Tagebuch, das sie für Wolf schrieb, offenbarte sie ihr schlechtes Gewissen:

1163 IfZ-Archiv, ED 930, Brief von Centa an Franz B. vom 30.3.1943.
1164 Vgl. Herzog, Sex after Fascism, S. 5-10.
1165 Vgl. Dörr, Frauenerfahrungen, S. 154; Stargardt, Krieg, S. 503-506.
1166 Vgl. Dörr, Frauenerfahrungen, S. 154 f.
1167 Vgl. Herzog, Sex after Fascism, S. 59 f.

»Dann, eines Tages steht Feldwebel Karl Ch. vor mir, ein Wiener, und bittet mich, mit ihm ins Theater zu gehen. In meinem Übermut denke ich: mach ihn mal ein bisschen verrückt und dann Rückzug – dir kann ja nichts mehr passieren. Aber er verliebt sich in mich, wir haben die gleichen Interessen u. ich finde ihn sehr unterhaltsam. [...] Daß er immer u. immer wieder mit ausdauernder Zähigkeit versucht mich zu küssen, erschreckt mich nicht. [...] Kaum merke ich, daß meine Augen schon nicht mehr gleichgültig schauen, sondern seinen lieben Blick erwidern. Das war die 1. Kapitulation. [...] Wolf schrieb ich schon seltener. Was soll man auch immer schreiben, so tröste ich mich. Doch auch die Gedanken suchten ihn weniger und die Sehnsucht schien ganz überwunden. Diese Sehnsucht, eine oft so Qual, war mir deshalb kein Verlust. Karl war immer für mich da, tat alles für mich und las mir jeden Wunsch von den Augen ab, – Doch der äußere Rahmen blieb korrekt. Manchmal verspürte ich dann ein bisschen Angst, mich zu verlieben [...].«[1168]

c. Wahrnehmung zwischen Empathie und Sprachlosigkeit

In den beiden vorangegangenen Abschnitten wurden unterschiedliche Erfahrungen der Bevölkerung in der Heimat und der Soldaten in der Ferne beleuchtet. Zudem wurde nach der jeweiligen Selbstreflexion gefragt. Im Folgenden geht es darum, wie sich auf dieser Grundlage die gegenseitige Wahrnehmung entwickelte und dadurch die Ausgangssituation für das Wiedersehen im Fronturlaub gestaltete: Machten sich die Partner während der Trennungen ein treffendes Bild von der Lebenssituation des anderen und empfanden sie Mitgefühl?[1169] Oder dominierten Egoismus und Selbstmitleid? Welche Bedeutung besaßen Sprachbarrieren und tradierte Rollenzuschreibungen? Diese Faktoren stellten wichtige Vorbedingungen dar, weil sie die Erwartungshaltung an den Fronturlaub bestimmten.[1170]

Bisherige Untersuchungen zur brieflichen Kommunikation im Zweiten Weltkrieg nehmen einerseits an, die Gewichtung persönlicher Themen variiere stark zwischen verschiedenen Briefserien. Andererseits würden die eigenen Lebensumstände deutlich häufiger angesprochen als jene des Adressaten. Aufgrund des Übergewichts erhaltener Frontbriefe entsteht beim heutigen Betrachter leicht der Eindruck, als drohte der Alltag der Ehefrauen gegenüber den Schilderungen der Männer, von militärischem Dienst, Kämpfen, Verpfle-

---

1168 DTA, Serie 49/1, Tagebucheintrag von Maria B. vom Februar 1943.
1169 Zu Empathie als kollektivem zivilisatorischen Produkt und emotionalen Kommunikationsregeln vgl. Flam, Soziologie der Emotionen, S. 179 f.
1170 Vgl. Frevert, Vergängliche Gefühle, S. 47-54.

gung, Land und Leuten, unterzugehen.[1171] Häufig unbewusst übertrugen die Soldaten in ihren Appellen die Gesetze des Lebenskampfes auf das Privatleben und die Zivilgesellschaft. Anhand dieses nationalsozialistischen Spezifikums unterscheiden sich die Briefe deutlich von jenen des Ersten Weltkriegs.[1172] Das Regime griff mit seinen Prüfstellen aktiv in die Verständigung zwischen Soldaten und Heimatbevölkerung ein. Während der Winterkrise vor Moskau ließ Goebbels das OKW die Soldaten ein weiteres Mal belehren, wie Feldpostbriefe abzufassen seien. Mit ihrem »Angebertum« versetzten Soldaten ihre Familien zu diesem Zeitpunkt in »schwerste Unruhe«. Allerdings versprach sich der Propagandaminister nicht viel von der Maßnahme, weil es sich um eine allgemeine »menschliche Schwäche« handele, »gegen die man machtlos ist.«[1173] Die immer wieder attestierte Bereitschaft zur Selbstzensur beruhte somit auf langwierig erlernten gesellschaftlichen Konventionen und auf kurzfristigen Abfassungsregeln. Sprachanalysen belegen weiter: Das Verhältnis zwischen Wehrmachtsoldaten und Nationalsozialismus unterlag »inhaltlich wie habituell einer charakteristisch gebrochenen Verwandtschaft«. In der Kommunikation mit den Angehörigen kam dies zum Ausdruck, indem auf Basis eines gemeinsamen Wissensvorrats nur bestimmte Erlebnisse als sinnvoll interpretiert werden konnten. In anderen Fällen versagte die Sprache als Sinntransmitter, und die Akteure wurden von ihren Erfahrungen wortwörtlich übermannt.[1174]

Der Obergefreite Bernhard S. erklärte seiner Verlobten, Briefe seien kein adäquater Ersatz für gemeinsam verlebte Stunden. Seiner Ansicht nach überbrückten sie die Kluft zwischen den unterschiedlichen Lebenswelten keineswegs. Grundsätzlich wollte er aus diesem Grund weniger Persönliches schreiben, weil daraus nur Missverständnisse resultierten und die eintretende Entfremdung, wenn überhaupt, nur ein Heimaturlaub aufwiegen könne:

»Was mich sonst abhält zu schreiben? Gerda, trotzdem auch bei euch Bomben fallen, steht Dein Leben mit dem eines gemeinen Soldaten in keinem Zusammenhang mehr. Der Tod wäre fast eine Erlösung. Der stumpfe, idiotische Drill, die ewigen Schikanen, dieses Galeerensklavendasein ist tierisch. [...] Wie oft habe ich schreiben wollen und den angefangenen Brief zerrissen. [...] Ach, es wandern tausend Fragen und Antworten zwischen uns hin und her, und nie wird ein Brief ein Wort ganz klären. Ich weiß nur, wenn ich

---

1171 Vgl. Latzel, Soldaten, S. 119.
1172 Vgl. ebenda, S. 309 f.
1173 Goebbels-Tagebücher, Bd. 3, S. 166, Eintrag vom 22.1.1942.
1174 Vgl. Latzel, Soldaten, S. 370.

Dich im Arm habe, dann ist alles gut. [...] Wenn es doch bloß bald Urlaub gäbe.«[1175]

Hansjürgen S. bemühte ähnliche Worte gegenüber seiner Ehefrau. Auch er betonte die Diskrepanz zwischen brieflichem Kontakt und den Erwartungen an ein Wiedersehen.[1176] Seine Gedanken verraten, wie sehr sich manche Schreiber über die Grenzen ihrer Anteilnahme bewusst waren. Sie beschrieben ein qualitatives Gefälle der Empathie zwischen Heimat und Front. Zwar bedauerte Hansjürgen S. dessen Existenz, rechtfertigte es jedoch mit der eigenen Ausweglosigkeit. Er freute sich über die Kraft, die ihm die Briefe seiner Frau schenkten. Im selben Atemzug entschuldigte er sich aber dafür, dies nicht erwidern zu können; neben brutalisierenden Einsatzerlebnissen nannte er die hemmende Wirkung der Zensur.

»Mit Deinem Brief Nr. 75 hast Du mir eine große Freude gemacht. Der hat so richtig gut getan, und es war schon fast ein bisschen so, als seist Du mit Deiner Liebe zu mir gekommen für die Dauer der Lektüre. Ich glaube ich kann Dir zurzeit mit meinen Briefen nicht so viel geben. Du musst aber nicht traurig darüber sein; weißt Du man kann auch nicht immer so schreiben wie einem ums Herz ist, denn das Herz muss meistens gut geborgen bleiben in unserer Lage. Gell Du wirst das verstehen. Ja den Tag, den Augenblick unseres Wiedersehens male ich mir auch in allen Farben aus [...]. Ich bin etwas gehemmt im Briefeschreiben, da nun die Briefe verstärkt kontrolliert werden, u. a. auch schon hier bei der Truppe. Und es ist ein etwas hemmender Gedanke zu denken: halt das könnte eventuell der Chef lesen. Ganz allgemein, gar nicht nur betr. Dingen, die man nicht schreiben soll.«[1177]

Die Frau des Kanoniers Hans N., Friedl, musste sich neben dem Haushalt und ihrer eigenen Schwangerschaft um die Erziehung der beiden Söhne kümmern, die ihr Mann aus erster Ehe mitgebracht hatte. Seine Briefe spiegeln ihre Überforderung wider, da Friedl der Umgang mit den pubertierenden Jungs alles andere als leicht fiel. Gleichzeitig kommt seine Ohnmacht zum Ausdruck, weil er in der Ferne nichts unternehmen konnte. So waren seine Ratschläge kaum eine Hilfe. Immerhin bemühte sich der Soldat, sich in die Lage seiner Frau hineinzuversetzen. Jedoch gelang ihm dies nur graduell, weil er einerseits an tradierten

---

1175 DTA, Serie 2033, Feldpostbrief von Bernhard an Gerda S. vom 29.7.1942.
1176 Über die Bedeutung der Konvergenz von Eigen- und Fremderwartung und zur Wechselbeziehung von Liebe und Weltsicht vgl. Luhmann, Liebe, S. 21-24.
1177 DTA, Serie 1289, Brief von Hansjürgen an seine Ehefrau Gabriele S. aus Russland vom 23.9.1941.

Rollenbildern festhielt. Andererseits verheimlichte Friedl das ganze Ausmaß der Spannungen, um ihrem Mann keine Sorgen zu bereiten:

»Du machst Dich selber schlechter als Du bist, wenn Du schreibst ›mir ist alles egal‹. Es ist ja ganz gut, wenn Du ein Stück Gleichmut bekommst, aber die Entwicklung der Buben geht Dich ja doch gleichermaßen an wie mich. Dass ich nicht bei Dir sein kann, ist weder meine, noch Deine, noch der Buben Schuld. Es ist auch nicht ganz das, was ich eigentlich wollte, wenn Du nur aus Liebe zu mir, Dich mit den Buben ›herumärgerst‹. Sollte es nicht auch um ihrer Selbstwillen sein? Sind es nicht einsame Bürschlein, die eine liebende Hand verdienen und eine führende brauchen? Ich bitte Dich noch Mal, schreibe mir immer und alles, was sich zuhause zuträgt – Seit ich weiß, dass Du um meiner Ruhe willen damit zurückhältst, ist es erst recht um die Ruhe geschehen.«[1178]

Der Konflikt spitzte sich im Laufe der nächsten Monate zu. Ausgerechnet die Bitte um offenere Kommunikation führte zu weiteren Irritationen. Hans N. erkannte, dass er das komplexe familiäre Beziehungsgeflecht nicht mit Briefen steuern konnte. Er machte die gebrochene Kommunikation via Feldpost für persönliche Missverständnisse verantwortlich und bedauerte das Schwinden des wechselseitigen Einfühlungsvermögens. Mit seinen Beschwichtigungsversuchen verfiel er auf einen weit verbreiteten Automatismus; er relativierte seinen Mangel an Feingefühl, indem er mehr Verständnis für die eigenen Strapazen forderte:

»Es gibt Dinge, die man in Briefen überhaupt nicht schreiben sollte, weil sie zu leicht missverstanden werden können. Sie berühren empfindsame Seiten des Herzens und kommen meistens gerade dann an, wenn man am beschaulichsten gestimmt ist. Mag man noch so sehr das Bewusstsein haben, nichts Unrechtes geschrieben zu haben und noch so sehr an seinen guten Willen dabei glauben, man betrübt dabei den anderen und weiß nicht wie. Wenn Du sehen wirst, wie grau ich in der letzten Zeit geworden bin, wirst Du ermessen können, dass meine Sorgen doch nicht gering waren. Was mich betrifft stelle ich aber gern hinter alles zurück [sic!]. Es ist sowie so kein Leben, das ich hier habe, da kommt es nicht mehr darauf an, ob es mir leicht oder schwer fällt. [...] Dass du jetzt nervöser bist, wie zu anderen Zeiten ist ganz verständlich und leider ist es nun doppelt schwer für dich, noch Unarten der Buben zu ertragen. Aber sag, wie kann ich Dir helfen? Ich bin hier gefesselt und kann nichts, als in Briefen versuchen zu klären und den Grund der

1178 MSPT, Serie 3.2002.7283, Brief von Kanonier Hans an Friedl N. vom 17.1.1941.

Spannung zu suchen. [...] Sei nicht hart und bitter zu mir, Friedl. Ich wollte Dich nicht kränken, ganz gewiss nicht. Mache mich nicht noch verzweifelter, als ich schon bin. Glaube an das Gute, dann sieht das Leben auch anders aus, wieder fröhlicher. Versteh mich doch, ich bitte dich [...].«[1179]

Vernehmungs- und Abhörprotokolle gefangener deutscher Soldaten weisen ebenfalls auf Verständnisbarrieren hin, die aus den eingeschränkten Kommunikationsbedingungen resultierten. Infanterist Jacob B. erklärte im August 1944 amerikanischen Verhöroffizieren, er könne über die Verluste in der Heimat keinerlei Angaben machen. Er habe sich nie getraut, seine Eltern danach zu fragen – um deren Gefühle nicht zu verletzen.[1180] In den Zellen sprachen die Kameraden offener miteinander. Sie griffen Themen auf, die gegenüber Angehörigen tabu waren oder zumindest deutlich sensibler angeschnitten wurden. Sie diskutierten etwa den angeblich sittenlosen Lebenswandel vieler deutscher Frauen in der Heimat. Einige hatten selbst Momente der Eifersucht und des Misstrauens in ihren Beziehungen erlebt. Womöglich waren ihre Erwartungen an frühere Fronturlaube ebenfalls vorbelastet gewesen. Auch Zoten und Gerüchte wurden mit einer gewissen Selbstverständlichkeit weiterverbreitet: »K. Inzwischen trösten sich unsere Weiber zu Hause! B. Mir macht's nichts aus! K. Mir auch nicht. Falls sie zum Beispiel eine Vermisst-Meldung erhalten, suchen sie sich einen anderen [...].«[1181] Ein Major äußerte sich folgendermaßen: »Ich meine das Herumhuren der deutschen Ehefrauen zu Hause ist doch auch eine Schweinerei. Darüber weiss ich nun etwas besser Bescheid. Wie die deutschen Frauen sich in Garmisch-Partenkirchen aufgeführt haben. [...] Und so gibt es viele Fälle. Das deutsche Volk ist moralisch restlos fertig.«[1182]

Gewiss konnten sich auch die Frauen in der Heimat in abnehmendem Maße in die Lage der Soldaten hineinversetzen. Vor allem war es für sie nicht immer einfach, die psychischen Folgen zu verstehen, die aus dem Leben an und hinter der Front sowie aus den Kampfeinsätzen resultierten.[1183] Das Regime versuchte schon relativ früh, dieser Entwicklung entgegenzusteuern. Im Frühjahr 1942 verlangte Goebbels, das »Denken und Fühlen der Heimat« durch »möglichst realistische Berichte« wieder »näher an die Front heran[zu]bewegen.«[1184] Unabhängig davon waren Fehldeutungen an der Tagesordnung. Soldaten überspielten traumatische Erlebnisse oder die Unfähigkeit, Gefühle angemessen

1179 Ebenda, Brief von Kanonier Hans an Friedl N. vom 2.5.1941.
1180 NARA, RG 165, Entry 179, NND 750/22, Morale Questionnaire, Jacob B., 26.8.1944.
1181 NARA, RG 165, Entry 179, Box 504 (1) 89, (#128), Room Conversation 14.6.1944.
1182 NARA, RG 165, Entry 179, Box 554/1-2 621 (Major Herbert T. 797705274) (#626), Room Conversation 2.9.1944.
1183 Vgl. Dörr, Frauenerfahrungen, S. 179-182; Goltermann, Gesellschaft, S. 95 f.
1184 Goebbels-Tagebücher, Bd. 3, S. 71, Eintrag vom 8.1.1942.

TRENNUNGSERFAHRUNGEN 361

auszudrücken, indem sie seitenweise belanglose Ereignisse ihres Einsatzalltags schilderten. Die Frauen in der Heimat deuteten dies unter Umständen als Teilnahmslosigkeit und Desinteresse gegenüber ihren Lebensumständen und der Familie. So schrieb Lore G. an ihren Mann Hermann:

»Ich wünsche eine klare Stellungnahme von Dir. Überhaupt kannst Du mir ab und zu ruhig mal einen Brief schreiben, der nicht für ›jedermann‹ zu lesen ist. Sonst sieht es immer so aus, als ob Du Dich um meine Sorgen nicht kümmern willst. Auf der anderen Seite schreibst Du mir auch nicht Deine unangenehmen Angelegenheiten. Ich gebe zu, Du kommst ohne mich gut aus, ich brauch Dich eben!! Oder soll ich auch selbständig werden??«[1185]

Mitunter reagierten Soldaten sehr sensibel auf derlei Kritik und Aufforderungen zu mehr Anteilnahme. Viele argumentierten mit der eigenen Kriegsbelastung. Bernhard S. etwa antwortete auf eine Beschwerde seiner Verlobten: »Du schreibst ein paar Tage vorher, ich solle nicht immer vom Kriege schreiben, sondern auch mal an unsere Zukunft denken. Zu gerne! Aber Mädchen, stelle Dich hier mal hin. Dann vergehen Dir alle anderen Gedanken. Ich muß mich auch zum Briefeschreiben förmlich zwingen.«[1186]

Die Lehrerin Ruth W. wandte sich verzweifelt an ihren Verlobten Otto S., als ihr Bruder Anfang 1944 seinen Jahresurlaub von der Krim bekommen hatte und sie ihn kaum wiedererkannte. Sie sorgte sich, weil er in den ersten sieben Tagen seiner Anwesenheit vor lauter Erschöpfung Fieber bekam, die Tage fast vollständig verschlief und nur hin und wieder aufstand, um etwas zu essen. Ihr Bruder habe sich sehr verändert und sei ihr fremd geworden – auch als es ihm wieder besser ging.[1187] Es ist charakteristisch, dass Ruth W. die Entfremdung nicht persönlich mit ihrem Bruder besprach. Vielmehr signalisierte sie ihrem Verlobten, sie könne aufgrund der Erfahrung nun nachvollziehen, wie es auch ihm erging. Der Eindruck ihres Bruders ließ sie nicht mehr los. Treffend drückte sie in ihrem Tagebuch aus, was viele Soldatenfrauen fühlten: »Es ist schwer, die innere Stellung eines Frontsoldaten zu erahnen. ›Wanderer zwischen beiden Welten‹. Frau will ›Lebensgefährtin‹ sein.«[1188] Wie andere Schreiber und Schreiberinnen wechselte auch sie – wohl unbewusst – in die dritte Person, wenn sie mit Situationen konfrontiert war, die ihre Vorstellungskraft an eine Grenze führten und heikle zwischenmenschliche Emotionen berührten. Die Ratlosigkeit verleitete dazu, rasch zu Beschreibungen des eigenen Alltags wie eigener Herausforderungen überzugehen. So auch, als Otto nach einer Ver-

---

1185 DTA, Serie 1462, Brief von Lore an Hermann G. vom 3.4.1941.
1186 DTA, Serie 2033, Brief von Bernhard an Gerda S. vom 11.4.1942.
1187 Vgl. DTA, Serie 2172/1, Brief von Ruth W. an Otto S. vom 19.1.1944.
1188 Ebenda, Tagebucheintrag von Ruth W. vom 3.2.1944.

wundung in einem Lazarett in Königsberg lag und der erwartete Genesungsurlaub wegen einer Quarantäne gestrichen wurde:

»Das ist viel für den lieben Otto, der schon versuchte, ohne Stock durch die Gegend zu spazieren. Aber ich kann gut reden. So lange wie Du musste ich noch nie im Bettchen liegen. Statt ›eingesperrt‹ zu sein, würdest Du vielleicht lieber ›Fräulein Lehrerin‹ vertreten, die jetzt 86 Kinder im ersten Schuljahr und einige andere Klassen unterrichten darf [...]. Dir muss es noch schwerer sein als mir, denn Du hast Zeit, Dir alles schön auszudenken. Dazu komme ich glücklicherweise wenigstens in den 5 buntesten Vormittagsstunden nicht [...].«[1189]

Anna C. wiederum kritisierte, wie einsilbig viele Soldaten nach Hause schrieben. Ihr fiel der Gedanke schwer, dass einigen militärische Auszeichnungen womöglich wichtiger waren, als so schnell wie möglich zur Familie zurückzukehren: »Karli wenn man von den anderen hört was sie schreiben, alle schreibt Ihr das selbe, ihr wollt nicht früher heim bis nicht der Krieg aus ist [...].«[1190]

Viele Paare entwickelten jedoch Strategien, sich über die Distanz zu unterstützen. Sie sandten sich Pakete mit Liebesgaben und kleine Aufmerksamkeiten. Oft beruhigte es die Adressaten schon, wenn ihr Gegenüber glaubhaft Interesse ausdrückte oder Hilfe während des Wiedersehens in Aussicht stellte. Anteilnahme an der einen Stelle – etwa wegen der Härten der Luftangriffe – wog andernorts verspürtes Desinteresse mitunter auf.[1191] Regelmäßig ermahnten Männer ihre überlasteten Frauen, sich zu schonen oder genügend zu essen – und diese quittierten es mit Wohlwollen. Hermann G. »requirierte« als Leutnant einer Panzerdivision gar eine Ostarbeiterin als Haushaltshilfe für seine erschöpfte Frau Lore.[1192] Otto B.s Frau honorierte sein Bedauern, weil sie ihre Wohnung nicht zusammen einrichten konnten[1193], ebenso wie sich die Frau von Rudi D. darauf freute, sich während seiner Anwesenheit zu »entspannen« und zu »schonen«, weil sie »immer so viel arbeite.«[1194] Auch Hans N. fand im Dauerkonflikt mit seiner Frau Friedl, der sich um die Erziehung seiner leiblichen, aber ihrer Stiefkinder drehte, die ersehnten einfühlsamen Worte:

1189 Ebenda, Briefe von Ruth W. an Otto S. vom 23.4. und 25.5.1944.
1190 SFN Wien, NL 57, Brief von Anna an Karl C. vom 2.7.1940.
1191 Vgl. MSPT, Serie 3.2002.7404, Brief von Lutz R. vom 2.2.1945; ferner Reddemann, Briefwechsel, Briefe von Albert Neuhaus vom 3. und 21.7.1940, vom 17.6. und vom 20.8.1943.
1192 Vgl. DTA, Serie 1462, Briefe von Hermann an Lore G. vom 29.6., 28.8. und 18.12.1940, vom 7.9., 1.8. und 1.10.1942.
1193 Vgl. IfZ-Archiv, ED 554, Brief von Otto an Lotte B. vom 17.4.1942.
1194 IfZ-Archiv, ED 545, Brief von Rudi D. vom 6.7.1940; vgl. auch SFN, NL 190, Brief von Fritz an Maria W. vom 30.9.1941.

»Ich weiß ja, dass du es wirklich nicht leicht hast. Aber gerade das Bewusstsein, in Dir einen so tüchtigen und um die Buben besorgten Menschen, als meine Frau zu haben, stärkt ja auch mich und mehrt meine Liebe und Verbundenheit mit Dir, immer mehr. [...] So sehr aber auch die Sehnsucht oft auf meinem Gemüt lastet, so möchte ich ohne diese Sehnsucht doch nicht sein, solange ich von Dir fern bin. Das Wiedersehen aber, der glückliche Augenblick, und die vielen glücklichen folgenden Stunden, die mit diesem Augenblick zusammenfließen, wären sie denn da, wenn diese Sehnsucht, dieses Verlangen nacheinander, nicht auch da wäre?«[1195]

Gesten der Anteilnahme und gegenseitige Ermutigungen zum Durchhalten liefern zum Teil Aufschluss darüber, inwieweit nationalsozialistische Sichtweisen die persönlichen Wertvorstellungen der Schreiber inzwischen durchdrangen. Viele übertrugen die Idee des Volkes als Kampfgemeinschaft unreflektiert auf die eigene Familie – rassistisch konnotierte In- und Exklusionsmechanismen eingeschlossen. Hermann und Lore G. hatten die Überzeugung von der eigenen arischen Überlegenheit tief in ihren Alltag integriert. Mit egoistischer Selbstverständlichkeit bemühten sie sich um besagte Ostarbeiterin als Haushaltshilfe, für die dahinterstehenden Schicksale interessierten sie sich nicht.[1196]

Das Mitgefühl der Soldaten gegenüber dem Los ihrer Angehörigen – und umgekehrt – war letztlich ein Faktor, der das NS-Regime stabilisierte.[1197] Noch in der Gefangenschaft ließ die Sorge um ihre Familien die Kämpfer nicht los. Der Infanterie-Obergefreite Erich R. thematisierte mit seinem Zellengenossen die Doppelbelastung der Frauen an der Heimatfront durch die Übernahme neuer Aufgaben:

»R. [...] die Frauen konnten doch nicht einfach sagen, ›wir ziehen mit den Kindern aufs Land und ihr seht, wie ihr fertig werdet. Ihr muesst arbeiten jeden Tag und seht zu wie ihr Euer Essen kocht‹, die Frau muss eben dableiben wo der Mann auch ist, – die brauchen ja arbeiten, die Frauen, die haben Kinder und ihre Sorgen. Z. Muss eine Frau in Deutschland ohne Kinder arbeiten? R. Ja, selbstverstaendlich, Z. Was wird mit der Frau gemacht, wenn sie [...]? R. Die wird gezwungen, die bekommt keinen Pfennig Geld, wenn die Geld auf der Sparkasse haben, wird Guthaben gesperrt.«[1198]

1195 MSPT, Serie, 3.2002.7283, Brief von Hans an Friedl N. vom 26.8.1940.
1196 Vgl. Harvey, Housework, S. 115-131.
1197 Vgl. Frevert, Vergängliche Gefühle, S. 47-54.
1198 NARA, RG 165, Entry 179, Box 534 (1) 479, Room Conversation Erich R. 340682700, 9.6.1944.

Selbst in Verhören drückten die Soldaten ihren Missmut über die Lage der Frauen aus. Der Obergefreite Johannes R. erkannte einen funktionalen Zusammenhang zwischen der Aufgabe der Soldaten als Beschützer, der »Kraft-durch-Furcht-Propaganda« des Regimes und der Zerstörung bürgerlicher Familienstrukturen durch die Kriegsbelastung:

> »3. Home Front Morale: »The Morale of the home front people in May 1943 when he was last home was not so good. Stated that the fear of Bolshevism haunted Germany and was the only thing that kept the German people supporting the Army, bearing the burdens of war and keeping them behind the army. [...] Employment of women of the better class in factories is not accepted with favor by them as it destroys the family life so well loved throughout Germany and that women were requested to work in factories and still raise children and maintain homes.«[1199]

Der Stabsgefreite Hermann H. erweiterte dies um eigene Anschauungen des Luftkriegs in der Heimat:

> »While P/W was home on furlough, in December 1942, there was an air raid on each of the 17 days that he was at home and to him these were worse than the worst barrages he ever went through on the Russian front or any other, for that matter. There were hardly any men in his home town at the time, and women and children would not even stay any more in the basement of their house for fear of being buried alive. They would run, screaming and panic-stricken through the streets.«[1200]

Ebenso stieß die Entfremdung der Soldaten vom Zivilleben nicht zwangsläufig auf das Unverständnis der Heimatbevölkerung. Viele Frauen brachten Verständnis für ihre Belange auf und halfen ihnen dabei, den gedanklichen Sprung zwischen den beiden Welten zu bewerkstelligen. Im Dezember 1941 betonte Annemarie H. gegenüber Alfred H., in den sie sich während seines Fronturlaubs verliebt hatte, sie habe manchmal durch seine Briefe die »Müdigkeit und Gleichgültigkeit gespürt«. Dies interpretierte sie allerdings nicht als Desinteresse an ihr, sondern bezog es richtigerweise auf seine Einsatzerlebnisse. Deswegen versuchte sie in ihren Briefen »besonders lieb« zu ihm zu sein.[1201] Über einen gemeinsamen Bekannten schrieb sie, als sie erfahren hatte, dass dieser wieder zu Alfreds Einheit aufgebrochen war: »Er muss ja nach seinem

---

1199 NARA, RG 165, Entry 179, (NND 150/22), Morale Report on PW Johannes R., 81G-230671, 1.4.1944.
1200 NARA, RG 165, Entry 179, (NND 750/22), Morale Report on Hermann H., 9.2.1944.
1201 Vgl. DTA, Serie 1818 (II), Brief von Annemarie (t.) H. an Alfred H. vom 4.5.1941.

langen Heimataufenthalt Euch wie ein Bote aus einer anderen Welt sein.«[1202] Mit dieser Anspielung näherte sie sich ziemlich stark der Selbstwahrnehmung der Kämpfer an und drückte aus, dass sie sich zumindest ansatzweise in deren Lage versetzen konnte. Das ehrliche und vor allem offene Eingeständnis, ihr sei dies nur begrenzt möglich, erhöhte ihre Glaubwürdigkeit: »Ich kann mir vorstellen, wie elend Dir manchmal zumute ist. Wenn man sich nur mal richtig aussprechen könnte […]. ›Geistig weggetreten‹ ist wirklich treffend, wenigstens für euch. […] Manchmal überlege ich, daß es nach Beendigung des Krieges einmal nicht leicht für euch sein wird, wieder ins Zivilleben zurückzufinden. […] Du hast ja jetzt schon selbst das Gefühl, Zeitlebens ein Wanderer und Soldat bleiben zu müssen.«[1203] Auch wenn sich dieses Paar nie wieder zu Gesicht bekam, so handelte es sich bei dieser Form der Kommunikation um eine weit verbreitete Strategie, mit der Schreiber während des Krieges das bevorstehende Wiedersehen positiv beeinflussten. Indem sie immer wieder suggerierten, sie rechneten während des Fronturlaubs nicht nur mit auftretender Apathie oder anderen Folgen des Einsatzes, sondern würden dem mit Wohlwollen und Verständnis begegnen, erleichterten sie den Soldaten die innere Heimkehr.

Die Leistung der Frauen bestand darin, den Männern zu bestätigen, dass Entfremdung kein unumkehrbarer Prozess war und dass sie dennoch einen Platz hatten, an den sie zurückkehren konnten. Dies setzte die Bereitschaft voraus, gewisse Schwierigkeiten vorübergehend zu akzeptieren. Ebenso, die eigenen Sehnsüchte an der Situation der Soldaten auszurichten und hinzunehmen, dass momentan einzig Überleben und »Durchkommen« zählten. Viele dieser Facetten finden sich in den Briefen von Hilde K., die sie im Laufe des Krieges an ihren Mann Karl schrieb. Nach einem Urlaub betonte sie: »Ja, Vati, so habe ich einmal so richtig erlebt, was für Dich das Soldatsein und für uns alle der Krieg bedeutet. Umso mehr muß ich staunen, daß Du keinen Schaden an Deiner Seele nimmst, daß Du im Gegenteil immer gütiger und strahlender daraus hervorgehst. Wie mich das beglückt, kann ich gar nicht sagen.«[1204] Hilde K. stellte ihre Sehnsucht zurück und formulierte den Wunsch nach einem Wiedersehen bewusst dezent. Ihr Mann sollte spüren, dass sie Verständnis für die Strapazen seiner Urlaubsreise hatte und dass sie bereit war, auf eine günstige Gelegenheit zu warten: »Wenn Du es gesundheitlich durchhältst bis September, ist es sicher am besten, Du kommst erst dann auf Urlaub. Dann hast Du wenigstens nicht zweimal diesen scheußlichen Klimawechsel. Wenn Du dann im Oktober wieder auf Kreta bist, ist es dort dann schon wieder kühler.«[1205] Hilde K. war gar

1202 Vgl. ebenda, Brief vom 10.12.1941.
1203 Vgl. ebenda, Brief vom 4.1.1942.
1204 MSPT, Serie 3.2002.8610, Brief von Hilde an Karl K. vom 30.9.1941.
1205 Ebenda, Brief von Hilde K. vom 3.8.1942.

schockiert darüber, wenn Freundinnen aus ihrem Bekanntenkreis die Einsatzleistungen der Soldaten samt entsprechender Begleiterscheinungen ignorierten:
»Sonnabend hatten wir nachmittags ein Treffen vom alten Hausfrauenkursus. Es waren fast alle da und es war recht vergnügt. [...] Frau M[.] [übrigens ein scheußlicher Pharisäer im Grunde genommen] erzählte von einer befreundeten Familie [unter dem Motto: was soll das bloß werden, wenn die Männer sich nach dem Kriege wieder an ein normales Leben gewöhnen sollen!], daß der junge Ehemann im Urlaub seine Füße auf den Rauchtisch gelegt und soviel Butter aufs Brot gestrichen hätte usw., und sie platzte dabei fast vor Entrüstung. Da brach die kleine H[.] aber los:»Ich würde so froh sein, wenn mein Mann heil aus dem Kriege käme – und meine Butter könnte er dann auch gern mit aufessen!« Da mußte ich nur aus vollstem Herzen zustimmen. Was die Leute manchmal für Sorgen haben.«[1206]

Die Beispiele bezeugen die unterschiedliche Sozialisation an der Front und in der Heimat. Jeweils bestimmte ein breites Spektrum an Faktoren die wechselseitige Wahrnehmung. Dies konnte die Erwartungen aneinander in verschiedene Richtungen treiben, das Verständnis füreinander lockern und so ungünstige Ausgangsbedingungen für den Fronturlaub schaffen. Überhaupt waren die Wünsche an das Wiedersehen sehr hochgesteckt, und insbesondere die Soldaten idealisierten die Heimat und die Angehörigen aus der Ferne. Dennoch trafen die Parteien in der Regel nicht unvorbereitet oder gar blauäugig aufeinander. Soldaten wie Heimatangehörige entwickelten sehr dezidierte Vorstellungen von den Herausforderungen, die im Heimaturlaub lauerten. Ebenso von den Befürchtungen und Erwartungen des Gegenübers; selbst wenn vieles nur andeutungsweise zwischen den Zeilen der Briefe herausklang. Weiteren Aufschluss liefert die Betrachtung konkreter Imaginationen im Vorfeld von Fronturlauben. Da die Ansprüche des Regimes die privaten Erwartungen beeinflussten, werden zunächst diese in den Blick genommen.

2. Ansprüche und Verheißungen des Regimes

Die Zugriffsversuche und Ansprüche des Regimes dienen als Kontrastfolie, um die soziale Praxis der Akteure während des Fronturlaubs zwischen nationalsozialistischer Norm und devianten Werthaltungen zu verorten.[1207] Zugleich

---
1206 Ebenda, Brief von Hilde K. vom 17.11.1942.
1207 Da sich die Werthaltungen der Akteure neben Erklärungsmustern und Sinngebungsstrategien über die Semantik identifizieren lassen, sei in diesem Kontext auf die Überlegungen von Klaus Latzel zur Bedeutung des Vorrats an sozialem Vorwissen und die

sind Rückschlüsse über den Erfolg des NS-Staates möglich, persönliche und familiäre Verhaltensweisen zu steuern – sei es durch die Propaganda, sozialen Druck oder gesetzliche Rahmengebung. Zum einen sollten die Akteure im Fronturlaub Kraft schöpfen. Zum anderen ging es den Nationalsozialisten um Kompensation der Kriegsverluste. Beide Aspekte standen in einem engen Wirkungszusammenhang und verweisen auf die instrumentelle Funktion von Familie: Individuelle Zugeständnisse dienten dem Zusammenhalt der Kriegsgesellschaft und der Bevölkerungspolitik. Appelle und Maßnahmen sowie die generelle Bereitschaft des Regimes, während des Fronturlaubs in das Privatleben seiner Volksgenossen einzugreifen, folgten dieser doppelten Logik.

Zudem sind Nuancierungen auszumachen, je nachdem, ob verheiratete oder unverheiratete Soldaten adressiert wurden. Bei bestehenden Ehen instrumentalisierte das Regime den Fronturlaub eher anhand seiner Brückenfunktion: Wohlstandsversprechen, bald bescheidener das Überleben der Familie, bildeten zusammen mit der Erinnerung an die gemeinsame Vergangenheit den Anreiz für weitere Einsatzbereitschaft. Bei den Ledigen waren die Voraussetzungen anders gelagert. Hier fehlte naturgemäß der retrospektive Bezugspunkt, oder er war zumindest anders gelagert.[1208] Insgesamt deckten sich die Vorstellungen von Staat und Bürgern in vielen Bereichen: Die Wertschätzung von Rückzugsräumen oder die Sehnsucht nach der Heimat bedurften keiner großen propagandistischen Aufbereitung.

a. Familie als Kraftquell der Kampfmoral

Im August 1943 setzte sich die Soldatenzeitung *Mitteilungen für die Truppe* mit dem Qualitätsverlust von Heimataufenthalten auseinander, den viele Soldaten inzwischen beklagten. In dem Artikel »Auf Urlaub an der Wende vom vierten zum fünften Kriegsjahr« argumentierte sie, Deutschland leide an »charakterlicher Blutarmut«, da in vielen Familien die Väter oder die Söhne fehlten. Aus diesem Grund müssten ab jetzt die Soldaten den Angehörigen Mut schenken, so wie diese den Fronturlaubern »Kraft und Zuversicht« in der ersten Kriegszeit

---

individuelle Aneignung des Krieges verwiesen, vgl. Latzel, Soldaten, S. 91-95; ebenso: Frevert, Vergängliche Gefühle, S. 45 f.
1208 Rund zwei Drittel aller Wehrmachtangehörigen waren zum Zeitpunkt des Überfalls auf Polen noch ledig. Dieser Wert sank trotz der Einführung der Kriegsheirat und Änderungen in der Altersstruktur der Wehrmacht in den folgenden Jahren nur unwesentlich ab, vgl. Rass, Sozialprofil, S. 682 f.

gespendet haben.¹²⁰⁹ Hierin kam abermals die wechselseitige Abhängigkeit von Front und Heimat zum Ausdruck, wobei Kriegsgeschehen, Stimmungsbarometer und Informationsfluss darüber entschieden, welche Seite gerade mehr moralischer Fürsprache durch die andere bedurfte.¹²¹⁰ Die angedeutete Neujustierung vollzog sich im Großen linear, bei genauerem Hinsehen jedoch mit kurzfristigen Schwankungen. Diese zwangen die politische Führung immer wieder zu scheinbar gegenteiligen Stellungnahmen.¹²¹¹ Konstant blieb demgegenüber die Idee des Fronturlaubs als Kraftquell. In manchen Bereichen passte das Regime seine Erwartungen an Frauen und Männer an, andernorts beharrte es stur auf seinen Vorstellungen. Vor Verlassen der Truppe wurde jeder Soldat eigens darauf hingewiesen, dass es zu seinen Pflichten gehörte, selbst »im Urlaub mit Siegen« zu helfen, indem er »Angehörige mit sachlichen einfachen Erzählungen aufrichte[te]« oder das »stille Heldentum der Mütter« würdigte.¹²¹²

Gewiss sollten Frauen wie Männer gleichermaßen Mut aus dem Fronturlaub schöpfen. Die Erwartungen der NSDAP an den Einzelnen orientierten sich trotz der sozialen Veränderungen, die der Krieg mit sich brachte, überwiegend an tradierten Geschlechtervorstellungen.¹²¹³ Die ungleiche Verteilung der Aufgabenlast folgte zunächst der klassischen Abgrenzung einer männlich-öffentlichen und einer weiblich-häuslichen Sphäre.¹²¹⁴ Die Wiederherstellung der soldatischen Kampfkraft hatte lange Zeit Vorrang. Von den Frauen verlangte die Partei, die männliche Pflicht zur Erholung nach besten Kräften zu unterstützen. Mitunter bedeutete das – ähnlich wie für die Soldaten – die vorübergehende Rückkehr in mittlerweile ungewohnte Lebensumstände. Beispielsweise von Fabrikarbeit zurück in die Position der umsorgenden Hausfrau.

1209 Vgl. BArch-MA, RW 4/v-357, Soldatenzeitung *Mitteilungen für die Truppe*, Artikel »Auf Urlaub an der Wende vom vierten zum fünften Kriegsjahr« vom August 1943.
1210 Vgl. Simmel, Treue und Dankbarkeit, S. 652-659.
1211 Vgl. Rosenwein, Emotional Communities, S. 25 f.
1212 Vgl. BArch-MA, RW 4/v-357, Soldatenzeitung *Mitteilungen für die Truppe*, Artikel »Zehn Gebote für Fronturlauber« vom August 1943; entsprechende Gebote und Merkblätter für das Verhalten der Soldaten, sowohl in der Öffentlichkeit der Heimat als auch gegenüber Angehörigen, wurden den Urlaubern in der Regel von ihren Einheitsführern oder nach Ankunft von den Standortältesten bzw. den Wehrmeldeämtern zum Einlegen in das Soldbuch ausgehändigt, vgl. BArch-MA, RW 17/83, Anweisung des Wehrmeldeamtes Siegen vom 1.7.1941; BArch-MA, RW 17/108, Anordnung des Standortältesten Wesel vom August 1943; BArch, RS 4/69, Anordnung des RFSS zur Ausgabe von Merkblättern an Urlauber der Waffen-SS vom März 1940.
1213 Zu faschistischen Frauenbildern vgl. Reichardt, Theweleits Männerfantasien, S. 401-421.
1214 Vgl. Bobbio, Democracy, S. 9 f.; Meier-Gräwe, Familie, S. 127-130; Frevert, Geschlechterordnung, S. 147 f.; Streubel, Deutsche Treue, S. 190 f.

Auch im Haushalt konnte die Anwesenheit des Mannes als Einschnitt inzwischen erreichter Autonomie empfunden werden. Je mehr sich der Fronturlaub jedoch vom überwiegend materiellen und sinnlichen Kompensations- und Erholungsraum zum Ort der seelischen und emotionalen Erneuerung wandelte, umso stärker wurde dieses althergebrachte Schema durchbrochen.[1215] In zunehmendem Maße wies das Regime die Heimkehrer an, ebenso Mitgefühl für die Härten und die Psyche ihrer Angehörigen zu zeigen. Der folgende Blick auf parteiinterne Dienstanweisungen und Zeitungsartikel vermittelt einen Eindruck davon, wie sich die geschlechtsspezifischen Erwartungen im Kontext des Fronturlaubs veränderten.

Bereits im Dezember 1940 ermöglichte Reichsarbeitsminister Franz Seldte, dass sich werktätige Ehefrauen bei Wehrmachtsurlaub des Mannes bis zu 18 Tage von der Arbeit freistellen lassen konnten: gegen Entgelt, sofern sie ihren Jahresurlaub noch nicht verbraucht hatten, andernfalls unentgeltlich.[1216] Weil dies nicht alle Vorgesetzten beachteten, erklärte die Spitze der NSDAP im darauffolgenden Mai erneut die Wichtigkeit dieser Freistellungen. Lokale Parteivertreter wies sie an, notfalls handlungssteuernd in den Betrieben einzugreifen. Die Gauobmänner der Deutschen Arbeitsfront führten aus: »Es wird Aufgabe der einzelnen Fachgruppenwalterin sein, bei den Hausfrauen das Verständnis dafür zu wecken, daß dieser Urlaub in erster Linie als Anerkennung und Dank der Heimat für den heimkommenden Soldaten zu betrachten ist. Ihm soll durch die Freistellung seiner Ehefrau der Heimaturlaub zum ungestörten Erholungsurlaub werden.«[1217] Anweisungen von Hauptpersonalamt und Hauptschulungsamt der NSDAP verraten die dahinterstehenden Absichten: Der Urlauber habe ein Anrecht darauf, das kurze Wiedersehen »so beglückend wie möglich« zu erleben. Schließlich hatten die Soldaten in den vielen einsamen Stunden an und hinter der Front immer wieder ihre »Hoffnungen und Wünsche um diese wenigen Tage kreisen« lassen und alles in sie hineingelegt, was sie an »persönlichem Glück für die große Sache« entbehrten. Es sei nur recht und billig, dass jeder Soldat aus dem Urlaub »Kraft« mitnahm, um weiterhin »für diese geliebte Heimat und seine Angehörigen Schweres zu ertragen und vielleicht [sein] Leben hinzugeben.«[1218] Dies führte zu folgender Feststellung:

1215 Vgl. hierzu u. a. Kapitel II. 2.
1216 Vgl. SuStb Augsburg, 4 A 64 -7, *Der politische Soldat*. Verordnungsblatt der NSDAP, Gau Schwaben, Mitteilung des Gauobmanns der DAF vom 15.5.1941, Heft 10, Seite 29, Blatt 19.
1217 Ebenda
1218 Vgl. IfZ-Archiv, 11/Db 008.001, *Der Hoheitsträger*, Verkündungsblatt für das Hauptstabsamt, das Hauptpersonalamt und das Hauptschulungsamt der NSDAP, Ausgabe VII/VIII 1942, Artikel »Die Betreuung des Urlaubers«.

»Der Urlaub dient dem privaten Glück der Soldaten. Damit ist schon gesagt, daß alle Hilfeleistung der Organisationen nur dazu sein kann, ihm und seinen Angehörigen möglichst viel Zeit für sein [!] Privatleben zu verschaffen.«[1219] Der Semantikfehler könnte nicht treffender platziert sein. In der Tat waren viele Zugeständnisse an die Angehörigen notwendiges Beiwerk für das »Glück« der Fronturlauber. Dies galt beispielsweise für das bereits erwähnte »Schlangestehen« der Frauen beim Einkaufen. »Stimmungsmäßig« wurde es als eine der »schwersten Kriegsbelastungen« gesehen. Ausschlaggebend war aber, dass »die Angehörigen des Urlaubers sich ihm genügend widmen« konnten.[1220] Die qualitativ gestaffelte Vergütung von Kriegsleistungen setzte sich im häuslichen Bereich und im ehelichen Verhältnis fort. Örtliche Parteivertreter mussten sicherstellen, dass die »Einzelerfahrungen« von Urlaubern, etwa auf Wirtschaftsämtern, mit der Nachbarschaft oder der Ortsgruppe, positiv ausfielen, damit sie die Zeit unbeschwert mit ihren Familien verbringen konnten. Für Rauchwaren, Lebensmittelmarken oder die nötigen Anmeldemodalitäten sollten sie möglichst »wenige Wege« zurücklegen müssen. Die NS-Frauenschaft übernahm die Kinderbetreuung, »damit die Eltern unbesorgt auch einmal aus dem Hause« konnten, falls sie ins Theater gehen oder Verwandte besuchen« wollten. Daneben veranstaltete sie Begrüßungsfeiern mit Kindergruppen oder Gemeinschaftsabende.[1221]

Besonders deutlich kommt das geschlechtlich hierarchisierte Erleben von Privatheit während des Krieges[1222] an der beabsichtigten »[h]altungsmäßige[n] Ausrichtung der Urlauberfrauen« zum Ausdruck, das ebenfalls in den Aufgabenbereich der NS-Frauenschaft fiel. Sie sollte »alle Frauen zu einer richtigen Einstellung und Haltung dem Urlauber gegenüber führen.« Dazu zählte, den Soldaten nicht mit belanglosen Alltagssorgen zu überfallen, ihm »nicht das Herz mit Klagen schwer« zu machen, sondern mit frohem Mut aufzutreten. Selbstverständlich sollte Raum sein, »ernste, entscheidende Fragen« mit dem Urlauber zu besprechen, jedoch war eine »Belästigung mit dem Kleinkram des Alltags« und mit Dingen, mit denen die Frauen allein fertig würden, unbedingt zu vermeiden. Über die Ausgestaltung der gemeinsamen Zeit bestimmten die Soldaten demnach im Wesentlichen allein: »Der Urlauber soll die freien Tage ganz so verbringen, wie er es sich selbst wünscht: Kein allzu ausgefülltes Programm mit vielen Verwandtenbesuchen, Ruhe, wenn sie nötig ist, aber auch keine Eifersucht der Frau, wenn der Mann einmal zu seinen Arbeitskamera-

1219 Ebenda.
1220 Vgl. ebenda.
1221 Vgl. ebenda.
1222 Vgl. Frevert, Gefühle, S. 58-61.

den, an den Stammtisch usw. gehen will.«[1223] Und weil der letzte Eindruck der entscheidende war, durfte die Frau beim Abschied auch nicht »haltlos in ihrem Schmerz« sein. Vielmehr musste sie dem Mann zeigen, dass er sich nicht zu sorgen brauche.[1224] Die bisher genannten Anweisungen konzentrierten sich vornehmlich auf die Rahmenbedingungen häuslichen Lebens. Artikel und Appelle gingen deutlich weiter: Auf der Basis bekannter wie antizipierter Entfremdungserfahrungen thematisierten sie Beziehungen unmittelbar. Sie gaben Anleitungen für ein besseres wechselseitiges Verständnis. Erneut adressierten sie in erster Linie die Frauen, sich richtig zu verhalten und Rücksicht zu nehmen. Die Soldaten sollten hingegen – eher passiv – Kraft und Zuversicht durch die emotionale Arbeit ihrer Partner empfangen.[1225] Die Gau- und Soldatenzeitung *Front und Heimat* schrieb im Juli/August 1942 »Über den Umgang mit Urlaubern«:

> »Natürlich, wie immer im Leben kann [...] die Wirklichkeit Enttäuschungen bringen [...]. Da kommt nun ein Mann von der Front, der [...] oft so nahe am Tode gewesen ist, daß er für sein Leben keinen Heller mehr gegeben hätte. [...] Es wäre [...] oberflächlich zu denken, daß dieser Soldat [...] sich schnell wieder zurückverwandelte in den, der er einmal gewesen ist [...]. Zu den Sorgen hier hat er kein rechtes Verhältnis mehr [...]. Ein neuer Mensch tritt uns da entgegen, den man wieder neu kennenlernen muß. Ein Mensch, der sich fremd vorkommt, der eine unmerkliche Kluft [...] überwinden muß. Niemand kann ihm dabei so gut helfen wie die Frau [...], die Mutter, die Schwester, das befreundete Mädchen. [...] Die liebende Frau muß [...] wissen, daß jeder Soldat [...] nur mit der einen Hälfte seines Ichs vorhanden ist, die andere bleibt draußen bei seinen Männern [...]. Sie muß ihr eigenes Selbst [...] zurückstellen, denn schließlich ist der Urlaub ein Born, aus dem gerade die psychischen Reserven neu aufgefüllt werden sollen.«[1226]

Die Passage erkannte an, dass sich ein wichtiger Teil der verbliebenen privaten Sehnsüchte ausschließlich auf den Fronturlaub konzentrierte. Erwiesen sich diese Erwartungen als zu hochgesteckt, verband das NS-Regime damit schon

---

1223 Vgl. IfZ-Archiv, 11/Db 008.001, *Der Hoheitsträger*, Verkündungsblatt für das Hauptstabsamt, das Hauptpersonalamt und das Hauptschulungsamt der NSDAP, Ausgabe VII/VIII 1942, Artikel »Die Betreuung des Urlaubers«.
1224 Vgl. ebenda.
1225 Vgl. Streubel, Deutsche Treue, S. 203-210; Frevert, Gefühle, S. 52-55.
1226 SuStB Augsburg, Gs 2958 -42/60, *Front und Heimat*, Artikel »Über den Umgang mit Urlaubern« von Ursula Kardorff, Ausgabe Nr. 53 vom 28.7.1942.

eine Bedrohung.[1227] Große Kraft kostete den Soldaten die Überwindung der »unmerklichen Kluft, die zwischen seinem Front- und Heimatdasein« lag. Es war Aufgabe der Frau, bei dieser Transformation zu helfen, weil das »weibliche Wesen zum entgegengesetzten Pol« der männlichen »Kriegsexistenz« deklariert wurde. Das Regime dachte den Frauen zu, in die »zartesten, seelischen Bezirke« ihrer Männer vorzudringen. Sie sollten »erfreuen, anregen und ausgleichen«, zugleich »mit Fingerspitzengefühl erspüren«, wann der Soldat »allein gelassen sein will und wann er ihre Nähe braucht.«[1228] Ebenso durften sie ihn nicht drängen, vom Krieg zu erzählen. Es galt vielmehr, seine »harmonische Schweigsamkeit« zu würdigen: »Dies nun wieder ist die ganz besondere Domäne der Frauen, die mit behutsamem Takt, mit menschlicher Wärme herausfühlen können, was man mit solch einem Menschen, der doch der Mittelpunkt sein sollte, [...] eigentlich reden kann.« Wollte er das nicht, waren »Klugheit, Wärme, Verständnis und Güte« gefragt.[1229]

Den Kontrapunkt bildeten die Erfahrungen und Erwartungen der Soldaten.[1230] Die Gefahr ambivalenten Familienerlebens im Urlaub fand mitunter im Vergleich mit einem »Spähtrupp« ihren Ausdruck. An dessen Ende stand der Rapport. Alles bemaß sich daran, ob »schöne, glückliche, unbeschwerte Tage in der Heimat« dazu beitrugen, dass der »Urlauber, wenn er von fernem ›Spähtrupp in die Heimat‹ zurückkehrt[e] an die Front, das beste mit[brachte], was er vom Urlaub mitbringen [konnte]: Vertrauen und Liebe.«[1231] Augenfälliger war der funktionale Wert häuslicher Harmonie für die Kampfmoral kaum auszudrücken. Die Hoheitsträger beobachteten zudem, ob aus den Fronteindrücken Dissonanzen gegenüber den Angehörigen erwuchsen, etwa wegen anhaltender Sorge um die Kameraden. Die Führung erachtete Kameradschaft neben dem Vertrauen zum Führer und der Bindung an Frau und Kinder als die »stärkste sittliche Kraft«, der sich die Soldaten »in erster Linie verantwortlich« fühlten.[1232] Ebenso warnte sie vor »verklärte[n]« Erwartungen, da der Urlauber

1227 Vgl. Febvre, Sensibilität und Geschichte, S. 317f.: Demnach stellt der emotionale Gleichklang innerhalb häuslicher Gemeinschaften die Voraussetzung für die Stabilität des Kollektivs dar; zur familiären Harmonie als Baustein der Volksgemeinschaft vgl. auch Simmel, Treue und Dankbarkeit, S. 652f.
1228 Vgl. ebenda.
1229 Vgl. ebenda.
1230 Zur Konvergenz von Fremd- und Eigenerwartung sowie zur Interaktionssteuerung wechselseitigen Erwartens vgl. Luhmann, Liebe, S. 21-23.
1231 Vgl. IfZ-Archiv, 11/Db 008.001, Ausgabe VII/VIII 1942, *Der Hoheitsträger*, Verkündungsblatt für das Hauptstabsamt, das Hauptpersonalamt und das Hauptschulungsamt der NSDAP, Artikel »Spähtrupp in die Heimat. Welche Aufgaben stellt uns der Fronturlauber?«.
1232 Vgl. ebenda.

sich die Rückkehr naturgemäß unter den Umständen vorstelle, wie er vor vielen Monaten aufgebrochen sei. Auch hier sah die Partei die Lösung in der Rücksichtnahme der Angehörigen: »Man kann nur überall [...] dafür sorgen, daß der Urlauber von draußen besser verstanden wird. Nicht er muß sich nach der Heimat richten, sondern die Heimat nach ihm [...].«[1233]
Die Medien und ihre Artikel, die in erster Linie für Soldaten bestimmt waren, zeichneten ihnen folglich oft ein Bild der Heimat, das einem Rastplatz der physischen und psychischen Erneuerung glich. Da sich die Kriegsfolgen jedoch nicht rundweg ausblenden ließen, fand sich dort bisweilen auch schonungsloser Realismus. Dies spitzte sich gelegentlich auf das Argument zu, die Trennung und die Härten des Krieges hätten die Soldaten und ihre Angehörigen erst zu richtiger Wertschätzung von privaten Bindungen, von Familie, Heim und Heimat geführt. In diesem Tenor beschrieb L. Strobel im November 1941 »seinen« Heimaturlaub in der Soldatenzeitung *Front und Heimat*. Zu diesem Zeitpunkt fand er noch eine Heimat »wie im tiefsten Frieden vor«. Er beobachtete die glücklich tobenden Schulkinder, und immer wieder griff er nach den Händen seiner »lieben Frau«, um sich zu vergewissern, »daß alles Wahrheit war«.[1234] Stolz stellte er fest, dass ihm sein 15-jähriger Junge langsam »über den Kopf« wuchs, was ihn daran erinnerte, dass er für eine bessere Zukunft der deutschen Jugend gerne wieder hinausziehen wolle. Die Quintessenz der Propaganda war die Notwendigkeit des Weiterkämpfens:

»Und das alles rundum ist mein: Die Frau, der blonde Junge, die Bücher, das Heim die Heimat. Und sie ist mir so viel heiliger geworden die Heimat in der langen Zeit der Trennung. [...] Fronturlaub! So schnell fliegen die Stunden. Aber sie geben Mut und Kraft für hundert und noch weitere Tage. Und sind auch schwere Wochen mit dabei, wir tragen sie gerne, weil ihr Mütter, Frauen, Bräute, weil du deutsche Jugend uns wieder soviel Glauben geschenkt hast.«[1235]

Die Möglichkeit zur Selbstvergewisserung über persönliche Bindungen war nicht nur Angebot, sondern auch Mahnung. Das Regime kontrastierte den gesteigerten Stellenwert des Privaten bewusst mit der Einsatzerfahrung. Es schürte private Verlustängste für den Fall einer Niederlage und wollte so die Kampfmoral anfachen. Sinngemäß machte Kriegsberichter Dr. K. Lenk einen »munteren Eindruck« auf alle Umstehenden, als es im Februar 1942 für ihn zurück in die »Schneewüsten des Ostens« ging. Schließlich hatte ihm und sei-

1233 Ebenda.
1234 Vgl. SuStB Augsburg, Gs 2958 -21/41, Soldatenzeitung *Front und Heimat*, Artikel »Fronturlaub« vom 6.11.1941.
1235 Ebenda.

nen Kameraden die Zeit »des Zusammenseins Kraftquellen« erschlossen. Aus dem »Vertrauen«, der Tapferkeit der Frauen und aus dem »Anteil des Herzens« der Heimat an ihrem Schicksal bezogen sie neuen Mut: »Ihre Haltung und ihr Glaube sind es, die uns Ansporn und Verpflichtung für schwere Tage sein werden.«[1236] Die *Soldatenblätter für Feier und Freizeit* überhöhten immer wieder die Heimat aus dem Blickwinkel der Ferne. Im August 1942 betonten sie, dass »Krieg und Fremde [...] den Soldaten in ein völlig neues Verhältnis zu seiner Heimat brachten«.[1237] Ein weiterer Protagonist kam im Mai 1943 erst nach langer Abwesenheit während eines Fronturlaubs zu der Erkenntnis: »Mein Gott, ist Deutschland schön.«[1238] In anderen Geschichten trugen die Kameraden die Heimat »in sich« und glaubten, diesen Begriff in voller Gänze nur wegen ihres Fronterlebens erfassen zu können. Es formte ihre Zukunftserwartung neu: »Hier draußen in der Fremde ist das Wörtchen, der Sinn ›Heimat‹ zu einer Religion geworden. Wenn ein Soldat an der Front dies kleine, helle Wort ausspricht, dann klingt es fast wie ein Gebet.«[1239] An diesem Punkt schloss sich der Gedankenkreis – die Soldaten verteidigten in der Ferne ihre eigenen Familien, die Besuche in der Heimat hielten diese Verpflichtung lebendig. Die Grabenzeitung *Die Front* fasste dies zusammen:

»Der deutsche Soldat hat den Krieg in das Land des Feindes getragen. [...] Er erkannte [...], dass sein eigenes Leben nicht mehr lebenswert sein würde, sollte er im Falle des Sieges des Gegners in die Heimat zurückkehren. [...] Er erlebt in diesem Augenblick die Identität von Volks- und Einzelschicksal. [...] Im Augenblick des Kriegsausbruchs erweist sich aber die Volksgemeinschaft als souverän über diese privaten Bezirke. [...] Aber all diese Gedanken entstehen nicht aus einer unbedingten Friedenssehnsucht; sie sind im Gegenteil Beweise für die Einsicht jedes Frontkämpfers, dass eben im Einsatz, im Erfolg, im Opfer, im Sieg erst die Voraussetzungen für die Verwirklichung ihrer stillen Freuden und Sehnsüchte geschaffen werden.«[1240]

1236 Vgl. BSB, 4 Z 42.27-1941/42, *Berliner Morgenpost*, Artikel »Abschied von der Heimat. Bilder und Gedanken bei der Ausreise zur Front« vom 14.2.1942.
1237 IfZ-Archiv, Da 033.015, *Soldatenblätter für Feier und Freizeit*, 3. Jahrgang 1942, Heft 8, Artikel »Unsere Heimat, S. 344 f.
1238 Vgl. ebenda, *Soldatenblätter für Feier und Freizeit*, 4. Jahrgang 1943, Heft 5, Artikel »Mein Gott ist Deutschland schön«, S. 206 f.
1239 Vgl. ebenda, *Soldatenblätter für Feier und Freizeit*, 4. Jahrgang 1943, Heft 6, Artikel »Wir tragen die Heimat in uns«, S. 250 f.
1240 BArch-MA, RHD 53/54 (2), Grabenzeitung *Die Front, Wochenzeitung der 18. Armee*, Ausgabe vom 11. Juli 1943, Artikel »Der Krieg als Verwandler« und »Soldaten in der Führung der Heimat«.

Die Entwicklungen an der Heimatfront zwangen das Regime allerdings dazu, die Propagandastrategie immer häufiger zu durchbrechen. Schon seit Mitte 1941 und noch stärker seit der folgenden Jahreswende rückten die bis dato dominierenden, harmonisch überzeichneten Darstellungen familiären Wiedersehens langsam in den Hintergrund. Parallel dazu beanspruchte die Mobilisierung persönlicher Kraftreserven, nun eben auch der Heimatangehörigen mit tatkräftiger Hilfe der Soldaten, nach und nach mehr Raum. Ebenso häuften sich Belehrungen über häusliche Probleme und geschlechtsspezifische Erwartungen in den Artikeln zum Fronturlaub, die immer öfter als Mahnung an die Männer gedacht waren: Sie forderten die Heimkehrer auf, Rücksicht auf die seelische Angespanntheit ihrer Verwandten zu nehmen, deren Erholungsbedürfnis zu unterstützen, nach besten Kräften bei allen Aufgaben des Alltags zu helfen und ihnen vor allem emotional beiseite zu stehen.

Mit einer konstruierten, aber durchaus verallgemeinerbaren Situation auf der Heimreise stimmte beispielsweise *Der Urlaubsschein*, das *Unterhaltungsblatt für Westurlauber*, die Soldaten auf zusehends heterogene Erfahrungen ein: Ein regulärer Urlauber, »zufrieden und glücklich«, mit den »schönsten Hoffnungen« und gewillt, die Zeit zu Hause »voll auszukosten«, saß neben einem Bombenurlauber, der die ganze Fahrt über trüben Gedanken nachhing und darüber grübelte, ob sein Heim noch vorhanden und seine Lieben überhaupt noch am Leben waren.[1241] Absichtlich stellte der Artikel die Identifikation des Lesers mit dem gewöhnlichen Urlauber über das »Du« her. Der Bombenurlauber, der unter seinem schweren Schicksal litt, erschien in der dritten Person. So wurden die Soldaten schonend mit den Lasten der Heimat und dem Gedanken vertraut gemacht, im Urlaub möglicherweise Einschränkungen zu erdulden. Die Suggestion persönlicher Betroffenheit wurde bewusst vermieden: »Für solche Kameraden hat das Wort Urlaub einen anderen Klang als für Dich, der Du meinethalben in einer kleinen Stadt […] oder in einem der Gaue Deutschlands zu Hause bist, die bisher noch verschont geblieben sind […]. Ihm hat das Schicksal schwere Schläge versetzt, und für ihn mögen die kommenden Tage noch manche Sorge und manche bittere Stunde bereithalten.«[1242] Weil dies jeden treffen konnte, folgte erneut die Mahnung zu Rücksichtnahme und Hilfsbereitschaft an Fronturlauber:

»Ob Du Dir darüber im Klaren bist, dass Du in solchen Urlaub nicht fahren kannst, ohne vorher zu bedenken, was die Menschen daheim von Dir erwarten und wie Du ihnen in ihrer seelischen und materiellen Notlage helfen

---

1241 Vgl. BArch-MA, RHD 69/23, *Der Urlaubsschein, Unterhaltungsblatt für Westurlauber*, Artikel »Was erwartet dich daheim …?«, ohne Datum.
1242 Ebenda.

kannst? Sie haben Schweres durchgemacht und müssen das tägliche Leben mit seinen vielen kleinen Mühsalen dennoch auf sich nehmen. Man soll es ihnen nicht verübeln, wenn ihnen manchmal der Mut zu sinken droht. Und dies wird vielleicht gerade dann der Fall sein, wenn Du heimkommst und Deine Eltern oder Deine Frau sich dem Nächsten gegenübersehen, den sie haben. Instinktiv fühlen sie, dass ihnen jetzt eine kleine Ruhepause winkt, dass ihnen jemand tragen helfen kann. Und da sie manches geleistet und ausgehalten haben, was über ihre Kraft ging, haben sie plötzlich das Gefühl: jetzt geht es nicht mehr weiter, ich bin am Ende. Und dann kommen vielleicht Klagen und Fragen und Zweifel, und alle werden doch nur geäußert, damit Du sie verstehst, beantwortest und behebst, damit Deine Frau oder deine Mutter wieder neuen Mut schöpft und neue Kraft.«[1243]

Es fand eine Umkehr familiärer bzw. geschlechtsspezifischer Zuschreibungen statt. Der Urlaub erschien nicht mehr ausschließlich als männlicher Regenerationsraum, sondern als eine Zeitspanne, in der auch die Angehörigen Entlastung von ihren Kriegsstrapazen erwarten durften. Die soldatische Pflicht zur Erholung, namentlich »frisch und gesund« zur Truppe zurückzukehren[1244], geriet in wachsenden Widerstreit zur Aufforderung, gegenüber den Angehörigen »Tatkraft« zu zeigen und »zuzupacken und mitzuhelfen«. Die Propaganda hatte allerdings keine Lösung parat, wenn im Fronturlaub die Vertreter beider Welten aufgrund ihrer je spezifischen Erlebnisse traumatisiert waren und dies ihre Fähigkeit zu gegenseitiger Anteilnahme einschränkte. Dann blieb ihr in der Regel nur der verzweifelte Verweis, es gebe »kein Zurück«, man müsse sich durchbeißen oder werde eben »liquidiert«.[1245] Vor allem der Luftkrieg blieb ein virulentes Thema: Als in einem Zeitungsartikel der fiktive Gefreite S. während seines Fronturlaubs im Sommer 1943 bei einem Angriff freiwillig dem Luftschutz half, nur um hinterher seine ganze Familie tot vorzufinden, »lernte er hassen«. Anstatt zu verzweifeln, brach er sofort zur Front auf.[1246] Das Beispiel belegt, wie das Regime Missmut über den Verlust an Privatheit nach außen ablenkte und die Alliierten in die Verantwortung drängte. Die Heimkehrer sollten immer mehr »Stimmungsarbeit« leisten. Spätestens wenn ein Soldat über die »Schwelle« seiner Wohnung trat, musste »alles Zagen und bange Sorgen verschwinden«. Auch im Privaten durfte er keinesfalls seine »ritterliche

---

1243 Ebenda.
1244 Vgl. BArch-MA, RW 4/v 357, *Mitteilungen für die Truppe*, Artikel »11 Gebote für Fronturlauber«, März 1944.
1245 Vgl. BArch-MA, RHD 69/23, *Der Urlaubsschein, Unterhaltungsblatt für Westurlauber*, Artikel »Was erwartet dich daheim …?« (ohne Datum).
1246 Vgl. SuStB Augsburg, Gs 2958 -61/79, Gauzeitung *Front und Heimat*, Artikel »Wie der Gefreite S. hassen lernte« vom 23.8.1943.

Haltung« ablegen und den Lieben das Leben mit »erlebten Kriegsgrausamkeiten« erschweren. Im Gegenteil: Sein Heimataufenthalt galt als »Mission«, die Herzen seiner Angehörigen zu stärken.[1247] Die Erwartungen des Regimes an Männer und Frauen glichen sich bis zum Ende des Krieges weiter an, wobei die Appelle immer allgemeingültiger, irrationaler und diffuser wurden. Darin zeigt sich zugleich der Widerspruch, die Durchhaltebereitschaft einerseits durch den Rekurs auf Privatheit zu fördern, andererseits aber immer seltener Urlaub zu gewähren. Ironischerweise veranschaulichte dies ausgerechnet ein Artikel in den *Soldatenblättern*: Demnach stellte es mittlerweile eine »hohe Lebenskunst« dar, die »wenigen Urlaubstage so zu gestalten, daß sie ein wirklicher Quell für die Zeit der folgenden langen Trennung sind.«[1248] In der Gefahr dieses Scheiterns erblickte der Autor weniger ein persönliches, sondern mehr ein »nationales Unglück«: »Denn der Zusammenhalt unserer Nation ist auch auf die Festigkeit und Unzerreißbarkeit familiärer Zusammengehörigkeit gegründet.«[1249] In welchen Antagonismus sich das Regime mit seinen Erwartungshaltungen bisweilen manövrierte, zeigt zuletzt der Blick auf ein parteiinternes Schulungsblatt. Es erschien bereits im Jahr 1942 und unterstrich den Wert der »Familie als Kraftquell und Lebensgrund des Volkes«.[1250] Mehr als das offenbarte es jedoch die unvereinbaren Rollenzuschreibungen und Familienbilder, die aus der Diskrepanz zwischen nationalsozialistischer Utopie und kriegerischen Notwendigkeiten resultierten: Ein geschichtlicher Rückblick ebnete zunächst männliche und weibliche Charakterunterschiede mit nordischer Sippenideologie ein, stärkte das Bild der Heldin als gleichberechtigter Gefährtin und förderte das Bewusstsein für Familienzusammenhalt als völkischem Grundbaustein. Der angebliche Niedergang der Familie wurde mit der Spaltung in eine öffentliche und eine private Sphäre infolge der Industrialisierung verbunden: Während der Mann zuvor seine Werkstätte unter dem eigenen Dach hatte, war er fortan nur noch Ernährer fern der Familie. Auch das Leben der Frau spielte sich zuvor hausgebundener ab, und »doch hatten sie ihre starken Fäden auch in das öffentliche Leben«. Nachdem Aufklärung und Liberalismus die Situation weiter verschärft hatten, sei es nun Aufgabe des Nationalsozialismus, die Bedeutung der Familie in den »religiösen Bereich« zurückzuholen. Da dies jedoch im Gegensatz zur aktuellen Zerrissenheit vieler Soldatenfamilien stand, wurde der Krieg kurzer-

---

1247 Vgl. IfZ-Archiv, Da 033.015, *Soldatenblätter für Feier und Freizeit*, 4. Jahrgang 1943, Heft 6, Artikel »Rückstrahlende Kräfte der Front«, S. 278 f.
1248 IfZ-Archiv, Da 033.015, *Soldatenblätter für Feier und Freizeit*, 5. Jahrgang 1944, Heft 11/12, Artikel »Der Feldpostbrief«, S. 531 f.
1249 Ebenda.
1250 Vgl. IfZ-Archiv, Db 04.16, Schriftenreihe zur weltanschaulichen Schulungsarbeit der NSDAP, »Die Familie als Kraftquell und Lebensgrund des Volkes«, Jahrgang 1942.

hand als »Kampf um die deutsche Familie« etikettiert. Der militärisch bedingten Abwesenheit des Vaters wurde ein qualitativer Wert zugeschrieben, der jede Erwerbstätigkeit überstieg:

»[...] eine Familie, in der der Vater eine außenstehende oder gar beiläufige Erscheinung ist, ist keine Familie. Sie ist ein Torso. Eine Familie kann Schicksalsschläge treffen. Der Krieg z. B. kann ihr den Vater nehmen. Leben aber im Erinnern der Frau und der Kinder sein Vorbild, seine männliche Haltung, seine Treue und seine Güte, so wird eine solche verwaiste Familie noch immer eine geschlossenere Einheit und ein gesunderer Raum für die Aufzucht des Nachwuchses sein, als eine Familie, in der der Vater nicht mehr ist als der Ernährer, der ab und zu in sie als in eine Art von privatem Hafen einmündet und dort seine Ruhe haben will. [...] Die Lebensweise, die Vater, Mutter und Kinder auseinanderreißt, können wir im Augenblick nicht ändern. [...] Nichts sollte Vater, Mutter und Kinder enger aneinanderschmieden als die Not, die sie auseinanderreißt oder ihr Zusammensein doch zu einem zeitlich sehr begrenzten macht.«[1251]

Bei allen Widersprüchen verweist die Textstelle auf hintergründige Motive, mit denen das Regime junge und ledige Soldaten dazu bewegen wollte, sich im Fronturlaub eine Partnerin zu suchen, eine Familie und ein privates Fundament für die Zukunft zu gründen. Beispielsweise wurde immer wieder das Argument des just kritisierten »privaten Hafens« ins Feld geführt, womit sich die Wehrmachtangehörigen einen zivilen und gleichermaßen Kraft spendenden Gegenpol schaffen sollten.

b. Fronturlaub und Bevölkerungspolitik

Zum Fronturlaub als Mittel der Bevölkerungspolitik vermerkte der Leiter der Parteikanzlei, Martin Bormann, nach einer Unterhaltung über die Zukunft des deutschen Volkes im Führerhauptquartier im Januar 1944: »Wieviele Kinder wären in diesem Kriege mehr geboren worden, wenn es möglich gewesen wäre, unseren Frontsoldaten überhaupt oder häufiger Urlaub zu geben«.[1252] Die Passage veranschaulicht den zentralen Stellenwert des Fronturlaubes für das Regime, wollte es dem Geburtenrückgang infolge der immer längeren Trennungsphasen sowie Geburtenausfällen aufgrund der steigenden Verlust-

---

1251 Ebenda.
1252 BArch, NS 19/3289, Persönlicher Bestand Reichsführer SS, Abschrift für das Führerhauptquartier vom 29.1.1944.

zahlen entgegenwirken. Sie ist zugleich als Eingeständnis des Scheiterns zu lesen: Bormann räumte die Unzulänglichkeit der angewandten Maßnahmen ein. Der Zeitpunkt der Aussage ist ebenfalls aufschlussreich: Wenige Wochen später intensivierte das Regime seine Eingriffe in die individuelle Ausgestaltung des Fronturlaubs. Für ledige Soldaten etwa führte es Veranstaltungen ein, die explizit auf die »Förderung von Eheschließungen« zielten. Aus »bevölkerungspolitischen Gründen« erschien dies inzwischen »unerlässlich«.[1253]

Eine Zäsur liegt insofern vor, als vorhergehende Maßnahmen den Fronturlaub als Dreh- und Angelpunkt für Heirat und Zeugung eher indirekt adressierten – vornehmlich über Appelle. Diese folgten jedoch, wenngleich mit kriegsspezifischen Modifikationen, dem administrativen Rahmen der NS-Familienpolitik.[1254] Finanzielle Anreize wie das Ehestandsdarlehen oder Kinderbeihilfen spielten für Soldatenfamilien somit weiterhin eine große Rolle.[1255] Ebenso sind die Regelungen von 1936 zu Familienunterhalt und Familienunterstützung während des »besonderen Einsatzes« der Wehrmacht zu nennen.[1256] Auch das an qualitativen rassenbiologischen Kriterien orientierte »Gesetz zur Verhütung erbkranken Nachwuchses« behielt seine Gültigkeit. Genauso der »Ariernachweis«, wenngleich die Institution der »Kriegstrauung« damit verbundene Zwänge abschwächte: Laut der entsprechenden Verordnung brauchte im Krieg die »deutschblütige Abstammung« nur noch eidesstattlich versichert zu werden, die bis dato obligatorischen Ehetauglichkeitsuntersuchungen fielen weg. Zwangssterilisierungen reduzierten sich auf Fälle, in denen eine »besonders große Fortpflanzungsgefahr bestand.«[1257] Aus Sicht der eingezogenen Soldaten und ihrer zukünftigen Ehefrauen lag der bedeutsamste Aspekt der Kriegstrauung darin, dass die Hochzeit auf dem Standesamt in Abwesenheit des Mannes vollzogen werden konnte – ein Stahlhelm symbolisierte dessen Präsenz. In der Regel führte der Kompaniefführer parallel dazu eine entsprechende Zeremonie im Feld durch. Die nationalsozialistische Führung gewährleistete so trotz der Trennung der Paare den institutionellen Rahmen für die Familie als Keimzelle der Bevölkerungspolitik. Beiläufig reduzierten sich Anträge auf Sonderurlaub zur Hochzeit und damit verbundene logistische Probleme. In den Großstädten des Deutschen Reiches nahmen die Eheschließungen in den ersten Monaten des

---

1253 Vgl. BArch, NS 6/346, Rundschreiben 83/44 »Veranstaltungen für Urlauber: Förderung von Eheschließungen« des Leiters der Partei-Kanzlei im Führerhauptquartier vom 16.4.1944.
1254 Vgl. Mouton, Nurturing, S. 1-33; Pine, Nazi Family Policy, S. 1-23.
1255 Vgl. Essner, Fernehe, S. 201; MSPT, Serie 3.2002.0349, Briefe von Ernst an Irene G. vom 20., 21. und 26.1.1940.
1256 Vgl. IfZ-Archiv, Da 34.02, Heeresverordnungsblatt 1939 (Teil B), Verordnung Nr. 371 vom 2.8.1939.
1257 Vgl. Essner, Fernehe, S. 201 und S. 208.

Krieges so um rund 55 Prozent zu.[1258] Es handelte sich nicht nur um vorgezogene Trauungen wegen des Kriegsausbruchs, sondern um ein grundlegenderes Phänomen. Die Gauzeitung *Front und Heimat* berichtete im August 1940 von einer bedeutenden »Steigerung der Eheschließungen«, da jede zweite Ehe eine Kriegstrauung sei.[1259] Der *Völkische Beobachter* zitierte im April 1941 einen Bericht des statistischen Reichsamtes: »überaus starke Anhäufung von Kriegstrauungen«. Dies bedeute, der Krieg habe die Heiratswilligkeit dank der Institution der Fernehe insgesamt nur unwesentlich absinken lassen.[1260] Unabhängig davon blieben das Wiedersehen beziehungsweise das persönliche Kennenlernen und damit der Fronturlaub die Quintessenz von Kriegsbeziehungen. Häufig war die Fernehe das Instrument, das eine Urlaubsbekanntschaft nachträglich »legitimierte«. Soldaten, die ihre Freundinnen im Rahmen der Aktion »Briefe an einen unbekannten Soldaten« kennengelernt hatten, nutzten die Zeit in der Heimat, um ihre Beziehung zu vertiefen.[1261] Verlobungen zwischen lediglich Briefbekannten in der Absicht, eine Ferntrauung abzuhalten oder die Hochzeit beim nächsten Heimataufenthalt zu vollziehen, stellten die Ausnahme dar.[1262]

Zu den weiteren institutionellen Rahmenbedingungen zählen die sogenannte Leichentrauung vom November 1941 und die »Totenscheidung« vom März 1943. Bei Ersterer handelte es sich formal sowohl um eine Erweiterung der Bestimmungen zur Ferntrauung wie auch des Rechts der Verlobten auf den Namen des unerwartet verstorbenen Bräutigams. Konnte die Frau nachweisen, dass der Wille zur Hochzeit beiderseits vorhanden gewesen war, war die nachträgliche Verheiratung mit dem inzwischen gefallenen Soldaten möglich. Dabei ging es im Wesentlichen um die »Legalisierung der Nachkommenschaft der Frontkämpfer«, wenngleich dieses Privileg auch kinderlosen Bräuten zuteil wurde.[1263] Ungeachtet der negativen Konsequenzen für die Bevölkerungspolitik genossen in diesem Fall das Ansehen der Frau und der Nachkommen, in erster

1258 Vgl. ebenda, S. 208.
1259 Vgl. SuStB Augsburg, Gs 2958 -1/20, Gauzeitung *Front und Heimat*, Artikel »Jede zweite Ehe eine Kriegstrauung« vom 13.8.1940.
1260 Vgl. IfZ-Archiv, 11/Z 0001, *Völkischer Beobachter*, Artikel »Trotz des Krieges günstige Bevölkerungsentwicklung« vom 26.4.1941.
1261 Vgl. IfZ-Archiv, Z 2068, Zeitschrift *Mein Blatt*, Artikel »Ein Seemann steuert den Hafen an«, Ausgabe 17, Jahrgang 1941.
1262 Vgl. StAM, NSDAP 150, Briefsammlung der Briefzentrale München bei der Stelle für amtliche Eheanbahnung für Soldaten der Hauptstadt der Bewegung, Stellvertretend der Brief des Obergefreiten Sepp W. vom 22.8.1944.
1263 Vgl. BArch-MA, RHD 69/24, Soldatenzeitung *Wacht im Südosten*, Artikel »Die Braut des Gefallenen wird ›Frau‹. Erweitertes Recht auf den Namen des Bräutigams« vom 5.7.1941; vgl. auch BSB, 2 Eph.pol. 82 s-1942,7/12, *Berliner Morgenpost*, Artikel »Erweiterte Möglichkeiten der Ferntrauung. Sieben Gruppen von Ehekandidaten haben Anspruch«.

Linie »Urlaubskinder«, Vorrang. Die Ehre der Soldaten stand demgegenüber bei der Totenscheidung im Zentrum der Überlegungen. Demnach konnten die nächsten Blutsverwandten des gefallenen Soldaten das Scheidungsverfahren initiieren, wenn sich die Frau »ehrvergessen« gezeigt, sprich die Ehe gebrochen hatte und etwa ein Kind von einem anderen Mann erwartete. Die Möglichkeit zur Totenscheidung bei »Unwürdigkeit« der Frau wurde im Ehegesetz verankert, wohingegen die Leichentrauung auf »Führerwillen« gegründet blieb.[1264] Ein Zusammenhang zum Fronturlaub liegt hier allerdings nur mittelbar vor – aufgrund dessen häufiger Nichterteilung. Der Sachverhalt ist eher im Kontext der Zerrüttung von Beziehungen durch lange Trennungen, folgenden Belastungen für die eheliche Treue sowie vor dem generellen Niedergang der Sexualmoral zu Kriegszeiten zu beurteilen.[1265] Erwähnt sei zudem Himmlers »Zeugungsbefehl« vom Oktober 1939, der aus Sicht von Wehrmachtsoldaten auf irritierende Weise das Thema der unehelichen Kinder streifte. Jene interpretierten ihn vornehmlich als Freibrief zum Ehebruch für die daheimgebliebenen Kräfte von SS und Polizei während ihrer eigenen Abwesenheit. Wie sowohl die empörten Reaktionen als auch die weitere NS-Familienpolitik zeigen, gerieten allerdings die Grundfesten der bürgerlichen Ehe trotz aller Experimente seitens des Regimes auch im Krieg nicht ins Wanken.[1266]

In direkter Wechselwirkung standen die institutionellen Weichenstellungen des Eherechts mit Aspekten von Paarfindung, Heirat, Geburtenpolitik, Trennung und Entfremdung im Krieg. Dies gilt insbesondere für die Scheidungsreform des Jahres 1938, weil sie die Auflösung zerrütteter Ehen zugunsten von Wiederverheiratungen erleichterte. Im Wesentlichen weitete sie das Zerrüttungsprinzip entlang dreier schuldbasierter Scheidungsgründe aus: Ehebruch, Fortpflanzungsverweigerung und schwere Eheverfehlung. Unter Letzteres fiel zum Beispiel die Vernachlässigung von Haushaltspflichten, insbesondere wenn es dem Regenerationsbedürfnis von Fronturlaubern zuwiderlief. In vielen Scheidungsprozessen war dieser Sachverhalt als Haupt- oder Nebengrund von Bedeutung. Zu den schuldbasierten Scheidungsgründen zählten weiter rassisch-gesundheitliche Kriterien: etwa mentale Störungen, ansteckende oder »abstoßende« physische Krankheiten sowie Unfruchtbarkeit.[1267] Einen weiteren Einschnitt stellte der 1942 eingeführte Straftatbestand der Beleidigung von Frontsoldaten dar, der als Pendant zur »Totenscheidung« interpretiert werden kann. Die Aufhebung der Unteilbarkeit der Klage gegen Ehefrau und Liebhaber ermöglichte es den Soldaten, ihren Nebenbuhler zu belangen, ohne die Ehe

1264 Vgl. Essner Ferntrauung, S. 216.
1265 Vgl. Herzog, Sex after Fascism, S. 55-58.
1266 Vgl. Essner, Ferntrauung, S. 201, S. 206.
1267 Vgl. Mouton, Nurturing, S. 89-92.

zu beenden, sofern Aussicht auf Aussöhnung bestand.[1268] Theoretisch und in der Praxis räumten diese Reformen Staatsinteressen den Vorrang vor privaten Belangen ein. Dies führte zwangsläufig zur tendenziellen Bevorzugung von Soldaten gegenüber ihren Ehefrauen. In der Folge wurden ab 1939 etwa 20 Prozent der Scheidungen mit dem Zerrüttungsparagraphen begründet. Zwar sank die Scheidungsrate im Krieg insgesamt um etwa die Hälfte, jedoch stieg die Erfolgsrate eingereichter Scheidungen von rund 88 Prozent im Jahr 1939 auf bereits 99 Prozent im Jahr 1940.[1269] Ein immer höherer Anteil daran basierte auf ehelicher Entfremdung infolge kriegsbedingter Trennung, Ehebruch oder dem Vorwurf des unangemessenen Umgangs mit anderen Männern.[1270]

Der juristische Rahmen war nur ein Teil jener Politik, die im Krieg die Steigerung respektive den Erhalt der Geburtenrate anstrebte. Ein weiterer Aspekt war die propagandistische Beeinflussung. Diese legte den Soldaten die Zeugung von Nachkommen als sakralen Akt für den Fall ihres Todes nahe. Der Gedanke, dass der Soldat in der Erinnerung seiner Frau und im Wesen seiner Kinder weiterlebe, resultierte aus der nationalsozialistischen Sippenideologie.[1271] Die Botschaft war zynisch und zielte auf den funktionalen Zweck der Geburtenpolitik: Die Soldaten sollten nicht trotz, sondern wegen der Todesgefahr eine Familie gründen und im Urlaub Kinder zeugen. So würden sie Zugang zum überzeitlichen Fortbestand ihrer Blutlinie und im übertragenen Sinn »Unsterblichkeit« erlangen. Der Artikel »Gerade deshalb«, der in mehreren Zeitungen gedruckt wurde, bezeichnete die Zeugung von Nachkommen als »Die größte Bewährung der Frau« und das Kind als »Vermächtnis« des Soldaten im Kriege: »Gerade deshalb wollte sie ein Kind von ihm, dem geliebten Manne, weil sie nicht wusste, ob er je wiederkommen werde.«[1272] In letzter Konsequenz bildeten die Aspekte Kriegsehen und Kinder zwei Seiten einer Medaille. Vehement ging das Regime gegen die vorherrschende Tendenz an, die Arbeit am privaten Glück angesichts aktueller Herausforderungen auf die Zeit des Friedens zu verschieben. So argumentierten etwa die *Mitteilungen für die Truppe* im März 1944, die Frau sei mit Kindern wenigstens nicht ganz einsam.[1273] Daneben gab es Ansätze, die sich dem Themenfeld differenzierter näherten und reale Probleme berücksichtigten. Noch im Januar 1945 warnte der Artikel »Liebe im Kriegssturm« vor

1268 Vgl. Kundrus, Kriegerfrauen, S. 384-388.
1269 Vgl. Mouton, Nurturing, S. 98 f.
1270 Vgl. BArch, R 58/151, RSHA, Bericht über die Überwachung der Öffentlichen Meinung und der Volksstimmung vom 27.5.1940.
1271 Vgl. Gross, Walter, Sippe und Volk, Eher Verlag München 1943, S. 15.
1272 Vgl. BArch-MA, RHD 69/77, Soldatenzeitung *Von der Maas bis an die Memel*, Artikel »Gerade deshalb« vom 1.1.1942.
1273 Vgl. BARch- MA, RW 4/v 357, *Mitteilungen für die Truppe*, Artikel »Kriegskinder und Kriegsehen« vom März 1944.

zu hastig geschlossenen Kriegsehen, wollten die »Liebesbindungen« nicht in »Enttäuschung« enden. Subtil pries der Text dennoch die »Naturgesetze der außerehelichen Liebe« an.[1274] Gleichzeitig warnten die Agitatoren vor falsch verstandener Moral, zerrüttete Ehen unnötig zu erhalten. Mit dem Hinweis auf die »völkische Verpflichtung« suchten sie, in solchen Fällen die Scheidungsbereitschaft zu erhöhen.[1275]

Im April 1941 meldete das Statistische Reichsamt insgesamt 1.645.000 Geburten für das Kriegsjahr 1940. Die stetige Geburtensteigerung seit 1933 habe im Mai 1940 »infolge der Einberufung eines großen Teils der fortpflanzungsfähigen Männer« ihr Ende gefunden. Dennoch wurden 1940 immer noch 12.000 Kinder mehr geboren als im Vorjahr.[1276] Ein internes Verordnungsblatt der NSDAP fasste die Trendwende zusammen: Im November 1942 befahl das Amt für Volksgesundheit »für jeden Gau die Errichtung einer Arbeitsgemeinschaft ›Hilfe bei Kinderlosigkeit in der Ehe‹«.[1277] Wie die Behörde feststellte, hatte sich die bevölkerungspolitische Kurve seit der Machtergreifung bis zum Jahr 1941 zwar aufwärts entwickelt: So seien rund drei Millionen Kinder mehr geboren worden als vorhergesagt, und im Jahr 1941 wurde sogar erstmals der bevölkerungspolitische Stand erreicht, um die Bevölkerungszahl zu erhalten. Dennoch stellte das Amt inzwischen einen kriegsbedingten »Rückzug« fest, der sich jedoch weniger ungünstig auswirke als während des Ersten Weltkriegs. Reichsgesundheitsminister Leonardo Conti errechnete, mittlerweile würden rund 20 Prozent aller Ehen »ungewollt« kinderlos bleiben, in einem Fünftel der Fälle könne aber ärztliche Behandlung zur Fruchtbarkeit führen. Bei rund 300.000 unfruchtbaren Ehen bedeute dies unter rechtzeitiger ärztlicher Hilfe eine jährliche Steigerung um rund 60.000 Geburten. Deshalb sollte nichts unversucht bleiben, um den Soldatenfrauen mit »allen Mitteln der ärztlichen Kunst und Wissenschaft« zu dem gewünschten Kinderreichtum zu verhelfen. Das Rassenpolitische Amt der NSDAP, Reichspropagandaamt, Hauptamt für Volkswohlfahrt, NS-Frauenschaft, Ärztebund, Reichsbund Deutsche Familie sowie Ärztekammer und Kassenärztliche Vereinigungen sollten durch ihre Zu-

---

1274 Vgl. SuStB Augsburg, Gs 2958 -97/101, Gauzeitung *Front und Heimat*, Artikel »Liebe im Kriegssturm« vom 21.1.1945.
1275 Vgl. IfZ-Archiv, Z 1012, *Das Schwarze Korps*, Artikel »Die Geschichte einer Entlobung« vom 3.12.1942; IfZ-Archiv, Z 1312, Zeitschrift *Koralle. Wochenschrift für Unterhaltung, Wissen, Lebensfreude*, Artikel »Die Geschiedenen. Ein Beitrag zum neuen Ehegesetz« vom 22.9.1940.
1276 Vgl. IfZ-Archiv, 11/Z 0001, *Völkischer Beobachter*, Artikel »Trotz des Krieges günstige Bevölkerungsentwicklung« vom 26.4.1941.
1277 Vgl. SuStB Augsburg, 4 A 64 -10, *Der Politische Soldat. Verordnungsblatt der NSDAP Gau Schwaben*, Der Gauamtsleiter für Rassenpolitik am 1.11.1942, 21. Heft, Blatt 5, Seite 21.

sammenarbeit die Hilfsmaßnahmen koordinieren und das nötige Verständnis für entsprechende Eingriffe erzeugen.[1278]

Die Höhe der Geburten korrelierte zwangsläufig mit der Häufigkeit von Fronturlaub. Gewiss bedeuteten die massenhaften Einziehungen zu Kriegsbeginn eine Zäsur. Dennoch ließ sich die Geburtenquote in der ersten Hälfte des Krieges aufgrund relativ kurzer Feldzüge mit erhöhter Urlaubserteilung während der Kampfpausen einigermaßen konstant halten. Das änderte sich erst, als nach dem Überfall auf die Sowjetunion die Wartezeiten auf Fronturlaub drastisch anstiegen. Allerdings machten sich die nun ausbleibenden Urlaube bevölkerungspolitisch mit einer gewissen zeitlichen Verzögerung bemerkbar. Dies erklärt, weshalb das Regime relativ spät mit konkreten Maßnahmen reagierte. Schritte, die auf eine direkte Steuerung privaten Verhaltens im Kontext des Fronturlaubs zielten, finden sich in den überlieferten Akten erst zwischen Herbst 1942 und Frühjahr 1944. In diesem Zeitraum erhöhte sich vor allem der informelle Zwang auf die Soldaten. Parallel dazu wurden Veranstaltungen ausgeweitet, um Ledige zwanglos zusammenzuführen oder Verheiratete über die Notwendigkeit einer Steigerung der Geburtenrate und die Gefahren kriegsbedingter Zerrüttung aufzuklären. Der soziale Druck, den Offiziere vor Antritt des Fronturlaubs intensivierten, lässt sich oft nur indiziell erschließen. Die Reichsführung gab entsprechende Anweisungen an die Armeeoberkommandos aus, die in den Kompanien der fechtenden Truppen anlangten. Dies belegt folgende Abschrift einer geheimen Anweisung von Reichsgesundheitsminister Conti beim Armeearzt des AOK 18 vom September 1943:

»Der Reichsgesundheitsminister teilt mit, dass nach verschiedenen Beobachtungen in jungen, aber teilweise doch schon zwei Jahre bestehenden Ehen trotz mehrfachen Urlaubs des Ehemannes erwünschte Konzeptionen nicht zustande gekommen sind, weil nicht bekannt war, dass es für das Zustandekommen der Schwangerschaft ein Konzeptionsoptimum gibt. Dieses liegt, von seltenen Ausnahmefällen abgesehen, bei 28-tägigem Cyklus in der Zeit vom 11. bis 15. Tage, vom Beginn der Regelblutung an gerechnet. Aus bevölkerungspolitischen Überlegungen ist zu wünschen, dass, soweit möglich, bei Beurlaubungen durch alle in Frage kommenden Organisationen hierauf Rücksicht genommen wird. Dabei ist wichtig, dass die ersten Tage des Urlaubs in die Zeit des Konzeptions-Optimum fallen. Der Truppenarzt hat die verheirateten Soldaten, insbesondere die kinderlos verheirateten hinsichtlich des Urlaubstermins zu beraten. Eine weitgehende Bekanntgabe des Konzeptions-Optimum in der Öffentlichkeit erscheint nicht ratsam, da unter Um-

1278 Ebenda.

ständen die Kenntnis dieser Tatsache zu gegenteiligen Überlegungen und gegenteiligem Verhalten führt. Dagegen wird es stets allgemein verstanden werden, dass Beurlaubungen Verheirateter nach Möglichkeit in die Mitte des Intervalls verlegt werden sollen. Um längere Zeit kinderlos verheirateten Soldaten zu helfen, wird es notwendig sein, dass der Truppenarzt sich hier in taktvoller Weise einschaltet, dadurch, dass er in seiner Einheit solche kinderlosen Ehen feststellt und die Männer dann seinem Kommandeur vorschlägt, nachdem er die Männer einzeln beraten hat. Diese sehr persönlichen und doch bevölkerungspolitisch wichtigen Dinge sind unter allen Umständen mit dem nötigen ärztlichen Ernst und Takt zu behandeln und den Kommandeuren in entsprechender Weise vorzutragen.«[1279]

Ungeachtet der erschwerten Kampflage genoss der Fronturlaub als Instrument der Bevölkerungspolitik Ende des Jahres 1943 selbst an der Ostfront ungebrochenen strategischen Stellenwert. Das Armeeoberkommando war sogar bereit, die Urlaubsvergabe logistisch an privaten Bedingungen der Geburtensteigerung auszurichten. Wie gewissenhaft die Offiziere der unteren Führungsebenen diese Anweisungen umsetzten, lässt sich allerdings nur erahnen. Zeitzeuginnen berichteten jedoch immer wieder von Vorgesetzten, die ihre Männer nach Fronturlauben befragten, ob ihre Frauen nun ein Kind bekämen.[1280] Ebenso belegen Abhörprotokolle kriegsgefangener Soldaten, dass vielen die funktionale Zeugungsabsicht, die das Regime mit dem Fronturlaub verband, im Grunde bewusst war. Regelmäßig tauchen dort Reflexionen über »Führerkinder« auf, dass Frauen Kinder bekommen sollten, um sie »in neue Schlachten zu schicken«; es gab auch Gerüchte, genesende Soldaten würden unter Todesandrohung gezwungen, mit ausgewählten jungen Frauen des BDM »Staatskinder« zu zeugen.[1281] Gewiss waren viele Aussagen überzeichnet, dennoch transportieren sie

---

1279 http://wwii.germandocsinrussia.org/de/nodes/2087-akte-290-ubersetzte-do kumente-zu-fragen-des-sanitats-und-hygienedienstes-zur-fleckfieberbe kampfung-zur-beurlaubung-von-ehemannern-usw#page/5/mode/inspect/zoom/4; Russisch-deutsches Projekt zur Digitalisierung deutscher Dokumente in den Archiven der Russischen Föderation, Bestand 500, Findbuch 12480, Beutedokumente der sowjetischen Militäraufklärung, Akte 290, Übersetzte Dokumente zu Fragen des Sanitäts- und Hygienedienstes, zur Fleckfieberbekämpfung, zur Beurlaubung von Ehemännern usw., hier: Abschrift von Abschrift beim Artillerieregiment 161, Armeearzt beim AOK 18, Geheime Anweisung zu »Beurlaubung von Ehemännern – Konzeptions-Optimum« vom 19.9.1943 (letzter Zugriff am 6.11.2018).
1280 Vgl. Dörr, Frauenerfahrungen, S. 195 f.
1281 Vgl. NARA, RG 165, Entry P 179 (B), Box 554 (1), 374, (#395), Room Conversation vom 2.2.1945; ebenda, Box 560 (1), (#591-594), Room Conversation 26.1.1944; ebenda, Box 453 (1), (# 270/271), 18.4.1944.

Fragmente täglicher Realität.¹²⁸² Dieselbe Feststellung gilt für die Propaganda; sie war gerade dann besonders wirksam, wenn der Zusammenhang zwischen Fronturlaub und Geburtensteigerung in Anekdoten oder Witzen auftauchte. Folgende Erzählung, die wie unzählige andere auf den berüchtigten Soldatenhumor zielte, verdeutlicht, wie selbstverständlich und mitunter plump das Regime seine Zeugungserwartung mit dem Fronturlaub koppelte: So wollte ein Kompaniechef 35 Mann nach Hause schicken und dabei die Väter bevorzugen. Doch gab es weniger Soldaten mit Kindern als Urlaubsplätze. Als zusätzlich bereits jene herausgetreten waren, deren Frauen lediglich Nachwuchs erwarteten, war das Kontingent immer noch nicht ausgeschöpft. Also schlug der »Spieß« vor, »wer mir garantieren kann, daß er während seines Urlaubs …‹, weiter kam er nicht. Wumm! Schallt es. Die ganze Kompanie war vorgetreten.«¹²⁸³

Greifbarer als sozialer Zwang und Suggestion sind jene Maßnahmen der Parteikanzlei, die sie im Frühjahr 1944 in die Wege leitete. Anlass gaben wiederholte Hinweise von verschiedenen Seiten, »Frontsoldaten hätten wegen der kriegsbedingten Verhältnisse in der Heimat während ihres Urlaubs kaum Gelegenheit zur Pflege guter Geselligkeit und zum Kennenlernen junger Mädchen.«¹²⁸⁴ Eine Briefzentrale sollte nun Abhilfe schaffen und es ledigen Soldaten erleichtern, in Kontakt mit jungen Mädchen zu treten. Außerdem hielt die Führung die Schaffung »einer guten Geselligkeit für die Fronturlauber aus bevölkerungspolitischen Gründen« für unerlässlich: Wenn von den jungen Soldaten schon verlangt würde, dass sie während des Krieges heirateten, solle die Partei ihnen die Möglichkeit geben, »Mädchenbekanntschaften auf guter Grundlage« zu machen. Es entspann sich die Frage, ob in beschränktem Maße Tanzabende für Fronturlauber wieder zugelassen werden sollten. Nach einer Probeveranstaltung mit Frontoffizieren kam ein Gauleiter erneut zu dem Schluss, dass die Soldaten vor allem »Geselligkeit« in der Heimat »schmerzlich« vermissten. Er empfahl allen Gauleitungen, »mit Rücksicht auf die Verluste der Front und den Ernst der Kämpfe« ähnliche Versuche vorzunehmen.¹²⁸⁵

Auf dieser Grundlage erarbeitete Bormann ein viergliedriges Konzept zur Förderung der Paarfindung von Fronturlaubern. Neben kurzweiligen Urlaubstreffen beinhaltete es Ausflüge mit anschließendem Beisammensein, den gemeinsamen Besuch von historischen Stätten und die Besichtigung von Be-

1282 Vgl. Lüdtke, Fehlgreifen, S. 61-75.
1283 Vgl. SuStB Augsburg, Gs 2958 -42/60, Gauzeitung *Front und Heimat*, Ausgabe vom 1.5.1942, S. 18.
1284 BArch, NS 6/346, Leiter der Partei-Kanzlei, Führerhauptquartier, Rundschreiben 83/44 vom 16.4.1944, Betreff: »Veranstaltungen für Urlauber: Förderung von Eheschließungen«.
1285 Vgl. ebenda.

trieben. Es schien dem Leiter der Parteikanzlei nicht nötig, die NSDAP als Trägerin der Veranstaltungen in den Vordergrund zu rücken, jedoch sollte sie eine »genaue Überwachung« vornehmen. Insbesondere hatte sie die Teilnehmer sorgfältig auszuwählen. Bei den Soldaten musste Rücksicht auf Familienverhältnisse, kurz zurückliegende »Todesfälle oder ähnliches«, genommen werden. Während Frauenschaft und BDM die Auswahl der Mädchen steuerten, stellten die Betreuungsoffiziere der Wehrmachtkommandanturen zusammen mit den Hoheitsträgern der NSDAP sicher, dass in erster Linie Frontsoldaten zum Zuge kamen. Die Frauen hatten strikte Anweisung, nicht in den Blusen des BDM, sondern in »netten Nachmittagskleidern« oder in Trachten zu erscheinen, um den Veranstaltungen »heimatgebundenen Charakter« und eine »persönliche Note« zu verleihen. Die Betriebsbesuche zeigten »den Fronturlaubern deutsche Mädel und Frauen an ihrer Arbeitsstätte.« Es sollte ihnen die »Auswahl einer Lebensgefährtin« erleichtern und sie »zur Partei und ihren Gliederungen« zurückführen. Ortsgruppenleiter eruierten in »zwangloser Unterhaltung« weitere »Sorgen und Nöte der Urlauber«. Über den Erfolg dieser Veranstaltungsreihen erstatteten die Gauleiter der Parteikanzlei auf Anweisung Bormanns laufend Bericht.[1286]

Leider lässt sich die Wirkung dieser Maßnahmen anhand der überlieferten Quellen und aufgrund des späten Zeitpunktes ihrer Initiierung schwer weiterverfolgen. Einige aufschlussreiche Hinweise liefern die Aktivitäten der Stelle »Amtliche Ehebahnung für Soldaten« in München. Sie wurde im Februar 1944 der dortigen Betreuungsstelle für Militärurlauber angegliedert und kooperierte mit der Wehrmacht, der Gesundheitsbehörde und der Partei, in erster Linie mit der NSV. Mit dieser Initiative unterstrich der Reichsführer SS den einheitlichen Willen der Staatsführung, Fronturlauber fortan stärker in den Dienst der Bevölkerungspolitik zu stellen.[1287] Ihre Raison d'être bezog die Ehevermittlungsstelle aus den unsteten Lebensverhältnissen und der immensen personellen Fluktuation des Krieges, kaschierte dies aber mit dem Argument »Großstadtverhältnisse«. Die Partei betonte, ländliche Ehen führten eher zu langlebigen, biologisch erwünschten Lebensgemeinschaften, weil die Partner mit den Schwächen und Vorzügen des Anderen vertraut seien. In der Großstadt dagegen entstünden aus flüchtigen Bekanntschaften und oberflächlichen

---

1286 Vgl. ebenda.
1287 Vgl. StAM, NSDAP 12, Persönliche Korrespondenz des Gauleiters München-Oberbayern, Vermerk vom 18.2.1944; ebenda, NSDAP 148, Zeitungsausschnittssammlung, *Münchner Neueste Nachrichten*, Artikel »Einrichtung einer amtlichen Ehevermittlung vom 18.2.1944; StdAM, *Münchner Neueste Nachrichten*, Artikel »Amtliche Eheanbahnung für Soldaten – Und für heiratswillige Mädchen Teenachmittage mit Musik. Auch briefliche Vermittlung« vom 11.4.1944.

Flirts oft minderwertige Ehen, die rasch in die Brüche gingen. Weiter räumte das Regime ein:

»Während des Krieges steht ein großer Teil wertvoller und heiratsfähiger Männer an der Front und hat in den kurzen Urlaubswochen keine ausreichende Gelegenheit, mit einer geeigneten Partnerin bekannt zu werden, weil diese, in angestrengtester Berufstätigkeit festgehalten, vielfach resigniert auf Vergnügen verzichtet und so aus Mangel an häuslicher oder außerhäuslicher Gesellschaft keinen Anschluss findet [...]. [So] soll für sie jene Auslese [...] gefunden werden, die bereit ist, eine fruchtbare eheliche Gemeinschaft einzugehen.«[1288]

In erster Linie lieferte die Vermittlungsstelle heiratswilligen Frauen und Wehrmachtangehörigen den Rahmen zum Kennenlernen, zum Beispiel in Form von Teenachmittagen mit Musik und Vorträgen. Soldaten wie Mädchen gingen von Tisch zu Tisch und wechselten die Gesprächspartner, um früher oder später eine Wahl zu treffen. Daneben warb das Amt Eheanbahnung unter den Frauen für die Heirat mit Versehrten, da sich deren »Erbmasse« in »keiner Weise verändert« hat. Ebenso stellte es Briefkontakte her.[1289] In den Akten sind zahlreiche Anschreiben überliefert. Sie ermöglichen einen Blick auf die Wünsche der Männer und Frauen. In den Anfragen scheinen zivile Sehnsüchte und Zukunftsentwürfe durch, die einiges über persönliche Interessen, Berufsvorstellungen und soziale Statuswünsche verraten. Der Obergefreite Sepp W. erklärte, er sei seit August 1939 eingezogen, habe in den folgenden fünf Jahren nur drei Urlaube erhalten und schlichtweg keine Gelegenheit gehabt, eine passende Frau zu finden. Von der Ehevermittlungsstelle versprach er sich, sie könne ihn »mit einem Mädchen brieflich bekannt machen [...], das eventuell bei meinem nächsten Urlaub bereit ist zu heiraten.«[1290] Soldat Franz P. wollte ein Mädchen kennenlernen, das »Lust und Liebe zur Landwirtschaft hat«. Für die Zeit nach dem Krieg erträumte er sich eine Existenz als Bauer. Deswegen wollte er nun in einen Hof einheiraten.[1291] Leutnant B. erklärte, Vorgesetzte hätten ihm und seinen Kameraden in den vergangenen Jahren wiederholt Vorwürfe gemacht, weil sie noch nicht verheiratet waren. Allerdings mangle es ihnen weder an »Freude«

1288 StdA, *Münchner Stadtnachrichten*, Artikel »Einrichtung einer amtlichen Ehevermittlung« vom 18.2.1944.
1289 Vgl. StdAM, *Münchner Neueste Nachrichten*, Artikel »Amtliche Eheanbahnung für Soldaten – Und für heiratswillige Mädchen Teenachmittage mit Musik. Auch briefliche Vermittlung« vom 11.4.1944.
1290 Vgl. StAM, NSDAP 150, Briefzentrale beim Amt für Eheanbahnung für Soldaten in München, Brief des Obergefreiten Sepp W. vom 22.8.1944.
1291 Vgl. ebenda, Brief von Franz P. vom 5.1.1945.

noch an »Unternehmungslust«, da sie »die Notwendigkeit einer rechtzeitigen Heirat in jeder Weise einsehen« würden: »Ich habe es wirklich nicht versäumt mich in jedem Urlaub auch nach einem richtigen Mädel umzusehen.«[1292] Für Rekrut Lorenz H. war es wichtig, eine Anlaufstelle in der Heimat zu besitzen: »Ich stehe vor dem Fronteinsatz und möchte deshalb einen bestimmten Anhaltspunkt in der Heimat haben bei dem ich mein Herz ausschütten kann.«[1293] Um zwischenmenschliche Nähe ging es auch den Frauen. Unter ihnen befanden sich einige Kriegerwitwen. Deren Schicksalsschläge spiegeln mitunter die Zeilen von Hedy I. wider:

»Ich bin, wie so viele andere Menschen, von der seelischen Härte des Krieges einige Male sehr hart betroffen worden […]. Zuletzt habe ich vor ein paar Monaten meinen Verlobten verloren […]. Sein Tod bedeutet mir sehr viel, zumal mein Verlobter im Januar in Heiratsurlaub kommen sollte und ich vor drei Monaten ein Kind von ihm geboren habe. […] Aus diesem seelischen Schmerz […] ist die Sehnsucht danach, neu einen Menschen kennen zu lernen, mit ihm neu anzufangen, um später dann vielleicht gemeinsam ein Heim zu bauen und glücklich zu sein, nicht gestorben.«[1294]

Angehörige von SS und Polizei nahmen im Spannungsfeld aus kriegsbedingter Trennung von Paaren und der Geburtenpolitik des Regimes eine Sonderrolle ein. Unter dem Stichwort »Planmäßiger Urlaub« konnten sie sich im Unterschied zu Wehrmachtsoldaten von ihren Frauen zu Zwecken der Zeugung besuchen lassen, anstatt selbst nach Hause zu reisen. Allerdings hing diese Regelung vom Ort des Einsatzes ab. Privilegiert waren SS-Angehörige, die ihren Dienst in der Heimat oder in den näher gelegenen Besatzungszonen verrichteten. Das Reich erstattete die Kosten für Reise und Unterbringung der Frauen, wenn Angehörige einer SS-Einheit längere Zeit keine Aussicht auf einen Urlaub hatten. Formationen der Waffen-SS, die sich »kurzfristig in Auffrischung« oder »vorübergehend im Heimatkriegsgebiet« befanden, wurden entsprechend berücksichtigt. Ebenso Angehörige der Waffen-SS, die dauerhaft im Altreich stationiert waren, wenn die Bahnfahrt in den Kurzurlaub 60 Stunden überstieg, dienstliche Gründe eine Beurlaubung verhinderten oder wenn die Frau evakuiert war und ein zweckmäßiges Zusammensein an ihrem Aufenthaltsort »nicht tragbar« erschien. Eine nach den SS-Oberabschnitten des Reiches aufgeschlüsselte Zusammenstellung zeigt, dass hierfür zwischen November 1943 und Juli 1944 insgesamt 115.813,94 Reichsmark ausgegeben wurden; Zahlungs-

1292 Vgl. ebenda, Brief von Leutnant B. vom 14.11.1944.
1293 Vgl. ebenda, Brief von Lorenz H. vom 9.11.1944.
1294 StAM, NSDAP 149, Briefzentrale beim Amt für Eheanbahnung für Soldaten in München, Brief von Hedy I. vom 4.10.1944.

anweisungen in Höhe von 62.813,19 Reichsmark waren im August 1944 noch offen.[1295] Die Frauen waren während ihres Aufenthalts in einer nahe dem Dienstort gelegenen Privatunterkunft oder einem Hotel untergebracht, meist für fünf bis sechs Tage. Ähnlich wie bei der Urlaubserteilung innerhalb der Wehrmacht spielte das Konzeptions-Optimum eine tragende Rolle: Vor der Besuchsfahrt lag in der Regel die Untersuchung bei einem Frauenarzt: »damit festgestellt wird, wann die für eine Empfängnis günstigste Zeit vorliegt, denn nur ein zu einer richtigen Zeit gemeinsamer Urlaub bietet nach menschlichem Ermessen einigermaßen die Gewähr dafür, dass [der] Wunsch nach einem Kind erfüllt wird.«[1296]

c. Stabilisierung familiären Zusammenhalts

Die Stabilität ehelicher bzw. überhaupt privater Beziehungen beschäftigte das Regime in unterschiedlicher Intensität den gesamten Krieg über. Zum Beispiel zeigte die Führung überraschend großes Interesse an Fällen drohender Zerrüttung, die unterhalb der Schwelle des Ehebruchs lagen. Es versuchte, die grundsätzliche Belastung von Beziehungen durch die langen Trennungen zu analysieren und zu bekämpfen. Gewiss ging es primär darum, den soldatischen Einsatzwillen vor privaten Problemen oder Enttäuschungen im Heimaturlaub abzuschirmen. Als stabilisierende Gegenmaßnahmen führte es unter anderem »Nationalsozialistische Familienabende« für Fronturlauber ein oder appellierte daran, sich Probleme des kurzen Wiedersehens zu vergegenwärtigen.[1297] Trotz eines breiten Angebots an Ratschlägen und der Suggestion von Anteilnahme konnte der NS-Staat schwindendem familiären Zusammenhalt allerdings kaum wirksam begegnen.[1298]

1295 Vgl. BArch, NS 19/1786, Persönlicher Stab Reichsführer SS, SS-Führungshauptamt, Befehl des RFSS vom 2.10.1943; ebenda, Zusammenstellung der seit November 1943 gezahlten Beträge für »planmäßigen Urlaub« vom 3.8.1944.
1296 Vgl. BArch, NS 19/797, Persönlicher Stab Reichsführer SS, Abteilung Rassen-, Bevölkerungs- und Volkstumspolitik, Akt »Gewährung von Urlaub zwecks Zeugung von Kindern«, Schreiben des Obersturmbannführers R. Brandt an Frau Paula W. vom 14.5.1943; ebenda, Der Reichsführer SS, Persönlicher Stab, Schreiben an die Feld-Kommandostellen und den SS-Oberabschnitt Süd zur »Erstattung von verauslagten Kosten« vom 12.9.1944.
1297 Vgl. BArch, NS 6/346, Der Leiter der Partei-Kanzlei, Führerhauptquartier, Anordnung 22/44 über die Einführung Nationalsozialistischer Familienabende für Fronturlauber vom 4.2.1944.
1298 Die Untersuchung knüpft in einigen Punkten an den bereits untersuchten Umgang des Regimes mit den kognitiven Dissonanzen heimgekehrter Soldaten im öffentlichen Raum an. Methoden und Strategien der Propaganda blieben im Grunde gleich,

Bereits im Mai 1940 lieferte der SD einen alarmierenden Bericht, der die Stabilität von Beziehungen durch die hohe personelle Fluktuation im Krieg bedroht sah. Dabei gaben die eigenen Soldaten Anlass zur Sorge. Es ging um die »bedenkliche« Zunahme der Ehescheidungsklagen in den Westgebieten seit Kriegsbeginn; die Überwachungsorgane führten dies auf das »ehebrecherische [...] Verhalten von Ehefrauen mit einquartierten Soldaten« zurück und nannten eine Quote von rund 50 Prozent.[1299] Brisante Fälle wurden exemplarisch aufgeführt: So hatte ein einquartierter Soldat zwar nachts das Bett völlig sittsam mit dem Ehemann geteilt, sich jedoch mit dessen Frau eingelassen, sobald jener zur Arbeit aufgebrochen war. Ein anderer Soldat unterhielt gleichzeitig ein Verhältnis mit der Frau und der Tochter des Hausherrn. Laut SD führten solche Vorfälle nicht nur zur Eifersucht unter den Frauen, sie belasteten die Eintracht der Kriegsgesellschaft als Ganzes.[1300] Doch ging es keineswegs nur um Untreue. Durch längere Phasen der Abwesenheit und intensivere persönliche Belastungen stellten Partner während des Fronturlaubs immer häufiger fest, sie fänden keinen Zugang mehr zueinander und hätten sich auseinandergelebt. Im November 1943 berichtete der SD, viele Frauen sähen mit Sorge, »daß der Zusammenhalt und das gegenseitige Verständnis in ihrer Ehe unter der langen Kriegsdauer zu leiden beginne.«[1301] Der Rapport betonte weiter, die inzwischen Jahre andauernden Trennungen mit lediglich kurzen Unterbrechungen, dazu die Lebensverhältnisse und Anforderungen des Krieges, formten die Menschen um. Folglich brächten die Soldaten im Urlaub häufig kein Verständnis für die »kriegsbedingten häuslichen Dinge« ihrer Frauen auf oder verlören das Interesse an den Sorgen der Heimat: »Daraus ergebe sich häufiger ein gewisses Auseinanderleben der Eheleute. Ehefrauen wiesen bekümmert darauf hin, dass das sehnlichst erwartete Zusammensein in der schnell vorüberfliegenden Urlaubszeit getrübt worden sei durch häufige Zusammenstöße, die durch gegenseitige Nervosität hervorgerufen wurde. Dies trete selbst bei solchen Ehen ein, die früher vorbildlich harmonisch waren.«[1302] Noch im Januar 1945 setzte sich Propagandaminister Goebbels mit dem Problem steigender Kriminalität auseinander; neben Diebstahldelikten hatte im vorangegangenen Quartal der Anteil an Totschlägen um 20 Prozent zugenommen: »Unter den Angeklagten

---

wurden jedoch auf den häuslichen Bereich und die Thematisierung privater Beziehungsstrukturen im Kriegskontext ausgedehnt.
1299 Vgl. BArch, R 58/151, RSHA, Überwachung der öffentlichen Meinung und Volksstimmung, SD-Bericht vom 27.5.1940.
1300 Vgl. ebenda.
1301 Vgl. Boberach (Hrsg.), Meldungen, Bd. 15, S. 6025, SD-Bericht vom 18.11.1943.
1302 Vgl. ebenda.

des letzteren Falles sind vor allem Frontsoldaten zu verzeichnen, die beim Urlaub ihre Frauen bei Untreue ertappt haben.«[1303] Der Umgang der NS-Führung mit den Soldatenfrauen während der Abwesenheit der Männer offenbart diese Zweckgebundenheit. Die Maßnahmen orientierten sich stark an Kriterien häuslicher Treue und Fragen »sittlichen« Verhaltens. Dennoch fand das Phänomen des Auseinanderlebens und grundsätzlicher Entfremdung Gehör. Die Fürsorgerinnen respektive Wohlfahrtspflegerinnen der Partei nahmen eine funktionale Zwitterstellung ein. Sie dienten sowohl als unterstützende Anlaufstelle für die Frauen wie als Organ der Überwachung. Sie berichteten über eheliches Auseinanderleben infolge der langen Einsätze und wie dies den Betroffenen ausgerechnet während der Fronturlaube schmerzlich gewahr wurde. Sie protokollierten das Aufeinandertreffen völlig unterschiedlicher Erwartungen an das kurze Beisammensein und die Probleme infolge von Rollenverschiebungen. Letztere wurden zwar von den Kindern weitgehend akzeptiert, jedoch irritierte das die heimkehrenden Soldaten umso mehr. Die Appelle bedienten traditionelle Werthaltungen und verschärften die Problematik. Sie folgten nicht selten der Sichtweise der Soldaten, die sich darüber beklagten, dass sie ihre Frauen im Urlaub »gänzlich verändert« vorfanden und dadurch ihre Ehe destabilisiert sahen.[1304]

Dass die Arbeit der Fürsorgestellen dem Primat soldatischer Kampfbereitschaft diente, zeigen Berichte und Maßnahmen zur »Verwahrlosung« von Soldatenfrauen und von Jugendlichen. »Kriegsehebruch« galt als besonders heikel. Er wurde vor allem dann hart sanktioniert, wenn er mit Kriegsgefangenen begangen wurde. Die Männer wurden häufig zum Tode verurteilt, die Frauen hingegen erhielten Gefängnisstrafen – nicht selten, ohne vorher öffentlich gedemütigt zu werden. Bei Ehebruch mit deutschen Soldaten waren hingegen Individualurteile an der Tagesordnung. Sie orientierten sich daran, wie sich der betrogene Mann zum Sachverhalt positionierte. In minder schweren Fällen »unsittlichen Verhaltens«, wie zum Beispiel Vernachlässigung der Aufsichtspflicht gegenüber den Kindern, kürzten die Fürsorgestellen zunächst Unterstützungsleistungen wie den Familienunterhalt. Die Partei betrieb zudem Ursachenforschung über sich lockernde Moralvorstellungen: Sie führte das brüchige Fundament von Kriegsbekanntschaften und Ferntrauungen an, nannte Sexualnot und den Wunsch, infolge ständiger Angst durch Bombenbedrohung alles Greifbare an »irdischen Freuden« mitzunehmen.[1305] Die NS-Organe stellten fest, dass eine nicht unbeträchtliche Zahl von Soldaten Ver-

---

1303 Vgl. Goebbels-Tagebücher, Bd. 15, S. 261, Eintrag vom 29.1.1945.
1304 Vgl. Kundrus, Kriegerfrauen, S. 369-373.
1305 Vgl. ebenda, S. 374-376, S. 377-388, S. 364-366 und S. 389 f.

ständnis für das Handeln ihrer Frauen aufbrachte und von Scheidungsklagen oder anderen Sanktionen bereitwillig absah. Einige hatten ihre Partnerinnen sogar aufgefordert, sich während ihrer Abwesenheit auszuleben. Die lokale Wohlfahrtsamts-Registratur von Ansbach legte dem Oberbürgermeister im Oktober 1941 eigene Beobachtungen über das »unwürdige Treiben von Soldaten-Frauen« vor. Demnach ließen sich diese vor den Kasernen von anderen Soldaten »abküssen« oder nähmen diese mit in ihre Wohnungen:

»In letzter Zeit mehren sich die Klagen, insbesondere seitens der Kreisleitung der NSDAP, darüber, dass Frauen, deren Männer im Felde stehen, fast Abend für Abend ihre kleinen Kinder in die Wohnung einsperren und bis spät in die Nacht hinein mit anderen Männern dem Vergnügen nachgehen. Auch Fälle von Geschlechtskrankheiten wurden in diesem Zusammenhang festgestellt. Abgesehen davon, dass durch solches Verhalten die Kinder in hohem Maße gefährdet sind, wird dadurch auch bei der übrigen Bevölkerung berechtigtes Ärgernis erregt. Von den Parteidienststellen unternommene Versuche, diese Frauen durch Vorhaltungen wieder auf die rechte Bahn zu bringen, sind gescheitert; sie mussten dann im Voraus zur Wirkungslosigkeit verurteilt sein, wenn, wie es tatsächlich vorgekommen ist, der Ehemann seine Frau brieflich aufgefordert hat, sich nur vergnügt zu machen.«[1306]

In einem gegenteiligen Fall hatte ein Soldat die örtlichen Dienststellen der Partei im Mai 1942 explizit darum gebeten, den Lebenswandel seiner Frau in Augenschein zu nehmen. Im Urlaub hatte er den Eindruck bekommen, sie lasse dem gemeinsamen Sohn gegenüber die nötige Sorgfalt vermissen und gehe lieber ihrem »persönlichen Vergnügen« nach. Die NSV antwortete ihm nach zweimonatiger Überwachung, das Kind sei gut gepflegt, und er brauche sich keine Sorgen zu machen. Die zuständige Pflegerin hatte zuvor berichtet, die Vorwürfe seien zwar haltlos, dennoch werde das Kind nachts eingesperrt und schreie oft. Es lag der Eindruck einer »sehr leichten Frau« vor, die sich bis spät nachts in Cafés herumtreibt und offen die Meinung vertritt, ihre Eheverhältnisse gingen niemanden etwas an. Allerdings erachtete die NSV die Beweislast als unzureichend, weswegen sie den Ehemann nicht unnötig beunruhigen wollte. Seine Kampfmoral zu erhalten war wichtiger, als vorliegende Missstände zu klären.[1307]

1306 Vgl. StdAN, C 25-I/990, H/Be 2824/286, Schreiben des Oberbürgermeisters von Ansbach an den Regierungspräsidenten über »Unwürdiges Verhalten von Soldaten-Frauen« vom 7.10.1941.
1307 Vgl. StAM, NSDAP 1822 (Bl. 185-187), Korrespondenz vom 5.5, 11. und 13.7.1942 sowie Pflegerinnenbericht vom 5.5.1942.

Zu den restriktiven Maßnahmen traten Angebote, die das Bewusstsein vom Wert der Familie innerhalb des Gemeinschaftslebens förderten und betroffene Paare subtil beeinflussten. Eine besondere Rolle spielten Fronturlauber im Rahmen der »Nationalsozialistischen Familienabende«. Ähnlich wie Aktionen zur Förderung von Eheschließungen wurden diese zu einem relativ späten Zeitpunkt, hier im April 1944, in die Wege geleitet. Damit ist fraglich, in welchem Grad die erhoffte Wirkung tatsächlich eintrat. In einer entsprechenden Anweisung teilte die Parteikanzlei mit:

»Das 5. Kriegsjahr fordert von der politischen Führung, dass sie alles tut, um das Familienleben mehr als bisher in die politische Arbeit einzubeziehen und darauf immer bewusster das Gemeinschaftsleben aufzubauen. Je länger der Krieg dauert und je grösser die Opfer und die Pflichten werden, um so mehr sind die Familien in ihrem natürlichen Leben und Bestand gefährdet. Die durch den Krieg bedingte Trennung von Mann und Frau, von Eltern und Kindern, führt häufig dazu, dass sich die Familienangehörigen fremd werden, auseinanderstreben und mit der Zeit verschiedene Ziele und Auffassungen verfolgen, die sich politisch und bevölkerungspolitisch nachteilig für die Gemeinschaft auswirken.«[1308]

Um den geistigen wie seelischen »Gleichklang« zu sichern, erachtete es die Partei als eine ihrer dringlichsten Aufgaben, ein gemeinsames Erlebnis zu vermitteln, um »Haltung und Stimmung aller Familienangehörigen« zu synchronisieren.[1309] Die Gefahr der Zersetzung drohte, wenn die »Volksgenossen in der Heimat eine andere Gesinnung zeigen würden als der Frontsoldat« und wenn die »deutsche Frau in einem anderen weltanschaulichen Lager stünde als der Mann.«[1310] Damit rückten Fragen nach der Stabilität der Rüstungsgesellschaft oder von Differenzen zwischen Stadt und Land in den Fokus: »Unsere Gegner versuchen systematisch, die kriegsbedingte Zersplitterung unserer Familien für ihre politischen Ziele auszunutzen. Ihr Ziel wäre erreicht, wenn [...] der Rüstungsarbeiter anders denken und handeln würde als der Bauer [....] wenn die Partei ein anderes Ziel verfolgen würde als die Wehrmacht [...] wenn ein persönliches und politisches Durcheinander ohnegleichen vorhanden wäre.«[1311] Ebenso erachtete die Partei das individuelle Verhältnis von Kindern und Jugendlichen zu ihren Eltern als Faktor staatlicher Stabilität.

1308 BArch, NS 6/346, Leiter der Partei-Kanzlei, Führerhauptquartier den 3.4.1944, Anordnung 74/44 über »Nationalsozialistische Familienabende«.
1309 Vgl. ebenda.
1310 Vgl. ebenda.
1311 Vgl. ebenda.

Die Nationalsozialistischen Familienabende sollten das wechselseitige Verständnis stärken, beispielsweise indem Angehörige von Stadt und Land »zwanglos und unaufdringlich« zusammengeführt wurden und »politisch zu beeinflussen« waren. Die Veranstaltungen galten nicht als Ersatz für Schulungen durch die Partei, Sprechabende, Mitgliederversammlungen, Feierstunden oder öffentliche Kampfversammlungen, sondern wurden als zusätzliches »Mittel der Menschenführung« organisiert. Die Familien wurden gemeinsam mit ihren Kindern, die der HJ und dem BdM angehörten, erfasst und sollten tiefer in die nationalsozialistische Gedankenwelt hereingeführt werden. Die NSDAP beabsichtigte, Verständnis für die »vielfältigen Arbeiten und Aufgaben der Partei« und ihrer Gliederungen zu wecken und vor allem jene Familienmitglieder mit ihren »politischen und kulturellen« Aufgaben vertraut zu machen, die ihr nicht angehörten. Den Kern bildete die symbolische Einheit zwischen Front und Heimat, weswegen in erster Linie Fronturlauber und verwundete Soldaten den Veranstaltungen Würde und den »Charakter einer grossen Familienfeier« verleihen sollten. Hinzu kamen Urlauber des Arbeitsdienstes, der Organisation Todt und evakuierte Rüstungsarbeiter.[1312] Wie deren »Ehrenplätze« aussahen, verraten die internen Dienstanweisungen für örtliche Hoheitsträger. Jahrelang hatten sie Erfahrung gesammelt, Fronturlauber bei parteiinternen Feiern in Szene zu setzen. Die NS-Frauenschaft sorgte dafür, dass der Platz des Urlaubers stets »festlich geschmückt ist, so daß er wirklich wie ein Ehrengast empfangen wird.«[1313] Kinder aus den örtlichen Kindergruppen, aus dem Jungvolk oder dem Jungmädelbund wurden in die Ehrenrituale für Fronturlauber eingebunden. Sie trugen Lieder vor oder überreichten Blumen und Basteleien.[1314] Die Familienabende wurden musikalisch umrahmt und möglichst »lebendig«, »farbenfroh« und »zeitnah« gestaltet. Eine kurze politische Ansprache gehörte dazu. Die jeweils örtlichen Kräfte der NS-Frauenschaft, des Volksbildungswerks, des Volkskulturwerkes, der KdF, des RAD, Schulungs- und Propagandaredner sowie die Spiel- und Singscharen der HJ, das BdM und das BdM-Werk »Glaube und Schönheit« halfen bei den Vorbereitungen. Die Abende sollten je nach lokalen Verhältnissen alle vier bis sechs Wochen in den Ortsgruppen und in den Zellen- oder Blockgemeinschaften wiederholt werden; die Reichspropagandaleitung und das Hauptkulturamt beabsichtigten, in Abstimmung mit der Parteikanzlei

---

1312 Vgl. ebenda.
1313 Vgl. IfZ-Archiv, 11 Db 08.01 *Der Hoheitsträger*, Artikel »Die Betreuung des Urlaubers«, Ausgabe VII/VIII 1942.
1314 Vgl. ebenda.

regelmäßig neue »Richtlinien und Anregungen« für die Ausgestaltung der Nationalsozialistischen Familienabende zu liefern.[1315] Schließlich spiegelten sich familiäre Entfremdungsprozesse in den Gazetten der Heimat und in den Tornisterschriften für Soldaten wider. Durchhalteparolen wurden zusehends auf zwischenmenschliche Beziehungen übertragen und an private Bedürfnisse angepasst. Bekannte Apelle, die sich zuvor mit dem Wiedereinleben zu Hause oder der Kluft zwischen Front und Heimat auseinandergesetzt hatten, lieferten Anknüpfungspunkte. Gewiss blieben viele dieser Anweisungen, die der Eindämmung innerfamiliärer Konfliktfelder dienten, im Fahrwasser tradierter Zuschreibungen.[1316] Dennoch ist im Laufe des Krieges auch hier ein Wandel zu beobachten. Beispielsweise beschrieben Frontzeitungen das Wiedersehen immer häufiger aus der Perspektive der Gattin oder der Freundin, was die Soldaten förmlich zum Perspektivwechsel zwang. Verständnis für gewandelte private Verhältnisse oder die Aufforderung, dass die Soldaten selbst aktiv der Entfremdung innerhalb ihrer Ehen und gegenüber ihren Kindern entgegenwirken mussten, waren ebenfalls keine Tabuthemen mehr. Ein früher Vorbote des sich abzeichnenden Umbruchs war der Artikel »... und unsere Frauen haben doch Recht!« in der Grabenzeitung *Der Durchbruch* vom Oktober 1940. Er nahm die Sichtweise einer Soldatenfrau nach einem misslungenen Urlaub ein.[1317] Die Enttäuschungen dieser »verunglückten Tage« machte sie zunächst an den vielen unerfüllten Erwartungen fest. Zu den gescheiterten Vorsätzen zählte ein gemeinsamer Theaterbesuch, Waldspaziergänge und Pilze sammeln mit den Kindern, Treffen mit Freunden und Verwandten, die Erledigung liegengebliebener Arbeiten im Haushalt und »vor allen Dingen unerhört lieb zueinander sein ...«. Hinzu kam, dass der Mann, der sich gewöhnlich neben der »lieben 8,8 Flak zum Schlafen« legt, in demütigender Weise »wie ein Zivilist in den Luftschutzkeller« musste. Doch das größte Konfliktpotenzial barg das abgekühlte Verhältnis zu den Kindern: Der Sohn äußerte am Frühstückstisch gar, er wäre im Falle des Todes des Vaters nicht traurig. Ausgerechnet am Tag des Abschieds ließ dies die Eltern »bitterböse aufeinander« werden. Es veranlasste den Soldaten zu dem Vorwurf, »ich entfremdete Dir die Kinder«.[1318] Der Text begnügte sich damit, Soldaten vor der Heimfahrt mental auf die skizzierten Problemkonstellationen vorzubereiten. Ferner rekurrierte er darauf, dass

1315 Vgl. BArch, NS 6/346, Leiter der Partei-Kanzlei, Führerhauptquartier den 3.4.1944, Anordnung 74/44 über »Nationalsozialistische Familienabende«.
1316 Vgl. Kundrus, Kriegerfrauen, S. 359, S. 370.
1317 Vgl. BArch-MA, RHD 69/79, Soldatenzeitung *Der Durchbruch*, Artikel »... und unsere Frauen haben doch Recht! Ein Brief aus der Heimat nach dem Urlaub«, vom 12.10.1940.
1318 Vgl. ebenda.

im Nachhinein betrachtet alles nicht so schlimm sei, man über das Vorgefallene lachen solle und somit der Vorfreude auf den nächsten Urlaub eigentlich nichts im Wege stehe. Insbesondere fällt auf, mit welcher Beiläufigkeit intime Schwierigkeiten gestreift wurden.[1319]

Daneben forderten die Verfasser Verständnis für die Schweigsamkeit der Soldaten von den Angehörigen ein, weil ihr »männlicher Stolz verbirgt, was sie kämpfend erlitten« hatten[1320], oder sie spielten auf Veränderungen ihres Charakters an. Einer Soldatenfrau fiel dies nach 13-jähriger Ehe daran auf, wie ihr Mann im Fronturlaub sein »kleines Töchterchen« begrüßte: Statt Zurückhaltung herrschte innige Wärme, die Kriegserfahrung hatte den »kühle[n], sachliche[n] Berufsmensch[en]« zu einem emotionalen und sorgenden Vater gemacht: »Von einem Mann nimmt man immer an, daß er so bleibt wie er stets war. [...] Doch als mein Urlauber zum ersten Mal wieder nach Hause kam [...], ging ich still aus dem Zimmer, um seine zärtliche Liebe für das kleine Wesen nicht zu stören. Wie oft fragt er mich nach allen möglichen Dingen, die sich um sein Gittchen drehen«[1321] Die NS-Propaganda fuhr mehrgleisig. Gewisse Problemkonstellationen thematisierte sie durchaus offen. Daneben beschönigte sie Sachverhalte und täuschte bis zuletzt die Illusion von Normalität vor. Hier lautete die Botschaft, Kriegserfahrung traumatisiere nicht zwingend, sondern könne gar menschliche und mitfühlende Seiten der Krieger im Privaten verstärken. Das Gegenstück bildeten Artikel, die Soldaten an den Gedanken heranführten, sie könnten beim Widersehen womöglich keine Nähe zur Ehefrau und den Kindern zulassen.[1322] Eine weitere Facette bildeten Geschichten, die

1319 Dies bildete eine Konstante während des Krieges. Die Artikel kamen immer wieder auf dieses Thema zurück, aber meist nur verschüchtert oder humoristisch. So in der Gauzeitung *Front und Heimat*: In der Geschichte »Macht der Gewohnheit« ging Soldat Karl »mit seinem Frauchen« eigens früh ins Bett – »ja, wenn einer so lange nicht mit Frauchen allein war –, schlief dann jedoch sofort ein. Der Erzähler gestand der Partnerin zwar große »Enttäuschung« zu, flüchtete dann allerdings in Humor, da der Soldat glaubte, einen Kameraden »anzuknurren«, als seine Frau ihn »wachzukitzeln« versuchte, vgl. SuStB Augsburg, Gs 2958 -21/41, Gauzeitung *Front und Heimat*, Artikel »Macht der Gewohnheit« vom 12.5.1941.
1320 Vgl. ebenda, Gauzeitung *Front und Heimat*, Gedicht »Heimkehrende Krieger«, 26.8.1941.
1321 Vgl. BSB, 4 Z 42.27-1941/42, *Berliner Morgenpost*, Artikel »Der Urlauber« in der Serie »Mein Mann ist eingezogen« vom 18.6.1942.
1322 Vgl. SuStB Augsburg, Gs 2958 -42/60, Gauzeitung *Front und Heimat*, Artikel »An meine Kameraden«, Nr. 59, Weihnachtsausgabe 1942: Als der Soldat Josef B. um Weihnachten 1942 in Arbeitsurlaub fuhr, brachten ihn das Verhältnis zu seiner Frau und das »wunderliche Wiedereingewöhnen in das Haus, in die Stille« in einen inneren Konflikt. Er warf sich vor, seinen Kameraden »untreu« zu sein, wenn er dies genoss. Folglich betrachtete er seine Ehefrau mehr als Mutter, die es verstand, dass er nicht mehr ganz zu ihr zurückfand: »Meine Frau wundert sich über so manches nicht mehr,

den Soldaten die Ängste und Erwartungen der Frauen nahebrachten, die dem Fronturlaub gleichermaßen hoffnungsvoll wie ängstlich entgegenblickten, da auch ihnen die Gefahren dieser »Zerreißprobe der Liebe« bewusst waren.[1323] Die *Mitteilungen für die Truppe* drückten im April 1943 offen aus, dass Eintracht im Fronturlaub eine beidseitige Angelegenheit war. Es war »Aufgabe der Männer und Frauen im Kriege, bei monatelanger beziehungsweise jahrelanger Trennung sich nicht auseinanderzuleben.«[1324] Diese Pflicht sei zugegebenermaßen »oft recht schwierig«, denn das was dem Mann in 1.000 Kilometer Entfernung an der Front widerfährt, liege auf einer gänzlich anderen Ebene als der Gedankenkreis der Frau zu Hause, und die Verzögerung der brieflichen Kommunikation erschwere den Austausch darüber zusätzlich. Beide Ehepartner wurden aufgefordert, »Brücken zueinander zu schlagen« und das Entstehen einer Kluft zu verhindern. Die pflegliche Behandlung der Ehe galt als wichtige Aufgabe des Kriegers.[1325]

Ähnlich äußerte sich die *Berliner Morgenpost* im September 1943. Die Geschichte »Urlaubsmorgen« forderte die Soldaten auf, die inzwischen veränderten Rollen in Familie und Haushalt nicht als Konkurrenzkampf der Geschlechter zu interpretieren. Sie sollten sie als vorübergehende Notwendigkeit des Krieges akzeptieren und verstehen, dass sie von der Funktion der Frau als Platzhalter profitierten. Gleichzeitig wurde den Frauen nahegelegt, die Soldaten wüssten ihre Leistungen durchaus zu schätzen, selbst wenn sie dies nicht aussprachen. So erkannte Unteroffizier Erich Thormann eines Tages: Die Gattin war Bewahrerin seines zivilen Lebenskreises. Sie hielt sein Andenken bei der kleinen Tochter Erika wach. Nur deswegen bedurfte es lediglich eines »kurzen Kampfes«, um sich ihm nach 16 Monaten Abwesenheit wieder zu öffnen: »Der Blick des Landsers sucht die Augen seiner Frau. Sie kennt seine Gedanken und weiß, was er ihr sagen will: ich danke dir für all deine Liebe, mit der du diesen kleinen Kreis behütest, ich weiß um deine Sorge, Mühe und Arbeit, und ich weiß auch, daß dir noch keine Mühe und Arbeit zuviel ward.«[1326]

Überhaupt gab es eine Vielzahl sinngemäßer Artikel, die sich primär mit dem Verhältnis der Soldaten und ihrer Kinder auseinandersetzten; sie suchten

seit ich zurückgekommen bin, sonst müßte sie erstaunt sein darüber, daß ich von jenem fremden Landstrich [...] zuweilen so spreche, als wäre er so etwas wie Heimat für mich.«.

1323 Vgl. ebenda, Gs 2958 -61/79, Gauzeitung *Front und Heimat*, Artikel »In Erwartung eines Fronturlaubers« vom 26.1.1943.
1324 Vgl. BArch-MA, RW 4/v 357, *Mitteilungen für die Truppe*, Artikel »Krieg und Ehe« vom April 1943.
1325 Vgl. ebenda.
1326 Vgl. BSB, 2 Eph.pol. 82 s-1943,7/12, *Berliner Morgenpost*, Artikel »Urlaubsmorgen« vom 11.9.1943.

darauf vorzubereiten, dass die Kinder sie im Urlaub womöglich nicht mehr erkannten oder akzeptierten. Sie boten entsprechende Anregungen, wie dem vorgebeugt werden könne. Beispielsweise brachten die *Soldatenblätter für Feier und Freizeit* im Juli 1943 eine Erzählung, in der ein Soldat nach dem Urlaub seinen Kameraden von zu Hause berichtete.[1327] Die schlimmste Erfahrung sei die erste Begegnung mit seinem Sohn gewesen. Er hatte ihn niemals zuvor gesehen und wusste nur aus Briefen, »daß er schon laufe und die ersten Sätze spreche.« So habe er sich während der langen Bahnfahrt ausgemalt, wie sich das Kind bei seiner Ankunft freuen werde. Jedoch war die Enttäuschung groß, als es ganz anders kam und der Kleine heulte und »vor dem fremden Mann« davonrannte. Dies gab auch den Kameraden zu denken, denn sie wussten: »… daß es so um jeden von uns steht, und wenn Väter achtzehn, zwanzig oder mehr Monate nicht mehr bei ihrer Familie waren, dann kommt es schon vor, daß einer mal ein paar Minuten, wie wir es sagen, ›den Rüssel hängen lässt‹.«[1328] Um dies zu vermeiden folgte ein Plädoyer für rege Aussprachen zwischen dem fernen Vater und den Kindern, selbst wenn diese noch nicht lesen oder schreiben konnten. Erneut übernahm die Mutter die entscheidende Scharnierfunktion. Genau wie sie das Aufwachsen der Kinder, ihre Malereien und ersten Worte dem Vater schilderte, sollte sie dessen Briefe den Kindern vorlesen: »Die Freude der Kinder ist dann grenzenlos, sie tragen den Brief überall herum, und es gibt Streit, weil ihn jedes selbst haben will.« Deshalb sollte der Vater im Feld auch jedem Kind einen eigenen Brief schreiben, der ihm alleine gehört. Kein Kind dürfe übergangen werden, weil sie darin sehr empfindlich seien: »Wer als Vater versäumt, auch während seiner Soldatenzeit ein inniges Verhältnis zu seinen Kindern zu pflegen, der darf sich im Urlaub nicht wundern, wenn sie ihm fremd wurden.«[1329] Mütter sollten mitwirken, gegenüber kleineren Kindern mit ihren vielen Fragen stets auf den Vater verweisen, ihn im Gedächtnis halten. Auch im Hinblick auf schon ältere Kinder betonten die Artikel, wie wichtig es sei, ihnen ungebrochenes Interesse entgegenzubringen. Etwa an ihrem Schulalltag, ihnen unermüdlich Fragen zu stellen und Ratschläge zu geben: »Solche Briefe helfen uns, die lange Zeit des Getrenntseins zu überbrücken; wenn wir die Kinder dann wiedersehen, sind sie wohl viel größer, uns aber nicht fremd geworden, und darum ist im Urlaub das Erleben mit den Kindern viel reicher und schöner.«[1330]

1327 Vgl. IfZ-Archiv, Da 033.015, Soldatenblätter für Feier und Freizeit, 4. Jahrgang 1943, Heft 7, Artikel »Der Soldat und seine Kinderschar«, S. 321 f.
1328 Ebenda.
1329 Vgl. ebenda.
1330 Vgl. ebenda; vgl. auch ebenda, *Soldatenblätter für Feier und Freizeit*, 5. Jahrgang 1944, Heft 11/12, Artikel »Erster Brief an meinen Sohn«, S. 537 f.

Auch die Tatsache, dass im Urlaubserleben für Männer und Frauen mitunter qualitativ große Unterschiede lagen, griffen die Artikel regelmäßig auf. Eine ganze Reihe von Enttäuschungen führten eine fiktive Soldatenfrau am Ende des Beisammenseins im Oktober 1943 zu der Frage: »Waren die Wochen schön gewesen? Für ihn gewiss, doch für sie? Warum hatte ihr nicht genügt, was ihm genügte? […] Es ging ihr nicht ein, weshalb die knappen drei Wochen des Urlaubs so ganz anders, als sie es sich vorgestellt hatte, verlaufen waren, und sie wußte nicht, ob sie dem Manne […] gram sein sollte oder nicht.[1331] Die Suche nach den Ursachen führte sie zu seiner inneren Distanz, der Enttäuschung, weil er nicht aus sich herausging; er berichtete nur über kleine Dinge, sprach aber nicht davon, was er in sich trug und ihn ihr so fremd machte. Sie hatten sich nicht einmal gestritten und doch warf es einen Schatten, weil er abgelehnt hatte, mit ihr unter Menschen zu gehen und weil er sich nie »ihren Wünschen und Sehnsüchten unterworfen« hatte. Doch just als sie den Zettel erneut las, auf dem sie ihre Erwartungen an die gemeinsame Zeit »mechanisch« niedergeschrieben hatte, verstand sie ihn und wie schön es war, dass er überhaupt bei ihr sein konnte.[1332] Freilich warb dieser Artikel um Verständnis für die potenzielle Wesensveränderung von Soldaten vornehmlich bei den Frauen. Die Unbestimmtheit der Gründe, insbesondere jedoch der Lösungsvorschlag, einfach darüber hinwegzusehen, universalisierten die Mahnung vor Enttäuschungen im Fronturlaub.

Vor der Gefahr, dass sich »jeder vom Urlaub zunächst ein Zuviel erträumt«, vor ehelicher Entfremdung und einer Überbewertung der Rollenverschiebungen warnte auch der Artikel »Liebe im Kriegssturm« vom Januar 1945. Er forderte beide Partner auf, dem Auseinanderleben aktiv entgegenzutreten. Allerdings glorifizierte er das Kriegserleben und die Härten des Luftkrieges:

»Es ist schwer, im Krieg eine Ehe zu führen. Es gehört mehr zum Charakter, mehr Liebe, mehr Glauben und mehr Pflege dazu als in normalen Zeiten. […] Sind die Männer durch das Kriegserlebnis im Feuer schon entrückt in Bezirke, von denen sie ausgeschlossen sind? Ist nicht ein Teil von ihnen uns fortgenommen durch die starke Frontkameradschaft, die selbst im Urlaub die Gedanken noch abzieht? […] Seit aber die Heimat Kampffeld wurde, wissen auch die Frauen von Frontgeist […]. Auch für das Wiedersehen ist diese selbstverständliche Kameradschaft ›kriegserprobter‹ Eheleute erleichternd. Man muß nicht mehr überbehutsam zueinander tasten, ahnungslos, wie dem anderen zumute sein oder wonach er Bedürfnis haben mag: nach Ruhe oder Anregung, Aussprache oder Schweigen, Ernst oder Scherz. Den-

---

1331 Vgl. ebenda, *Berliner Morgenpost*, Artikel »Die schönen Tage« vom 20.10.1943.
1332 Vgl. ebenda.

noch birgt auch Urlaub manche Krisenmöglichkeit. [...] Manchem Mann, der gewohnt war, zu bestimmen und zu beschützen, mag die Selbstverständlichkeit und Sicherheit unheimlich sein, mit der die Frau ihm gegenübertritt, die nun selber einen Beruf tüchtig ausfüllt, daneben womöglich monatelang für Haus und Kinder allein verantwortlich ist. Aber mit Liebe läßt sich schon beweisen, [...] daß Führerinnentätigkeit nicht gleichbedeutend mit Herrschsucht ist [...]. Jeder muß dem großen Glück kleine Opfer an Selbstbeherrschung, Rücksicht und Nachsicht bringen. Jeder muß immer wieder neu um den anderen werben und für den anderen da sein mit allem, was er hat und ist.«[1333]

3. Der Fronturlaub in Feldpostbriefen und Kriegstagebüchern

Ego-Dokumente ermöglichen eine andere Sichtweise auf den Fronturlaub.[1334] Neben den Strategien, mit denen Beziehungen über die Distanz gepflegt wurden, offenbaren Feldpostbriefe und Tagebücher, welche persönlichen Erwartungen die Soldaten und ihre Angehörigen an den Fronturlaub richteten. Ebenso, inwiefern sie diesen privaten Raum durch den NS-Krieg bedroht sahen. Selbstverständlich gab es viele Vorstellungen, wie in dieser Zeitspanne persönliche Entbehrungen ausgeglichen werden sollten. Die bereits im Vorfeld artikulierten Vorstellungen vorübergehender Rückkehr ins Zivilleben reichten von konkreten Aktivitäten über den Wunsch nach menschlicher Nähe und Intimität bis hin zur Auseinandersetzung mit Ängsten und anderen Problemen. Während die realen Pläne oftmals sehr anschaulich beschrieben wurden, findet sich die Selbstvergewisserung über den Bestand persönlicher Bindungen häufig zwischen den Zeilen. Befürchtungen über ein etwaiges Auseinanderleben der Familie folgten den Eindrücken der bisherigen Kommunikation und vorangegangener Treffen.[1335] Kontinuierlich überschrieben Erlebnisse Hoffnungen, gaben neue Erfahrungen geänderte Perspektiven preis, justierten Ernüchterung wie auch Bestätigung künftige Wünsche neu.[1336] Dies wandelte die Qualität des Heimaturlaubs aus Sicht der Akteure kontinuierlich.[1337]

1333 Vgl. SuStB Augsburg, Gs 2958 -97/101, *Front und Heimat*, Artikel »Liebe im Kriegssturm. Probleme der Kriegsehe und ihre Meisterung« vom 21.1.1945.
1334 Vgl. Reimann, vom Töten schreiben, S. 309f.
1335 Vgl. Flam, Soziologie der Emotionen, S. 182-186.
1336 Vgl. Koselleck, »Erfahrungsraum«, S. 357-359.
1337 Die gemachten Erlebnisse lassen sich grob in solche unterteilen, die im Sinne des Regimes durch die Bestätigung zivilen Rückhalts Kräfte des Ausharrens mobilisierten, und in jene, die dieser Absicht infolge von Entfremdung und kognitiven Dissonanzen entgegenwirkten.

Notwendigerweise greift die folgende Betrachtung zahlreiche der bisher vorgestellten Facetten des Fronturlaubs erneut auf – nun jedoch ausschließlich aus der Sichtweise der »betroffenen« Akteure. Ziel dieses Perspektivwechsels ist es zu prüfen, wie stark die Soldaten und ihre Angehörigen den vom Regime erwünschten Intentionen des Fronturlaubs – bewusst oder unbewusst – folgten und wie sie im Zusammenhang damit die Infiltration privater Räume erlebten. Weitere Anhaltspunkte hierfür liefern etwa individuelle Positionierungen zu den Verheißungen der Machthaber oder der Wandel soldatischer Sinngebungsmuster.[1338] An den genannten Kategorien zeigt sich, inwieweit NS-Ideale intime Hoffnungen und privates Handeln steuerten und bis zu welchem Grad sich die Familien resistent zeigten. Als Messbarometer dienen wiederkehrende Inhalte in Feldpostbriefen und Tagebüchern, die im sozialen Vorwissen der Schreiber gründen.[1339] Mit Blick auf die Entwicklung persönlicher Beziehungsstrukturen in diktatorischen Gesellschaften interessiert zudem, in welchem Maße sich die Individuen an vorgegebenen »Gefühlsstrukturen« und »Emotionsstilen« orientierten oder orientieren mussten.[1340]

a. Erwartungen

Erholung und Normalität

Soldaten thematisierten vor ihren Heimataufenthalten häufig Freizeitaktivitäten und die Strukturierung des Wiedersehens. In der Regel bezogen sie ihre Familie, Partnerinnen oder Freunde in die Reise- und Besuchsplanung mit ein. Allerdings zielte diese »Organisation« nur mittelbar auf die Stabilisierung privater Bindungen. Im Vordergrund standen Erholung und individuelle Kompensationsbedürfnisse, überwiegend materieller und sinnlicher Natur. Ferner der Wunsch, den kurzen Aufenthalt durch straffe Zeiteinteilung effizient zu gestalten. Hierin lag bereits eine Wurzel vieler Enttäuschungen, wenn die mitunter illusorischen Ambitionen hinter den realen Möglichkeiten zurückblieben.[1341]

Wie gesehen wollten es sich viele mit ausreichender Ausstattung hinsichtlich Nahrung, Waren und Genussmitteln möglichst gut gehen lassen. Häufig wurde die schlichte Notwendigkeit körperlicher – seltener seelischer – Erholung angesprochen. Geplante Besuche in Theatern, Museen oder Kinos drückten die

---

1338 Vgl. Fischer-Lichte, Performativität, S. 114 f.; zur Funktion von Emotionen bei der Entstehung von Liminalität und Emergenz vgl. Febvre, Sensibilität und Geschichte, S. 316 f.
1339 Vgl. Frevert, Vergängliche Gefühle, S. 45 f.
1340 Vgl. Plamper, Emotions, S. 237-265.
1341 Vgl. Koselleck, Erfahrungsraum, S. 357 f.

Sehnsucht nach kulturellen Annehmlichkeiten aus. Weitere Punkte stellten etwa Familienbesuche, Spaziergänge oder Ausflüge dar. Bei den meisten Plänen schwang das Verlangen mit, diese selbstbestimmt und frei von äußeren – privaten wie gesellschaftlichen – Einflüssen umzusetzen. Daher zählt die Forderung nach häuslicher Ruhe und Abgeschiedenheit zu den individuellen Kompensationsformen. In der Gesamtschau zielten die Erwartungen an den Fronturlaub auf das Wiedereintauchen in eine zivile Gegenwelt ab. Vor allem in der ersten Kriegshälfte äußerten Soldaten diese Wünsche und Hoffnungen, während nach der psychologischen Wende Stalingrad entsprechende Äußerungen in den Briefen deutlich abnahmen.[1342] Doch zeigen sich auch im späteren Verlauf des Krieges erstaunliche Fälle weitgehend erhaltener Normalität. Eine besonders detaillierte Urlaubsplanung schilderte im April 1942 Robert W. seiner Frau Ingeborg von Afrika aus:

»Wenn Du schreibst, Du hättest aus meinen Briefen herausgelesen, daß ich im Urlaub in die Berge wollte, dann sage ich: Da hast Du nur zum Teil recht. Für meinen ersten Urlaub, vielleicht knappe 3 Wochen, kommen sie zunächst überhaupt nicht in Frage. Wenn die ganze Salami mal zu Ende ist und ich einen zünftigen Erholungsurlaub von 6 Wochen erhalte, dann geht's ›auf‹. Dieses erste Mal würde es also so aussehen: Die 1. Woche würde ich mich erst mal zu Hause, das heißt bei Dir, akklimatisieren. Das wird unbedingt notwendig sein. Du glaubst ja nicht, wie ich mich gerade darauf freue, wieder ein Kulturmensch zu sein, in der herrlichen Umgebung so ganz für mich, das Liebste, was ich besitze, dann um mich zu haben; an einem richtigen und sauberen Tisch zu essen. Ach, und mein Bett erst! – Wenn man die Klamotten endlich ausziehen kann. Ingeken, kannst Du Dir das vorstellen? – Und dann kein Sandsturm, keine Hitze, keine lästigen Fliegen! – Abends sitzen wir dann alle noch gemütlich 1 Stündchen zusammen. Ich in meiner historischen Sofaecke, das geliebte Frauchen im Arm haltend – und dann könnte ich ja einiges erzählen. In der 2. Woche gehen wir dann unter Menschen, d. h. wir fahren nach H[.], wenigstens eine Woche. Auch darauf freue ich mich schon. Wir quartieren uns in einem ruhigen Gasthof ein und feiern dann mit all den Lieben ein frohes Wiedersehen. Die 3. Woche geht es wieder nach Hause. Dann machen wir keine Touren; je nachdem was gerade auskommt. Einen guten Film möchte ich mal wieder sehen, ins »Metropol« gehen und andere Dinge mehr. Wie findest Du meinen Vorschlag? Ich glaube, es wird so das Beste sein. Jeder wird berücksichtigt, und den

---

1342 Vgl. Gerstenberger, Alltagsforschung, S. 35-49.

Löwenanteil behalten wir beide ja doch, was wir uns ja wohl auch verdient haben«[1343].

Der Soldat erscheint hier als der alleinige Organisator des Urlaubsablaufs. Seinem Bedürfnis nach Erholung, der Wiedergewöhnung an kulturelle und zivilisatorische Annehmlichkeiten, räumte er zunächst Vorrang ein. Das Verhältnis zu seiner Frau und den Kindern ordnete er dem unter – mehr noch: Er machte es davon abhängig. Aktivitäten, die für die Regeneration und die Kompensation kultureller wie zwischenmenschlicher Entbehrungen sekundär waren, klammerte er gänzlich aus und vertagte sie auf die Zeit nach dem Krieg. Aber auch während des Aufenthalts setzte er deutliche Prioritäten. Für die erste Zeit der Heimkehr fällt besonders der widersprüchliche Wunsch auf, sich als »Kulturmensch« völlig alleine zu akklimatisieren und dennoch das »Liebste« bei sich zu haben. Möglicherweise war dies auf die belastende Omnipräsenz des Kameradenkreises zurückzuführen.[1344] Der Schreiber beantwortete die Frage nach privater Harmonie nur kryptisch und offenbart hier einen Lernprozess. Semantisch lockerte er die zunächst strikt eingehaltene »Ich«-Perspektive während des imaginativen Urlaubs nach und nach durch das Gemeinsamkeit und Vertrautheit suggerierende »Wir« auf. Erst nach der vorübergehenden Flucht in die Öffentlichkeit und Besuchen bei Verwandten und Bekannten verliert die Beschreibung ihren gezwungenen Charakter, und es entsteht der Eindruck, als könne sich der Soldat nun sorgenfrei treiben lassen. Erst während der Schilderung der letzten Tage des Urlaubs nahm eheliche Zweisamkeit mehr Raum ein, wie es durch die vage Anspielung auf »andere Dinge« oder den »Löwenanteil« zum Ausdruck kommt.

Auch an anderer Stelle differenzierte dieser Schreiber klar zwischen körperlichen Erholungsbedürfnissen und zwischenmenschlicher Selbstvergewisserung. Als er im Sommer 1942 wegen eines Bombensplittersteckschusses von Afrika aus in ein Heimatlazarett verlegt wurde[1345], schilderte er seiner Frau den Aufenthalt dort als wahren Genuss. Das Wiedersehen sollte ganz bewusst erst nach weiterer Regeneration im anschließenden Genesungsurlaub stattfinden. Die strikte Trennung von militärischem und privatem Umfeld sowie der daraus resultierende Aufschub spiegelt die überhöhte Erwartung an das Private wider. Das persönliche Aufeinandertreffen stilisierte der Soldat zum alles entscheidenden Moment, wobei Zweisamkeit oberste Priorität hatte und keinesfalls durch die Anwesenheit anderer Kameraden gestört oder in ihrem Bedeutungsgehalt gemindert werden durfte:

1343 MSPT, Serie 3.2002.7605, Brief von Robert an Ingeborg W. vom 17.4.1942.
1344 Vgl. Flam, Emotionen, S. 187-191.
1345 MSPT, Serie 3.2002.7605, Brief von Robert an Ingeborg W. vom 2.7.1942.

»Der Einzug hier war ein Festtag für mich. Zuerst ein Bad. Es war herrlich. [...] Mit einer langen Schrubbürste wurde der Körper bearbeitet. Herrlich, herrlich. [...] Nach dem Bad wurden wir frisch verbunden und dann ging es in ein prima weißes Bett. Ich bin vorläufig restlos zufrieden. Wenn das Essen so bleibt, wie es gestern Abend und heute zu Mittag war, dann kann man sich schon erholen. [...] Ich kann mir vorstellen, meine liebe Inge, daß Du Dich nun am liebsten in die Bahn setzen und mich besuchen würdest. Davon laß Dir aber bitte gleich abraten. Ich möchte mir unser Wiedersehen, wo ich schon so darauf brenne, für zu Hause aufheben. Hier im Lazarett unter den vielen Augen wäre es Schade darum, meinst Du das nicht auch?«[1346]

Nicht immer drückten Soldaten wie Angehörige ihre Urlaubsvorstellungen derart detailliert oder auf einem so hohen Reflexionsniveau aus. Am anderen Ende des Spektrums standen vage oder beiläufig artikulierte Erwartungen, die den Wunsch nach normalem Alltag, Gestaltungshoheit der Freizeit oder Rückzugsräumen erkennen lassen, ohne auf Inhalte einzugehen. Alfred B. wollte im Urlaub einfach nur »unbeschwerte Stunden«[1347] erleben, wie auch Bernhard S. sich auf die unbestimmte »schöne Zeit« freute, in der er seinen »Liebsten freudig die Hand zum Gruße drücken« konnte.[1348] Freilich waren der Planbarkeit enge Grenzen gesetzt, weil Vorgesetzte Fronturlaube regelmäßig strichen, verschoben oder generell sehr kurzfristig gewährten. So schrieb Lore an Hermann G. im August 1940: »Weißt Du noch nichts Genaues? Die Urlaubstage werden wir dann aber genießen. Schön wäre es, wenn wir den Wagen frei bekämen [...]?«[1349] Ernst G. freute sich auf einen »frohen und hoffentlich auch sorgenfreien Urlaub«[1350], wohingegen Kanonier Hans N. den Aufenthalt zu Hause strategisch bewusst nicht konkretisierte: »Was um mich ist, ist alles fremd, kalt und sinnlos. Das, was Heimat ist, habe ich noch nie so sehr empfunden und ersehnt. Sich bestimmte Hoffnungen zu machen, ist in solchen Zeiten sinnlos. Man spart sich Enttäuschungen, wenn man die Dinge nimmt, wie sie kommen und nur sein Vertrauen behält und heimliche Hoffnung.«[1351] Die Mehrzahl der Schreiber bewegte sich zwischen den beiden vorgenannten Polen. Weder war die Äußerung von Hoffnungen an den Fronturlaub noch deren Reflexion in Tagbüchern ein punktuelles Ereignis. Vorfreude und Bangen erstreckten sich oftmals über Monate. Wünsche und Pläne passten sich während des Wartens

1346 Ebenda, Brief von Robert an Ingeborg W. vom 5.7.1942.
1347 DTA, Serie 326 II, Tagebucheintrag von Alfred B. vom 19.3.1943.
1348 Vgl. IfZ-Archiv, Akzessionsnummer 2, Brief von Bernhard S. vom 4.9.1941.
1349 DTA, Serie 1462, Brief von Lore an Hermann G. vom 20.8.1940.
1350 MSPT, Serie 3.2002.0349, Brief von Ernst an Irene G. vom 25.2.1943.
1351 MSPT, Serie 3.2002.7283, Brief von Hans an Friedl N. vom 16.11.1940.

den Rahmenbedingungen, beispielsweise der Jahreszeit oder familiären Ereignissen, an. Aus der Rückschau lassen sie sich nur über einen längeren Zeitraum und häufig zwischen den Zeilen herausfiltern.[1352] Darüber hinaus hatten auch die Angehörigen in der Heimat Anteil an der Urlaubsplanung. Sie nahmen Stellung zu den Überlegungen der Soldaten, beurteilten diese in Abhängigkeit zu den kriegsbedingten Gegebenheiten in der Heimat oder lieferten eigene Vorschläge. So antwortete beispielsweise Ernst G. auf die Gedanken seiner Verlobten im Hinblick auf die bevorstehende Kriegsheirat mit dazugehöriger Hochzeitsreise:

»Deine Gedanken mit dem Urlaub sind wieder mal ganz famos. Ich schreibe gleich mal nach Thüringen, an die Unterschweitzer Hütte, da ist es nämlich herrlich. [...] Hast Du noch Vorschläge, dann aber schnell her damit. [...] So eine schöne Abwechslung. Ich darf gar nicht daran denken, und trotzdem, man kann immer wieder davon träumen. Da hast Du wieder einen Vorschlag gemacht. Gedanken hast Du, also die sind einfach nicht zu übertreffen. Hoffentlich vergesse ich dann auch nicht, daß ich Soldat bin.«[1353]

Die direkte Antwort der Braut Irene auf diesen Brief zeigt dennoch, in welchem Maße sich ihre Vorschläge den Wünschen des Bräutigams unterordneten. Sie blieb in der Rolle der sorgenden Hausfrau. Das Paar folgte dem staatlichen Erholungsziel, der Soldat sollte sich während seines kurzen Aufenthalts in der Heimat wohlfühlen und nichts zu beanstanden haben.

Sehr häufig artikulierten die Schreiber das Verlangen, dem Wiedersehen durch Reisen oder Ausflügen eine besondere Note zu verleihen. Andererseits gab es die Tendenz, sich völlig in die eigene Häuslichkeit zurückzuziehen und im Fronturlaub nichts zu erleben, »was nur irgendwie an den Krieg erinnert.«[1354] In beiden Fällen dominierten individuelle Bedürfnisse nach Erholung die Ausgestaltung. Subjektives Wohlergehen war gewissermaßen die Voraussetzung, um zwischenmenschliche Bindungen zu genießen. Schon die beabsichtigte Rahmengestaltung vieler Schreiber verrät, dass sie nicht einfach an alte Routinen anknüpfen wollten. Viele der hochgesteckten und oftmals als »illusorisch« bezeichneten Erwartungen folgten der Logik, durch den Ausbruch aus dem Kriegsalltag ein Höchstmaß an familiärer Normalität zu erzeugen. Die Beschränkung auf die eigenen vier Wände war eine passive Strategie. Zivile Aktivitäten im öffentlichen Raum verweisen dagegen oftmals auf die bereitwillige Annahme nationalsozialistischer Angebote wie auch auf Aushandlungskonflikte

1352 Vgl. Latzel, Soldaten, S. 117-125.
1353 MSPT, Serie 3.2002.0349, Brief von Ernst an Irene G. vom 2.12.1939.
1354 Vgl. DTA, Serie 1462, Brief von Lore an Hermann G. vom 17.10.1941.

zwischen zugestandener und eingeforderter Privatheit. Zwar kritisierten die Machthaber kontinuierlich »unnötige Reisen« angesichts begrenzter Transportkapazitäten oder der schwer kontrollierbaren Überbelegung der Fremdenverkehrsorte.[1355] Allerdings äußerten Soldaten und ihre Angehörigen derlei Wünsche trotz Krieg wiederholt. So träume Annemarie H. in den Briefen an ihren Verlobten Alfred von Reisen mit ausgedehnten Wanderungen in die Berge, durch den Spessart, den Odenwald und entlang des Mains. Allerdings war ihr bewusst, wie fragil private Pläne waren; sie beschrieb sie als »Luftschloss«.[1356] Auch Centa B. folgte bei der Planung des Urlaubs den Wünschen ihres Mannes:

»Ich sehne mich so sehr nach einem Wiedersehen mit dir mein Schatzl. Ich will dich ja dann wieder so lieb haben. Ja und diesmal wollen wir doch mal ins Gebirge, das wäre ja herrlich, wenn dieser so lang gehegte Wunsch doch mal in Erfüllung ginge. Das müsste schöne Farbaufnahmen geben dann. Willst du also mal Willy besuchen, ich glaube er kommt nach Mittenwald, da müsst es doch herrlich sein mein Schatz.«[1357]

Die suggerierte Normalität während des Fronturlaubs trug wesentlich zur Stabilisierung und zum Erhalt der Durchhaltebereitschaft der Kriegsgesellschaft bei. Die qualitativen Abstriche taten dem nicht zwingenden Abbruch. Noch Ende Juni 1944 träumten Ruth und Otto S. von einem gemeinsamen Badeurlaub an der Ostsee. Die angespannte Lage und Evakuierungen infolge des Luftkrieges schreckten sie nicht ab, vielmehr blendeten sie dies bis zu einem gewissen Punkt aus – um ihr imaginiertes privates Beisammensein nicht zu gefährden:

»Dein Plan, mich in den Sommerferien von Königsberg abzuholen, ist entzückend. Etwas genau festzulegen, will ich mir zunächst abgewöhnen. Der Aufenthalt hat z. B. zwei Haken: Es gibt gewiss kein Zimmer mehr, da die Umquartierten und Flüchtlinge alles besetzt haben und das Wetter hat sich bis jetzt unbeschreiblich aufgeführt. Aber ich bin kein Pessimist. Wir werden also doch Zimmer bekommen, bzw. mehrmals rausfahren und 2.: Wenn Engel reisen, lacht sowieso der Himmel. Kein Wunder, dass das Wetter nicht besser wird, wenn jeder Urlaub für die armen Menschlein gesperrt und infolgedessen kein Engel unterwegs sein kann.«[1358]

1355 Vgl. Boberach (Hrsg.), Meldungen, Bd. 10, S. 3624 ff., SD-Bericht vom 13.4.1942; BArch, R 4901-7071, Anordnungen zur Lenkung des Fremdenverkehrs des Staatssekretärs für Fremdenverkehr vom 31.3.1942.
1356 DTA, Serie 1818, Briefe von Annemarie (t.) H. vom 16.2.1941 und 3.2.1942.
1357 IfZ-Archiv, ED 930, Brief von Centa an Franz B. vom 8.5.1943.
1358 DTA, Serie 2172, Brief von Ruth an Otto S. vom 22.6.1944.

Nähe, Geborgenheit und familiäre Rollen

Viel fundamentaler als der formale Ablauf des Urlaubs war für die Soldaten und ihre Angehörigen die Selbstvergewisserung darüber, ob ihre Beziehungen die langen Trennungen unbeschadet überstanden und sie daran nach dem Krieg würden anknüpfen können.[1359] Mitunter fiel es den Schreibern nicht leicht, den damit verbundenen Wunsch nach zwischenmenschlicher Geborgenheit in klare Worte zu fassen. Entsprechende Erwartungen versteckten sie oft im Kontext. Dessen ungeachtet zeugen die Schriftstücke von einem breiten Bedürfnis nach Nähe und privaten Rückzugsorten. Bei der (Wieder-)Annäherung an die eigenen Kinder setzten die Soldaten oft Mitbringsel ein. Sie sollten helfen, das Eis zu brechen. Ihre Sehnsucht artikulierten viele Heimkehrer anhand gemeinsamer Aktivitäten, bei denen sie als Väter wieder in die Rolle der Familienoberhäupter schlüpften und die Kinder ihnen nacheiferten. Einen exponierten Stellenwert hatte eheliche Intimität. Der Ausdruck – angestauter – sexueller Bedürfnisse reichte von verschämten Wortspielen bis hin zu Zoten im rauen Soldatenjargon. Schließlich deuten Vorstellungen von Familie und Häuslichkeit auf spezifisch geschlechtliche Rollenzuschreibungen. Über einen harmonischen Urlaubsverlauf entschied nicht zuletzt der Gleichklang dieser wechselseitigen Erwartungen.

Wolfgang B. wollte 1943 seine Verlobte Maria »3 Wochen nur liebhaben und glücklichsein«.[1360] Hermann G. imaginierte an der Ostfront seinen Weihnachtsurlaub, vom »Briefmärkeln« und dem Spiel mit den Kindern bis zum Skatabend auf der gemütlichen Eckbank mit der Ehefrau. Ausdrucksstark zeichnete er seine vier Wände als Refugium, nach dessen Wärme er sich sehnte.[1361] Maria B. dagegen wollte mit ihrem Verlobten Franz wieder »jeden Tag […] im Wald im Dickicht herumrollen und ganz Mädchen« sein.[1362]

Grundsätzlich betrachteten die Soldaten die Trennung von den geliebten Menschen als Unglück. Je länger sie auf ihren Urlaub in der Heimat warten mussten, desto stärker konnte die Vorfreude in Desillusionierung während ihres Aufenthalts umschlagen. Dies galt insbesondere, wenn das Treffen wie im Fall von Wolfgang B. gänzlich als Idyll ausgemalt wurde, in dem keinerlei Platz für Dissonanzen mehr war: »Wann ich auf Urlaub komme ist noch ganz unbestimmt. […] Aber jeder Tag bringt uns ja dem ersehnten Wiedersehen näher. Wie reich sind wir doch, daß wir uns so freuen können u. wie wird jede

---

1359 Zur sozialen Erwartungsstruktur Liebender vgl. Luhmann, Liebe, S. 74f.
1360 DTA, Serie 49/1, Brief von Wolfgang B. vom 31.5.1943.
1361 Vgl. DTA Serie 1462, Briefe von Hermann und Lore G. vom 27.9., 2. und 30.11.1941.
1362 DTA, Serie 49/1, Brief von Maria B. vom 18.4.1943.

Minute erfüllt sein von Liebe und Glück.«[1363] Die Familie blieb ein Fixpunkt, der die meisten Hoffnungen und Sehnsüchte verkörperte. Dies galt ebenso für ledige Soldaten, die sich auf Eltern und Geschwister freuten: »Von Woche zu Woche hoffte ich vergebens gesund zu sein, bald in meine Heimat fahren zu dürfen und meine lb. Eltern und Geschwister wiedersehn zu können, ja nach 6 Monaten Trennung wieder glücklich zu sein. [...] Was birgt doch eine Zeit von 6 Monaten alles an Sehnsucht, Hoffnung, Freuden und Enttäuschungen und was wird die Zukunft alles bergen.«[1364]

Das Bedürfnis zur Selbstvergewisserung über die Tragfähigkeit persönlicher Bindungen erschöpfte sich keineswegs in Sehnsuchtsäußerungen nach häuslicher Obhut oder vagen Andeutungen von Liebe und Innigkeit. Mehr oder weniger offen drückten viele Schreiber überdies sexuelle Bedürfnisse aus, deren Erfüllung sie sich im Fronturlaub vom Ehegatten oder Partner erhofften. Dass dieses Thema für viele Paare eine Hemmschwelle darstellte, drückte zum Beispiel Lore G. aus, als sie ihrem Mann Hermann mitteilte: »... wenn du nur hier sein könntest, dann könnte ich dir schöne Dinge wünschen, die sich nur schwer schreiben lassen [...].«[1365] Doch lasen Adressaten selbst kryptische Anspielungen dieser Art in der Regel als Code, der ihre Fantasie anfachte und folglich die Erwartungen an den Urlaub steigerte. Entsprechende Andeutungen waren bereits ein Teil der gegenseitigen Vergewisserung über den Stand der Beziehung. Deutlicher in der Schilderung seiner Erwartungen wurde der Afrikakämpfer Robert W. Nachdem sie sich über Monate hinweg nicht mehr gesehen hatten, schrieb er seiner Frau im Juli 1941:

»Ingeken, denk mal an – was mir früher nur höchst selten möglich war, daß passiert jetzt hier des öfteren, nämlich – daß ich von Dir träume – und zwar ganz nette Sachen. Ist das nicht erfreulich? – Ach! – Ich möchte doch wirklich mal wieder mein liebes Frauchen im Arm halten, möchte die weichen, roten Lippen küssen und in die schönen, langbewimperten Augen schauen – die einen so lieb ansehen können. Verdammt juche! – Robärti ich rufe dich zur Ordnung, du schwärmst ja wie ein Primaner. Quatsch, der Robert ist ein reifer Mann und weiß was er will.«[1366]

Interessant an dieser Passage ist der Kontrast, den Robert W. explizit zwischen dem ehelichen Alltag vor dem Krieg und der gegenwärtigen Situation herstellte. Während die Beziehung früher selbstverständlich für ihn war, empfand er nun

---

1363 DTA, Serie 49/1, Brief von Wolfgang an Maria B. vom 28.10.1944 und vom 4.11.1944.
1364 DTA, Serie 148/1, Tagebucheintrag von Albert J. vom 24.4.1940.
1365 DTA, Serie 1462, Brief von Lore an Hermann G. vom 24.4.1940.
1366 MSPT, Serie 3.2002.7605, Brief von Robert an Ingeborg W. vom 27.7.1941.

wie viele andere Soldaten gesteigerte Sehnsucht, was sich wiederum auf die Vorstellung seines Urlaubs auswirkte. Der Gedanke liegt nahe, aus der Entbehrung eine Stärkung der Paarbeziehung abzuleiten.[1367] Allerdings lässt sich zu diesem Zeitpunkt lediglich die Intensivierung des Bedürfnisses nach ehelicher Harmonie feststellen. Bei Nichterfüllung konnte die Enttäuschung umso größer ausfallen.

Weiterhin folgten Soldaten wie auch ihre Angehörigen mit dem Wunsch nach Intimität einer Logik der Kompensation. Viele betrachteten Partnerschaft teilweise als quantitatives Gut. Daraus resultierte der Gedanke, das Defizit auf dem Beziehungskonto – nun auch qualitativ – durch mehr Nähe während des Fronturlaubs auszugleichen. Dies befeuerte die Auffassung, intimes Kapital für die nächste Trennung auf die Habenseite legen zu können. Stellvertretend für zahllose andere Schreiber erklärte Karl C. im Mai 1943 diesen Mechanismus: »Freu mich ja schon sehr bis wir wieder beisammen sind, die schönen Stunden vor dem Einschlafen! Weißt es gehört schon etwas dazu, wenn man so wie ich, gesund bin, [...] fast 4 Jahre [...] ohne Frau! Aber bald komme ich ja heim, dann werden wir nachholen und auch ›vorarbeiten‹.«[1368] Anlässlich eines anderen bevorstehenden Fronturlaubs wiederholte Karl C. seine Bedürfnisse:

»Wirst sehen bis ich daheim bin, nach meinem Urlaub wirst Erholung nötig haben [...] wenn da was wird, übertrifft es sogar den Peterl! [...] aber Gott behüt! [...] Du schreibst die Grete geht mir, wenn ich daheim bin, nicht von der Seite. [...] das schmeißt mein ganzes Programm über den Haufen, denn die Stunden die für uns beide ganz allein reserviert waren, die fallen dann selbstverständlich weg. [...] aber sonst läßt mir dieser Entschluss meiner Schwägerin das Herz höher schlagen und wird das ein stolzes Gefühl sein [mit euch zwei Hübschen] spazieren zu gehen, im Kino, die eine links die andere rechts [...].«[1369]

Hinter der Anspielung, die Frau werde nach dem Urlaub Erholung nötig haben, stand freilich eine Zote, ganz gemäß dem beschriebenen Kompensationsmechanismus. Die Assoziation mit dem gemeinsamen Sohn Peter verrät zudem den Wunsch nach weiteren Kindern. Demzufolge hoffte der Soldat, während des Urlaubs nicht nur vorübergehend in ein stabiles Familienleben einzutauchen, sondern dieses trotz des Krieges voranzutreiben. Wie andere Schreiber

1367 Vgl. Vaizey, Surviving, S. 1.
1368 SFN, NL 57, Brief von Karl an Anna C. vom 20.5.1943; vgl. auch DTA, Serie 1818 II, Tagebucheintrag von Annemarie (t.) H. vom 16.3.1941: »Ich habe das Küssen dann auch sehr schnell gelernt. Alfred behauptete, eine Woche müssten wir es im Nachaus und die zweite Woche im Voraus besorgen.«; ferner Hesse, Hauptmann, S. 140.
1369 SFN, NL 57, Brief von Karl an Anna C. vom 20.6.1942.

fand sich Karl C. im Zwiespalt, möglichst viel der wertvollen Zeit nur mit Frau und Kind verbringen zu wollen, gleichzeitig aber weitläufigeren familiären Verpflichtungen nachzukommen. Auch Centa B. verband die Sehnsucht nach Intimität im Fronturlaub mit dem Wunsch nach Nachkommen, setzte beides jedoch in einen anderen Kontext:

»So mein Butzl, du willst ja sehr unternehmungslustig zu mir kommen, wie ich deinen Zeilen entnehme und ist mir das bestimmt nicht unangenehm – im Gegenteil. So was Kleines wäre bestimmt das richtige für mich, aber mein Schatz, da müsstest du dann schon bei mir bleiben können, wäre ja in diesem Falle doppelt allein und verlassen. Am Anfang vom Krieg wäre es recht gewesen, aber das konnte man nicht wissen.«[1370]

Mit »unternehmungslustig« antwortete die Schreiberin galant auf eine offenkundig sexuelle Erwartung ihres Mannes an den nächsten Fronturlaub. Dem Kinderwunsch und damit dem Ausbau des Fundaments ihrer Beziehung stand sie prinzipiell aufgeschlossen gegenüber. Allerdings fragte sie sich, ob dies angesichts der Kriegslage der geeignete Zeitpunkt sei. Zumindest unbewusst widersprach sie damit der NS-Propaganda, die den Fronturlaub zur Geburtensteigerung instrumentalisierte.

Neben partnerschaftlicher Vertrautheit wünschten sich Soldaten Nähe zu ihren Kindern. In Erwartung der Heimkehr malten sie sich verschiedenste Szenerien gemeinsamer Aktivitäten aus und hofften darauf, möglichst reibungslos an bestehende Beziehungsstrukturen anzuknüpfen. Demzufolge bestand auch hier die Gefahr von Illusionismus. So schrieb etwa der Wiener Soldat Karl C. im September 1942 an seine Frau Anna über Sohn Peter: »Ich denke oft wie schön wird es daheim, mit Euch im Wienerwald, sehen wie sich der Peterl freut, dann gehen wir die Wege die wir einst mitsammen gegangen sind, werden den Peterl in unserer Mitte führen, wird alles sein wie ein Traum.«[1371] Zu diesem Traum gehörten auch gemeinsame Fahrten im Riesenrad auf dem Wiener Prater, Bootsfahrten oder Familienausflüge, etwa nach Schönbrunn.[1372]

Bernhard S. teilte seiner Frau Babette dagegen im August 1941 aus dem Osten mit: »Was werden wohl meine beiden lb. Mädchen sagen, wenn ich einst unverhofft vor Euch stehe. Meine lb. Annamarie mit ihrem kranken Ärmchen, wird mich sicher, wie das letztemal gleich wieder kennen, u. sich freuen. Auch mit meiner Tilly werd ich bald wieder lustiges verstehen hergestellt haben.«[1373] Erwartungen dieser Art vermengten Erfahrungen mit Hoffnungen. Gewiss

---

1370 IfZ-Archiv, ED 930, Brief von Centa an Franz B. vom 17.1.1943.
1371 SFN, NL 57, Brief von Karl an Anna C. vom 12.9.1942.
1372 Vgl. ebenda, Brief von Karl an Anna C. vom 11.8.1941.
1373 IfZ-Archiv, Akzessionsnummer 2, Brief von Bernhard an Babette S. vom 31.8.1941.

sprach sich der Soldat Mut zu, seine Kinder würden ihn wiedererkennen, was auch als Schutzmechanismus vor befürchteter Entfremdung gelesen werden kann. In der konkreten Situation schien dies womöglich umso dringender, als er sich mittlerweile im Osteinsatz befand. Der Zeitpunkt seines nächsten Besuchs in der Heimat wurde immer ungewisser. Aufgaben, die Akteure im Fronturlaub von sich selbst und ihren Partnern verlangten, vermitteln ein subjektives Bild der Rollenvorstellungen innerhalb von Familien. Lore G. versprach beispielsweise ihrem Mann:

»Wie oft wirst Du Dich nach unserer gemütlichen Badestunde gesehnt haben! – Und wenn das ganze Holz drauf geht – Du darfst im Urlaub morgens und abends baden, so oft Du Lust hast. Und zu einer Mahlzeit kannst Du einen Rehschlegel allein essen: Alles wird gespart bis Du kommst – du sollst Dir wie im Paradies vorkommen.«[1374]

Die skizzierten Wohltaten deckten sich mit den Forderungen der Propaganda. Die Aufgaben der Frau zielten primär auf die Wiederherstellung der Kampfkraft des Mannes ab. Ihre eigenen Bedürfnisse stellte sie dahinter zurück. Doch Lore hatte weitere Erwartungen an den Aufenthalt ihres Mannes. Da es ihr immer schwerer fiel, den Haushalt alleine zu führen, versprach sie sich Entlastung. Vor allem bei der Erziehung der Kinder sehnte sie sich danach, »die Zügel für ein paar Wochen zu übergeben«.[1375] In diesem Fall stimmten die beiderseitigen Erwartungen an den Fronturlaub überein. Hermann wollte Aufgaben im Haus übernehmen und seine Zeit den Kindern widmen: »Ich freu mich immer so wenn du über die Kinder schreibst. Dem Götz würde die väterliche Hand offenbar wieder einmal gut tun. [...] Es ist bloß schade für die schönen Jahre, die wir getrennt verbringen müssen.«[1376] Insofern bestanden gute Voraussetzungen für ein harmonisches Wiedersehen.[1377] Dennoch blieb die wachsende Verantwortung Lores ein Thema.[1378]

Ein Schreiben von Hansjürgen S. an seine Frau Gabriele zeigt, wie sehr dieser Soldat mit der Sehnsucht nach Häuslichkeit, Geborgenheit und Regeneration im Krieg geschlechtsspezifische Rollenzuweisungen verband. Unbewusst qualifizierte er den Fronturlaub als Raum der Wiederauffrischung männlicher Kampfmoral – ganz im Sinne der Führung:

1374 DTA, Serie 1462, Brief von Lore an Hermann G. vom 30.11.1941.
1375 Ebenda, Briefe von Lore G. vom 14.5.1942 und vom 22.11.1940.
1376 DTA, Serie 1462, Brief von Herrmann an Lore G. vom 5.3.1941.
1377 Ebenda, Brief vom 27.9.1941.
1378 Vgl. ebenda, Brief von Hermann G. vom 1.10.1942; vgl. auch Harvey, Housework, S. 115-131.

»Oft träume ich so vor mich hin, wie es sein wird wenn ich Urlaub habe, oder ganz heim komme. Dann werde ich mich ein paar Tage lang so richtig von Grund auf betun lassen von Dir. Dann wird geschlemmt so gut es geht, und geschlafen und gebadet. Du wirst lachen aber das sind wirklich Dinge nach denen man sich sehnen kann. Nun musst Du aber nicht meinen dass diese Dinge so ganz im Vordergrund der Sehnsucht stehen. An erster Stelle stehst Du, Deine Liebe, aber das anzusprechen ist schon beinahe banal. Das Heimweh ist eben ein ganzer Komplex von Dingen, schlechterdings das Leben mit Dir.«[1379]

Rudi D. wiederum schlug vor, dass er und seine Frau Lotte im Urlaub jeden Tag einige Stunden für sich haben sollten. Er wollte ihr etwas Zeit verschaffen, sich zu entspannen und zu schonen, weil sie sonst immer so viel arbeite.[1380] Etwas anders gestaltete sich wiederum die Wahrnehmung zwischen Maria und Wolfgang B. Vor der Hochzeit hatte Maria Dienst als Krankenschwester in einem Lazarett in Warschau geleistet. Aufgrund dieser Erfahrung empfand sie die Hausfrauenrolle bisweilen als Rückschritt. Die familiäre Enge machte sie manchmal »ganz verrückt«, während draußen Abwehrschlachten tobten. Aufgrund ihres Wunsches nach Selbstbestimmtheit war sie erst bereit, im Urlaub die Schuhe ihres Mannes zu putzen, nachdem er ihre gesäubert hatte. Doch kam es nie zu einem Eklat, da der Mann ihre Freiräume akzeptierte und Maria sich bemühte, dem Heimkehrer den Aufenthalt angenehm zu gestalten.[1381] Bernhard S. erhoffte sich während seines Fronturlaubs eine eher klassische Rollenverteilung: »So, die kleine ›Eveline‹ ist endlich angekommen? Gottseidank. Da werden die beiden Muttis ja aus der größten Sorge raus sein! Und wenn ich in Osnabrück auftauche, wird meine Mutti ja wohl wieder am heimischen Herd stehen!« Dennoch schildern die Zeilen weniger eine strikte Hierarchisierung des privaten Bereichs, sondern mehr den Wunsch des Soldaten nach Erholung. In anderen Bereichen band er seine Frau gleichwertig in die Urlaubsplanung mit ein, wovon er sich eine glückliche Zeit für beide versprach: »Was haben wir nun für Pläne? Nach Berlin müsste ich ja eigentlich [...]. Am allerliebsten ist mir nur dies eine: bei Dir sein! Und wenn du nicht mitfahren kannst, fahre ich ohnehin nicht.«[1382]

Überhaupt waren die Erwartungen an das familiäre Beisammensein äußerst vielfältig. Auch bei Rollenzuschreibungen gab es nahezu annähernd so viele

---

1379 DTA, Serie 1289, Brief von Hansjürgen an Gabriele S. vom 19.7.1941.
1380 Vgl. IfZ-Archiv, ED 545, Brief von Rudi an Lotte D. vom 6.7.1940.
1381 Vgl. DTA, Serie 49/1, Tagebucheinträge von Maria B. Ende Januar 1944 und vom 6.9.1944.
1382 DTA, Serie 2033, Brief von Bernhard an Gerda S. vom 18.8.1942.

Nuancierungen wie Kriegsbeziehungen. Über den harmonischen Verlauf eines Fronturlaubs entschied, wie sich die Frauen selbst gegenüber ihren neuen Aufgaben positionierten, ob sie etwa von ihren Männern Entlastung während des Fronturlaubs erwarteten, die neue Rolle unangefochten behaupten wollten, das Wiedersehen als Zeit der Ausnahme begriffen oder es ihren Männern doch möglichst bequem machen wollten. Letztlich kam es stets auf die individuelle Konstellation an, inwieweit die Vorstellungen beider Seiten vereinbar waren.

Befürchtungen und Zweifel an privater Stabilität

Neben freudigen Erwartungen thematisierten die Akteure auch verschiedene Aspekte zwischenmenschlicher Entfremdung, beispielsweise infolge traumatisierender Einsatzerfahrungen oder wachsender Belastungen an der Heimatfront. Die Gefahr, sich emotional voneinander zu entfernen, sowie daraus resultierende Probleme besprachen sie im Hinblick auf das Wiedersehen durchaus offen. Entsprechende Ängste und Befürchtungen stellten negative Erwartungen an den Heimaturlaub dar. Die offene Kommunikation hierüber erfüllte eine wichtige Funktion. Offenbar werden Strategien und Versuche der Schreiber, sich auf Dissonanzen während des Aufeinandertreffens vorzubereiten und potenzielle Konfliktfelder im Vorfeld einzudämmen. Ein Hauptgegenstand der Aussprache waren das partnerschaftliche Verhältnis wie auch die Beziehung zu den Kindern. Doch resultierten viele der Befürchtungen um die Stabilität von Privatheit aus weiteren Faktoren. So etwa aus der Übernahme neuer Rollen durch die Frauen in Beruf und Haushalt. Ebenso beanspruchte das Thema der Treue und der allgemeinen Entwicklung sexueller wie moralischer Normen im Krieg einen breiten Raum.

Häufig überschattete Angst, das familiäre Fundament sei nicht mehr stark genug, die Vorfreude auf den Fronturlaub. Die Fähigkeit zur Empathie erhöhte die Erfolgschancen, drohender Entfremdung entgegenzuwirken. So schrieb Annemarie H. ihrem Verlobten ins Feld: »Was für Meilen- und Marksteine mag der Russlandfeldzug bei dir hinterlassen haben [...]. Man müsste Dir über die Stirn streicheln können, so ganz lind und gut und das schlimmste wegnehmen«. Sie wollte seine Bedenken zerstreuen, die »Gleichgültigkeit«, die er aufgrund der Kriegserlebnisse verspürte, könnte während des Heimataufenthalts befremdlich auf sie wirken.[1383] Die Beschwichtigung des Gegenübers linderte jedoch subjektive Ängste im Vorfeld meist nur teilweise. Hermann K. ließ seine Partnerin Rosa M. im Dezember 1942 wissen, wie sehr er den nächsten Urlaub herbeisehnte. Er betonte, die Führung dürfe sie nicht noch ein Jahr warten

---

1383 DTA, Serie 1818, Briefe von Annemarie und Albert H. vom 5. und 31.12.1941.

lassen, sonst könne sie ihn nicht mehr als Menschen erkennen.[1384] Damit war nicht nur gemeint, dass er sich im Osten an raue Lebensumstände gewöhnte hatte. Mit derlei Aussagen spielten die Soldaten indirekt auf die zunehmende innerliche Verrohung an. Sie warnten ihre Partner vor Schwierigkeiten im Urlaub, konkret Nähe zuzulassen oder sich zu öffnen. Komplementär aus Sicht der Frauen drückte Centa B. die Befürchtung aus: »Wie hab ich dich doch so lieb mein Fränzl u. bin immer in Sorge, ich könnte dich nicht so glücklich machen wie du es verdienst mein Butz. Ich will dir ja alles tun, wenn du wieder ganz bei mir bist im Urlaub reicht die Zeit halt nirgends hin.«[1385] Viele Schreiber kontrastierten ihre Angst vor Verlust von Privatheit mit der Beteuerung von Liebe und Zuneigung, was nicht selten der eigenen Beruhigung diente. Diese Schreiberin verknüpfte darüber hinaus das Schicksal der gemeinsamen Liebe mit ihrer zugedachten Funktion, den Mann im Urlaub zu umsorgen und ihn glücklich zu machen. Die eigentliche Herausforderung lag – selbst in stabilen Ehen – darin, in den wenigen Wochen zum gewohnten Maß emotionaler Nähe zurückzukehren. Auch diese Schreiber kaschierten ihre Unzulänglichkeit, intime Gefühle stets offen auszudrücken, kommunikativ durch das Motiv leiblicher Fürsorge. Es handelte sich dabei um einen gängigen sprachlichen Code, der in der Regel zugleich den Wunsch nach dauerhafter Rückkehr von Normalität und Frieden transportierte.

Deutlich offener sprachen Bernhard S. und seine spätere Frau Gerda im Juli 1941 ihre Befürchtungen vor einem Fronturlaub an. Das Beispiel steht für Herausforderungen im Kontext sogenannter Kriegsehen:

»Du schreibst in Deinen letzten Brief, wir müßten dafür sorgen, daß wir uns nicht fremd würden. Ja, wir haben uns nur so kurze Zeit gekannt, es ist schwer, für Dich. Ich habe ja nichts als meine Sehnsucht nach Dir, keine Versuchungen, keine anderen Wünsche. Aber ich weiß ja, daß Du an mich denkst und auf mich wartest. Vielleicht müssen wir dann ganz von vorn anfangen, uns kennen zu lernen. Manchmal muß ich lange suchen, bis ich Dein Gesicht gefunden habe, in Deinen Briefen finde ich Dich nicht immer. [...] Jetzt wo es in Rußland so schnell vorangeht, [...] gibt es aber erst mal Urlaub [...]. Ach, so ein Soldatenherz lebt nur von Träumen!«[1386]

Bernhard und Gerda hatten sich erst im Krieg kennengelernt und während eines Genesungsaufenthalts im Winter 1942/43 geheiratet. Ihnen blieb kaum Zeit, die Bindung zu vertiefen und ein tragfähiges Fundament für die lan-

---

1384 IfZ-Archiv, ED 534, Brief von Hermann K. an Rosa M. vom 28.12.1942.
1385 IfZ-Archiv, ED 930, Brief von Centa an Franz B. vom 23.2.1943.
1386 DTA, Serie 2033, Brief von Bernhard an Gerda S. vom 6.7.1941.

gen Trennungszeiten aufzubauen. Dies erhöhte die Gefahr von Entfremdung deutlich. Ihr Kennenlernen setzten sie über die Distanz in Briefen fort. So fiel es dem Soldaten manchmal schwer, seine Vorstellung ihrer Persönlichkeit mit ihren Worten in Einklang zu bringen. Mit den gewöhnlicheren Lebensumständen seiner Partnerin in der Heimat assoziierte Bernhard S., dass es ihr über die Zeit schwerer falle, die Gefühle aufrecht zu halten und keinen anderen »Versuchungen« zu erliegen. Er hingegen kenne nur die Sehnsucht und sie als seinen privaten Fixstern in der Heimat. Gleichwohl drückte der Soldat treffend aus, was im Grunde auch länger verheiratete Paare betraf: dass es strategisch besser sei, jedes Wiedersehen, sei es im Urlaub oder endgültig, als Neuanfang zu begreifen und nicht der Illusion zu erliegen, man könne einfach da weitermachen, wo man aufgehört habe. Die Passage verweist zudem auf die Erwartungen des Regimes, das wie gezeigt eine ambivalente Position zu Kriegsehen bezog. Aus bevölkerungspolitischen Gründen befürwortete es sie grundsätzlich. Allerdings warnte die Propaganda regelmäßig vor zu hastig geschlossenen Ehen. Sie gab Tipps, um das eheliche Fundament durch Selbstreflexion in der Briefkommunikation zu pflegen. In dieser Hinsicht erfüllte dieses Paar – wohl unbewusst – die Maximen des Regimes.

Weitere Themenfelder, die Schreiber im Vorfeld von Fronturlauben artikulierten, bezogen sich auf Fragen der Treue, der Eifersucht und die generelle Verschiebung gewohnter moralischer Maßstäbe in Kriegszeiten. Obwohl Kommunikationsbarrieren und Tabuthemen typisch für Ego-Dokumente sind,[1387] spiegelt sich in brieflichen Diskussionen die sexuelle Doppelmoral wider. Viele Frauen hatten genaue Vorstellungen von dem freizügigen Verhalten der Soldaten in den besetzten Gebieten. Dadurch fiel es manchen deutlich schwerer, ihre zugedachte Position als treusorgende Hausfrau einzunehmen. Dies konnte sich auf die Harmonie während des Fronturlaubs und, schlimmer noch, darüber hinaus auswirken.[1388] Beispielsweise brachte Irene G. die Frage der ehelichen Treue noch Monate später aufs Tapet, nachdem sie während des Fronturlaubs ihres Mannes ein Schreiben einer weiblichen Briefbekanntschaft bei ihm entdeckt hatte. Obwohl sich die Geschichte als harmlos entpuppte, trieb sie das Thema immer wieder um, wenn sich die Kommunikation der beiden um das persönliche Wiedersehen drehte. Sie nahm den Vorfall zum Anlass, das Problem soldatischer Treue im Krieg einmal umfassend aufzugreifen.

1387 Vgl. Dörr, Frauenerfahrungen, S. 152.
1388 Vgl. IfZ-Archiv, ED 930, Brief von Centa B. vom 16.3.1943; MSPT, Serie 3.2002.0349, Briefe von Ernst und Irene G. vom 20.1. und 16.8.1940, vom 30.3.1941 und vom 8.8.1943.

»[...] für Dich ist es doch auch viel schöner, wenn Du zur Weihnachtszeit zu Hause sein kannst. [...]. Ich habe ja nur an Dich gedacht. Du weißt ja, was ich damit sagen will und vor was ich Angst habe. Der blaue Brief ist daran schuld. [...] So, wie ich Dich kenne, kann ich mir nicht denken, daß Du so ein enthaltsames Leben führen kannst. Weißt du, das Schlimmste für mich ist noch, wenn ich mir vorstelle, andere wissen davon. [...] Gell Ernst, denk an mich. Ich mach mir so oft meine Gedanken darüber. Ich hör auch zu oft, wie es die Männer draußen treiben. Ich weiß, die Frau kann die Hand halt nicht draufhalten. Es sind furchtbar quälende Gedanken, die einem in den Kopf kommen.«[1389]

Doch auch die Soldaten machten sich Sorgen um das Verhalten ihrer Frauen in der Heimat. Das Gefühl der Ohnmacht verschärfte ihre Ängste; in der Ferne waren sie zu Passivität gezwungen – sie konnten weder überwachend noch steuernd eingreifen. Manche belastete das Gefühl permanenter Eifersucht – ob nun begründet oder nicht – derart stark, dass es sich sogar in ihr Unterbewusstsein schlich. So schrieb Hans N. seiner Frau Friedl Ende des Jahres 1940: »Heute Nacht träumte ich, dass Du mit drei ›älteren‹ Herrn ausgegangen bist. Ich habe sie aber tüchtig ›gestäubt‹. Wenn ich noch ein drittes Mal so einen ›Schmarrn‹ träume, fange ich an wütend zu werden, da ich ja nicht abergläubisch werden kann.«[1390] Auch die Soldaten wussten, dass sich die moralischen Normen in der Heimat allmählich verschoben hatten.[1391] Mit nahezu banaler Selbstverständlichkeit sprach dies der ledige Soldat Max V. aus. Während der Ruhezeiten zwischen Kampfeinsätzen ließ er keine Gelegenheit aus, um Bekanntschaften mit der weiblichen Zivilbevölkerung vor Ort zu knüpfen. Selbst als er bereits in Briefkontakt mit seiner späteren Verlobten stand, konnte er sich nur schwer den Verlockungen entziehen, die sich ihm während eines Lazarettaufenthalts und des anschließenden Genesungsurlaubs im Sommer 1943 boten:

»Zu meiner großen Überraschung stand Olga auf dem Bahnsteig. [...] Ich sah Komplikationen voraus, war aber zu schwach, sie vernünftigerweise heimzuschicken. [...]. Beim Ausziehen stellte ich mich schamhaft in eine der Ecken, bis sie mich leise an ihr Bett rief. [...]. Nach einem väterlichen ›Gute-Nacht-Kuß‹ auf ihre Stirn verzog ich mich [...]. Im Krieg war man sich schnell nähergekommen, aber genau so schnell ging eine Beziehung auch wieder verloren.«[1392]

1389 MSPT, Serie 3.2002.0349, Brief von Irene an Ernst G. vom 16.8.1940.
1390 MSPT, Serie 3.2002.7283, Brief von Hans an Friedl N. vom 21.12.1940.
1391 Vgl. Dörr, Frauenerfahrungen, S. 154-156.
1392 DTA, Serie 770, Tagebucheinträge von Max V., 10.-12.5.1943.

Andererseits gab es Frauen, die promiskuitive Bedürfnisse ihrer Männer angesichts deren psychischer Belastungen stillschweigend tolerierten. Zumindest aber unterdrückten viele ihre Eifersucht, weil sie erkannten, dass ihre Männer Ventile benötigten, um gewisse Erlebnisse zu verarbeiten. So akzeptierte Centa B. den Briefkontakt ihres Mannes mit einer weiblichen Bekannten, allerdings in der Annahme, es handle sich um eine platonische Freundschaft:

»Mein Butzl, da habe ich doch bestimmt nichts dagegen, im Gegenteil, ich bin froh, wenn du einen Menschen hast, mit dem du dich verstehst. So war es auch nicht gemeint u. was die B. anbetrifft, steht es mir in keiner Weise zu, da zu urteilen, freilich war ich darüber entsetzt, aber schließlich geht mich das auch nichts an, dass du trotzdem brav bleibst, weiß ich Butz, mein Vertrauen zu dir ist so groß mein Fränzl, kenne ich doch deinen edlen Charakter, dafür danke ich dir mit ebensolcher Treue mein Geliebter u. das ist doch ein herrliches Gefühl – trotz der schrecklichen Trennung – zu wissen, dass unsere Liebe u. unser Vertrauen darunter nicht leidet.«[1393]

Eine Strategie von Paaren bestand darin, Untreue indirekt, am Beispiel von gemeinsamen Bekannten oder auch ganz allgemein aufzugreifen. Offenbar wollten einige das schwierige Thema nicht direkt ansprechen, weil sie fürchteten, dem Adressaten unnötig beziehungsweise in missverständlicher Weise einen Vorwurf zu machen. Karl K. schrieb ganz kryptisch an seine Frau Hilde: »Je länger der Krieg dauert, wird das Problem ›Soldatenehen‹ immer dringlicher, weil nicht genug Urlaub gewährt werden kann. Außerdem glaube ich auch einen Sittenverfall zu bemerken [...]. Strafandrohungen und Strafen selbst nutzen nicht genug, die innere Heilung muß hinzukommen.«[1394] Ebenso waren Anekdoten ein beliebtes Mittel, wobei retrospektiv nicht mehr klar wird, ob es sich um reale persönliche Erlebnisse oder lediglich um »Latrinenparolen« handelte. Unabhängig davon erfüllten Erzählungen – wie im Folgenden von Ernst G. an seine Frau – weitgehend den funktionalen Zweck, die Gattin zu Hause zur Keuschheit zu ermahnen, ohne das eigene Misstrauen überzustrapazieren:

»Du, hier hat eben unser Koch einen netten Brief bekommen. Sein Freund ist plötzlich in Urlaub gekommen, kommt abends in seine Wohnung und findet in der Küche einen Soldatenrock. Als er weiter geht, in das Schlafzimmer kommt, das heißt, die Tür ganz leise öffnete, hörte er Stimmen und ein Stöhnen. Die Frau muß es scheinbar sehr nötig gehabt haben. Und somit auch dieses Verhältnis. Er hat sie nicht gestört, er hat sofort seinen Koffer wieder ergriffen und ist nach Hanau zurückgefahren um sich scheiden zu

1393 IfZ-Archiv, ED 930, Brief von Centa an Franz B. vom 26.4.1943.
1394 MSPT, Serie 3.2002.8610, Brief von Karl an Hilde K. vom 30.1./1.2.1942.

lassen. Ja, so geht es daheim zu. [...] Was sagst Du denn jetzt dazu, Irene? Ich wäre jedenfalls nicht so ohne weiteres weggefahren. Ich hätte dem Weib erst mal so verschiedenes klar gemacht, aber ganz gewaltig.«[1395] Väterliche Sorgen über die zunehmende emotionale Distanz zu ihren Nachkommen waren ebenfalls Allgemeingut. Weil es vielen Schreibern Schwierigkeiten bereitete, Gefühle direkt zu offenbaren, nahmen die Kinder als Gesprächsobjekte oft eine Stellvertreterfunktion ein. Karl C. schrieb im Februar 1940 an seine Frau Anna nach Wien:»Munki, bitte drück dich in Deinen Schreiben genauer aus. [...] dann schreibst mir vom Peterl so wenig, nur über eine Versicherung [...] Das interessiert mich jetzt nicht, schreib mir erst und viel von unserem Peterl.[1396] Gerade bei noch jüngerem Nachwuchs waren die Schilderungen der Frauen oft die einzige Möglichkeit der Männer, am Leben ihrer Sprösslinge wenigstens indirekt teilzunehmen. Dass die Kinder während der Abwesenheit ihrer Väter oft große Entwicklungssprünge machten, begünstigte das Gefühl, immer stärker vom Privatleben zu Hause ausgeschlossen zu sein und wichtige familiäre Ereignisse unwiederbringlich zu verpassen. Die Frauen erfüllten eine wichtige soziale Funktion, indem sie den Kindern von ihren Vätern erzählten, so die Erinnerung an sie wachhielten und umgekehrt ihren Männern aus deren Alltag oder von ihren Fortschritten in der Schule berichteten. Die Frauen fanden sich mitunter in zwiespältigen Positionen wieder, insbesondere, wenn sie sich zu Gemüte führten, wie bedrückend diese Situation für ihre Männer sein musste:»Weißt Karli [...] ich seh halt unser Kinderl immer aber Du, weißt ich trau mich gar nicht schreiben wie lieb es ist das Dir nicht so leide ist. [...] Karli und so was wie ›mein Peterl wird sich vor mir fürchten‹ das red dir bitte gar nicht ein.«[1397] Demnach befürchtete Anna C. sogar, ihren Mann durch zu ausführliche Schilderungen von zu Hause zu verletzen, weil ihm dies sein Abseitsstehen umso schmerzlicher vor Augen führte. Allerdings bestand Karl C. darauf, nach diesem Strohhalm zu greifen:»Du könntest mir doch jeden Tag schreiben, hast ja so viel das du mir schreiben könntest und womit ich eine große Freude hätte, schreib mir doch alles was mein Peterl den ganzen Tag macht oder besser was ihr beide macht mir wird doch alles so fremd, vielleicht verstehst du das nicht.«[1398] Die Ängste wuchsen über die Monate seiner Abwesenheit kontinuierlich: Im Mai 1940 befürchtete er, sein Sohn könne ihm gegenüber während des nächsten Heimataufenthalts – ganz im Gegensatz zu allen anderen Verwandten – kein Vertrauen mehr aufbringen. Ein Höchst-

---

1395 MSPT, Serie 3.2002.0349, Brief von Ernst an Irene G. vom 6.2.1940.
1396 SFN, NL 57, Brief von Karl an Anna C. vom 20.2.1940.
1397 Ebenda, Brief von Anna an Karl C. vom 1.3.1940.
1398 Ebenda, Brief von Karl an Anna C. vom 3.6.1940.

maß an Zweisamkeit sollte dies ausgleichen: »Mir wird schon schwummerlich, jetzt wird er immer verständiger, gewöhnt sich an euch alle, hat euch alle gern, dann komme ich, ein ganz neues Gesicht, na, ob er dann sehr erfreut sein wird wenn sein Vati ihn die paar Tage ganz in Beschlag nimmt, wir werden sehen [...].«[1399] Ein Jahr später befürchtete Karl C. erneut, sein Sohn würde ihn weder erkennen, geschweige denn akzeptieren: »[...] immer wieder denk ich, wie wird unser Wiedersehen sein, nach deinen Schilderungen wird sich mein Peterl nicht fürchten, weißt musst ihm halt lernen das er mich auf den Bildern erkennt, musst immer sagen ›siehst das ist dein Vati‹ [...].«[1400] Diese Furcht wuchs noch weiter, da der Soldat eine immer größere Kluft zwischen sich und seiner Familie verspürte: »Ob ich den Peterl erkenne wenn er alleine ist? [...] Bin schon neugierig wie sich der Peterl zu mir stellen wird, ob er Angst hat vor mir?«[1401]

Solche Befürchtungen beeinflussten selbst die Vorstellungen der Soldaten von familiären Lastenverteilungen. Karl C. wollte im Fronturlaub keinesfalls die Rolle des Erziehers oder gar des disziplinierenden Familienoberhauptes. Strafende Maßnahmen wies er seiner Frau zu. Seinem Sohn hoffte er ausschließlich Spielkamerad und Freund zu sein. Dies sollte es seinem Spross erleichtern, ein Vertrauensverhältnis zu dem weitgehend unbekannten Vater aufzubauen: »... wenn er nicht gehorchen will, dann wichs ihn nur ordentlich. [...] wenn ich daheim bin, die paar Tage soll er mich nicht fürchten lernen, aber bis ich daheim bin, dann wird er öfter seinen Teil bekommen [...].«[1402] Im Urlaub versuchte Karl C. außerdem Vorbild zu sein, indem er die ansonsten weiblich bestimmte häusliche Lebenssphäre um männliche Attribute erweiterte: »Und jetzt zu Dir mein lieber Junge, da hast du mir aber einen schönen Brief geschrieben, ich glaub Dir gern das dir das brav sein schwer fällt aber unter uns gesagt ein Musterknabe brauchst nicht sein [...]. Ich weiß dich haben ja alle gern und tun dich verhätscheln, aber bis ich heim komme wird das anders, [...] wie ist das mit ein bisserl raufen, oder weißt du gar nicht was das ist? Na Zeit wird's das ich heim komme [...].«[1403]

Eine ähnliche Entwicklung durchlief die Entfremdung von Hermann G. gegenüber seiner Familie, insbesondere den vier Söhnen. Seine Sehnsucht nach zu Hause intensivierte sich parallel zum Gefühl zwischenmenschlicher Distanz in zwei Phasen: zunächst nach Beginn der Kampfhandlungen gegen die Sowjetunion und noch stärker nach einem Heimataufenthalt im darauffolgenden

---

1399 Ebenda, Brief von Karl an Anna C. vom 6.5.1940.
1400 Ebenda, Brief von Karl an Anna C. vom 29.7.1941.
1401 Ebenda, Brief von Karl an Anna C. vom 12.6.1942.
1402 Ebenda, Brief von Karl an Anna C. vom 25.2.1941.
1403 Ebenda, Brief von Karl an Anna C. vom 22.1.1942.

Mai/Juni 1942. Dies zeigt einerseits, dass der Stellenwert der Familie als persönlicher Fluchtpunkt mit den zunehmend beängstigenden Kriegsaussichten und den längeren Einsatzzeiten korrelierte. Andererseits wird klar, dass Prozesse der Entfremdung oft nur indirekt und über längere Zeiträume hinweg aus Briefserien abgeleitet werden können.[1404] Darüber hinaus wird offenbar, wie stark Erwartungen an spätere Heimataufenthalte von vorangegangenen Urlauberfahrungen geprägt wurden. So drückte Hermann G. im geschilderten Zeitraum seine Sehnsucht nach zu Hause, aber auch den Ärger, das Familienleben und die Entwicklung der Kinder zu verpassen, aus. Seine Befürchtungen über das nächste Wiedersehen kleidete er in immer stärkere Worte. Einen wesentlichen Impuls lieferte seine Frau Lore, als sie ihm im September 1941 ins Feld schrieb, der jüngste Sohn Hermann habe Angst vor Männern, und es werde wohl »ein Kampf«, wenn er auf Urlaub sei.[1405] Der Vater antwortete:

»Es ist so schade, dass ich gar nichts von den Burschen habe. Hoffentlich haben die Kleinen in der langen Zeit ihren Vati nicht ganz vergessen. [...] Die Buben müssen sich in diesen ¾ Jahren doch recht verändert haben. Besonders Hermann Reinhardt ist sicher recht groß geworden. [...] Über die Bilder von den Kindern bin ich besonders glücklich. [...] Den kleinen Stops Hermann habe ich nicht mehr erkannt. Er ähnelt irgend wie Heiner. Und die Großen sind Prachtburschen geworden. Ob sie wohl ihrem Vati noch ein Kussele geben wollen, wenn er wieder da ist. Sie sehen so erwachsen aus. Da merkt man erst wieder, was man alles versäumt durch diesen Sch ...krieg [...]. [...] Kann mir's immer noch nicht so richtig vorstellen wie das daheim werden wird. Man ist ja so im hiesigen Dreh hier drin, dass man sich schon nicht anderes mehr denken kann.«[1406]

Die Warnzeichen drohender Spannungen wurden für Hermann G. noch schlimmer, nachdem er Fotos von sich nach Hause geschickt hatte; einer seiner Söhne erkannte ihn mit dem ungewohntem Bart kaum noch: »Dass Götz seinen Vater mit Bart nicht anerkennen will, ist für mich natürlich betrüblich [...].«[1407] Von der ursprünglichen Absicht, diese »Zierde« im nächsten Urlaub vorzuzeigen, nahm er rasch Abstand. Vertrautheit mit den Kindern besaß oberste Priorität: »Du kannst Götz erzählen, sein Papa sehe wieder aus wie früher. Da wird er ja nun getröstet sein!«[1408] Zu den familieninternen Strategien, der Entwöhnung der Kinder von ihrem Vater entgegenzuarbeiten, zählte wie

1404 Vgl. DTA, Serie 1462, Briefe von Hermann G. zwischen 16.6. und 20.9.1942.
1405 Ebenda, Brief von Lore an Hermann G. vom 7.9.1941.
1406 Ebenda, Brief von Hermann an Lore G. vom 27.9. und 24.3. sowie vom 19.4.1942.
1407 Ebenda, Brief von Hermann an Lore G. vom 25.12.1941.
1408 Ebenda, Brief von Hermann an Lore G. vom 19.2.1941.

auch bei Karl C. die Vermittlerposition der Ehefrau; oder gemeinsame Aktivitäten im Urlaub, wie in diesem Fall das gemeinsame Spiel mit der Modelleisenbahn.[1409] Darüber hinaus schrieb Hermann G. regelmäßig separate Briefe an seine Kinder. Insbesondere seinen beiden ältesten Söhnen gegenüber, die eine spielerische Faszination für den Krieg offenbarten, indem sie ihm selbstgemalte Bilder von Kampfhandlungen und Bombenabwürfen mitschickten, präsentierte er sich als mutiger Soldat:

»Wenn ich in Urlaub komme, werde ich euch viel vom Krieg erzählen. [...] Zur Beruhigung von Götz kann ich sagen, dass ich diesmal auch selber auf die Russen geschossen habe und auch auf mich haben sie fest geschossen. Einmal hat mich sogar ein Splitter am kleinen Finger getroffen. Es hat aber bloß ein blaues Mal gegeben [...], aber die gleiche Granate hat neben mir dann meinem Kommandeur den Fuß weggerissen [...].«[1410]

Schließlich entstanden im Kontext der Erwartungen an den Fronturlaub Schwierigkeiten, waren die Frauen nicht bereit, in dieser gemeinsamen Zeit die Rolle einzunehmen, die ihnen die Heimkehrer zudachten. Etwa, wenn sie andere Vorstellungen als die Männer hatten oder nicht geneigt waren, ihre (neue) Position im Haushalt oder im Beruf zu räumen. Die Aufforderung der Männer, sich in die rein umsorgende Hausfrau zurückzuverwandeln, interpretierten sie umso mehr als Rückschritt, je stärker sie inzwischen Selbstständigkeit und Freiheit erfahren hatten. Zu einem entsprechenden Eklat kam es im Vorfeld eines Fronturlaubs bei Ernst G., als seine Frau ihn bat, den Heimaturlaub zu verschieben, weil sie sich bei ihrer Arbeit als unentbehrlich betrachtete. In seiner Antwort ließ Ernst keinen Zweifel daran, dass er von seiner Frau umfassend bedient werden wollte. Gemäß nationalsozialistischen Prämissen ordnete er den Sinn des Fronturlaubs klar militärisch erwünschten Erholungszwecken unter. Damit suggerierte er aus seiner Sicht die Nachrangigkeit ziviler Belange:

»Also wieder einmal die alte Leier. Ich soll meinen Urlaub verschieben, weil meine Frau zu viel Arbeit hat. Solange wir uns nun schon kennen, muß ich immer, wenn ich meinen Urlaub bekomme, dasselbe hören. In Friedenszeiten will ich ja gar nichts dazu sagen. Du willst ja schließlich auch verdienen. Aber jetzt liegt doch die ganze Sache wesentlich anders. [...] Irene, wie kannst Du mich überhaupt nur bitten, meinen Urlaub zu verschieben? Meinst Du denn, das wäre alles Spielerei, was wir hier machen? Was soll ich als Dein Mann eigentlich davon halten? Andere Frauen sind glücklich, wenn

---

1409 Vgl. ebenda, Brief von Hermann an Lore G. vom 30.11.1941 sowie Brief von Hermann G. an seine Söhne vom 8.12.1941.
1410 Ebenda, Brief von Hermann an Lore G. vom 28.9.1941.

der Mann kommen kann und ich, ich soll meinen Urlaub verschieben. [...] Urlaub verschieben, gibt es auf keinen Fall. Wenn Du nicht abkommen kannst, bleibst Du im Geschäft und ich fahr allein nach Hause und lasse mich auslachen. Entweder bist Du verheiratet oder Du bist es nicht. Ich hoffe, daß Du Dir darüber in aller Kürze klar wirst. [...] Irene, ich kann auch andere Seiten aufspannen. [...] Also, Bobi, ich hoffe, daß Du als mein liebes Frauchen mir Verständnis entgegenbringst. Mir ist der Urlaub ein Geschenk des Himmels, den anderen scheinbar Luxus.«[1411]

b. Erfahrungen

Wenn die Schreiber ihre Kommunikation nach den gemeinsam verlebten Tagen wieder aufnahmen, blieb die Reflexion zurückliegender Urlaubserfahrungen in der Regel deutlich kryptischer als die im Vorfeld artikulierten Erwartungen. Der Austausch reduzierte sich oft auf Chiffren und Schlagworte.[1412] Dies traf umso stärker zu, wenn die Protagonisten die Heimataufenthalte überwiegend positiv erlebten. Folglich interessieren in diesem Kontext weniger die Inhalte der Erinnerungen, sondern in erster Linie funktionale Mechanismen der zugrunde liegenden Aufzeichnungen: allem voran, inwiefern die Vergewisserung über private Beziehungen den Willen zum Durchhalten stärkte. Doch auch hinsichtlich ernüchternder Erfahrungen legten die Soldaten und ihre Angehörigen meist eine erstaunliche Zurückhaltung an den Tag. Das mag einerseits daran liegen, dass der Urlaub tatsächlich als Auszeit galt und Probleme erst nach dem Krieg gelöst werden sollten. Andererseits an der Tatsache, dass die zugänglichen Ego-Dokumente die hier gestellten Fragen mit einer schiefen Überlieferung beantworten. Schon in ihrer Vorausschau zeichneten viele Schreiber den Urlaub nur skizzenhaft, wobei die Frage, ob überhaupt und wann endlich Urlaub erteilt werde, dominierte. Bezugnahmen auf die kürzlich miteinander verlebte Zeit beschränkten sich noch stärker auf Pauschalbewertungen. Lediglich Urlaubserfahrungen, die aus dem Rahmen von Erwartung und Alltag fielen, wurden tendenziell etwas ausführlicher beschrieben. Daneben erlauben Verhaltensänderungen nach bzw. zwischen den Heimataufenthalten gewisse Schlussfolgerungen. Dies gilt sowohl für die willkommenen Eindrücke wie auch für Enttäuschungen. Außer der Ankunft nahm in der nachträglichen Kommunikation der Abschied einen besonderen Stellenwert ein. Schließlich

1411 MSPT, Serie 3.2002.0349, Brief von Ernst an Irene G. vom 1.5.1940.
1412 Hinter dieser Praktik verbergen sich dieselben Prämissen wie beim grundsätzlichen Rekurs auf gemeinsame Vorräte sozialen Wissens in Feldpostbriefen, vgl. Latzel, Soldaten, S. 171-183.

öffnen die Gedanken der Schreiber den Blick für pragmatische Aspekte des Fronturlaubs und den Wandel seines Stellenwerts im Kreislauf aus kurzen Besuchen und immer längeren Wartephasen.

Bestätigung zivilen Rückhalts

Konnten sich die Soldaten im Fronturlaub davon überzeugen, dass ihre persönlichen Beziehungen über die Phasen der Trennung hinweg intakt blieben, dass die Familie keine Not litt und sie sich über deren Versorgung keine Sorgen zu machen brauchten, gingen individuelle Absichten und Intentionen des Regimes über weite Strecken konform. Da die Propaganda den Durchhaltewillen mithilfe privater Verheißungen nährte, assoziierten im Umkehrschluss viele Soldaten eine Niederlage Deutschlands mit der Zerstörung ihrer Familien.[1413] Wie sehr aufbauende Urlaubserfahrungen die Bereitschaft der Soldaten stärkten, weitere Entbehrungen auf sich zu nehmen, schlug sich in der Feldpost durchaus nieder; meist versteckt hinter beiläufig erscheinenden Erwähnungen, Signalwörtern oder Floskeln. Die rückblickende Kommunikation über Heimataufenthalte lässt so weitere Rückschlüsse über Rollenverständnisse, die Entwicklung ehelicher Harmonie und dazugehörige Kompensationsstrategien zu. Im Juni 1943 schrieb Bernhard S. kurz nach einem Aufenthalt in der Heimat an seine Frau Babette:

»Die vielen freudigen Überraschungen kreisen immer in meinen Gedanken, wie war doch alles so häuslich schön und durfte von all der Liebe und Lustigsein, sozusagen nur eine kleine Kostprobe machen in so einem doch noch allzu kurzen Urlaub. Doch habe ich die glückliche Gewissheit, dass zu Haus alles in schönster Ordnung ist.«[1414]

Wohl unbewusst bezog sich der Schreiber auf die vom Regime geforderte Funktion des Fronturlaubs. Indem er sich Gewissheit verschaffte, dass es seiner Familie auch ohne seine Anwesenheit gut ging, konnte er beruhigt wieder ins Feld ziehen. Wichtiger waren jedoch die sozialen Aspekte des Wiedersehens. Er versuchte, für seine Angehörigen weiterhin ein wichtiger Teil des familiären Gefüges zu sein und hoffte, irgendwann dorthin zurückkehren zu können.[1415]

1413 Vgl. Kallis, Deutungsmacht, S. 242-245.
1414 IfZ-Archiv, Akzessionsnummer 2, Brief von Bernhard an Babette S. vom 26.6.1943.
1415 Die Bezeichnung des Fronturlaubs als »Kostprobe« gewinnt eine besondere Bedeutung: Aus Sicht des Regimes frischte das punktuelle Eintauchen in das Privatleben idealiter das individuelle emotionale Gedächtnis auf – darin lag der pragmatische Wert des Wiedersehens. Diese doppelpolige Brückenfunktion des Fronturlaubs, die den Durchhaltewillen mittels retrospektiver Selbstvergewisserung und mit dem Ver-

Der beabsichtigten Auffrischung soldatischer Moral durch die Partei lag ein ziviles Gegenstück zugrunde, das sich an die Angehörigen in der Heimat, insbesondere an die Ehefrauen und Partnerinnen richtete. Centa B. schrieb ihrem Mann im Dezember 1943 kurz nach dessen Besuch:

»Unser Urlaub war doch diesmal ganz besonders schön, da sind wir doch gleicher Meinung gell Butzl. Alles klappte u. konnten auch die schon längst gefassten Pläne durchführen. Wie oft denke ich doch zurück an diese herrlichen Tage u. Stunden. [...] Wie warst du doch in Füssen so überaus guter Laune, wie ein übermütiger Junge, hätte dich immerzu umarmen können, so lieb u. herzig warst du mein Butzl. An diesen Tagen müssen wir nun wieder zehren lange, lange Zeit.«[1416]

Die Ehefrau schöpfte aus dem Wiedersehen, insbesondere aus der Bekräftigung gegenseitiger Liebe, neuen Mut. Die Vorstellung, man könne von dieser Zeit nun »zehren«, vertraten auffällig viele Schreiber sinngemäß oder wortwörtlich. Die Phrase zeigt an: Der Urlaub hatte seinen funktionalen Zweck erfüllt. Zudem signalisiert sie die Bereitschaft der Protagonisten, sich mit der äußerst ungleichen Verteilung von kriegsbedingten Entbehrungen und kleinen Dosen an privaten Zugeständnissen zu arrangieren.[1417]

Soldaten wie Angehörige spürten während des Wiedersehens, wie sehr die lange Trennung inzwischen Neujustierungen häuslicher Routinen, familiärer Strukturen oder von Verhaltens- und Sichtweisen vorangetrieben hatte. Solange dies ein gewisses Maß nicht überschritt und auftretende Schwierigkeiten als korrigierbar empfunden wurden, stärkten auch diese Fronturlaube die Moral beider Seiten. Im März 1941 schrieb Hermann G. kurz nach der Rückkehr zu seiner Truppe nach Hause:

»Liebe Lore! Nun bin ich also wieder an der ›Front‹ gelandet. Ich kann nicht gerade behaupten, dass ich sehr glücklich darüber bin. [...] So und nun, meine liebe Lore, möchte ich Dir noch danken für die wunderschönen Urlaubswochen. Ich werde noch lange davon zehren. Nur hoffe ich, dass auch Du vernünftig bleibst, Dir keine unnötigen Sorgen machst und vor allen

---

weis auf wiederkehrende Privatheit förderte, wird an späterer Stelle beleuchtet. Zum Themenbereich Erinnerung und Emotion vgl. McGaugh, Memory and Emotion, S. 83-114; Schürer-Necker, Gedächtnis und Emotion, S. 7-41.
1416 IfZ-Archiv, ED 930, Brief von Centa an Franz B. vom 16.12.1943.
1417 Die Passage offenbart außerdem interessante Aspekte rückblickender Kommunikation anhand von Codes, die allerdings nur einen fragmentarischen Zugang erlauben. Wird dem heutigen Leser lediglich offenbart, es hat ein Ausflug nach Füssen stattgefunden, aktiviert die Andeutung beim Adressaten des Briefes eine komplexe Bandbreite an Urlaubserinnerungen.

Dingen daran denkst, dass nur bei genügend Essen der Mensch arbeiten und seine Nerven behalten kann.«[1418]

Die gemeinsame Zeit hatte hier eine Trübung erfahren, weil Hermann die starke Belastung seiner Frau mit Haushalt und vier Kindern erst in seinem Urlaub in voller Gänze klargeworden war. Die Kommunikation via Feldpost hatte ihn nur ungenügend darauf vorbereitet. Hinzu kam, dass Lore psychisch stark unter der Trennung litt und sich große Sorgen um Herrmanns Wohlergehen während seines Einsatzes machte. Regelmäßig ermahnte Herrmann fortan seine Frau, genügend zu essen und zu ruhen, damit sie ihre Position zu Hause weiterhin ausfüllen konnte. Entsprechende Formeln dienten der Selbstentlastung. So schöpfte auch Hermann G. neue Kraft aus diesem Urlaub, wie seine Absicht belegt, möglichst lange davon zu »zehren«.

Der Dank für die gemeinsame Zeit, den die Soldaten äußerten, ist ebenfalls ein Charakteristikum von Urlaubsreflexionen. Es entsteht der Verdacht, dass ein Großteil der Urlauber – aber eben auch der Angehörigen – in ihren hierarchischen, geschlechtlich konnotierten Rollenzuschreibungen oft der Propaganda folgten. Viele Soldaten erwarteten offenbar tatsächlich, dass ihre Frauen ihnen die kurze Zeit zu Hause so schön wie möglich machten. Ebenso setzten sie voraus, ihren Partnerinnen würde es leichter fallen, Kompromisse einzugehen: »[…] dir, dir bin ich so dankbar. […] dieser Urlaub, der war wunderschön, hast mir eine Freude bereitet. […] ich weiß was ihr alles für mich gemacht habt um mir die Urlaubstage zu verschönern und schön war's daheim, sehr schön […]«[1419], schrieb Karl C. an seine Frau Anna. Im Gegenzug verstanden viele Frauen Harmonie im Fronturlaub als ihre Aufgabe. Annemarie H. offenbarte dies in ihrem Tagebuch. Stolz rekurrierte sie auf das Lob ihres Verlobten Alfred: »Zu Mama hatte er kurz vorher einmal gesagt, dieser Urlaub sei der schönste gewesen, den er je erlebt habe. Das machte mich so froh und glücklich. Ich hatte ihm den Urlaub so schön machen dürfen, nein, wir beide hatten ihn uns schön gemacht in unserem Verstehen, in unserem Einandergutsein.«[1420] Centa B. ergänzte diese Sichtweise um folgende Zeilen:

»Wenn ich halt an unseren letzten Urlaub denke mein Schatzl, wie schön dieser war, da wird es mir ganz warm ums Herz. Was waren dies für wundervolle Tage mit dir u. so schön könnte es immer sein mein Butzl, wenn nicht dieser Krieg gekommen wäre. Wie glücklich hast du mich doch gemacht mein Geliebter u. will dir all deine Liebe u. Fürsorge danken, sobald uns

---

1418 DTA, Serie 1462, Brief von Hermann an Lore G. vom 3.3.1941.
1419 SFN, NL 57, Brief von Karl an Anna C. vom 27.8.1942.
1420 DTA, Serie 1818, Tagebucheintrag von Annemarie H. vom 31.3.1941.

wieder Gelegenheit geboten ist. Augenblicklich kann ich es dir nur dadurch, dass ich immer deiner Liebe gedenke u. dir stets die Treue bewahre, dadurch bleibt unsere Liebe immer schön. Ich könnte dich nie hintergehen mein geliebter Fränzl, denn ich lebe ja nur für dich.«[1421]

In dieser Passage erscheint der Urlaub als unzureichender Ersatz für die Entbehrungen, die wechselseitige Zusicherung emotionaler Loyalität als notwendiges Tauschgeschäft. Der Rekurs auf »Fürsorge« deutet zwar an, dass der Soldat seiner Frau im Urlaub womöglich tatkräftig unter die Arme griff, damit auch sie sich von der Arbeit in ihrem Schneiderladen erholen konnte. Dennoch schien auf der Gefühlsebene ein ungleicher Wechselkurs zu bestehen: Während für Centa B. die Anwesenheit ihres Mannes genügte, um sie »glücklich« zu machen, sah sie sich in der Rolle der Schuldnerin. Den emotionalen Kredit gegenüber ihrem Mann tilgte sie durch Sehnsucht und Treue noch weit über das Wiedersehen hinaus, eine endgültige Rückzahlung konnte sie jedoch erst für den Frieden in Aussicht stellen. Dies belegt den hohen Anspruch der Frauen an sich selbst: Während des Fronturlaubs waren sie in ihrer Fürsorge und Liebe oftmals bereit, weit über sich hinauszugehen, während die Männer einfach nur nach Hause kamen.

Viele Urlaubsreflexionen erwecken in der Tat den Eindruck, als habe die Trennung die gegenseitige Wahrnehmung der Partner günstig beeinflusst und sie auf emotionaler Ebene näher zusammengebracht. Immer wieder zeugen Feldpostbriefe davon, dass die Bedingungen des Krieges den Austausch der Ehepaare intensivierten und den Weg zu Gesprächsthemen in bis dato ungekannter Vielfalt und Tiefe öffneten.[1422] Allerdings ist es in der Rückschau auf die Heimataufenthalte selbst bei Prüfung langer Kommunikationsverläufe nicht zwingend eindeutig, ob sich darin eine tatsächliche Intensivierung familiärer Harmonie widerspiegelt. Die Artikulation von Sehnsucht nach zivilen und privaten Fluchtpunkten konnte gerade im Kontrast zur Einsatzerfahrung der Soldaten durchaus steigen, ohne dass dem eine reale Vertiefung zwischenmenschlicher Bande folgte. Hinter so mancher Formulierung gesteigerten häuslichen Glücks mochte sich die bewusste Negation erfahrener oder vermuteter Entfremdung verbergen. Dann lag die Funktion eher darin, sich gegenseitig Mut zuzusprechen. Drückten die Schreiber nach dem Urlaub ein gesteigertes Bedürfnis nach Nähe und Zuspruch aus, konnte dies ebenso in einer beruhigenden wie beunruhigenden Erfahrung gründen. Entsprechende Textstellen lassen in der Regel Ermessensspielraum. So schrieb etwa Hans N. an seine Frau Friedel kurz vor Weihnachten 1940: »Ich lebe jetzt ganz von der

1421 IfZ-Archiv, ED 930, Brief von Centa an Franz B. vom 16.10.1943.
1422 Vgl. Vaizey, Surviving, S. 57f.

Erinnerung. Jeder einzelne Tag, den ich mir vorstelle ist ein Elysium [...]. Sogar der ›Krach‹, den Du mir manchmal machtest, gehört zu diesen glücklichen Erinnerungen.«[1423] Centa B. dagegen betonte: »Seit dem Urlaub sind deine Briefe ganz besonders lieb mein Schatzl u. könnte sie auf keinen Fall mehr missen.«[1424] Wilhelmine W. schrieb wiederum: »Gelten jetzt wieder Worte? Muß wieder kalt und nüchtern zu Papier gebracht werden was man denkt und fühlt und sagen will? Noch fasse ich nicht, daß eine so große Entfernung zwischen uns liegt und noch bin ich überwältigt von der Schönheit der Größe der gemeinsamen Tage. Nie hätte ich geglaubt, wie sehr man zusammengehören kann [...].[1425] Dass derlei Formulierungen womöglich überzeichnet waren oder etwas kaschieren wollten, sprach Soldat Robert W. an: »Überhaupt werde ich an diesen Sonnabend/Sonntag noch lange denken, sie gehören mit zu den schönsten Urlaubstagen. Inge, wirst Du immer so lieb sein, wenn ich komme?«[1426] Die Frage am Ende kontrastiert die vorübergehende mit der endgültigen Heimkehr. Sie drückt aus, dass der Urlaub als Auszeit vom Kriegsalltag aufgefasst wurde, Probleme mitunter bewusst ausgeklammert und somit auch nachträglich kaum oder nur widerwillig angeschnitten wurden.

Wie zumindest der Austausch über die eigene Beziehung – auch unabhängig von Kriegs- und Urlaubserfahrungen – auf ein neues Reflexionsniveau gehoben wurde, zeigt auf eindringliche Weise der Briefwechsel von Otto und Lotte B. Nach seiner Rückkehr zur Truppe bedankte sich der Soldat bei seiner Frau, weil sie sich so gut um ihn gekümmert hatte. Er sei so glücklich weggegangen, mit einem Gefühl neuer Verliebtheit, als habe er gerade erst zu ihr gefunden. Liebe und Trennung beschrieb er in einer Analogie. Er verglich die Beziehung mit einem Apfelbaum in Russland, der nur in der kurzen Zeit des Sommers Zeit zum Blühen habe; der Fronturlaub symbolisierte den Sommer.[1427] Überhaupt zeugen die Urlaubserinnerungen davon, wie sehr der kurze Aufenthalt in jeglicher Hinsicht als Zeit der Kompensation galt, in der Entbehrtes nachgeholt und auf Vorrat genossen werden sollte:

> »Ja Irene, ich muß Dir jetzt einmal etwas sagen, worüber Du vielleicht lachen mußt. Mir ist allerdings nicht nach Lachen zu mute. Ich bin nämlich fix und fertig. Ich habe Leibschmerzen, Kopfschmerzen, Nierenschmerzen. Also richtiger gesagt, es tut mir alles weh. Also der Urlaub, war es der Urlaub? Der hat mich doch etwas zu viel beansprucht. So möchte ich beinahe

---

1423 MSPT, Serie 3.2002.7283, Brief von Hans an Friedl N. vom 17.12.1940.
1424 IfZ-Archiv, ED 930, Brief von Centa an Franz B. vom 17.12.1943.
1425 SFN, NL 37, Brief von Wilhelmine W. an Wilhelm O. vom 23.11.1944.
1426 MSPT, Serie 3.2002.7605, Brief von Robert an Ingeborg W. vom 5.2.1941.
1427 Vgl. IfZ-Archiv, ED 554, Briefe von Otto an Lotte B. vom 4. und 7.5.1944.

sagen. Das nächste Mal also etwas bremsen. Ja mein Schatz, wer soll bremsen. Das frage ich mich. Kann man gegen die Natur ankämpfen? Mein Schatz, was meinst Du? Also ich bin anderer Meinung. Weißt Du, man sagt doch so schön, das was der Mensch braucht, das muß er haben.«[1428]

Entfremdung und Enttäuschung

Ego-Dokumente bilden Konflikte im Fronturlaub, wenn überhaupt, nur bruchstückhaft ab. Sind sie erkennbar, bleibt es schwierig, die Mechanismen zu identifizieren, die zur Erosion des Verständnisses führten. Karl C. schrieb nach einem Fronturlaub:

»Jetzt wird es dir sicher besser gehen als wie ich daheim war, da warst oft so grantig, aber jetzt hast wieder auf lange Zeit Ruhe bis zu meinem nächsten Urlaub. [...] Du warst ja nicht immer so lieb, aber das macht nichts, ich hab mir alles schöner vorgestellt, mein Peterl hat mich nicht enttäuscht. Es ist halt doch schon zu lange, daß wir getrennt sind. [...] Du hast mir auch, als ich auf Urlaub war gesagt, Du bist froh wenn ich wieder fort bin, weißt wenn ich das sage, ich hab sicher durch den Krieg mehr mitgemacht als du ahnst, wenn ich jetzt daran denke frag ich mich, auf was hinauf du so sprechen kannst. Aber vielleicht straft dich mein Peterl für solche Worte und zeigt dir auch nicht seine Liebe zu dir.«[1429]

Augenscheinlich war es für dieses Ehepaar unlösbar, nach langer Trennung und einhergehender Entfremdung wieder zueinanderzufinden. Unterschiedliche Ausgangserwartungen an den Fronturlaub waren ein wesentlicher Faktor: Während Karl C. seine Freizeit genießen, entspannen und wandern wollte, bemängelte die Frau seine Zurückhaltung im Haushalt, bei der Kindererziehung und seinen Alkoholkonsum.[1430] Der Soldat wiederum rechtfertigte den Anspruch auf einen erholsamen Urlaub mit seiner Kriegsleistung. Die Feststellung, er habe mehr mitgemacht als seine Frau ahne, deutet womöglich auf traumatisierende Einsatzerlebnisse hin. Zumindest auf den ersten Blick verhinderten diese eine emotionale Wiederannäherung. Allerdings überwiegen bei dem gewählten Beispiel die Verdachtsmomente. Die Spannungen zwischen den Eheleuten lösten sich in der Tat nach zwei Jahren anlässlich eines weiteren Fronturlaubs wieder auf. Karl C. betonte später, er habe sich neu in seine Frau verliebt. In vorangegangenen Urlauben kompensierte Karl C. die Distanz

---

1428 MSPT, Serie 3.2002.0349, Brief von Ernst an Irene G. vom 24.5.1940.
1429 SFN, NL 57, Briefe von Carl an Anna C. vom 18., 19. und 21.1.1941.
1430 Ebenda, Briefe vom 16.9.1939, 2.2.1942 und vom 25.2.1942.

in der Ehe, indem er umso mehr die Nähe zu seinem Sohn suchte und diesen über die Maße verwöhnte. Dies führte schließlich zu einem Teufelskreis, der die eheliche Entfremdung verstärkte.[1431] Trotz der geschilderten Spannungen blieb die Familie intakt und zerbrach eben nicht an den Herausforderungen des Krieges. Die wiederkehrenden Probleme verweisen hier eher auf generelle Ambivalenzen und auf Strategien, wie mit Urlaubskrisen und Erfahrungen von Entfremdung erfolgreich umgegangen wurde. Im Juli 1943 schrieb Anna C. an ihren Mann Karl: »Karli hab jetzt wieder einmal einen schönen Traum gehabt, hätte wollen immer so weiter träumen so schön war es. Du warst so lieb zu mir und hast nicht an mir herumgenörgelt. Schön war es, sehr schön.«[1432] Gewiss kritisierte Anna C. das Verhalten ihres Mannes, wobei die Erinnerung daran wohl aus dem jüngsten Heimaturlaub stammte. Indem sie die Szene als Traum beschrieb, milderte sie den Vorwurf jedoch ab und lieferte ihm zugleich eine Handlungsanleitung, wie sie sich die Rückkehr zu mehr Harmonie vorstellte. Auch Karl C. beschäftigten Enttäuschungen während des Urlaubs schon früher. Als Reaktion auf ebenjene Dissonanz fragte er seine Frau: »[…] aber bis wir wieder alle beisammen sind wird es wieder wie früher, gelt.«[1433] Damit meinte er nicht den nächsten Urlaub, sondern die Zeit endgültigen Beisammenseins. Folglich erachteten auch diese Schreiber die befristete Heimkehr als außeralltäglich. Probleme blendeten sie allerdings nicht bewusst aus, ebenso wenig vertagten sie diese. Ganz im Gegenteil schlussfolgerten sie, dass es aufgrund der Kürze und anderweitiger Rahmenbedingungen des Fronturlaubs zwangsläufig zu Herausforderungen komme, deren Folgen sie erst im Frieden gänzlich ausräumen konnten. Dafür stehen regelmäßige wechselseitige Beschwichtigungen und Versicherungen, auftretende Diskrepanzen nicht persönlich nehmen zu wollen. Karl C. antwortete auf den Entschuldigungsbrief seiner Frau wegen ihrer »Grantigkeit« im vergangenen Urlaub: »Habe deinen Brief vom 22.1. bekommen. Munki du fragst mich in dem Brief ob es so arg ist mit dem grantig sein von dir, liebstes Munki lassen wir das, […] dein Brief hat mir soviel Freude bereitet dass ich schon wieder alles vergessen habe.«[1434] Parallel dazu entwickelte der Soldat auch hier ein erhöhtes Sehnsuchtsbedürfnis nach Häuslichkeit und Nähe aufgrund seiner Einsätze. Wiederholt beteuerte er, gemeinsame Erlebnisse aus der Zeit vor dem Krieg würden ihm nun in einem gänzlich bedeutsameren Licht erscheinen; inzwischen sei er fähig, seine Liebe offener zu zeigen: »Ich

---

1431 Dass sich Karl C. allerdings seinem Sohn öffnen konnte, relativiert die Annahme, ausschließlich soldatische Brutalisierung habe zur Distanzierung von der Frau geführt, vgl. ebenda, Brief von Karl an Anna C. vom 12.8.1943.
1432 SFN, NL 57, Brief von Anna an Karl C. vom 19.7.1943.
1433 SFN, NL 57, Brief von Karl an Anna C. vom 19.1.1941.
1434 Ebenda, Brief von Karl an Anna C. vom 29.1.1941.

habe ja während des Krieges [...] viele schöne Gegenden gesehen, aber nichts davon blieb mir so in Erinnerung als das was wir beide mitsammen gesehen haben. [...] ich war ja nicht immer sehr lieb zu dir, besser gesagt, ich zeigte es Dir nicht [...] ich hab dir selten gezeigt wie lieb ich dich hab, andere posaunten ihre Liebe hinaus und heute [...].«[1435] Einige Monate später bekräftigte er dies: »[...] schau mein liebes, liebes Munki, darfst nicht traurig sein, weil dich damals niemand so richtig lieb hatte, heute hast du zwei Menschen, die dich beide sehr sehr lieb haben [...] wir beide haben mitsammen soviel Schönes gesehen, von dem können wir unser Lebtag zehren [...].«[1436] Die beschriebene Briefserie stellt in mehrfacher Hinsicht einen Ausnahmefall dar. Entfremdungserfahrungen während des Fronturlaubs werden relativ klar und ausführlich über einen längeren Zeitraum erörtert, ebenso die Bedingungen familiärer Stabilität. Andere Schreiber drückten negative Erlebnisse deutlich seltener oder kryptischer aus. Max V. vertraute nach einem Besuch bei den Eltern seinem Tagebuch im Mai 1943 an:

»Dem Wiedersehen mit den Lieben sah ich etwas bange entgegen. Zu oft hatte ich es mir in den zwei Jahren in den schönsten Farben ausgedacht und überhöht. Die Freude war dann bei allen zu groß, um ihr Ausdruck verleihen zu können. Wir mußten uns erst wieder kennenlernen, das Erzählen kam nur mühsam in Gang. [...] So wurde das von uns allen so ersehnte Wiedersehen zu einem sorgenvollen Abend.«[1437]

Der Soldat beschrieb das weit verbreitete Phänomen von Sprachlosigkeit während des Fronturlaubs. Gewiss fehlte es an gemeinsamen Erlebnissen in der jüngsten Vergangenheit, woran sich der Austausch hätte orientieren können. Das Erzählen vom Krieg unterlag dagegen, je nach individuellen Erfahrungen, deutlichen Hemmschwellen. Die Soldaten gerieten leicht in eine paradoxe Situation: Waren sie traumatisiert, konnten sie schlecht darüber sprechen; aus dem gleichen Grund jedoch schien es ihnen banal, sich über nichtige Themen auszutauschen.[1438] Auch die Angehörigen in der Heimat hatten sich aufgrund ihrer Erfahrungen verändert. Die Auseinanderentwicklung der Wahrnehmungshorizonte kommt besonders darin zum Ausdruck, dass beide Seiten ihre Erwartungen an den Urlaub »überhöhten«, ohne die Lebenswirklichkeit des Gegenübers zu berücksichtigen. In dieser Lesart erschien fast jedes familiäre Wiedersehen im Krieg wie ein schmerzhafter Neuanfang.

1435 Ebenda, Brief von Karl an Anna C. vom 18.2.1941.
1436 Ebenda, Brief von Karl an Anna C. vom 1.9.1941.
1437 DTA, Serie 770, Tagebucheinträge von Max. V., 10.-12.5.1943.
1438 Vgl. Gmelch, Dissonanzen, S. 109-180.

Neben generelleren Erfahrungen sind kategoriale Zuordnungen möglich. Häufige Themen waren etwa die Rückwirkung von Verlustängsten auf private Entscheidungen. Obwohl sich viele ledige Soldaten nach einem zivilen Kontrapunkt in der Heimat sehnten, waren sie zum Ärgernis der Machthaber nicht bereit, den entscheidenden Schritt über eine bloße Beziehung hinauszugehen, zu heiraten und eine Familie zu gründen. Sie zogen teils andere als die intendierten Schlussfolgerungen aus der Propaganda: Viele befürchteten zu fallen und wollten eben keine Frau mit Kindern alleine zurücklassen. Oft lagen die Beweggründe noch tiefer. Vielen erschien die Kluft zwischen grausamer Kriegsrealität und familiärer Idylle in mentaler Hinsicht unüberbrückbar. Alfred H. gestand dies seiner Annemarie, nachdem sie sich nach einem Urlaub lange Zeit falsche Vorstellungen über die gemeinsame Zukunft gemacht hatte. Seine Vorbehalte, im Krieg ein privates Fundament zu legen, verstand sie dennoch:

»Ich bin ja so froh, ich dummes Mädchen, so froh, daß Du so ganz offen zu mir warst – und so lieb. Mußt nicht denken, daß ich himmelhochjauchzende Liebesbriefe von Dir haben möchte. Es stände Dir nicht gut. Nur habe ich manchmal durch Deine Briefe die Müdigkeit und die Gleichgültigkeit gespürt und dann versucht, besonders Lieb zu Dir und Dir nahe zu sein. [...] Was euer Kampf an körperlicher, und wohl vor allem an Nervenkraft kostet, können wir uns ja kaum vorstellen. [...] Lieber Alfred, der Schneid bei Dir, daran zu denken, ein Zuhause oder gleich eine Familie zu gründen, wird sich schon wieder einfinden. Alle haben wir es zurzeit schwer [...]. Du sollst und musst es wissen, daß Du nicht heimatlos bist, sondern ein Zuhause hast, in das Du heimkehren und in dem Du ausruhen kannst.«[1439]

Schon Monate zuvor hatte Alfred versucht, Annemarie seinen Standpunkt zwischen den Zeilen klar zu machen; dies belegt unter anderem, über welche Zeiträume sich die Diskussion gewisser privater Themen mitunter erstreckte. Neben belastenden Einsatzerlebnissen und Ungewissheit über die Zukunft benannte der Soldat ein grundsätzliches Problem vieler Kriegsbeziehungen – häufig blieb einfach keine Zeit für ein echtes Kennenlernen:

»Hast Du Dir eigentlich gewünscht, dass wir verlobt wären? [...] Dass alles nicht spurlos an mir vorübergegangen ist, wirst Du mir angesehen haben. Zu allem kommt das Ungewisse, das jetzt wieder vor uns Soldaten steht. So wollen wir warten, was die nächste Zukunft bringt. Der alte Moltke hatte in einem seiner Briefe gesagt, er fände, dass oft sogenannte Vernunftheiraten glücklichere Ehen gäben als Heiraten aus Neigung. Mich hat die Stelle un-

---

1439 DTA, Serie 1818 II, Brief von Annemarie (t.) H. an Alfred H. vom 5.12.1941.

angenehm berührt, doch mag er teilweise recht haben, besonders was die
›Ruck-Zuck-Ehen‹ betrifft – gesehen, geheiratet, geschieden, heute nicht
ungewöhnlich.«[1440]

Damit sprach Alfred H. die Schwierigkeiten an, in einer Zeit einen geeigneten
Partner zu finden, in der sich keiner des anderen wirklich sicher sein konnte.
Gewiss gab es einen »männlichen« Habitus, wegen steter Todesgefahr »mitzunehmen, was man kriegen konnte«. Dem stand die »Angstpsychose« vieler
Mädchen gegenüber, angesichts steigender Gefallenenzahlen keinen Mann zu
bekommen. Ebenso begünstigte fehlende Kontrolle durch sukzessive Aufweichung des sozialen Umfelds sexuelle Freizügigkeit und Promiskuität.[1441] Dass
im Fronturlaub nur wenige Tage blieben, um gemeinsame Erinnerungen zu
sammeln, auf denen eine Beziehung aufgebaut werden konnte, kombiniert mit
der bangen Frage, ob man sich überhaupt wiedersah – all dies verschärfte die
Ausgangslage. Für junge Erwachsene, die bereits durch den Krieg sozialisiert
waren und währenddessen begannen, ihre Sexualität auszuleben, war dies Normalität. Der SD witterte Sittenverfall, während die Protagonisten das in der
Regel zunächst postalische »Spiel mit Promiskuität« als Freiheit definierten. So
kam es vor, dass Männer und Frauen gleichzeitig mit mehreren Partnern Liebesbriefe austauschten, die mitunter voneinander wussten.[1442]

Zum Problem wurde dies, wenn sich im Hinblick auf den Fronturlaub falsche Hoffnungen aufbauten, die dann umso bitterer enttäuscht wurden. Diese
Erfahrung machte der Soldat Hans V. Über Monate malte er sich das Wiedersehen mit Maria F. aus, wobei allerdings nicht ganz klar wird, ob zumindest
vorübergehend tatsächlich eine Beziehung zwischen den beiden bestand oder
er sich diese nur wünschte. Jedenfalls redete der Soldat Maria F. mit Kosenamen an. Nachdem diese dem Treffen bewusst aus dem Weg gegangen war,
stellte sich nach dem Heimataufenthalt heraus, dass sie inzwischen anderweitig gebunden war und sich lediglich alle Optionen offenhalten wollte. Schon
vor der Heimkehr ist die emotionale Berg- und Talfahrt des Soldaten aus dem
leider nur einseitig überlieferten Briefwechsel herauszulesen. So schrieb Hans
V. Ende September 1943: »Ich freue mich schon sehr auf dein Bild. Wenn du
sonntags ins Dörfel kommst, kann ich dir auch gleich eins geben. Aber ich
glaube, du willst nicht kommen, sonst wäre es dir bestimmt möglich. [...] Und
es wird bestimmt schön, wenn wir uns wieder treffen. Oder bist du schon ganz
vergeben?«[1443] Der Vorsatz beider, Fotos auszutauschen, stand in starkem Kon-

---

1440 Ebenda, Brief von Alfred H. an Annemarie (t.) H. vom 28.5.1941.
1441 Vgl. Dörr, Frauenerfahrungen, S. 154-156.
1442 Vgl. Stargardt, Krieg, S. 503-506.
1443 SFN, NL 75, Brief von Hans V. an Maria F. vom 27.9.1943.

trast zur Unwissenheit von Hans V., ob Maria F. überhaupt frei oder vergeben war; dies galt auch im Hinblick auf ihre Bereitschaft zu einem Treffen. Dass es sich nicht nur um ein einseitiges Werben seinerseits handelte, belegt ein weiterer Brief einige Wochen später, in der er sich für ihr Foto bedankt, aber auch Klarheit einfordert: »Liebe Mitzi. Vielen lieben Dank für Deinen Brief u. für Dein Bild. Du bist ja fabelhaft getroffen. Ich bin ganz begeistert. Aber Mitzi, Du weichst immer meinen Fragen aus. Bist du nun gebunden oder nicht?«[1444] Ähnlich einseitig setzte sich die Kommunikation während seines Besuches zu Hause fort: »Liebe Mitzi. Bin nun daheim auf Urlaub. [...] Ich freue mich schon sehr auf unser Wiedersehen. [...] Ich habe noch einen Freund hier [...]. Hast du eine Freundin für ihn, wenn wir hinaufkommen sollten?«[1445] Da Hans V. in die Rolle des Kupplers schlüpfen wollte, scheint er sich des Wiedersehens zu diesem Zeitpunkt noch sehr sicher gewesen zu sein. Allerdings erfüllte sich diese Hoffnung nicht. Hans V. entschloss sich nach längerer Funkstille dazu, doch noch einmal eine klare Stellungnahme einzufordern und zu fragen, ob er bei ihr in Ungnade gefallen war.[1446] Seine Stellungnahme zu ihrer Antwort verrät, wie sehr diese Enttäuschung seine Stimmung verschlechterte: »Also wegen ›Ihm‹ hast du mich ganz vergessen? Ich ahnte es schon. [...] Ja, mein Urlaub fragst du? [...] Ich habe meine Lustigkeit verloren, jeder daheim sagte mir, ich sehe so ernst u schlecht aus. [...] Ich wollte allerlei vergessen.«[1447]

Es handelte sich um keinen Einzelfall. Erfahrungen dieser Art unterminierten die Bedeutung, die Soldaten privaten Fluchtpunkten im Krieg zuschrieben – oft sahen sie Heimataufenthalten dann resigniert entgegen. Eine nahezu fatalistische Haltung im Spannungsfeld aus Enttäuschungen und erneuten zivilen Hoffnungen skizzierte Centa B. ihrem Mann Franz anhand eines gemeinsamen Bekannten:

»Gell Seppi rechnet Juni oder Juli mit seinem Urlaub. Solltet halt ihr beide mal zusammen treffen. Er verspricht sich ja wieder nicht viel von seinem Urlaub u. hat eigentlich vom letzten Mal noch genug schreibt er. Es sitzt also doch tiefer in ihm, als wir glaubten, oder meinst nicht auch? Aber Seppi ist ja noch so beneidenswert jung u. kommt bestimmt noch an ein Mädel, das ihm ebenso gefällt, wie seine Lilo.«[1448]

Vergleichbare Herausforderungen bei Verheirateten waren der Ehebruch oder auch nur die Sorge um die Treue des Partners. Wie bereits erwähnt, stellte der

1444 Ebenda, Brief von Hans V. an Maria F. vom 13.10.1943.
1445 Ebenda, Brief von Hans V. an Maria F. vom 25.11.1943.
1446 Vgl. ebenda, Brief von Hans V. an Maria F. vom 25.12.1943.
1447 Ebenda, Brief von Hans V. an Maria F. vom 21.1.1944.
1448 IfZ-Archiv, ED 930, Brief von Centa an Franz B. vom 2.5.1943.

Brief einer anderen Frau das Vertrauen des jungen Ehepaares Irene und Ernst G. auf eine ernsthafte Probe. Der Vorfall drohte nicht nur, die Verbindung zwischen beiden zu zerstören, sondern warf Schatten auf die Erwartung künftiger Fronturlaube. So klagte Irene zunächst über die bittere Enttäuschung während des kurz zurückliegenden Urlaubs:

»Ich hab Dir so grenzenlos vertraut. Du weißt gar nicht wie groß mein Vertrauen zu Dir war. Nie wär mir der Gedanke gekommen, an Dir zu zweifeln. Ich hielt es einfach für ausgeschlossen. Siehst Du und deshalb ist es ein furchtbarer Schlag für mich, wenn ich mir sagen muß, Du bist nur so kurz verheiratet und die seelische Verbindung zwischen Dir und deinem Mann ist nicht mehr so tief und echt wie es mal früher war. Eben weil ich kein Vertrauen mehr habe. Es tut mir furchtbar weh wenn ich daran denke. Ich war so glücklich mit Dir. Und von jetzt ab soll immer dieser häßliche Schatten zwischen uns stehen? [...] Ich kann es einfach nicht glauben, daß Du Dich in dieser Beziehung nicht beherrschen kannst.«[1449]

Da es sich bei dieser Episode allerdings um ein Missverständnis handelte, weil sich der Inhalt besagten Schreibens seit langer Zeit erledigt hatte und Ernst das Schriftstück als Erinnerung aufbewahrte, fühlte er sich zu Unrecht brüskiert. Aus seiner Reaktion geht hervor, wie diese verzögerte Trübung des Heimatbesuches seine frisch gestärkte Freude nachträglich störte und damit zugleich seine Dienstfreude gefährdete. In dieser Situation verzichtete Ernst G. sogar darauf, in den bereits zugesagten Kurzurlaub zu fahren:

»Warum hast Du das nicht alles noch während meiner Anwesenheit mit mir besprochen? Ich war so froh von Dir fortgefahren, habe meine Arbeit hier mit frischem Mut begonnen und war der glücklichste Mensch. Noch viel glücklicher war ich, als ich gestern auf Grund meiner Anfrage, heute in Sonntagsurlaub hätte fahren dürfen. [...] Daß ich in solch einer Stimmung nicht in Urlaub fahre versteht sich wohl von selbst. Ich weiß ja gar nicht wie ich von Dir empfangen werde. Ja, ob ich überhaupt erwünscht bin. All meine Freude, all mein Frohsinn hast Du zunichte gemacht.«[1450]

Doch überstand das Paar den Zwischenfall binnen kürzester Zeit. Überhaupt verweisen Ego-Dokumente nur andeutungsweise auf Beispiele von Ehebruch. Dieses Tabu wurde nicht nur in der Feldpost, sondern meist auch in privaten

---

1449 MSPT, Serie 3.2002.0349, Brief von Irene an Ernst G. vom 12.1.1940.
1450 MSPT, Serie 3.2002.0349, Brief von Ernst an Irene G. vom 13.1.1940.

Tagebüchern gewahrt.¹⁴⁵¹ Etwas offener wurde das Thema dagegen nicht anhand der eigenen Beziehung, sondern in der Anschauung Dritter gehandhabt:

»Bei G[.] gabs wieder eine Szene wie noch nie. Alois hat seine Frau wieder mit dem anderen erwischt u. hat sie so geschlagen, dass man ihn mit auf die Wache nahm, hatte längere Zeit ein blaues Auge und konnte sich nicht mehr sehen lassen. Die verdient es auch nicht anderst. Was gäben wir darum, wenn wir unsere lb. Männer daheim haben dürften. Die könnte nun doch zufrieden sein.«¹⁴⁵²

Offenkundig war hier kein Soldat betroffen, und es handelte sich auch um keinen Betrugsfall, der während des Fronturlaubs aufgedeckt wurde. Wenn die kriegsgetrennten Paare derlei thematisierten, lag die primäre Funktion vielmehr in der Kontrastierung des eigenen Beziehungszusammenhalts, was letztlich der gegenseitigen Vergewisserung diente. Bei diesem Beispiel kam erschwerend hinzu, dass eine Frau untreu geworden war, die ihren Mann zu Hause wusste; dies steigerte die Empörung umso mehr.

Abschied und Ambivalenzen des »Urlaubskreislaufs«

Der Abschied nahm in der nachträglichen Reflexion des Fronturlaubs eine Sonderrolle ein und verdient eine gesonderte Betrachtung. Nicht zuletzt, weil er eine neue Periode des Wartens einläutete. Der Abschied selbst zerfiel in zwei Phasen. Es gab den kurzen, exakt determinierten Zeitpunkt des Auseinandergehens, dessen psychosoziale Wirkung aber den Augenblick überstieg. Dies überschattete mindestens die letzten Tage des Beisammenseins. In Briefen und Tagebüchern trat der Abschied als Sinnbild für den kriegsbedingten Kreislauf aus Wiedersehen, Sehnsucht und Leiden in Erscheinung. Die Zeit nach dem Urlaub zwang die Protagonisten, sich wieder mit ihrem Alltag zu arrangieren. Zwangsläufig mussten sie eine gewisse Entwöhnung voneinander begrüßen, um den belastenden Trennungsschmerz hinter sich zu lassen und um wieder zu funktionieren. Die Gedankengänge der Schreiber schwankten in dieser Phase auffällig zwischen jüngster Vergangenheit und neuen Wiedersehenshoffnun-

---

1451 Vgl. DTA, Serie 2108, Erinnerungen und Kriegstagebuch von Werner K., Einträge Ende Juni 1941 und Anfang des Jahres 1945: Werner K. gestand seine Fehltritte erst in seinen Memoiren ein, zu einem Zeitpunkt, als seine Frau bereits gestorben war; DTA, Serie 49/1, Tagebuch »An meinen Edelweißkönig zur Kriegsweihnacht 1944« von Maria B., Eintrag vom Februar 1943: Maria B. erwähnte ihre Eskapade in dem Tagebuch, das sie eigens für ihren Mann führte, betonte jedoch ausdrücklich, dass es sich lediglich um einen Flirt gehandelt habe, der kurze Zeit nach ihrem Kennenlernen stattgefunden habe.
1452 IfZ-Archiv, ED 930, Brief von Centa an Franz B. vom 30.1.1943.

gen. Der Wunsch ist erkennbar, die Urlaubsimpressionen für die Zwischenzeit zu konservieren. Die Akteure suchten nach jedem Abschied eine neue Hoffnung und richteten ihre Blicke automatisch auf das nächstmögliche Treffen. Hans N. teilte seiner Frau Friedl im Sommer 1941 direkt nach einem Besuch seine seelische Lage mit:

»Wenn Deine Stimmung heute so war wie meine, dann war sie mehr als trüb. Seit ich in Berlin war, hab ich mich noch nie so einsam und verlassen gefühlt wie heute. Und wenn ich noch so gegen diese Traurigkeit ankämpfe, es hilft nichts, der Tag muss erst zuende gehen, dann wird es wohl auch besser werden. Es ist noch alles beim alten und ich hätte keinen Grund, jetzt unglücklicher zu sein als vorher. Aber es liegt halt daran, dass ich mich so wohl gefühlt habe bei Dir und der Unterschied jetzt zu groß ist. [...] Dein hochbarockes Bäucherl, worin der Florian strampelte und noch viele so liebe und nette Dinge, nicht zuletzt die ›pfunds Wohnung‹! Alles ist so schön und alles freute mich. Die Buben waren auch so nett [...]. All das darf ich nun nicht mehr um mich haben; wer weiß wie lange. Ein Trost nur, dass Du, meine Liebe, alles verwaltest und betreust, dass Du, das Bärbel gebären wirst, dass Du es um Dich hast.«[1453]

Die zwiespältige Gefühlslage des Soldaten ist greifbar: Gerade weil er einen glücklichen Urlaub erfuhr, war seine Stimmung kurz danach umso gedrückter. Obwohl zu Hause alles zum Besten stand, schien die moralstärkende Funktion des Fronturlaubs in diesem Moment ins Gegenteil gekehrt. Erst als er seinen Blick auf die bevorstehende Geburt der Tochter lenkte, hellte sich die Gemütslage von Hans N. wieder auf.

Hilde K. kritisierte als Soldatenfrau den Fronturlaub gar als Zumutung – weil das Zugeständnis an Privatheit befristet war. Freilich stand dahinter in erster Linie der Wunsch nach dem Ende des Krieges und der endgültigen Heimkehr ihres Mannes. Deutlich assoziierten die Betroffenen mit der wechselnden Umstellung unangenehme Herausforderungen. Vor allem störte sie der wiederkehrende Abschiedsschmerz. Oft setzten sie dem die Auffassung entgegen, durchgehende Trennung bis zu Sieg oder Niederlage sei womöglich leichter zu ertragen, wenn man sich mit der Situation einmal arrangiert hatte. Hilde K. drückte dies in folgenden Worten aus, und ihr Mann teilte diese Meinung:

»Daß vom Urlaub die Vorfreude immer das Schönste ist, wird immer so bleiben, denn erstens ist es so wie mit Weihnachten, wo das Fest selbst an die Erwartung und die Seligkeit vorher nicht herankommt, und zweitens ist es

---

1453 MSPT, Serie 3.2002.7283, Brief von Hans an Friedl N. vom 14.8.1941.

beim Urlaub doch so, daß man vom ersten Tage an mit blutendem Herzen an den letzten denkt und das doch dem Anderen nicht zeigen will. Und doch war dieser Urlaub so schön für uns, Vati! Jedenfalls für mich, wenn auch das Ende schrecklich war.[1454] [...] Immer freue ich mich, wenn einer von uns nach Haus fahren kann, aber ich bin nicht neidisch! Denn der schönste Urlaub nimmt ein unerbittliches Ende, und man darf froh sein, wenn man diesen Schmerz vergessen hat.«[1455]

Der Blick auf andere Briefserien zeigt, wie verbreitet diese Haltung war. Auch Bernhard S. träumte im Grunde von »einem Urlaub für immer«[1456]. Ebenso wollte Lore G. im Januar 1942 lieber noch etwas länger auf ihren Mann warten, weil sie sich davon versprach, die Rückkehr Hermanns in die Sowjetunion und der mit allen Unwägbarkeiten verbundene Abschied würden sich bis dahin erübrigen: »Manchmal dachte ich auch schon, dass es vielleicht besser ist, Ihr haltet noch eine Weile aus und werdet dann richtig abgelöst, als Ihr bekommt ein paar Wochen Urlaub und müsst dann wieder in dieses Sauland [...].«[1457] Elisabeth K. bezog sich in ihrem Tagebuch direkt auf den steten Kreislauf aus Verlust und Zuversicht. Im Telegrammstil notierte sie: »Urlaub wieder vorüber. [...] stehe zwischen Abschiedsschmerz und Hoffen auf nächstes Wiedersehen. [...] Selbstbeherrschung beim Abschied kaum mehr zu ertragen – und das ewige Immer-wieder-in-den-Krieg müssen.«[1458] Beiläufig zeigen die Gedanken der Schreiber, dass es sich beim Fronturlaub eben nur um ein flüchtiges Gut handelte: »An meinem kommenden Urlaub müssen aber Photo her von meiner ganzen Familie.«[1459] Der Austausch von Bildern, um die Erinnerung zu festigen, war ein verbreitetes Verhaltensmuster, um den Abschiedsschmerz im Vorfeld zu kanalisieren.

Schließlich betonten einige Schreiber, die Abschiede würden für sie immer schwieriger. Dass die Bedeutung des Fronturlaubs als kompensatorischer Fluchtpunkt umso mehr stieg, je weniger absehbar der Ausgang des Krieges wurde, erkannte auch Hilde K. Dies veranlasste sie nach einem längeren Genesungsaufenthalt ihres Mannes zu folgender Äußerung:

»Jedesmal denkt man, den nächsten Abschied übersteht man nicht mehr, und jeder wird schlimmer, aber ein Mensch kann doch viel ertragen. Wenn ich jetzt denke, wie sich jeden Mittag die Tür auftat und Du so strahlend

---

1454 Ebenda, Brief von Hilde an Karl K. vom 14.11.1941.
1455 Ebenda, Brief von Karl an Hilde K. vom 7.3.1942.
1456 IfZ-Archiv, Akzessionsnummer 2, Brief von Bernhard an Babette S. vom 31.8.1941.
1457 DTA, Serie 1462, Brief von Lore an Hermann G. vom 7.1.1942.
1458 DTA, Serie 2108, Tagebucheintrag von Elisabeth K. vom 5.1.1945.
1459 IfZ-Archiv, Akzessionsnummer 2, Brief von Bernhard an Babette S. vom 1.9.1941.

hereinkamst und wie oft das war und wie es jetzt schon wieder hinter uns liegt, dieses wunderschöne Vierteljahr Friedenspielen – dann wird mir doch etwas schwindlig vor dem, was ›Zeit‹ bedeutet.«[1460]

Und auch Centa B. rekurrierte im Grunde auf genau diesen Sachverhalt, als sie formulierte:

»Freilich sind die paar Tage immer so schnell vorbei und der Abschied jedes mal noch schwerer.[1461] [...] Die Urlaubstage erscheinen auch mir jedesmal noch schöner, allerdings der Abschied ist u. wird bei jedem Wiedersehen bitterer [...].«[1462]

c. Bedeutungswandel

Schließlich verbanden die Schreiber von Kriegsbriefen und Tagebüchern mit dem Fronturlaub immer wieder – wissentlich oder unwissentlich und parallel zum NS-Regime – bestimmte Funktionen. In der Wahrnehmung vieler Soldatenfamilien erfuhr der Stellenwert des befristeten Wiedersehens einen Bedeutungswandel, weil damit zusammenhängende Erfahrungen in der Regel im Spannungsfeld aus Vergangenheitsorientierung und Zukunftsaussichten gedeutet wurden. Die Aufwertung familiärer Fluchtpunkte schwächte den ursprünglich dominierenden »Frontsog« vieler Männer deutlich ab – trotz wachsender Schwierigkeiten in der Heimat. Dies blieb nicht ohne Einfluss auf soldatische Erwartungshaltungen und die Friedenssehnsucht.[1463] Gelegentlich bezogen die Akteure direkt Position zu den Steuerungsabsichten privater Lebensentscheidungen durch das NS-Regime. Dies erlaubt Rückschlüsse über die staatliche Eindringtiefe in familiäre Bereiche.

Vergangenheitsorientierung und Zukunftsentwürfe

»Mir wird immer klarer, daß das Leben hauptsächlich aus Episoden besteht, und diese sind dann wie Oasen in der Wüste. Mit Eurem Urlaub geht es ja wohl besonders so.«[1464]

1460 MSPT, Serie 3.2002.8610, Brief von Hilde an Karl K. vom 18.6.1943.
1461 IfZ-Archiv, ED 930, Brief von Centa an Franz B. vom 17.1.1943.
1462 Ebenda, Brief von Centa an Franz B. vom 4.7.1943.
1463 Vgl. Kühne, Kameradschaft, S. 178.
1464 MSPT, Serie 3.2002.8610, Brief von Hilde an Karl K. vom 5.8.1941.

In ihrer Metapher verglich diese Schreiberin den Fronturlaub mit Raststätten körperlicher und seelischer Labsal, die dazwischenliegenden Phasen privater Entbehrungen entsprachen mühsamen Wanderungen durch karge Einöde. Das Bild trifft die funktionale Bedeutung familiären Wiedersehens im Krieg aus mehreren Gründen. Heimataufenthalte wurden zu einem ebenso seltenen und überlebensnotwendigen Gut wie Oasen in der Wüste. Die zeitliche Determinante verweist darauf, dass jede Durststrecke ein Anfang und ein Ende kennt, wobei das Durchschreiten der Ödnis mit der Dauer des Krieges gleichgesetzt wurde. Was die kurzen Unterbrechungen boten, war die Erneuerung von Hoffnung: Das Wortpaar verrät, dass dem Fronturlaub gleichermaßen vergangenheits- und zukunftsbezogene Komponenten innewohnten.[1465]

Einige Schreiber brachten dies zum Ausdruck, indem sie sich der Gegenwart zu entziehen suchten, in der Vergangenheit schwelgten oder aber auf die Zukunft hofften. Andere versuchten, während des Heimaturlaubs bestmöglich an die Zeit vor dem Krieg anzuknüpfen. Sie wollten an dem Punkt weitermachen, wo sie einst ausgezogen waren, etwa indem sie bekannte Tätigkeiten und Erlebnisse wiederholten. Schließlich nahmen Überlegungen einen breiten Raum ein, wie sich das private Leben nach dem Krieg weiter gestalten würde.[1466] Die folgenden Beispiele liefern einen Einblick in Facetten von Vergangenheitsorientierung und Zukunftsentwürfen und beleuchten zugrunde liegende Interpretationsmuster.

»Heute kam nun auch im Heeresbericht, dass die Panzertruppen des Generals Guderian bei der Doppelschlacht Briansk und Wjasma beteiligt waren – da werdet Ihr also dabei gewesen sein. Wenn man nur erst wüsste, ob alles gut ging und Du heil und gesund bist! [...] Ich denke zurück oder voraus, da lässt sich vieles leichter ertragen.«[1467]

Obwohl die Soldaten ihren Einsatzort in der Feldpost nicht mitteilen durften, hatte Lore G. über den Heeresbericht und die Einheitszugehörigkeit gefolgert, dass sich ihr Mann Hermann momentan mit großer Wahrscheinlichkeit inmitten der beschrieben Kämpfe befand. Die Sorge um sein Wohlergehen trieb sie dazu, ihre Wahrnehmung von der Gegenwart abzulenken. Stattdessen kehrte sie in ihrer Vorstellung zu gemeinsamen friedlichen Zeiten zurück oder malte

---

1465 Vgl. Koselleck, Vergangene Zukunft, S. 349-376; Flam, Soziologie der Emotionen, S. 183-186; Luhmann, Liebe, S. 22 f. und S. 60 f.
1466 Da sich diese Spekulationen in der Regel auf bekannte Bezugspunkte stützten, machte es einen wesentlichen Unterschied, ob die Entwicklungen des Krieges in diese Überlegungen mit einbezogen wurden oder ob die Schreiber diese ausblendeten und eine Wiederherstellung der Verhältnisse vor der Zeit des Krieges ersehnten.
1467 DTA, Serie 1462, Brief von Lore an Hermann G. vom 19.10.1941.

sich die gesunde Rückkehr ihres Gatten aus. Dies war mehr als eine Reaktion auf akute Ängste. Dahinter verbarg sich ein grundlegendes Verhaltensmuster, das Familienleben imaginativ zu erhalten und Erinnerung als Anknüpfungspunkt in die Zukunft zu übertragen. Interessanterweise benutzte ihr Mann Hermann Monate später exakt die gleiche Wortwahl, als er zwischen Gefechten vorübergehend zur Ruhe kam und an seine Familie und das Privatleben dachte:

»Seit wir hier in einer gewissen Ruhe liegen, wandern die Gedanken mehr noch als sonst in die Heimat. Die Tagesarbeit ist bald getan und [dann] denkt man zurück oder voraus und an das was ihr jetzt wohl gerade macht.«[1468]

Auch in dieser Passage speist sich die Wahrnehmung von Heimat und Familie aus konkreten Erinnerungen und daraus abgeleiteten Erwartungen. Somit bleibt der Eindruck teils spekulativ, und es ist anzunehmen, dass selbst die Andeutung »was ihr wohl jetzt gerade macht« weniger von der Gegenwartslage, sondern stärker durch die Vorstellung gemeinsamer Vergangenheit und Zukunft geprägt war. Wenn sich folglich viele Soldaten wie Wandler zwischen den Welten fühlten, so lag dem nicht nur eine räumliche Determinante, sondern zugleich eine zeitliche zugrunde. Die innere Zerrissenheit zwischen Familie und Kameraden hing nicht nur von den Polen Front und Heimat ab, sie war zudem stark von Erinnerungen und Erwartungen geprägt. Eindringlich beschrieb dies der Soldat Wilhelm Eichner in seinem *Tagebuch aus dem Russlandfeldzug*. Er verglich die Vorstellung von Heimat mit der Jagd nach einem Traumbild aus der Vergangenheit und der Suche nach einer schützenden Stätte in einem Sandsturm:

»Das Herz des Frontsoldaten ist immer geteilt zwischen dort und hier, zwischen Front und Heimat. Die Ruhe, die man sucht, ist relativ. Auch die heimatliche Welt ist geprägt vom großen Krieg. Was man sucht, vielleicht nur zu suchen glaubt, ist ein Traumbild der Vergangenheit, der niemand mehr angehört. Das Verpflanztwerden in den unendlichen Raum, [...] hat alles verwandelt. Die Tage sollen [...] Kraft und Mut geben. Die Menschen umher, Vater, Mutter, Geschwister, Bekannte und Unbekannte sind auf rührende Weise bemüht, die Zeit still stehen zu lassen und uns dort wieder einzupflanzen, wo unsere Saugwurzeln vor Jahren abgerissen wurden, von uns selber oder wer weiß von wem.«[1469]

1468 Ebenda, Brief von Hermann an Lore G. vom 8.2.1942.
1469 Eichner, Tagebuch, S. 7.

Diese Passage beschreibt ein Extrem. Eichner maß seine Erinnerung lediglich an der Gegenwart, die er in unerwarteter Form vorfand. Den Rekurs auf die Zukunft bemühte er gar nicht erst, was unter anderem an den Enttäuschungen gelegen haben mag. In anderen Fällen führte die Betrachtung gemeinsamer Unternehmungen aus Friedenszeiten, aber auch von Mut spendenden Erfahrungen aus zurückliegenden Fronturlauben direkt zu Vorstellungen von Privatheit nach dem Krieg; der Umweg über die Gegenwart wurde dann ausgeklammert. Harmonische Entwürfe zeichnete auf diese Weise das Ehepaar Karl und Anna C., obwohl ihre kurzen Treffen nicht immer reibungslos verliefen. Gerade dies belegt, wie sehr sie die Urlaube als Ausnahmesituationen begriffen. Allgemein wurden verbliebene Orientierungspunkte aus einer gemeinsamen Vergangenheit als auch deren Übertragung in die Zukunft wichtiger:

> »Karli Du schreibst ja so lieb, bin dann immer so glücklich weil wir uns so gut verstehen und bis Du zurück kommst dann werden wir es recht wieder schön haben nun haben wir ja unseren Jungen den wir uns ja so gewünscht haben. Lieber Karli dann werden wir wieder bei seinem Betterl stehen und uns glücklich ansehen wenn er so herzig schlaft oder wenn er uns so lieb ansehen wird, weißt du wie du da warst [...]?[1470] Weißt du was sich bald jährt? Unser Skiurlaub in den Radstätter Tauern, erinnerst dich an unser Kammerl in der S[.] Hütte? Und die schönen Touren? Die schönen sonnigen Tage, wie froh und glücklich waren wir beide [...] und wenn wir weiter uns so lieb haben, dann winkt uns noch eine schöne Zukunft![1471] [...] wenn ich gesund wiederkomme wird für uns drei eine frohe und glückliche Zeit anbrechen [...].«[1472]

Die hier beschriebenen Zukunftserwartungen zielten in erster Linie auf familiäre Geborgenheit und Häuslichkeit. Beruflicher Natur waren dagegen die Entwürfe, die Hermann G. seiner Frau kurz vor Beginn des deutschen Überfalls auf die Sowjetunion skizzierte. Als Förster eruierte er die Möglichkeit, später ein Amt im Osten zu übernehmen. Er liebäugelte mit nationalsozialistischen Zukunftsverheißungen im Rahmen der Ostexpansion. Allerdings machte er seine Vorstellungen vom weiteren Verlauf der Kämpfe abhängig. Der Zusammenhang zwischen ziviler beruflicher Zukunft und militärischen Unterwerfungsabsichten war ihm durchaus bewusst, seinen Überlegungen fügte er ziemlich zutreffende Kriegszielspekulationen bei:

1470 SFN, NL 57, Brief von Anna an Karl C. vom 28.2.1940.
1471 Ebenda, Brief von Karl an Anna C. vom 2.2.1941.
1472 Ebenda, Briefe von Karl an Anna C. vom 9. und 10.2.1941.

»In der ruhigen Zeit, soweit man sie bei unseren vielen Übungen ruhig heißen kann, hat man Muße reichlich an die Heimat zu denken und dem Heimweh nachzuhängen. [...] Ich wollte es ginge jetzt sofort irgendwo los und wir könnten dann für ganz heim. [...] Ein Krieg gegen Russland wäre nach meiner Ansicht möglich um uns 1. die Ukraine und den Kaukasus als Getreide- und Petroleumkammer zu sichern und 2. um uns einen Zugang gegen Englands offene Flanke im Vorderen Orient zu verschaffen. [...] Heute nach dem Essen fahre ich nun zu S[.]. Will sehen, wie es dort ist und ob wir uns auch einmal auf so ein Warthelandforstamt melden sollen. Die Gegend wird mich nicht locken, aber das Wirtschaftsland, das einen finanziell freier macht.«[1473]

Den erfolgreichen Verlauf des Krieges setzte er gleich mit der Erwartung größerer finanzieller und somit auch privater Freiheit in der Zukunft. Drei Tage später, nachdem er seine beruflichen Entfaltungsmöglichkeiten im Osten in Augenschein genommen hatte, ergänzte Hermann G. an seine Frau:

»Am Samstag und Sonntag habe ich nun also S[.] [...] besucht. [...] Die Landwirtschaft wird bis jetzt noch auf Staatskosten umgetrieben [...]. Er meinte, wenn man gute Böden und in den ersten Jahren Glück mit Vieh und Hilfskräften habe, könne man es zu etwas bringen. [...] Ich glaube, dass eine Umsiedlung dorthin nur auf ein wirklich gutes und zur Stadt günstig gelegenes Amt Vorteile gegenüber Württemberg bietet.«[1474]

Auch wenn die Zeilen Ernüchterung transportierten, so verriet der Schreiber doch seine grundsätzliche Bereitschaft, private und zivile Ziele mit den Verheißungsangeboten des Regimes in Einklang zu bringen. Gewiss hatten derlei Überlegungen ein Ablaufdatum, weil sie an den deutschen Sieg gebunden blieben. Folglich war diese Zukunftsvision auch eine kurzlebige, die im weiteren Briefverkehr nicht mehr auftauchte.

Ganz im Fahrwasser nationalsozialistischer Konsumversprechen bewegten sich die Friedenserwartungen von Robert W. Im Mai 1941 schrieb er aus Afrika:

»Inge, was meinst Du, wenn ich wieder zu Hause bin, was wird das für ein Leben. Da freuen sie sich hier schon alle drauf. Das erste ist natürlich später der Volkswagen, dann kommt unser 1-Mann-Zelt, in dem wunderbar 2 Menschen schlafen können – 1 Koffergrammophon – 1 Wochenendkoffer, in dem am Abend zuvor das Frauchen schon die leckersten Gerichte packt; alles in den Wagen, und dann geht's mit dem Ingeken ins »Grüne« j.w.d.

1473 DTA, Serie 1462, Brief von Hermann an Lore G. vom 17.5.1941.
1474 Ebenda, Brief von Hermann an Lore G. vom 20.5.1941.

Später sind die hinteren Plätze dann auch belegt, – ach wird das ein Familien-Ausflug. Au! Au! – – Ingeken, nun kannst Du den Faden weiterspinnen.«[1475]

Selbstverständlich spielte der Zeitpunkt der Wünsche eine wesentliche Rolle. Die Hoffnungen auf Konsumgüter, Wohlstand, Reisen und andere Aktivitäten nach dem Krieg waren an den siegreichen Ausgang des Krieges gekoppelt. Dass dies ab 1942 immer unwahrscheinlicher wurde, nahm Einfluss auf Art, Weise und Inhalt der Vorstellungen privater Lebensentwürfe. Konkrete Nennungen wurden immer seltener, in materieller wie in beruflicher Hinsicht. Hingegen stiegen die Bedeutung des familiären Rückzugs und der Wille, wieder an das friedliche Leben aus der Zeit vor dem Krieg anzuknüpfen. Die Formulierungen wurden vager und weniger greifbar, weil die zugleich immer bescheideneren Wünsche mit abnehmender Gewissheit des Überlebens aller Familienmitglieder einhergingen. Schließlich wurden Erwartungen privater »Mehrwerte« durch den Krieg nahezu vollständig aufgegeben. Auch der Ausgang selbst wurde immer unwichtiger; vielmehr waren im Unterschied zu früher viele sogar bereit, im Falle einer Niederlage weiterhin schwere Zeiten in Kauf zu nehmen, sofern man sich nur wiedersah:

»An den Sonntagen vermisse ich dich ja doppelt. Wie schön könnte es doch da sein, wenn du da wärst, zumal jetzt im Frühjahr könnten wir so schöne Touren machen, aber nicht darf es sein mein Geliebter. Wer weiß, wann diese Zeit wieder mal kommt. Man kann schon gar nicht mehr daran glauben. Und was für Opfer u. Entbehrungen sind uns bis dahin noch auferlegt. Das heurige Jahr wird bestimmt schwer u. hoffen wir, dass es zum Siege führt, aber danach sieht es halt nicht aus. Wie wollten wir doch dann das Glück des Zusammenseins wieder genießen, wie wären wir doch so zufrieden, auch dann, wenn es uns nicht übermäßig gut ginge, denn rosig sieht die Zukunft nicht aus. Doch uns ist die Hauptsache, wir dürfen zusammen sein u. sind gesund, das Arbeiten sind wir gewöhnt.«[1476]

Erwartungsvereisung und soldatische Ideale

Solange sie mit einer raschen und siegreichen Beendigung des Waffengangs rechneten, formulierten Soldaten in Briefen und Tagebüchern oft den Willen, ihre Pflicht im Kampf zu erfüllen: »So hart die letzten Monate manchmal waren, es ist doch ein herrliches Gefühl in vorderster Linie mit dabei gewesen

---

1475 MSPT, Serie 3.2002.7605, Brief von Robert an Ingeborg W. vom 13.5.1941.
1476 IfZ-Archiv, ED 930, Brief von Centa an Franz B. vom 13.3.1943.

zu sein.«¹⁴⁷⁷ Vor allem nach dem Ende der »Blitzfeldzüge« legt der Blick auf Feldpostbriefe und Tagebücher nahe, dass viele Männer den Heimaturlaub zusehends als Instrument der Kompensation für den Verlust an Privatheit begriffen.¹⁴⁷⁸ Dies blieb nicht ohne Einfluss auf die Wahrnehmung soldatischer Ideale. Ironischerweise vollzogen sich diese Wandlungen zu einem Zeitpunkt, als die logistischen Voraussetzungen für Freistellungen immer prekärer wurden.¹⁴⁷⁹ Dies führte trotz Sehnsucht zu bisweilen fatalistisch anmutender Erwartungsvereisung.¹⁴⁸⁰ Diese lässt sich weniger anhand der Wünsche für die Zeit des Aufenthalts, sondern mehr an der Vorfreude und der Hoffnung auf die Urlaubserteilung ablesen.

Infolgedessen schwankten die Soldaten und ihre Angehörigen zusehends zwischen Vorfreude und Enttäuschung. So schrieb Lore G. an ihren Mann an der Ostfront im März 1942: »Je näher das Frühjahr rückt, je stärker wird die Sehnsucht nach dem Wiedersehen. Ich bin ja mehr wie geduldig geworden, fast will ich sagen abgestumpft!« Einige Monate später konstatierte sie: »Mein lieber Hermann. Hoffentlich bekommst Du diese Zeilen erst nach dem Urlaub zu Gesicht. Die Spannung ist jetzt so groß, doch wage ich mich noch immer nicht zu freuen – von wegen der Enttäuschung«.¹⁴⁸¹

Die soldatische Sichtweise dieser Erwartungsvereisung und das wachsende Misstrauen gegenüber den Regularien der Urlaubserteilung benannte im Herbst 1943 Ernst G. Seine Vorgesetzten hatten ihn zurückbeordert, als er schon im Zug Richtung Heimat saß. Wie ihm ging es immer mehr Soldaten, weshalb sie an ihren Urlaub im Grunde erst glaubten, wenn sie die Reichsgrenze passierten oder bereits zu Hause waren:

»Am 11.10. abends um 23.00 Uhr saß ich nämlich im Urlauberzug! Man hat es aber vorgezogen mich eine Minute vor Abfahrt des Zuges wieder herauszuholen. Ich hätte bis zum 20.10. bei Dir sein können. Aber es sollte nicht sein. Es ist halt anders gekommen. Ich soll nun noch jeden Tag fahren. Man verspricht es mir, aber ich traue ihnen nicht. Und macht Euch auch keine

1477 DTA, Serie 1462, Brief von Hermann G. vom 26.10.1941.
1478 Mit Kriegswende ist der Zeitpunkt gemeint, an dem Soldaten selbst in zunehmendem Maße klar wurde, dass die Sowjetunion nicht binnen kürzester Frist niedergerungen werden konnte und damit der Krieg innerhalb absehbarer Zeit zu einem siegreichen Ende gebracht werden kann. Dass der tatsächliche militärische Wendepunkt aus deutscher Sicht bereits vor der Schlacht um Moskau anzusetzen ist, hat die Forschung inzwischen deutlich gezeigt. Vgl. u. a. Hürter, Heerführer, S. 279-349.
1479 Vgl. Boog, Versorgung, S. 959-988; Müller, Rüstung, S. 458-463; Kreidler, Eisenbahnen, S. 135-143.
1480 Der Begriff der Erwartungsvereisung wurde von dem Soziologen Heinrich Popitz geprägt.
1481 DTA, Serie 1462, Briefe von Lore an Hermann G. vom 20.3. und 14.12.1942.

Hoffnungen. Denn ich weiß genau, daß es nichts wird. Man wollte mir scheinbar nur den guten Willen zeigen. Mit meinen Nerven haben die, die was zu sagen haben, wirklich großen Unfug gespielt. Ich habe mich damit nun jetzt abgefunden und warte nun, bis ich mit Erholungsurlaub an der Reihe bin.«[1482]

Parallel verschoben sich die Gewichte zwischen dem Willen zur Pflichterfüllung und der Sehnsucht nach zu Hause. Grundsätzlich entfalteten Vorstellungen von Männlichkeit und Soldatentum im Krieg eine wirkmächtige Eigendynamik. Zog der Vater als Beschützer der Nation und seiner Familie ins Feld, musste Sehnsucht nach Privatheit – wenn sie zu stark artikuliert wurde – zwangsläufig als »unmännlich« erscheinen.[1483] In diesem Kontext zeigten soldatische Ideale bei jüngeren und vor allem ledigen Soldaten mit größerer Abenteuerlust und geringerer Heimatverwurzelung eine höhere Beharrungskraft als bei älteren Soldaten und Familienvätern. Aufschlussreich sind vor allem Briefe, die sich Soldaten gegenseitig schrieben. Sepp B. teilte seinem Bruder Franz Dinge mit, die er mit den anderen Angehörigen nicht kommunizierte:

»[…] so eilig habe ich es grad wieder nicht. Daheim fragen sie natürlich in jedem Brief, das kannst du dir denken, die können es nicht mehr erwarten bis ich heim komme. Jetzt bekam ich wieder mehrere Jammerbriefe […]. Vom Urlaub selbst verspreche ich mir nicht viel, es wird wieder höchst langweilig werden, das sehe ich schon kommen.«[1484]

Der Soldat wollte seinen Urlaub nicht mit den Eltern und Geschwistern verbringen. Er hatte eigene Pläne und stellte soldatische Identifikationsangebote über die bürgerlichen Ansichten seiner Familie. So standen nicht nur traumatisierende Erfahrungen der Soldaten in Wechselwirkung zu den Beziehungen in der Heimat, sondern auch diejenigen, die als neue Freiheiten zu charakterisieren sind. Dies umfasste Kontakte zur weiblichen Zivilbevölkerung, die weitgehende Abwesenheit parteilicher Kontrolle oder Möglichkeiten zu deviantem Handeln im Schutz des Kameradenkreises.[1485]

Andererseits hatten die Angehörigen auch Verständnis dafür, dass den Soldaten Pflichterfüllung wichtig war. Maria B. war nur eine von vielen Schreiberinnen, die ihren Stolz ausdrückte, weil sich der Mann an der Front bewährte und kein Drückeberger war. Folgerichtig kam sie sich wie ein »Kriegsgewinnler«

1482 MSPT, Serie 3.2002.0349, Brief von Ernst an Irene G. vom 16.10.1943.
1483 Vgl. Frank, »Noch härter«, S. 46 f.; Kühne, Kameradschaft, S. 140 f.
1484 IfZ-Archiv, ED 930, Briefe von Sepp an seinen Bruder Franz vom 1. und 7.4.1943.
1485 Vgl. Röger, Kriegsbeziehungen, S. 7-27; Kühne, Kameradschaft, S. 113 f. und S. 131 f.

vor, als er im Oktober 1943 vier Wochen Urlaub bekam.[1486] Lore G. wünschte sich nichts mehr als ein idyllisches Familienleben, ersehnte die gesunde Rückkehr ihres Mannes und litt phasenweise derart stark unter der Sehnsucht und den Sorgen um sein Wohlergehen, dass sie sich wiederholt mit Schlafmitteln beruhigte.[1487] Dennoch akzeptierte sie das militärisch-männliche Rollenideal und signalisierte, soldatische Kampfbereitschaft stehe höher als ziviles Warten in der Heimat: »Wenn ich nur auch gemeinsam mit Dir in den Krieg könnte, dann wäre das gar nicht schlimm, aber so drücken einen die Sorgen fast zu Boden.«[1488] Oder kurze Zeit später: »Wie sehr ich mich sorge, weißt Du ja. […] Wenn ich nur auch ein Mann wäre und mit dabei sein könnte. Das Los der Frauen ist ungleich schwerer.«[1489] Noch deutlicher wurde der innere Widerspruch zwischen Sehnsucht und Kämpferideal, als sie formulierte, sie könne ihren Mann wohl überhaupt nicht lieben, wenn er sich in dieser Situation nicht an der Front beweisen würde: »Auf meine Frage, wieso er noch zu Hause sei, entgegnete er mir: er hätte Glück gehabt. […] geschämt habe ich mich für diesen Mann. Lieber noch solche Sorgen, wie ich sie habe, als an so einen Mann gekettet zu sein.«[1490] Paradoxerweise sagte sie damit, sie leide lieber unter der Todesangst, ihren Mann im Krieg zu verlieren – womit sie das künftige Familienleben in die Waagschale warf –, als ihren Mann im sozialen Umfeld als »Drückeberger« betrachtet zu wissen.[1491]

Daneben gab es Briefe und Tagebucheinträge, die den steigenden Wert privater Zufluchtsorte sehr offen transportierten: »Heute muß ich wieder Abschied von allem Lieben nehmen. Der Abschied war mir diesmal selbst schwer, da ich meine lieben Eltern ganz allein zurücklassen mußte. Hoffentlich kann ich nach dem Kriege wieder zu ihnen zurückkehren«[1492], notierte etwa Albert J. bereits im Januar 1941 und meinte damit seine Eltern und Geschwister. Ernst G. schrieb dagegen im April 1942 an seine Frau Irene: »[…] wenn ich bei Dir gewesen wäre, dann wäre es mir bestimmt besser gegangen als hier. So stecken wir im Morast bis an die Knie. Und trotzdem liebste Frau bleibt mir immer noch die eine große Hoffnung, Dich bald wieder zu sehen«.[1493] Die Strapazen des Kampfes und die klimatischen Bedingungen im Osten kontrastierte er zusehends mit der Sehnsucht nach Ruhe und Geborgenheit. Diese Haltung

---

1486 DTA, Serie 49/1, Brief von Maria B. vom 17.10.1943.
1487 Vgl. DTA, Serie 1462, Briefe von Lore an Hermann G. vom 29.10. und 5.11.1940.
1488 Ebenda, Brief von Lore an Hermann G. vom 1.6.1941.
1489 Ebenda, Brief von Lore an Hermann G. vom 28.6.1941.
1490 Ebenda, Brief von Lore an Hermann G. vom 22. 8. 1941.
1491 Vgl. ebenda.
1492 DTA, Serie 148, Tagebucheintrag von Albert J. vom 21.1.1941.
1493 MSPT, Serie 3.2002.0349, Brief von Ernst an Irene G. vom 14.4.1942.

schrieb sich konsequenterweise darin fort, dass die Hoffnung auf weitere Fronturlaube zusehends mit dem Wunsch nach Frieden und endgültiger Heimkehr verwischte. Erfahrungen entzogener Urlaube und somit unnötiger Vorfreude begleiteten diese Entwicklung. Andererseits resultierten daraus umso innigere und beinahe schon trotzige Beteuerungen der Unzerstörbarkeit von Liebe. Ernst G. führte hierzu aus:

»Sei mir nicht bös, meine liebe Irene, aber wir denken gar nicht daran, eventuell in Urlaub fahren zu können. [...] Du weißt, wie gern ich es hätte, Dir an unserem Hochzeitstag in die Augen schauen zu können und Dir all meine Liebe in unendlichen Küssen und seligem Vergessen darzubringen und all die Freude an unseren Kleinen nachzuholen. Es wird aber die Zeit kommen, wo ich Deinen Gabentisch selbst mit den herrlichsten Blumen schmücken darf, wo wir an unserem 24.12. allein sein werden ganz für uns mit unseren Kindern. Der Krieg muß ja auch sein Ende finden und damit unser so lang ersehntes und so hart erkämpftes Glück endlich einkehren. So, wie der Krieg, das ganze Volk einer harten Prüfung unterzieht, tut er das ja auch mit uns. [...] Je länger der Krieg sich hinausschiebt, desto inniger wird unsere Liebe, härter und damit für uns unvergänglich.«[1494]

Der wachsende Zwiespalt zeigte sich darin, dass die Soldaten ihre Frauen baten, weniger vom Urlaub zu schreiben oder sie in Bezug auf das nächste Wiedersehen nicht unter Druck zu setzen. Nur vordergründig verbarg sich dahinter die Absicht, sich auf den Dienst zu konzentrieren. Gerade weil sie unter Heimweh litten, stellten zu häufige Erinnerungen an Urlaube eine schmerzhafte Herausforderung dar. Vielen erschien es einfacher, diese Sehnsucht angesichts der oftmals brutalen Kriegserlebnisse vorübergehend auszublenden. Hinzu kam, dass die Soldaten gut beraten waren, im militärischen Dienstalltag nicht durch allzu häufige Urlaubsgesuche aufzufallen, weil sie sonst als »weich« oder unsoldatisch erschienen und leicht den Unmut der Kameraden auf sich zogen. Zurückhaltung beim Fronturlaub wurde im Militär als Tugend gehandelt[1495]: »Also Irene, ich habe eine Bitte. Schreibe nicht mehr vom Urlaub. Unterdrücke doch bitte diese Gedanken. Ich weiß es ist schwer, aber versuche es bitte einmal. Du tust uns beiden bestimmt einen Gefallen.«[1496] [...] Ich tu doch schon mein Möglichstes, oder meinst Du wirklich ich würde meinen Urlaub hinausschieben?«[1497] Auch Otto B. schrieb wiederholt, ihn berühre es komisch,

1494 Ebenda, Brief von Ernst an Irene G. vom 2.12.1944.
1495 Vgl. DTA 1462, Briefe von Lore an Hermann G. vom 20.3. und 14.12.1942; DTA 2108, Briefe von Werner an Elisabeth K. Ende Oktober 1943.
1496 MSPT, Serie 3.2002.0349, Brief von Ernst an Irene G. vom 28.7.1940.
1497 MSPT, Serie 3.2002.0349, Brief von Ernst an Irene G. vom 29.1.1940.

wenn sein Lottchen ständig frage, ob er bald wieder zu ihr komme. Aus seiner Sicht legte sie damit den Finger in die Wunde, weil er zu diesem Zeitpunkt des Krieges nur noch selten auf Urlaub hoffen konnte.[1498] Deutlich brachte schließlich Lutz R. den Qualitätsverlust von Fronturlaub Anfang des Jahres 1945 auf den Punkt. In seiner Äußerung ging es hintergründig allerdings nicht mehr um Luftalarme und Rationierungen, seine Zeilen sind vielmehr von einer Untergangsstimmung im Zuge der Aufstellung des Volkssturms geprägt.[1499] Als sein erwarteter Heimaturlaub gestrichen wurde, war er nicht gerade unglücklich, weil er damit rechnete, zu Hause ohnehin nur eine »Panzerfaust in die Hand« gedrückt zu bekommen: »Dazu brauche ich ja nicht in den Urlaub fahren.«[1500]

Privatheit zwischen Fatalismus und Hoffnung

Gewiss zeugen Ego-Dokumente von einem steigenden Friedenswunsch innerhalb der Bevölkerung, den im Grunde nur die Siegeseuphorie im Sommer 1940 vorübergehend überschattete. Über die Wendepunkte des Krieges, insbesondere jedoch in den letzten Monaten, wuchs der Wunsch nach Frieden exponentiell an. Parallel zu dieser Entwicklung folgte steigende Kritik an den Maßnahmen und an der Kriegführung des Regimes.[1501] Im Zusammenhang damit wuchsen sogar die Zweifel an der NS-Propaganda, die den Kampf konsequent als gerechten Präventiv- beziehungsweise Verteidigungskrieg deutete.[1502] Im Gegensatz zu entsprechenden devianten Äußerungen in Gerichtsakten fehlt dagegen häufig der direkte kommunikative Gedankenschluss aus Kriegsschuld des Regimes und individuellem Verlust an Privatheit. Dennoch vermuteten viele Schreiber einen Zusammenhang. Andere positionierten sich mehr oder weniger bewusst zu den familienpolitischen Zielen der NS-Führung. Ihre persönlichen Zukunftshoffnungen oder Vorstellungen gegenwärtigen Wiedersehens gaben preis, inwieweit es dem Regime gelungen war, die Entstehung privater Wünsche zu kanalisieren. Alternative Vorstellungen deuten hingegen auf Devianz in der sozialen Alltagspraxis hin. Der Obergefreite Bernhard S. schrieb Ende Januar aus der Sowjetunion an seine spätere Frau Gerda:

»Wer diesen Winter hier im Osten übersteht, der hat eigentlich für sein Leben lang genug ausgehalten. Der sollte sich nur noch sonnen dürfen und nie wieder, auch nur eine Minute, für solchen Rummel, wie er in Deutschland

---

1498 IfZ-Archiv, ED 554, Brief von Otto an Lotte B. vom 16.6.1944.
1499 Vgl. Machmann, Volkssturm.
1500 MSPT, Serie 3.2002.7404, Brief von Lutz R. vom 4.2.1945.
1501 Vgl. Steinert, Krieg, S. 587f.; Aly, Volkes Stimme, S. 9-22 und S. 56f.; Wette, Das letzte halbe Jahr, S. 127f.
1502 Vgl. Sterz, Das andere Gesicht, S. 153f., S. 157-160, S. 162f.

vordem veranstaltet worden ist, verlieren dürfen. Mädchen, wenn ich erst mal wieder zu Hause bin, ich breche jedem das Genick, der mir mit einem Partei-Ansinnen auf die Bude rückt [...].«[1503]

Damit teilte er nicht nur die Vorstellung vieler Soldaten, sich mit dem Kriegsdienst das Anrecht erworben zu haben, erlittene Entbehrungen später durch mehr Ruhe und Privatheit zu vergüten. Die Wechselwirkung zwischen Kampfeinsatz und Politik verweist in der Rückschau sowohl auf die Gleichschaltung des öffentlichen Lebens als auch auf die häuslichen Zugriffsversuche des Regimes: beispielsweise in Form von Spendensammlungen oder regelmäßigen Besuchen durch Blockwarte.[1504] Bernhard S. fühlte sich dadurch merklich belästigt und wollte sich dem künftig entziehen. Seine Vehemenz und die Reihung der Argumente lassen den Schluss zu, dass dieser Soldat in dem vormaligen »Rummel« der Partei zumindest teilweise den Grund vermutete, weshalb er sich nun im Osten befand. Damit thematisierte er indirekt Fragen nach der Kriegsschuld des NS-Regimes und daraus resultierenden persönlichen Entbehrungen. Zwei Monate später bezog derselbe Schreiber seine Position völlig offen. Er stellte den Zusammenhang zwischen den Eroberungsabsichten der Nationalsozialisten und dem leidvollen Schicksal Millionen getrennt lebender Familien her. Zugleich kritisierte er die Propaganda, die die sozialen Folgen des Kriegs als Segen auslegte und private Entscheidungen zu steuern suchte:

»Gestern las ich in einer Zeitung einen Artikel mit der Überschrift: ›Getrenntsein – ein Segen‹. Jetzt versucht man den Soldaten also schmackhaft zu machen, daß es besser sei, von Frau und Kind getrennt zu leben, ja, nicht nur besser, sondern ein rechter ›Segen‹. Die Propaganda ist doch ein Teufelsding, sie ermöglicht alles. Gleichzeitig werden die Frauen ermahnt, durch möglichst viele Geburten den Lebensstrom der Nation zu mehren und durch zusätzliche Arbeit auch noch die Wirtschaft in Gang zu halten. Wie sie das alles schaffen sollen, das wissen diese armen Wesen wohl selbst am wenigsten. Es ist diesen Herren tatsächlich gelungen, den Weltbrand zu entfachen. Wie soll das enden? Wie wird das enden? Ich habe nicht Phantasie genug, mir den Ausgang des Krieges positiv für uns auszumalen.«[1505]

Gewiss handelte es sich bei Bernhard S. um einen reflektierten Zeitgenossen. Und doch befand er sich mit einigen seiner privaten Vorstellungen durchaus im Einklang mit der NS-Führung. So zeigte Bernhard S. Bereitschaft, im Krieg

---

1503 DTA, Serie 2033, Brief von Bernhard an Gerda S. vom 23.1.1942.
1504 Vgl. Schmiechen-Ackermann, Blockwart, S. 575-600; Burleigh, Nationalsozialismus., S. 257f.
1505 DTA, Serie 2033, Brief von Bernhard S. vom 30.4.1942.

uneheliche Kinder zu zeugen, oder liebäugelte mit den pragmatischen Vorteilen einer Kriegsheirat, um Vergünstigungen bei Urlaub, Steuern oder Gehalt zu genießen.[1506] Auch andere Schreiber positionierten sich immer wieder, häufig versteckt, gegenüber den familienpolitischen Absichten des Regimes. Hermann G. beispielsweise verband im Februar 1942 den Mangel an Fronturlaub in der Wehrmacht mit negativen Konsequenzen für die Geburtenrate. Mit den immer längeren Abwesenheitszeiten warf er zugleich Fragen nach steigenden sexuellen Bedürfnissen und dem Problem ehelicher Treue auf. Seine Frau beschwichtigte er, es gebe im Osten bei den Panzertruppen ohnehin kaum Gelegenheit, sich mit anderen Frauen einzulassen. Seine Einsatzerfahrung und sein Heimweh kompensiere er lieber mit Alkohol:

»Zum mindesten sollte jeder Mann 3 Wochen Urlaub haben. Unsere Männer sind, wie ich ja schon geschrieben habe, seit 1 1/4 Jahre ohne Urlaub. Außerdem ist es bevölkerungspolitisch nicht günstig! Morgen wird der Zahlmeister erwartet. [...] Da gibt es morgen für 3 Mann eine Flasche französischen Kognak. Das wird keine schlechte Stimmung für den Abend geben! Aber man gönne uns diese kleinen Exzesse. Du kennst ja den alten Spruch: ›Tadle nicht die Taten der Soldaten, lass sie trinken, lass sie küssen, du weißt ja nicht, wann sie sterben müssen.‹ Nun mit dem Küssen ist die Gefahr sehr gering in Russland, aber so ab und zu einen anständigen Rausch, das entfernt die Schlacken aus dem Krieger.«[1507]

Von einem völligen qualitativen Verlust von Privatheit zeugen die Zeilen der Lehrerin Ruth S., als sie sich Anfang September 1944 die kurz bevorstehende Hochzeit mit ihrem Verlobten Otto W. ausmalte. Die traurige Erwartung an das baldige Beisammensein resultierte aus den Einwirkungen des Luftkrieges. Auch ohne direkte Vorwürfe an das Regime zeugen ihre Formulierungen davon, wie die Akteure ihr Privatleben in dieser Kriegsphase mit einer Mischung aus Fatalismus, Hoffnung und Zynismus arrangierten:

»Weißt Du, Otto, gestern habe ich mir mit einem Mädel unserer Straße, das auch heiraten will, unseren Hochzeitstag ausgemalt. [...] Bei eventuellem Nochbestehen des Bahnhofs: Abholen des Bräutigams, da er wahrscheinlich keinen Kompass mit hat und so nichts findet. Schlafen im Bunker, wo oft noch Betten zu vergeben sind. 40 km Marsch zum nächsten Standesamt [...]. Mittag auf Herdfeuer gekocht, da der Schornstein schon funktioniert, in Schüsseln, da Teller nicht vorhanden – , 28 km Marsch zur Kirche Gr.

1506 Vgl. ebenda, Brief von Bernhard S. vom 18.8.1942.
1507 DTA, Serie 1462, Brief von Hermann an Lore G. vom 11.2.1942.

Ottenhagen, da in Königsberg alle Kirchen, die ich in den letzten Tagen gesehen habe, ausgebrannt sind. Ich glaube, es reicht Dir. Sei aber nicht böse. Irgendwie muss der Kummer heraus. Entweder heult man, oder man schimpft, oder man spottet [...]. Und da habe ich heute bei meiner Arbeit bei den Ausgebombten genügend sehen können, wie der Mensch durch das Leid wächst oder sinkt [...]. Viele Menschen werden durch die Not reifer, innerlich größer: sehr wenige verbittern.«[1508]

4. Kriegsbeziehungen vor Gericht

Gerichtsakten vermitteln Eindrücke, welche Funktionen das NS-Regime dem Fronturlaub zuschrieb und welche privaten Verhaltensweisen von Männern und Frauen es als konform erachtete. Sie geben preis, in welchem Ausmaß Familien exklusive Bereiche reklamierten. Oftmals liegen etwa Scheidungsverfahren konfiszierte Feldpostbriefe bei. Diese weisen ein intensiveres Ausmaß an »Zerrüttung« auf, als es bei vielen Sammlungen der Fall ist. Somit dienen Gerichtsakten als Korrektiv zu Ego-Dokumenten.

Um familiäre Differenzen beizulegen, erteilte die Wehrmacht neben dem Erholungsurlaub je nach Kampflage Sonderurlaub zur »Klärung schwieriger häuslicher Verhältnisse«. Die Akten verweisen auf Arreststrafen, wenn die Soldaten dies nur halbherzig nutzten. Über ihren Anwalt teilte beispielsweise eine beklagte Ehefrau aus München dem Kompanieführer ihres Gatten mit, ihr Mann habe den Urlaub anderweitig genutzt. Nachdem der Kompanieführer die Tatsachen überprüft hatte, erhielt der Kläger mehrere Tage Arrest.[1509] Der Soldat war im Urlaub statt zur Aussprache mit seiner Frau in ihrem Elternhaus mit seiner neuen Freundin in die eheliche Wohnung gefahren. Trotzdem schied das Gericht die Ehe aufgrund beiderseitigen Verschuldens, da wegen des Alters der Gattin keine Kinder mehr zu erwarten waren und diese ihm vor der Hochzeit »Gebärfähigkeit [...] vorgetäuscht« habe. In der Tat hatte sie ein falsches Alter angegeben. Der Verbindung wurde kein Wert mehr für die Volksgemeinschaft beigemessen.[1510] Vorrang hatte die Regeneration der Soldaten und die biologische Reproduktion. Waren die Voraussetzungen dafür nicht erfüllt, förderte das Regime vehement die Neuordnung privater Beziehungsgeflechte.

Der Unteroffizier Anton M. wurde wegen versuchten Totschlages an seiner Frau lediglich zu sechs Monaten Gefängnis verurteilt; das Gericht rechnete

1508 DTA, Serie 2172, Brief von Ruth S. an Otto W. vom 7.9.1944.
1509 StAM, Landgerichte 10201, Urteilsbegründung des Landgerichts München vom 20.4.1944.
1510 Vgl. ebenda.

drei Monate Untersuchungshaft an. Der Fall dokumentiert, wie eine glückliche Ehe durch Entfremdung und Eifersucht infolge der kriegsbedingten Trennung brüchig wurde. Ausschlaggebend für die Schüsse des Mannes war ein Streit um die gemeinsamen Möbel, während die Scheidung bereits lief. Bei der Urteilsbemessung spielten seine Tapferkeitsauszeichnungen eine Rolle und dass ihm die Frau »Verantwortungslosigkeit gegenüber der Familie« vorwarf, da er sich nach mehrfacher Verwundung erneut freiwillig ins Feld gemeldet hatte. Für das Gericht stand fest, dass der Angeklagte »von seiner Frau zum Zorn gereizt« wurde. Dies bezog sich auch auf die Vorhaltungen wegen Untreue.[1511] Neben der einseitigen Bevorzugung des Soldaten sticht die Doppelmoral des Gerichts hervor.

Inwiefern die Richter generell Soldaten bevorteilten, um ihre Kampfmoral zu stützen, belegt ein weiterer Fall aus München. Kriegsbedingte Entfremdung hatte zu wilden gegenseitigen Beschimpfungen und zu Tätlichkeiten geführt. Den Scheidungsantrag begründete der Anwalt folgendermaßen:

»Es bedarf keiner weiteren Erörterung, dass ein Soldat, der seit Kriegsbeginn an fast allen Fronten in vorderster Linie gekämpft hat, seine kurze Urlaubszeit in angenehmer, spannungsloser Umgebung verbringen muss, um für den weiteren Einsatz Kräfte zu sammeln. Dazu ist aber das Verhalten der Beklagten keineswegs angetan, es zermürbt vielmehr den Kläger. Somit fühlt sich der Kläger auch künftig hin außerstande und es ist ihm auch […] nicht zuzumuten, diese Ehe fortzusetzen.«[1512]

Der Richter folgte dieser Argumentation, weil der Mann wiederholt auf die zerrütteten Nerven der Frau und ihr »querulatorisches Verhalten« anspielte und ein ärztliches Gutachten bemühte. Das Eingeständnis, dass die Frau bereits vor dem Krieg an »nervösen Zuständen« litt, lässt zwei Muster der Zerrüttung familiärer Bindungen erkennen: Erstens konnten sich private Probleme unter den veränderten Bedingungen zuspitzen, bis sie zusätzlich zu den Kriegsstrapazen als nicht mehr tragbar empfunden wurden. Zweitens erleichterte das Regime die Aufhebung von Beziehungen, wenn sie der Kampfkraft abträglich erschienen. Insbesondere wenn es die Kläger verstanden, rassenpolitische oder erbbiologische Ressentiments zu bedienen. Die Anschuldigungen standen den Beteuerungen der Ehefrau gegenüber, der Mann habe sich im Krieg ebenfalls von ihr abgewandt. Doch anstatt die Stichhaltigkeit dieses Arguments zu prü-

1511 Vgl. BArch-MA, RG 26-526G/347, Feldurteil des Gerichts der Division 526 vom 1.9.1943, Vernehmungsprotokoll der Wehrmachtkommandantur Dortmund vom 19.5.1943.
1512 StAM, Landgerichte 10170, Verfahrensakte AZ 2 R 554/42, Anklageschrift vom 25.11.1942.

fen, bediente das Gericht eine Logik, in der sich eine Höherbewertung des Militärischen gegenüber dem Zivilen widerspiegelt. Aufgrund mehrerer Tapferkeitsauszeichnungen und Beförderungen argumentierte sein Anwalt, der Mann habe bei der Wehrmacht einen »steilen Aufstieg« erlebt, womit die Ehefrau in ihrer passiven Rolle innerhalb des Hauses »innerlich nicht mitgekommen« sei. Nach Durchsicht der Korrespondenz erkannte das Gericht eine Eheverfehlung darin, »dass die Beklagte ihrerseits nur selten Briefe belanglosen Inhalts an ihn geschickt und ihn nicht einmal zur hohen Auszeichnung mit dem Ritterkreuz zum Eisernen Kreuz beglückwünscht hat.« Dieser Vorwurf wog umso schwerer, als außerdem eine Vernachlässigung der Haushaltspflichten während des Fronturlaubs festgestellt wurde.[1513]

Das Scheidungsverfahren von Joseph und Angela Z., das Ende 1944 in München eröffnet wurde, offenbart die Besonderheit von Frontbriefen, die den Gerichtsakten beiliegen:

> »Lieber Sepp [...]. Ich habe es dir bereits [...] geschrieben, dass ich keinen Wert darauf lege ein paar schnell hingehaute Zeilen zu bekommen. [...] Ich mach mir zur Zeit um Dich keine Sorgen, denn weder Adria noch Laibach ist Front, so viel weiß ich auch und wie das Leben dort für deutsche Soldaten ist, darüber kann ich mir auf Grund von Erzählungen deutscher Soldaten auch ein Bild machen. [...] Wenn du nicht so ein maßloser Egoist wärst, müsstest du dir ja auch einmal vor Augen halten, was ich so vom Leben habe. Jeden Tag von morgens bis abends Arbeit, [...] fast täglich Alarm, ein Leben zwischen Ruinen getrennt vom Kind [...]. Das Kind interessiert dich scheinbar auch nicht [...]. Glaubst du wirklich, dass dieses Maß an Liebe und Zärtlichkeiten ausreicht, um einen jungen Menschen zu halten? [...] Wenn du also einmal wieder [...] in Urlaub fahren kannst, geh bitte gleich zur Tulbeckstr. Frau P. hat [...] den Schlüssel. [...] meine jungen Jahre möchte ich trotz des Krieges nicht ganz vermurksen [...]. Dein Sturz ist ja sehr bedauerlich, aber so viel ich mich erinnere, im Sudetenland bist du auch mal gestürzt und in Regensburg hast du dich mal schön angestoßen da an der Ecke von der Polizeidirektion, das wird wohl alles unter eine Überschrift zu bringen sein.«[1514]

Diesem Paar gelang es nicht, auf der Grundlage einer Kriegsehe eine tragfähige Beziehung zu entwickeln. Interessant ist die subjektiv empfundene Verkehrung der Rollenverhältnisse: Während die Frau zu Hause die Last des Krieges zu tragen meinte, warf sie ihrem Mann vor, in der Etappe seine soldatische Pflicht

---

1513 Vgl. ebenda, Urteilsbegründung vom 1.6.1944.
1514 StAM, Landgerichte 17420, Verfahrensakte Az 24/45, Protokoll der nichtöffentlichen Sitzung am Landgericht München vom 23.3.1945.

zu vernachlässigen und sich regelmäßig Trinkgelagen hinzugeben. Diese führten anstelle von heldenhaften zu peinlichen Verletzungen. Um »Gefühlskälte« festzustellen, wandte das Gericht einiges an Energie auf und kontrastierte die Zeilen mit den »ausgesprochenen Liebesbriefen«, welche die Frau an einen neuen Verehrer geschrieben hatte. Da es sich ebenfalls um eine Fernbeziehung handelte, scheint weniger die Trennung an sich, sondern die kriegsspezifische Beziehungsdynamik für die Entfremdung des Paares ausschlaggebend gewesen zu sein. Als zuletzt die Vertagung der Verhandlung drohte, erhob der Anwalt des Klägers Einspruch: Seinem Mandanten, der seit Jahren als »Frontsoldat« im Felde stehe, könne eine Zurückstellung des Prozesses nicht zugemutet werden, und er müsse von der seelischen Belastung befreit werden, die für ihn das Erlebnis einer derart »schnöden Untreue« seiner Frau gebracht habe.«[1515]

In einigen Scheidungsakten kommt schließlich die Traumatisierung der Soldaten durch Einsatzerlebnisse zum Vorschein. Die kriegsbedingten Eheprobleme von Anna und Karl B. begannen mit denunzierenden Briefen von Nachbarinnen an den Mann. Sie mischten sich in das Privatleben ein und warfen der Frau einen frivolen Lebenswandel vor. Diese habe nachts regelmäßig Herrenbesuch, laut eigener Aussage jedoch von ihrem Schwager, weil sie aus Angst vor Luftangriffen nicht allein sein wollte. Um die Gerüchte zu überprüfen, beauftragte Karl B. im Fronturlaub im März/April 1943 ein Detektivbüro. Wie sehr sich die Situation aufgrund der Trennung, potenzieller Fehlkommunikation und dem Gefühl von Ohnmacht in der Ferne verfahren hatte, belegt die Gerichtsverhandlung. Die Eltern des Mannes hatten nach seinem Selbstmord – noch während des Fronturlaubs – die Scheidung beantragt, obwohl die Beziehung bis vor Kurzem als glücklich galt:

»Als B. sich in seinem letzten [...] Urlaub [...] hatte hinreißen lassen, seiner Frau beim Kartenspiel eine Ohrfeige zu geben, erklärte ihm diese, die ohnehin unter seinem veränderten Wesen litt, sie wolle sich scheiden lassen. [...] B. hat seiner Frau während seines letzten Urlaubs mindestens zweimal – einmal nach dem letzten ehelichen Verkehr – Ohrfeigen gegeben. [...] Als Frau B., die eine Begegnung mit ihrem Mann vermeiden wollte, [...] sich schlafen legte und zwar in einem anderen Zimmer, drang B. in dieses und die ganze Nacht auf seine Frau ein, ihm doch zu verzeihen, [...] und brachte ihr am nächsten Morgen einen Blumenstrauß mit der Bitte, sie müsse ihm verzeihen, an allem seien seine zerrütteten Nerven schuld.«[1516]

1515 Ebenda.
1516 StAM, Landgerichte München I, 17353, Aktenzeichen 3 R. 140/44, Vernehmungsprotokoll vom 28.5.1943, Schreiben des Rechtsanwalts Dr. K. vom 24.4.1944, Protokoll der Nichtöffentlichen Sitzung vom 1.3.1945.

Wie Gerichtsakten zeigen, kam es über Sorgen um die Treue des Ehepartners in vielen Soldatenbeziehungen immer wieder und teilweise unvermittelt zu ehelicher Gewalt. Neben dem Motiv der Eifersucht ist hier interessant, dass beide Parteien während des Prozesses mit der »Wesensveränderung« des Mannes, seiner »Launenhaftigkeit«, seltsamen Redensarten und gelegentlicher Apathie argumentierten. Der Verteidiger der Beklagten versuchte, die Verhaltensveränderung auf eine geistige Störung durch Hirnverletzung zurückzuführen. Er spekulierte wohl, ein seelisch mitgenommener Heimkehrer passe nicht in das richterliche Bild vom nationalsozialistischen und soldatischen Kämpferideal. Jedoch wurde diese Strategie durch einen Stammrollenauszug, der das Krankenblatt enthielt, widerlegt. Somit scheinen traumatisierende Kriegserlebnisse bei dieser ehelichen Entfremdung den Ausschlag gegeben zu haben.[1517]

Der Scheidungsprozess zwischen Karl und Sofie B. kurz vor Kriegsende – in dem es auch um Ehelichkeitsanfechtung ging – beleuchtet exemplarisch sowohl die Wichtigkeit soldatischer Regeneration für das Regime als auch das geschlechterspezifische Rollenverständnis im NS-Staat. Über seinen Rechtsanwalt warf der Kläger seiner Frau vor, sie habe sich während seiner Abwesenheit einem anderen Mann zugewandt und sich ihm völlig entfremdet. Hinzu kamen »Kälte« und »Lieblosigkeit« während seines Genesungsurlaubs. Schwerer noch wog die Verweigerung jeglicher Hilfe bei alltäglichen Dingen wie dem An- und Auskleiden oder dem Zubettgehen, worauf der Kläger seit seiner Verwundung bei Stalingrad jedoch angewiesen sei. Zudem habe die Beklagte ihren Mann gegen seinen Willen wiederholt mit dem gemeinsamen Kind alleine in der Wohnung gelassen, obwohl es sich vor ihm und seinen Krücken fürchtete.[1518] Die Beklagte bestritt dagegen den Vorwurf eines außerehelichen Verhältnisses. Vielmehr wies sie die Schuld an der Entfremdung dem Mann zu, weil er sich kurz nach seiner Heimkehr einer gemeinsamen Bekannten zugewandt habe, obwohl ihm seine Frau zunächst jegliche Hilfe habe zukommen lassen. Zudem präsentierte Sofie B. ein Schreiben, in dem der Mann eingestand, er wolle und könne sie nicht mehr lieben, was darauf schließen ließ, dass die Beziehung zu besagter Bekannten schon länger bestand.[1519] Interessant ist schließlich die Urteilsbegründung, weil die Richter das angebliche Verhältnis der Frau als Schutzbehauptung des Mannes enttarnten und zugleich dessen außereheliches Verhältnis bestätigt wurde. Die Ehe wurde dennoch aus beidseitigem Verschulden

---

1517 Vgl. ebenda.
1518 Vgl. StAM, Landgericht 17364, Az. 10H. 25/44, Klage wegen Anfechtung der Ehelichkeit Karl gegen Sofie B., Schreiben des Rechtsanwalts des Klägers vom 28.4.1944 und vom Mai 1944.
1519 Vgl. ebenda, Schreiben des Rechtsanwalts der Beklagten vom 28.4.1944.

geschieden, vornehmlich, weil die Gattin ihre Fürsorgepflicht als Soldatenfrau trotz dessen offenkundigen Verhältnisses nicht erfüllt hatte:

»Dass die Beklagte, wie der Kläger behauptet, sich einem anderen Manne zugewendet und mit ihm unerlaubte Beziehungen angeknüpft hat, konnte nicht bewiesen werden. Dagegen musste die Beklagte bei ihrer verantwortlichen Vernehmung zugeben, dass sie sich um den Kläger, der schwer verwundet worden war und sich nur an Krücken fortbewegen konnte, während seines Aufenthaltes in München nicht in dem Maße gekümmert hat, wie es ihre Pflicht als Ehefrau eines Frontkämpfers gewesen wäre. [...] Die Beklagte war vielmehr auch ohne besondere Aufforderung dazu verpflichtet, dem Kläger in seinem schwer leidenden Zustand beizustehen, wenn sie den Kläger nicht verbittern und in ihm das Gefühl aufkommen lassen wollte, dass ihr an einer ehelichen Gemeinschaft mit ihm nichts mehr gelegen sei. [...] Wenn die Beklagte statt dessen ihren Unmut über das Erscheinen der S[.] dadurch Ausdruck verliehen hat, dass sie von da an den hilfsbedürftigen Kläger lieblos sich selbst überlassen hat, so hat sie damit die Pflicht einer Ehefrau zur Rücksicht auf den Mann und zur Hilfeleistung für ihn schwer verletzt. Sie hat damit die eheliche Gesinnung des Klägers zerstört und die Ehe zerrüttet.«[1520]

Zahlreiche vergleichbare Akten lassen den Schluss zu, dass derartige Vorwürfe unter Zuhilfenahme nationalsozialistischer Ideologeme sowohl von Klägern wie von Beklagten gleichermaßen zur Verteidigung als auch zur Durchsetzung persönlicher Interessen – unabhängig vom Wahrheitsgehalt – regelmäßig benutzt wurden. Als die Eltern des gefallenen Rudolf Friedrich R. die Scheidung ihres Sohnes von seiner Witwe Gunda R. samt Ehelichkeitsanfechtung beantragten, versuchte diese gar nicht erst, ihr außereheliches Verhältnis zu einem gewissen Friedrich B. abzustreiten. Auch wurde dessen Vaterschaft nicht in Zweifel gezogen, da Empfängniszeit der Frau und Fronturlaub des Mannes zeitlich nicht im Einklang standen. Allerdings gab die Ehefrau zu Protokoll, während eines früheren Fronturlaubs ihres Mannes sei eine schwere Eheverfehlung seinerseits offenkundig geworden: Weil er den ehelichen Verkehr an die Benutzung von Verhütungsmitteln knüpft, sei aufgeflogen, dass er sich als Mitglied der Feldgendarmerie in Frankreich eine Geschlechtskrankheit zugezogen hatte. Allerdings hatten die Gerichtsvertreter keine Zweifel daran, dass es sich bei dieser Argumentation um eine Verteidigungstaktik handelte. Vielmehr unterstellten sie der Frau materielle Interessen. Das Gericht betonte den vorbildlichen Charakter des Soldaten und folgte den Versicherungen seiner Verwandten, er müsse

---

1520 Ebenda, Urteilsverkündung vom 26.1.1945.

gesund gewesen sein, weil er im Urlaub sehr schwere Arbeit verrichtet habe. Zudem gab der Vater an, dem Sohn sei während der Arbeit mehrfach die Hose unter den Gürtel gerutscht und er habe weder »Suspensorium« noch sonst verdächtiges Verbandszeug« gesehen.[1521]

Schließlich kommt in Gerichtsakten zum Ausdruck, dass die Soldaten die Lockerung der Sexualmoral in der Heimat und die Bedürfnisse ihrer Frauen zum Teil hinnahmen und bis zu einem gewissen Grad aktiv unterstützten. Der Anwalt von Witwe Rosemarie W. argumentierte gegen die Scheidungsklage ihrer Schwiegereltern, dass sich der gefallene Mann Alfred nicht nur mit ihrer Affäre zu einem anderen Frontsoldaten abgefunden, sondern diese nach einer Weile zudem befürwortet habe. Nachdem es im Fronturlaub im Oktober 1942 zunächst zu Streitigkeiten gekommen sei, hätten sich die beiden Männer rasch ausgesprochen, anschließend selbst freundschaftlichen Briefkontakt aufgenommen und sich anschließend alle Beteiligten regelmäßig gegenseitig Grüße zugesandt:

»Die treibende Kraft für den gegenwärtigen Prozess sind ausschließlich die Schwiegereltern der Beklagten. [...] Der Mann hat für dieses Ganze auch sichtlich das nötige Verständnis aufgebracht und hat eingesehen, dass sich die Frau eben unter den damaligen Umständen in Abwesenheit ihres Mannes sich an S[.] angeschlossen und sich mit diesem eingelassen hat. [...] Es ergibt sich ferner, dass er gegen die Person des S[.] und gegen den weiteren, persönlichen Verkehr der beiden nichts einzuwenden hatte, sondern sich gewissermassen sogar zum Mittler machte, nachdem auch Herr S[.] wieder ins Feld abgestellt war und Grüsse des S[.] an seine Frau übermittelte.«[1522]

Leider wurde der Prozess bis Kriegsende vertagt und kann nicht weiterverfolgt werden. Dennoch zeigt diese Akte entgegengesetzte Zielsetzungen. So kam es vor, dass Eheleute den Zerrüttungsparagraphen im Zusammenhang mit gesunkenen moralischen Hemmschwellen und geringeren sozialen Kontrollinstanzen infolge des Krieges – mitunter einvernehmlich – nutzten, um unglückliche Bindungen zu lösen. Im Scheidungsprozess zwischen Arthur und seiner Frau Margarete B., die seit April 1940 getrennt lebten, wurde etwa betont, die eheliche Harmonie sei schon seit Langem gestört. So gab der noch verheiratete Militärmusiker zu Protokoll, er wolle von seiner Frau nichts mehr wissen und lege sich auch »keine Hemmungen« auf, zu seinem außerehelichen Verhältnis zu stehen. Bereits im Mai 1940 schied die Zivilkammer des Landgerichts München gleichermaßen im Einvernehmen wie im Verschulden des Beklagten die Ehe.[1523]

1521 Vgl. StAM, Landgericht 17381, Az. 3R 661/47 und 3 R 7/44.
1522 StAM, Landgericht 10457, Az. 3 R 343/43, Brief des Anwalts der Beklagten vom 3.11.1943.
1523 Vgl. StAM, Landgericht 9914, Az. 1 R 139/1940, Urteil vom 22.5.1940.

RESÜMEE

Der Fronturlaub spielte sowohl für die staatliche- und militärische Führung wie auch für die Soldaten und ihre Angehörigen eine außerordentlich wichtige Rolle. Er verdeutlicht, wie sich die Grenzen zwischen privaten Interessen, politischem Pragmatismus und militärischen Notwendigkeiten im Zweiten Weltkrieg verwischten. Dies bestätigte bereits der Blick auf den Wandel der Vergaberichtlinien. Die Untersuchungsmöglichkeiten setzten sich über die Versuche des NS-Regimes fort, Heimkehrer mittels Appell, Vergünstigung und Zwang in der Öffentlichkeit zu steuern, und erreichten schließlich familiäre Rückzugsorte. Einerseits stellte der NS-Staat bisher private Sphären vehement in den Dienst seiner Kriegsanstrengungen. Andererseits gab es Tendenzen, die auf eine Infiltration öffentlicher Bereiche durch »das Private« schließen lassen. Aushandlungsprozesse zwischen staatlichen und zivilen Akteuren offenbaren letztlich Transformationen zwischen individuellen Lebensentwürfen und behördlicher Rahmensetzung: Die beteiligten Parteien stritten um Deutungsweisen und Zukunftsentwürfe, aber auch anhand der eigenen Beurteilung familiärer Beziehungsmuster äußerte sich das konflikthafte Aufeinandertreffen.

Wie die zahlreichen Rückbezüge führender Nationalsozialisten auf die Urlaubsvergabe während des Ersten Weltkriegs zeigen, machten sie einen Mangel privater Zugeständnisse an Soldatenfamilien mit verantwortlich für die Niederlage. Folglich wollte das Regime aus den vermeintlichen Fehlern der OHL lernen und setzte eigene Verbesserungen auf diesem Gebiet propagandistisch in Szene. Es maß dem harmonischen Wiedersehen der Angehörigen auch deswegen kriegsentscheidende Bedeutung bei, weil darin der Schulterschluss zwischen Front und Heimat zum Ausdruck kam – dies symbolisierte die Stabilität der gesamten Kriegsgesellschaft. Außerdem verband die Führung den Fronturlaub mit ihrem Postulat von der »Generationenschuld«: Die Urlauber personifizierten die Verpflichtung der Heimat gegenüber der Front im mahnenden Schatten der Dolchstoßlegende. Zudem nutzte die Propaganda die Opfer der Vätergeneration als Kontrastfolie, um das Zugeständnis gegenwärtigen Wiedersehens noch effektvoller zu inszenieren. Dies war ein Appell an die Kriegstreue aller Deutschen. Dem Junktim aus soldatischer Leistungsbereitschaft und der Verheißung ziviler Rückzugsorte wohnten jedoch reelle und ideelle Widersprüche inne, die sich zusehends verschärften: Genau wie das Bild des im »Stahlbad« der Schützengräben geborenen »Nur-Kriegers« im kollektiven Gedächtnis mit individuellen Wünschen konfligierte, standen den kurzen Heimatbesuchen immer längere Einsatzzeiten gegenüber. Aus Sicht von Wehrmacht und Regime steigerte sich der strategische Wert des Fronturlaubs kontinuierlich, was nur auf den ersten Blick paradox erscheint. Besonders augenfällig wird dies im Vergleich mit den (west-)alliierten Streitkräften. Die Vereinigten Staaten und Großbritannien ermöglichten ihren Soldaten deutlich seltener Familienbesuche; deswegen sahen sie nicht die Stabilität ihrer politischen Systeme oder ihre militärische Schlagkraft bedroht. Die NS-Forschung hat früh den Begriff der »Gefälligkeitsdiktatur« geprägt. Demnach musste das NS-Regime Stimmung und Haltung des deutschen Volkes auch durch Entgegenkommen stabilisieren, etwa im Zuge der weiblichen Arbeitsdienstpflicht oder durch relativ hohe Nahrungszuteilungen. Diese Befunde müssen um die privaten Zugeständnisse im Kontext des Fronturlaubs erweitert werden.

Normative Richtlinien und Vergabepraxis des Fronturlaubs wandelten sich parallel zu den Verhältnissen in der Heimat – damit reagierte die Führung auf die Bedrohung persönlicher Beziehungsstrukturen. Beispielsweise durften Soldaten kurzfristig heimkehren, um schwierige häusliche Verhältnisse zu klären oder wenn ihre Familien ausgebombt wurden. Allerdings sanken die Transportkapazitäten, und die Einheitsführer an der Front konnten immer seltener Leute entbehren. Insbesondere der Überfall auf die Sowjetunion und der Rückschlag vor Moskau im Winter 1941/42 waren einschneidende Wegmarken. Sie teilten den Krieg auch in puncto Urlaubsvergabe in zwei Hälften. Soldbücher zeigen zwar, dass Soldaten zwischen 1939 und 1945 im Mittel »nur« knapp sieben Monate auf Urlaub warteten. Die überdurchschnittlich häufige Gewährung von Heimatbesuchen in der Phase der Blitzfeldzüge und der deutliche Anstieg der Einsatzzeiten in der zweiten Kriegshälfte relativieren diesen Wert allerdings. Gleiches gilt für wachsende Verluste und Genesungszeiten. Dies zeigt, dass quantitative Untersuchungen den Personalkreislauf der Wehrmacht berücksichtigen müssen: Zwischen Einsatzorten oder verwundeten und unverwundet gebliebenen Soldaten zu differenzieren, liefert aussagekräftigere Ergebnisse als Vergleiche zwischen Feld- und Ersatzheer. Während die mittlere Wartezeit im untersuchten Sample selbst bei Kampftruppen nicht über zwölf Monate stieg, waren Einsatzzeiten von 18, 24 oder sogar 30 Monaten bei Soldaten, die nie verwundet wurden oder erkrankten, keine Seltenheit. Genesungs- und anderweitige Formen von Sonderurlaub stiegen gegenüber dem üblichen Erholungsurlaub folglich an. Dennoch gewährte die Führung noch in den letzten Monaten des Krieges erstaunlich viele reguläre Freistellungen. Auch dies spricht für den konstanten Stellenwert privater Zugeständnisse, wenngleich aus pragmatischen Gründen.

Die Reisewege der Urlauber zwischen Front und Heimat reklamierten ebenfalls besondere Bedeutung. Aufgrund der Erfahrungen des Ersten Weltkriegs

RESÜMEE

assoziierte die nationalsozialistische Führung mit der Abwesenheit der Soldaten von ihrem angestammten Truppenteil eine erhöhte Gefahr von Normüberschreitungen. Tatsächlich existierten in dieser Zeitspanne vielerlei Freiräume, und die Soldaten profitierten von neuen Handlungsoptionen. Das Regime wirkte dem entgegen, indem es das Betreuungs- und Überwachungsnetz sukzessive ausbaute. Vor allem im Jahr 1942 initiierte die NSDAP zahlreiche Maßnahmen auf diesem Gebiet. Die Fürsorge während des Transports zielte darauf, den eigentlichen Aufenthalt zu Hause vorzuformen und die Urlauber positiv zu stimmen. Die Reise galt als Zeitspanne der Transformation, in der sich die Soldaten innerlich von den Fronterlebnissen lösen und auf die Rückkehr in ihr ziviles Lebensumfeld vorbereiten sollten. Die massive propagandistische Begleitung dieses Prozesses in Front- und Grabenzeitungen belegt, wie wichtig die anhaltende Fähigkeit zu dieser Verwandlung sowohl für die Männer als auch für das Regime war.

Zum kollektiven Gedächtnis des Zweiten Weltkrieges gehört das Bild des Fronturlaubers, der sich vollbepackt mit Waren auf den Weg in Richtung Heimat macht. In der Tat bemühten sich die meisten Männer, ihre Angehörigen aus der Ferne zusätzlich zu versorgen und begehrte Artikel mit in den Urlaub zu bringen. Im europaweiten Versorgungs- und Ausbeutungssystem, welches das Regime mit Bedacht förderte, nahm der Güterfluss durch Fronturlauber einen Sonderstatus ein. Individuelle Begehrlichkeiten und Alltagspraxis der Soldaten deckten sich mit den NS-Wirtschaftszielen: Ernährungsautarkie, materielle Absicherung der Heimat und Selbstversorgung der besetzten Gebiete. Ausgangs- und Zielpunkt der nationalsozialistischen Raubpolitik waren die Speisekammern der deutschen Haushalte – und viele Güter fanden ihren Weg im Gepäck der Fronturlauber dorthin. Die Mitbringsel der heimkehrenden Soldaten erfüllten außerdem wichtige sozialpsychologische Funktionen. Geschenke milderten Ängste nach langen Trennungszeiten, insbesondere bei Kindern. Mit den Hamsterwaren im Urlaub fiel zudem die Erinnerung an den Frieden leichter, ebenso wie sie als Vorgeschmack auf die prophezeiten »Früchte« des Sieges dienten.

Aufgrund ihrer unterschiedlichen Kriegserfahrungen nahmen die Spannungen zwischen Angehörigen der Militär- und Zivilgesellschaft im Fronturlaub zu. Die Inszenierung dieses Aufeinandertreffens wurde für das Regime zu einem Schlüsselfaktor. Es betrieb immensen Aufwand, um die heimkehrenden Soldaten »stimmungsmäßig auszurichten«. Die Strategie der Propaganda passte sich dem Kriegsverlauf sukzessive an: dominierte während der Phase der Blitzkriege das Bild des heroischen Heimkehrers, thematisierten die Medien später die negativen Auswirkungen des Krieges auf die deutsche Gesellschaft – einschließlich traumatisierender Erlebnisse oder der wachsenden Entfremdung der Soldaten von Heimat und Familie. Das Regime zeichnete derartige Bedrohungen als unvermeidbare, aber umkehrbare Begleiterscheinungen. Doch obwohl es Anteilnahme suggerierte und Ratschläge gab, lieferte es letztlich keine tragfähigen Lösungen. Dessen ungeachtet sollten die Fronturlauber Zuversicht ausstrahlen und das Rückgrat der Heimatfront stärken. Ihre Anwesenheit ermahnte die Volksgemeinschaft zur Pflichterfüllung, während sich jene von der Loyalität der Heimat überzeugten. Bevorzugt hoben die Machthaber individuelle Heldentaten hervor. Dies unterstrich den Charakter des Fronturlaubs als Vorrecht des Tapferen und spornte die Kampfbereitschaft der Kameraden an. Die Verheißung vorübergehender Privatheit als Belohnung entsprach dem nationalsozialistischen Leistungsprinzip. Der Einsatz der Soldaten galt als höchstes Ideal, die Kriegsgesellschaft konnte sich davon in den Medien und bei Veranstaltungen mit eigenen Augen überzeugen. Infolgedessen setzte das Regime zunehmend Fronturlauber als Redner ein. Es wollte der Bevölkerung den Krieg »direkter« vermitteln und zugleich ausnutzen, dass das Soldatenwort in der Bevölkerung gegenüber der Propaganda immer mehr Glaubwürdigkeit beanspruchte. Vor diesem Hintergrund wurde das äußere Erscheinungsbild der Urlauber als Maßstab innerer Loyalität immer wichtiger. Uniform und Orden propagierten nationalsozialistische Soldatenideale im zivilen Umfeld: Die unübersehbaren Beweise der Tapferkeit adelten den Fronturlaub durch die Anerkennung und den Neid der Daheimgebliebenen. Dabei ließ die mediale Inszenierung militärischen Auftretens während des Fronturlaubs tradierte Vorstellungen von getrennten privaten und öffentlichen Sphären zunehmend hinter sich.

Als der erhoffte rasche Sieg schließlich ausblieb, wurden aus Sicht des Regimes handfeste stimmungshebende Gratifikationen vor und während des Fronturlaubs bedeutender. Sie beinhalteten zwangsläufig Zugeständnisse an das Familienleben der Soldaten. Sie zielten auf die Sicherung ihrer zivilen Existenz und ergänzten die medialen Strategien. Die NSDAP inszenierte sich selbst als Hüterin privater Belange der Fronturlauber sowie ihrer Angehörigen. Mit materiellen wie immateriellen Vergünstigungen wollte das Regime die Motivation der Soldaten stärken und ihre Wahrnehmung der Heimat manipulieren. Um Entbehrungen im Einsatzraum zu kompensieren, erhöhte es Warenzuteilungen und bevorzugte heimgekehrte Soldaten auf kulturellem Gebiet oder im Rahmen von Reisen. Einige Entscheidungen der NS-Führung begünstigten gar individuelle Handlungsspielräume in der Öffentlichkeit oder förderten den Schutz privater Rückzugsmöglichkeiten. Gewiss dominierten mit Blick auf die physische wie psychische Regeneration der Soldaten auch hier taktische Erwägungen. Dessen ungeachtet behielt das Regime die Hoheit über Zugriff und Sanktionierung im Fall von Normüberschreitungen. Die Fürsorgemaßnahmen

RESÜMEE

für die Urlauber und ihre Angehörigen zielten auf Kontrolle durch Konzession. Die materielle wie ideologische Beaufsichtigung von Soldatenfamilien folgte zugleich den Spielregeln der polykratischen Herrschaftsstruktur des NS-Staates: Dienststellen erwarben sich ihre Zuständigkeit unter anderem, indem sie eigenmächtig Versorgungsleerstellen besetzten; es folgten mannigfaltige Überlagerungen von Kompetenzbereichen. In der sozialen Alltagspraxis bedingten sich Gratifikation, Kompensation, Stimmung, Instrumentalisierung, Überwachung und Zwang wechselseitig. Auch die Angehörigen wurden während des Urlaubs des Mannes bevorzugt. Berufstätige Ehefrauen konnten etwa freinehmen, ihren Arbeitsausfall kompensierten oft ausländische Arbeitskräfte oder Zwangsarbeiter. Die Vergünstigungen an die Mitglieder der Volksgemeinschaft standen damit in direkter Verbindung zur völkerrechtswidrigen Ausbeutung Außenstehender.

In private Räume und selbst in eheliche Verhältnisse griff das Regime bereits ein, wenn es seine Deutungshoheit über das Kriegsgeschehen gefährdet sah. Allerdings setzte dies eine entsprechende Bereitschaft zur »Selbstmobilisierung« voraus, beispielsweise wenn die Ehefrau eine »wehrkraftzersetzende« Äußerung des eigenen Mannes anzeigte. Dies sagt im Grunde mehr über persönliche Motive von Denunzianten und vorbelastete Familienverhältnisse aus als über die Bereitschaft des Regimes, aktiv und einseitig in Rückzugsorte einzudringen. Weiteren Aufschluss lieferten hier Normüberschreitungen wie die Erschleichung- und Übertretung von Urlaub. Häufig begleiteten persönliche Motive diese Delikte. Das verweist auf die hohe Bereitschaft, zur Verteidigung privater Bastionen Sanktionen in Kauf zu nehmen. Schließlich schrieben die Fronturlauber ihren Eindrücken von der Heimat und dem Austausch mit der Zivilgesellschaft immense Bedeutung zu. Dies vervollständigte den Kreislauf aus Wissen und Stimmung und lud ihn zugleich katalytisch auf. Desillusionierten Schilderungen von Soldaten, die an die Front zurückkehrten, ist somit ein deutlich stärkeres Gewicht beizumessen, als dies bisher der Fall war.

Schließlich zeigten sich umfassende Transformationsprozesse im familiären Nahbereich: Die Soldatenfamilien kämpften mit kriegsbedingter Entfremdung, zugleich hatten sie es zunehmend mit staatlichen Eingriffen zu tun. Für das Regime war der Fronturlaub deshalb so relevant, weil sich der Zusammenhalt zwischen Front und Heimat letztlich an der Belastbarkeit der Soldatenfamilien bemaß. Dementsprechend gerieten private wie zivile Werte in den Fokus der Machthaber: Die Führung erhob Harmonie und Qualität der Soldatenbeziehungen zur Staatsräson. Während materielle Verheißungen in den Hintergrund rückten, motivierten sich die Wehrmachtangehörigen zusehends mit dem Schutz der eigenen Familie zum Durchhalten. Dem kam entgegen, dass es die Propaganda von Anfang an vermieden hatte, das Private und das Militärische als Gegenwelten zu konstruieren. Die Bereitschaft, sich an der Front für das Vaterland einzusetzen, stand zu keinem Zeitpunkt in Widerspruch zur Sehnsucht nach der Heimat. Der Kampf geriet immer mehr zur bloßen Verteidigung der Angehörigen, nachdem zuvor der Sieg als Voraussetzung für die ersehnte Rückkehr in das Zivilleben bei gleichzeitiger Erhöhung des Lebensstandards gegolten hatte. In diesem Sinne förderte das Regime die Einsatzbereitschaft, indem es Appelle mit verklärten Heimatbildern verwob. Diese erinnerten entweder an die Zeit vor dem Krieg oder versprachen eine sorgenfreie Zukunft.

Die NS-Machthaber suggerierten den Soldaten, der Fronturlaub ermögliche Aufbau und Pflege persönlicher Lebensperspektiven. Dahinter stand eines der Hauptmotive für befristete Freistellungen vom Krieg: Die Männer sollten sich in den Dienst der Bevölkerungspolitik stellen und die Geburtenrate steigern. Daneben waren häusliche Harmonie und zivile Fundamente von funktionaler Bedeutung für die Regeneration der Soldaten. Unter sich verschärfenden Kriegsbedingungen war das Zugeständnis von Rückzugsräumen also kein logischer Widerspruch, sondern Strategie. Mit seinen Eingriffen wollte das Regime primär verhindern, dass häusliche Probleme oder Enttäuschungen im Fronturlaub den Erholungszweck verhinderten oder den Einsatzwillen untergruben. Zwangsläufig bewertete es männliche Bedürfnisse im Kontext des Wiedersehens höher als die Weiblichen. Fehlendes wechselseitiges Verständnis konnte das Aufeinandertreffen schon im Vorfeld belasten. Unmittelbar thematisierten die NS-Medien familiäre Beziehungskonstellationen und lieferten Ratschläge, wie Entfremdung oder negative Folgen durch Traumata zu vermeiden waren. Dazu gehörte auch, dass sich die Männer in der Ferne aktiv um das Verhältnis ihren Ehefrauen und Kindern gegenüber zu bemühen hatten. Dieses klassische Rollenverständnis brach in der zweiten Kriegshälfte auf. Der Befund überrascht, denn er relativiert die gängige Annahme, allein die Frauen hätten sich im Fronturlaub auf die Belange ihrer Männer einstellen müssen. Gleichermaßen bereiteten Graben- und Feldzeitungen die Soldaten »psychologisch« auf den potenziellen Verlust von Privatheit im Fronturlaub vor. Wie Gesprächsmitschnitte von Kriegsgefangenen zeigen, schenkten viele der geheuchelten Anteilnahme der Presse an individuellen Schicksalen Glauben. Dies trug zur Stabilität des NS-Staates erheblich bei. Auch Gerichtsakten belegen die funktionale Bedeutung von Häuslichkeit im Krieg: Gaben Familienmitglieder der Regeneration der Soldaten und der Fortpflanzung nicht den Vorrang, so unterstützte das Regime die Neugestaltung privater Beziehungen. Bereitwillig hob es Ehen auf, sobald diese die Kampfkraft der Front beeinträchtigten. Die Kläger hatten insbesondere Erfolg, wenn sie zusätzlich rassenpolitische oder erbbiologische Anschuldigungen vorbrachten. Zahlreiche Akten belegen, dass unter dem Deckmantel nationalsozialistischer Ideologie – ähnlich wie bei Denunziationen – im Grunde rein persönliche Interessen durchgesetzt werden konnten.

Wie nahmen schließlich die Fronturlauber die Präsenz des Regimes während ihrer kurzen Rückkehr ins Zivilleben wahr? Trotz aller Heterogenität verweisen Ego-Dokumente auf die vielschichtigen Motive, aufgrund derer Soldaten mit Vertretern von Staat, Partei und Wehrmacht Grenzen von Privatheit neu verhandelten. Nicht wenige Fronturlauber waren überzeugt, durch ihren Einsatz ein fundamentales Anrecht auf private Privilegien zu erwerben. Sofern die Gestaltungswünsche konform waren, entsprach das Regime dem in der Regel. Weiterhin traten Soldaten mit Gesuchen an die Partei und militärische Einrichtungen in der Heimat heran, die aus konkreten Eindrücken während des Aufenthalts zu Hause resultierten. Sie baten um Fürsorge bei persönlichen Angelegenheiten oder um Hilfe in familiären Notsituationen. Gerade weil sich viele Männer in der Ferne ohnmächtig fühlten, wurde der Fronturlaub zu einem sensiblen Erfahrungsraum.

Aus Sicht der Soldaten und ihrer Familien erfüllte der Urlaub eine doppelpolige Brückenfunktion: Das Wiedersehen frischte die Erinnerung an die Zeit vor dem Krieg auf. Bereits die Selbstvergewisserung über den Fortbestand ziviler Bindungen zeitigte positive Effekte auf die Kampfmoral. Weil die Akteure auf die Wiederkehr des Friedens hofften, projizierten sie ihre Sehnsüchte zugleich in die Zukunft. Dies beflügelte den Durchhaltewillen weiter, da viele Soldaten die Erfüllung dieses Wunsches lange mit einem siegreichen oder zumindest glimpflichen Ausgang des Krieges assoziierten. Bewusst oder unbewusst deckten sich hier individuelle Bedürfnisse mit den pragmatischen Absichten des Regimes. Ironischerweise wandelte sich das befristete Wiedersehen vom materiellen Kompensations- und Erholungsraum zum Ort der seelischen und emotionalen Erneuerung, je seltener die Urlaube erteilt und je größer die darin zu bewältigen Herausforderungen wurden.

Die unterschiedlichen Erfahrungen der Akteure in ihrem jeweiligen Umfeld beeinflussten das Aufeinandertreffen in höchstem Maße. Viele Soldatenfamilien entwickelten Strategien, um ihre Beziehungen während des Urlaubs neu zu beleben. Paare wirkten der Entfremdung entgegen, indem sie Anteil an der Lebenswirklichkeit des anderen nahmen und Empathie entwickelten. Die Protagonisten trafen im Fronturlaub keineswegs blauäugig aufeinander oder wurden von Rollenverschiebungen und Kommunikationsbarrieren überrascht. Viele erkannten potenzielle Probleme schon im Vorfeld des Wiedersehens und offenbarten eine ausgeprägte Fähigkeit zur Selbstreflexion. In dem Maß, wie sie Gefahren des Auseinanderlebens schon vorher ansprachen, konnten sie Dissonanzen und Konflikte während des Urlaubs verhindern oder leichter überwinden. Bereits die Furcht vor Zerrüttung folgte den Eindrücken, welche die Akteure an ihrem Einsatzort unter den jeweiligen zeitlichen Rahmenbedingungen sammelten. Auch die Sozialisierung im Kameradenkreis entfaltete ambivalente Rückwirkungen auf das individuelle Familienleben. Viele Soldaten teilten das Gefühl, im Fronturlaub nicht zu Hause anzukommen, weil ihre Gedanken bei den Schicksalsgenossen an der Front blieben. Neben traumatischen Erfahrungen wirkten sich selbst willkommene Einsatzerlebnisse, etwa Residuen von Privatheit im Feld, die Interpretation des Krieges als Abenteuer oder Verhältnisse mit einheimischen Frauen, zwiespältig auf die Beziehung zu den Angehörigen aus. Die Bevölkerung in der Heimat kämpfte mit völlig anderen Herausforderungen: Die Frauen kümmerten sich um den Haushalt und die Kindererziehung, sorgten trotz Rationierungen für den Unterhalt ihrer Familien und arbeiteten oftmals zusätzlich in der Rüstungsindustrie und füllten die beruflichen Leerstellen der Männer aus. Schwierigkeiten entstanden vor allem dann, wenn sich die Frauen von den heimkehrenden Männern nicht in ihre alte Rolle zurückdrängen lassen wollten und nun wichtige Entscheidungen für sich reklamierten. Individuelle Faktoren entschieden, inwieweit sich die zusehends divergierende Wahrnehmung der Akteure an der Front und in der Heimat während des Urlaubs wieder annäherte. Wichtig waren vor allem die individuellen Erwartungen an das Wiedersehen. Dass sich viele Soldaten bei ihren Frauen hinterher für die »schöne gemeinsame Zeit« bedankten, verweist allerdings auf die bereitwillige Wiederannahme traditioneller Rollenmuster. Tatsächlich ordneten die meisten Frauen ihre eigenen physischen und emotionalen Belange während des kurzen Zusammenseins den Regenerationsansprüchen der Soldaten unter. Zumindest waren sie dazu bereit, sofern die Heimkehrer sie währenddessen von den typisch »männlichen« Aufgaben zu Hause entlasteten. Entsprechend oft wünschten sich die Wehrmachtangehörigen in ihren Briefen einfach nur Erholung und Normalität. Im Vordergrund standen neben physischer Regeneration auch psychische Kompensationsbedürfnisse. Die Vorstellungen reichten von kulturellen Aktivitäten und Reisen über Nähe und Geborgenheit bis hin zum Ausleben sexueller Bedürfnisse.

Insbesondere Feldpostbriefe aus der ersten Kriegshälfte belegen, wie sehr affirmative Urlaubserfahrungen die Einsatzbereitschaft der Soldaten stärkten. Auch später verfasste Dokumente vermitteln einen überraschenden Eindruck erhaltener Normalität. Viele Frauen und Männer bedienten überdies aus Eigeninteresse mehr oder weniger bewusst die bevölkerungspolitischen Ziele der Nationalsozialisten: Während der befristeten Heimataufenthalte schlossen sie Ehen, intensivierten Partnerschaften und zeugten Nachwuchs. Allerdings berichten Ego-Dokumente auch von ambivalenten Wahrnehmungen und einem subjektiven Wandel der Qualität des Fronturlaubs. Ein Reizthema war der

RESÜMEE

Abschied. Bisweilen überschattete dieser die Kommunikation schon vor dem Urlaub. Jedoch öffnet er den Blick auf den repetitiven Charakter befristeter Heimkehr im Krieg: die ständigen Kreisläufe aus Vorfreude, Anwesenheit und erneutem Warten. Nicht wenige empfanden die Trennung von Mal zu Mal schwieriger, was mit steigenden Verlusten, der Entwicklung der Kriegslage und dem partiell sinkenden Stellenwert soldatischer Ideale zusammenhing. Ein Großteil der Wehrmachtangehörigen beschrieb den Fronturlaub in den ersten Kriegsjahren als willkommenen Nebeneffekt ihres Wehrdienstes, primär war ihnen am Verdienst militärischer Sporen im Kampfeinsatz gelegen. Familie und Privates wurden demgegenüber auch in diesem Kontext just zu einem Zeitpunkt wichtiger, als die Freistellungen spärlicher wurden.

Parallel damit einher ging eine Art »Erwartungsvereisung«: In Aussicht gestellte Freistellungen wurden immer häufiger verschoben, das Pendel zwischen hohen Hoffnungen und tiefer Resignation schlug weiter aus. Viele Paare ermahnten sich gegenseitig, weniger über Urlaub und Privates zu schreiben, weil so die Gewöhnung an die Entbehrung leichter fiel. Dies betraf auch die Brückenfunktion des Fronturlaubs zwischen Erinnerung und Hoffnung. Stärkte die Heimkehr zunächst die Kriegsmoral, weil sie einen Vorgeschmack auf die Zukunftsverheißungen des Regimes enthielt, so transportierte sie bald nur noch verblassende Erinnerungen an friedlichere Zeiten. Dadurch verwischte schließlich die – semantische – Differenzierung zwischen Urlaub und endgültiger Heimkehr. Malten sich die Schreiber das nächste Beisammensein aus, so kommunizierten sie immer unklarer, ob sie einen Urlaub oder das Kriegsende meinten. Ebenso verblasste die Hoffnung auf einen Sieg, am Ende ging es nur noch ums Überleben.

DANK

Dieses Buch ist die überarbeitete Fassung meiner Dissertation, die im Februar 2018 an der Ludwig-Maximilians-Universität München angenommen wurde. Entstanden ist die Studie im Rahmen des internationalen Forschungsprojekts »Das Private im Nationalsozialismus«, das von der Leibniz-Gemeinschaft gefördert wurde. Für das Privileg, daran teilzunehmen, danke ich dem Institut für Zeitgeschichte München–Berlin (IfZ) und insbesondere dessen Direktor, Prof. Dr. Andreas Wirsching. Als Doktorvater lieferte er wesentliche Anregungen für meine Arbeit und bot stets Unterstützung. Für weitere Impulse und das Zweitgutachten danke ich Prof. Dr. Xosé Manoel Núñez Seixas.

Von unschätzbarem Wert war die Einbindung in das »Privatheits-Projekt« am IfZ, das Prof. Dr. Johannes Hürter mit bewundernswerter wissenschaftlicher Expertise und menschlichem Feingefühl leitete. Ihm und den Kollegen – Dr. Annemone Christians, Dr. Carlos A. Haas und Dr. Sven Keller – danke ich für fruchtbaren Gedankenaustausch und Beistand in sämtlichen Phasen der Arbeit.

Darüber hinaus bin ich allen zu Dank verpflichtet, die in irgendeiner Form zum Gelingen der Studie beigetragen haben, sei es durch Diskussionen, Hinweise, finanzielle und institutionelle Unterstützung, den Zugang zu Unterlagen und Datenbanken oder im Rahmen der Drucklegung. Stellvertretend seien erwähnt: Prof. Dr. Elizabeth Harvey, Prof. Dr. Maiken Umbach, Prof. Dr. Magnus Brechtken, Prof. Dr. Kiran Klaus Patel, Prof. Dr. Christoph A. Rass, Prof. Dr. Ute Daniel, Dr. Felix Römer, PD Dr. Martina Steber, PD Dr. Thomas Schlemmer, Dr. Jürgen Zarusky (†), Li Gerhalter, Giles Bennett, Annette Wöhrmann, Markus Holler, Volker Lahme, Günter Opitz, Ursula Kömen und Peter Köhler.

Ohne die umfassende Unterstützung aus Archiven und Bibliotheken wäre die Realisierung dieses Buches unmöglich gewesen. Lediglich stellvertretend seien an dieser Stelle die Mitarbeiterinnen und Mitarbeiter der Bundesarchive Freiburg und Berlin, des Münchner Staatsarchivs, der Deutschen Dienststelle (WASt) und der Serviceabteilungen des Instituts für Zeitgeschichte erwähnt. Die wichtigen Zuarbeiten durch Hilfskräfte und Praktikanten/innen, etwa von Susanne Maslanka, Jakob Illner oder Stefan Jehne, verdienen ebenfalls Würdigung. Für Korrekturen am Manuskript danke ich Anna-Raphaela und Lothar Schmitz.

Nicht zuletzt in privater Hinsicht fordert die Verwirklichung eines solchen Vorhabens viel an Unterstützung, Geduld und Verständnis. Meiner Familie, insbesondere meiner Partnerin, Anna-Raphaela Schmitz, schulde ich in dieser Hinsicht den größten Dank. Gewidmet ist dieses Buch meiner Mutter Maria, die die Fertigstellung des Manuskripts nicht mehr erleben durfte.

ANHANG

Tabellen und Grafiken

Tabelle 4: Urlaubsordnung vom 15. Mai 1920

Urlaubsarten			
Erholungsurlaub	Sonderurlaub	Sporturlaub	Tages- und Nachturlaub
	Erläuterung, Dauer und Erteilungsbefugnisse		
– Gestaffelt nach der Länge der Dienstzeit – jährl. 14 T. bis zum vollendeten 2. Dj. – jährl. 21 T. bis zum vollendeten 8. Dj. – jährl. 28 T. bis zum vollendeten 12. Dj. – jährl. 35 T. bis zum vollendeten 20. Dj. – jährl. 45 T. ab dem vollendeten 21. Dj.	Voraussetzungen – besonders begründete dringende Fälle (z. B. Familie/Gesundheit) – Belohnung hervorragender Leistung – hohe kirchliche Feiertage – Sprachstudien im Ausland – landwirtschaftl. Arbeiten/Ernteurlaub	Bis zu 20 Tage im Jahr bei Betätigung im Sport außerhalb des Standorts oder zur Jagd bzw. zu mehrtägigen Wanderungen	Sonntags- und Wochenendurlaub; Urlaub an Sonn- und Feiertagen (insbes. Garnisons-Standorte)
– für Unteroffiziere und Mannschaften unmittelbare Disziplinarvorgesetzte – Offiziere bei Truppenteilen: Regimentskdr./Kdr. selbst. Einheiten – übrige Offiziere: Disziplinarvorgesetzter ab selbst. Bataillonskommandeur – Sanitätsoffiziere/Unterärzte: Wehrkreis- bzw. Divisionsarzt – Veterinäre/Veterinäroffiziere: Wehrkreis- bzw. Divisionsveterinär	A. für Uffz. und Mannschaften: – Kompaniechef bis 7 Tage – Bataillonskdr. bis 14 Tage – Regimentsdr./selbst. Einh. bis 28 T. – Kdr. Kavalleriebrig. bis 45 T. – Befehlshaber von Wehrkreisen und Divisionen bis 3 Monate B. für Offiziere: – Bataillonskommandeur bis 14 Tage – Regimentskdr./selbst. Truppenteile bis 28 Tage – Kdr. Kavalleriebrig. bis 35 Tage – Befehlshaber von Wehrkreisen und Divisionen bis 45 Tage – Bis zu 3 Monaten bei ärztl. Gutachten oder Auslandsstudien	– für Unteroffiziere und Mannschaften: unmittelbare Disziplinarvorgesetzte – Offiziere bei Truppenteilen: Bataillonskdr. – übrige Offiziere: unmittelbare Disziplinarvorgesetzte – Sanitäts- und Veterinäroffiziere: nächster Vorgesetzter mit Disziplinarstrafgewalt	Der jeweils nächste Disziplinarvorgesetzte

Allgemeine Bestimmungen, Anträge, Meldepflichten

- Anspruch auf Urlaub besteht nicht
- Urlaub ist in der Regel schriftlich unter Angabe der Art, der Dauer und des Ortes, gegebenenfalls auch des Grundes auf dem Dienstweg zu beantragen
- Jeder Beurlaubte hat durch Angabe seiner genauen Urlaubsanschrift oder durch ständiges Benachrichtigen seiner Dienststelle dafür zu sorgen, daß ihn während des Urlaubs Befehle usw. erreichen können
- Jeder Soldat darf aus dienstlichen Gründen vom Urlaub zurückgerufen werden
- Gewährung von Urlaub an Lazarettkranke durch die leitenden Sanitätsoffiziere
- Gewährung von Reisetagen je nach Entfernung zwischen Standort und Heimatort

Quelle: BArch-MA, RHD 4/208 (H.Dv.17; M.Dv. Nr. 15; L.Dv.17)

Tabelle 6: Bestimmungen für die Erhaltung des Heeres im Kriegszustand vom 15. September 1939 (Beurlaubungen)

Richtlinien für die Urlaubserteilung im Feldheer:
Die kommandierenden Generale, die Kommandeure von nicht im Korpsverband befindlichen Divisionen und selbständigen Brigaden sowie andere Führer mit gleichen oder höheren Disziplinarbefugnissen erteilen je nach Lage den unterstellten Führern usw. innerhalb der Grenzen ihrer disziplinarischen Zuständigkeit Urlaubsbefugnisse entsprechend der H.Dv.17 (Urlaubsordnung)

Richtlinien für die Urlaubserteilung im Ersatzheer:
nach H.Dv.17 (Urlaubsordnung vom August 1935)

Meldepflicht: innerhalb 48 Stunden nach Eintreffen am Urlaubsort

Urlaubsdauer:
Mindestens einmalige ausreichende Beurlaubung (mindestens 14 Tage) innerhalb eines Jahres ist für jeden Heeresangehörigen unbedingt anzustreben

Bei Urlaubserteilung sind besonders zu berücksichtigen:
– Verheiratete
– Urlauber zur Förderung der Kriegswirtschaft
– zur Beseitigung wirtschaftlicher Notstände
– zur Regelung wichtiger Familienverhältnisse
– Sonderurlaub für diejenigen, die lange unter besonderen Schwierigkeiten vor dem Feinde stehen oder sich vor dem Feinde besonders hervorgetan haben

Quelle: BArch-MA, RHD 4/324 (H.Dv.75)

Tabelle 7: Urlaubsregelung während des Krieges vom 20. März 1940

Urlaubsarten	
Erholungsurlaub A. Für das Urlaubsjahr ist eine einmalige Beurlaubung von 14 Tagen (ausschließlich Reisetage) anzustreben. Soldaten des Ersatzheeres, die in der Grundausbildung stehen, werden nicht beurlaubt. Soldaten des Feldheeres erst nach 2monatiger Zugehörigkeit zum Feldheer B. Soweit Kampf-, Transportlage und Dienstverhältnisse bei Truppenteilen und Dienststellen es zulassen, kann eine nochmalige Beurlaubung von 14 Tagen erfolgen Der gewährte Urlaub darf 28 Tage nicht übersteigen	**Sonderurlaub** A. Bei Todesfall nächster Familienangehöriger oder zur eigenen Hochzeit bis zu 7 Tagen (durch Kp. Chef) B. Als Belohnung für besondere Leistungen vor dem Feinde bis zu 14 Tagen (durch Btl. Kdr.) C. Zu internationalen Sportwettkämpfen bis zu 14 Tagen (durch Rgt. Kdr.) D. Statt UK-Stellung nach Vorschlag des Wehrbez. Kdr. bis zu 28 Tagen (Arbeitsurlaub; Ernteurlaub; durch Rgt. Kdr.) E. Zur Wiederherstellung der Gesundheit nach Gutachten des Wehrmachtarztes bis zu 3 Monaten (durch Div. Kdr.)
Bei der Urlaubserteilung nach B sind besonders zu berücksichtigen: – Verheiratete, vor allem Kinderreiche – Angehörige der Geburtsjahrgänge 1910 und älter – Weltkriegsteilnehmer – Soldaten mit Friedensdienstzeit über 8 Jahre – in freiem Erwerbsleben Stehende – Landwirte während der Ernte- und Bestellungszeit – Soldaten, deren vorübergehende Abwesenheit in der Heimat zur Förderung der Kriegswirtschaft, zur Beseitigung wirtschaftlicher Not und zur Regelung dringender Familienverhältnisse nötig ist	**Sonntagsurlaub** Sonntagsurlaub im Ersatzheer kann bei Benutzung der Reichsbahn nur im Vorortverkehr (bis zu 30 km) bzw. unter Ausnutzung anderer Verkehrsmittel (Straßenbahn, Kraftposten, privaten Verkehrsmitteln) in Grenzen der Bestimmungen H. V. Bl. 39 (C) Nr. 1181 erteilt werden

Urlaubsquote

Alle Beurlaubungen, außer Sonderurlaub, sind nur innerhalb der jeweils festgesetzten Urlaubsquote (z. B. 5 % der Iststärke je Einheit) möglich

Urlaubspapiere

Jeder Urlauber muss folgende Papiere bei sich führen:
– vorschriftsmäßig ausgefüllten Personalausweis (Soldbuch oder Truppenausweis)
– Reiseberechtigung (Urlaubsschein oder Eintragung im Soldbuch)
Jede Beurlaubung über 5 Tage ist in das Soldbuch einzutragen

Quelle: IfZ-Archiv, Da. 34.02, Heeresverordnungsblatt 1940 Teil C (374), S. 133 f.

Tabelle 8: Bestimmungen über die Gewährung von Urlaub an Soldaten und Wehrmachtbeamte während des Krieges vom 25. Oktober 1942

Urlaubsarten
- Erholungsurlaub (einschließlich Einsatzurlaub)
- Sonderurlaub (u. a. Bombenschaden; nach Lazarettaufenthalt)
- Wochenendurlaub – Festtagsurlaub
- Nachturlaub
- Arbeitsurlaub

Urlaubserteilung
- bei gleicher Würdigung besonders zu berücksichtigen sind:
- Soldaten und Wehrmachtbeamte, bei denen besonders schwierige häusliche Verhältnisse vorliegen.
- Verheiratete, vor allem Väter kinderreicher Familien
- Teilnehmer des Weltkrieges 1914/18
- diejenigen Heeresangehörigen, deren letzte Beurlaubung aus nicht in ihrer Person liegenden Gründen am längsten zurück liegt

Differenzierung nach Einsatzort, Feld- und Ersatzheer

	Feldheer	**Ersatzheer**
Erholungsurlaub	Zweite Beurlaubung im Urlaubsjahr (siehe Ersatzheer); Das Gleiche gilt für Erholungsurlaub aus besetzten Gebieten usw., für die eine Urlaubsdauer von mindestens 14 + 3 Reisetagen festgesetzt ist. Nach Kuraufenthalt in Anschluss an Lazarettbehandlung Erholungsurlaub von 14 + 2 Reisetagen nach Ermessen der Chefärzte Einsatzurlaub: 14 Tage + 2 Reisetage	Afrika: 20 Tage + 4 Reisetage Belgien: 14 Tage + 3 Reisetage Bulgarien: 18 Tage + 2 Reisetage Dänemark: 14 Tage + 2 Reisetage Finnland: 20 Tage + 2 Reisetage Lappland: 24 Tage + 2 Reisetage Frankreich: 14 Tage + 3 Reisetage Griechenland: 18 Tage + 3 Reisetg. Holland: 14 Tage + 3 Reisetage Kroatien: 14 Tage + 2 Reisetage Norwegen: 18 Tage + 2 Reisetage Ostfront: 20 Tage + 2 Reisetage Ostland: 20 Tage + 2 Reisetage Rumänien: 18 Tage + 2 Reisetage Serbien: 18 Tage + 2 Reisetage Slowakei: 14 Tage + 2 Reisetage Ukraine: 20 Tage + 2 Reisetage Ungarn: 18 Tage + 2 Reisetage – Dauer: 14 Tage + 2 Reisetage – Quote: z. Zt. bis zu 15 % der Iststärke der Einheit (1 ‰ täglich) Besondere Bestimmungen: Soweit Transportlage und dienstliche Verhältnisse es zulassen, kann nach Maßgabe des Abschlusses der erstmaligen Beurlaubungen in der zweiten Hälfte des Urlaubsjahres ein weiterer Erholungsurlaub von gleicher Dauer gewährt werden. Verlängerter Erholungsurlaub: 21 evtl. 28 Tage + 2 Reisetage, zur Erhaltung der Gesundheit oder Vorbeugung einer Krankheit

Sonderurlaub	1. Bei Hochzeit, Todesfällen, Notständen, bes. Leistungen: 10-14 Tage 2. Bei Bombenschaden: 10 Tage + 2 Reisetage 3. Genesungsurlaub: 14 Tage + 2 Reisetage 4. Wiederherstellung der Gesundheit: bis zu 28 Tage	1. wie Feldheer 2. wie Feldheer 3. wie Feldheer 4. wie Feldheer
Arbeitsurlaub	Grundsätzlich nicht gewährt (Entscheidung über Ausnahmen durch Generalstab OKH)	– Behebung persönlicher Notstände – Genesende bei Behörden/ Betrieben – betriebliche Notstände – (Ausnahmefälle) – in der Regel bis zu 1 Monat
Sonstiges	Für Gebiete, in denen Urlauberzüge mit Platzmarkenzwang verkehren, ist die Dauer jeden Urlaubs, der nicht als Erholungsurlaub anzusehen ist, aus Transportgründen der für das betreffende Gebiet befohlenen Urlaubsdauer anzugleichen. Jedes Über- oder Unterschreiten der befohlenen Urlaubsdauer führt zu Transportstauungen und ist auf besondere Ausnahmefälle zu beschränken	Dienststellen des Ersatzheeres sind nicht berechtigt, in Urlaubsbefugnisse des Feldheeres einzugreifen und den Urlaub von Angehörigen des Feldheeres ohne Einverständnis des Feldtruppenteils zu verlängern

Quelle: IfZ-Archiv, Da. 34.01, Allgemeine Heeresmitteilungen 1942 (917), S. 483 ff.

Tabelle 9: Neuregelung für den Erholungsurlaub der außerhalb des Heimatkriegsgebietes eingesetzten Teile der Wehrmacht vom 5. Februar 1943

Zusammensetzung/Berechnung des Gesamturlaubes:
- Urlaubsdauer (Aufenthalt am Urlaubsort)
- Reisetage
- Einteilung des Heimatkriegsgebietes in 14 Gruppen zur Festlegung der Reisetage. Reisetage gelten ab Hauptumsteigebahnhöfe bzw. Grenzübergänge und Frontleitstellen, die Reisezeit vom Einsatzort zu den Hauptumsteigebahnhöfen usw. und zurück ist zusätzlich zu gewähren und rechnet auf den Gesamturlaub nicht an

Meldung am Urlaubsort:
Jeder Urlauber hat sich nach Eintreffen am Urlaubsort innerhalb von 48 Stunden zu melden:
- persönlich bei der zuständigen Wehrmachtkommandantur (Standortältester) oder
- Ortspolizeibehörde (Gemeindeamt)
- persönlich oder schriftlich bei dem für seinen Urlaubsort zuständigen Wehrmeldeamt (mit Urlaubermeldekarte)

Der Gesamturlaub ist für jeden Urlauber festzusetzen durch:
- Kommandeure für Urlaubsüberwachung auf den Hauptumsteigebahnhöfen für die Gebiete: Osten, Rumänien, Serbien, Bulgarien, Griechenland, Ägäische Inseln und Kreta
- Disziplinarvorgesetzte, ggf. nach Anordnung der Territorialbefehlshaber: Westgebiete, Italien, Dänemark, Ungarn, Kroatien, Slowakei
- Frontleitstellen: Norwegen, Finnland, Afrika

Urlaubsverlängerung:
- Um 1 bis 2 Tage bei unverschuldetem Überschreiten der Reisetage während der Fahrt durch höhere Gewalt aufgrund der Bescheinigung einer Dienststelle des Chefs des Transportwesens
- Bei unvorhergesehener längerer Unterbrechung der Rücktransportmöglichkeiten zur Front

Quelle: IfZ-Archiv, Da. 34.01, Allgemeine Heeresmitteilungen 1943 (208), S. 139 ff.

Tabelle 10: Bestimmungen über die Gewährung von Urlaub an Soldaten und Wehrmachtbeamte des Feld- und Ersatzheeres vom 26. November 1943

Allgemeines
Urlaubsort: Beurlaubungen erfolgen grundsätzlich nur in das Heimatkriegsgebiet **Urlaubsquoten:** sind unbedingt einzuhalten; jedes Überschreiten gefährdet die weitere Durchführung der Beurlaubung **Urlaubsarten:** Erholungsurlaub, Sonderurlaub, Kurzurlaub, Nachturlaub/Stadturlaub, Arbeitsurlaub **Sonderurlaub:** Todesfälle oder lebensgefährliche Erkrankung nächster Familienangehöriger, Notstände, hervorragende Leistungen unter Einsatz des Lebens, außergewöhnliche Leistung im Dienst, Bombenschaden, Verwandtenbesuch im Anschluss an Lazarettaufenthalt, Genesungsurlaub, Wiederherstellung der Gesundheit nach Verwundung, Nerven-, Gesichts- und Hirnverletzte, DU-Verfahren, Spitzenkönner im Sport

Bestimmung	Ersatzheer	Feldheer
Urlaubsverlängerung	bis zu 4 Tage	bis zu 10 Tage (weitere 1-2 Tage bei Reiseverzögerungen)
Erholungsurlaub	z. Z. 15 % der Iststärke, 1 % täglich; Nur noch einmal jährlich, keine Aufteilung auf mehrere Raten möglich; im Anschluss an Kuraufenthalt verboten	Beurlaubung richtet sich nach der Transportlage (Platzmarken); zweite Beurlaubung innerhalb eines Urlaubsjahres möglich, wenn sämtliche Truppenteile im Bereich des betr. Wehrmachbefehlshabers einmal beurlaubt worden sind; im Anschluss an Kuraufenthalt nach Ermessen d. Arztes; Erkrankung im Urlaub: Resturlaub im Anschluss an Lazarettbehandlung, wenn diese nicht länger als 4 Wochen; bei Versetzung in das Heimatkriegsgebiet oder bei Verlegungen durch das Reich Urlaub gemäß den Bestimmungen des Einsatzortes, sofern letzter Urlaub 1 Jahr bzw. 6 Monate zurück liegt
Sonderurlaub		Nach Sonderurlaub Erholungsurlaub nach Ablauf von 6 Monaten
Sonderurlaub bei Bombenschaden	a. Kurzurlaub bis zu 96 Stunden b. bis zu 10 Tage einschließlich Reisetage c. bis zu 14 Tage einschließlich Reisetage	a. leichte: im Allgemeinen kein Urlaub (Wohnung, Mobiliar wenig beschädigt, noch benutzbar, Familienangehörige gesund) b. mittlere: gemäß Bestimmungen des Einsatzortes (Wohnung oder Gewerbebetrieb ohne größere Instandsetzung nicht mehr benutzbar, Familienangehörige gesund) c. schwere: gemäß Bestimmungen des Einsatzortes (Wohnung oder Gewerbe total zerstört oder schwere Verletzung von Familienangehörigen)

Bestimmung	Ersatzheer	Feldheer
Arbeitsurlaub	Im Heimatkriegsgebiet an Soldaten und Wehrmachtbeamte mit abgeschlossener Grundausbildung bei Notständen; an Lazarettkranke und Genesende	Grundsätzlich nicht gewährt, in Ausnahmefällen bei besonderen Notständen (Betrieb, eigenes Gewerbe) oder zur Durchführung von Sonderaufgaben nach Erteilung durch den Generalstab des Heeres. Zur Behebung persönlicher Notstände kann im Feldheer bevorzugt Erholungs- oder Sonderurlaub erteilt werden
Urlaub nach Verwundung, Lazarettaufenthalt, zur Genesung etc.	– zum Verwandtenbesuch im Anschluss an Lazarettaufenthalt bis zu 3 Tage – Genesungsurlaub nach Lazarettaufenthalt bis zu 28 Tage + 2 Reisetage nach Gutachten des Chefarztes (durch den Chefarzt des Lazaretts rechtzeitig beim zuständigen Truppenteil zu erwirken) – Erholungsurlaub in Anschluss an Genesungsurlaub (Antrag beim zuständigen Truppenteil) – Sonderurlaub zur Wiederherstellung der Gesundheit (durch Rgt. Kdr. 28 + 2 Tage, durch Div. Kdr. bis 3 Monate; für Angehörige des Feldheeres nur in Ausnahmefällen, Versetzung des betreffenden Soldaten zum zuständigen Ersatztruppenteil erfolgt hierbei nicht)	

Quelle: IfZ-Archiv, Da. 34.01, Allgemeine Heeresmitteilungen (867) 1943, S. 515 f.

Tabelle 11: Urlaube nach Urlaubsarten und Jahren

Jahr	1939	1940	1941	1942	1943	1944	1945
Studien-urlaub	0	1 (0,24%)	1 (0,22%)	4,83 (0,77%)	3,17 (0,39%)	0	0
Festtags-urlaub	19,08 (25,94%)	31,97 (7,82%)	8,95 (1,95%)	20,73 (3,32%)	89,46 (11,14%)	55,61 (10,02%)	0,2 (0,37%)
Einsatz-urlaub	0	0	0	6 (0,96%)	4 (0,5%)	34,92 (6,29%)	3,08 (5,68%)
Arbeits-urlaub	4,72 (7,61%)	22,38 (5,47%)	55,74 (12,14%)	57,76 (9,24%)	34,84 (4,34%)	27,56 (4,97%)	1 (1,84%)
Sonderur-laub	5 (8,07%)	18 (4,4%)	23,04 (5,02%)	34,77 (5,56%)	108,9 (13,56&)	125,11 (22,54%)	26,18 (48,25%)
Genesungs-urlaub	0	10 (2,45%)	23,21 (5,05%9	60,46 (9,68%)	65,9 (8,21%)	79,23 (14,28%)	19,2 (35,39%)
Erholungs-urlaub	36,19 (58,38%)	325,56 (79,62%)	347,20 (75,62%)	440,27 (70,46%)	496,6 (61,85%)	232,58 (41,91%)	4,6 (8,48%)

Tabelle 12: Gebote für Fronturlauber – staatliche Regie vs. Soldatenhumor

Offizielles Merkblatt OKW: »Gebote für Fronturlauber«	Humoristische Umdeutung: »Merkblatt für Fronturlauber«
1. Wie du im Felde bist: stets einsatzfreudig, zuversichtlich und siegesgewiss, stolz und überlegen – so gib dich auch vor deinen Angehörigen und allen Volksgenossen, mit denen du [...] zusammentriffst!	1. Bahnfahrt: Nicht gedankenlos in Vieh- oder Güterwagen einsteigen. [...] Untunlich ist es, die Sitzbaenke und Fensterscheiben gleich auszubauen und mitzunehmen. Das hat Zeit für die Rückfahrt.
2. Fragt dich jemand: »Wann ist dieser Krieg endlich aus?«, so antworte ihm: »Dann, wenn wir gesiegt haben!«	2. Quartiere: Beim Suchen einer Unterkunft empfiehlt es sich, nicht einfach in das Haus zu gehen und sich auf den Fussboden oder die Zentralheizung niederzulegen. [...] Prüfe zunächst, ob Du nicht selbst früher eine Wohnung hattest.
3. Bedenke, daß alle wilden Gerüchte in der Heimat der feindlichen Propaganda entstammen, und sei ihnen gegenüber völlig taub!	3. Übernachtung: Die in Deutschland gebräuchlichen Öfen eignen sich nicht besonders als Schlafstellen. [...] [Betten] koennen dagegen bedenkenlos zum Schlafen benutzt werden, auch wenn sie schon zur Haelfte belegt sind [in diesem Falle jedoch erst Personalpapiere prüfen]. [...]
4. Schneide allen Gerüchteverbreitern und Miesmachern das Wort ab und mache sie auf das Verbrecherische ihrer Wühlarbeit aufmerksam!	4. Verpflegung: Unterlasse das Aufreissen von Dielen und Parkettboden. Kartoffeln werden in Deutschland an anderen Stellen aufbewahrt.
5. Achte nicht nur auf die mancherlei Schwierigkeiten, die der Krieg für die Heimat mit sich gebracht hat [...], sondern sich auch das stille Heldentum der Mütter, der Rüstungsarbeiter und -arbeiterinnen und aller für den Sieg Schaffenden!	5. Speisenzubereitung: [...] Die Erfahrungen, die Du auf diesem Gebiete in Russland erworben hast, sind umfassend. Aber verzichte darauf, Dich fortwährend in der Küche aufzuhalten und deiner Frau in die Speisenzubereitung hineinzureden. [...]
6. Wo du glaubst, dass deine Angehörigen [...] gar ungerecht behandelt werden, halte mit deinem Urteil zurück, schimpfe nicht gleich los, sondern prüfe alles noch einmal genau und wende dich dann an eine amtliche Stelle [...]!	6. Heizung: Es hat keinen Wert, zum Einheizen das Nachbarhaus einzureißen [...].
7. Äußerst zu Hause einer: »Wir sind den Krieg aber gründlich satt«, so sage ihm: »Wenn wir so im Winter 1941/42 [...] gesprochen und danach gehandelt hätten, dann stünde wahrscheinlich der Bolschewist jetzt in Deutschland!«	7. Gesundheitspflege: [...] An dem übertriebenen Wasserverbrauch der Eingeborenen darf man sich nicht stoeren.
8. Richte deine Angehörigen und Bekannten auf mit einfachen, sachlichen Erzählungen von den Leistungen deiner Truppe; das geht auch, ohne daß du als »Angeber« erscheinst, und gibt deinen Zuhörern neuen Mut und Siegeswillen!	8. Sanitäre Anlagen: Niedrige, weisse Porzellanschüsseln eigenartiger Form, wie sie in bestimmten Raeumen deutscher Wohnungen aufgestellt sind, dienen besonderen Zwecken [...].
9. Verbiete dir – freundlich aber entschieden – für die Zukunft Jammerbriefe. Briefe voll Stunk. Kleinigkeiten, sinnlosen Klagen und Wünschen.	9. Zapfenstreich: [...] versuche nur im Notfall, die Haustür mit einer geballten Ladung aufzuschießen [...].

Offizielles Merkblatt OKW: »Gebote für Fronturlauber«	Humoristische Umdeutung: »Merkblatt für Fronturlauber«
10. Sei dir in jedem Augenblick bewusst, daß du nicht als Privatmann in die Heimat fährst, sondern als Vertreter der Fronttruppe! Nach deinem Auftreten [...] beurteilt die Heimat die ganze Wehrmacht [...].	10. Besuch: [...] koennte es Befremden erregen, wenn du vor dem Platznehmen Tapeten und Sofa auf Wanzen und Laeuse untersuchst. [...]
11. Auch Urlaub ist Dienst. Du sollst dich erholen und frisch wieder zur Truppe zurückkehren.	11. Verkehr mit der Bevoelkerung: Weiblich gekleidete Personen sind in Deutschland zwar nicht in allen Faellen Flintenweiber, jedoch bilden sie trotzdem [...] eine nicht zu unterschaetzende Gefahr [...].
Quelle: http://wwii.germandocsinrussia.org/de/nodes/2208-akte-70-zusammenstellung-der-propagandistischen-blatter-mitteilungen-fur-die-truppe-der-propa#page/415/mode/inspect/zoom/6, Beutakten in russischen Beständen, Bestand 500, Findbuch 12450 OKH, Akte 70, OKW, WFSt/W/pr [IV A], In der Ausgabe Nr. 274 vom Juli 1943, »10 Gebote für Fronturlauber« Blatt 424f. [Letzter Zugriff: 3. Mai 2017]. http://wwii.germandocsinrussia.org/de/nodes/2324-akte-187-propagandistische-blatter-mitteilungen-fur-die-truppe-der-propagandaabteilung-des-ob#page/14/mode/inspect/zoom/6, Beutakten in russischen Beständen, Bestand 500, Findbuch 12450 OKH, Akte 188, OKW, WFSt/W/pr [IV A], In der Ausgabe Nr. 310 vom März 1944, »11 Gebote für Fronturlauber« Blatt 16 f. [Letzter Zugriff: 30. September 2017].	12. Maschinenpistolen und Handgranaten im Stiefelschaft gehören in der Heimat nicht zum Ausgehanzug.
	13. Benehmen in der Oeffentlichkeit: Beim Besuch von Gaststaetten, Cafés und Theater kann man auf einiges verzichten.
	14. Partisanenabwehr: Es ist nicht notwendig, jeden Passanten nach der Parole zu befragen und bei nicht genügender Auskunft das Feuer zu eroeffnen. [...]
	15. Vorsicht bei Gespraechen: [...] Es empfiehlt sich daher auch nicht, [...] zu einer Dame mit dem freundlichsten Gesicht der Welt zu sagen. »Du dreckige Schlampe, Du verlauste, wenn Du dich mal wieder waschen würdest, waere es keine Schande!« [...] Am besten spricht man in solchen Faellen russisch.
	18. Warnung vor Alkoholmissbrauch: Nach der konsequenten Entziehungskur im Osten dürfte das unmittelbare Rückgreifen des Urlaubers auf seinen früheren Alkoholstandard zu katastrophalen Folgen führen. Der Urlauber erhaelt daher an der Grenze eine Saeuglingsflasche mit Stricheinteilung [...].
	19. Zahlungsverkehr: [...] Requisitionsscheine mit unleserlicher Feldpostnummer [...] sind wertlos [...].
	20. Alleinstehende Fahrzeuge [...] sind nicht auszuschlachten [...].
	21. Urlauber! Sei in der Heimat vorsichtig mit deinen Schilderungen der paradiesischen Zustaende in der Sowjetunion. Sonst streben alle hierher, und mit unserer idyllischen Bequemlichkeit ist es aus.
	Quelle: BArch-MA, RHD 69/83, *Wacht im Südosten*, 25. Februar 1942.

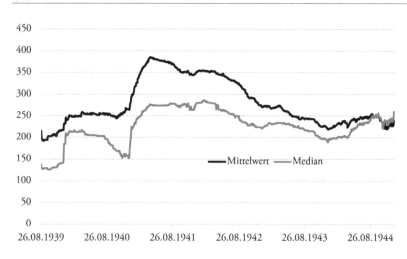

Grafik 9: Wartezeiten auf Urlaub im Kriegsverlauf (Mittelwert/Tage) [1524]

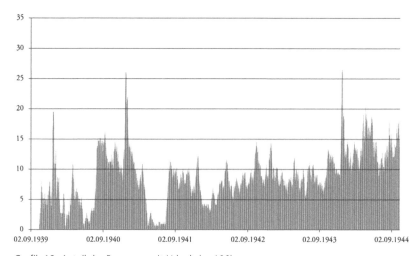

Grafik 10: Anteil der Personen mit Urlaub (n>100)

1524 Der Median dient als Kontrollwert: Anders als der Mittelwert teilt er die Messgrößen des Datensatzes in zwei gleich große Hälften. Oberhalb wie unterhalb des Medians befinden sich keine Wartezeiten, die größer (bzw. länger) als der Medianwert selbst sind. Dies macht ihn resistenter gegenüber Verzerrungen durch »Ausreißer«.

Übersicht verwendeter Archivbestände an Ego-Dokumenten

Kriegstagebuch und Memoiren von Albert B. (DTA, 198/1)
Quelle: Kriegstagebuch (1939-1941), Feldpostbriefe und Memoiren
Albert B.: geb. 1.1.1884 in Straßburg, protestantisch, Lehrer, Volksschullehrer, deutschnational, Mitglied der NSDAP, Ortspropagandaleiter in Ettlingen
Militärischer Werdegang: Freiwilliger im Ersten Weltkrieg (EK II), Leutnant, 1945 in sowjetischer Kriegsgefangenschaft verstorben,
im Zweiten Weltkrieg Beförderung zum Hauptmann
Wohnorte: Durlach, Bad Rappenau, Ettlingen
Familie: Heirat, Geburt zweier Kinder (30er-Jahre),
Einsatzorte: verschiedene Einsatzgebiete des Zweiten Weltkrieges, u. a. Ostfront

Kriegstagebuch und Briefserie Alfred und Annelie B. (DTA, 326 II)
Quelle: Kriegstagebuch und Feldpost (Dez. 1942-August 1943)
Alfred B.: geb. 1920, gest. Januar 1945 an der Ostfront
Beruf: Sparkasseninspektor
Wohnort: Nahe Remscheid
Einsatzorte: Frankreich (u. a. Caen, St. Lo, Saux, Bayeux), Sowjetunion
Militärischer Werdegang: Februar 1943 Offiziersanwärter, Juli 1943 Verlegung zur Infanterie
Weiteres: Tagebuch beschreibt Urlaube, Verlobung und Vorfreude auf das spätere Leben mit seiner Verlobten Annelie, deutliche Distanzierung von der Denkungsart vieler Kameraden

Briefserie Franz und Centa B. (IfZ-Archiv, ED 930)
Quelle: größtenteils Briefe von Centa an ihren Ehemann Franz B. (Dezember 1942 bis Dezember 43), vereinzelt Briefe weiterer Familienangehöriger
Franz B.: die Familie B. hatte, wie aus den Briefen hervorgeht, ein Fotogeschäft in Aidenbach
Militärischer Werdegang: Franz B. wurde schon sehr früh zum Kriegseinsatz als Sanitäter eingezogen, im ersten Halbjahr 1943 war der Obergefreite in Griechenland stationiert, danach wurde er an einen nicht exakt zu bestimmenden Ort an der Ostfront versetzt
Wohnort, Heimataufenthalte: Aidenbach
Einsatzorte: Griechenland, Sowjetunion
Weiteres: Der Inhalt der Überlieferung ist überwiegender persönlicher Art, vor allem in den Briefen von Centa B. geht es vorwiegend um die Sehnsucht nach einer baldigen Heimkehr und einem Ende des Krieges. Centa B. war Schneiderin, häufig wird in den Briefen ihre Arbeit erwähnt. Politische Geschehnisse sind nur selten Thema

Tagebuch von Maria B (DTA, 49/1)
Quelle: Tagebuch, Briefsammlung und Aufzeichnungen (1942-1944) der Ehefrau als Geschenk für den Ehemann während des Krieges angefertigt
Maria B.: geb. 1920 in Frankfurt am Main, aufgewachsen in Köln, Ausbildung als Gutssekretärin, Landwirtschaftliche Rechnungsführerin, DRK-Schwester, Versetzung nach Warschau als Kriegskrankenschwester im Oktober 1942
Wolf B.: geb. 1917, Berufsoffizier, Gebirgsjäger, Oberleutnant, Hauptmann, Major
Wohnorte, Heimataufenthalte: Graz, Köln, Salzburg
Einsatzorte: Norwegen, Warschau, Ostfront, Heimatkriegsgebiet, Salzburg, Karpaten, Kaukasus
Weiteres: Heirat im Dezember 1943 in Salzburg und Geburt des Sohnes im November 1944, kurz darauf Tod des Ehemannes

Briefserie Otto an Lotte B. (IfZ-Archiv, ED 554)
Quelle: Briefe von Otto an Lotte B. (1937 bis 1945) und Briefe von Lotte an Otto B. (1936 bis 1945)
Lotte B.: Tätigkeit als Kindermädchen in München und Rottach (1936-1941)
Otto B.: Textilkaufmann
Familie: Verlobung Ostern 1939, Heirat zum Jahreswechsel 1940/41, kurz darauf Geburt der Tochter Ursula
Konfession: evangelisch
Militärischer Werdegang: Ausbildung im militärischen Nachrichtenwesen, Einsatz als Funker und Zahlmeister
Wohnort, Heimataufenthalte: München
Einsatzorte: Frankreich, Sowjetunion

Briefserie Karl und Anna C. (SFN, NL 57)
Quelle: Korrespondenz
Schreiberin: Anna C. (geb. Z.); 1908-1985, Wien
Schreiber: Karl C.; 1906-1980, Wien
Wohnorte: Gmunden und St. Wolfgang in Oberösterreich, Wien
Einsatzorte: unbestimmbare Orte an der Ostfront und weitere Kriegsschauplätze
Anna C.: Schneidermeisterin in Wien, Mai 1933 Heirat mit Karl C.
Kinder: 1 Sohn
Karl C.: Einberufung im März 1939, ab Mai 1945 Kriegsgefangenschaft in Tennesse, New York und dem Salzkammergut, Entlassung im März 1946, Mitglied in einem Boxsportverein
Weiteres: u. a. Dokumentation von Bergtouren, Urlaubsfahrten und Ausflügen mit dem Motorrad

Briefserie Sub Lieutenant H. B. Cox (IWM, Documents 19694
Quelle: Tagebuch, Briefe an die Eltern zwischen April 1940 und Dezember 1943
H. B. Cox/Familie: geb. in Neuseeland, lernt während des Kriegseinsatzes und Landgängen in England seine spätere Frau kennen, Heirat im September 1942

Militärischer Werdegang: Engine Room Artificer der Neuseeland-Division der Royal Navy, September 1945 Beförderung zum Unteroffizier
Wohnorte, Fronturlaub: Dunedin, später Lyttelton (Neuseeland); London, Gillingham/Kent Kairo, U.S.A.
Einsatzorte: Südafrika, Großbritannien, Atlantik, Nordsee, Mittelmeer

Briefserie Rudi und Lotte D. (IfZ-Archiv, ED 545)
Quelle: Korrespondenz zwischen Rudi und Lotte D. vom Kennenlernen im Dezember 1934 bis zum Herbst 1944
Rudi D.: Oberfachschullehrer, Berufssoldat
Wohnort, Heimataufenthalte: Koblenz
Einsatzorte: Dresden, Berlin
Weiteres: Inhaltlich befassen sich die Schreiben fast ausschließlich mit privaten Belangen, politische Themen spielen für das Ehepaar keine große Rolle. In der Korrespondenz geht es um ihre Beziehung, Zukunftsplanung, Hochzeit, Wohnungssuche, ihre Kinder, finanzielle Angelegenheiten, Ausbildung, Familienangehörige, Bekannte, Beschreibungen des Alltags und während des Krieges um Lebens- und Sachmittelversorgung wie die Sorge um den Partner

Tagebucheinträge und Briefe von Anton G. (DTA, 2131)
Quelle: Kriegstagebücher (1941-1944), Briefe an die Familie 1944/45
Lebensdaten: geb. 1909, gest. August 1948 in der Sowjetunion
Ausbildung und Beruf: bis 1936 bei der Gendarmerie Bayern, anschließend Grenzpolizei Salzburg, Kriminalpolizei Klagenfurt, 1941 Übernahme in die Geheime Feldpolizei
Familienstand: 1937 Heirat, Wohnung in Ferlach/Kärnten, Kinder im Krieg geboren
Militärischer Werdegang: Geheime Feldpolizei, Feldpolizeikommissar, Hauptmann, Einheitsführer
Einsatzorte: Balkan, Frankreich, Russland, Ukraine, Belgrad, Petrograd, Wilna, Minsk, Lepel (Weißrussland)

Briefserie Ernst und Irene G. (MSPT, 3.2002.0349)
Quelle: Korrespondenz Dezember 1937 bis Februar 1945 (ca. 535 Briefe)
Ernst G.: geb. 1916 in Altenburschla (Thüringen) als Sohn einer Bauersfamilie, Mittlere Reife, seit Mitte der 1930er Jahre Berufsoffizier
Irene G.: geb. 1916 in Gießen, Gärtnerin, Blumenbinderin
Familie: Heirat Dezember 1939, kurz darauf Geburt der beiden Töchter
Militärischer Werdegang: Infanterie-Regiment 38 der 8. Infanterie-Division, Teilnahme am sog. Frankreichfeldzug und den Kämpfen gegen die Sowjetunion, zuletzt Oberfeldwebel, 1945 Rückkehr nach Hause ohne Kriegsgefangenschaft
Wohnorte, Heimataufenthalte: Altenburschla, Lauterbach
Einsatzorte: Frankreich, Sowjetunion, Ostfront

Briefserie Hermann und Lore G. (DTA, 1462)
Quelle: Briefwechsel zwischen Hermann und Lore G. (1941-1943)
Lore G.: geb. 1919 in Ludwigsburg, Mädchenrealschule, medizinisch-technische Assistentin, September 1933 Heirat mit Hermann G., 1934 Geburt der Zwillingssöhne Heiner und Götz, 1937 und 1939 Geburt der Söhne Volker und Reinhardt
Hermann G.: geb. 1904 in Stuttgart, Gymnasium Ludwigsburg, Abitur 1922, Studium der Forstwissenschaften in Freiburg und Tübingen, Mitglied der Burschenschaft Germania, ca. 1930 Beitritt zur NSDAP (NSKK Oberstaffelführer), 1931/32 arbeitslos und freiwillige Polizeilehrgänge in Ellwangen, seit 1933 regelmäßige Teilnahme an Wehrübungen, 1936 Leiter des Forstamtes Bermaringen
Militärischer Werdegang: 1937 Leutnant der Reserve, ab August/September 1939 Kriegseinsatz mit dem Panzerregiment 7
Wohnorte, Heimataufenthalte: Bermaringen, Ulm, Buoch, Stuttgart
Einsatzorte: Frankreich, Sowjetunion, Bulgarien, Orel, Stalingrad, Nowgorod, Sofia
Konfession: als »Gottgläubig« aus der Kirche ausgetreten, deswegen heftige Konflikte zwischen Ehefrau und protestantischer Schwiegermutter
Weiteres: strenge Erziehung der vier Buben im Sinne des Nationalsozialismus

Briefserie John S. und Eileen Gurney (IWM, Documents 15658)
Quelle: Memoiren und Briefverkehr des Ehepaares John S. und Eileen Gurney zwischen 1940 und 1946
John S. Gurney: vor 1939 Advertising Manager for the Shoe Wholesalers Lilley and Skinner
Eileen Gurney: mit dem Säugling von August bis Oktober 1939 nach Oxfordshire evakuiert, Teilzeitarbeit in einem Säuglingsheim, Geburt der Tochter im Juli 1943, Juni 1944 Evakuierung nach North Wales, Dezember 1944 Umsiedlung nach Sussex
Familie: ein Sohn und eine Tochter
Militärischer Werdegang: Signalman, Royal Corps of Signals, Training in North Wales und Birmingham (1940/41), 6th Command Signals in Belfast Northern Ireland und RAF Aldergrove County Antrim (1941/42), anschließend Stationierung in Indien, Burma, Singapur und Malaysia
Wohnorte, Heimataufenthalte: Honor Oak/London, Oxfordshire, North Wales, Sussex
Einsatzorte: Forest Hill Area/South of London, Nordirland, Indien, Burma, Singapur, Malaysia

Briefserie und Tagebücher Alfred H. und Annemarie (t.) H. (DTA, 1818)
(Alfred und Annemarie blieben unverheiratet. Da Annemaries Lebenslauf unbekannt ist, ihr Name nach späterer Hochzeit Annemarie (t.) H. lautete, wird sie im Text vereinfacht als Annemarie H. geführt)
Quelle: Tagebücher und Briefwechsel zwischen Alfred H. und Annemarie t. H. (1940-1942)
Wohnorte, Heimataufenthalte: Honnef, Siegburg, Eitorf, Unkel, Köln, Bonn, Darmstadt, Frankfurt a. M., Rhöndorf

Einsatzorte: Frankreich, Sowjetunion, Metz, Bordeaux, Raum Moskau
Annemarie t. H.: geb. 1922, Lebensdaten unbekannt
Alfred H.: geb. 1916 in Hagedingen bei Metz, gef. Im Februar 1942 bei Lossiniki, Oberleutnant, Schwadronsführer in einer Aufklärungsabteilung, EK II und EK I, vorgeschlagen für Sturm-, Verwundeten- und Westwallabzeichen sowie zum Deutschen Kreuz in Gold, Anwärter Ostmedaille
Weiteres: Bei den Briefen handelt es sich um die erste Kontaktaufnahme der damals 18-Jährigen mit einem Leutnant, der in Frankreich stationiert ist, nach einem gemeinsamen Urlaub im Februar 1941 sind die Briefe von schönen Erinnerungen und Sehnsucht erfüllt; das Tagebuch der Autorin beschreibt ausführlich die gemeinsamen Stunden während des Fronturlaubs im Februar 1941 und das Heranwachsen einer großen Liebe.

Tagebuch von Albert J. (DTA, 148/)
Quelle: Kriegstagebuch
Albert J.: geb. 1919 bei Lindau, (zwei Schwestern)
Ausbildung und Beruf: Volksschule 1925-1932, anschließend drei Fortbildungsschuljahre, danach Tätigkeit auf dem elterlichen Bauernhof
Militärischer Werdegang: 2. November 1938 Eintritt in den Reichsarbeitsdienst (RAD), Einberufung zum Kriegsdienst am 30. August 1939, Juli 1940 Oberschütze, Februar 1942 Unteroffizierslehrgang
Wohnort: Unterregersweiler bei Lindau
Einsatzorte: Frankreich, Sowjetunion, Italien
Familienstand: den gesamten Krieg über ledig
Konfession: katholisch
Weiteres: mehrere Verwundungen, Lazarettaufenthalte und Ernte- bzw. Arbeitsurlaube

Briefserie Hermann K., Hans L. und Rosa M. (IfZ-Archiv, ED 534)
Quelle: Korrespondenz (1941-1945)
Hermann K.: Funker, Gebirgsjäger
Wohnort, Heimataufenthalt: München
Einsatzorte: Ostfront, Kaukasus, Südosteuropa, Bosnien, Ungarn, Serbien, Montenegro, Albanien, Mazedonien, Griechenland
Weiteres: Die Briefsammlung umfasst Briefe des Soldaten Hermann K. sowie des Soldaten Hans L. Beide standen mit Rosa M. (S.) in Kontakt und schilderten ihre Kriegserlebnisse. Während K. seinen Kriegseinsatz sehr häufig als ein »Abenteuer« bezeichnete, durch das man mit einer gewissen Gleichgültigkeit durchmüsse, Trinkgelage schilderte und seine Begegnungen mit Frauen, ist der Tenor von L. ein ernsterer. Auch er schildert die Schrecklichkeiten des Krieges, erinnert aber insbesondere gegen Ende des Krieges gerne an die während Fronturlauben gemeinsam mit der Adressatin verbrachten Tage in München

Briefserie Karl und Hilde K. (MSPT, 3.2002.8610)
Quelle: Korrespondenz des Ehepaares zwischen September 1940 und Dezember 1944
Karl K.: geb. 7. April 1907 in Neubrandenburg/Mecklenburg als zweites Kind des Braumeisters Cornelius C., bis 1926 Altsprachliches Gymnasium Neubrandenburg, anschließend Studium der Theologie, Geschichte und Alten Sprachen in Marburg und Rostock, Mitglied der Burschenschaft Rheinfranken, 1932 Engagement im Wahlkampf der Universität Rostock gegen den NSDStB, 1932 Promotion, 1934 Studienreferendar in Minden, dann Studienassessor in Münster, Arnsberg und Detmold
Hildegard K.: geb. Juni 1905 in Osnabrück, Lyzeum Osnabrück, Oberlyceum Bielefeld, bis 1927 Studium an der Preußischen Hochschule für Sport- und Leibesübungen in Spandau, seit 1927 Hauslehrerin, ab 1928 Studium der Philologie in Rostock, 1931-1934 Assistentin für Spot- und Leibesübungen an der Universität Rostock, 1934 Promotion, anschließend Hauslehrerin
Familie: Heirat im August 1935 in Osnabrück, seit 1936 wohnhaft in Detmold, drei Kinder Karl Heinrich (1937), Hilde (1938) und Ekkehard (1940)
Konfession: evangelisch
Militärischer Werdegang: September 1940 Einziehung zur Wehrmacht, Ausbildung als Funker, ab Juni 1941 Einsatz auf Kreta, infolge Tropenkrankheit (Kreta-Fieber) Dezember 1942, Versetzung zu einer Werkschutzeinheit nach Rüsselsheim, Januar 1944 Unteroffizierslehrgang in München, November 1944 Regimentsstab in Mainz, Pfingsten 1945 amerikanische Kriegsgefangenschaft
Wohnort, Heimataufenthalte: Detmold
Einsatzorte: Griechenland, Kreta, Heimatkriegsgebiet

Werner K. (und Elisabeth K.) (DTA, 2108)
Quelle: Tagebuch von Elisabeth K. verfasst 1939-1949 in Leutenberg und Weimar
Elisabeth K.: geb. 1920, Schneiderin, Siebdruckerin, Kindermädchen, Sprechstundenhilfe
Familie: 1938 Kennenlernen mit Werner K., Kriegsheirat 1942, 1944 Geburt der Tochter Regina, 1950 Geburt der Tochter Karin, 1957 Geburt der Tochter Sabine
Werner K.: verschiedene Einsatzorte im Zweiten Weltkrieg, 1949 Rückkehr aus polnischer/sowjetischer Kriegsgefangenschaft

Briefserie Karl und Erika M. (SFN, NL 208)
Quelle: Korrespondenz
Erika M.: Arbeit in einem Rüstungsbetrieb, Verlobung mit Karl M. 1943, anschließend Umzug zu dessen Mutter
Karl M.: Gefreiter, Obergefreiter, Kriegseinsatz im Osten, Verwundung, frontdienstuntauglich, Wachkompanie für Kriegsgefangene in Schersleben und Hüttenrode, ab Oktober 1944 erneuter Kriegseinsatz an der Westfront, gefallen im Dezember 1944
Kinder: Januar 1945 Geburt eines Sohnes

ÜBERSICHT VERWENDETER ARCHIVBESTÄNDE AN EGO-DOKUMENTEN 491

Tagebucheinträge und Briefserie L. H. Mewis (IWM, Documents 23386)
Quelle: Tagebücher und Aufzeichnungen (Mai 1940 bis Juni 1946)
L. H. Mewis/Familie: z.T. Reflektion der Herausforderungen der Ehefrau Beryl in der Women's Land Army
Militärischer Werdegang: Royal Artillery (Mai 1940 bis Februar 1943), Royal Army Service Corps/8th Army (Februar 1943-Juni 1946),
Wohnorte, Fronturlaube: Palästina, Alexandria
Einsatzorte: Südafrika, Naher Osten, Ägypten, Nordafrika, Libyen, Sizilien, Italien, Tobruk, Tripolis

Briefserie Friedl und Hans N. (MSPT, 3.2002.7283)
Quelle: überwiegend Briefe von Hans an seine Frau Friedl N. (1939-1946)
Familie: Heirat zwischen Hans und Friedl N. im September 1938, Hans N. hat zwei Söhne (Klaus und Peter) aus erster Ehe. Während des Krieges werden mehrere gemeinsame Kinder geboren
Hans N.: geb. 1902, gest. 1946, Autor und Künstler, Mitglied im Verein »Freunde des künstlerischen Puppenspiels«, Autor des Buches *Das Süddeutsche Wander-Marionettentheater*
Militärischer Werdegang: Einziehung zum Kriegsdienst im September 1939, gegen Kriegsende zunächst vermisst, 1946 in sowjetischer Kriegsgefangenschaft gestorben, Kanonier, Zeichner, Mai 1941 Unteroffizier
Wohnorte, Heimataufenthalte: München, Tirol
Einsatzorte: Frankreich, Belgien, Heimatkriegsgebiet (Berlin), Ostfront

Bestand Erich Karl Maria R. (IfZ-Archiv, ED 939-D)
Quelle: Kriegstagebuch (1941-1944)
Erich Karl Maria R.: geb. 6. Februar 1922 in Wasserburg am Inn (gest. 13. Oktober 2009 in Wasserburg am Inn)
Ausbildung und Beruf: Studium der Trigonometrie, Physik und Nationalpolitik, Februar 1941 Studienabschluss an der HTS München, Ingenieur für Vermessungstechnik
Familie: August 1943 Heirat mit Hildegard K. (anscheinend während eines Fronturlaubs im Herbst 1942 kennengelernt), Scheidung Anfang 1944
Konfession: evangelisch
Militärischer Werdegang: Februar 1941 Reichsarbeitsdienst, anschließend Ausbildung zum Sturm-Artilleristen bei der Wehrmacht, Juni 1942 Beförderung zum Gefreiten, Oktober 1943 Beförderung zum Obergefreiten
Wohnorte/e, Heimataufenthalte: Wasserburg am Inn, München, Ulm, Wedel
Einsatzorte: Frankreich, Italien, Sowjetunion

Briefserie Lutz R. (MSPT, 3.2002.7404)
Quelle: Memoiren, Erinnerungsbericht und Briefe von Lutz R. an seine Eltern (1943-1945)
Lutz R.: geb. November 1924

Familie: der Vater war als Soldat im Ersten Weltkrieg bei Verdun, nach dem Krieg betrieb er ab 1919 ein Bekleidungsgeschäft, das im Jahr 1943 geschlossen werden musste
Militärischer Werdegang: Februar 1943 Einziehung zur Wehrmacht, ab September 1944 Beförderung zum Gefreiten und als Schreiber in Nancy eingesetzt, April 1945 amerikanische Kriegsgefangenschaft, mehrere Lazarettaufenthalte während des Krieges
Wohnorte, Heimataufenthalte: Berlin, Fichtelgebirge (Besuche bei den Großeltern)
Einsatzorte: Weißrussland, Sowjetunion, Ostfront, Frankreich

Briefwechsel von Bernhard und Barbara S. (IfZ-Archiv, Akzessionsnummer 2)
Quellengattung: Briefwechsel (1939-1944)
Barbara »Babette« S.: geb. Dezember 1911
Bernhard S.: geb. August 1910, gest. Dezember 1944, Bäcker, Bernhard S. führte bis Oktober 1939 nach Schule und Lehrzeit seine eigene Bäckerei in Wittislingen (Landkreis Dillingen a. d. Donau), die im Herbst 1939 wg. Einziehung zum Kriegsdienst geschlossen wurde
Familie: Heirat am 23. Mai 1937, drei gemeinsame Kinder, Annemarie (geb. 31. März 1938), Otti (geb. 19. Oktober 1939) und Bernhard (geb. 26. Juli 42)
Militärischer Werdegang: zunächst als Koch bzw. Bäcker beim Tross des Infanterieregiments 61 eingesetzt, später (spätestens ab ca. Juni 1941) bei der fechtenden Truppe
Wohnort, Heimataufhalt: Wittislingen (Schwaben)
Einsatzorte: Frankreich, Sowjetunion

Briefserie Bernhard und Gerda S. (DTA, 2033)
Quelle: Briefe von Bernhard an Gerda S. (1941-1945)
Bernhard S.: geb. 1913, Redakteur, Autor, Besuch der Paritätischen Höheren Lehranstalt in Engelskirchen und des Humanistischen Gymnasiums in Wipperfürth, Redakteur eine Tageszeitung in Osnabrück, verheiratet, drei Kinder
Militärischer Werdegang: acht Jahre Militärdienst
Wohnorte, Heimataufenthalte: Osnabrück, Hannover, Leihausen, Elsass
Einsatzorte: Großbritannien, Polen Sowjetunion, Guernsey, Königsberg, Warschau

Briefserie Hansjürgen und Gabriele S. (DTA, 1289)
Quelle: Feldpostbriefe aus Russland von Hansjürgen S. (ab April 1941)
Hansjürgen S.: 1914-1990 (Freiburg)
Ausbildung und Beruf: Professor der Biochemie, Studium und Diplom der Chemie 1938, 1940 Promotion, anschließend Heirat mit Gabriele S., 1942-1945 Arbeit an der Universität und Medizinstudium
Militärischer Werdegang: 1941 Einberufung und Kriegseinsatz, Oktober 1941 Obergefreiter
Wohnort, Heimataufhalt: Reutlingen
Einsatzorte: Polen, Sowjetunion, Warschau, Bialystok, Mogilew am Dnepr, Smolensk, Wiasma

ÜBERSICHT VERWENDETER ARCHIVBESTÄNDE AN EGO-DOKUMENTEN   493

Weiteres: Briefe eines frisch verheirateten Soldaten an seine Ehefrau, versucht, für kriegswichtige Forschungen u. k. gestellt zu werden

Briefwechsel Hans V. und Maria F. (SFN, NL 75)
Quelle: Tagebuch, Korrespondenz (Januar 1936-November 1949)
Schreiberin: Maria F., geb. Kundera, geschiedene C., geb. 1923 in Niederösterreich
Wohnort: Kritzendorf und Grimmenstein in Niederösterreich, Föhrenwald und Rain am Lech in Bayern, Gevaren in den Niederlanden
Einsatzorte: unbestimmbare Orte an der Ostfront und an der Westfront
Maria F.: Eisenbahnangestellte, Flakhelferin und Fernsprecherin, Schneiderin
Weiteres: Briefe von über 30 unterschiedlichen Absenderinnen und Absendern, Dokumentation von Erlebnissen von Flakhelferinnen, Soldaten im Kriegseinsatz und der Aufrechterhaltung sozialer Netzwerke im Krieg

Tagebucheinträge von Max V. (DTA, 770)
Quelle: Tagebuch von Max. V. (1939-1945)
Max V.: geb. 1920 in Meßkirch
Schule und Beruf: Internat in Ettenheimmünster, Abitur, Arbeitsdienst, Hochschule für Lehrerbildung (1939-1941), Lehrer ab 1948
Militärischer Werdegang: Einberufung 1941 als Soldat, bis 1948 Kriegsgefangenschaft in Frankreich, Funker
Wohnorte, Heimataufenthalte: Darmstadt, Karlsruhe, Mühlhausen, Heilbronn, St. Wendel, Saarland
Einsatzorte: Russland, Ukraine, Polen, Lemberg, Kiew
Weiteres: 1943 Erkrankung an Gelbsucht in Russland, vorübergehend Lehrer im Kreis Stockach, anschließend wieder Soldat; Heirat 1944

Briefserie Fritz und Maria W. (SFN, NL 190)
Quelle: Korrespondenz
Schreiberin: Maria P. (später W.), 1924-1993, Schwechat in Niederösterreich
Schreiber: Fritz W., geb. 1922 in Schwechat in Niederösterreich, gestorben 1942 in Stalingrad in der Sowjetunion
Wohnort: Schwechat bei Wien und verschiedene Orte in Niederösterreich
Einsatzorte: Stalingrad, weitere unbestimmbare Einsatzorte an der Ostfront und im Zweiten Weltkrieg
Maria P.: Handelsakademie, seit 1941 Arbeit im Sekretariat der Österreichischen Bundesbahn BBÖ (ab 1947 ÖBB)
Fritz W.: angehender Förster, 1939 RAD, anschließend Einberufung zur Wehrmacht

Tagebucheinträge Louie Williams (IWM, Documents 3347)
Quelle: Tagebucheinträge von Louie Williams, reflektieren den Kriegseinsatz ihres Mannes bei der Royal Air Force (Mai 1942 bis Juli 1945)

Louie Williams: Milling Machine Operator, später Inspektorin bei der Blackburn Aircraft Factory in Leeds und Mitglied der 9th West Riding Battalion Home Guard (ab November 1942)
Wohnort: Leeds
Einsatzorte/ militärischer Werdegang (des Mannes): regelmäßige Teilnahme an Luftangriffen auf die deutsch beherrschten Gebiete als Bordschütze eines Bombers, u. a. Teilnahme an den Luftangriffen auf Essen, Juni 1943 im Einsatz gestorben

Bestand Nikolaus W. (IfZ-Archiv, MS 2263-D)
Quelle: Memoiren auf der Grundlage von Kriegstagebüchern und Felspostbriefen (August 1939 bis Juli 1944)
Nikolaus W.: Geb. 6. März 1907 in Priel
Familie: verheiratet mit Sophia S. (geb. 7. April 1918), drei Kinder, Rudolf (geb. 1937), Nikolaus (geb. 1939), Helmut (geb. 1942)
Ausbildung und Beruf: Mitarbeit in der Landwirtschaft, der Metzgerei und der Gastwirtschaft der Eltern, 1928 Abitur, anschließend Lehrerbildungsanstalt und Philosophisch-Theologische Hochschule, Volksschullehrer
Militärischer Werdegang: 1936 Kanonier bei der Ergänzungsbatterie Fürth, Juni 1939 Einberufung zu einer Batterie des Artillerie-Regiments 7, Hauptfeldwebel, vorübergehend Abstellung zu den Landesschützen und Leiter eines Soldatenerholungsheimes in Nußdorf
Wohnorte, Heimataufenthalte: Augsburg (Schwaben), München, Ingolstadt, Giesenkirchen, Schelsen, Liegnitz, Eulenburg
Einsatzorte: Slowakei, Polen, Frankreich, Sowjetunion, Sillein, Sagan, Bielitz, Gleiwitz, Lemberg, St. Michel, La Baule, Lisieux, Normandie

Briefserie Robert und Ingeborg W. (MSPT, 3.2002.7605)
Quelle: Feldpostbriefe von Robert W. an seine Frau Ingeborg W. (1940-1945)
Familie: Heirat am 27. Oktober 1940, Mai 1943 Geburt der Tochter Rotraud Ingeborg
Ingeborg W.: geb. Oktober 1916 in Spandau (ein Bruder), Stenotypistin bei verschiedenen Firmen, während des Krieges nach Züllichau evakuiert
Robert W.: geb. im März 1913 in Herten/Westfahlen, sechs Geschwister (August, Arthur, Elisabeth, Gertrud, Klara und Ernst), gef. am 19. März 1945 (Bauchschuss)
Ausbildung und Beruf: Ausbildung als kaufmännischer Angestellter, nach über einem Jahr Arbeitslosigkeit freiwillige Meldung zum Militärdienst
Militärischer Werdegang: zunächst in Berlin-Spandau stationiert, März 1941 bis zur Verwundung im Juni 1942 in Afrika, anschließend Rekonvaleszenz und mehrere Genesungsurlaube im Raum Züllichau, anschließend Einsätze in der Sowjetunion bzw. an der Ostfront
Wohnorte, Heimataufenthalte: Berlin, Züllichau
Einsatzorte: Heimatkriegsgebiet, Afrika, Sowjetunion, Ostfront

ÜBERSICHT VERWENDETER ARCHIVBESTÄNDE AN EGO-DOKUMENTEN 495

Briefserie Ruth W. und Otto S. (DTA, 2172/1)
Quelle: Briefe einer 22-jährigen Lehrerin (1943/44) an ihren Verlobten und späteren Ehemann
Ruth S.: geb. 1917 in Königsberg, Lehrerin, drei Geschwister (zwei Brüder gefallen), Abitur, Hochschule für Lehrerbildung in Danzig und Elbing, 1943 Lehramt in Groß-Lindenau, 1944 Heirat mit Otto S. in Ulm, Januar 1945 Flucht nach Baden-Württemberg, Hauptschullehrerin in Ulm und Stuttgart, drei Kinder
Wohnort, Heimataufenthalt: Groß-Lindenau

Briefe von Wilhelmine W. an Wilhelm O. (SFN, NL 37)
Quellen: Tagebuch/Korrespondenz
Schreiberin: Wilhelmine W. (geb. H., verwitwete O.); geb. 1920 in Aue an der Saale
Schreiber: Wilhelm O.; geb. 1919 in Leipzig, gest. 1945 in Lasberg bei Freistadt in Österreich
Wohnorte: Aue an der Saale und Schwarzbach in Deutschland
Einsatzorte: unbestimmbare Orte an der Front
Wilhelmine W.: bürgerlich, Vater Rechtsanwalt, 1937/38 Frauenschule Königin Paulinenstift in Friedrichshafen, anschließen Buchbinderinnenlehre, 1943 Heirat mit Wilhelm O.
Wilhelm O.: Besitzer des Hammergutes »Tännich« in Schwarzbach bei Elterlein
Kinder: September 1944 Geburt des Sohnes Ulrich

Marianne Z. (IfZ-Archiv, ED 322/4)
Quelle: Dokumente und u. a. Korrespondenz mit einem Soldaten, dessen Bekanntschaft sie während seines Genesungsurlaubes gemacht hatte
Marianne Z.: geb. September 1921 in Michelbach, 1939 Hauswirtschaftliche Frauenschule »Prinzessin Arnulf« in München, April 1940 weiblicher Reichsarbeitsdienst, Juli 1942 RAD-Osteinsatz, bis 1944 Staatliches Berufspädagogisches Institut Frankfurt am Main
Wohnorte: München

Fundstellenverzeichnis ausgewerteter Soldbücher der Deutschen Dienststelle/WASt (inzwischen: BArch, Pers 11)

(Einige Fundstellen verzeichnen mehrere Soldbücher)

ZNS Schub-30-Karteimittel Nr. 3	ZNS Schub-30-Karteimittel Nr. 4	ZNS Schub-30-Karteimittel Nr. 17
ZNS Schub-30-Karteimittel Nr. 28	ZNS Schub-30-Karteimittel Nr. 51	ZNS Schub-30-Karteimittel Nr. 58
ZNS Schub-30-Karteimittel Nr. 61	ZNS Schub-30-Karteimittel Nr. 64	ZNS Schub-30-Karteimittel Nr. 65
ZNS Schub-30-Karteimittel Nr. 66	ZNS Schub-30-Karteimittel Nr. 73	ZNS Schub-30-Karteimittel Nr. 75
ZNS Schub-30-Karteimittel Nr. 81	ZNS Schub-30-Karteimittel Nr. 82	ZNS Schub-30-Karteimittel Nr. 83
ZNS Schub-30-Karteimittel Nr. 87	ZNS Schub-30-Karteimittel Nr. 89	ZNS Schub-30-Karteimittel Nr. 90
ZNS Schub-31-Karteimittel Nr. 7	ZNS Schub-31-Karteimittel Nr. 9	ZNS Schub-31-Karteimittel Nr. 16
ZNS Schub-31-Karteimittel Nr. 19	ZNS Schub-31-Karteimittel Nr. 46	ZNS Schub-31-Karteimittel Nr. 50
ZNS Schub-31-Karteimittel Nr. 52	ZNS Schub-31-Karteimittel Nr. 54	ZNS Schub-31-Karteimittel Nr. 55
ZNS Schub-31-Karteimittel Nr. 69	ZNS Schub-31-Karteimittel Nr. 76	ZNS Schub-31-Karteimittel Nr. 77
ZNS Schub-31-Karteimittel Nr. 79	ZNS Schub-32-Karteimittel Nr. 21	ZNS Schub-32-Karteimittel Nr. 33
ZNS Schub-32-Karteimittel Nr. 34	ZNS Schub-32-Karteimittel Nr. 43	ZNS Schub-32-Karteimittel Nr. 56
ZNS Schub-32-Karteimittel Nr. 83	ZNS Schub-32-Karteimittel Nr. 90	ZNS Schub-33-Karteimittel Nr. 5
ZNS Schub-33-Karteimittel Nr. 21	ZNS Schub-33-Karteimittel Nr. 25	ZNS Schub-33-Karteimittel Nr. 28
ZNS Schub-33-Karteimittel Nr. 38	ZNS Schub-33-Karteimittel Nr. 42	ZNS Schub-33-Karteimittel Nr. 43
ZNS Schub-33-Karteimittel Nr. 55	ZNS Schub-33-Karteimittel Nr. 58	ZNS Schub-33-Karteimittel Nr. 69
ZNS Schub-33-Karteimittel Nr. 70	ZNS Schub-33-Karteimittel Nr. 71	ZNS Schub-34-Karteimittel Nr. 23
ZNS Schub-34-Karteimittel Nr. 77	ZNS Schub-14-Karteimittel Nr. 1	ZNS Schub-14-Karteimittel Nr. 2a
ZNS Schub-14-Karteimittel Nr. 7	ZNS Schub-14-Karteimittel Nr. 9	ZNS Schub-14-Karteimittel Nr. 12
ZNS Schub-14-Karteimittel Nr. 13	ZNS Schub-14-Karteimittel Nr. 15	ZNS Schub-14-Karteimittel Nr. 21
ZNS Schub-14-Karteimittel Nr. 24	ZNS Schub-14-Karteimittel Nr. 25	ZNS Schub-14-Karteimittel Nr. 26
ZNS Schub-14-Karteimittel Nr. 30	ZNS Schub-14-Karteimittel Nr. 31	ZNS Schub-14-Karteimittel Nr. 32
ZNS Schub-14-Karteimittel Nr. 34	ZNS Schub-14-Karteimittel Nr. 35	ZNS Schub-14-Karteimittel Nr. 40
ZNS Schub-14-Karteimittel Nr. 42	ZNS Schub-14-Karteimittel Nr. 45	ZNS Schub-14-Karteimittel Nr. 48
ZNS Schub-14-Karteimittel Nr. 49	ZNS Schub-14-Karteimittel Nr. 53	ZNS Schub-14-Karteimittel Nr. 54
ZNS Schub-14-Karteimittel Nr. 55	ZNS Schub-14-Karteimittel Nr. 56	ZNS Schub-14-Karteimittel Nr. 57
ZNS Schub-14-Karteimittel Nr. 60	ZNS Schub-15-Karteimittel Nr. 7	ZNS Schub-15-Karteimittel Nr. 8
ZNS Schub-17-Karteimittel Nr. 4a	ZNS Schub-17-Karteimittel Nr. 22	ZNS Schub-20-Karteimittel Nr. 26
ZNS Schub-20-Karteimittel Nr. 43	ZNS Schub-21-Karteimittel Nr. 3a	ZNS Schub-21-Karteimittel Nr. 2a
ZNS Schub-21-Karteimittel Nr. 6a	ZNS Schub-22-Karteimittel Nr. 57	ZNS Schub-22-Karteimittel Nr. 59
ZNS Schub-22-Karteimittel Nr. 66	ZNS Schub-22-Karteimittel Nr. 68	ZNS Schub-22-Karteimittel Nr. 69
ZNS Schub-23-Karteimittel Nr. 87	ZNS Schub-23-Karteimittel Nr. 103	ZNS Schub-23-Karteimittel Nr. 104
ZNS Schub-23-Karteimittel Nr. 105	ZNS Schub-23-Karteimittel Nr. 106	ZNS Schub-23-Karteimittel Nr. 109
ZNS Schub-23-Karteimittel Nr. 110	ZNS Schub-23-Karteimittel Nr. 111	ZNS Schub-23-Karteimittel Nr. 113
ZNS Schub-23-Karteimittel Nr. 114	ZNS Schub-23-Karteimittel Nr. 115	ZNS Schub-23-Karteimittel Nr. 118
ZNS Schub-23-Karteimittel Nr. 119	ZNS Schub-23-Karteimittel Nr. 121	ZNS Schub-1-Karteimittel Nr. 2a
ZNS Schub-1-Karteimittel Nr. 62a	ZNS Schub-3-Karteimittel Nr. 7a	ZNS Schub-5-Karteimittel Nr. 2a
ZNS Schub-5-Karteimittel Nr. 4a	ZNS Schub-6-Karteimittel Nr. 3a	ZNS Schub-6-Karteimittel Nr. 14a
ZNS Schub-11-Karteimittel Nr. 14a	ZNS Schub-11-Karteimittel Nr. 7	ZNS Schub-11-Karteimittel Nr. 8
ZNS Schub-11-Karteimittel Nr. 9	ZNS Schub-13-Karteimittel Nr. 12	ZNS Schub-11-Karteimittel Nr. 17
ZNS Schub-11-Karteimittel Nr. 18	ZNS Schub-11-Karteimittel Nr. 20	ZNS Schub-11-Karteimittel Nr. 22
ZNS Schub-11-Karteimittel Nr. 23	ZNS Schub-11-Karteimittel Nr. 29	ZNS Schub-11-Karteimittel Nr. 32
ZNS Schub-11-Karteimittel Nr. 33	ZNS Schub-12-Karteimittel Nr. 1a	ZNS Schub-12-Karteimittel Nr. 2
ZNS Schub-12-Karteimittel Nr. 3	ZNS Schub-12-Karteimittel Nr. 4	ZNS Schub-12-Karteimittel Nr. 5
ZNS Schub-12-Karteimittel Nr. 6	ZNS Schub-12-Karteimittel Nr. 7	ZNS Schub-12-Karteimittel Nr. 8
ZNS Schub-12-Karteimittel Nr. 9	ZNS Schub-12-Karteimittel Nr. 11	ZNS Schub-12-Karteimittel Nr. 12
ZNS Schub-12-Karteimittel Nr. 14	ZNS Schub-12-Karteimittel Nr. 15	ZNS Schub-12-Karteimittel Nr. 17
ZNS Schub-12-Karteimittel Nr. 18	ZNS Schub-12-Karteimittel Nr. 19	ZNS Schub-12-Karteimittel Nr. 22
ZNS Schub-12-Karteimittel Nr. 23	ZNS Schub-12-Karteimittel Nr. 24	ZNS Schub-12-Karteimittel Nr. 32
ZNS Schub-12-Karteimittel Nr. 64	ZNS Schub-12-Karteimittel Nr. 57	ZNS Schub-12-Karteimittel Nr. 63

FUNDSTELLENVERZEICHNIS AUSGEWERTETER SOLDBÜCHER

ZNS Schub-12-Karteimittel Nr. 70	ZNS Schub-12-Karteimittel Nr. 66	ZNS Schub-12-Karteimittel Nr. 68
ZNS Schub-13-Karteimittel Nr. 5	ZNS Schub-13-Karteimittel Nr. 2	ZNS Schub-13-Karteimittel Nr. 3
ZNS Schub-13-Karteimittel Nr. 13	ZNS Schub-13-Karteimittel Nr. 7	ZNS Schub-13-Karteimittel Nr. 11
ZNS Schub-13-Karteimittel Nr. 17	PU WASt H P1003	PU WASt H 1076
PU WASt H 980	PU WASt H 1244	PU WASt H 1261
PU WASt H 1267	PU WASt H 1292	PU WASt H 1373
PU WASt H 1415	PU WASt H 1468	PU WASt I 5
PU WASt I 7	PU WASt I 9	PU WASt I 11
PU WASt I 16	PU WASt I 12	PU WASt I 14
PU WASt I 26	PU WASt I 19	PU WASt I 20
PU WASt J 23	PU WASt I 42	PU WASt I 51
PU WASt N 9	PU WASt J 1	PU WASt J 6
PU WASt N 181	PU WASt L 232	PU WASt M 37
PU WASt N 1	PU WASt N 16	PU WASt M 372
PU WASt N 181	PU WASt O 73	PU WASt O 144
PU WASt P 302	PU WASt P 413	PU WASt R 278
PU WASt R 294	PU WASt S 68	PU WASt S 347
PU WASt S 441	PU WASt S 498	PU WASt S 835
PU WASt S 1138	PU WASt S 1195	PU WASt S 1356
PU WASt S 1419	PU WASt S 1659	PU WASt S 1771
PU WASt S 1899	PU WASt S 1956	PU WASt S 2019
PU WASt S 2171	PU WASt S 2267	PU WASt S 2292
PU WASt S 1444	PU WASt S 1579	PU WASt S 1859
PU WASt U 17	PU WASt A 41	PU WASt A 199
PU WASt B 564	PU WASt 470	PU WASt W 195
PU WASt Z 29	PU WASt Z 110	PU WASt Z 179
PU WASt Z 180	PU WASt Z 253	PU WASt Z 264
PU WASt S 1828	PU WASt S 1888	PU WASt T 27
PU WASt T 47	PU WASt T 100	PU WASt T 103
PU WASt T 118	PU WASt T 142	ZNS Schub-37-Karteimittel Nr. 64
ZNS Schub-28-Karteimittel Nr. 90	ZNS Schub-28-Karteimittel Nr. 87	ZNS Schub-28-Karteimittel Nr. 86
ZNS Schub-28-Karteimittel Nr. 73	ZNS Schub-28-Karteimittel Nr. 76	ZNS Schub-28-Karteimittel Nr. 60
ZNS Schub-28-Karteimittel Nr. 54	ZNS Schub-29-Karteimittel Nr. 75	ZNS Schub-29-Karteimittel Nr. 80
ZNS Schub-29-Karteimittel Nr. 85	ZNS Schub-27-Karteimittel Nr. 48	ZNS Schub-27-Karteimittel Nr. 50
ZNS Schub-27-Karteimittel Nr. 55	ZNS Schub-27-Karteimittel Nr. 75	ZNS Schub-27-Karteimittel Nr. 78
ZNS Schub-27-Karteimittel Nr. 89	ZNS Schub-28-Karteimittel Nr. 1	ZNS Schub-28-Karteimittel Nr. 2a
ZNS Schub-28-Karteimittel Nr. 3	ZNS Schub-28-Karteimittel Nr. 7	ZNS Schub-28-Karteimittel Nr. 13
ZNS Schub-29-Karteimittel Nr. 6	ZNS Schub-29-Karteimittel Nr. 10	ZNS Schub-29-Karteimittel Nr. 31
ZNS Schub-29-Karteimittel Nr. 32	ZNS Schub-29-Karteimittel Nr. 33	ZNS Schub-29-Karteimittel Nr. 38
ZNS Schub-29-Karteimittel Nr. 39	ZNS Schub-29-Karteimittel Nr. 54	ZNS Schub-29-Karteimittel Nr. 59
ZNS Schub-29-Karteimittel Nr. 63	ZNS Schub-29-Karteimittel Nr. 69	ZNS Schub-29-Karteimittel Nr. 71
ZNS Schub-28-Karteimittel Nr. 51	ZNS Schub-28-Karteimittel Nr. 47	ZNS Schub-28-Karteimittel Nr. 42
ZNS Schub-28-Karteimittel Nr. 31	ZNS Schub-28-Karteimittel Nr. 23	ZNS Schub-28-Karteimittel Nr. 20
ZNS Schub-28-Karteimittel Nr. 15	ZNS Schub-36-Karteimittel Nr. 18	ZNS Schub-35-Karteimittel Nr. 74
ZNS Schub-37-Karteimittel Nr. 70	ZNS Schub-36-Karteimittel Nr. 29	ZNS Schub-35-Karteimittel Nr. 59
ZNS Schub-25-Karteimittel Nr. 92	ZNS Schub-25-Karteimittel Nr. 86	ZNS Schub-25-Karteimittel Nr. 84
ZNS Schub-25-Karteimittel Nr. 82	ZNS Schub-25-Karteimittel Nr. 80	ZNS Schub-25-Karteimittel Nr. 79
ZNS Schub-25-Karteimittel Nr. 76	ZNS Schub-25-Karteimittel Nr. 66	ZNS Schub-25-Karteimittel Nr. 62
ZNS Schub-25-Karteimittel Nr. 46	ZNS Schub-25-Karteimittel Nr. 23	ZNS Schub-25-Karteimittel Nr. 22
ZNS Schub-25-Karteimittel Nr. 18	ZNS Schub-25-Karteimittel Nr. 17	ZNS Schub-25-Karteimittel Nr. 13
ZNS Schub-25-Karteimittel Nr. 11	ZNS Schub-25-Karteimittel Nr. 10	ZNS Schub-24-Karteimittel Nr. 67
ZNS Schub-24-Karteimittel Nr. 59	ZNS Schub-23-Karteimittel Nr. 125	ZNS Schub-27-Karteimittel Nr. 47
ZNS Schub-27-Karteimittel Nr. 46	ZNS Schub-27-Karteimittel Nr. 35	ZNS Schub-27-Karteimittel Nr. 34
ZNS Schub-27-Karteimittel Nr. 21	ZNS Schub-27-Karteimittel Nr. 7	ZNS Schub-27-Karteimittel Nr. 3
ZNS Schub-26-Karteimittel Nr. 90	ZNS Schub-26-Karteimittel Nr. 86	ZNS Schub-26-Karteimittel Nr. 84
ZNS Schub-26-Karteimittel Nr. 83	ZNS Schub-26-Karteimittel Nr. 81	ZNS Schub-26-Karteimittel Nr. 79

ZNS Schub-26-Karteimittel Nr. 78	ZNS Schub-26-Karteimittel Nr. 73	ZNS Schub-23-Karteimittel Nr. 59
ZNS Schub-26-Karteimittel Nr. 49	ZNS Schub-26-Karteimittel Nr. 48	ZNS Schub-26-Karteimittel Nr. 46
ZNS Schub-26-Karteimittel Nr. 36	ZNS Schub-26-Karteimittel Nr. 33	ZNS Schub-26-Karteimittel Nr. 32
ZNS Schub-26-Karteimittel Nr. 23	ZNS Schub-26-Karteimittel Nr. 17	ZNS Schub-26-Karteimittel Nr. 16
ZNS Schub-26-Karteimittel Nr. 9	ZNS Schub-26-Karteimittel Nr. 7	PU WASt T 190
PU WASt U 24	PU WASt U 38	PU WASt U 39
PU WASt U 65	PU WASt U 76	PU WASt V 132
PU WASt V 142	PU WASt V 141	PU WASt V 142
PU WASt T 219	PU WASt T 215	PU WASt S 453
PU WASt W 3	PU WASt W 4	PU WASt W 22
PU WASt W 85	PU WASt W 118	PU WASt W 180
PU WASt W 205	PU WASt W 270	PU WASt W 373
PU WASt W 510	PU WASt W 566	PU WASt W 637
PU WASt W 686	PU WASt W 718	PU WASt W 725
PU WASt W 893	PU WASt E 1	PU WASt E 8
PU WASt E 66	PU WASt E 155	PU WASt K 1
PU WASt K 2	PU WASt K 3	PU WASt K 4
PU WASt K 12	PU WASt K 18	PU WASt K 66
PU WASt L 414	PU WASt L 422	PU WASt L 428
PU WASt L 430	PU WASt L 485	PU WASt R 154
PU WASt R 265	PU WASt R 290	PU WASt R 313
PU WASt R 593	PU WASt W 813	

Fundstellenverzeichnis ausgewerteter GESIS-Daten: Pers-ID untersuchter Soldaten

-331624776	-1066151748	-1658310575	-2010850683
-1645539310	-130768856	-1152264779	-349054639
-497177942	-1771578540	-1147759825	-1969972710
-1227081008	-67376414	-788186100	-547129794
-1336260204	-232807463	-101490894	-1102425245
-1469556421	-2000742497	-1840377387	-201418527
-1655409128	-1142406953	-1293533654	-211052690
-1133165139	-1514550209	-630326567	-149381275
-1779980786	-604394046	-2020208560	-50856586
-36229504	-393429047	-1390784811	-1635048006
-885012690	-1563055100	-802811097	-827726135
-1846231867	-547941178	-1345028417	-1737320614
-986782848	-1347813472	-1844456091	-302914062
-797884986	-426627378	-21875310	-511802342
-414161436	-299411917	-1609207926	-1497007174
-1320408284	-762713246	-2034756476	-684733440
-2126068596			

Verzeichnis der Abbildungen, Grafiken und Tabellen

Abbildungen

Abbildung 1: Soldbuch eines deutschen Soldaten, Quelle: BArch/Pers 11, Wehrpässe und Soldbücher, Schub-27, Nr. 46 — 74

Abbildung 2: Skizze eines deutschen Soldaten über die Route seiner Verlegung im August 1941, Quelle: BArch-MA, MSG 2/3801 — 155

Abbildung 3: Skizze eines deutschen Soldaten über die Bahnfahrt in seinen dritten Heimaturlaub und zurück (ohne Datum), Quelle: BArch-MA, MSG 2/3801 — 155

Abbildung 4: Skizze eines deutschen Soldaten über die zurückgelegte Strecke während seines fünften Heimaturlaubs im Juli 1942, Quelle: BArch-MA, MSG 2/3801 — 156

Abbildung 5: Skizze eines deutschen Soldaten über die Reiseroute seines sechsten Heimaturlaubs im Juni 1943, Quelle: BArch-MA, MSG 2/3801 — 156

Abbildung 6: Einzug von »Narvik-Heimkehrern« in Berlin, Quelle: IfZ-Archiv, Z 1009, Zeitschrift *Die Wehrmacht*, Juli 1940 — 185

Abbildung 7: Ankunft von Heimaturlaubern am Bahnhof in Ingolstadt, Quelle: IfZ-Archiv, MS 2263, Privatüberlieferung — 186

Abbildung 8: Begrüßung von »Narvik-Urlaubern« durch den BDM, Quelle: IfZ-Archiv, Z 1009, Zeitschrift *Die Wehrmacht*, Juli 1940 — 187

Abbildung 9: Ein Heimaturlauber erreicht sein Haus, Quelle: IfZ-Archiv, MS 2263, Privatüberlieferung — 187

Abbildung 10: Heimaturlauber mit seinen Kindern beim militärischen Spiel, Quelle: IfZ-Archiv, Z 1012, *Das Schwarze Korps*, 4. Januar 1940 — 223

Abbildung 11: Soldat mit DRK-Schwester im Genesungsurlaub, Quelle: IfZ-Archiv, Z 1504, *Ostfront Illustrierte*, Jg. 1943, Heft 4, S. 9. — 223

Abbildung 12: Heimaturlauber mit »Soldatenbraut«, Quelle: IfZ-Archiv, Z 1002, *Illustrierter Beobachter*, 22. April 1943 — 223

Abbildung 13: Heimaturlauber mit Mutter beim Einkaufen, Quelle: IfZ-Archiv, Z 1008 a, *Signal*, Erste Märzausgabe 1941 — 223

Abbildung 14: Heimaturlauber mit seinen Kindern beim militärischen Spiel, Quelle: IfZ-Archiv, Z 1012, *Das Schwarze Korps*, 4. Januar 1940 — 224

Abbildung 15: Heimaturlauber mit seinen Kindern, Quelle: IfZ-Archiv, Z 1312, *Die Koralle*, 17. Dezember 1939 — 224

Abbildung 16: »Vater und Sohn« gemeinsam auf Weihnachtsurlaub, Quelle: IfZ-Archiv, Z 1251, *Frankfurter Illustrierte*, 23. Dezember 1939 — 225

Abbildung 17: Oberst Mölders mit seiner Staffel im Skiurlaub, Quelle: IfZ-Archiv, Z 1001, *Berliner Illustrierte*, 23. Januar 1941   225

Abbildung 18: Soldat auf Heimaturlaub im Sommer 1943, Quelle: BArch-MA, MSG/2, 5755   226

Abbildung 19: Kriegsheimkehrer mit seinen Söhnen 1942 in Raesfeld (Aufnahme des Heimatfotografen Ignaz Böckenhoff), Quelle: LWL Medienzentrum für Westfalen, 06_261   226

Abbildung 20: Heimaturlauber verschiedener Waffengattungen 1942 in Raesfeld (Aufnahme des Heimatfotografen Ignaz Böckenhoff), Quelle: LWL Medienzentrum für Westfalen, 06_414   227

Abbildung 21: Gruppe von Soldaten auf Urlaub (ohne Datum), Quelle: Stadtarchiv Fellbach, F 3747   227

Abbildung 22: Heimaturlaub 1939 in Raesfeld (Aufnahme des Heimatfotografen Ignaz Böckenhoff), Quelle: LWL Medienzentrum für Westfalen, 06_270   228

Abbildung 23: Heimaturlaub 1940 in Raesfeld (Aufnahme des Heimatfotograf Ignaz Böckenhoff), Quelle: LWL Medienzentrum für Westfalen, 06_281   228

Abbildung 24: Hochzeit während des Heimaturlaubs, Quelle: Stadtarchiv Fellbach, F_3638   229

Abbildung 25: Heimaturlauber an seinem 40. Geburtstag mit der Familie, Quelle: BArch-MA, MSG 2/9070   230

Abbildung 26: Urlauber beim Ausflug mit der Familie im Juli 1940, Quelle: IfZ-Archiv, MS 2263   230

Abbildung 27: Urlauber mit der Familie im Garten, Juli 1942, Quelle: IfZ-Archiv, MS 2263   230

Abbildung 28: Heimaturlauber im November 1942 auf dem Balkon, Quelle: BArch-MA, MSG 2/14978   231

Abbildung 29: Heimaturlauber im November 1942 an der Balkontüre, Quelle: BArch-MA, MSG 2/14978   231

Abbildung 30: Heimaturlaub am Chiemsee, Quelle: BArch-MA, MSG 2/18978   232

Abbildung 31: Heimaturlaub im Zillertal, Quelle: BArch-MA, MSG 2/18978   232

Abbildung 32: Heimaturlaub in Kiel, Juni 1944, Quelle: BArch-MA, MSG 2/18877   232

Abbildung 33: Heimaturlaub in Kiel, Juni 1944, Quelle: BArch-MA, MSG 2/18877   232

Grafiken

Grafik 1: Einziehung zum Wehrdienst nach Jahren — 79
Grafik 2: Urlaube absolut nach Jahren — 80
Grafik 3: Aktive Soldaten des Samples in Relation zu den erteilten Urlauben — 81
Grafik 4: Anteile der Urlaubsarten nach Jahren — 82
Grafik 5: Lazarettaufenthalte nach Jahren und Gruppen — 85
Grafik 6: Lazarettliegezeiten und Genesungszeiten nach Gruppen — 86
Grafik 7: Urlaubsarten nach Familienstand — 87
Grafik 8: Wartezeiten auf Fronturlaub (in Monaten) — 93
Grafik 9: Wartezeiten auf Urlaub im Kriegsverlauf (Mittelwert/Tage) — 484
Grafik 10: Anteil der Personen mit Urlaub (n>100) — 484

Tabellen

Tabelle 1: Durchschnittliche Wartezeiten auf Fronturlaub — 88
Tabelle 2: Anteile hoher Wartezeiten — 91
Tabelle 3: Muster »Stand der Beurlaubungen bei den AOKs« (RH 20/17-542) — 100
Tabelle 4: Urlaubsordnung vom 15. Mai 1920 — 470
Tabelle 5: Urlaubsordnung vom 28. August 1935 — 472
Tabelle 6: Bestimmungen für die Erhaltung des Heeres im Kriegszustand vom 15. September 1939 (Beurlaubungen) — 474
Tabelle 7: Urlaubsregelung während des Krieges vom 20. März 1940 — 475
Tabelle 8: Bestimmungen über die Gewährung von Urlaub an Soldaten und Wehrmachtbeamte während des Krieges vom 25. Oktober 1942 — 476
Tabelle 9: Neuregelung für den Erholungsurlaub der außerhalb des Heimatkriegsgebietes eingesetzten Teile der Wehrmacht vom 5. Februar 1943 — 478
Tabelle 10: Bestimmungen über die Gewährung von Urlaub an Soldaten und Wehrmachtbeamte des Feld- und Ersatzheeres vom 26. November 1943 — 478
Tabelle 11: Urlaube nach Urlaubsarten und Jahren — 481
Tabelle 12: Gebote für Fronturlauber – staatliche Regie vs. Soldatenhumor — 482

Abkürzungsverzeichnis

ADR	Archiv der Republik: Österreichisches Staatsarchiv
AEK	Historisches Archiv des Erzbistums Köln
AHM (HM)	Allgemeine Heeresmitteilungen
AOK	Armeeoberkommando
BArch	Bundesarchiv Berlin-Lichterfelde
BArch-FA	Bundesarchiv, Abteilung Filmarchiv
BArch-MA	Bundesarchiv, Abteilung Militärarchiv Freiburg i. Breisgau
BDC	Berlin Document Center
BdE	Befehlshaber des Ersatzheers
BDM	Bund Deutscher Mädel
BdS	Befehlshaber der Sicherheitspolizei und des Sicherheitsdienstes
BHStA	Bayerisches Hauptstaatsarchiv München
BSB	Bayerische Staatsbibliothek München
DAF	Deutsche Arbeitsfront
DTA Emmendingen	Deutsches Tagebucharchiv Emmendingen
DRZW	Das Deutsche Reich und der Zweite Weltkrieg, hrsg. vom Militärgeschichtlichen Forschungsamt
EK	Eisernes Kreuz (I. und II. Klasse)
Fu	Fronturlauberzüge
GG	Generalgouvernement
Gen.z.b.V.	General zur besonderen Verwendung
GESIS	Datenbank zur »Überregionalen Erschließung personenbezogener Quellen zu Angehörigen der bewaffneten Formationen des Dritten Reiches«
GFP	Geheime Feldpolizei
Gkdo	Generalkommando
Gren. Rgt.	Grenadierregiment
HJ	Hitlerjugend
HSSPF	Höherer SS- und Polizeiführer
H.V.Bl.	Heeresverordnungsblatt
ID	Infanteriedivision
IfZ	Institut für Zeitgeschichte München–Berlin
IfZ-Archiv	Archiv des Instituts für Zeitgeschichte
IWM	Imperial War Museum London
KdF	»Kraft durch Freude«
KSSVO	Kriegssonderstrafrechtsverordnung
KVKr	Kriegsverdienstkreuz
LAB	Landesarchiv Berlin
Lw.V.Bl.	Luftwaffenverordnungsblatt
MG	Maschinengewehr

MSPT Berlin	Archiv der Museumsstiftung für Post und Telekommunikation Berlin
Muz.	Militär-Urlauberzüge
NARA	National Archives and Records Administration, Washington D. C.
NS	Nationalsozialismus, nationalsozialistisch
NSDAP	Nationalsozialistische Deutsche Arbeiterpartei
NSV	Nationalsozialistische Volkswohlfahrt
Manns.	Mannschaften
OHL	Oberste Heeresleitung
OKH	Oberkommando des Heeres
OKW	Oberkommando der Wehrmacht
OT	Organisation Todt
PK	Propagandakompanie
RAD	Reichsarbeitsdienst
RFSS	Reichsführer SS
RMVP	Reichsministerium für Volksaufklärung und Propaganda
RIR	Reserve-Infanterieregiment
RSHA	Reichssicherheitshauptamt
SA	Sturmabteilung
SD	Sicherheitsdienst der SS
SFN Wien	Sammlung Frauennachlässe am Institut für Geschichte der Universität Wien
SHAEF	Supreme Headquarters Allied Expeditionary Force
Sipo	Sicherheitspolizei
SS	Schutzstaffel der NSDAP
SSPF	SS- und Polizeiführer
StA Augsburg	Staatsarchiv Augsburg
StadtAN	Stadtarchiv Nürnberg
StdAM	Stadtarchiv München
StAM	Staatsarchiv München
Stuka	Sturzkampfbomber
SuStB Augsburg	Staats-und Stadtbibliothek Augsburg
TNA	The National Archive of the U. K. Government
TV	Totenkopfverband
Uffz.	Unteroffizier
Uk.	Unabkömmlichkeitsstellungen
VB	Völkischer Beobachter
VfZ	Vierteljahrshefte für Zeitgeschichte
WASt	Wehrmachtauskunftsstelle/Deutsche Dienststelle

Quellen- und Literaturverzeichnis

Archivbestände

Historisches Archiv des Erzbistums Köln (AEK)
Z 80 – 84, Kirchlicher Anzeiger für die Erzdiözese Köln, Akten und Schriften Sr. Heiligkeit Papst Pius XII.

Archiv der Republik: Österreichisches Staatsarchiv (AdR)
Akten des Zentralgerichts Außenstelle Wien (1939-1945), Fall-Akte 181/11
Akten des Zentralgerichts Außenstelle Wien (1939-1945), Fall-Akte 170/16

Bundesarchiv, Abteilung Militärarchiv Freiburg i. Breisgau(BArch-MA)
Pers 15, Verfahrensakten von Gerichten der Reichswehr und Wehrmacht
PH 1-51, Armeeverordnungsblatt, Bestimmung des Kriegsministeriums
PH 2, Preußisches Kriegsministerium
PH 3, Großer Generalstab der Preußischen Armee / Oberste Heeresleitung des Deutschen Heeres
PH 5, Heeresgruppen des Deutschen Heeres
RH 2, Oberkommando des Heeres / Generalstab des Heeres
RH 12-23, Heeressanitätsinspektion (San In) / Chef des Wehrmachtsanitätswesens, einschl. Militärärztliche Akademie
RH 13, General z. b.V. im Oberkommando des Heeres
RH 15, Oberkommando des Heeres / Allgemeines Heeresamt
RH 19, Oberkommandos der Heeresgruppen
RH 20, Armeekommandos
RH 21, Panzer-Armeekommandos
RH 23, Kommandanten rückwärtiger Armeegebiete
RH 24, Armeekorps
RH 26, Infanterie-Divisionen
RH 34, Truppenkommandanturen der Reichswehr und Wehrmacht
RH 35, Verkehrskommandanturen der Wehrmacht
RH 36, Kommandanturen der Militärverwaltungen der Wehrmacht
RH 37, Verbände und Einheiten der Infanterie des Heeres
RH 48, Dienststellen und Einheiten der Ordnungstruppen, der Geheimen Feldpolizei, der Betreuungs- und Streifendienste des Heeres
RH 53, Wehrkreiskommandos
RH 54, Truppenteile des Ersatzheeres
RH 56, Versorgungs- und Verwaltungsdienststellen außerhalb des Feldheeres
RH 58, Osttruppen und fremdländische Verbände des Heeres
RH 84, Feldersatzbataillone des Heeres
RH 85, Verbände und Einheiten der Grenzinfanterie, der Landwehr und der Grenzwacht des Heeres

RHD 4, Heeres-Druckvorschriften
RHD 53, *Deutsche Soldatenzeitung*
RHD 69, Sammlung verschiedener Graben- und Soldatenzeitungen
RHD 324, Heeresdruckvorschrift
RL 2, Generalstab der Luftwaffe
RM 1, Kaiserliche Admiralität und Vorgängerbehörden in Preußen
RM 2, Kaiserliches Marinekabinett
RM 5, Admiralstab der Marine / Seekriegsleitung der Kaiserlichen Marine
RM 26, Evangelische Marineseelsorge in der Reichsmarine und Kriegsmarine (Marinedekane und Marinepfarrämter)
RM 43, Dienststellen und Kommandostellen der Kaiserlichen Marine im Heimatbereich
RM 51, Geschwader und Gruppen der Kaiserlichen Marine
RM 86, Befehlshaber der Unterseeboote der Kaiserlichen Marine
RW 15, Wehrbezirkskommandos mit Wehrmeldeämtern der Wehrmacht
RW 17, Wehrmachtkommandanturen
RW 19, Oberkommando der Wehrmacht / Wehrwirtschafts- und Rüstungsamt
RW 41, Territoriale Befehlshaber in der Sowjetunion
RW 60, Wehrmachtgerichte (Alte Signatur RH 26)
ZA 1, Operational History (German) Section der Historical Division der US-Army

Bundesarchiv Berlin-Lichterfelde (BArch)
NS 5, Deutsche Arbeitsfront
NS 6, Partei-Kanzlei
NS 7, SS- und Polizeigerichtsbarkeit
NS 18, Reichspropagandaleiter der NSDAP
NS 19, Persönlicher Stab Reichsführer SS
R 2, Reichsfinanzministerium
R 19, Hauptamt Ordnungspolizei
R 36, Deutscher Gemeindetag
R 55, Reichsministerium für Volksaufklärung und Propaganda
R 58, Reichssicherheitshauptamt
R 4901, Reichsministerium für Wissenschaft, Erziehung und Volksbildung

Bundesarchiv, Abteilung Filmarchiv, Außenstelle Berlin-Wilmersdorf (BArch-FA)
Filmarchiv (BArch-FA), B 128474/1-1, Wochenschau, 664/23/1943
Filmarchiv (BArch-FA), B131939/1-1, Wochenschau 711/18/1944
Filmarchiv (BArch-FA), B 128474/1-1, Wochenschau: 664/23/1943
Filmarchiv (BArch-FA), Dokumentarfilm »Dorfheimat« 1941, Titelnummer: 573728

Deutsches Tagebucharchiv Emmendingen (DTA)
49/1, Tagebuch von Maria B. und Briefe Maria und Wolf B.

148/1, Tagebuch von Albert J.
198/1, Kriegstagebuch und Memoiren von Albert B.
326 II, Kriegstagebuch und Briefserie Alfred und Annelie B.
770, Tagebuch von Max V.
1289, Briefserie Hansjürgen und Gabriele S.
1462, Briefserie Hermann und Lore G.
1818, Briefserie und Tagebücher Alfred H. und Annemarie (t.) H.
2033, Briefserie Bernhard und Gerda S.
2131, Tagebucheinträge und Briefserie von Anton G.
2172/1, Briefserie Ruth W. und Otto S.

Imperial War Museum London, Archive (IWM)
Documents 15658, Briefserie John S. und Eileen Gurney
Documents 19694, Briefserie Sub Lieutenant H. B. Cox
Documents 23386, Tagebucheinträge und Briefserie L. H. Mewis
Documents 3347, Tagebucheinträge Louie Williams

Archiv Institut für Zeitgeschichte (IfZ-Archiv)
Da 033.015, Deutsches Reich – Oberste Reichsbehörden 1871–1945, *Soldatenblätter für Feier und Freizeit*
Da 034, Deutsches Reich – Oberste Reichsbehörden 1871–1945, Allgemeine Heeresmitteilungen, Jahrgang 1943
Da 33.168, Druckschrift: Wehrmachttransporte auf Eisenbahnen
Da. 34.01, Allgemeine Heeresmitteilungen 1942
Da 34.02, Allgemeine Heeresmitteilungen
Da 34.08, Reiseverordnung für die Wehrmacht
Db 008, NSDAP und ihre Gliederungen und angeschlossene Verbände
ED 322/4, Marianne Z.
ED 534, Briefserie Hermann K. an Rosa M.
ED 545 Briefserie Rudi und Lotte D.
ED 554 Briefserie Otto an Lotte B.
ED 930 Briefserie Franz und Centa B.
ED 939-D, Bestand Erich Karl Maria R.
MS 2263-D, Bestand Nikolaus W.
Z 0001, *Völkischer Beobachter*
Z 140, Soldatenzeitung *Der Durchbruch*
Z 1001, *Berliner Illustrierte Zeitung*
Z 1002, *Illustrierter Beobachter*
Z 1008 a, Zeitschrift *Signal*
Z 1009, Zeitschrift *Die Wehrmacht*
Akzessionsnummer 2, Briefwechsel von Bernhard und Barbara S.

Landesarchiv Berlin (LAB)
A Rep. 047-08, Nr. 142, Schreiben des Oberbürgermeisters der Reichshauptstadt Berlin an die Bezirksbürgermeister und Bezirksverwaltungen

Archiv des Museums für Post und Telekommunikation Berlin (MSPT)
3.2002.0349, Briefserie Ernst und Irene G.
3.2002.7283, Briefserie Friedl und Hans N.
3.2002.7404, Briefserie Lutz R.
3.2002.7605, Briefserie Robert und Ingeborg W.
3.2002.8610, Briefserie Karl und Hilde K.

National Archives London (TNA)
AN 2/934, Bestimmungen des Railway Executive Commitee
HO 213/1838, Overseas Service Family Committee
CAB 65/44/21, T 18/18/14, Conclusions of a Meeting of the War Cabinet CAB 66/46/21, T 18/19/08, Note by the Minister of Labour and National Service
CAB 66/57/44 18/18/07, War Cabinet CAB 75/12, Memorandum by the Secretaries of State for War and Air
SRX 212, Gesprächsprotokoll vom 25. März 1941
SRX 654, Gesprächsprotokoll vom 5. Januar 1942
SRX 675, Vernehmungsprotokoll
SRX 1019, Gesprächsprotokoll
SRX 1351, Gesprächsmitschnitt
SRX 1405, Unterhaltungsprotokoll
SRX 1419, Abhörprotokoll
SRX 1429, Gesprächsprotokoll
SRX 1952, Gesprächsprotokoll
SRX 2114, GesprächsprotokollT 18/18/26, Catalogue Reference CAB/66/21/45
WO 32/10560, »Demobilisation«, Extract from the Minutes of the 56th (44) Meeting of the Reconstruction Committee
WO 219/4/4, Chief of Division

National Archives and Records Administration, Washington D. C. (NARA)
RG 165, Entry 179, Box 441 (680), Report of Interrogation Fritz A.
RG 165, Entry 179, Box 441/192 (#196), Room Conversation Adam, Walter – Hoenisch
RG 165, Entry 179, Box 444 (98), Report of Interrogation Otto B.
RG 165, Entry 179, Box 448-1 (356), Report of Interrogation Herrmann B., 25. Juli 1944
RG 165, Entry 179 Box 462, Room Conversation Drosdowski – Eckerl – Zydotis
RG 165, Entry 179, Box 467-1 (101), Interrogation Gustav Felix
RG 165, Entry 179, Box 467-1 (445), Morale Questionnaire Johann Filchner
RG 165, Box 474, Room Conversation Glar – Poschmann
RG 165, Entry 179, Box, 474/(1)/98, Unteroffizier Kurt G., Room Conversation
RG 165, Entry 179, Box 476 (1) 58, (Akte 89), Room Conversation Grote – Wiljotti – Brinkmann
RG 165, Entry 179, Box 478 (1) 149 (NND 750/22), Unteroffizier der Infanterie Alois H., Report of Interrogation

RG 165, Entry 179, Box 483/285 (# 312) Room Conversation Hans H.
RG 165, Entry 179, Box 504 (1) 89, (#128), Room Conversation
RG 165, Entry 179, Box 509/263 (# 265), Room Conversation Lippold – Rohde
RG 165, Entry 179, Box 515, Room Conversation Meese – Pruschka
RG 165, Entry 179, Box 515 (2) 32 (NND 756/22), Soldat der Infanterie Kurt M., Report of Interrogation
RG 165, Entry 179, Box 515-2 (125), Report of Interrogation Constantin M.
RG 165, Entry 179, Box 516 (2) 86, (#110, #102), Room Conversation
RG 165, Entry 179, Box 533-1/2, Room Conversation Roth – Stab – Boden
RG 165, Entry 179, Box 534 (1) 479, Room Conversation Erich R.
RG 165, Entry 179, Box 539-1 (579), Report of Interrogation, Matthias S.
RG 165, Entry 179, Box 554 (1) 374 (# 505), Room Conversation Thomas, Guenther – Rohsmann, Hans, – Boehm, Werner
RG 165, Entry 179, Box 554/1-2 621 (Major Herbert T. 797705274) (#626), Room Conversation
RG 165, Entry 179 Box 555, Room Conversation Tischer – Schramm
RG 165, Entry 179, Box 564, Room Conversation Schulz – Steiner
RG 165, Entry 179, Box 588, Room Conversation Walter Langfeld – Friedrich Held
RG 165, Entry 179, Box 592, Room Conversation Helmuth Künkel – Rhode
RG 165, Entry 179, Box 601, Room Conversation Schuhmann – Stuke
RG 165, Entry 179 Box 628 Report of Interrogation Georg R.
RG 165, Entry 179, (NND 150/22), Morale Report on PW Johannes R.
RG 165, Entry 179, (NND 750/22), Report of Interrogation, Unteroffizier Panzergrenadier Hans P.
RG 165, Entry 179, (NND 750/22), Morale Questionnaire, Jacob B.
RG 165, Entry 179, (NND 750/22), Morale Report on Hermann H.
RG 165, Entry 179, (NND 750122), Report of Interrogation, Morale Sheet

Staatsarchiv Augsburg (StA Augsburg)
S 4207, Stimmungsbericht der Kreisleitung Günzburg
S 4208, Schreiben der Kreisleitung Augsburg
S 4208 b, Schreiben der Gauleitung der NSDAP Schwaben
S 4219, Mitteilung der NSDAP-Kreisleitung Memmingen
S 4220, Erfahrungsbericht der NSDAP Kreisleitung Memmingen

Sammlung Frauennachlässe am Institut für Geschichte der Universität Wien (SFN)
NL 37, Briefe von Wilhelmine W. an Wilhelm O.
NL 57, Briefserie Carl und Anna C.
NL 190, Briefserie Fritz und Maria W.
NL 208, Briefserie Karl und Erika M.

Staats- und Stadtbibliothek Augsburg (SuStB Augsburg)
Gs 2958, *Front und Heimat. Soldatenzeitung des Gaues Schwaben*
4 A 64 -7, *Der Politische Soldat, Nachrichtenblatt der NSDAP – Gau Schwaben*

Staatsarchiv München (StAM)
Gestapo 99, Vermerk der Geheimen Staatspolizei, Staatspolizeileitstelle München
Gestapo 132, Korrespondenz der Staatspolizeistelle München mit den oberbayerischen Landräten und Oberbürgermeistern
Landgerichte München 1, 10024, Az. 4 R 369/1940
Landgerichte München 1, 17381, Az. 3 R 7/44
Landgerichte 10170, Verfahrensakte AZ 2 R 554/42
Landgerichte 10201 (Urteilsbegründung)
Landgerichte München 1, 17353, Aktenzeichen 3 R. 140/44
Landgerichte 17420, Verfahrensakte Az 24/45
LRA 205689, Stellungnahme des Wehrmachtstandortbereichsführers Rosenheim
LRA 206222, Der Regierungspräsident Oberbayerns
LRA 223960, Der Leiter des Arbeitsamts Rosenheim
NSDAP 11, Korrespondenz Gauleiters Paul Giesler mit dem Gauobmann der DAF
NSDAP 14, Persönliche Korrespondenz des Gauleiters
NSDAP 15, Persönliche Korrespondenz des Gauleiters
NSDAP 16, Korrespondenz der Kreisleitung Berchtesgaden-Laufen
NSDAP 135, Schreiben der Gaupropagandaleitung München-Oberbayern
NSDAP 273, Gauleitung München-Oberbayern
NSDAP 285, Tätigkeits- und Stimmungsbericht der Ortsgruppe Burghausen
NSDAP 434, Kreisleitung der NSDAP Berchtesgaden-Laufen
NSDAP 479, Schreiben des Obergefreiten H. an die Polizeibehörde Schongau/Lech
NSDAP 1167, Korrespondenz
NSDAP 1168: Korrespondenz, Brief von Unteroffizier Ernst L.
NSDAP 1172, Brief von Oberleutnant Hermann P. an Gauleiter Paul Giesler
NSDAP 1560, Fürsorge für die Angehörigen von Soldaten in persönlichen Angelegenheiten im Rahmen des Kameradschaftsdienstes zwischen Partei und Wehrmacht
NSDAP 1987, Bericht der NS-Frauenschaft Herrsching/Ammersee
NSDAP 4206, Schreiben der Kreisleitung Memmingen

Staatsbibliothek München (BSB)
2 Eph.pol. 82 s-: (-1943,1/6), (-44,1/6.1942), (-44,7/12.1942), (-4Z42.27-1941/42), (-1943,7/12), Berliner Morgenpost

Stadtarchiv München (StdAM)
Bürgermeister und Rat (BUR) 640/15, Schreiben des Leiters des Tierparks Hellabrunn München
Bürgermeister und Rat (BUR) 1126/4, Akt Verkehrsverein München
Münchner Stadtanzeiger
Münchner Stadtnachrichten
Bestand Filmsammlung, Video-Archivnummer 190

Fremdenverkehrsamt
Kulturamt 62/2, Korrespondenz und Programmheft zur »Kulturwoche der Hauptstadt der Bewegung im Oktober 1942«
Kulturamt 67, Kulturamt 68/1
Kulturamt 359, Theaterwesen, Schriftwechsel zwischen Münchner Kultur- und Reichspropagandaamt sowie dem Bayerischen Staatsministerium des Innern
Kulturamt 871, Vorschlag von OKW und Propagandaministerium
Polizeidirektion München
RP 714/4, Ratssitzungsprotokolle
RP 715, Ratssitzungsprotokolle

Stadtarchiv Nürnberg (StadtAN)
C 25 I – 947 und C 25 I – 964, Korrespondenz
C 25/955-06, *Fränkische Tageszeitung*
Fa_27_1944.01.15, *Nürnberger Beobachter*
F 4 *Nürnberger Beobachter*

Universitätsbibliothek Augsburg
140/AZ 97590, *Neuburger Zeitung/Neuburger Nationalzeitung*, Mikrofilm im Bestand der Universitätsbibliothek Augsburg

Deutsche Dienststelle (WASt)
Karteimittel ZNS und PU WASt

Literaturverzeichnis

Absolon, Rudolf, Die Wehrmacht im Dritten Reich. Band I – 30. Januar 1933 bis 2. August 1934, Boppard am Rhein 1969.
Absolon, Rudolf, Die Wehrmacht im Dritten Reich. Band V – 1. September 1939 bis 18. Dezember 1941, Boppard am Rhein 1988.
Absolon, Rudolf, Die Wehrmacht im Dritten Reich. Band VI – 19. September 1942 bis 9. Mai 1945, Boppard am Rhein 1995.
Absolon, Rudolf, Wehrgesetz und Wehrdienst 1935 bis 1945. Das Personalwesen der Wehrmacht, Boppard am Rhein 1960.
Afflerbach, Holger/Stevenson, David (Hrsg.) An Improbable War. The Outbreak of World War I and European Political Culture before 1914, Chippenham 2007.
Allert, Tilmann, Der deutsche Gruß. Geschichte einer unheilvollen Geste, Ditzingen 2010.
Allmayer-Beck, Johann Christoph, »Herr Oberleitnant – det lohnt doch nicht!«, Kriegserinnerungen an die Jahre 1938-1945, Wien 2013.

Allport, Allan, Demobbed. Coming Home after the Second World War, Yale 2009.
Alois, Thomas, Kirche unter dem Hakenkreuz. Erinnerungen und Dokumente, Trier 1992.
Aly, Götz, Hitlers Volksstaat. Raub, Rassenkrieg und nationaler Sozialismus, Frankfurt a. M. 2005.
Aly, Götz (Hrsg.), Volkes Stimme. Skepsis und Führervertrauen im Nationalsozialismus, Frankfurt a. M. 2006.
Amberger, Waltraud, Männer, Krieger, Abenteurer. Der Entwurf des soldatischen Mannes in Kriegsromanen über den Ersten und Zweiten Weltkrieg, Frankfurt a. M.. 1984.
Angermair, Elisabeth/Harendel, Ulrike, Inszenierter Alltag. »Volksgemeinschaft« im nationalsozialistischen München 1933-1945, München 1993.
Arnold, Sabine Rosemarie, »Ich bin bisher noch lebendig und gesund«. Briefe von den Fronten des sowjetischen »Großen Vaterländischen Krieges«, in: Wette, Wolfram/Vogel, Detlef (Hrsg.), Andere Helme – Andere Menschen? Heimaterfahrung und Frontalltag im Zweiten Weltkrieg – Ein internationaler Vergleich, Essen 1995, S. 135-156.
Auhagen, Ann Elisabeth/von Salisch, Maria (Hrsg.), Zwischenmenschliche Beziehungen, Göttingen 1993.
Bailer, Brigitte/Form, Wolfgang (Hrsg.), Tagesrapporte der Gestapoleitstelle Wien 1938-1945, München 2009.
Baird, Jay W, The Mythical World of Nazi War Propaganda 1939-1945, Minnesota 1975.
Bajohr, Frank/Wildt, Michael (Hrsg.), Volksgemeinschaft. Neue Forschungen zur Gesellschaft des Nationalsozialismus, Frankfurt a. M. 2009.
Bartov, Omer. Hitlers Wehrmacht. Soldaten, Fanatismus und die Brutalisierung des Krieges, Hamburg 1999.
Basenach, August, Die Disziplinarstrafgewalt der Wehrmacht, (Diss.) Würzburg 1943.
Beck, Birgit, Rape. The Military Trials of Sexual Crimes Committed by Soldiers in the Wehrmacht 1939-1944, in: Hagemann, Karen/Schüler-Springorum, Stefanie (Hrsg.), Home – Front. The Military, War and Gender in the Twentieth-Century Germany, Oxford 2002, S. 255-273.
Beck, Birgit, Wehrmacht und sexuelle Gewalt. Sexualverbrechen vor deutschen Militärgerichten 1939-1945, Paderborn 2004.
Beck, Johannes (Hrsg.), Terror und Hoffnung in Deutschland 1933-1945. Leben im Faschismus, Hamburg 1980.
Behr, Volker A., Deutsche Auszeichnungen. Kampf- und Tätigkeitsabzeichen des Heeres und der Kriegsmarine 1937-1945, Stuttgart 2014.
Behr, Volker A., Deutsche Auszeichnungen. Orden und Ehrenzeichen der Wehrmacht 1936-1945, Stuttgart 2015.
Bernd, Martin, Agriculture and food supply in the Second World War, Ostfildern 1985.
Besatzung Dora, Berlin 1943 [DVD von 2013].

Blank, Ralf, Kriegsalltag und Luftkrieg an der »Heimatfront«, in: Echternkamp, Jörg (Hrsg.), Das Deutsche Reich und der Zweite Weltkrieg (DRZW), Bd. 9/1, Politisierung, Vernichtung, Überleben, München 2004, S. 357-461.
Bobbio, Norberto, Democracy and Dictatorship. The nature and limits of state power, Minneapolis 1989.
Boberach, Heinz (Hrsg.), Meldungen aus dem Reich. Die geheimen Lageberichte des Sicherheitsdienstes der SS 1938-1945, 17 Bde., Herrsching 1984.
Boberach, Heinz (Hrsg.), Regimekritik, Widerstand und Verfolgung in Deutschland und den besetzten Gebieten. Meldungen und Berichte aus dem Geheimen Staatspolizeiamt, dem SD-Hauptamt der SS und dem Sicherheitshauptamt 1933-1945 (Online-Datenbank IfZ), München 1999-2001.
Boog, Horst, Die propagandistische Vorbereitung des Vernichtungskrieges und die Haltung der militärischen Führer, in: ders./Förster, Jürgen/Hoffmann, Joachim/Klink, Ernst/Müller, Rolf-Dieter/Ueberschär, Gerd R. (Hrsg.), Das Deutsche Reich und der Zweite Weltkrieg (DRZW) Bd. 4/1, Der Angriff auf die Sowjetunion, Stuttgart 1987, S. 440-447.
Boog, Horst/Förster, Jürgen/Hoffmann, Joachim/Klink, Ernst/Müller, Rolf-Dieter/Ueberschär, Gerd R. (Hrsg.), Das Deutsche Reich und der Zweite Weltkrieg (DRZW) Bd. 4/1, Der Angriff auf die Sowjetunion, Stuttgart 1987.
Bourke, Joanna, The Emotions in War: Fear and the British and American Military, 1914-45, in: Historical Research 74 (185) 2/2001, S. 314-330.
Brändli, Sabina, »... die Männer sollen schöner geputzt sein als die Weiber«. Zur Konstruktion bürgerlicher Männlichkeit im 19. Jahrhundert, in: Kühne, Thomas (Hrsg.), Männergeschichte – Geschlechtergeschichte. Männlichkeit im Wandel der Moderne, Frankfurt a. M. 1996, S. 101-118.
Braudy, Leo, From Chivalry to Terrorism. War and the changing nature of masculinity, New York 2004.
Braumann, Georg, Evakuiert: Familienbriefe 1943-1947, Bochum 2011.
Bremm, Klaus-Jürgen, Armeen unter Dampf. Die Eisenbahnen in der europäischen Kriegsgeschichte 1871-1918, Paderborn 2013.
Breuer, Stefan, Anatomie der Konservativen Revolution, Darmstadt 1993.
Broszat, Martin/Buchheim, Hans/Jacobson, Hans-Adolf (Hrsg.), Anatomie des NS-Staates, München 1999.
Broszat, Martin/Fröhlich, Elke/Wiesemann, Falk (Hrsg.), Bayern in der NS-Zeit (Bd. 1). Soziale Lage und politisches Verhalten der Bevölkerung im Spiegel vertraulicher Berichte, München 1977.
Buchbender, Ortwin/Sterz, Reinhold (Hrsg.), Das andere Gesicht des Krieges. Deutsche Feldpostbriefe 1939-1945, München 1982.
Buchheim, Hans, Befehl und Gehorsam, in: ders./Broszat, Martin/Jacobson, Hans-Adolf (Hrsg.), Anatomie des NS-Staates, München 1999, S. 215-322.
Buchheim, Lothar-Günther, Die Festung, Hamburg 1995.
Buchholz, Wolfhard, Die Nationalsozialistische Gemeinschaft »Kraft durch Freude«. Freizeitgestaltung und Arbeiterschaft im Dritten Reich (Diss.), München 1999.
Burchardt, Lothar, Die Auswirkung der Kriegswirtschaft auf die deutsche Zivilbe-

völkerung im Ersten und im Zweiten Weltkrieg, in: Militärgeschichtliche Mitteilungen 15 (1974), S. 65-97.
Burleigh, Michael, Die Zeit des Nationalsozialismus. Eine Gesamtdarstellung, Frankfurt a. M. 2000.
Buschmann, Nikolaus/Murr, Karl Borromäus (Hrsg.), Treue. Politische Loyalität und militärische Gefolgschaft in der Moderne, Göttingen 2008.
Coudry, Georges, »Es sind immer die gleichen, die kämpfen und sich opfern«. Feldpostbriefe von Soldaten der 1. Französischen Armee (1944/45), in: Wette, Wolfram/Vogel, Detlef (Hrsg.), Andere Helme – Andere Menschen? Heimaterfahrung und Frontalltag im Zweiten Weltkrieg – Ein internationaler Vergleich, Essen 1995, S. 157-172.
Creveld, Martin van, Kampfkraft. Militärische Organisation und Leistung der deutschen und amerikanischen Armee 1939-1945, Graz 2009.
Crouthamel, Jason, Male Sexuality and Psychological Trauma. Soldiers and Sexual Disorder in World War I and Weimar Germany, in: Journal of the History of Sexuality 1 (2008), S. 60-84.
Czarnowski, Gabriele, Das Kontrollierte Paar. Ehe und Sexualpolitik im Nationalsozialismus, Berlin 1990.
Davis, Belinda J., Homefront, Food, Politics and Womens Everyday Life during the First World War, in: Hagemann, Karin/Schüler-Springorum, Stefanie (Hrsg.), Home – Front. The military, war and gender in twentieth-century Germany, Oxford 2002, S. 115-138.
Didczuneit, Veit/Ebert, Jens/Jander, Thomas (Hrsg.), Schreiben im Krieg – Schreiben vom Krieg: Feldpost im Zeitalter der Weltkriege, Essen 2011.
Dietrich, Anette/Heise, Ljiljana (Hrsg.), Männlichkeitskonstruktionen im Nationalsozialismus. Formen, Funktionen und Wirkungsmacht von Geschlechterkonstruktionen im Nationalsozialismus und ihre Reflexion in der pädagogischen Praxis, Frankfurt a. M. 2013.
Dietrich, Anette/Heise, Ljiljana, Perspektiven einer kritischen Männlichkeitenforschung zum Nationalsozialismus. Eine theoretische und pädagogische Annäherung, in: dies. (Hrsg.), Männlichkeitskonstruktionen im Nationalsozialismus, Frankfurt a. M. 2013, S. 7-35.
Dirks, Walter, Der Nationalsozialismus und der Krieg, in: Frankfurter Hefte 6 (1979), S. 13-19.
Donsbach, Wolfgang/Stevenson, Robert L., Herausforderungen, Probleme und empirische Evidenzen der Theorie der Schweigespirale, in: Publizistik 31 (1986), S. 7–34.
Dörr, Margarethe, Wer die Zeit nicht miterlebt hat ... Frauenerfahrungen im Zweiten Weltkrieg und danach. Kriegsalltag, Frankfurt a. M. 1998.
Dotterweich, Volker (Hrsg.), Mythen und Legenden in der Geschichte. Schriften der Philosophischen Fakultäten der Universität Augsburg, München 2004.
Drewniak, Boguslaw, Der deutsche Film 1938-1945. Ein Gesamtüberblick, Düsseldorf 1987.
Ehrke, Hans, Makedonka. Ein Buch der Balkanfront. Berlin 1938.

Eichner, Wilhelm, Jenseits der Steppe. Tagebuch aus dem Rußlandfeldzug 1942-1944, München 1997.
Eitler, Pascal/Scheer, Monique, Emotionengeschichte als Körpergeschichte. Eine heuristische Perspektive auf religiöse Konversionen im 19. und 20. Jahrhundert, in: Geschichte und Gesellschaft 35 (2009), S. 282-313.
Essner, Cornelia/Conte, Edouard, »Fernehe«, »Leichentrauung« und »Totenscheidung«, in: Vierteljahrshefte für Zeitgeschichte (VfZ) 4 (1996), S. 201-227.
Febvre, Lucien, Sensibilität und Geschichte. Zugänge zum Gefühlsleben früherer Epochen, in: Honegger, Claudia/Bloch, Marc/Braudel, Fernand/Febvre, Lucien (Hrsg.), Schrift und Materie der Geschichte – Vorschläge zur systematischen Aneignung historischer Prozesse, Frankfurt a. M. 1977, S. 313-334.
Fischer, Peter, Heute habe ich satt bis an den Hals. Das Kriegstagebuch des Edesheimer Winzers Adam Bourdy von 1914/15, 2006.
Fischer-Lichte, Erika, Ästhetik des Performativen, Frankfurt a. M. 2014.
Fischer-Lichte, Erika, Performativität. Eine Einführung, Bielefeld 2013.
Fishman, Sarah, We will wait. Wives of French Prisoners of War, 1940-1945, London 1991.
Flam, Helena, Soziologie der Emotionen heute, in: Klein, Ansgar/Nullmeier, Frank (Hrsg.), Masse, Macht, Emotionen. Zu einer politischen Soziologie der Emotionen, Wiesbaden 1999, S. 179-199.
Form, Wolfgang/Neugebauer Wolfgang/Schiller, Theo (Hrsg.), Onlinedatenbank Widerstand und Verfolgung in Österreich 1938 bis 1945. Die Verfahren vor dem Volksgerichtshof und den Oberlandesgerichten Wien und Graz; in Zusammenarbeit mit dem Bundesarchiv., Bearb. von Esther Krähwinkel und Wolfgang Form. München: K. G. Saur, 2004-2005.
Forstner, Burckhardt (Hrsg.), Forstner Johann. Mein Lebensweg – Tagebuch aus dem Ersten Weltkrieg, Frankfurt a. M. 2012.
Forum, History of Emotions – An Interview with Alon Confino, Ute Frevert, Uffa Jensen, Lyndal Roper and Daniela Saxer, in: German History Vol. 28 (Nr. 1, 2011), S. 67-80.
Franziß, Franz, Meldegänger Rott, Berlin 1940.
Franziß, Franz, Wir von der Somme. Drei Fronten um ein Dorf, München 1938.
Fredeweß-Wenstrup, Stephanie (Hrsg.), »Mutters Kriegstagebuch«. Die Aufzeichnungen der Antonia Helming 1914-1922, Münster 2005.
Freis, David, Die »Psychopathen« und die »Volksseele«. Psychiatrische Diagnosen des Politischen und die Novemberrevolution 1918/1919, in: Roelke, Volker/Schmuhl, Hans-Walter (Hrsg.), »Heroische Therapien«. Die deutsche Psychiatrie im internationalen Vergleich 1918-1945, Göttingen 2013, S. 48-68.
Frevert, Ute (Hrsg.), Das Neue Jahrhundert. Europäische Zeitdiagnosen und Zukunftsentwürfe um 1900, Göttingen 2000.
Frevert, Ute, Die Kasernierte Nation. Militärdienst und Zivilgesellschaft in Deutschland, München 2001.
Frevert, Ute, Die Zukunft der Geschlechterordnung. Diagnosen und Erwartungen an der Jahrhundertwende, in: Frevert, Ute (Hrsg.), Das Neue Jahrhundert.

Europäische Zeitdiagnosen und Zukunftsentwürfe um 1900, Göttingen 2000, S. 146-184.

Frevert, Ute, Honor, Gender and Power. The Politics of Satisfaction in Pre-War Europe, in: Afflerbach, Holger/Stevenson, David (Hrsg.) An Improbable War. The Outbreak of World War I and European Political Culture before 1914, Chippenham 2007, S. 233-255.

Frevert, Ute, Soldaten, Staatsbürger. Überlegungen zur historischen Konstruktion von Männlichkeit, in: Kühne, Thomas (Hrsg.), Männergeschichte – Geschlechtergeschichte. Männlichkeit im Wandel der Moderne, Frankfurt a. M. 1996, S. 69-87.

Frevert, Ute, Vergängliche Gefühle, Göttingen 2013.

Frevert, Ute, Was haben Gefühle in der Geschichte zu suchen?, in: Geschichte und Gesellschaft 2 (2009), S. 183-201.

Frieser, Karl-Heinz, Der Zusammenbruch der Heeresgruppe Mitte im Sommer 1944, in: ders./Schmider, Klaus/Schönherr, Klaus/Schreiber, Gerhard/Ungváry, Krisztián/Wegner, Bernd (Hrsg.), Das Deutsche Reich und der Zweite Weltkrieg (DRZW), Bd. 8, Die Ostfront 1943/44 – Der Krieg im Osten und an den Nebenfronten, Stuttgart 2007, S. 526-603.

Frieser, Karl-Heinz, Die Schlacht um den Kursker Bogen, in: ders./Schmider, Klaus/Schönherr, Klaus/Schreiber, Gerhard/Ungváry, Krisztián/Wegner, Bernd (Hrsg.), Das Deutsche Reich und der Zweite Weltkrieg (DRZW), Bd. 8, Die Ostfront 1943/44 – Der Krieg im Osten und an den Nebenfronten, Stuttgart 2007, S. 83-209.

Fritz, Stephen G., Ostkrieg. Hitlers war of extermination in the East, Lexington 2011.

Gallmetzer, Anton (Hrsg.), Georg Gallmetzer. Tagebücher 1914-1919 – 1945-1955, Bozen 1999.

Gellateley, Robert, Die Gestapo und die deutsche Gesellschaft. Die Durchsetzung der Rassenpolitik 1933–1945, Paderborn 1994.

Gerstenberger, Heide, Alltagsforschung und Faschismustheorie, in: dies./Schmidt, Dorothea (Hrsg.), Normalität oder Normalisierung? Geschichtswerkstätten und Faschismusanalyse, Münster 1987, S. 35-49.

Giessen, Rolf, Nazi propaganda films. A history and filmography, Jefferson 2003.

Gillespie, William, The Making of »The Crew of the Dora« (Besatzung Dora), 2016.

Gleichmann, Peter/Kühne, Thomas (Hrsg.), Massenhaftes Töten. Krieg und Genozide im 20. Jahrhundert, Essen 2004.

Gmelch, Michael, Der Umgang mit kognitiven Dissonanzen als Proprium einer praktischen Militärseelsorge – Ethik für Soldaten und deren Familien im Gesamthorizont eines Auslandseinsatzes am Beispiel Afghanistan, in: ders./Hartmann, Richard (Hrsg.), Soldatenfamilien im Stress. Kriegseinsätze als Herausforderung für die Militärseelsorge mit den Familien, Würzburg 2014, S. 129-142.

Gmelch, Michael/ Hartmann, Richard (Hrsg.), Soldatenfamilien im Stress. Kriegseinsätze als Herausforderung für die Militärseelsorge mit den Familien, Würzburg 2014.

[Goebbels, Joseph:] Die Tagebücher von Joseph Goebbels, im Auftrag des Instituts für Zeitgeschichte und mit Unterstützung des Staatlichen Archivdienstes Russland hrsg. von Elke Fröhlich, Teil I. Aufzeichnungen 1923-1941 (9 Bde.), München 1998-2006.

[Goebbels, Joseph:] Die Tagebücher von Joseph Goebbels, im Auftrag des Instituts für Zeitgeschichte und mit Unterstützung des Staatlichen Archivdienstes Russland hrsg. von Elke Fröhlich, Teil II. Diktate 1941-1945 (15 Bde.), München 1993-1996.

Goltermann, Svenja, Die Gesellschaft der Überlebenden. Deutsche Kriegsheimkehrer und ihre Gewalterfahrungen im Zweiten Weltkrieg, München 2009.

Gramm, Hans-Jochen, Der Flüsterwitz im Dritten Reich. Mündliche Dokumente zur Lage der Deutschen während des Nationalsozialismus, München 1993.

Gross, Walter, Sippe und Volk, München 1943.

Grossmann, Dave, On Killing. The Psychological Cost of Learning to Kill in War and Society, New York 2009.

Grupe, Friedrich, Jahrgang 1916. Die Fahne war mehr als der Tod, Universitas 1989.

Hachtmann, Rüdiger, »Volksgemeinschaftliche Dienstleister«? Anmerkungen zu Selbstverständnis und Funktion der Deutschen Arbeitsfront und der NS-Gemeinschaft »Kraft durch Freude, in: Schmiechen-Ackermann, Detlef (Hrsg.), »Volksgemeinschaft«: Mythos, wirkungsmächtige soziale Verheißung oder soziale Realität im »Dritten Reich«? Zwischenbilanz einer kontroversen Debatte, Paderborn 2012, S. 11-131.

Hachtmann, Rüdiger/Reichhardt, Sven (Hrsg.), Detlev Peukert und die NS-Forschung, Göttingen 2015.

Hagemann, Karen, Geschichte und Geschlechter. Revisionen der neueren deutschen Geschichte, Frankfurt a.M. 2008.

Hagemann, Karen, Krieg, Militär und Mainstream. Geschlechtergeschichte und Militärgeschichte, in: dies./Quataert, Jean (Hrsg.), Geschichte und Geschlechter. Revisionen der neueren deutschen Geschichte, Frankfurt a.M. 2008, S. 92-129.

Hano, Horst, Die Taktik der Pressepropaganda des Hitlerregimes 1943-1945. Eine Untersuchung aufgrund unveröffentlichter Dokumente des Sicherheitsdienstes und des Reichsministeriums für Volksaufklärung und Propaganda, München 1963.

Harms, Jürgen, Leerjahre. Eine Jugend unter Hitler und Stalin, Wien 1994.

Hartmann, Christian, Wehrmacht im Ostkrieg. Front und militärisches Hinterland 1941/42, München 2010.

Harvey, Elizabeth, Housework, domestic privacy and the German home. Paradoxes of private life during the Second World War, in: Hachtmann, Rüdiger/Reichhardt, Sven (Hrsg.), Detlev Peukert und die NS-Forschung, Göttingen 2015, S. 115-131.

Heiber, Helmut (Hrsg.), Hitlers Lagebesprechungen. Die Protokollfragmente seiner militärischen Konferenzen 1942-1945, Stuttgart 1962.

Heinemann, Ulrich, Krieg und Frieden an der inneren Front. Normalität und Zustimmung, Terror und Opposition im Dritten Reich, in: Kleßmann, Christoph

(Hrsg.), Nicht nur Hitlers Krieg, der Zweite Weltkrieg und die Deutschen, Düsseldorf 1989, S. 25-50.

Heinze, Dieter, Räder rollen für den Krieg. Die militärische Nutzung der Eisenbahn von den frühen Anfängen bis 1989, Leipzig 2008.

Helm, June (Hrsg.), Symposium on New Approaches to the Study of Religion. Proceedings of the 1964 Annual Spring Meeting of the American Ethnological Association, Seattle 1964.

Herf, Jeffrey, Der Krieg und die Juden. NS-Propaganda im Zweiten Weltkrieg, in: Echternkamp, Jörg (Hrsg.), Das Deutsche Reich und der Zweite Weltkrieg. Die Deutsche Kriegsgesellschaft 1939-1945, Bd. 9/1, München 2004, S. 159-202.

Herwig, Malte, Die Flakhelfer, München 2013.

Herzfeld, Wolfgang D. (Hrsg.), Franz Rosenzweig, Feldpostbriefe. Die Korrespondenz mit den Eltern (1914-1917), München 2013.

Herzog, Dagmar, Sex after Facism. Memory and Morality in Twentieth-Century Germany, Princeton 2007.

Hesse, Kurt, Mein Hauptmann, Berlin 1938.

Heysing, Günther, Junge Soldaten. Erlebnisbericht eines Rekruten, Potsdam 1937.

Hildebrand, Klaus, Monokratie oder Polykratie? Hitlers Herrschaft und das Dritte Reich, in: Hirsachfeld, Herhard/Kettenacker, Lothar (Hrsg.), Der »Führerstaat«: Mythos und Realität, Stuttgart 1981, S. 73-97.

Hinde, Robert Aubrey, Relationships. A dialectical Perspective, London 1997.

Hinde, Robert, Auf dem Wege zu einer Wissenschaft zwischenmenschlicher Beziehungen, in: Auhagen, Ann Elisabeth/von Salisch, Maria (Hrsg.), Zwischenmenschliche Beziehungen, Göttingen 1993, S. 7-36.

Hirsachfeld, Herhard/Kettenacker, Lothar (Hrsg.), Der »Führerstaat«: Mythos und Realität, Stuttgart 1981.

Hirt, Alexander, Die deutsche Truppenbetreuung im Zweiten Weltkrieg: Konzeption, Organisation und Wirkung, in: Militärgeschichtliche Zeitschrift 59 (2000), S. 407-437.

Hirt, Alexander, »Die Heimat reicht der Front die Hand«. Kulturelle Truppenbetreuung im Zweiten Weltkrieg 1939-1945: ein deutsch-englischer Vergleich, Göttingen 2009.

Hoerkens, Alexander W., Unter Nazis? Die NS-Ideologie in den abgehörten Gesprächen deutscher Kriegsgefangener in England 1939-1945, Berlin 2014.

Honegger, Claudia/Bloch, Marc/Braudel, Fernand/Febvre, Lucien (Hrsg.), Schrift und Materie der Geschichte – Vorschläge zur systematischen Aneignung historischer Prozesse, Frankfurt a. M. 1977.

Hornig, Martin, Geraubte Jugend. Kriegsjahre – Gefangenschaft, Neustrelitz 1997.

Hornung, Ela, Denunziation als soziale Praxis, Wien 2010.

Hornung, Ela, Warten und Heimkehren. Eine Ehe während und nach dem Zweiten Weltkrieg, Wien 2005.

Howell, Esther-Julia, Von den Besiegten lernen? Die kriegsgeschichtliche Kooperation der U.S. Armee und der ehemaligen Wehrmachtselite 1945-1961, Berlin 2016.

Humburg, Martin, Die Bedeutung der Feldpost für die Soldaten in Stalingrad, in: Überschaer, Gerd R./Wette, Wolfgang (Hrsg.), Stalingrad. Mythos und Wirklichkeit einer Schlacht, Frankfurt a. M. 1992, S. 68-79.

Hürter, Johannes, Hitlers Heerführer. Die deutschen Oberbefehlshaber im Krieg gegen die Sowjetunion 1941/42, München 2007.

Hürter, Johannes, Neue und alte Bilder von Widerstand und Ostkrieg. Zu Hermann Gramls Beitrag ›Massenmord und Militärexpansion‹, in: VfZ, 54 (2006), S. 301-322.

Hürter, Johannes/Uhl, Matthias, Hitler in Vinnica. Ein neues Dokument zur Krise im September 1942, in: VfZ 4 (2015), S. 581-639.

Jacobsen, Hans-Adolf, Krieg in Weltanschauung und Praxis des Nationalsozialismus, in: Bracher, Karl Dietrich (Hrsg.), Nationalsozialistische Diktatur 1933-1945. Eine Bilanz, Bonn 1986, S. 427-439.

Jasper, Andreas, Zweierlei Weltkriege? Kriegserfahrungen deutscher Soldaten in Ost und West 1939 bis 1945, Paderborn 2011.

Jünger, Ernst, In Stahlgewittern, Stuttgart 2001.

Jurczyk, Karin/Oechsle, Mechthild (Hrsg.), Das Private neu denken. Erosionen, Ambivalenzen, Leistungen, Münster 2008.

Kaczmarek, Ryszard (Hrsg.), Polen in der Wehrmacht, Berlin 2017.

Kallis, Aristotele A., Der Niedergang der Deutungsmacht. Nationalsozialistische Propaganda im Kriegsverlauf, in: Echternkamp, Jörg (Hrsg.), Das Deutsche Reich und der Zweite Weltkrieg (DRZW), Bd. 9/2, Die Deutsche Kriegsgesellschaft, München 2005, S. 203-250.

Kasberger, Erich, Heldinnen waren wir keine. Alltag in der NS-Zeit, Hamburg 1995.

Kershaw, Ian, Der Hitler-Mythos. Führerkult und Volksmeinung, München 2002.

Kershaw, Ian, Der Überfall auf Polen und die öffentliche Meinung in Deutschland, in: Hansen, Ernst Willi/Schreiber, Gerhard/Wegner, Bernd (Hrsg.), Politischer Wandel, organisierte Gewalt und nationale Sicherheit. Beiträge zur neueren Geschichte Deutschlands und Frankreichs. Festschrift für Klaus-Jürgen Müller, München 1995, S. 237-250.

Kershaw, Ian, Wendepunkte. Schlüsselentscheidungen im Zweiten Weltkrieg 1940/41, München 2009.

Kieserling, André (Hrsg.), Niklas Luhmann, Liebe – Eine Übung, Frankfurt a. M. 2014.

Klein, Ansgar/Nullmeier, Frank (Hrsg.), Masse, Macht, Emotionen. Zu einer politischen Soziologie der Emotionen, Wiesbaden 1999.

Kleßmann, Christoph/Frevert, Ute (Hrsg.), Nicht nur Hitlers Krieg. Der Zweite Weltkrieg und die Deutschen, Düsseldorf 1989.

Koch, Magnus, Fahnenfluchten. Deserteure der Wehrmacht im Zweiten Weltkrieg – Lebenswege und Entscheidungen, Paderborn 2008.

Kochinka, Alexander, Emotionstheorien. Begriffliche Arbeit am Gefühl, Bielefeld 2004.

Koll, Kilian, Urlaub auf Ehrenwort, München 1937.

Koselleck, Reinhardt, »Erfahrungsraum« und »Erwartungshorizont« – zwei historische Kategorien, in: ders., Vergangene Zukunft. Zur Semantik geschichtlicher Zeiten, Frankfurt a. M. 2015, S. 349-375.

Koselleck, Reinhart, Vergangene Zukunft. Zur Semantik geschichtlicher Zeiten, Frankfurt a. M. 2015.

Kreidler, Eugen, Die Eisenbahn im Zweiten Weltkrieg. Studien und Dokumente zur Geschichte des Zweiten Weltkrieges, Pößneck 2001.

Kroener, Bernhard R./Müller, Rolf-Dieter/Umbreit, Hans (Hrsg.), Das Deutsche Reich und der Zweite Weltkrieg (DRZW), Bd. 5/1, Organisation und Mobilisierung des Deutschen Machtbereichs. Kriegsverwaltung, Wirtschaft und Personelle Ressourcen 1939-1941, Stuttgart 1988.

Kroener, Bernhard R./Müller, Rolf-Dieter/Umbreit, Hans (Hrsg.), Das Deutsche Reich und der Zweite Weltkrieg (DRZW), Bd. 5/2, Kriegsverwaltung, Wirtschaft und Personelle Ressourcen 1942-1944/45, Stuttgart 1999.

Kroener, Bernhard R., Die personellen Ressourcen des Dritten Reiches im Spannungsfeld zwischen Wehrmacht, Bürokratie und Kriegswirtschaft 1939-1942, in: ders./Müller, Rolf-Dieter/Umbreit, Hans (Hrsg.), Das Deutsche Reich und der Zweite Weltkrieg (DRZW), Bd. 5/1, Organisation und Mobilisierung des Deutschen Machtbereichs. Kriegsverwaltung, Wirtschaft und Personelle Ressourcen 1939-1941, Stuttgart 1988, S. 693-1001.

Kroener, Bernhard R., »Frontochsen« und »Etappenbullen«. Zur Ideologisierung militärischer Organisationsstrukturen im Zweiten Weltkrieg, in: Müller, Rolf Dieter/Volkmann, Hans Erich (Hrsg.), Die Wehrmacht. Mythos und Realität, München 1999, S. 371-384.

Kroener, Bernhard R., »Menschenbewirtschaftung«, Bevölkerungsverteilung und personelle Rüstung in der zweiten Kriegshälfte (1942-1944), in: ders./Müller, Rolf-Dieter/Umbreit, Hans (Hrsg.), Das Deutsche Reich und der Zweite Weltkrieg (DRZW), Bd. 5/2, Kriegsverwaltung, Wirtschaft und Personelle Ressourcen 1942-1944/45, Stuttgart 1999, S. 777-1001.

Krueger, Joel, Emotions and Other Minds, in: Weber, Julia/Campe, Rüdiger (Hrsg.), Rethinking Emotion: Interiority and Exteriority in Premodern, Modern and Contemporary Thought, Berlin 2014, S. 324-350.

Kühne, Thomas (Hrsg.), Männergeschichte – Geschlechtergeschichte. Männlichkeit im Wandel der Moderne, Frankfurt a. M. 1996.

Kühne, Thomas, »... aus diesem Krieg werden nicht nur harte Männer heimkehren«. Kriegskameradschaft und Männlichkeit im 20. Jahrhundert, in: ders. (Hrsg.), Männergeschichte – Geschlechtergeschichte. Männlichkeit im Wandel der Moderne, Frankfurt a. M. 1996, S. 174-192.

Kühne, Thomas, Gruppenkohäsion und Kameradschaftsmythos in der Wehrmacht, in: Müller, Rolf Dieter/Volkmann, Hans Erich (Hrsg.), Die Wehrmacht. Mythos und Realität, München 1999, S. 534-549.

Kühne, Thomas, Kameradschaft. Die Soldaten des nationalsozialistischen Krieges und das 20. Jahrhundert, Göttingen 2006.

Kundrus, Birthe, Kriegerfrauen: Familienpolitik und Geschlechterverhältnisse im Ersten und Zweiten Weltkrieg, Göttingen 1995.

Kundrus, Birthe, Totale Unterhaltung? Die kulturelle Kriegführung 1939 bis 1945 in Film, Rundfunk und Theater, in: Echternkamp, Jörg (Hrsg.), Das Deutsche Reich und der Zweite Weltkrieg (DRZW), Bd. 9/2, Die Deutsche Kriegsgesellschaft, München 2005, S. 93-157.

Kunz, Norbert, Das Beispiel Charkow: Eine Stadtbevölkerung als Opfer der deutschen Hungerstrategie, in: Hartmann, Christian/Hürter, Johannes/Jureit Ulrike (Hrsg.), Verbrechen der Wehrmacht. Bilanz einer Debatte, München 2005, S. 136-144.

Lamprecht, Gerald, Feldpost und Kriegserlebnis. Briefe als historisch-biografische Quelle, München 2001.

Latzel, Klaus, Deutsche Soldaten – nationalsozialistischer Krieg? Kriegserlebnis – Kriegserfahrung 1939-1945, München 1998.

Latzel, Klaus, Feldpostbriefe: Überlegungen zur Aussagekraft einer Quelle, in: Hartmann, Christian/Hürter, Johannes/Jureit, Ulrike (Hrsg.), Verbrechen der Wehrmacht. Bilanz einer Debatte, München 2005, S. 171-181.

Lehnstaedt, Stephan, Okkupation im Osten: Besatzeralltag in Warschau und Minsk, München 2010.

Lilienthal, Georg, Der »Lebensborn e.V.«: Ein Instrument nationalsozialistischer Rassenpolitik, Frankfurt a.M. 2003.

Longerich, Peter, Davon haben wir nichts gewusst. Die Deutschen und die Judenverfolgung 1933-45, München 2007.

Lorenz, Oliver, Die Adolf-Kurve 1932-1945, in: Aly, Götz (Hrsg.), Volkes Stimme. Skepsis und Führervertrauen im Nationalsozialismus, Frankfurt a.M. 2006, S. 22-37.

Ludendorff, Erich, Meine Kriegserinnerungen 1914-1918, Berlin 1919.

Lüdke, Alf, »Fehlgreifen in der Wahl der Mittel«. Optionen im Alltag militärischen Handelns, in: Mittelweg 36, 12 (2003), S. 61-75.

Lüdke, Alf, »Formierung der Massen« oder: Mitmachen und Hinnehmen? Alltagsgeschichte und Faschismusanalyse, in: Gerstenberger, Heide/Schmidt, Dorothea (Hrsg.), Normalität oder Normalisierung? Geschichtswerkstätten und Faschismusanalyse, Münster 1987, S. 15-34.

Machmann, Klaus, Volkssturm. Bestandteil des totalen Kriegseinsatzes der deutschen Bevölkerung, Berlin 1981.

Maier, Klaus A./Rohde, Horst/Stegemann, Bernd/Umbreit, Hans, Das Deutsche Reich und der Zweite Weltkrieg (DRZW), Bd. 2, Die Errichtung der Hegemonie auf dem europäischen Kontinent, Stuttgart 1979.

Maiwald, Stefan/Mischler, Gerd, Sexualität unter dem Hakenkreuz. Manipulation und Vernichtung der Intimsphäre im NS-Staat, München 2002.

Mallmann, Klaus-Michael/Paul, Gerhard (Hrsg.), Die Gestapo im Zweiten Weltkrieg. Heimatfront und besetztes Europa, Darmstadt 2000.

Marzolek, Inge/Saldern, Adelheid von, Mediale Durchdringung des deutschen Alltags. Radio in drei politischen Systemen, in: Daniel, Ute/Schildt, Axel (Hrsg.), Massenmedien im Europa des 20. Jahrhunderts, Köln 2010, S. 84-120.

Mauss, Wilhelm/Mauss, Hans-Jörg, Als Sanitätsoffizier im Zweiten Weltkrieg. Das

Kriegstagebuch des Dr. Wilhelm Mauss 1. September 1939 bis 25. Februar 1947, Berlin 2008.

McGaugh, James L., Memory and emotion. The making of lasting memories, Columbia 2003.

Meier-Gräwe, Uta, Familie, Ökonomie und Gesellschaft. Über die Wirkungsmächtigkeit des vermeintlich Privaten, in: Jurczyk, Karin/Oechsle, Mechthild (Hrsg.), Das Private neu denken. Erosionen, Ambivalenzen, Leistungen, Münster 2008, S. 113-130.

Messerschmidt, Manfred, Der Zersetzer und sein Denunziant. Urteile des Zentralgerichts des Heeres – Außenstelle Wien 1944, in: Wette, Wolfram (Hrsg.), Der Krieg des kleinen Mannes. Eine Militärgeschichte von unten, München 1992, S. 255-278.

Messerschmidt, Manfred/Wüllner, Fritz, Die Wehrmachtjustiz im Dienste des Nationalsozialismus, Baden-Baden 1987.

Mills, David/Keshen, Jeff, »Ich bereite mich auf den Tag vor, da es zu Ende geht!« Briefwechsel von Kanadierinnen und Kanadiern im Krieg, in: Wette, Wolfram/Vogel, Detlef (Hrsg.), Andere Helme – Andere Menschen? Heimaterfahrung und Frontalltag im Zweiten Weltkrieg – Ein internationaler Vergleich, Essen 1995, S. 258-282.

Milward, Alan S., Die deutsche Kriegswirtschaft, Stuttgart 1966.

Mix, Walter, Als Sanitätssoldat im Zweiten Weltkrieg. Tagebuchaufzeichnungen, 2000.

Mohler, Armin, Die konservative Revolution in Deutschland 1918-1933. Ein Handbuch, Graz 2005.

Mouton, Michelle, From Nurturing the Nation to Purifying the Volk. Weimar and Nazi Family Policy, 1918-1945, Cambridge 2007.

Mueller-Hillebrand, Burkhart, Personnel and Administration, Königstein 1948.

Mühlhäuser, Regina, Eroberungen. Sexuelle Gewalttaten und intime Beziehungen deutscher Soldaten in der Sowjetunion, 1941-1945, Hamburg 2010.

Müller, Klaus-Jürgen, Kriegsausbruch 1939: Der Wille zum Krieg und die Krise des internationalen Systems, in: Wegner, Bernd (Hrsg.), Wie Kriege entstehen. Zum historischen Hintergrund von Staatenkonflikten, Paderborn 2000, S. 253-282.

Müller, Rolf-Dieter, Albert Speer und die Rüstungspolitik im Totalen Krieg, in: Kroener, Bernhard R./Müller, Rolf-Dieter/Umbreit, Hans (Hrsg.), Das Deutsche Reich und der Zweite Weltkrieg (DRZW), Bd. 5/2, Organisation und Mobilisierung des Deutschen Machtbereichs. Kriegsverwaltung, Wirtschaft und personelle Ressourcen 1942-1944/45, Stuttgart 1999, S. 275-773.

Müller, Rolf Dieter/Volkmann, Hans Erich (Hrsg.), Die Wehrmacht. Mythos und Realität, München 1999.

Müller-Hillebrand, Burkhart, Statistic Systems. Projekt No.4, Arbeiten der Operational History Section der Historical Division der U.S. Army, Freiburg 1949.

Müller-Hillebrand, Burkhart, Das Heer (Bd. II). Die Blitzfeldzüge 1939-1941, Frankfurt a.M. 1956.

Mutzenbecher, Geert-Ulrich, Feldpostbriefe an meine Eltern 1941-1945, München 2009.

Neitzel, Sönke, Abgehört. Deutsche Generäle in britischer Kriegsgefangenschaft 1942-45, Berlin 2006.

Neitzel, Sönke/Welzer, Harald, Soldaten, Protokolle vom Kämpfen, Töten und Sterben, Frankfurt a. M. 2011.

Niemann, Hans-Werner, »Volksgemeinschaft« als Konsumgemeinschaft?, in: Schmiechen-Ackermann, Detlef (Hrsg.), »Volksgemeinschaft«: Mythos, wirkungsmächtige soziale Verheißung oder soziale Realität im »Dritten Reich«? Zwischenbilanz einer kontroversen Debatte, Paderborn 2012, S. 87-110.

Nolte, Paul, Öffentlichkeit und Privatheit: Deutschland im 20. Jahrhundert, in: Merkur 60 (2006), S. 499-512.

Nolzen, Armin/Reichardt, Sven (Hrsg.), Faschismus in Italien und Deutschland. Studien zu Transfer und Vergleich, Göttingen 2005.

Nolzen, Armin, Die NSDAP, der Krieg und die deutsche Gesellschaft, in: Echternkamp, Jörg (Hrsg.), Das Deutsche Reich und der Zweite Weltkrieg (DRZW), Bd 9/1, Politisierung, Vernichtung, Überleben, München 2005, S. 99-193.

Orlowski, Hubert (Hrsg.), Erschießen will ich nicht – Als Offizier und Christ im Totalen Krieg. Das Kriegstagebuch des Dr. August Töpperwein 3. September 1939 bis 6. Mai 1945, 2006.

Overmans, Rüdiger, Deutsche militärische Verluste im Zweiten Weltkrieg, München 2014.

Packheiser, Christian, Rezension von: Römer, Felix, Die narzisstische Volksgemeinschaft. Theodor Habichts Kampf 1914 bis 1944, Frankfurt a. M. 2017, in: Sehepunkte 18 (2018), Nr. 12.

Paul, Gerhard, Bildermacht. Studien zur Visual History des 20. und 21. Jahrhunderts, Göttingen 2013.

Paul, Gerhard, Private Konfliktregulierung, gesellschaftliche Selbstüberwachung, politische Teilhabe?, in: Archiv für Sozialgeschichte 42 (2002), S. 380-402.

Paust, Otto, Volk im Feuer, Berlin 1935.

Pemler, Georg, Der Flug zum Don. Aus dem geheimen Kriegstagebuch eines Aufklärungsfliegers, München 1981.

Picker, Henry, Hitlers Tischgespräche im Führerhauptquartier, München 2003.

Pine, Lisa, Nazi Family Policy 1933-1945, Oxford 1999.

Plamper, Jan. Geschichte und Gefühl. Grundlagen der Emotionsgeschichte, München 2012.

Plamper, Jan, The History of Emotions: An Interview with William Reddy, Barbara Rosenwein, and Peter Stearns, in: History and Theory 49 (2010), S. 237-265.

Prüll, Livia, Die Fortsetzung des Krieges nach dem Krieg oder: die Medizin im Ersten Weltkrieg und ihre Folgen für die Zwischenkriegszeit in Deutschland 1918 bis 1939, in: Rauh, Philipp/Prüll, Livia (Hrsg.), Krieg und medikale Kultur. Patientenschicksale und ärztliches Handeln in der Zeit der Weltkriege 1914-1945, Göttingen 2014, S. 126-152.

Rammstedt, Ottheim (Hrsg.), Georg Simmel, Soziologie. Untersuchungen über die Formen der Vergesellschaftung, Frankfurt a. M. 1992.

Rass, Christoph, Das Sozialprofil von Kampfverbänden des deutschen Heeres 1939 bis 1945, in: Echternkamp, Jörg (Hrsg.), Das Deutsche Reich und der Zweite Weltkrieg (DRZW), Bd. 9/1 Politisierung, Vernichtung, Überleben, München 2005, S. 641-741.

Rass, Christoph, »Menschenmaterial«: Deutsche Soldaten an der Ostfront. Innenansichten einer Infanteriedivision 1939-1945, Paderborn 2003.

Rauh, Philipp/Prüll, Livia (Hrsg.), Krieg und Medikale Kultur. Patientenschicksale und ärztliches Handeln in der Zeit der Weltkriege 1914-1945, Göttingen 2014.

Reddemann, Karl (Bearb.), Zwischen Front und Heimat. Der Briefwechsel des münsterischen Ehepaares Agnes und Albert Neuhaus 1940-1944, Münster 1996.

Redlich, Fritz, Der Flüsterwitz. Seine publizistische Aussage in soziologischer und zeitgeschichtlicher Sicht, in: Publizistik 8 (1963), S. 79-101.

Reese, Willy Peter/Schmitz, Stefan, Mir selber seltsam fremd. Die Unmenschlichkeit des Krieges – Russland 1941-1944 (Biografisches Tagebuch), München 2003.

Reichardt, Sven (Hrsg.), Faschismus in Italien und Deutschland. Studien zu Transfer und Vergleich, Göttingen 2005.

Reichardt, Sven, Klaus Theweleits Männerfantasien – Ein Erfolgsbuch der 70er Jahre, in: Zeithistorische Forschungen 3 (2006), S. 402-421.

Reimann, Aribert, Wenn Soldaten vom Töten schreiben. Zur soldatischen Semantik in Deutschland und England, 1914-18, in: Gleichmann, Peter/Kühne, Thomas (Hrsg.), Massenhaftes Töten. Krieg und Genozide im 20. Jahrhundert, Essen 2004, S. 307-319.

Remarque, Erich-Maria, Im Westen nichts Neues, Köln 2013.

Reulecke, Jürgen/Seegers, Lu (Hrsg.), Die Generation der Kriegskinder. Historische Hintergründe und Deutungen, Gießen 2009.

Roberts, Ulla, Starke Mütter – ferne Väter. Über Kriegs- und Nachkriegskindheit einer Töchtergeneration, Gießen 2005.

Roelke, Volker/Schmuhl, Hans-Walter (Hrsg.), »Heroische Therapien«. Die deutsche Psychiatrie im internationalen Vergleich 1918-1945, Göttingen 2013.

Röger, Maren, Kriegsbeziehungen. Intimität, Gewalt und Prostitution im besetzten Polen 1939 bis 1945, Frankfurt a. M. 2015.

Rohde, Horst, Hitlers erster »Blitzkrieg« und seine Auswirkungen auf Nordosteuropa, in: Maier, Klaus A./Rohde, Horst/Stegemann, Bernd/Umbreit, Hans, Das Deutsche Reich und der Zweite Weltkrieg (DRZW), Bd. 2, Die Errichtung der Hegemonie auf dem europäischen Kontinent, Stuttgart 1979, S. 130-135.

Römer, Felix, Die narzisstische Volksgemeinschaft, Theodor Habichts Kampf 1914 bis 1944, Frankfurt a. M. 2017.

Römer, Felix, Kameraden. Die Wehrmacht von innen, München 2012.

Rose, Hans, Auftauchen! Kriegsfahrten von »U 53«. Essen 1939.

Rosenwein, Barbara H., Emotional Communities in the Early Middle Ages, New York 2006.

Rössler, Beate, Der Wert des Privaten, Frankfurt a. M. 2001.

Röwekamp, Marion/Paulus, Julia (Hrsg.), Eine Soldatenheimschwester an der Ostfront. Briefwechsel von Annette Schücking mit ihrer Familie (1941-1943), Paderborn 2015.

Rudel, Hans-Ulrich, Mein Kriegstagebuch. Aufzeichnungen eines Stukafliegers, Wiesbaden 1983.
Rudloff, Michael (Hrsg.), Wo andere toben, da musst du singen. Tagebuchaufzeichnungen aus dem Ersten Weltkrieg von Arno Rudloff, Anderbeck 2006.
Ruppert, Andreas/Reichert, Hansjörg, Herrschaft und Akzeptanz. Der Nationalsozialismus in Lippe während der Kriegsjahre – Analyse und Dokumentation, Hemsbach 1998.
Salewski, Michael/Schulze-Wegener, Guntram (Hrsg.), Kriegsjahr 1944. Im Großen und im Kleinen, Stuttgart 1995.
Schmiechen-Ackermann, Detlef (Hrsg.), »Volksgemeinschaft«: Mythos, wirkungsmächtige soziale Verheißung oder soziale Realität im »Dritten Reich«? Zwischenbilanz einer kontroversen Debatte, Paderborn 2012.
Schmiechen-Ackermann, Detlef, Der »Blockwart«. Die unteren Parteifunktionäre im nationalsozialistischen Terror- und Überwachungsapparat, in: VfZ 4 (2000), S. 575-602.
Schmitz, Walter/Schneider, Uwe, Völkische Semantik bei den Münchner ›Kosmikern‹ und im George-Kreis. Wege zur Wissenschaft, in: Puschner, Uwe/Schmitz, Walter/Ulbricht, Justus H. (Hrsg.), Handbuch zur ›Völkischen Bewegung‹ 1871-1918, München 1996, S. 711-746.
Schöttler, Peter (Hrsg.), Marc Bloch. Aus der Werkstatt des Historikers. Zur Theorie und Praxis der Geschichtswissenschaft, Frankfurt a. M. 2000.
Schürer-Necker, Elisabeth, Gedächtnis und Emotion. Zum Einfluss auf das Behalten von Texten, Weinheim 1994.
Schwarz, Angela, »Mit dem größtmöglichen Anstand weitermachen.« Briefe britischer Kriegsteilnehmer und ihrer Angehörigen im Zweiten Weltkrieg, in: Wette, Wolfram/Vogel, Detlef (Hrsg.), Andere Helme – Andere Menschen? Heimaterfahrung und Frontalltag im Zweiten Weltkrieg – Ein internationaler Vergleich, Essen 1995, S. 205-236.
Sellmann, Michael, Propaganda und SD – »Meldungen aus dem Reich«, in: Salewski, Michael/Schulze-Wegener, Guntram (Hrsg.), Kriegsjahr 1944. Im Großen und im Kleinen, Stuttgart 1995, S. 197-210.
Sennet, Richard, Verfall und Ende des öffentlichen Lebens. Die Tyrannei der Intimität, Frankfurt a. M. 1987.
Shepard, Ben, A War of Nerves, London 2000.
Spona, Petra, Städtische Ehrungen zwischen Repräsentation und Partizipation. NS-Volksgemeinschaftspolitik in Hannover, Stuttgart 2010.
Stargardt, Nicholas, Der deutsche Krieg 1939-1945, Frankfurt a. M. 2015.
Steinert, Marlis, Hitlers Krieg und die Deutschen. Stimmung und Haltung der deutschen Bevölkerung im Zweiten Weltkrieg, Düsseldorf 1970.
Steinkamp, Peter, Patientenschicksale und ärztliches Handeln im Zweiten Weltkrieg, in: Rauh, Philipp/Prüll, Livia (Hrsg.), Krieg und medikale Kultur. Patientenschicksale und ärztliches Handeln in der Zeit der Weltkriege 1914-1945, Göttingen 2014.
Steuwer, Janosch/Leßau, Hanne, Wer ist ein Nazi? Woran erkennt man ihn? Zur

Unterscheidung von Nationalsozialisten und anderen Deutschen, in: Mittelweg 36, 1 (2014), S. 30-51.

Stöver, Bernd, Loyalität statt Widerstand. Die sozialistischen Exilberichte und ihr Bild vom Dritten Reich, in: VfZ 43 (1995), S. 437-471.

Streit, Christian, Ostkrieg, Antibolschewismus und »Endlösung«, in: Geschichte und Gesellschaft 17 (1991), S. 242-255.

Streubel, Christiane, Deutsche Frauen, Deutsche Treue. Entwürfe konservativer Frauen im Ersten Weltkrieg, in: Buschmann, Nikolaus/Murr, Karl Borromäus (Hrsg.), Treue. Politische Loyalität und militärische Gefolgschaft in der Moderne, Göttingen 2008, S. 190-213.

Stüber, Angela (Bearb.), Die Tagebücher von Joseph Goebbels, München 1995, Teil II: Diktate 1941-1945.

Süß, Dietmar (Hrsg.), Deutschland im Luftkrieg. Geschichte und Erinnerung, München 2007.

Sywottek, Jutta, Mobilmachung für den totalen Krieg. Die propagandistische Vorbereitung der deutschen Bevölkerung auf den Zweiten Weltkrieg, Darmstadt 1976.

Tegel, Susan, Nazis and the Cinema, London 2007.

Tennstedt, Florian, Wohltat und Interesse – Das Winterhilfswerk des Deutschen Volkes: Die Weimarer Vorgeschichte und ihre Instrumentalisierung durch das NS-Regime, in: Geschichte und Gesellschaft 13 (1987), S. 157-180.

Tessin, Georg, Verbände und Truppen der deutschen Wehrmacht und Waffen-SS im Zweiten Weltkrieg 1939-1945. Vierter Band: Die Landstreitkräfte 15-30, Frankfurt a. M. 1970.

Theis, Kerstin, Wehrmachtjustiz an der »Heimatfront«: Die Militärgerichte des Ersatzheeres im Zweiten Weltkrieg, München 2016.

Therhoeven, Petra, ›Nicht spenden, opfern‹. Spendenkampagnen im faschistischen Italien und im nationalsozialistischen Deutschland als Disziplinierungs- und Integrationsinstrument, in: Nolzen, Armin/Reichardt, Sven (Hrsg.), Faschismus in Italien und Deutschland. Studien zu Transfer und Vergleich, Göttingen 2005, S. 59-93.

Turner, Viktor W., Betwixt and Between. The Liminal Period in Rites de Passage, in: Helm, June (Hrsg.), Symposium on New Approaches to the Study of Religion. Proceedings of the 1964 Annual Spring Meeting of the American Ethnological Association, Seattle 1964, S. 4-20.

Ueberschär, Gerd R. (Hrsg.), NS-Verbrechen und der militärische Widerstand gegen Hitler, Darmstadt 2000.

Ueberschär, Gerd R., Der militärische Widerstand, die antijüdischen Maßnahmen, »Polenmorde« und NS-Kriegsverbrechen in den ersten Kriegsjahren (1939-1941), in: ders. (Hrsg.), NS-Verbrechen und der militärische Widerstand gegen Hitler. Darmstadt 2000, S. 41-46.

Ueberschär, Gerd R., Für ein anderes Deutschland. Der deutsche Widerstand gegen den NS-Staat 1933-1945, Frankfurt a. M. 2006.

UFA Film & TV-Produktion GmbH (Hrsg.), Bilder-Träume. Die Geschichte der UFA von 1917 bis heute, Berlin 2007.
Umbreit, Hans, Der Kampf um die Vormachtstellung in Westeuropa, in: Maier, Klaus A./Rohde, Horst/Stegemann, Bernd/Umbreit, Hans, Das Deutsche Reich und der Zweite Weltkrieg (DRZW), Bd. 2, Die Errichtung der Hegemonie auf dem europäischen Kontinent, Stuttgart 1979, S. 284-307.
Unger, Hellmuth, Die Männer von Narvik. Ein Buch der Kameradschaft, Berlin 1941.
Vaizey, Hester, Surviving Hitlers War. Family Life in Germany 1939-1948, Hampshire 2010.
Vogel, Detlef, Der Kriegsalltag im Spiegel von Feldpostbriefen, in: Wette, Wolfram (Hrsg.), Der Krieg des kleinen Mannes, München 1992, S. 199-212.
Volpe, Nicole della, »Werden wir es jemals schaffen, nach Italien heimzukehren?« Italienische Feldpostbriefe aus dem Zweiten Weltkrieg, in: Wette, Wolfram/Vogel, Detlef (Hrsg.), Andere Helme – Andere Menschen? Heimaterfahrung und Frontalltag im Zweiten Weltkrieg – Ein internationaler Vergleich, Essen 1995, S. 113-134.
Vossler, Frank, Propaganda in die eigene Truppe. Die Truppenbetreuung in der Wehrmacht 1939 bis 1945, Paderborn 2005.
Weber, Julia/Campe, Rüdiger (Hrsg.), Rethinking Emotion: Interiority and Exteriority in Premodern, Modern and Contemporary Thought, Berlin 2014.
Weber, Thomas, Hitlers erster Krieg. Der Gefreite Hitler – Mythos und Wahrheit, Berlin 2011.
Wegner, Bernd, Die Kriegführung des »als ob«: Deutschlands strategische Lage seit Frühjahr 1944, in: Frieser, Karl-Heinz/Schmider, Klaus/Schönherr, Klaus/Schreiber, Gerhard/Ungváry, Krisztián/Wegner, Bernd (Hrsg.), Das Deutsche Reich und der Zweite Weltkrieg (DRZW), Bd. 8, Die Ostfront 1943/44 – Der Krieg im Osten und an den Nebenfronten, München 2007, S. 1165-1191.
Wegner, Bernd, Von Stalingrad nach Kursk, in: Frieser, Karl-Heinz/Schmider, Klaus/Schönherr, Klaus/Schreiber, Gerhard/Ungváry, Krisztián/Wegner, Bernd (Hrsg.), Das Deutsche Reich und der Zweite Weltkrieg (DRZW), Bd. 8, Die Ostfront 1943/44 – Der Krieg im Osten und an den Nebenfronten, München 2007, S. 3-79.
Wegner, Bernd (Hrsg.), Wie Kriege entstehen. Zum historischen Hintergrund von Staatenkonflikten, Paderborn 2000.
Wehler, Hans-Ulrich, Der erste totale Krieg. Woran das deutsche Kaiserreich zugrunde ging – und was daraus folgte, in: *Die Zeit* 35 (1998).
Weiß, Ralph (Hrsg.), Vom gewandelten Sinn für das Private. Privatheit im öffentlichen Raum. Medienhandeln zwischen Individualisierung und Entgrenzung, Offenbach, 2002.
Welzer, Harald, Kumulative Heroisierung. Nationalsozialismus und Krieg im Gespräch zwischen den Generationen, in: Mittelweg 36, 2 (2001), S. 57-73.
Werner, Frank, »Noch härter, noch kälter, noch mitleidloser«. Soldatische Männlichkeit im deutschen Vernichtungskrieg 1941-1944, in: Dietrich, Anette/Heise Ljiljana (Hrsg.), Männlichkeitskonstruktionen im Nationalsozialismus. Formen,

Funktionen und Wirkungsmacht von Geschlechterkonstruktionen im Nationalsozialismus und ihre Reflexion in der pädagogischen Praxis, Frankfurt a. M. 2013, S. 45-63.

Wette, Wolfram (Hrsg.), Der Krieg des kleinen Mannes, München 1992.

Wette, Wolfram: Militarismus in Deutschland: Geschichte einer kriegerischen Kultur. Darmstadt 2008.

Wette, Wolfram/Vogel, Detlef, Das letzte Tabu. NS-Militärjustiz und Kriegsverrat, Bonn 2007.

Wette, Wolfram/Arnold, Sabine R. (Hrsg.), Stalingrad. Mythos und Wirklichkeit einer Schlacht, Frankfurt a. M. 1993.

Wette, Wolfram/Vogel, Detlef (Hrsg.), Andere Helme – Andere Menschen? Heimaterfahrung und Frontalltag im Zweiten Weltkrieg – Ein internationaler Vergleich, Essen 1995.

Wildt, Michael, Radikalisierung und Selbstradikalisierung 1939. Die Geburt des Reichssicherheitshauptamtes aus dem Geist des völkischen Massenmords, in: Mallmann, Klaus-Michael/Paul, Gerhard (Hrsg.), Die Gestapo im Zweiten Weltkrieg. Heimatfront und besetztes Europa, Darmstadt 2000, S. 11-41.

Winnig, August, Heimkehr. Hamburg 1935.

Wirl, Manfred, Die Öffentliche Meinung unter dem NS-Regime. Eine Untersuchung zum sozialpsychologischen Konzept öffentlicher Meinung auf der Grundlage der geheimen Lageberichte des SD über die Stimmung und Haltung der Bevölkerung im Zweiten Weltkrieg, Mainz 1990.

Wirsching, Andreas, »Augusterlebnis« 1914 und »Dolchstoß« 1918 – zwei Versionen derselben Legende?, in: Dotterweich, Volker (Hrsg.), Mythen und Legenden in der Geschichte. Schriften der Philosophischen Fakultäten der Universität Augsburg, München 2004, S. 187-202.

Witkop, Phillipp (Hrsg.), Kriegsbriefe gefallener Studenten, München 1928.

Zagovec, Rafael A., Gespräche mit der »Volksgemeinschaft«. Die deutsche Kriegsgesellschaft im Spiegel westalliierter Frontverhöre, in: Das Deutsche Reich und der Zweite Weltkrieg (DRZW) Bd. 9/2, München 2005, S. 289-381.

Ziemann, Benjamin, Front und Heimat. Ländliche Kriegserfahrungen im südlichen Bayern 1914-1923, Essen 1997.

PERSONEN- UND ORTSREGISTER

Abbazia 274
Absolon, Rudolf 18
Afrika 210, 231, 261, 262, 291, 317, 332, 403, 404, 443
Ägäische Inseln 176
Ägypten 117
Alassio 274
Albanien 176
Allgäu 279
Altötting 248
Amerika 116
Angermünde 323
Ansbach 393
Apostolowe 311
Apscheronsk 348
Asien 111
Atlantikküste 336
Augsburg 28, 219, 283

Baden-Württemberg 189
Baranowitschi 138
Bayern 241
Bayreuth 190, 191
Belfast 119
Belford 345
Belgien 117, 134, 151, 165, 283, 284
Belgrad 149, 150, 161
Berchtesgaden 271
Berlin 26, 27, 28, 59, 134, 136, 137, 138, 154, 174, 181, 186, 188, 220, 233, 236, 237, 242, 246, 247, 248, 261, 268, 314, 328, 329, 331
Białystok 135
Bielefeld 137
Birmingham 119
Blomberg, Werner von 244
Bocholt 214

Bochum 354
Bologna 145
Bonn 330
Bordeaux 324, 345
Bormann, Martin 12, 126, 150, 151, 306, 378, 379, 386, 387
Brauchitsch, Walther von 208
Braumann, Elisabeth 354
Braumann, Georg 354
Brenner 145
Brest 149
Brest-Litowsk 68, 330, 347
Brüssel 112, 117, 149, 150, 151
Buchheim, Lothar-Günther 150
Buchholz, Wolfhard 18
Budapest 344
Burma 119

Caen 149
Calais 117
Compiègne 91
Conti, Leonardo 249, 383, 384
Creveld, Martin van 18, 71

Dänemark 137, 290
Danzig 68
Darré, Walther 261
Demjansk 100, 105
Detmold 135
Deutsches Reich 61, 94, 110, 137
Deutschland 45, 52, 65, 97, 111, 161, 172
Dombas 137
Dunedin 118, 119

Eberswalde 323

Edinburgh 118
Eichner, Wilhelm 37, 441
Eid 137
Eifel 328
El Alamein 117
Elsass-Lothringen 274
Emmendingen 27
England 98, 112, 116, 117, 192, 261, 270, 291, 312, 317
Europa 123, 302

Fiehler, Karl 184, 240, 270
Finnland 176
Flensburg 137
Florenz 312
Forstner, Johann 44
Fort Hunt 97, 143
Franken 290
Frankfurt am Main 225, 271
Frankfurt an der Oder 138
Frankreich 31, 38, 98, 117, 138, 143, 157, 158, 161, 163, 165, 169, 170, 172, 198, 217, 265, 290, 302, 312, 315, 317, 318, 354
Franziß, Franz 57
Freetown 117
Freiburg im Breisgau 26, 71
Friedrich der Große 186
Fromm, Friedrich 181, 208
Füssen 425

Galizien 106
Gallmetzer, Georg 55, 56
Generalgouvernement 167
Géradamer 345
Giesler, Paul 264, 281, 284
Goebbels, Joseph 12, 28, 31, 65, 70, 103, 116, 128, 154, 175, 176, 181, 186, 188, 191, 233, 234, 235, 237, 246, 248, 263, 266, 277, 289, 293, 295, 296, 297, 298, 299, 308, 316, 357, 360, 391

Göring, Hermann 168, 173, 174, 175, 177
Gradara 118
Griechenland 92, 292
Großbritannien 111, 117
Güstrow 171

Haase, Alfred 186
Habermas, Jürgen 21
Hamburg 105, 137, 299, 313
Hammerfest 137
Hannover 68, 134, 290
Harms, Jürgen 213
Havelseen 188, 189
Helming, Hans und Hermann 56
Herborn 280
Herrsching 255
Hesse, Kurt 57
Heß, Rudolf 252
Heydrich, Reinhard 301
Heysing, Günther 207
Hilgenfeldt, Erich 103
Himmler, Heinrich 349, 381
Hitler, Adolf 31, 59, 65, 98, 111, 168, 176, 192, 193, 220, 293, 312, 349
Hornig, Martin 110
Hornung, Ela 21

Indien 114, 115, 119
Irland 119
Italien 111, 115, 118, 145, 172, 176, 291, 316

Japan 111
Jasper, Andreas 18
Jassinowataja 106
John, Karl 331
Juchnow 139, 140
Jugoslawien 92
Jung, Edgar Julius 54
Jünger, Ernst 54
Jurczyk, Karin 20

Kaiserslautern 324
Karelien 193
Kärnten 68
Kaukasus 37, 100, 106, 296
Keitel, Wilhelm 12, 109
Kempten 279
Kennan, George F. 31
Kiel 171, 265
Kiew 291, 314
Koch, Erich 176
Köller, Ernst 205
Koll, Kilian 59
Köln 29, 271, 315, 326, 327
Königsberg 323
Konstjantyniwka 348
Kopenhagen 137
Köslin 354
Krakau 344
Kreta 135, 292
Krim 106, 188, 361
Kroatien 176, 292
Krosigk, Johann Ludwig Graf Schwerin von 168
Kuban 106, 170
Kühne, Thomas 59
Kundrus, Birthe 23

Landsberg 323
Laurana 274
Leander, Zarah 331
Leeds 121
Leipzig 271, 322
Le Mans 132
Lepel 134, 346
Lettland 102
Lichterfelde 26
Lindau 219
London 27, 29, 118, 119
Longerich, Peter 29
Lublin 344
Ludendorff, Erich 33, 47
Luxemburg 165

Madonna di Campiglio 274
Mainfranken 279
Malaysia 119
Mannheim 299
Mauss, Wilhelm 37, 149
Memmingen 282
Minsk 135, 276, 344
Mittelmeer 114, 261, 336
Mittlerer Osten 113, 115, 117
Moeller, Arthur van den Bruck 54
Mölders, Werner 192, 223
Moskau 99, 140, 169, 291, 292, 294, 302, 319, 357, 460
München 27, 28, 68, 157, 181, 184, 218, 219, 239, 240, 241, 242, 244, 263, 264, 266, 270, 281, 284, 387, 452, 453, 454
Münster 127, 305
Mussolini, Benito 312
Mutzenbecher, Geert-Ulrich 149

Namur 134
Nantes 150
Narvik 136, 181, 200
Neapel 68, 117
Nebelhorn 189
Neuhaus, Agnes 353
Neuseeland 119
Niederlande 150
Nikopol 320
Nolte, Paul 21
Nordafrika 115, 338
Nordfrankreich 151
Nordirland 119
Normandie 70, 112, 116, 299
Norwegen 137, 176, 284, 290, 292
Nürnberg 27, 249, 250, 251, 306
Nyborg 137

Oberbayern 256, 259
Oberitalien 274
Oberlindober, Hanns 181
Oberstdorf 271

Oechsle, Mechtild 20
Opotschka 100
Orscha 138
Oslo 137
Ostafrika 115
Österreich 189
Ostpreußen 290
Ostsee 354, 407
Oxfordshire 119

Palästina 118
Paris 112, 117, 125, 149, 200, 315
Paust, Otto 57
Pazifik 111, 115
Pemler, Georg 214
Polen 31, 62, 94, 169, 198, 208, 217, 241, 274, 314, 320, 345, 354, 367
Potsdam 186, 189
Prag 276

Quena 118

Ramino 141
Rass, Christoph 18
Reese, Willy 142
Regensburg 312
Reichsgau Wartheland 345
Remarque, Erich Maria 37
Reval 68
Rhodos 170
Riccione 274
Riga 149
Ritter, Karl 331
Rom 117
Rosenheim 271
Rosenzweig, Franz 56
Roslawl 139
Rössler, Beate 19
Rostow 100
Rouen 131
Rudel Hans-Ulrich 37

Rudloff, Arno 44, 56
Rumänien 152
Runte, Ludwig 350
Russland 92, 281, 321, 346, 428

Sachsen 290
Saint-Dié-des-Vosges 345
Saint-Lo 342
Saint-Malo 158
Salzburg 190, 191
San Remo 274
Sankt Petersburg 291
Saßnitz 137
Savenay 150
Schlesien 106
Schmitt, Carl 54
Scholz-Klink, Gertrud 249
Schönbrunn 411
Schweden 137
Seeckt, Hans von 53
Seldte, Franz 369
Sennet, Richard 20
Serbien 176, 292
Sibirien 111
Singapur 119
Sizilien 94, 117, 282
Slowakei 274
Smolensk 139
Sowjetunion 64, 75, 78, 92, 94, 98, 99, 111, 185, 203, 218, 291, 295, 348, 384, 420, 438, 442, 449, 460
Stalingrad 65, 100, 296, 299, 311, 326, 338, 403, 456
Staraja Russa 100, 101
Starnberg 255
Steg, Ludwig 246
Stralsund 313
Südafrika 117
Süddeutschland 189
Südostasien 114
Sussex 119

Tarnopol 320
Tobruk 117, 148
Trälleborg 137
Tripolis 117

Ukraine 109, 173
Unold, Georg von 349

Vire 342
Vogel, Detlev 18
Vogesen 345

Wächter, Werner 233
Wagner, Adolf 181, 244
Wahl, Karl 34
Waldmünchen 311
Wales 119
Warschau 138, 150, 344, 355, 413
Wartheland s. Reichsgau Wartheland

Washington 29
Weber, Thomas 59
Weilerbach 324
Weißrussland 342, 344, 350
Wesel 209
Westpommern 354
Wickede, Thomas Emil von 102
Wien 27, 172, 290, 308, 320, 341, 344, 411, 419
Wilhelmshaven 181
Williams, Louie 121
Wirballen 150
Witebsk 134, 276
Wjasma 129
Wolfrum, Paul 241
Wolmar 102

Zehrer, Hans 54
Ziemann, Benjamin 18, 55
Zimmermann, Hans 250

Bibliografische Information der Deutschen Nationalbibliothek
Die Deutsche Nationalbibliothek verzeichnet diese Publikation in der
Deutschen Nationalbibliografie; detaillierte bibliografische Daten
sind im Internet über http://dnb.d-nb.de abrufbar.

© Wallstein Verlag, Göttingen 2020
www.wallstein-verlag.de
Vom Verlag gesetzt aus der Adobe Garamond und der Frutiger
Umschlaggestaltung: Susanne Gerhards, Düsseldorf
Foto: Der Hoheitsträger. Verkündungsblatt für das Hauptstabsamt, das Hauptpersonalamt und das Hauptschulungsamt der NSDAP, München 1942, IfZ-Archiv, 11/Db 008.001a (Ausgabe VII/VIII 1942)
Lithographie: SchwabScantechnik, Göttingen
Druck und Verarbeitung: Hubert und Co, Göttingen
ISBN 978-3-8353-3675-9